DCG 3

DROIT SOCIAL

2022-2023

Laure Bataille
Normalienne et agrégée d'économie-gestion
Professeur en classes préparatoires à l'expertise comptable au lycée Jean-Rostand de Caen
Membre des commissions et des jurys d'examen de DCG et de DSCG

Irène Politis
Normalienne et agrégée d'économie-gestion
Professeur agrégée à l'Université Paris 1 Panthéon Sorbonne
Responsable pédagogique de formations en droit social et ressources humaines

Vuibert

Des ressources numériques OFFERTES sur

www.dcg.vuibert.fr

POUR LES ÉTUDIANTS

- Les corrigés des QCM et des exercices
- Les schémas de synthèse pour réviser efficacement tous les thèmes de l'épreuve
- Des conseils pour bien préparer l'examen
- Des conseils pour apprendre à utiliser le mindmapping

+ Un sujet type d'examen corrigé

POUR LES PROFESSEURS

- Les corrigés de l'ensemble des activités (QCM, exercices, cas de synthèse, sujets type d'examen)
- Des supports de cours sous forme de diaporamas modifiables
- Des schémas de synthèse vierges à exploiter avec les étudiants
- Des conseils pour apprendre à utiliser le mindmapping

Ces ressources numériques sont accessibles jusqu'à la parution de l'édition suivante.

Le Lab50

Le Lab50 a été fondé par deux institutions professionnelles réunies : la compagnie régionale des commissaires aux comptes de Paris et l'ordre des experts-comptables de Paris Ile-de-France.
Se positionnant comme laboratoire de la transformation de la profession du chiffre, le Lab50 ambitionne d'aider les professionnels à comprendre le nouvel environnement numérique en proposant des solutions concrètes à mettre en place dans leurs structures d'exercice.
Le Lab50 est composé de 3 groupes de travail (GT) :

- le GT client qui réfléchit sur la valeur que peut apporter le professionnel à son client ;
- le GT data qui réfléchit sur l'impact de la donnée sur le quotidien du professionnel ;
- le GT prospective international qui étudie la transformation métier à l'international.

Vuibert et le Lab50 se sont associés pour vous proposer la vidéo d'experts présente dans cet ouvrage.

SOMMAIRE

MODE D'EMPLOI

La collection DCG Vuibert a été conçue pour vous accompagner vers la réussite et la professionnalisation. Vous y trouverez en plus du cours complet des situations professionnelles concrètes et immersives, des exercices, de nombreuses ressources pour rythmer vos révisions (QCM, vidéos, documents, schémas) et un affichage des compétences attendues pour chaque chapitre et chaque activité.

DES FICHES MÉTHODE **pour comprendre les attentes de l'examen**

UN COURS **complet et visuel**

Compétences et savoirs attendus pour se repérer dans le programme

Mise en situation pour contextualiser professionnellement le cours

Schéma ou tableau pour faciliter la mémorisation

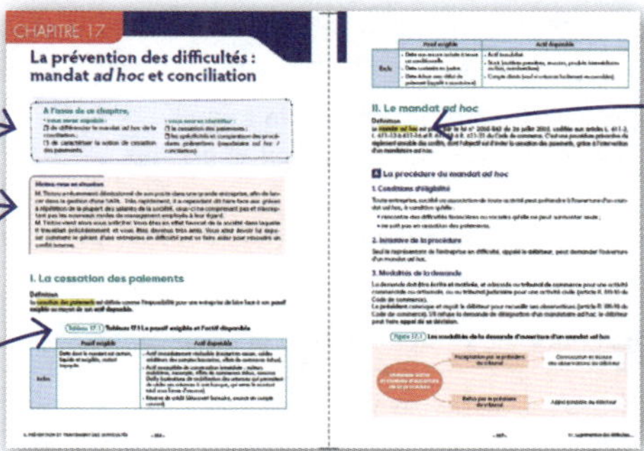

Définition pour apprendre les notions clés

Exemple pour illustrer le cours

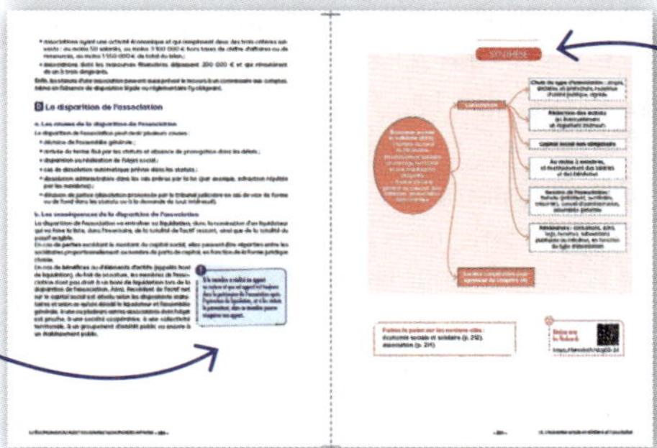

SCHÉMA DE SYNTHÈSE pour retenir l'essentiel

! pour souligner des nuances ou des pièges à éviter

DES ACTIVITÉS PROGRESSIVES **pour s'entraîner de manière intensive**

DES SUJETS TYPE D'EXAMEN

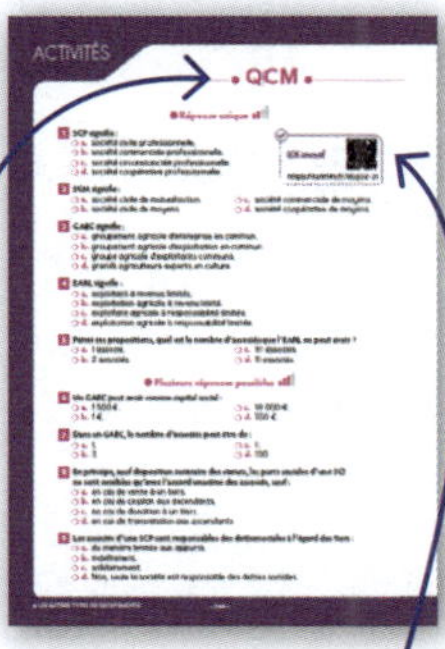

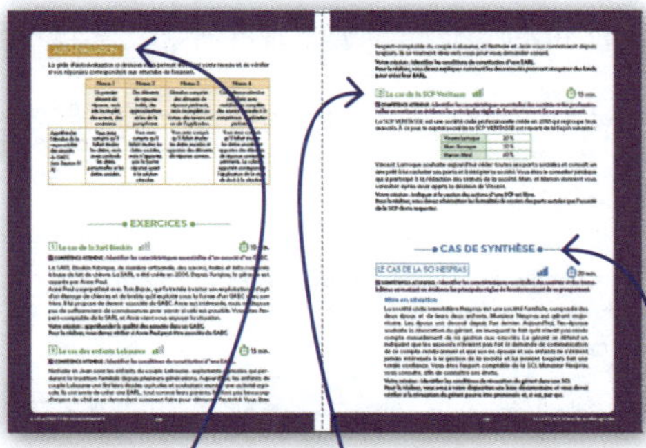

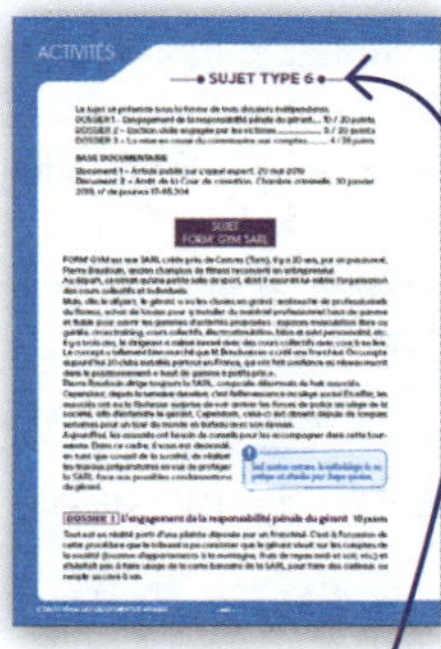

QCM pour tester sa mémoire

Ressource à flasher pour pratiquer et réviser

Cas guidé et corrigé pas à pas avec de la méthode, des conseils et une **grille d'autoévaluation** fidèle à celle du jury

Exercices d'application de difficulté progressive pour s'entraîner

Cas de synthèse pour se projeter vers l'examen

Sujets type d'examen pour vous mettre en situation au fur et à mesure de la progression de vos connaissances

PROGRAMME

Compétences attendues	Ouvrage
1. INTRODUCTION AU DROIT DU TRAVAIL (20 HEURES)	
1.1. Évolutions et sources du droit du travail	
– Identifier les principales évolutions récentes du droit du travail et les illustrer. – Repérer les sources du droit applicables à la relation de travail. – Régler un conflit de normes en droit du travail. – Qualifier un contrat de travail. – Distinguer le contrat de travail d'autres situations de travail (bénévolat, entreprise individuelle, sous-traitance, etc.) et en tirer les conséquences juridiques. – Analyser l'interaction entre le droit du travail et l'évolution des contextes économiques.	Chapitre 1. Définition et sources du droit social Sujet type d'examen 1 Sujet type d'examen 4
1.2. Les contrôles de l'application du droit du travail et le contentieux de la relation de travail	
– Caractériser l'infraction de travail dissimulé et ses conséquences. – Identifier les missions et moyens d'action des agents de contrôle de l'inspection du travail et des directions régionales de l'économie, de l'emploi, du travail et des solidarités (DREETS). – Déterminer la juridiction compétente à l'occasion d'un litige du travail. – Schématiser la procédure prud'homale. – Informer sur la nature et les caractéristiques des modes alternatifs de règlement des différends dans le cadre d'un litige individuel prud'homal.	Chapitre 2. Le contrôle de l'application du droit social Chapitre 3. Les conflits contentieux et non contentieux nés de la relation de travail Sujet type d'examen 1
2. ASPECTS INDIVIDUELS DU DROIT DU TRAVAIL (70 HEURES)	
2.1. La formation et l'exécution du contrat de travail	
– Vérifier la légalité d'un recrutement. – Distinguer pourparlers, offre de contrat de travail et promesse unilatérale de contrat de travail. – Vérifier la formation du contrat de travail et les formalités liées à l'embauche. – Déterminer les principales obligations légales des parties à un contrat de travail. – Qualifier les clauses spécifiques d'un contrat de travail et en apprécier la validité. – Rédiger une clause du contrat de travail et en apprécier l'intérêt.	Chapitre 4. Le marché du travail et le recrutement Chapitre 5. Formation du contrat de travail et formalités liées à l'embauche Chapitre 6. Contenu du contrat de travail et recours au CDI Sujet type d'examen 2 Sujet type d'examen 6
2.2. La diversité des contrats de travail	
– Justifier le choix d'un contrat de travail dans un contexte donné. – Vérifier la légalité du motif de recours au CDD ou au CTT. – Comparer le régime juridique du CDD et du CTT. – Identifier les spécificités du portage salarial, du contrat d'apprentissage et du contrat de professionnalisation. – Apprécier l'intérêt du recours au temps partiel pour l'employeur.	Chapitre 7. La diversité des contrats de travail Sujet type d'examen 2 Sujet type d'examen 6

2.3. L'évolution du contrat de travail	
– Identifier les cas de suspension du contrat de travail et en déduire les principaux effets. – Qualifier une modification du contrat de travail et une modification des conditions de travail ; en tirer les conséquences juridiques. – Repérer, dans une situation donnée, une modification de la situation juridique de l'employeur et en tirer les conséquences juridiques pour l'une ou l'autre des parties.	Chapitre 8. Les cas de suspension du contrat de travail Chapitre 9. La modification du contrat de travail Sujet type d'examen 3
2.4. Le temps de travail	
– Qualifier le temps de travail effectif. – Préciser le cadre légal et conventionnel du recours aux heures supplémentaires et les obligations de l'employeur en termes de repos et de rémunération, dans une situation donnée. – Préciser les conditions et les effets du recours à l'aménagement du temps de travail, au travail de nuit et aux conventions de forfait. – Établir le cadre légal des droits à congés payés. – Identifier les dérogations au repos dominical et leur régime à partir d'une documentation. – Évaluer les marges de manœuvre de l'employeur pour faire varier le temps de travail d'un salarié.	Chapitre 10. La durée du travail Chapitre 11. Les repos et congés Sujet type d'examen 3 Sujet type d'examen 6
2.5. La rémunération	
– Préciser les limites légales et conventionnelles encadrant la fixation de la rémunération. – Analyser un bulletin de salaire au regard des règles de droit étudiées.	Chapitre 12. La rémunération
2.6. La formation du salarié	
– Identifier les différentes contributions de l'employeur au financement de la formation. – Préciser les obligations de l'employeur en matière d'adaptation de ses salariés aux évolutions de l'emploi et leurs conséquences juridiques. – Repérer les différents types d'actions de formation inscrites dans un plan de formation et comprendre son intérêt pour l'employeur. – Vérifier les conditions de mobilisation du compte personnel de formation ou d'obtention d'un congé individuel de formation. – Établir le rôle des différents acteurs de la formation selon le dispositif de formation.	Chapitre 13. La formation du salarié
2.7. Pouvoirs de l'employeur et libertés des salariés	
– Vérifier la validité du règlement intérieur. – Caractériser le degré de gravité d'une faute, déterminer les sanctions associées et la procédure disciplinaire adéquate. – Apprécier l'étendue du pouvoir de contrôle du juge sur la mise en œuvre du pouvoir de sanction de l'employeur. – Vérifier le respect par l'employeur des libertés individuelles et fondamentales du salarié dans l'exercice de ses pouvoirs. – Repérer un cas de discrimination dans le cadre de la relation de travail et en tirer les conséquences juridiques.	Chapitres 14. Le pouvoir disciplinaire de l'employeur Chapitre 15. Les libertés fondamentales du salarié et sa protection physique

2.8. Pouvoirs de l'employeur et protection de la santé des salariés	
– Identifier les instances chargées de la protection de la santé du salarié, et exposer leurs attributions. – Vérifier la possibilité pour un salarié d'exercer son droit de retrait et/ou son droit d'alerte, dans une situation donnée. – Analyser l'étendue de l'obligation de sécurité de l'employeur et les sanctions.	Chapitre 15. Les libertés fondamentales du salarié et sa protection physique
2.9. La rupture du contrat de travail	
– Analyser la validité d'un licenciement pour motif personnel. – Apprécier la possibilité pour l'employeur d'avoir recours au licenciement pour motif économique dans un contexte donné. – Exploiter une documentation juridique relative aux obligations de l'employeur dans le cadre d'un licenciement pour motif économique. – Décrire la procédure de validation du plan de sauvegarde de l'emploi (PSE) et ses conséquences. – Déterminer le mode de rupture adapté à une situation donnée. – Préciser les conséquences financières d'une rupture du contrat de travail dans une situation donnée.	Chapitre 16. Le licenciement Chapitre 17. Les autres modes de rupture Chapitre 18. Les effets de la rupture Sujet type d'examen 3 Sujet type d'examen 5
3. ASPECTS COLLECTIFS DU DROIT DU TRAVAIL (40 HEURES)	
3.1. La représentation collective	
– Identifier les principales institutions représentatives du personnel et leurs principales attributions. – Repérer les situations où l'employeur est tenu de mettre en place une institution représentative du personnel. – Caractériser les syndicats représentatifs et les syndicats non représentatifs et distinguer leurs prérogatives. – Identifier les salariés protégés et les moyens de leur protection. – Caractériser le délit d'entrave et ses sanctions.	Chapitre 19. Les institutions représentatives du personnel Chapitre 20. Le statut et le rôle des syndicats Sujet type d'examen 4
3.2. La négociation collective	
– Déterminer le champ d'application de l'accord ou de la convention ordinaire, élargi ou étendu. – Articuler les normes conventionnelles entre elles et par rapport à la loi. – Identifier les personnes habilitées à négocier des accords d'entreprise en l'absence de délégué syndical. – Vérifier les conditions de validité de l'accord ou de la convention aux différents niveaux de négociation. – Analyser la légalité et les effets d'une procédure de dénonciation d'un accord collectif.	Chapitre 21. La négociation collective et les catégories d'accords Sujet type d'examen 1 Sujet type d'examen 4
3.3. L'association des salariés aux performances de l'entreprise	
– Distinguer participation et intéressement. – Repérer les situations où l'employeur est tenu de mettre en place la participation. – Distinguer plan d'épargne entreprise (PEE) et plan d'épargne pour la retraite collectif (PERECO).	Chapitre 22. La participation des salariés aux performances et le bilan social Sujet type d'examen 4

3.4. Les conflits collectifs	
– Différencier un mouvement illicite et une grève licite. – Identifier les effets de l'exercice normal du droit de grève. – Caractériser l'exercice anormal du droit de grève et en tirer les conséquences. – Identifier une situation contraignante pouvant fonder un lock-out et préciser son régime. – Caractériser conciliation, médiation et arbitrage.	Chapitre 3. Les conflits contentieux et non contentieux nés de la relation de travail
4. LA PROTECTION SOCIALE (20 HEURES)	
4.1. Introduction au droit de la protection sociale	
– Repérer les grandes étapes et principes de la construction du droit de la protection sociale. – Schématiser l'organisation de la protection sociale : les grands acteurs de la protection sociale et les risques couverts. – Repérer les sources du droit de la protection sociale. – Identifier les différents régimes sociaux. – Identifier le régime auquel une personne est assujettie en fonction de sa situation.	Chapitre 23. Introduction au droit de la protection sociale
4.2. Contrôles et contentieux social	
– Cerner les missions et moyens d'action des inspecteurs du recouvrement. – Déterminer la juridiction compétente à l'occasion d'un litige relatif à la Sécurité sociale.	Chapitre 2. Le contrôle de l'application du droit social Chapitre 23. Introduction au droit de la protection sociale Sujet type d'examen 1
4.3. Le régime général de la Sécurité sociale	
– Identifier les risques couverts et présenter leur régime respectif. – Distinguer la prise en charge d'un risque selon son origine professionnelle ou non. – Qualifier un accident du travail, un accident de trajet ou une maladie professionnelle. – Caractériser une faute inexcusable ou intentionnelle de l'employeur et son incidence pour l'employeur et sur le droit à réparation du salarié.	Chapitre 24. Le régime général de la Sécurité sociale Sujet type d'examen 5
4.4. La protection en cas de chômage	
– Identifier les conditions d'indemnisation du chômage, les droits et obligations du demandeur d'emploi. – Apprécier la validité du motif et des modalités de recours à l'activité partielle.	Chapitre 25. L'assurance chômage et les autres formes de protection sociale Sujet type d'examen 5
4.5. La protection sociale complémentaire	
– Identifier les institutions et les opérations réalisées par les régimes complémentaires. – Déterminer si un régime de protection sociale complémentaire est obligatoire ou facultatif.	Chapitre 25. L'assurance chômage et les autres formes de protection sociale Sujet type d'examen 5
4.6. Notions sur d'autres régimes	
– Identifier les personnes assujetties. – Identifier les organismes en charge de ce régime. – Caractériser le régime social de l'assujetti.	Chapitre 25. L'assurance chômage et les autres formes de protection sociale Sujet type d'examen 4

L'ÉPREUVE DE DROIT SOCIAL

L'épreuve de droit social est une **épreuve écrite d'une durée de 3 heures**, coefficientée 1 (14 ECTS). Elle fait partie de l'axe 1, intitulé « Droit des affaires ».

Elle a pour objet de présenter la **gestion sociale d'une organisation**, en permettant au titulaire du DCG d'acquérir des compétences concernant les aspects individuels et collectifs du droit du travail, mais également des compétences relatives à la protection sociale et en lien avec l'exécution du contrat de travail.

L'épreuve se présente sous la forme d'un **cas pratique composé de différents dossiers** (quatre dossiers en moyenne). Depuis la session 2020 (première session d'examen à la suite de la réforme des programmes), la présentation des sujets a évolué. Auparavant, ils étaient toujours composés de trois parties : l'étude d'un ou plusieurs cas pratiques, puis une question de connaissances et un commentaire de documents. Les sujets d'examen comprennent dorénavant uniquement l'étude d'un cas pratique donnant lieu à différentes questions, dont des questions de cours et des questions nécessitant l'analyse de documents pour y répondre. Les catégories d'exercices et les compétences attendues restent donc les mêmes.

Le cas pratique exposé dans les sujets d'examen a pour but de mettre le candidat en situation, afin de lui donner différentes missions à remplir. Pour cela, celui-ci doit répondre à plusieurs questions, en restant vigilant :

- aux verbes employés dans les consignes données (voir Fiche méthode Vocabulaire) ;
- à la nécessité de structurer une réponse en deux parties : les principes juridiques, puis l'application au cas donné (voir Fiche méthode Étude d'un cas pratique) ;
- au fait qu'une conclusion est attendue, permettant de répondre explicitement à la question posée.

Cette épreuve peut exceptionnellement comporter des calculs, mais qui resteront simples car la calculatrice est toujours interdite. Il s'agit d'une épreuve essentiellement rédactionnelle, nécessitant une maîtrise précise du vocabulaire et des compétences en matière d'analyse des documents (voir Fiche méthode Analyse d'un texte). Il est très important de structurer clairement ses réponses et de poser les hypothèses lorsque le sujet le nécessite.

Il peut être intéressant d'observer les thèmes abordés dans les sujets de ces dernières années et de constater que toutes les parties du programme sont régulièrement sollicitées. Aucune partie du cours n'est à négliger. De plus, certains chapitres sont très liés. Il en est ainsi des cas de rupture du contrat de travail et des effets de la rupture, ou des cas de suspension du contrat de travail et de la protection sociale alors prévue.

Sujet	Définition et sources du droit social	Contrôle de l'application du droit social	Conflits contentieux et non contentieux	Marché du travail et recrutement	Formation du contrat de travail et formalités à l'embauche	Contenu du contrat et recours au CDI	La diversité des contrats de travail	Les cas de suspension du contrat	La modification du contrat de travail
Chapitre du cours / Année	1	2	3	4	5	6	7	8	9
2008	✗					✗			✗
2009						✗		✗	
2010			✗					✗	
2011		✗			✗			✗	
2012	✗						✗		
2013			✗						
2014				✗	✗				✗
2015	✗				✗				✗
2016			✗				✗		✗
2017		✗				✗			
2018	✗	✗					✗		
2019				✗			✗		
2020	✗		✗						✗
2021						✗	✗	✗	✗

Sujet	La durée du travail	Les repos et congés	La rémunération	La formation du salarié	Le pouvoir disciplinaire	Les libertés fondamentales et protection physique	Le licenciement	Les autres modes de rupture	Les effets de la rupture
Chapitre du cours / Année	10	11	12	13	14	15	16	17	18
2008	✗			✗			✗		
2009							✗	✗	✗
2010					✗			✗	✗
2011							✗	✗	✗
2012	✗					✗	✗		✗
2013	✗		✗			✗	✗		✗
2014					✗	✗			
2015	✗			✗		✗	✗	✗	
2016					✗		✗		✗
2017				✗	✗			✗	
2018		✗			✗	✗	✗		✗
2019	✗	✗						✗	
2020	✗								
2021	✗							✗	✗

Sujet / Année \ Chapitre du cours	Les institutions représentatives du personnel	Le statut et le rôle des syndicats	La négociation collective et les catégories d'accords	La participation des salariés aux performances et le bilan social	Introduction au droit de la protection sociale	Le régime général de la Sécurité sociale	L'assurance chômage et les autres formes de protection sociale
	19	20	21	22	23	24	25
2008	✗	✗	✗				✗
2009						✗	
2010	✗	✗				✗	
2011	✗		✗			✗	
2012			✗	✗			
2013	✗					✗	
2014			✗			✗	✗
2015			✗				✗
2016	✗	✗				✗	
2017		✗	✗				
2018			✗	✗			
2019	✗	✗	✗			✗	✗
2020			✗			✗	
2021						✗	

1. Comprendre le vocabulaire des consignes

Dans le cadre de l'examen, vous serez amené à répondre à des questions comportant des verbes d'action. Il est essentiel de comprendre le sens de ces verbes, afin d'appréhender les attentes du corrigé et d'éviter tout hors sujet.
La liste ci-dessous n'est pas exhaustive, mais elle reprend la plupart des verbes employés par le programme et correspondant aux compétences attendues.

Analyser : décomposer, étudier, choisir, comparer

Exemple : *« Ryan souhaite recruter un salarié pour remplacer sa secrétaire qui va être en congé maternité. Il hésite entre un CDD ou un CTT. »*
Question posée : analysez le CDD et le CTT pour aider Ryan à faire un choix.
Analyser = comparer pour ensuite choisir en fonction du contexte donné.
La réponse doit présenter les deux types de contrats possibles, avec leurs caractéristiques. Il faut ensuite choisir le CDD ou le CTT, en justifiant ce choix en fonction des attentes de l'employeur.

Apprécier : évaluer, déterminer la valeur de, estimer, expertiser

Exemple : *« Thomas vient de recruter un nouveau responsable pour le service recherche et développement. Il se méfie de la concurrence et ne souhaite pas que ce salarié puisse divulguer les avancées de ce service. Il se demande s'il doit insérer une clause de non-concurrence. »*
Question posée : appréciez l'intérêt d'une clause de non-concurrence.
Apprécier = déterminer la valeur, les effets juridiques d'une clause de non-concurrence, évaluer l'intérêt d'y avoir recours.
La réponse doit définir la clause de non-concurrence, pour en donner les effets. Il faut ensuite comparer ces effets aux objectifs recherchés par Thomas dans le cas présent.

Caractériser : spécifier, nommer

Exemple : *« Agnès a été mise à pied à la suite de plusieurs retards. Elle considère que cette sanction est disproportionnée par rapport à la faute qu'elle a commise. »*
Question posée : caractérisez la faute commise.
Caractériser = spécifier le type de faute, nommer la faute pour en tirer les conséquences.
La réponse doit définir les différents types de fautes possibles, pour ensuite caractériser celle commise en fonction des faits du cas présenté.

Différencier : discriminer, distinguer, faire ressortir les différences

Exemple : *« Pablo a reçu il y a une semaine un courrier lui annonçant que sa candidature était retenue pour un poste de chauffeur. Il doit commencer dans quinze jours pour un salaire de 1 400 € par mois et n'a plus qu'à se présenter le jour dit à l'accueil. Cependant, hier, le responsable des ressources humaines lui a indiqué qu'il avait changé d'avis. Pablo souhaite contester cette décision en invoquant l'existence d'une promesse unilatérale de contrat de travail. »*
Question posée : différenciez la promesse unilatérale de contrat de travail de l'offre de contrat.
Différencier = faire ressortir les différences pour en tirer les conséquences.
La réponse donnée doit commencer par définir les deux notions en cause (offre et promesse), puis mettre en avant les éléments caractéristiques. Il faut ensuite appliquer ces notions au cas donné pour décider s'il s'agit d'une offre ou d'une promesse. En fonction de ce choix, les conséquences juridiques de la rupture ne seront pas les mêmes.

Expliquer : expliciter, exposer, exprimer, tirer les conséquences juridiques

Exemple : *« Vincent vient d'être licencié pour motif économique. Il vous interroge sur les indemnités auxquelles il aura droit. »*
Question posée : expliquez les conséquences financières de cette rupture.
Expliquer = exposer, tirer les conséquences juridiques.
La réponse doit exposer toutes les conséquences juridiques liées à un licenciement pour motif économique. Il faut ensuite analyser la situation de Vincent pour présenter les indemnités liées à la catégorie de licenciement dont il fait l'objet.

Exploiter : analyser, interpréter, utiliser (une documentation juridique)

Exemple : *« Dans la base documentaire, sont fournis plusieurs documents : un texte de loi et une convention collective. Le sujet porte sur le licenciement économique de 23 salariés dans la même entreprise. »*
Question posée : exploitez la documentation fournie pour présenter les obligations de l'employeur dans le cadre de ce licenciement.
Exploiter = analyser, synthétiser, résumer, utiliser.
La réponse doit présenter les obligations de l'employeur en cas de licenciement pour motif économique. Il faut ensuite compléter cette réponse en ajoutant les obligations données dans les textes fournis. Ces documents doivent permettre de compléter vos connaissances. Dans ce cas, il est important de donner les règles propres au licenciement collectif (10 salariés et plus).

Hiérarchiser : organiser, classer selon un certain ordre, articuler

Exemple : *« Dans la base documentaire, sont fournis plusieurs documents : un texte de loi, un accord collectif et un contrat de travail s'appliquant à la situation d'un même salarié. »*
Question posée : hiérarchisez ces sources pour déterminer laquelle sera appliquée.
Hiérarchiser = classer les sources selon leurs règles d'application.
La réponse doit présenter les caractéristiques de la hiérarchie des normes en droit social et indiquer la règle applicable au cas du salarié concerné dans le contexte donné.

Identifier : reconnaître, déterminer, lister, repérer, établir, cerner

Exemple : *« M. Duval a été sanctionné par son employeur à la suite de nombreux retards. Il souhaite contester cette décision. »*
Question posée : identifiez la juridiction compétente.
Identifier = déterminer, nommer, détecter.
La réponse doit présenter la juridiction compétente au regard de la compétence d'attribution et de la compétence géographique. Dans ce cas, il s'agit du conseil de prud'hommes en raison des parties en présence et du litige en cause : un litige individuel entre un salarié et un employeur portant sur l'exécution du contrat de travail. Aucune information n'est donnée sur la compétence géographique.

Informer : présenter, indiquer, signaler, préciser, décrire

Exemple : *« Marine a un litige avec son employeur. Ne souhaitant pas faire un recours devant le conseil de prud'hommes, elle vous demande si d'autres moyens pour régler ce différend sont possibles. »*
Question posée : informez Marine sur la nature des modes alternatifs de règlement des différends.
Informer = présenter, indiquer, signaler.
La réponse doit présenter la nature des MARD, pour décider du mode le mieux adapté à la situation de Marine.

Justifier : rendre légitime, démontrer, confirmer, motiver

Exemple : *« Sacha vient de décrocher un nouveau contrat pour participer au chantier de construction de la piscine municipale. Pour cela, il va avoir besoin d'ouvriers supplémentaires. Le chantier devrait durer trois ans. Son adjoint lui a conseillé de recruter sur la base de CDI de chantier. »*
Question posée : justifiez le choix du recours à un CDI de chantier dans cette situation.
Justifier = démontrer, prouver, motiver.
La réponse attendue doit commencer par définir le type de contrat proposé, ainsi que ses caractéristiques. Il faut ensuite donner les éléments de la situation pratique permettant de justifier le choix de ce contrat de travail.

Qualifier : nommer

Exemple : *« Charlène a été recrutée pour une durée de quatre mois en remplacement d'une salariée en congé de maternité. »*
Question posée : qualifiez le contrat de travail.
Qualifier = nommer, déterminer la qualification juridique, choisir l'appellation juridique adaptée.
La réponse doit identifier précisément le contrat en cause : un contrat à durée déterminée. En l'absence de précisions, ce contrat est conclu à temps plein.

Rédiger : réaliser, proposer une rédaction

Exemple : *« Hervé souhaite modifier le lieu d'exécution du contrat de travail de Sabine et introduire pour cela une nouvelle clause dans son contrat de travail. »*

Question posée : rédigez la clause nécessaire.

Rédiger = réaliser un écrit, proposer une rédaction.

La réponse doit identifier la clause nécessaire, puis indiquer les conditions de validité de cette clause. L'application consiste ensuite à proposer une rédaction concrète de cette clause.

Régler (un conflit) : choisir, trancher

Exemple : *« Samira a signé un contrat de travail à temps partiel prévoyant la possibilité de lui faire effectuer des heures complémentaires à hauteur d'un quart de son temps de travail. Elle ne comprend pas cette règle, qui ne respecte pas la limite légale. Son employeur lui répond qu'il applique la convention collective de son secteur d'activité. »*

Question posée : réglez ce conflit de normes.

Régler = choisir, trancher.

La réponse donnée doit identifier les sources de droit applicables au cas (la loi et la convention collective), ainsi que le domaine concerné (les heures complémentaires). Il faut ensuite présenter la règle permettant de faire un choix entre ces deux sources. En matière d'heures complémentaires, la loi permet à la convention collective de prévoir un nombre d'heures complémentaires supérieur à un dixième, à condition de rester inférieur à un tiers.

Schématiser : représenter avec un schéma, simplifier

Exemple : *« Hassan souhaite mettre en place un accord collectif au sein de son entreprise, portant sur l'aménagement du temps de travail. Il vous consulte, afin que vous puissiez lui indiquer la démarche à suivre pour cette mise en place. »*

Question posée : schématisez la procédure à suivre pour mettre en place cet accord collectif.

Schématiser : représenter avec un schéma.

La réponse prendra la forme d'un schéma explicatif identifiant les étapes de la négociation puis de l'adoption d'un accord collectif.

Vérifier : soumettre à un examen, contrôler

Exemple : *« Vous travaillez au pôle ressources humaines d'un cabinet d'expertise comptable. Guilaine Benrar vous présente un nouveau processus de recrutement mis en place pour les cadres et comportant un test de personnalité ainsi qu'un test professionnel. »*

Question posée : vérifiez la légalité de ce nouveau processus de recrutement.

Vérifier = examiner, contrôler.

La réponse doit présenter les règles encadrant tout processus de recrutement, en insistant sur la nécessité de vérifier le lien entre les questions ou les tests effectués et le poste à pourvoir. L'application au cas permet de valider les deux tests proposés car nécessaires pour un poste de cadre.

2. Étude d'un cas pratique

Exemple : Martin a été recruté en CDI au poste d'assistant contrôle de gestion (niveau technicien) il y a cinq ans au sein de la SA TRIPACK, une société de tri des emballages ménagers, et est membre du CSE depuis six mois. Il a reçu, le 1er mars dernier, une lettre le convoquant à un entretien en vue de son licenciement. Le courrier lui reproche ses nombreux retards, mais n'indique rien de plus.
Analysez la validité du licenciement de Martin.

Temps moyen approximatif : 45 minutes.

> **!** Le temps passé à l'analyse du sujet et à la réflexion doit être quasi le même que celui passé à rédiger la réponse. Il est en effet important d'interpréter correctement la question posée, pour ne pas faire de hors sujet et s'assurer de donner une réponse complète.

Le travail au brouillon

ÉTAPE 1 Analyser juridiquement les faits

(entre 10 et 15 minutes ici – 25 sur une base 100)

La première étape consiste à lire le sujet pour prendre connaissance des éléments essentiels qui serviront à guider votre réponse. Il convient d'identifier les acteurs en jeu ainsi que leurs caractéristiques juridiques, puis de qualifier juridiquement leurs relations.

Martin Salarié en CDI à temps plein Élu du CSE	← Envoi d'une lettre de convocation à un entretien de licenciement.	SA TRIPACK Employeur

Les éléments indispensables à identifier sont :

- la nature du contrat de travail : CDD, CDI, CTT ;
- le temps de travail : temps plein ou temps partiel ;
- les caractéristiques du salarié : salarié protégé, salariée enceinte ;
- les effectifs de l'entreprise : plus ou moins de 50 salariés, 300 salariés.

> **!** Si des dates vous sont données, il est important de les noter, car elles seront probablement utiles pour vérifier le respect de certains délais.

En cas de rupture du contrat de travail, vous devez également qualifier juridiquement cette rupture : licenciement, démission, rupture conventionnelle homologuée.
Il s'agit ici d'un licenciement pour motif personnel.

ÉTAPE 2 Identifier le problème juridique

(entre 2 et 5 minutes ici – 10 sur une base 100)

Vous devez identifier le problème de droit posé dans le cas pratique à partir de l'analyse du sujet et de la lecture de la question posée.

Le problème de droit peut être formulé sous forme interrogative ou affirmative. Il peut s'agir d'une ou de plusieurs questions, selon la structure de la question posée dans le sujet. Il est indispensable d'identifier le bon problème de droit, afin d'éviter toute réponse qui serait hors sujet. Si l'analyse précédente a été faite de façon approfondie, alors l'identification du problème juridique sera plus rapide.

L'analyse du sujet permet ici de savoir qu'il va porter sur un licenciement pour motif personnel : « en vue de son licenciement » et « lui reproche ses nombreux retards ».
La lecture de la question permet de compléter cette analyse : « Analysez la validité du licenciement de Martin. »
Il faut donc s'interroger sur :

- les conditions de validité de fond d'un licenciement pour motif personnel ;
- les conditions de validité de forme de ce type de licenciement.

> **!** Vous devez identifier toutes les questions posées. La question peut contenir des mots de liaison tels que « et » ou « si », dont il faut tenir compte.

« Analyser la validité du licenciement et identifier ses conséquences » : il faudra traiter à la fois les conditions de validité du licenciement et en donner les conséquences.

ÉTAPE 3 Mobiliser ses connaissances

(entre 5 et 10 minutes ici – 15 sur une base 100)

L'étape suivante consiste à identifier la règle de droit applicable au problème posé, donc tout simplement à mobiliser ses connaissances de cours en lien avec la question de droit.
Il est essentiel de noter les différents éléments qui vous viennent à l'esprit, sans les développer pour ne pas perdre de temps.

> **!** Si vous pensez à des éléments de réponse qui ne semblent pas être utiles pour traiter la question posée, notez-les tout de même sur votre brouillon car ils pourront vous servir pour les questions suivantes.

Il s'agit d'un licenciement pour motif personnel : procédure et exigence d'une cause réelle et sérieuse [voir Chapitre 16].

ÉTAPE 4 Utiliser les documents fournis par le sujet

Le sujet peut vous fournir des documents complémentaires en annexe (intitulée « base documentaire »). Vous devez alors appliquer la méthodologie d'analyse de document selon la catégorie du document fourni [voir Fiche 3 pour l'analyse d'un arrêt de justice, Fiche 4 pour l'analyse d'un contrat, Fiche 5 pour l'analyse d'un texte juridique].
Les éléments tirés de cette analyse peuvent vous permettre de compléter vos principes juridiques (notamment dans le cas d'une analyse d'arrêt ou de textes juridiques) ou d'appliquer concrètement au cas pratique donné.

> **!** Tous les documents fournis doivent en principe être utilisés dans vos réponses. Il peut cependant arriver que vous ayez à choisir parmi plusieurs textes de loi fournis. Dans tous les cas, si vous ne retenez pas un texte donné dans la base documentaire, vous devrez le justifier dans votre réponse.

Le travail sur la copie

ÉTAPE 5 Rédiger la réponse (entre 20 et 25 minutes ici – 45 sur une base 100)

Vous devez rédiger une réponse structurée en deux parties :

- présentation de la règle de droit mobilisée pour résoudre le cas donné : « Principes juridiques » ;
- application de cette règle de droit au cas pratique : « Application au cas ».

Ces deux parties doivent être clairement distinctes dans votre copie car elles font l'objet d'une attribution de points et d'une évaluation des compétences différenciée :

- compétence à mobiliser les connaissances nécessaires pour résoudre un cas concret ;
- compétence à appliquer ces connaissances au cas donné pour proposer une solution pratique.

Vous ne devez pas oublier de conclure, c'est-à-dire de répondre explicitement à la question posée.

[Principes juridiques]
Pour être valable, un licenciement pour motif personnel doit avoir une cause réelle et sérieuse (manquement suffisamment grave pour entraîner la rupture du contrat de travail). L'employeur doit respecter une procédure spécifique (convocation à un entretien, puis notification du licenciement). En cas de salarié protégé, il doit demander au préalable l'autorisation de l'inspection du travail.
[Application au cas]
En l'espèce, les nombreux retards ne sont pas suffisants pour justifier un licenciement. La procédure semble respectée avec une convocation à un entretien, mais Martin étant élu au CSE, l'employeur devra obtenir l'autorisation de l'inspecteur du travail qui la refusera probablement au regard du motif évoqué.
[Conclusion]
Le licenciement de Martin n'est pas valable.

! **Votre réponse doit, dans la mesure du possible, toujours commencer par une définition de la notion juridique utilisée.**

La définition du licenciement pour motif personnel pourrait être ajoutée ici : rupture du contrat de travail à l'initiative de l'employeur pour des causes inhérentes à la personne du salarié et dans le cadre de l'exécution du contrat de travail.

ÉTAPE 6 Relire votre copie (entre 2 et 5 minutes ici – 5 sur une base 100)

La relecture de votre écrit est essentielle. Vous devez vérifier la syntaxe et l'orthographe car ces éléments font partie de la notation.
C'est également l'occasion de s'assurer que vous avez répondu aux questions posées en relisant la question et votre conclusion, afin de s'assurer de cette cohérence.

3. Analyse d'un arrêt de justice

Exemple : Arrêt de la Cour de cassation du 24 juin 2020 n° 19-12537

Faits et procédure

1. Selon l'arrêt attaqué (Paris, 19 décembre 2018), M. O... a été engagé par l'École spéciale d'architecture en qualité de professeur vacataire à partir de l'année 2000, puis de professeur associé selon divers contrats à durée déterminée entre février 2008 et août 2014, afin d'assurer l'enseignement de l'architecture durant six semestres.

2. Le 27 octobre 2014, il a saisi la juridiction prud'homale aux fins de requalification de sa relation de travail en contrat à durée indéterminée et de diverses demandes d'indemnités et de rappels de rémunération.

Examen du moyen Énoncé du moyen

3. L'employeur fait grief à l'arrêt de requalifier la relation contractuelle en contrat à durée indéterminée à compter du 24 février 2011, de le condamner à verser au salarié des sommes à titre d'indemnité de requalification, d'indemnité compensatrice de préavis et congés payés afférents, à titre d'indemnité conventionnelle de licenciement et d'indemnité pour licenciement sans cause réelle et sérieuse, ainsi que d'ordonner le remboursement à Pôle emploi des indemnités de chômage versées au salarié dans la limite de trois mois de prestations, alors :

« 1°/ qu'une entreprise relevant du secteur de l'enseignement peut conclure des contrats à durée déterminée d'usage successifs, lorsque des éléments concrets établissent le caractère par nature temporaire de l'emploi ainsi pourvu ; qu'en l'espèce, l'employeur rappelait dans ses écritures que le salarié avait conclu, avec des interruptions, plusieurs contrats à durée déterminée d'usage en différentes qualités pour effectuer des missions de nature différente, tenant, selon les contrats, en des ateliers, séminaires ou projets, de durées variables limitées à une fraction de l'année et que ce dernier s'était toujours vu confier des missions ponctuelles, qui n'étaient ni récurrentes, ni identiques, ni systématiquement reprises ultérieurement par l'employeur ;

Réponse de la Cour

4. S'il résulte de la combinaison des articles L. 1242-1, L. 1242-2 et D. 1242-1 du Code du travail que dans les secteurs d'activité définis par décret ou par voie de convention ou d'accord collectif de travail étendu, certains des emplois en relevant peuvent être pourvus par des contrats de travail à durée déterminée lorsqu'il est d'usage constant de ne pas recourir à un contrat à durée indéterminée, en raison de la nature de l'activité exercée et du caractère par nature temporaire de ces emplois, et que des contrats à durée déterminée successifs peuvent, en ce cas, être conclus avec le même salarié, l'accord-cadre sur le travail à durée déterminée conclu le 18 mars 1999 et mis en œuvre par la directive 1999/70/CE du Conseil du 28 juin 1999, qui a pour objet, en ses clauses 1 et 5, de prévenir les abus résultant de l'utilisation de contrats à durée déterminée successifs, impose de vérifier que le recours à l'utilisation de contrats successifs est justifié par des raisons objectives qui s'entendent de l'existence d'éléments concrets établissant le caractère par nature temporaire de l'emploi.

5. Ayant constaté, par motifs propres et adoptés, que le salarié avait été engagé pour assurer entre le 1er mars 2008 et le 28 février 2014 l'enseignement de l'architecture et fait ressortir que par son objet et sa nature, l'emploi de ce dernier était objectivement indispensable à l'activité normale et permanente de l'association, la cour d'appel a pu en déduire que, faute pour l'employeur d'établir que le salarié exerçait un emploi par nature temporaire, la requalification de la relation de travail en contrat à durée indéterminée devait être prononcée.
6. Le moyen n'est donc pas fondé. PAR CES MOTIFS, la Cour : REJETTE le pourvoi.
À partir de l'analyse de cet arrêt, rappelez les conditions pour avoir valablement recours au CDD.

Temps moyen approximatif : 30 minutes.

Le sujet d'examen peut prévoir dans la base documentaire la lecture et l'analyse d'un document utile pour résoudre la question posée dans le cadre du cas pratique. Dans ce cas, vous devez appliquer la méthodologie du cas pratique [voir Fiche méthodologique 2], tout en appliquant celle de l'analyse d'arrêt pour lire efficacement le document fourni.

• Le travail au brouillon

ÉTAPE 1 Identifier la structure de l'arrêt

(entre 2 et 5 minutes ici – 5 sur une base 100)

La première étape consiste à identifier la structure de l'arrêt fourni, afin d'en faciliter ensuite la lecture.
La nouvelle présentation des arrêts adoptée par la Cour de cassation permet de simplifier cette lecture.
En effet, des sous-titres indiquent :

> **!** La méthodologie présentée ici ne concerne que les arrêts de la Cour de cassation car ce sont ceux qui font jurisprudence et qui vous seront en général proposés pour analyse.

- le paragraphe correspondant aux faits et à la procédure ;

Faits et procédure
1. Selon l'arrêt attaqué (Paris, 19 décembre 2018), M. O... a été engagé par l'École spéciale d'architecture en qualité de professeur vacataire à partir de l'année 2000, puis de professeur associé selon divers contrats à durée déterminée entre février 2008 et août 2014, afin d'assurer l'enseignement de l'architecture durant six semestres.

- l'exposé des moyens :

Examen du moyen Énoncé du moyen
3. L'employeur fait grief à l'arrêt de requalifier la relation contractuelle en contrat à durée indéterminée à compter du 24 février 2011, de le condamner à verser au salarié des sommes à titre d'indemnité de requalification, d'indemnité compensatrice de préavis et congés payés afférents, à titre d'indemnité conventionnelle de licenciement et d'indemnité pour licenciement sans cause réelle et sérieuse, ainsi que [...].

- la solution rendue par la Cour de cassation :

Réponse de la Cour
4. S'il résulte de la combinaison des articles L. 1242-1, L. 1242-2 et D. 1242-1 du Code du travail que dans les secteurs d'activité définis par décret ou par voie de convention ou d'accord collectif de travail étendu, certains des emplois en relevant peuvent être pourvus [...].

Cette structuration vous permet de savoir à quel endroit vous trouverez l'information demandée. Elle peut être mise en parallèle avec l'ancienne présentation, que vous rencontrerez lorsque vous aurez à analyser des arrêts rendus avant 2020.

> **!** **Vous pouvez être amené à analyser des arrêts rendus avant 2020, ou même après mais par une chambre de la Cour de cassation n'ayant pas adopté la nouvelle présentation. Vous devez alors être capable de repérer les différents éléments précités dans le cadre de cette présentation différente.**

Exemple : Arrêt de la Cour de cassation du 29 janvier 2020, n° 18-16695

Attendu, selon l'arrêt attaqué, que Mme B... a été engagée en qualité de psychologue par la société Actiroute (la société) suivant cent seize contrats de travail de mission d'une durée de deux jours chacun pour l'animation de stages de sensibilisation à la sécurité routière ; que, le 14 avril 2015, elle a saisi la juridiction prud'homale à l'effet d'obtenir la requalification de ses contrats à durée déterminée en un contrat à durée indéterminée et paiement de diverses sommes ;

= Faits et procédure

Sur le moyen unique, pris en sa première branche :

Vu l'article L. 1242-12 du Code du travail ;

Attendu que pour débouter la salariée de sa demande en requalification de ses contrats de travail en contrat à durée indéterminée et de ses demandes subséquentes, l'arrêt retient que deux conditions doivent être réunies, la première tenant au secteur d'activité et la seconde à la nature temporaire de l'emploi pourvu, que, s'agissant des secteurs d'activité visés par les contrats d'usage, la notion de secteur d'activité vise l'activité principale de l'entreprise et non l'activité du salarié concerné. [...]

= Énoncé du moyen

Qu'en statuant ainsi, alors que le recours au contrat de travail à durée déterminée d'usage ne dispense pas l'employeur d'établir un contrat écrit comportant la définition précise de son motif, la cour d'appel, qui n'a pas constaté que les contrats litigieux mentionnaient le motif précis du recours à un tel contrat de travail à durée déterminée d'usage, a violé le texte susvisé ; Par ces motifs, Casse et annule.

= Réponse de la Cour

ÉTAPE 2 Repérer les éléments essentiels

(entre 10 et 15 minutes ici – 40 sur une base 100)

Éléments de structuration d'un arrêt : comparatif des deux présentations possibles

Éléments à identifier	Moyen d'identification	Contenu	Application à l'exemple (arrêt de la Cour de cassation du 24 juin 2020 n° 19-12537)
Visa	La phrase commence par « Vu ».	– Indique le texte de référence permettant à la Cour de justifier la cassation. – On le trouve en début d'arrêt (ancienne version) ou dans la partie « Réponse de la cour » (nouvelle version).	L'exemple donné est un arrêt de rejet : il n'y a donc pas de visa.

Éléments à identifier	Moyen d'identification	Contenu	Application à l'exemple (arrêt de la Cour de cassation du 24 juin 2020 n° 19-12537)
Les faits et la procédure	– « Faits et procédure » (nouvelle version). – 1er paragraphe commençant par « Attendu » (ancienne version).	Présente le déroulement des faits ayant amené au recours en justice. Indique la procédure antérieure suivie par les parties (juridiction du 1er degré, cour d'appel le cas échéant).	– Faits : M. O… a été engagé en qualité de professeur selon plusieurs CDD. – Procédure : recours devant la juridiction prud'homale pour demander requalification en CDI, puis devant la cour d'appel (« fait grief à l'arrêt »).
Prétentions de parties	– « Examen du moyen – Énoncé du moyen » (nouvelle version). – 2e paragraphe commençant par « Fait grief à l'arrêt d'avoir… » ou « Attendu que pour débouter… » (ancienne version).	Présente les arguments du demandeur.	« L'employeur fait grief à l'arrêt de dire » : il va présenter les différents arguments permettant de contester la requalification en CDI.
Solution de la Cour de cassation	– « Réponse de la Cour » (nouvelle version). – « Mais attendu que » OU « Attendu qu'en statuant ainsi » (ancienne version).	– Indique la réponse du juge au problème de droit qui lui a été posé (le dispositif), ainsi que ses justifications (le motif). – « Mais attendu » implique un arrêt de rejet de la demande. – « Attendu qu'en statuant ainsi alors que » implique une décision de cassation.	– « Le moyen n'est pas fondé : REJETTE » : la Cour de cassation confirme la solution rendue par la Cour d'appel qui avait requalifié la relation en CDI. – Elle justifie sa décision par la nécessité de prouver la nature temporaire de l'emploi.

• Le travail sur la copie

ÉTAPE 3 Analyser les apports de l'arrêt donné

(entre 5 et 10 minutes ici – 25 sur une base 100)

À partir des éléments identifiés ci-dessus, vous allez devoir présenter :

- les **faits** : la présentation doit être objective et ne pas déborder sur la solution rendue par le juge. Elle ne doit pas prendre parti ;
- les **parties** : elles doivent être identifiées clairement ;

> **!** L'analyse des faits et de la procédure doit vous permettre d'identifier et de qualifier les parties : demandeur et défendeur.

Le demandeur est celui qui fait le recours et que l'on trouve grâce à l'expression « fait grief à l'arrêt de » ou « attendu que pour débouter ». Il reproche donc la décision rendue par l'arrêt de Cour d'appel (ou par le jugement de 1er degré) contre lequel il exerce ce recours en cassation.
Vous devez les identifier et les structurer en indiquant leur rôle juridique dans les faits relatés.

Dans l'arrêt de la Cour de cassation du 24 juin 2020, le demandeur est l'employeur (« l'employeur fait grief »), ici l'École spéciale d'architecture, et le défendeur est le salarié, ici M. O…

- le **problème juridique** : il s'agit de la question de droit posée au juge ;

Dans l'arrêt de la Cour de cassation du 24 juin 2020, le problème juridique est : Quelles sont les conditions à respecter pour avoir valablement recours à un CDD ?

> **!** Les consignes d'évaluation à l'examen sont claires : le problème juridique doit être formulé sous forme interrogative (une question) et neutre (sans reprendre les noms des parties).

Il n'est pas question de citer ici M. O… ni l'École spéciale d'architecture afin de formuler ce problème de droit de façon générale.

- la **réponse des juges** : vous devez identifier le dispositif qui permet de confirmer (rejette) ou d'infirmer (casse et annule) l'arrêt rendu par la Cour d'appel. Les motifs sont également très importants à reconnaître car il s'agit des éléments de justification retenus par la Cour de cassation pour justifier sa solution.

ÉTAPE 4 Répondre à la question posée

(entre 5 et 10 minutes ici – 25 sur une base 100)

La question posée dans le sujet peut être une simple analyse de l'arrêt donné. Vous pourrez alors être guidé : « Présentez les parties, les faits, le problème juridique, la solution ». Il peut également s'agir d'utiliser la solution rendue par la Cour de cassation pour répondre à la question du cas pratique. Dans ce cas, vous devez mobiliser vos connaissances en lien avec le problème juridique posé aux juges.

ÉTAPE 5 Relire votre copie (entre 2 et 5 minutes ici – 5 sur une base 100)

La relecture de votre écrit est essentielle. Vous devez soigner la syntaxe et l'orthographe car ces éléments font partie de la notation. Pensez à vérifier que votre réponse correspond bien à la question posée et que vous avez suffisamment approfondi la réflexion.

4. Analyse d'un texte

Exemple :
Convention collective nationale des cabinets d'experts-comptables et de commissaires aux comptes du 9 décembre 1974. Étendue par arrêté du 30 mai 1975
Article 6.1
Pour les collaborateurs (trices) dont le coefficient hiérarchique est inférieur à 330, la période d'essai est de 2 mois. Cette durée est portée à 3 mois pour les cadres. Elle est portée à 4 mois pour les experts-comptables inscrits à l'ordre et commissaires aux comptes inscrits à la compagnie.
Les parties peuvent convenir, d'un commun accord, de renouveler cette période d'essai une fois et pour une durée au plus égale. Le renouvellement de la période d'essai doit être prévu dans le contrat individuel de travail.
La rupture de la période d'essai est soumise aux délais de prévenance prévus par la loi. Toutefois, le salarié qui trouve un nouvel emploi pendant la période initiale ou pendant la période de renouvellement peut quitter son emploi immédiatement sans avoir à respecter de délai de prévenance.
Le délai de prévenance commence à courir à compter de la notification de la décision de mettre fin à la période d'essai.
À la fin de la période d'essai, chaque salarié reçoit une notification de la fonction définitive qui lui est confiée, ainsi que du coefficient hiérarchique correspondant. Toute modification ultérieure dans la classification professionnelle du salarié fera également l'objet d'une notification semblable au contrat de travail.
Antoine vient d'être recruté par le cabinet EC en qualité de collaborateur débutant et se pose des questions concernant la période d'essai.
À partir de vos connaissances et du document fourni, présentez les règles applicables à Antoine.

Temps moyen approximatif : 35 minutes.

> **!** Vous n'aurez jamais de question portant sur l'analyse d'un texte juridique en soi. Cette question sera obligatoirement intégrée dans le cadre de l'analyse d'un cas pratique nécessitant la lecture d'un texte juridique donné dans la base documentaire.

• Le travail au brouillon

ÉTAPE 1 Identifier les éléments essentiels du texte

(entre 2 et 5 minutes ici – 5 sur une base 100)

La première étape consiste à identifier les éléments du contexte du document permettant d'interpréter correctement son contenu :

- Le **titre** : il permet de donner le contenu et l'orientation du texte et d'en faciliter la compréhension.

Le texte donné ici est la convention collective des cabinets d'experts-comptables et commissaires aux comptes. Il est important de noter qu'elle a fait l'objet d'un arrêté d'extension.

- La **date** : elle permet de situer le texte dans le contexte économique ou juridique actuel.

Concernant une convention collective, la date est importante en cas d'avenant ou de dénonciation indiqué dans les faits. Ici, cette convention a été signée le 9 décembre 1974, mais a dû faire l'objet d'avenants depuis.

- La **source** : elle permet d'apprécier la portée du document et d'en vérifier la fiabilité. Une revue donne par exemple un caractère plus actuel qu'un ouvrage économique. De même, on peut savoir ainsi s'il s'agit d'un texte réservé à des spécialistes, avec un vocabulaire spécifique (revue juridique), ou d'un texte à la portée de tous (article d'un journal local ou national).
- L'**auteur** : la qualité de l'auteur (économiste, homme politique, journaliste, etc.) renseigne sur le degré d'objectivité du texte.

! L'analyse d'un texte peut porter sur une diversité de textes tels qu'une convention ou un accord collectif, un texte de loi, un article d'une revue juridique spécialisée, voire un article de journal (comme le sujet d'examen session 2020). Les éléments indiqués sont alors à adapter en fonction du document proposé.

ÉTAPE 2 Analyser le contenu du texte

(entre 10 et 15 minutes ici – 30 sur une base 100)

Pour être efficace, votre lecture doit comporter plusieurs étapes clés :

- **Rechercher l'organisation interne du texte** : il peut parfois être utile de mettre en évidence cette organisation interne du texte. Il peut s'agir de sous-titres, de marques de paragraphe ou encore de mots de liaison. Cela permet de bien mettre en évidence l'enchaînement des idées et de comprendre plus facilement la logique du texte. En principe, vous trouverez une idée principale par paragraphe.

Dans le document fourni, les articles de la convention sont un premier élément de structure interne. On constate ensuite que le texte est présenté sous forme de paragraphes, avec une idée par paragraphe.

- **Rechercher les idées principales** : pour une lecture efficace, il faut surligner les phrases ou idées importantes. Pour vous aider, vous pouvez commencer par lire les questions avant le texte, pour orienter votre lecture en fonction du ou des problèmes posés.
- **Relever les mots et expressions difficiles** : il est essentiel de connaître tous les mots de vocabulaire se rapportant à l'économie et au droit, pour être sûr de bien maîtriser le sens du texte. Le mieux est de les noter et de les apprendre au fur et à mesure au cours de l'année.

ÉTAPE 3 Mobiliser vos connaissances

(entre 10 et 15 minutes ici – 30 sur une base 100)

À la lecture du texte, vous allez faire des liens avec les connaissances acquises dans le cadre de votre formation. Il est important de les noter au fur et à mesure, afin de compléter les idées du texte.

! L'examen a pour but d'évaluer votre compétence à comprendre un texte juridique, mais surtout à l'utiliser pour résoudre un cas pratique. Vous ne devez pas vous limiter aux idées énoncées dans le texte fourni, mais les compléter avec vos connaissances personnelles.

Il est important d'exercer votre esprit critique à l'égard du texte que vous analysez et de le confronter à vos connaissances. Certaines affirmations du texte donné peuvent se révéler inexactes dans le contexte donné par le sujet d'examen.

La période d'essai est fixée en fonction de la catégorie socioprofessionnelle du client. La convention indique également les règles concernant le renouvellement de la période d'essai et le délai de prévenance en cas de rupture.

• Le travail sur la copie

ÉTAPE 4 Rédiger votre réponse (entre 5 et 10 minutes ici – 30 sur une base 100)

Votre réponse doit être structurée et organisée. Elle reprend la structure conseillée pour l'analyse d'un cas pratique :

- principes juridiques ;
- application au cas.

Les éléments obtenus à partir du texte pourront compléter vos principes juridiques ou vous aider à faire l'application concrète au cas pratique donné.

> **!** Vous ne devez pas faire de paraphrase. Pour cela, si vous souhaitez citer le texte, il faut le mettre entre guillemets. Cependant, il est préférable de reformuler les idées du texte. Pensez à faire référence au document (titre et source ou auteur) lorsque vous vous appuyez sur lui pour étayer votre réponse.

1. Principes juridiques
La période d'essai doit être prévue dans le contrat de travail pour exister. Sa durée est fixée dans la loi, sauf convention collective contraire qui ne peut prévoir une durée plus longue. Le renouvellement doit être prévu dans le contrat de travail et dans la convention collective. La rupture de la période d'essai nécessite le respect d'un délai de prévenance, sauf convention collective plus favorable.
2. Application au cas
Antoine est collaborateur débutant. Sa période d'essai est de deux mois. Le renouvellement sera possible s'il est prévu dans le contrat et après accord des parties. Si Antoine rompt son contrat parce qu'il a trouvé un nouvel emploi, alors il n'a pas de délai de prévenance à respecter.

Vous devez vérifier que la convention collective est bien applicable au cas qui vous est donné. Le titre vous permet d'identifier le champ d'application professionnel et géographique et de le confronter ensuite à l'activité et au lieu du siège social de l'entreprise.

ÉTAPE 5 Relire votre copie (entre 2 et 5 minutes ici – 5 sur une base 100)

La relecture de votre écrit est essentielle. Vous devez vérifier la syntaxe et l'orthographe car ces éléments font partie de la notation. Pensez à vérifier que votre réponse correspond bien à la question posée et que vous avez suffisamment approfondi la réflexion.

5. Analyse d'un contrat de travail

Exemple :

Contrat de travail à durée indéterminée

Entre les soussignés :
La société MAXIPLUS, située 69, route des Forges, 14000 CAEN
Immatriculation au RCS 362 528 876 00035
Représentée par Mme TUDAN, agissant en qualité de DRH
d'une part,

et :

M. TOUTLEMONDE Enzo, demeurant 3, route des Caves, 14383 LOUVIGNY
Numéro de Sécurité sociale 174051804563398
Libre de tout engagement
d'autre part,

Il a été convenu ce qui suit :

Article 1 – Engagement
M. TOUTLEMONDE Enzo est engagé par la société MAXIPLUS en qualité de chef de caisse (statut employé).
Le contrat prend effet à compter du 1er mars 2021.

Article 2 – Période d'essai
Il est conclu pour une durée indéterminée. Il ne deviendra définitif qu'à l'expiration d'une période d'essai de 4 mois renouvelable une fois.

Article 3 – Horaires de travail
M. TOUTLEMONDE Enzo travaillera 20 heures par semaine, réparties librement par l'employeur sur les jours de la semaine.
Il recevra un planning de ses heures de travail 24 heures avant la mise en œuvre des nouveaux horaires en cas de changement.

Article 4 – Rémunération
La rémunération mensuelle brute sera de 1 090 € brut par mois pour un horaire mensualisé de 86,67 heures.

Article 5 – Obligations professionnelles
M. TOUTLEMONDE Enzo s'engage à informer la société de tout changement le concernant, notamment en cas de changement de domicile.
Il s'engage à ne pas cumuler son contrat de travail avec une autre activité professionnelle.
En cas de rupture de ce contrat, M. TOUTLEMONDE Enzo s'engage à ne pas travailler dans le secteur de la grande distribution dans la région Normandie pendant trois ans.
[…]

1. Enzo vous consulte afin de vous demander de vérifier la validité de ce contrat de travail.
2. Analysez la rupture du contrat de travail d'Enzo par son employeur le 25 juin 2021.

Temps moyen approximatif : 45 minutes.

• Le travail au brouillon

ÉTAPE 1 Analyser le sujet (entre 5 et 10 minutes ici – 20 sur une base 100)

L'analyse d'un contrat de travail est un exercice classique en droit social. Cependant, il ne vous sera jamais donné tel quel, mais dans le cadre d'un contexte.
Il faut donc commencer par analyser le sujet et les questions posées dans le cas pratique, avant de lire le document et de procéder à son analyse [voir Fiche méthodologique 2].

> **!** La question posée peut être générale : « Analysez la validité du contrat de M. Toutlemonde ». Mais il peut également s'agir d'une question plus précise : « Vérifiez si la rupture du contrat de M. Toutlemonde au 5 avril est valable », nécessitant une lecture attentive de son contrat de travail afin d'identifier les clauses encadrant cette rupture.

La **question 1** ne nécessite pas une lecture trop longue puisqu'il s'agit ici de traiter le problème suivant : « Quelles sont les conditions de validité d'un contrat de travail ? »
La **question 2** nécessite d'étudier le cas pratique, afin de connaître le contexte de cette rupture et d'appliquer la méthode d'analyse d'un cas pratique [voir Fiche méthodologique 2].

ÉTAPE 2 Analyser juridiquement le contrat

(entre 15 et 20 minutes ici – 40 sur une base 100)

L'analyse d'un contrat de travail nécessite d'identifier plusieurs éléments déterminants indispensables, pour ne pas faire de hors sujet et ne pas commettre d'oubli. Il est essentiel, pour chacun d'entre eux, de se poser les bonnes questions.

Méthode d'analyse d'un contrat de travail

Éléments à identifier	Questionnements à avoir	Effets sur la règle à appliquer	Application à l'exemple
Le type de contrat	Identifier s'il s'agit d'un CDD ou d'un CDI.	Les conditions de validité de fond et de forme concernant le CDD sont différentes de celles propres au CDI.	Le titre et l'article 2 nous indiquent qu'il faudra appliquer ici les règles propres au CDI.
Le temps de travail	Identifier s'il s'agit d'un temps plein ou d'un temps partiel.	Le contrat de travail à temps partiel implique de prévoir certaines clauses obligatoires concernant le temps de travail.	L'article 3 doit être analysé précisément, afin de vérifier s'il répond aux règles du temps partiel.
Les clauses obligatoires	Vérifier que toutes les clauses obligatoires dans un contrat de travail ont bien été prévues.	– Le CDD et le CDI doivent comporter certaines clauses obligatoires dont il faut vérifier la présence dans le contrat. – Il est également essentiel d'en vérifier la légalité quant à leur contenu.	– Ce contrat de travail n'est pas complet. Il manque notamment la clause faisant référence à la convention collective ou celle relative à la protection complémentaire, mais il est indiqué que ce contrat n'est qu'un extrait : […]. – L'article 4 concerne la rémunération (vérifier sa conformité au SMIC et au minimum conventionnel).

Éléments à identifier	Questionnements à avoir	Effets sur la règle à appliquer	Application à l'exemple
Les clauses facultatives	Vérifier la validité de chaque clause facultative insérée par l'employeur dans le contrat de travail.	– Il faut nommer la clause et en vérifier les conditions de validité. – Les clauses facultatives les plus fréquentes sont : la période d'essai, la clause d'exclusivité, la clause de non-concurrence, la clause de mobilité et la clause de dédit-formation.	L'article 5 comporte une clause d'exclusivité et une clause de non-concurrence dont il faudra vérifier la validité.

!

Il est très important de prendre le temps d'analyser chacun des articles du contrat fourni, afin d'en vérifier la validité. Vous devez également mettre cette analyse en relation avec les éléments du contexte qui vous sont donnés par ailleurs et que vous avez déjà identifiés.

Le travail sur la copie

ÉTAPE 3 Répondre aux questions posées (temps variable selon le type de questions posées : entre 10 et 15 minutes – 35 sur une base 100)

À partir de l'analyse du contrat de travail faite précédemment, vous allez pouvoir répondre aux questions qui vous sont posées.
La méthodologie du cas pratique doit être respectée lors de la rédaction de ces réponses, en structurant notamment votre réponse en deux parties : principes juridiques / application au cas [voir Fiche méthodologique 1].

!

Votre réponse doit toujours commencer par l'identification du contrat de travail en cause : CDI ou CDD, et temps plein ou temps partiel. Cette qualification détermine ensuite les règles applicables au cas donné, et donc la validité de toutes vos réponses.

Question 1 : il s'agit ici d'un CDI à temps partiel. Il faudra donc vérifier que la clause relative au temps partiel comporte toutes les mentions nécessaires. En principe, elle doit préciser la répartition du temps de travail sur les jours de la semaine et la modification unilatérale par l'employeur de cette répartition n'est pas possible. La clause en l'état n'est pas valable.
Il en est de même pour la clause sur la rémunération, pour laquelle il faut vérifier le respect du SMIC horaire en fonction du temps de travail.
Question 2 : la rupture faite ici est celle d'un CDI pendant la période d'essai. Il faut vérifier si la durée de la période d'essai prévue dans le contrat (article 2) est valable au regard du poste du salarié (article 1). En fonction de cette vérification, il faudra indiquer les conséquences de cette rupture. Une application concrète doit être faite tenant compte de la date de début de contrat fixée au 1er mars et de la date de rupture au 25 juin.

ÉTAPE 4 Relire votre copie (entre 2 et 5 minutes ici – 5 sur une base 100)

La relecture de votre écrit est essentielle. Vous devez soigner la syntaxe et l'orthographe car ces éléments font partie de la notation. Pensez à vérifier que votre réponse correspond bien à la question posée et que vous avez suffisamment approfondi la réflexion.

PARTIE 1

INTRODUCTION AU DROIT DU TRAVAIL

« Les sources du droit social encadrant la relation de travail sont nombreuses et leur application, soumise à différents contrôles, peut donner lieu à des conflits contentieux ou non contentieux. »

CHAPITRE 1

Définition et sources du droit social

À l'issue de ce chapitre,

• vous serez capable :
- ❐ d'identifier les principales évolutions récentes du droit du travail ;
- ❐ de repérer les sources du droit applicables à la relation de travail ;
- ❐ de régler un conflit de normes en droit du travail ;
- ❐ de qualifier un contrat de travail et le distinguer d'autres situations ;
- ❐ d'analyser les interactions entre le droit du travail et l'évolution des contextes économiques.

• vous saurez identifier :
- ❐ les repères historiques relatifs à la construction du droit du travail ;
- ❐ la définition du droit du travail : caractéristiques et champ d'application ;
- ❐ les principes récents en droit du travail : égalité hommes-femmes, non-discrimination, etc. ;
- ❐ les sources spécifiques du droit du travail ;
- ❐ l'importance des sources professionnelles ;
- ❐ la hiérarchie des normes et les règles permettant la résolution des conflits de normes.

Mettez-vous en situation

Vincent est ouvrier technicien dans une laiterie située près de Besançon. Il travaille habituellement 37 heures par semaine. Cependant, un accord de performance collective a prévu de réduire temporairement son temps de travail à 35 heures.
Vincent n'étant pas syndiqué, il compte s'opposer à cette décision négociée par une instance qui ne le représente pas et qui a pour effet de réduire sa rémunération.
Aude, collègue de Vincent, vient d'apprendre qu'elle avait perdu ses congés du fait de son arrêt maladie. Or elle a lu que cette décision était interdite par la jurisprudence européenne. Son employeur étant suisse, Aude se demande quelle est la législation applicable ainsi que la juridiction compétente.
Que pouvez-vous répondre à Vincent et à Aude ?

I. La notion de droit social

A Définition et champ d'application

1. Le droit du travail

Le droit du travail ne concerne que les personnes travaillant pour le compte et sous la direction d'autrui. Ne sont donc pas concernés les travailleurs indépendants, les fonctionnaires, le travail domestique.
Le droit du travail encadre deux types de relations entre employeurs et salariés :
- les relations individuelles (le salaire, le temps de travail, etc.) ;
- les relations collectives (relatives à l'ensemble des salariés, comme la grève).

2. Le droit de la protection sociale

La protection sociale permet de protéger un individu, une famille ou un groupe de personnes quel qu'il soit, contre un certain nombre d'événements, qualifiés de risques.

Définition : La protection sociale est l'ensemble des régimes qui assurent ou complètent une couverture sociale, ainsi que diverses prestations à caractère familial ou social.

Seuls les risques individuels, dits « risques sociaux », sont protégés.
La protection sociale [voir Partie 5] obéit à trois logiques :

- une **logique d'assurance sociale consistant à verser** une prestation en contrepartie d'une cotisation ;
- une **logique d'assistance** fondée sur la solidarité ;
- une **logique de protection universelle** voulant que tous les individus soient protégés, sans condition de ressources ni de cotisations.

B Un droit complexe en constante évolution

1. Les caractéristiques du droit social

Le droit social est :

- **Un droit jeune et réaliste.** Datant du début du xxe siècle, il est en constante évolution. Il s'attache plus à ce que font les acteurs qu'à leurs déclarations (droit réaliste).
- **Un droit autonome et particulier.** Adapté aux diverses situations professionnelles, il tient compte de rapports juridiques asymétriques pour tenter de les rééquilibrer (notions de sécurisation des parcours professionnels).
- **Un droit extensif et dynamique.** Ses domaines d'application évoluent régulièrement et il s'adapte aux nouvelles attentes des partenaires grâce, notamment, à la négociation collective. Il s'agit d'un outil de politique économique.
- **Un droit impératif.** Il s'agit d'un droit d'ordre public (rares dérogations).

Tableau 1.1 Les grandes dates du droit social

Dates	Contenus des textes
Loi Waldeck-Rousseau du 21/03/1884	Reconnaissance de la liberté d'association professionnelle permettant la constitution de syndicats.
Loi du 28/12/1910	Création du Code du travail.
20/08/1914	Création d'un fonds national de chômage.
Loi du 05/04/1928	Loi sur les assurances sociales.
Accords de Matignon du 07/06/1936	– Mise en place des congés payés. – Semaine de 40 heures.
Loi du 02/01/1970	Création du salaire minimum de croissance (SMIC).
Loi du 13/06/1998 dite loi Aubry I	Mise en place des 35 heures.
Loi du 20/08/2008 portant rénovation de la démocratie sociale et réforme du temps de travail	– Loi modifiant les règles à respecter pour être reconnue comme organisation syndicale représentative (OSR). – Loi permettant un recours plus facile aux heures supplémentaires.
Loi du 06/08/2015 pour la croissance, l'activité et l'égalité des chances économiques	– Élargissement du travail le dimanche et du travail de nuit. – Plafonnement des indemnités en cas de licenciement sans cause réelle et sérieuse.

Dates	Contenus des textes
Loi du 08/08/2016 dite loi Travail, loi relative au travail, à la modernisation du dialogue social et à la sécurisation des parcours professionnels.	– Primauté de l'accord collectif. – Augmentation du plafond de la durée du travail. – Droit à la déconnexion.
Ordonnances du 22/09/2017.	– Création du comité social et économique (CSE). – Renforcement de la primauté des accords d'entreprise. – Facilitation de la conclusion d'accords d'entreprise dans les petites et moyennes entreprises (PME).
Loi du 30/12/2017, LFSS pour 2018.	Suppression du RSI devenu SSI.
Loi du 05/09/2018 pour la liberté de choisir son avenir professionnel.	– Modification des règles de financement de la formation professionnelle. – Réforme de l'apprentissage.
Loi du 02/08/2021 pour renforcer la prévention en santé au travail	– Alignement de la définition du harcèlement sexuel sur le Code pénal. – Renforcement de la prévention au travail. – Extension des missions des services de santé au travail.

! **De nombreuses ordonnances et quelques lois ont été adoptées dans le cadre de la crise liée au Covid-19. Dispositifs temporaires, ils ne sont pas traités dans ce manuel sauf exceptions.**

2. Quelques principes récents du droit du travail

Le droit du travail étant un droit évolutif, plusieurs principes ont récemment émergé en lien direct avec les évolutions de l'économie, mais également de la société.
Le principe le plus ancien est celui de l'égalité de traitement.
Cette notion d'égalité de traitement a ensuite été déclinée sous deux autres principes :

- **la non-discrimination** qui consiste à respecter l'égalité de traitement entre salariés quelles que soient leurs caractéristiques propres ;
- **l'égalité hommes-femmes** qui concerne l'égalité entre salariés de sexes différents.

Tableau 1.2 Les principes récents du droit du travail

Principes du droit du travail	Contenus	Mises en œuvre
Égalité de traitement	L'employeur doit traiter les salariés placés dans la même situation de la même façon.	Ce principe s'applique à toutes les conditions de travail. Ex. : « à travail égal, salaire égal ». Il connaît cependant de nombreuses exceptions. L'employeur peut faire des différences entre ses salariés si elles sont justifiées de façon objective.
Non-discrimination	L'employeur ne peut prendre de décision fondée sur un critère, réel ou supposé, tel que le nom, le sexe, l'apparence, la religion, etc.	Ce principe s'applique : – lors du recrutement ; ex. : il est interdit de justifier le rejet d'un candidat du fait de son origine ethnique, vraie ou supposée ; – lors de l'exécution du contrat ; ex. : il est interdit de limiter la progression de carrière d'un salarié s'il est syndiqué ; – lors de la rupture du contrat de travail ; ex. : il est interdit de licencier un salarié sous prétexte qu'il serait trop âgé.

Principes du droit du travail	Contenus	Mises en œuvre
Égalité hommes-femmes	L'employeur doit respecter une égalité de droits réelle entre les hommes et les femmes dans le cadre de l'exécution de leurs contrats de travail.	– Politique de GRH tenant compte de l'égalité des salaires, mais également des perspectives de carrières et de la formation. – Mise en place de l'indice Egapro permettant de vérifier le respect de cette égalité.

II. Les sources spécifiques du droit social

A La diversité des sources

1. Les sources étrangères ou supra-étatiques

a. Les sources internationales

Le droit international contient des sources concernant le droit social. On trouve :

- **L'Organisation internationale du travail** (OIT) élabore des conventions internationales protectrices (travail des enfants, égalité hommes-femmes, etc.).
- **Les Nations unies** sont à l'origine de pactes influant sur le droit social (droits civils et politiques, etc.).
- **Le Conseil de l'Europe** met en place des traités et des conventions (Convention européenne de sauvegarde des droits de l'homme – CESDH, Convention sur la lutte contre la traite des humains).

b. Les sources communautaires

Le droit européen est composé de plusieurs types de textes :

- **Les traités.** Ils mettent en place des règles de droit communes à tous les États membres (Charte sociale européenne, etc.).
- **Les règlements.** Ce sont des textes de portée générale adoptés par le Conseil des ministres sur proposition de la Commission.
- **Les directives.** Ce sont également des textes de portée générale. La directive se différencie du règlement en laissant l'État choisir les modalités de mise en œuvre.
- **Les décisions, les avis et les recommandations.** Ils sont émis par le Conseil ou par la Commission.
- **La jurisprudence** de la Cour de justice de l'Union européenne (CJUE) et de la Cour européenne des droits de l'homme (CEDH). La CJUE contrôle l'application du droit communautaire et fait œuvre de jurisprudence. La CEDH contrôle le respect des droits de l'homme par les États européens et influence ainsi le droit social.

2. Les sources nationales ou étatiques

a. Les sources légales

La **Constitution** de la Ve République contient plusieurs grands principes applicables au droit social. Le préambule affirme « des droits économiques et sociaux particulièrement nécessaires à notre temps » comme le droit de grève ou le droit à la négociation collective. Les articles 34 et 37 répartissent les compétences entre le législateur (domaine des lois) et le gouvernement (domaine des décrets).

> **!** Le Code du travail rassemble la plupart des sources du droit social puisqu'il regroupe à la fois les dispositions législatives et réglementaires. Il ne s'agit pas d'une source et ne peut être cité comme tel. Les sources sont la loi ou les règlements codifiés dans ce code.

La jurisprudence est également une importante source du droit social. Elle regroupe l'ensemble des décisions prises par les tribunaux, les décisions de la Cour de cassation étant déterminantes.

b. Les sources professionnelles ou droit négocié

Il s'agit des conventions collectives et des accords collectifs.

Définition : Une convention collective comme un accord collectif sont issus de la négociation collective entre partenaires sociaux. La convention collective concerne l'ensemble des conditions d'emploi et de travail tandis qu'un accord collectif ne porte que sur des sujets déterminés.

> **Exemples :** La convention collective nationale des cabinets d'experts-comptables et de commissaires aux comptes du 09/12/1974 traite des conditions de travail applicables aux salariés de ces cabinets.
> L'accord collectif du 08/03/2019 relatif au financement de la formation professionnelle permet de tenir compte de la réforme de la formation professionnelle mise en place par la loi et de décider du montant et des modalités de mise en place de la contribution conventionnelle pour la formation professionnelle.

Chaque texte revêt un périmètre d'application précis (secteur professionnel et zone géographique) [voir Chapitre 21].
Pour être valable, l'accord doit avoir été adopté par les OSR selon une majorité différente en fonction du niveau de négociation (entreprise ou branche). Il est ensuite déposé à la direction départementale de l'emploi, du travail et des solidarités (DDETS) en deux exemplaires, ainsi qu'au greffe du conseil de prud'hommes.

c. Les sources propres à l'entreprise

Définition : L'usage est une règle coutumière spécifique à une région ou à une profession que les particuliers suivent habituellement dans leurs actes juridiques sans s'y référer expressément. Par exemple, le fait que la femme mariée prenne le nom de son mari est un usage qui est moins appliqué de nos jours.

L'usage ne sera plus appliqué s'il est dénoncé par l'employeur en informant les instances représentatives du personnel (IRP) ainsi que les salariés de façon individuelle.

> ! Une règle est considérée comme un usage professionnel si elle répond à trois conditions : généralité (elle concerne tout le personnel ou toute une catégorie), constance (elle s'applique de façon répétée et régulière) et immuabilité (le calcul est fixe et prédéterminé).

> **Exemple :** Donner un jour de congé supplémentaire la veille de Noël sans que ce soit prévu dans aucun accord ni convention collective peut être un usage professionnel.

Tableau 1.3 Les autres sources spécifiques

Accord atypique	Accord signé par l'employeur ne respectant pas les conditions d'un accord collectif. Mêmes règles de dénonciation que pour l'usage.
Engagement unilatéral	Décision unilatérale prise par l'employeur. Dénonçable comme les sources précédentes.
Règlement intérieur	Obligatoire dans les entreprises d'au moins 50 salariés et opposable à tous [voir Chapitre 14].
Recommandation	Donnée par une organisation patronale à ses membres. Force obligatoire pour les employeurs adhérents.

B Les règles applicables en cas de conflits de sources

1. Les conflits entre normes d'États différents

Les conflits entre législations nationales sont réglés par des **conventions internationales**. À défaut, il faut appliquer la loi de l'État ou laisser le juge trancher sur la compétence.

a. Les conflits de juridictions

Signée en 1968, la **convention de Bruxelles** porte sur la compétence judiciaire et l'exécution des décisions de justice en matière civile et commerciale. Lorsque l'employeur est demandeur, le tribunal compétent est celui du domicile du salarié. Lorsque le salarié est demandeur, le tribunal compétent est, au choix, celui du siège social, du lieu de conclusion ou du lieu d'exécution du contrat de travail. Adoptée en 1988 puis en 2007, la **convention de Lugano** a pour objectif d'étendre la précédente convention à d'autres États membres.

b. Les conflits de lois

Aux termes de la **convention de Rome**, signée en 1980, les parties choisissent la loi applicable. Le choix de la loi applicable ne peut priver le salarié de dispositions impératives le protégeant et prévues par la loi du pays où le contrat de travail est exécuté.

2. Les conflits entre normes nationales

a. La hiérarchie des normes

Définition : La notion de hiérarchie des normes implique que les normes sont classées les unes par rapport aux autres. Ainsi, les normes de niveau inférieur doivent respecter les normes de niveau supérieur.

Figure 1.1 **La hiérarchie des normes**

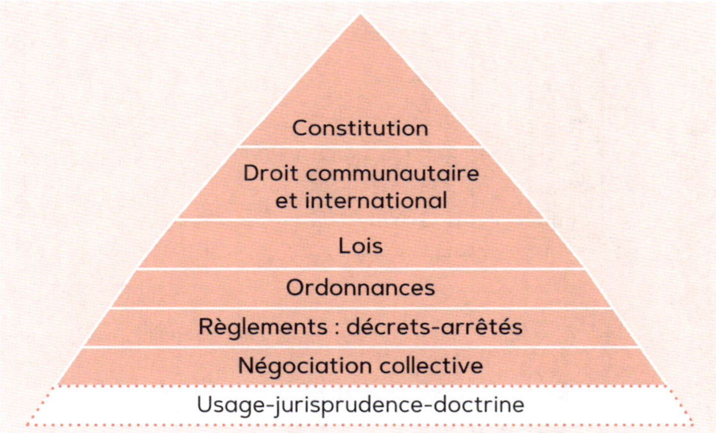

b. Application au droit social

Définition : En droit social, le principe d'ordre public social précise que la règle la plus favorable au salarié s'applique, même si elle ne respecte pas la hiérarchie des normes.

Ce principe admet néanmoins des exceptions de trois types :

- **L'ordre public « absolu ».** Aucune dérogation n'est possible, même si elle est plus favorable au salarié. Il est ainsi interdit d'indexer le salaire sur le SMIC.
- **L'ordre public « conditionnel ».** La convention collective peut déroger à la loi au détriment du salarié dès lors qu'il s'agit de maintenir l'activité de l'entreprise.
- **La notion d'accord impératif ou dérogatoire.** La convention ou l'accord de branche doit prévoir des dispositions impératives s'il ne veut pas qu'un accord d'entreprise lui soit contraire tout en étant moins favorable au salarié. Dans ce cas, l'accord collectif de branche est dit impératif. L'accord d'entreprise contraire est un accord dit dérogatoire.

! Les ordonnances du 22/09/2017 ont prévu certains domaines pour lesquels la convention de branche est impérative de plein droit (sans précision nécessaire dans le texte) : salaires minima, classifications, durée du travail, période d'essai, égalité professionnelle, portage salarial, etc.

SYNTHÈSE

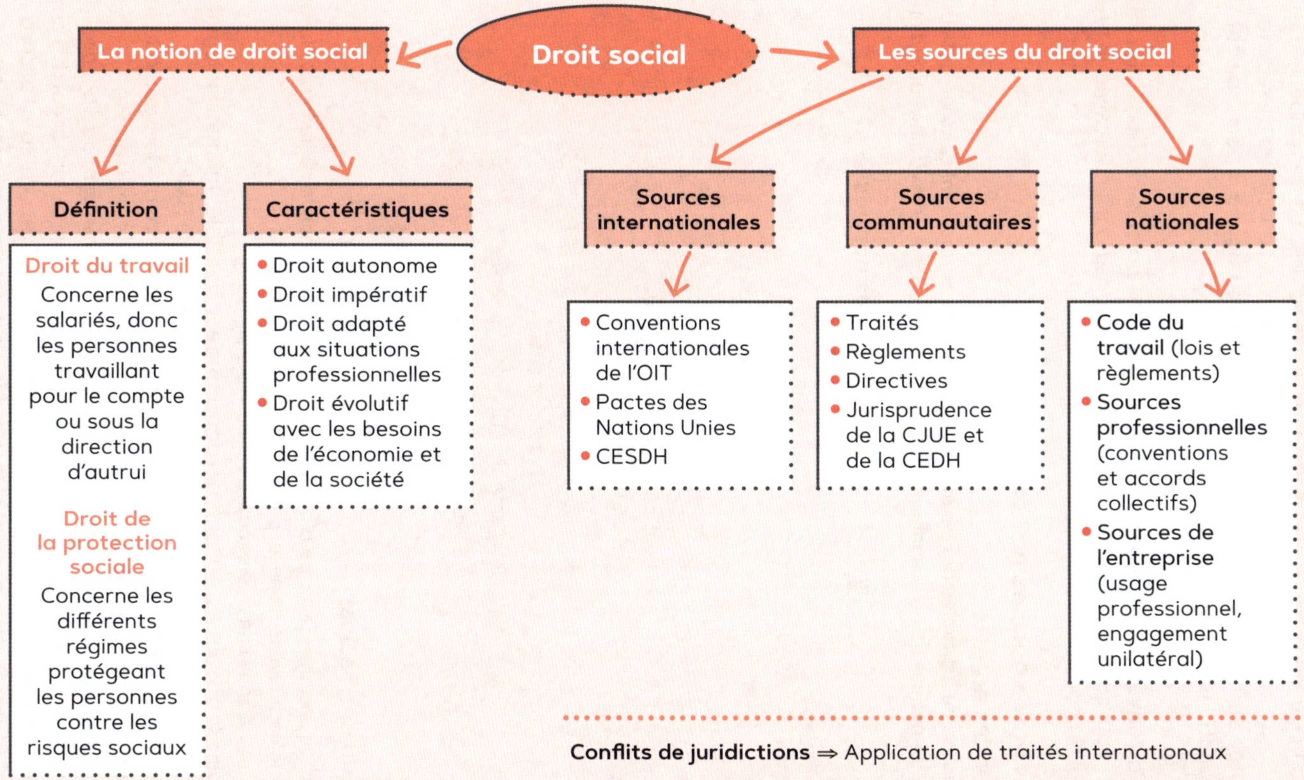

Conflits de juridictions ⇒ Application de traités internationaux

Conflits de normes ⇒ Primauté des accords d'entreprise, sauf exception

Faites le point sur les notions clés : protection sociale p. 5, convention collective p. 8, accord collectif p. 8, usage p. 8, hiérarchie des normes p. 9, ordre public social p. 9.

Révisez avec les flashcards
www.lienmini.fr/dcg03-01

QCM

Réponse unique

QCM interactif

www.lienmini.fr/dcg03-02

1 La protection sociale française fonctionne sur la base :

- ❍ **a.** du principe d'assurance et d'assistance.
- ❍ **b.** du principe d'assurance, d'assistance et de protection individuelle.
- ❍ **c.** du principe d'assurance, d'assistance et de protection universelle.

2 Le droit social est un droit que l'on peut qualifier de :

- ❍ **a.** droit rigide et ancien.
- ❍ **b.** droit souple et général.
- ❍ **c.** droit spécifique et jeune.

3 Le droit social est dit extensif car :

- ❍ **a.** il permet de s'adapter aux évolutions de la société.
- ❍ **b.** il est adapté aux situations professionnelles.
- ❍ **c.** il concerne d'autres branches du droit.

4 Un règlement et une directive communautaires sont deux sources de droit ayant :

- ❍ **a.** la même origine.
- ❍ **b.** la même portée.
- ❍ **c.** le même type de contenu.

5 L'usage, l'accord atypique et l'engagement unilatéral sont des sources de droit ayant :

- ❍ **a.** les mêmes conditions d'application.
- ❍ **b.** les mêmes conditions de dénonciation.
- ❍ **c.** les mêmes objectifs.

Plusieurs réponses possibles

6 Les conflits de juridictions et de règles sont réglés par :

- ❍ **a.** la convention de Rome.
- ❍ **b.** la convention de Bruxelles et la convention de Lugano.
- ❍ **c.** la convention de Bruxelles et la convention de Rome.

7 La CEDH et la CESDH :

- ❍ **a.** concernent les droits de l'homme.
- ❍ **b.** ont la même origine, une origine européenne.
- ❍ **c.** sont issues de deux organisations différentes.

8 L'ordre public social, l'ordre public absolu et l'ordre public conditionnel permettent :

- ❍ **a.** une application de la hiérarchie des normes différente selon les cas.
- ❍ **b.** à une règle d'un niveau supérieur de déroger à celle du niveau inférieur.
- ❍ **c.** à une règle d'un niveau inférieur de déroger à celle du niveau supérieur.

9 Le droit du travail concerne :

- ❍ **a.** les salariés.
- ❍ **b.** les salariés et les fonctionnaires.
- ❍ **c.** les cadres.

10 **Le droit de la protection sociale protège :**

❍ **a.** uniquement les salariés.
❍ **b.** tous les individus.
❍ **c.** les groupes de personnes.

Réponses à justifier

11 **Marine est en conflit avec son employeur. Elle considère que le montant de son salaire n'est pas correct du fait d'une erreur de calcul des cotisations sociales. Elle souhaite connaître les règles de procédure lui permettant de faire un recours contre son employeur. Ces règles se trouvent dans :**

❍ **a.** le Code civil.
❍ **b.** le Code du travail.
❍ **c.** le Code de la protection sociale.

12 **Vincent travaille dans une usine appliquant la convention collective nationale des industries alimentaires. Récemment, un accord a été signé au niveau de l'entreprise. Il prévoit une rémunération minimale moins élevée que celle prévue dans la convention collective.**

❍ **a.** Cette situation est possible car l'accord d'entreprise prévaut sur la convention.
❍ **b.** Cette situation n'est pas possible en application du principe de la hiérarchie des normes.
❍ **c.** Cette situation est possible car la convention au niveau de la branche est impérative pour certains domaines.

13 **Depuis 5 ans, M. Verfeuille, dirigeant de la société VF, a décidé d'accorder un jour de repos supplémentaire à ses salariés la veille de Noël. Cette année, M. Verfeuille souhaite revenir sur cet engagement.**

❍ **a.** Il ne peut le faire qu'en respectant une procédure car il s'agit d'un usage professionnel.
❍ **b.** Il peut le faire quand il le souhaite car il s'agit d'un engagement unilatéral.
❍ **c.** Il ne peut le faire car ce jour de congé est prévu par la loi.

14 **André a un conflit avec son employeur la SA Versack. André est français, mais il travaille à la frontière allemande et la SA Versack a son siège social à Bonn. La juridiction compétente pour son recours est :**

❍ **a.** la juridiction allemande.
❍ **b.** la juridiction française.
❍ **c.** André aura le choix entre la juridiction française ou allemande.

15 **Clara vient d'être recrutée dans une agence bancaire. Après quelques semaines, elle apprend qu'elle perçoit une rémunération moins élevée que ses collègues exerçant le même poste à l'accueil. Clara entend contester cette décision et pourra s'appuyer sur :**

❍ **a.** le principe de non-discrimination.
❍ **b.** le principe d'égalité de traitement.
❍ **c.** le principe d'égalité hommes-femmes.

CAS PRATIQUE GUIDÉ

APPLICATION D'UNE SOURCE DE DROIT SOCIAL AU SEIN DE L'ENTREPRISE DUVAL FRÈRES

Michel Renard est salarié au sein de l'entreprise Duval Frères dont l'effectif est actuellement de 75 personnes. Trois délégués syndicaux ont été désignés, représentant chacun une organisation syndicale différente. Récemment, Michel a pris connaissance d'un accord, signé entre son employeur et le CSE, qui prévoit 2 jours de congé supplémentaires au bout de 5 ans d'ancienneté.

Michel Renard vient justement de fêter ses 5 ans dans l'entreprise Duval Frères et souhaite profiter de ces 2 jours supplémentaires, ce que le responsable des ressources humaines refuse. Ce dernier lui explique que cet accord n'est pas valable et que, de toute façon, il ne peut s'appliquer car il est contraire à l'accord de branche applicable à leur entreprise.

1. **Présentez la particularité de cet accord. Vérifiez-en la validité.**
2. **Le responsable des ressources humaines de l'entreprise Duval Frères a-t-il raison ?**

CORRIGÉ

☑ **COMPÉTENCES ATTENDUES : Repérer les sources du droit applicables à la relation de travail. Régler un conflit de normes.**

Méthode

La lecture attentive de l'énoncé commence par l'identification des personnes en cause (personne physique ou morale), leur nom et leur rôle.
Dans ce cas, on trouve :
- Michel Renard, salarié depuis 5 ans ;
- l'entreprise Duval Frères dont l'effectif est de 75 personnes, employeur ;
- trois délégués syndicaux ;
- un CSE ;
- le responsable des ressources humaines est le représentant de l'employeur.
Il est ensuite essentiel d'identifier les notions de cours en jeu. Dans ce cas, il s'agit tout d'abord de qualifier l'accord signé entre l'employeur et le CSE. Cette qualification fait appel au cours sur les sources professionnelles.
La seconde partie de ce cas concerne l'application de cet accord et la notion de hiérarchie des normes.
Il est important de maîtriser le cours correspondant à ces deux catégories de notions afin de pouvoir traiter au mieux les questions posées.
Votre réponse doit bien différencier la présentation des principes juridiques et l'application au cas.

1. Présentation de la particularité de cet accord et vérification de sa validité.

Méthode

Les termes employés dans l'énoncé sont essentiels. Il faut absolument y faire attention afin d'identifier la règle de droit en cause et savoir si elle s'applique ou non au cas donné. Tous les détails sont importants, comme le fait que l'accord ait été signé par les membres du comité économique et social et non par les délégués syndicaux. De plus, il y a deux questions en une seule : celle relative à la particularité de cet accord permet de vous guider pour en vérifier ensuite la validité. Celle-ci dépend en effet du type d'accord concerné.

PRINCIPES JURIDIQUES

Un accord collectif est signé entre l'employeur ou une organisation patronale représentative et les OSR des salariés selon des conditions spécifiques.
Tout accord signé sans respecter ces conditions est appelé « accord atypique », sauf exception prévue par la loi. Il en est ainsi lorsque cet accord est signé entre l'employeur et des représentants du personnel tels que le CSE qui n'est pas une organisation syndicale.

APPLICATION AU CAS

En l'espèce, l'accord signé entre l'employeur et le CSE, en l'absence de toute autre précision, est valable. Cependant, il s'agit non pas d'un accord collectif, mais d'un accord atypique. Ses effets sont donc différents de ceux d'un accord collectif d'entreprise.

> **!** En l'absence de délégués syndicaux, il est possible de négocier et conclure un accord d'entreprise avec les membres élus du CSE s'ils sont mandatés à cet effet par une ou plusieurs OSR. Ce n'est pas le cas ici puisque l'énoncé précise que cette entreprise dispose de délégués syndicaux.

2. Le responsable des ressources humaines de l'entreprise Duval Frères a-t-il raison ?

Méthode

Votre réponse doit contenir une partie application pratique qui doit obligatoirement répondre de façon précise à la question posée. Dans ce cas donné, il faut conclure en précisant si le responsable des ressources humaines a raison ou non. Cette partie de la réponse ne doit pas être oubliée.

PRINCIPES JURIDIQUES

Un accord atypique est une source de droit pour les salariés concernés.
Comme toute source de droit, il doit respecter la hiérarchie des normes et le principe d'ordre public social. Ce dernier permet à une norme inférieure de déroger à une norme supérieure à condition d'être plus favorable pour le salarié.

APPLICATION AU CAS

En l'espèce, l'accord atypique signé au sein de cette entreprise est une source de droit. Il crée en effet un droit à congés supplémentaires pour les salariés. Le fait qu'il soit contraire à l'accord de branche, situé au-dessus dans la hiérarchie des normes, ne change rien. Cet accord atypique sera applicable car il est plus favorable pour les salariés que l'accord de branche.
La réponse du responsable des ressources humaines de l'entreprise Duval Frères est donc fausse. Michel Renard a droit à ces 2 jours de congé supplémentaires puisqu'il respecte la condition d'ancienneté.

> **!** Si cet accord avait été valablement négocié et signé par les délégués syndicaux, il aurait eu la valeur d'un accord d'entreprise. Or, depuis le 1er janvier 2018, un accord d'entreprise peut déroger à un accord de branche, même en étant moins favorable (sauf dans certains domaines, les congés payés n'étant pas concernés). La solution aurait été la même.

AUTOÉVALUATION

La grille d'autoévaluation ci-dessous vous permet d'évaluer votre niveau et de vérifier si vos réponses correspondent aux attendus de l'examen.

Questions	Niveau 1	Niveau 2	Niveau 3	Niveau 4
	Un premier élément de réponse, mais très incomplet, des erreurs, des contresens.	*Des éléments de réponse isolés, des approximations et/ou de la paraphrase.*	*Question comprise : des éléments de réponse pertinents mais incomplets au niveau des savoirs et/ou de l'application.*	*Compétence attendue mobilisée avec mobilisation complète des savoirs associés à la compétence. Application pertinente.*
1. Présentez la particularité de cet accord. Vérifiez-en la validité. *(voir Section II.A.2)*	❑ Vous ne donnez pas la définition d'un accord collectif. ❑ Vous ne citez pas la notion d'accord atypique.	❑ Vous donnez la définition d'un accord collectif. ❑ Vous citez la notion d'accord atypique mais vous n'en donnez pas la définition.	❑ Vous donnez une définition complète d'un accord collectif et vous connaissez la différence avec un accord atypique, mais votre application ne mentionne pas la validité de cet accord. Vous ne répondez donc pas de façon complète à la question posée.	❑ Vous donnez une définition complète d'un accord collectif et vous savez identifier la différence avec un accord atypique. ❑ Vous faites une application complète de la situation donnée en répondant aux deux questions posées, dont celle sur la validité de l'acte.
2. Le responsable des ressources humaines de l'entreprise Duval Frères a-t-il raison ? *(voir Section II.B)*	❑ Vous faites des confusions entre les sources du droit et vous ne connaissez pas les règles en matière de hiérarchie des normes.	❑ Vous avez des connaissances en matière de hiérarchie des normes mais vous ne savez pas où positionner un accord atypique.	❑ Vous connaissez les principes de la hiérarchie des normes en droit social et vous savez positionner un accord atypique. Cependant, vous avez fait une erreur dans l'application concrète, ou vous avez oublié de répondre à la question posée concernant le responsable des ressources humaines.	❑ Vous connaissez les principes de la hiérarchie des normes en droit social et vous savez positionner un accord atypique. ❑ Vous donnez une réponse complète en précisant à la fois si le responsable RH a raison ainsi que les effets concrets de cette situation.

• EXERCICES •

1 Droit français et droit européen dans l'entreprise Bonlait — 15 min

☑ **COMPÉTENCES ATTENDUES : Repérer les sources applicables à la relation de travail. Régler un conflit de normes.**

Philippe Rubens dirige l'entreprise Bonlait qui fabrique du lait en poudre pour bébés. Récemment, l'Union européenne a adopté un nouveau règlement concernant les obligations d'information à l'égard des consommateurs pour les fabricants de produits infantiles. Cette nouvelle réglementation va obliger Philippe à revoir tous les emballages de ses produits. Cette nouvelle dépense n'est pas la bienvenue dans la situation actuelle et il se demande s'il doit la respecter. Par ailleurs, l'un de ses salariés vient de lui faire part d'une récente jurisprudence de la CJUE, qui déclare que le droit aux congés annuels payés est un droit social dont aucun travailleur ne peut être privé. Or ce salarié n'a pu prendre ses congés payés dans les délais du fait d'un arrêt maladie prolongé. Philippe compte répondre qu'il se contente d'appliquer la législation française et qu'il n'est donc pas en tort.

1. **Vérifiez si Philippe doit respecter ce règlement européen et indiquez dans quel délai.**
2. **Que pensez-vous de la réponse de Philippe au sujet des congés payés ?**

2 Impact d'une convention internationale sur les agents du Crédit Agricole

30 min

☑ **COMPÉTENCES ATTENDUES : Repérer les sources applicables à la relation de travail. Analyser l'interaction entre le droit du travail et l'évolution des contextes économiques.**

Vu les principes posés par la convention n° 158 de l'Organisation internationale du travail (OIT) sur le licenciement, adoptée à Genève le 22 juin 1982, et entrée en vigueur en France le 16 mars 1990 et la dérogation prévue en son article 2 paragraphe 2 b) ;
Attendu, selon l'arrêt attaqué, que Mme X... a été engagée le 14 mars 2006 par la caisse régionale de Crédit Agricole mutuel Pyrénées-Gascogne, en qualité d'assistante commerciale, ayant pour fonctions d'accueillir et d'orienter la clientèle, dont elle devait identifier les besoins pour lui donner, notamment en prenant en compte la procédure du traitement du risque, une réponse adaptée ; que son contrat de travail stipulait l'obligation d'accomplir, conformément à l'article 10 de la convention collective, une période de stage de six mois ; que l'employeur ayant mis fin à son stage le 29 août 2006, la salariée a saisi la juridiction prud'homale de diverses demandes en paiement de sommes à titre notamment de dommages-intérêts et d'indemnités de rupture ;
Attendu que pour débouter la salariée de ses demandes, l'arrêt retient que la période de stage de six mois prévue pour les agents de catégorie A à E, par l'article 10 de la convention collective du Crédit Agricole, n'apparaît pas excessive dès lors qu'eu égard à la définition du poste de la salariée, les fonctions qu'elle devait remplir nécessitaient, pour être évaluées dans leur efficacité, une appréciation dans la durée, l'évaluation à mi-parcours permettant à l'employeur de vérifier que la salariée était apte à tenir compte des observations qui lui étaient faites sur la qualité de son travail et à la salariée de rectifier ses carences professionnelles afin d'obtenir sa titularisation ;
Qu'en statuant ainsi, alors qu'est déraisonnable, au regard de la finalité de la période d'essai et de l'exclusion des règles du licenciement durant cette période, une période d'essai dont la durée est de six mois, la cour d'appel a violé la Convention internationale susvisée ;
PAR CES MOTIFS : CASSE ET ANNULE, dans toutes ses dispositions, l'arrêt rendu le 4 janvier 2010, entre les parties, par la cour d'appel de Pau.

Cour de cassation, chambre sociale, 10 mai 2012, pourvoi n° 10-28512.

1. **Présentez une analyse complète de cet arrêt.**
2. **Rappelez les objectifs des conventions de l'OIT en vous appuyant sur cet exemple.**

3 Effet de la hiérarchie des normes dans la société Pastom

30 min

☑ **COMPÉTENCES ATTENDUES : Repérer les sources du droit applicables à la relation de travail. Régler un conflit entre normes en droit du travail.**

La société Pastom, située en Charente, a pour activité principale la fabrication d'alliages et de superalliages. À l'occasion de la Semaine de la voile à La Rochelle, et à la suite de revendications variées des salariés, une Journée de la voile a été instituée par l'accord de fin de conflit dans la métallurgie de Charente-Maritime du 14 mai 2006. Cependant, le directeur de la société Pastom a refusé à ses salariés ce jour férié au motif que l'accord d'entreprise signé le 4 mai 2010 n'en fait pas mention.
Par ailleurs, Jules, salarié de la société Pastom, vient d'apprendre que l'accord de branche sur les salaires auquel son employeur a adhéré récemment prévoit une rémunération plus élevée que le SMIC pour les ouvriers qualifiés, catégorie à laquelle il appartient.
Or, depuis qu'il a été embauché en août 2016, il a toujours été rémunéré sur la base du SMIC.

Par une lettre recommandée reçue le 1er juin il y a 3 ans, son employeur l'a informé qu'il ne pourrait pas le garder s'il devait lui verser le salaire prévu par la convention collective. Jules a accepté ces conditions de rémunération dans un avenant à son contrat de travail signé en juillet. Or, il vient d'être licencié pour motif économique et entend demander un rattrapage de salaire. Il aimerait que les indemnités de licenciement qui lui sont dues soient également calculées sur la base de la rémunération prévue par la convention collective.

1. **Présentez le recours que peuvent exercer les salariés de Pastom concernant le jour férié refusé.**
2. **Quelle solution le juge va-t-il rendre ?**
3. **Indiquez la juridiction devant laquelle Jules doit introduire sa demande en justice.**
4. **Quelles sont ses chances de voir son action aboutir ?**

CAS DE SYNTHÈSE

ÉVOLUTIONS DES SOURCES DU DROIT APPLICABLES À LA SOCIÉTÉ AR BREIZH

25 min

☑ COMPÉTENCES ATTENDUES : **Repérer les sources du droit applicables à la relation de travail. Régler un conflit entre normes en droit du travail.**

Mise en situation

Ar Breizh est une société en expansion. Elle fabriquait à l'origine des vêtements pour les marins professionnels, puis s'est peu à peu diversifiée à destination des particuliers. Elle est soumise à la convention collective des industries de l'habillement. Vous êtes responsable des ressources humaines et le dirigeant de la société vous soumet plusieurs problèmes à régler.

Il y a deux et trois ans, les salariés ont tous touché, au mois de juin, une prime exceptionnelle de vacances. Cependant, la situation économique se dégradant, cette prime n'a été reconduite ni l'an dernier ni cette année. Certains salariés ont décidé de la réclamer au dirigeant qui s'y oppose.

Par ailleurs, le dirigeant souhaiterait renégocier la convention collective d'entreprise pour favoriser le développement économique. Il veut embaucher de nouveaux salariés et pense que le contenu actuel de la convention ne correspond plus à cette dynamique. Il voudrait en particulier supprimer les primes annuelles pour favoriser la création de nouveaux postes.

Shina et Axel sont délégués syndicaux au sein de la société Ar Breizh. Leurs OSR sont opposées à la modification prévue par le dirigeant. Elles considèrent qu'il y a un risque d'inégalités entre les anciens et les nouveaux salariés. Elles ont prévu de s'opposer à l'adoption d'une telle convention et considèrent que seul l'avenant à la convention collective nationale est applicable.

1. **Analysez cette situation afin de donner une réponse au dirigeant.**
2. **Présentez la procédure à suivre pour dénoncer puis négocier une nouvelle convention collective d'entreprise.**
3. **Vérifiez si les arguments avancés par les OSR de Shina et Axel sont valables.**
4. **Peuvent-elles s'opposer à cette modification ?**
5. **Que se passera-t-il si ce nouveau texte n'est pas adopté ?**

Vous disposez ci-après d'une base documentaire pour étayer vos analyses.

BASE DOCUMENTAIRE

Document 1 – Convention collective nationale des industries de l'habillement du 17 février 1958. Étendue par arrêté du 23 juillet 1959 JONC 8 août 1959 et rectificatif au JONC du 13 septembre 1959.

Salaires et classifications

Article 18

La rémunération de l'ensemble des salariés adultes des industries de l'habillement est basée sur les éléments suivants :

a) Le salaire national minimum professionnel applicable sur l'ensemble du territoire, prévu par l'article 31 g du livre Ier, section 2, du Code du travail, ainsi que les coefficients hiérarchiques afférents aux diverses qualifications professionnelles qui sont fixés à l'annexe 1 « Ouvriers » et aux annexes correspondant aux autres catégories ;

b) Les classifications professionnelles qui font l'objet, pour chaque branche professionnelle, d'annexes à la présente convention.

Toute demande de modification du salaire minimum national professionnel devra être formulée par lettre adressée aux organisations signataires par la partie la plus diligente. Les organisations signataires se réuniront dans un délai de quinze jours suivant cette demande. Toutefois, le salaire minimum national professionnel, catégorie A, coefficient 1, sera révisé par les organisations signataires lorsque le niveau du Smic atteindra le salaire minimum de la catégorie B visé à l'annexe 1 « Ouvriers ».

Document 2 – Avenant n° S 48 du 15 avril 2004 relatif aux classifications et salaires à compter du 1er mai 2004

Rémunérations minimales mensuelles brutes (hors ancienneté)

Article 2

Il est garanti aux salariés des annexes I « Ouvriers », II « Employés », III « Techniciens-agents de maîtrise » et IV « Ingénieurs et cadres » une rémunération minimale mensuelle brute d'un montant correspondant à leurs classifications hiérarchiques pour un horaire hebdomadaire de 35 heures travaillées mensualisé sur la base de 151,67 heures selon les modalités ci-dessous :

Avenant n° S 61 du 3 septembre 2019 relatif aux salaires minima 2019 (1) (2)

Article 1er

À compter des salaires d'octobre 2019 il est garanti aux salariés de l'annexe I « Ouvriers » une rémunération minimale mensuelle brute d'un montant correspondant à leurs classifications hiérarchiques pour un horaire hebdomadaire de 35 heures travaillées mensualisé sur la base de 151,67 heures selon les modalités ci-dessous :

Niveau	I				II				III	
Échelon	1	2	3	4	1	2	3	4	1	2
Montant (euros)	1 526	1 533	1 537	1 541	1 545	1 549	1 553	1 557	1 562	1 595

La rémunération minimale mensuelle brute garantie en application du présent article ne comprend pas le prorata des éléments de rémunération conventionnels ou contractuels dont la périodicité de paiement n'est pas mensuelle et, en particulier, la prime d'ancienneté prévue par l'article 14 de l'annexe I « Ouvriers » calculée sur l'indemnité de congés payés correspondant au congé annuel, dans la limite de 30 jours ouvrables, comme suit :

- 5 % pour les ouvriers/ouvrières justifiant de 3 ans d'ancienneté dans l'entreprise ;
- 10 % pour les ouvriers/ouvrières justifiant de 5 ans d'ancienneté dans l'entreprise ;
- 20 % pour les ouvriers/ouvrières justifiant de 10 ans d'ancienneté dans l'entreprise ;
- 25 % pour les ouvriers/ouvrières justifiant de 15 ans d'ancienneté dans l'entreprise.

CHAPITRE 2

Le contrôle de l'application du droit social

À l'issue de ce chapitre,

• vous serez capable :

- ❒ de caractériser l'infraction de travail dissimulé et ses conséquences ;
- ❒ d'identifier les missions et moyens d'action des agents de contrôle de l'inspection du travail et des Directions régionales de l'économie, de l'emploi, du travail et des solidarités (DREETS) ;
- ❒ de cerner les missions et moyens d'action des inspecteurs du recouvrement.

• vous saurez identifier :

- ❒ les caractéristiques de l'inspection du travail et des Directions régionales de l'économie, de l'emploi, du travail et des solidarités (DREETS) ;
- ❒ les différents types de contrôles de l'application du droit du travail : contrôle du travail dissimulé, contrôles de l'inspection du travail ;
- ❒ les contrôles de l'Urssaf.

Mettez-vous en situation

Erwan est responsable des ressources humaines au sein de la SA DUVAL, fabricant de plats cuisinés. Récemment, il a reçu un avis de l'Urssaf lui annonçant un contrôle. Erwan ne maîtrise pas certaines règles de droit social et ne sait à quoi va ressembler ce contrôle, ni sur quoi il va porter.

Par ailleurs, il a pour habitude de déclarer les salariés recrutés en CDD uniquement à la fin de leur contrat de travail. Hier, Amanda lui a fait remarquer qu'il risquait un contrôle de l'inspection du travail et une sanction pour travail dissimulé. Erwan commence à s'inquiéter des conséquences que pourrait avoir un tel contrôle. Pouvez-vous rassurer Erwan en répondant à ses différentes questions ?

I. Le contrôle de l'inspecteur du travail

L'inspecteur du travail exerce un contrôle de l'application générale du droit du travail.

A Le statut de l'inspecteur du travail

L'inspecteur du travail est placé sous la responsabilité du directeur de la DREETS ou du ministre de l'Agriculture. Il exerce sa mission en toute indépendance sans avoir de comptes à rendre. Tout obstacle aux fonctions de l'inspecteur du travail constitue un délit d'obstacle à contrôle sanctionné par une peine de 1 an de prison et 37 500 euros d'amende.

Définition : Le délit d'obstacle est l'infraction consistant à faire obstacle à l'accomplissement des devoirs d'un agent de contrôle de l'inspection du travail (art. L. 8114-1 du Code du travail).

Textes de droit
Le statut d'inspecteur du travail a fait l'objet d'évolutions récentes :
– le décret n° 2014-359 du 20 mars 2014 qui remplace les contrôleurs par des inspecteurs dotés de pouvoirs plus étendus ;
– l'ordonnance du 7 avril 2016 élargissant les pouvoirs d'intervention et de sanction de l'inspection du travail ;
– la loi n° 2016-1088 du 8 août 2016 complétant la réforme du corps des inspecteurs du travail ;
– le décret n°2020-1545 du 9 décembre 2020 plaçant l'inspection du travail sous l'autorité des DRIEETS.

B Le rôle de l'inspecteur du travail

1. Les missions de l'inspecteur du travail

a. Le contrôle de l'application de la loi

L'inspecteur du travail a pour rôle de s'assurer de l'application de la loi, mais également des conventions et accords collectifs. Il peut également être amené à prendre des décisions administratives :

- en cas de dépassement du contingent d'heures supplémentaires [voir Chapitre 10] ;
- pour le retrait d'une clause du règlement intérieur [voir Chapitre 14] ;
- concernant la mise en place de mesures particulières de sécurité [voir Chapitre 15] ;
- pour autoriser le licenciement d'un salarié protégé [voir Chapitres 19 et 20].

Sa compétence a été élargie aux domaines du harcèlement sexuel et moral et de la santé et sécurité au travail.

b. La mission de conseil et de conciliation

L'inspecteur du travail a également un rôle de conseil et de conciliation afin de prévenir les conflits entre salariés et employeurs [voir Chapitre 3]. Dans ce cadre, il peut :

- informer les salariés, l'employeur, les représentants du personnel de la législation ;
- trancher les litiges en matière d'élections professionnelles ;
- rendre un avis en cas de conflit entre un salarié et son employeur ;
- déclencher la procédure de conciliation en cas de conflit collectif ;
- donner son avis en cas de mise en place de certains dispositifs tels que les horaires individualisés.

Une transaction est possible avec la DREETS en cas de contravention ou de délit sanctionné par une peine de prison inférieure à 1 an.

Définition : La transaction (ou procédure transactionnelle) permet d'éviter le passage devant un tribunal. La DREETS propose une sanction, moins élevée que celle risquée en cas de jugement, qui doit être acceptée par le prévenu et faire l'objet d'une homologation par le procureur de la République.

2. Les obligations et prérogatives de l'inspecteur du travail

L'inspecteur du travail est soumis au respect du secret professionnel puisqu'il est assermenté. Il doit motiver ses décisions mais ne peut en aucun cas révéler ses sources lorsqu'il agit à la suite de plaintes de salariés : principe de confidentialité de la plainte.

! Seul l'inspecteur du travail décide de l'opportunité de la communication d'un document. L'employeur ne peut refuser de lui communiquer même s'il le juge inutile ou craint une atteinte au respect du secret professionnel.

Il a accès à tout document qui lui semble utile, ainsi qu'aux locaux. Il peut se faire assister par des ingénieurs de prévention.

3. Les moyens d'action de l'inspecteur du travail

L'inspecteur du travail dispose de plusieurs moyens d'action :

- Les **observations écrites** : il s'agit d'un simple rappel des règles à respecter ;
- La **mise en demeure** : envoyée par lettre recommandée avec accusé de réception (LRAR) ou remise en main propre contre décharge, elle contient un rappel à la loi et un délai d'exécution ;
- Le **procès-verbal (PV)** : il constate une infraction pénale et est transmis au procureur de la République qui décide de l'opportunité d'une poursuite pénale.

Depuis l'ordonnance du 7 avril 2016, l'inspecteur du travail peut demander à la DREETS de prononcer une amende administrative à la place de la poursuite pénale.

Exemples : Non-respect des durées maximales du travail ou non-respect du salaire minimal.

- La **décision d'arrêter un chantier** : elle intervient en cas de danger grave et imminent. L'arrêt temporaire des travaux peut concerner tous les secteurs d'activité (et non uniquement le BTP), en cas de mise en danger d'un salarié ou d'un stagiaire.

Exemple : Dans la liste des risques, il y a la chute, l'amiante, les équipements dangereux, les risques électriques.

L'inspecteur du travail peut décider également un **arrêt temporaire d'activité** en cas de risque chimique. Si le danger est grave et imminent, l'inspecteur décide seul sans demande préalable au juge des référés.

II. Le contrôle de l'Urssaf

A Les modalités du contrôle

1. Les personnes visées par le contrôle

Les inspecteurs du recouvrement appelés agents en charge du contrôle depuis 2020 dépendant de l'Urssaf sont agréés par le directeur de l'Urssaf Caisse Nationale [voir Chapitre 23]. Ils sont assermentés auprès du tribunal judiciaire (TJ) et soumis au secret professionnel. Ils contrôlent les déclarations effectuées par les employeurs privés ou publics, les travailleurs indépendants ainsi que les services déconcentrés de l'État.

2. Les pouvoirs des agents en charge du contrôle

Les agents en charge du contrôle exercent leur contrôle à tout moment. Ce contrôle est précédé d'un avis adressé à l'employeur par LRAR au moins 30 jours avant et accompagné de la référence au lien d'accès à la charte du cotisant contrôlé. À défaut, la procédure de contrôle est nulle, sauf en cas de travail dissimulé. Sous peine de sanction pénale, les employeurs doivent communiquer toute information et tout document demandés. Le contrôle porte sur le recouvrement des cotisations sociales et concerne l'année en cours et les trois précédentes.

Exemple : L'assiette des cotisations, les taux appliqués ou encore le mode de calcul des cotisations peuvent faire l'objet d'un contrôle.

Une nouvelle version de la Charte du cotisant est entrée en vigueur au 1er février 2020 (arrêté du 27/01/2020). Elle prévoit certaines modifications (comme le délai d'envoi de l'avis de contrôle étendu de 15 à 30 jours) qui n'ont pas encore fait l'objet d'un décret (l'article du Code de la Sécurité sociale n'a donc pas été modifié pour le moment) mais s'imposent de plein droit du fait de la hiérarchie des normes (application de l'arrêté à la place du décret).

La loi ESSOC du 10/08/2018 a introduit le principe d'un droit à l'erreur des usagers vis-à-vis de l'administration. Le décret n° 2019-1050 du 11 octobre 2019 introduit ce droit à l'erreur dans la procédure mise en place par les organismes de recouvrement des cotisations sociales.

Ainsi, en cas d'erreur modérée et en l'absence d'abus de droit, l'organisme ne doit pas prononcer de pénalité ni de majoration pour cette première erreur. De plus, le cotisant a la possibilité de corriger les anomalies détectées en cours de contrôle.

> **!** Pour que cette règle soit applicable, il est essentiel que le cotisant fasse preuve de bonne foi.

B Les effets du contrôle

1. Le rescrit social

Définition : Le rescrit social est une procédure par laquelle tout employeur peut demander à l'Urssaf, par LRAR, un point sur sa situation sociale.

Sa demande doit comporter une présentation précise et complète de sa situation et du texte législatif concerné. L'Urssaf dispose d'un délai de 3 mois pour répondre. À défaut, elle ne peut redresser l'employeur sur ces éléments.

> **!** Régulièrement utilisé par les professionnels, le rescrit social peut être comparé à la procédure de rescrit auprès de l'administration fiscale.

2. Les étapes du recouvrement

Définition : Tout contrôle de l'Urssaf donne lieu à une lettre d'observation précisant l'objet du contrôle et la période visée. Si un redressement est envisagé, la lettre précise les chefs de redressement et leur mode de calcul.

L'employeur dispose d'un délai de 30 jours, voire 60 jours sur demande, pour répondre à ces observations par LRAR. L'inspecteur adresse son rapport à l'Urssaf qui se charge du recouvrement soit par mise en demeure, soit par contrainte signifiée par acte d'huissier.

La loi a renforcé les droits des entreprises en rendant la justification de tout redressement obligatoire.

L'employeur peut déposer un recours pour contester la mise en demeure devant la commission de recours amiable (CRA) puis devant le pôle social du TJ dans un délai de 2 mois.

> **!** En cas d'obstacle au contrôle, le directeur de l'URSSAF peut prononcer une pénalité financière de 3 750 euros pour un particulier et de 7 500 euros par salarié pour un employeur (article L243-12-1 du code de la Sécurité).

Figure 2.1 **Les étapes du recouvrement**

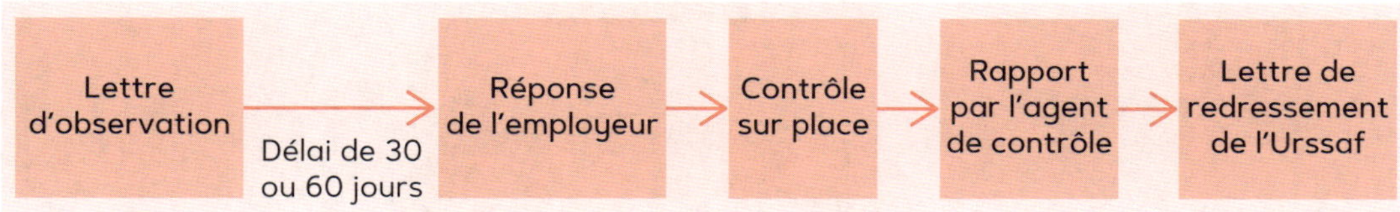

III. Le contrôle du travail dissimulé

Plusieurs organes peuvent constater l'infraction de travail dissimulé, dresser des PV et les transmettre directement au parquet [voir Chapitre 4]. Le travail dissimulé peut prendre deux formes : la dissimulation d'activité ou la dissimulation d'emploi salarié.

Définitions : La dissimulation d'activité consiste en l'exercice à but lucratif d'une activité de production ou de prestation de services par une personne physique ou morale n'ayant pas déclaré son activité auprès des organismes compétents.
La dissimulation d'emploi salarié consiste à employer des salariés sans remise de bulletin de paie ou de déclaration préalable à l'embauche (DPAE).

A Les organes de contrôle

Sont chargés du contrôle du travail dissimulé, notamment les agents de la police judiciaire, les agents de la Direction générale des impôts, les agents assermentés des organismes de Sécurité sociale, les inspecteurs du travail.

B Le pouvoir des organes de contrôle

Les agents de contrôle ont des pouvoirs d'investigation leur permettant d'exiger :

- la **copie immédiate des documents** d'immatriculation et de ceux nécessaires à l'exercice de leur activité professionnelle (factures, devis, contrats commerciaux) ;
- en préfecture, tout document relatif à l'exercice d'une profession réglementée ;
- **l'audition** de toute personne ayant été rémunérée par l'employeur ;
- la **justification de l'identité et de l'adresse** de l'employeur ainsi que de toute personne présente sur le lieu de travail.

Ils peuvent également dresser **des PV** en fonction des constats qui sont faits.
En cas d'infraction, l'employeur encourt une sanction pénale de 3 ans de prison et 45 000 euros d'amende, renforcée si l'infraction est commise à l'encontre d'une personne vulnérable (5 ans de prison et 75 000 euros d'amende). Une sanction administrative peut être prononcée (ex. : suppression du versement de subventions ou d'aides publiques).

SYNTHÈSE

Le contrôle de l'application du droit social

Contrôle de l'URSSAF

Par qui ?
- Inspecteurs du recouvrement
- Assermentés
- Soumis au secret professionnel

Comment ?
- Avis adressé par LRAR au moins 30 jours avant le contrôle
- Lettre de redressement si nécessaire

Quels recours ?
- Devant la CRA
- Puis, devant le TJ

Contrôle du travail dissimulé

Par qui ?
- Police judiciaire
- Inspection du travail
- URSSAF
- DGFIP

Comment ?
- Analyse de tout document utile
- Audition de toute personne rémunérée
- Justification de l'identité de toute personne : employeur et salarié

→
- Procès-verbaux
- Sanction administrative

Contrôle de l'inspecteur du travail

Quelles missions ?
- Contrôle de l'application des règles de droit social
- Prise de décisions administratives
- Conseil de l'employeur et des salariés
- Conciliation en cas de conflit

Quels moyens ?
- Avis, conseils
- Observations écrites
- Mise en demeure
- Procès-verbal
- Demande de sanction administrative
- Arrêt temporaire des travaux ou d'une activité

Faites le point sur les notions clés : délit d'obstacle p. 19, transaction p. 20, rescrit social p. 22, lettre d'observation p. 22, dissimulation d'activité p. 23, dissimulation d'emploi salarié p. 23.

Révisez avec les flashcards
www.lienmini.fr/dcg03-03

QCM

Réponse unique

1 Les agents de contrôle de l'Urssaf contrôlent les déclarations :
- ❍ **a.** fiscales émises par les entreprises.
- ❍ **b.** sociales émises par les entreprises.
- ❍ **c.** sociales émises par les employeurs et les travailleurs indépendants.

QCM interactif
www.lienmini.fr/dcg03-04

2 Le rescrit social permet d'obtenir un avis de l'Urssaf :
- ❍ **a.** auquel elle n'est pas liée.
- ❍ **b.** qu'elle ne pourra pas remettre en cause.
- ❍ **c.** invocable par tout administré.

3 En cas de lettre de redressement, l'employeur a :
- ❍ **a.** un délai de 30 jours pour répondre par courrier ou mail.
- ❍ **b.** un délai de 30 ou 60 jours pour répondre par courrier ou mail.
- ❍ **c.** un délai de 30 ou 60 jours pour répondre par LRAR.

4 Sont chargés du contrôle du travail dissimulé :
- ❍ **a.** les agents de contrôle de l'Urssaf et de l'inspection du travail.
- ❍ **b.** les agents de police judiciaire.
- ❍ **c.** les agents de police judiciaire, les agents de contrôle de l'Urssaf et ceux de l'inspection du travail.

5 L'inspecteur du travail peut sanctionner l'employeur :
- ❍ **a.** uniquement en dressant un PV.
- ❍ **b.** en le mettant en demeure, en dressant un PV ou en demandant la fermeture de son établissement ou de son chantier.
- ❍ **c.** uniquement en lui adressant un avertissement.

Plusieurs réponses possibles

6 Le travail dissimulé consiste à masquer :
- ❍ **a.** une activité professionnelle.
- ❍ **b.** l'activité d'un salarié.
- ❍ **c.** seulement une partie de son activité.

7 L'élément matériel du délit d'obstacle à contrôle existe dès lors que l'employeur :
- ❍ **a.** empêche l'inspecteur du travail d'avoir accès à ses locaux.
- ❍ **b.** ne répond pas au courrier envoyé par l'inspecteur du travail annonçant sa venue.
- ❍ **c.** refuse de donner les documents demandés par l'inspecteur du travail.

8 En cas de danger grave et imminent sur un chantier, l'inspecteur du travail peut :
- ❍ **a.** prononcer un arrêt immédiat et temporaire des travaux.
- ❍ **b.** dresser un PV.
- ❍ **c.** remettre en main propre une mise en demeure contre décharge.

9 **L'inspecteur du travail a :**

❍ **a.** uniquement une mission de contrôle du respect de la loi.
❍ **b.** une mission de contrôle du respect de la loi et des conventions ou accords collectifs.
❍ **c.** une mission de conseil en cas de litige.

10 **L'inspecteur du travail a plusieurs obligations en cas de contrôle :**

❍ **a.** respecter le secret professionnel.
❍ **b.** avertir l'employeur avant d'effectuer son contrôle sur place.
❍ **c.** ne pas révéler le ou les motifs justifiant son contrôle.

Réponses à justifier

11 **Rachid Berah vient de recevoir un courrier de l'Urssaf lui annonçant un contrôle. Il se demande comment va se dérouler la procédure. Pour cela, il peut :**

❍ **a.** consulter le Code du travail.
❍ **b.** consulter la charte du cotisant contrôlé.
❍ **c.** lire attentivement le courrier reçu.

12 **À la suite de ce contrôle, Rachid Berah a appris qu'il existait la procédure de rescrit social. Ayant quelques hésitations sur la façon de calculer certaines cotisations sociales pour les salariés de l'un de ses établissements, il a décidé de faire appel à cette procédure. Il a reçu une réponse et se demande :**

❍ **a.** s'il peut appliquer cette réponse aux salariés travaillant dans les autres établissements.
❍ **b.** s'il doit l'appliquer uniquement aux salariés de cet établissement.
❍ **c.** s'il peut l'utiliser pour savoir comment appliquer d'autres cotisations sociales similaires.

13 **Dans le cadre de ce contrôle, les agents de l'Urssaf ont décidé d'auditionner certains travailleurs présents dans l'entreprise le jour de leur contrôle. Ils ont ensuite dressé un PV concernant des heures rémunérées mais non déclarées par Rachid Berah. Ce dernier se pose des questions concernant la compétence de ces agents en l'espèce.**

❍ **a.** les agents de l'Urssaf ne sont pas compétents pour dresser un PV pour travail dissimulé.
❍ **b.** les agents de l'Urssaf ne sont pas compétents pour auditionner les salariés ni dresser à la suite un PV.
❍ **c.** les agents de l'Urssaf peuvent dresser un PV pour travail dissimulé et auditionner toute personne ayant reçu une rémunération de l'employeur.

14 **Dominique Durval est inspecteur du travail en Bretagne. Récemment, il a visité un chantier et a constaté plusieurs situations anormales. Certaines machines n'ont pas fait l'objet de leur entretien annuel (retard d'une semaine) et il manque des aérations dans un atelier. Par ailleurs, en consultant les registres de l'entreprise, il s'est rendu compte que certains salariés sont payés en dessous du SMIC. Dominique hésite sur les sanctions à prendre.**

❍ **a.** Il peut dresser un PV et exiger de l'employeur le paiement d'une amende.
❍ **b.** Il peut dresser un PV et mettre en demeure l'employeur d'améliorer la situation de ses salariés.
❍ **c.** Il peut mettre en demeure l'employeur, dresser un PV, mais également faires des observations écrites.

15 **Dominique Durval vient d'apprendre qu'il pouvait être consulté par l'employeur et/ou les salariés sur certains sujets. Il se demande parmi les sujets donnés ci-dessous, lesquels sont de sa compétence.**

❍ **a.** Avis sur le contenu d'un règlement intérieur.
❍ **b.** Avis sur le contenu d'un accord collectif.
❍ **c.** Avis sur le contenu d'un contrat de travail.

CAS PRATIQUE GUIDÉ

CONTRÔLES DE L'INSPECTION DU TRAVAIL DANS LA SOCIÉTÉ BATIRPLUS

Noam travaille dans une entreprise du bâtiment responsable de plusieurs chantiers dans la région d'Orléans, BatirPlus. Il a reçu récemment la visite d'un inspecteur du travail à l'improviste, à 9 heures du matin. Il a réclamé à Noam le registre du personnel et a voulu visiter le chantier. Pris au dépourvu, Noam a refusé la visite du chantier, prétextant le respect de consignes de sécurité strictes. De plus, il n'était pas en possession du registre du personnel et n'a pas pu le fournir à l'inspecteur.

1. **Vérifiez la validité des demandes de l'inspecteur du travail.**
2. **Présentez les effets du refus de Noam.**

CORRIGÉ

☑ COMPÉTENCE ATTENDUE : **Identifier les missions et moyens d'action des agents de contrôle de l'inspection du travail.**

Méthode

Pour résoudre ce cas pratique, vous devez commencer par identifier précisément le rôle de chaque personne physique. Il vous faut ensuite répertorier les différentes étapes de ce contrôle afin de vérifier la légalité de chacune d'entre elles. Le risque ici est d'oublier un des éléments de fait constitutif d'un problème de droit auquel vous devez répondre.

1. Vérification de la validité des demandes de l'inspecteur du travail.

PRINCIPES JURIDIQUES

L'inspecteur du travail a le droit de se rendre à tout moment dans une entreprise pour effectuer les contrôles qu'il juge opportuns. Contrairement aux agents de l'Urssaf, il n'a pas à prévenir l'employeur de sa venue ni à la justifier. Il doit pouvoir avoir accès à tous les documents qu'il souhaite ainsi qu'aux locaux accessibles aux salariés.

APPLICATION AU CAS

En l'espèce, l'inspecteur du travail n'avait pas à prévenir Noam de sa venue. Il peut lui demander de consulter le registre du personnel et doit avoir accès au chantier s'il le souhaite. Les consignes de sécurité strictes ne peuvent pas empêcher son contrôle.

> **!** Il est important de bien connaître les droits de l'inspecteur du travail afin de pouvoir identifier, dans les faits, toutes les atteintes et en présenter ensuite les effets.

2. Présentation des effets du refus de Noam.

PRINCIPES JURIDIQUES

L'employeur doit tout mettre en œuvre pour permettre à l'inspecteur d'exercer son contrôle comme il l'entend. Toute atteinte à ce droit est constitutive d'un délit d'obstacle à contrôle sanctionné pénalement. L'inspecteur du travail peut donner un délai à l'employeur pour se mettre en règle. Il peut également décider de dresser un PV s'il constate une infraction au droit du travail.

APPLICATION AU CAS

En l'espèce, en refusant l'accès au chantier à cet inspecteur du travail, Noam commet un délit d'obstacle à contrôle sanctionné par 37 500 euros d'amende et/ou 1 an de prison. La non-remise du registre du personnel est également sanctionnée pénalement par une contravention de quatrième classe autant de fois qu'il y a de salariés concernés. L'inspecteur du travail pourra dresser les PV et les transmettre au procureur de la République qui décidera ou non des poursuites. La DREETS pourra également proposer une transaction à Noam s'il reconnaît ces faits.

AUTOÉVALUATION

La grille d'autoévaluation ci-dessous vous permet d'évaluer votre niveau et de vérifier si vos réponses correspondent aux attendus de l'examen.

Questions	Niveau 1	Niveau 2	Niveau 3	Niveau 4
	Un premier élément de réponse, mais très incomplet, des erreurs, des contresens	*Des éléments de réponse isolés, des approximations et/ou de la paraphrase*	*Question comprise : des éléments de réponse pertinents mais incomplets au niveau des savoirs et/ou de l'application*	*Compétence attendue mobilisée avec mobilisation complète des savoirs associés à la compétence. Application pertinente.*
1. Vérifiez la validité des demandes de cet inspecteur du travail. *(voir Section I.A)*	❑ Vous ne connaissez pas les droits d'un inspecteur du travail ou de façon incomplète.	❑ Vous connaissez certaines prérogatives de l'inspecteur du travail mais vous avez fait des erreurs concernant les autres.	❑ Vous connaissez les droits de l'inspecteur du travail mais votre analyse du sujet est trop rapide et vous n'avez pas traité tous les problèmes posés.	❑ Vous connaissez les droits de l'inspecteur du travail et vous avez su identifier dans la situation donnée les différents problèmes soulevés sans en oublier.
2. Présentez les effets du refus de Noam. *(voir Section I.A)*	❑ Vous n'avez pas identifié les effets du refus car vous ne maîtrisez pas les droits d'un inspecteur du travail.	❑ Vous ne connaissez pas les sanctions en cas d'opposition à l'inspection du travail, ou de façon incomplète.	❑ Vous n'avez pas donné précisément toutes les sanctions encourues pour chacun des refus de Noam.	❑ Vous connaissez les différents effets en cas d'opposition aux demandes d'un inspecteur du travail et non uniquement le délit d'obstacle.

• EXERCICES •

1 Contrôle de l'inspection du travail dans la SARL Wilse — 20 min

☑ **COMPÉTENCE ATTENDUE : Identifier les missions et moyens d'action des agents de contrôle de l'inspection du travail.**

Évelyne est gérante de la SARL Wilse qui fabrique du matériel de golf. Elle comprend 14 salariés répartis dans différents ateliers, certains travaillant à la conception des cannes de golf, d'autres aux balles ou autres accessoires.
Le 12 mars, Évelyne reçoit la visite d'un inspecteur du travail. Il souhaite visiter les différents ateliers. Lors de cette visite, il prend des notes et lui réclame ensuite les documents d'achat et d'entretien de trois machines différentes.

Évelyne est inquiète et craint que l'inspecteur du travail ne prenne connaissance de certains secrets de fabrication qu'il ne faut surtout pas divulguer à la concurrence. Elle hésite donc à lui remettre la totalité des documents demandés et ne l'a d'ailleurs pas autorisé à accéder aux bureaux du service recherche et développement.

Comment pouvez-vous conseiller Évelyne afin que ce contrôle se déroule au mieux ?

2 Travail dissimulé dans la SARL Les Bons p'tits plats

20 min

☑ COMPÉTENCES ATTENDUES : **Caractériser l'infraction de travail dissimulé et ses conséquences. Identifier les missions et moyens d'action des agents de contrôle de l'inspection du travail.**

Vincent est le gérant de la SARL Les Bons P'tits Plats qui exploite un restaurant en bord de mer à Arromanches-les-Bains (Normandie). Grâce à la commémoration du Débarquement, son établissement a acquis une renommée certaine et ne désemplit pas. Pour faire face à cet afflux, Vincent demande régulièrement à ses salariés d'effectuer des heures supplémentaires. Il ne les déclare pas toutes sur les bulletins de salaire et ne les rémunère d'ailleurs pas toujours. Il a également fait appel à des extras qu'il a rémunérés « de la main à la main » sans aucune déclaration. Récemment, il a appris que la lutte contre le travail dissimulé allait être renforcée. Il se pose des questions quant au déroulement d'un tel contrôle s'il avait lieu.

1. **Identifiez les éléments caractérisant ici l'infraction de travail dissimulé.**
2. **Indiquez à Vincent qui sont les agents chargés du contrôle du travail dissimulé ainsi que le déroulement de ce contrôle.**
3. **Présentez-lui les effets possibles d'un tel contrôle.**

3 Contrôle de l'Urssaf et rescrit social dans la SARL Artigue

30 min

☑ COMPÉTENCE ATTENDUE : **Cerner les missions et moyens d'action des inspecteurs du recouvrement.**

Léa et Chloé sont gérantes de la SARL Artigue qui fabrique de la toile pour transat de façon artisanale. La SARL comprend 9 salariés. Hier, elles ont reçu un courrier les informant de la venue d'un agent de contrôle de l'Urssaf.

Elles s'interrogent sur les étapes à suivre pour que ce contrôle se passe au mieux.

Par ailleurs, il y a 3 mois, elles avaient fait une demande de rescrit social et souhaiteraient savoir si le contrôleur devra tenir compte de cette démarche.

1. **Présentez à Léa et Chloé les étapes d'un contrôle Urssaf.**
2. **Rappelez la définition d'un rescrit social.**
3. **Indiquez à Léa et Chloé les effets de ce rescrit à l'égard du contrôle qui va avoir lieu.**

CAS DE SYNTHÈSE

CONTRÔLE DE L'APPLICATION DU DROIT SOCIAL AU SEIN DE LA SOCIÉTÉ VERBIS

30 min

☑ COMPÉTENCES ATTENDUES : **Caractériser l'infraction de travail dissimulé et ses conséquences. Identifier les missions et moyens d'action des agents de contrôle de l'inspection du travail. Cerner les missions et moyens d'action des inspecteurs du recouvrement.**

Mise en situation

La société Verbis est spécialisée dans la fabrication de feux d'artifice. Récemment, son dirigeant, M. Vertude, a reçu la visite d'un inspecteur du travail à la suite de conflits avec les salariés à propos des conditions de travail. À cette occasion, l'inspecteur du travail a constaté que certains salariés fumaient dans les locaux, à proximité du lieu de stockage des produits finis. Aucun affichage interdisant de fumer n'existe et cette interdiction n'est pas prévue dans le règlement intérieur. Quelques semaines plus tard, la société Verbris a reçu un courrier lui annonçant la venue d'un agent de contrôle de l'Urssaf. M. Vertude, s'inquiète de cette visite. Il pense n'avoir rien à se reprocher, mais se demande pourquoi l'Urssaf a décidé de le contrôler et quelle sera l'issue de ce contrôle. En outre, le courrier fait référence à la charte du cotisant contrôlé que M. Vertude a téléchargé sur Internet. Cependant, au regard du document, il s'interroge sur l'utilité de le lire en entier. Connaissant votre formation approfondie en droit social, il décide de vous faire part de ses questionnements.

1. **Expliquez les raisons de l'intervention de l'inspecteur du travail dans cette entreprise.**
2. **Présentez les décisions qu'il pourra prendre à la suite de sa visite.**
3. **Répondez au mieux aux questions de M. Vertude concernant les raisons du contrôle ainsi que son issue.**
4. **Présentez à M. Vertude le contenu de la charte du cotisant contrôlé afin de lui montrer l'intérêt d'une lecture complète de ce document.**

Vous disposez ci-dessous d'un document pour étayer vos analyses.

BASE DOCUMENTAIRE

Document – Extraits de la charte du cotisant contrôlé

SOMMAIRE DU GUIDE

Source : www.urssaf.fr

CHAPITRE 3

Les conflits contentieux et non contentieux nés de la relation de travail

À l'issue de ce chapitre,

• vous serez capable :

- ❒ de déterminer la juridiction compétente à l'occasion d'un litige du travail ;
- ❒ de schématiser la procédure prud'homale ;
- ❒ d'informer sur la nature et les caractéristiques des modes alternatifs de règlement des différends dans le cadre d'un litige individuel prud'homal ;
- ❒ de différencier un mouvement illicite et une grève licite ;
- ❒ d'identifier les effets de l'exercice normal du droit de grève ;
- ❒ de caractériser l'exercice anormal du droit de grève et d'en tirer les conséquences ;
- ❒ d'identifier une situation contraignante pouvant fonder un *lock-out* et de préciser son régime ;
- ❒ de caractériser conciliation, médiation et arbitrage.

• vous saurez identifier :

- ❒ les contentieux de la relation de travail : le contentieux prud'homal, les modes alternatifs de règlement des différends (MARD) dans le cadre d'un litige prud'homal, le contentieux civil du travail, le contentieux pénal du travail, le contentieux administratif du travail ;
- ❒ les conflits non contentieux de la relation de travail : la grève, le *lock-out*, les modes alternatifs de règlement des conflits dans le cadre d'un litige collectif.

Mettez-vous en situation

Max travaille en tant que chef métreur au sein de la SARL BATIPLUS dans le domaine du BTP. Les résultats de la SARL sont en hausse mais les salaires n'ont pas été réévalués depuis 3 ans. Max souhaite mener une action pour contraindre l'employeur à renégocier à la hausse la grille des salaires des ouvriers et techniciens. Il pourrait se mettre en grève ou exercer directement un recours devant le tribunal. Cependant, ses connaissances sont insuffisantes pour faire le bon choix. Il vous interroge donc à ce sujet ainsi que sur la notion de médiation qui est également une solution que lui a présentée un ami.

À partir de vos connaissances, conseillez au mieux Max dans ses choix.

I. Les conflits de travail contentieux

A Le rôle du conseil de prud'hommes

1. L'organisation du conseil de prud'hommes

a. Conseillers prud'homaux

Définition : Le conseil de prud'hommes est une juridiction paritaire composée de conseillers employeurs et de conseillers salariés. La désignation de chaque catégorie de conseillers se fait de façon distincte par collèges :
– À la suite de la loi n° 2014-1528 du 18 décembre 2014, l'ordonnance n° 2016-388 du 31 mars 2016 a modifié le mode de désignation des conseillers prud'homaux. Ils ne sont plus élus mais désignés par les ministres de la Justice et du Travail.
– Les sièges sont attribués aux OSR en fonction de leur audience aux dernières élections professionnelles.

Les conditions pour être désigné conseiller prud'homal sont :

- avoir 21 ans ;
- avoir 2 ans d'activité professionnelle sur une période de 10 ans ;
- être inscrit sur une liste électorale prud'homale et désigné en tant que tel par une OSR ;
- ne pas avoir de casier judiciaire ;
- ne pas être frappé d'interdiction ou de déchéance ;
- avoir la nationalité française.

La durée du mandat de conseiller prud'homal est fixée à 4 ans. L'arrêté du 12 avril 2018 (JORF n° 0091 du 19 avril 2018) porte nomination des conseillers prud'hommes pour la période 2018-2021.
Les vacations de conseillers prud'homaux sont prises en charge par l'État. Les absences pendant le temps de travail sont considérées comme du temps de travail effectif.

> **!** Les conseillers prud'homaux sont des salariés protégés pendant la durée du mandat ainsi que 6 mois après. Les candidats bénéficient également de cette protection [voir Chapitre 19].

b. Composition

Le conseil de prud'hommes est composé de cinq sections autonomes (encadrement, industrie, commerce et services commerciaux, agriculture, activités diverses) correspondant aux secteurs d'activité.

Tableau 3.1 Les organes internes du conseil de prud'hommes

Section	– Au moins 3 conseillers employeurs et 3 conseillers salariés par section. – Division en chambres spécialisées dans certains litiges. Dans chaque section, 1 bureau de conciliation et 1 bureau de jugement.
Procédure accélérée au fond (ancien référé)	– Une formation de référé commune aux 5 sections composée de 1 conseiller de chaque catégorie (employeur/salarié). – Saisine en cas d'urgence, ordonne toute mesure pour faire cesser le trouble.
Présidence	– 1 président et 1 vice-président, salarié et employeur alternativement.
Bureau d'orientation et de conciliation	– 1 conseiller de chaque catégorie (employeur/salarié).

> **!** Le critère de rattachement d'un litige à une section dépend de l'activité principale de l'entreprise. Elle est déterminée en fonction de la convention collective applicable, à défaut, selon l'accord collectif. Seule la section encadrement fonctionne différemment puisque sa compétence concerne les litiges entre l'employeur et un ingénieur ou cadre.

La loi n° 2015-990 du 6 août 2015 a mis en place trois formations de jugement :

- la **formation restreinte**, composée d'un conseiller employeur et d'un conseiller salarié, compétente pour les licenciements et les résiliations judiciaires du contrat de travail. Elle doit rendre sa décision dans un délai de 3 mois ;
- la **formation de jugement** (deux représentants de chaque catégorie) ;
- la **formation de départage** (deux représentants de chaque catégorie et un juge professionnel départiteur).

2. La compétence du conseil de prud'hommes

Pour déterminer le conseil de prud'hommes compétent pour étudier un litige, il faut tenir compte de la compétence d'attribution qui fixe la catégorie de tribunal compétent, et de la compétence territoriale qui permet de choisir le conseil de prud'hommes selon sa localisation.

Tableau 3.2 Les compétences

Compétence d'attribution	Compétence territoriale
Existence d'un contrat de travail, litige individuel né de la relation de travail. Statue en premier et dernier ressort en cas de montant inférieur à 4 000 euros.	Conseil de prud'hommes de l'établissement ou du domicile (travail hors établissement). Possibilité pour le salarié de s'adresser au conseil du lieu d'engagement ou du siège social (clause contraire réputée non écrite).

3. La procédure prud'homale

La procédure prud'homale s'étend de la saisine au jugement, en passant par l'audience de conciliation.

Figure 3.1 Une procédure en trois étapes

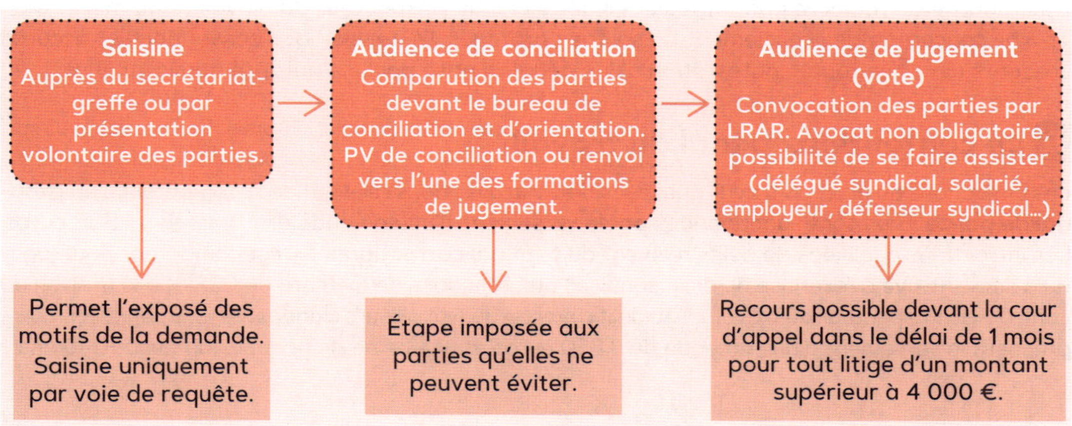

Définition : Le défenseur syndical est un salarié autorisé à assister un autre salarié engagé dans une procédure contentieuse. Inscrit sur une liste sur proposition des OSR, il n'a pas d'autres attributions contrairement à un délégué syndical dont le rôle est plus large.

Le délai de prescription pour exercer cette action en justice est de 5 ans, sauf convention contraire entre les parties (1 à 10 ans). Cette durée est impérative en cas de recours pour discrimination ou d'action en paiement des salaires.

> **!** La loi du 6 août 2015 permet le recours à la médiation pour tout litige en droit du travail. Le bureau de conciliation et d'orientation du conseil de prud'hommes a également comme compétence l'homologation des accords issus d'une conciliation ou la désignation d'un médiateur.

B Le contentieux de la Sécurité sociale

Les conflits relatifs à la Sécurité sociale et opposant l'employeur à l'Urssaf ou le salarié aux organismes de Sécurité sociale sont tranchés au sein du pôle social du tribunal judiciaire [voir Chapitre 23].

C Le contentieux civil du travail

Le conseil de prud'hommes n'est compétent qu'en cas de litige individuel.

1. Le tribunal judiciaire (TJ)

La loi n° 2019-222 du 23 mars 2019 de programmation pour 2018-2022 a réformé la justice et procédé à la fusion du TGI et du TI pour former le TJ en place depuis le 1er janvier 2020.

Le TJ est compétent pour trancher :

- les conflits nés de l'interprétation et de l'application des conventions collectives ;
- les litiges relatifs au travail en dehors du contrat de travail, comme l'intéressement et la participation, les actions en responsabilité, les contentieux relatifs aux régimes complémentaires ;
- le contentieux des élections des représentants du personnel et des conseillers prud'homaux, de la désignation des délégués syndicaux ou en cas de contestation de la représentativité des syndicats.

Le président du TJ peut rendre une ordonnance de référé en cas de dommage imminent ou de trouble manifestement illicite. Il est le juge de l'urgence ou du référé.

> ! En matière de protection sociale, le recours devant le TJ doit obligatoirement être précédé d'un recours devant la CRA.

2. Le tribunal administratif (TA)

Il est chargé de régler le contentieux des décisions de l'inspecteur du travail et du ministre du Travail concernant le licenciement de salariés protégés, l'extension des conventions et accords collectifs ainsi que toute contestation d'une décision prise par une autorité administrative.

D Le contentieux pénal du travail

Les infractions au droit du travail qualifiées de contraventions relèvent de la compétence du **tribunal de police**. Elles sont sanctionnées par le versement d'une amende allant de 38 à 1 500 euros. Les infractions qualifiées de délits relèvent du **tribunal correctionnel**. Il est compétent pour juger du délit d'entrave à l'exercice du droit syndical, aux fonctions de membre du CSE et à la mission de contrôle de l'inspecteur du travail et du délit d'emploi de travailleurs clandestins. Les sanctions comprennent le versement d'une amende de 3 750 euros et une peine de prison allant jusqu'à 10 ans.

II. Les conflits de travail non contentieux

A L'expression du conflit : la grève

1. Les modalités d'exercice du droit de grève

Le droit de grève est un droit constitutionnel protégé par le préambule de la Constitution de 1946 qui stipule qu'il « s'exerce dans le cadre des lois qui le réglementent ».

a. Conditions d'exercice du droit de grève

La définition du droit de grève est donnée par la jurisprudence.

Définition : La grève correspond à une cessation totale, collective et concertée de toute activité par les salariés en vue de faire aboutir des revendications professionnelles.

Un mouvement de grève répond à plusieurs caractéristiques :

- Une **cessation totale** du travail. L'arrêt du travail doit être complet. Sont autorisées les grèves tournantes ainsi que les débrayages répétés dès lors que l'arrêt est complet, quelle que soit sa durée.
- Une **cessation collective**. C'est un droit individuel exercé de façon collective, même par une minorité de salariés.
- Une **cessation concertée**. Il faut une volonté commune de cesser le travail, au niveau de l'entreprise, de plusieurs entreprises ou même au plan national. L'appel d'une organisation syndicale n'est pas nécessaire.
- Une cessation du travail dans un **but professionnel**. Les revendications, objet de la grève, doivent être professionnelles (conditions de travail, rémunération, crainte d'une baisse d'effectifs, défense des droits syndicaux, etc.).

> **!** Le salarié unique d'une entreprise peut exercer son droit de grève seul. De même, un salarié peut exercer le droit de grève seul dès lors qu'il répond à un appel à la grève lancé sur le plan national.

Ces critères sont essentiels pour valider le mouvement de grève et le considérer comme licite.

b. Déclenchement de la grève

Aucun préavis ni avertissement ne sont nécessaires pour déclencher un mouvement de grève même en cas d'accord ou de convention contraire (« grève surprise »). En revanche, l'information de l'employeur est essentielle, à l'oral ou à l'écrit, avant la cessation du travail.

c. Limites à l'exercice du droit de grève

Certains mouvements de grève sont interdits par la loi.

Exemples : La grève politique (pour un motif lié à une décision politique), la grève perlée (en cas de ralentissement du travail et non d'arrêt complet) ou encore la grève du zèle (application exagérée des consignes de sécurité ralentissant le travail) sont prohibées. La grève de solidarité est licite uniquement en interne.

La grève avec occupation des locaux est un mouvement illicite dès lors qu'il a pour effet d'empêcher l'accès des non-grévistes à leur poste de travail. L'employeur peut faire un recours devant le juge des référés, puis faire appel à la force publique pour faire évacuer les lieux si nécessaire.

2. Les effets de l'exercice du droit de grève

Définition : Le *lock-out* est la décision de fermeture temporaire de l'entreprise prise par l'employeur à la suite d'un mouvement de grève. Aucun salarié ne travaille ni ne perçoit de rémunération dans ce cas.

Tableau 3.3 Conséquences de la grève sur les salariés et l'employeur

Salariés grévistes	Salariés non grévistes	Employeur
– Suspension du contrat de travail. – Interdiction de sanctionner le salarié pour les fautes commises dans l'exercice de ce droit de grève, sauf en cas de faute lourde.	– Maintien du contrat de travail. – Obligation de leur fournir du travail et une rémunération sauf cas de force majeure. – Prime de non-participation à la grève interdite car discriminatoire. – Possibilité pour les non-grévistes de demander une réparation en cas de grève illicite.	– En cas de poursuite de l'activité : Permettre aux non-grévistes de travailler. – Possibilité de recruter en contrat à durée indéterminée (CDI) ou de sous-traiter (recours au CDD et à l'intérim interdits). – En cas d'arrêt de l'activité : Nécessité de justifier le *lock-out* par un défaut de sécurité ou une impossibilité de fonctionnement. – Suspension de la rémunération.

Exemple : Le salarié qui occupe les locaux et les détériore ou séquestre un responsable commet une faute lourde et engage également sa responsabilité civile, voire pénale.

En cas de cumul de causes de suspension du contrat de travail (maladie et grève), la cause principale détermine le régime applicable. Si le salarié est reconnu gréviste, il lui appartient d'apporter la preuve qu'il s'est désolidarisé du mouvement avant son terme.

> **!** La mention « grève » ne doit en aucun cas apparaître sur le bulletin de salaire.

B Le règlement du conflit

La fin du conflit n'est souvent possible qu'à la suite de négociations. Plusieurs procédures facultatives de règlement des conflits sont encadrées par la loi. On parle alors de mode alternatif de règlement des différends (MARD). Ces MARD sont applicables aussi bien aux conflits individuels que collectifs.
L'inspecteur du travail peut intervenir dans le cadre de l'une de ces procédures dans son rôle de conciliateur [voir Chapitre 2].

Définitions : Un mode alternatif de règlement des différends (MARD) est un mode de règlement des conflits permettant de ne pas avoir à passer par le juge pour mettre fin à un différend. On trouve la conciliation, la médiation et l'arbitrage. Dans tous les cas, il s'agit de faire appel à un tiers pour trouver une solution au litige. Les effets sont en revanche différents selon le mode de règlement choisi.
La conciliation est un mode alternatif de règlement des conflits consistant à faire appel à une commission de conciliation chargée de faire émerger un accord entre les parties.
La médiation est un mode alternatif de règlement des conflits consistant à faire appel à un médiateur, tiers au conflit, qui a pour objectif de proposer une solution acceptée par les deux parties.
L'arbitrage est un mode alternatif de règlement des conflits consistant à faire appel à un arbitre, tiers au conflit, qui pourra imposer aux parties une solution permettant de mettre fin à leur différend.

> **!** La transaction est parfois classée dans les MARD. Cependant, elle ne permet pas de trancher un litige entre employeur et salarié. Elle a pour but de permettre à l'employeur et au salarié de se mettre d'accord sur les conséquences de la rupture du contrat de travail. Elle est soumise à conditions [voir Chapitre 18].

Tableau 3.4 Les trois modes alternatifs de règlement des différends (MARD)

	Conciliation	Médiation	Arbitrage
Mise en œuvre	Souvent prévue par convention ou accord collectifs. À défaut, conciliation devant la commission régionale ou nationale de conciliation composée de représentants des employeurs, des salariés et des pouvoirs publics, à la demande de l'une des parties, du ministre du Travail/préfet.	– Mise en œuvre par le ministre du Travail ou le président de la commission (échec de la conciliation) ou directement par le ministre/préfet ou sur demande conjointe des parties. – Choix d'un médiateur par commun accord. – À défaut, choix par le ministre/président de la commission sur liste.	– Peut être prévu par la convention, l'accord collectif ou une clause compromissoire dans le contrat de travail. – Les parties peuvent décider d'y avoir recours d'un commun accord en cas d'échec des procédures précédentes. – Arbitre choisi par les parties ou selon les modalités établies par accord.

<table>
<tr><th></th><th>Conciliation</th><th>Médiation</th><th>Arbitrage</th></tr>
<tr><td rowspan="2">Résultat</td><td>– Établissement d'un PV constatant l'accord ou non entre les parties.
– En cas d'échec, médiation ou arbitrage.
– Consultation gratuite contrairement à la médiation ou l'arbitrage.</td><td>– Tentative de conciliation, soumission de propositions motivées sous 1 mois.
– Délai de 8 jours pour les rejeter (décision motivée). En cas d'échec, recours devant le conseil de prud'hommes.</td><td rowspan="2">– Décision motivée s'imposant aux parties. Recours possible contre la sentence arbitrale sous 8 jours devant la Cour supérieure d'arbitrage uniquement pour excès de pouvoir ou violation de la loi.
– Appel possible devant la cour d'appel (CA).</td></tr>
<tr><td colspan="2">En cas d'accord, il peut être soumis à homologation par dépôt au greffe du conseil de prud'hommes pour lui donner force exécutoire.</td></tr>
</table>

Exemple : Le Centre de médiation et d'arbitrage du travail (CMAT), association à but non lucratif créée en 2015, met à disposition une liste d'arbitres (avocats, magistrats, responsable des ressources humaines, professeur, etc.) auxquels salariés, employeurs et organisations professionnelles peuvent faire appel.

De plus, l'employeur et le salarié en conflit peuvent décider de conclure une convention de procédure participative. Cette procédure est exclusive de tout recours devant le juge sauf en cas de non-respect de la convention. Elle peut prévoir de faire appel à un médiateur. À défaut, elle est assimilable à la notion de conciliation. Les parties sont obligatoirement assistées par leur avocat qui permet de faciliter la conciliation.

Définition : La convention de procédure participative est une convention par laquelle les parties s'engagent à œuvrer conjointement et de bonne foi à la résolution amiable d'un différend qui n'a pas encore fait l'objet d'une saisine du juge ou de l'arbitre.

> **!** La conciliation et la méditation peuvent avoir lieu avec ou sans convention de procédure participative. Celle-ci permet aux parties de se mettre d'accord sur le déroulement de la procédure amiable. Elle peut être signée avant ou après l'apparition du litige.

SYNTHÈSE

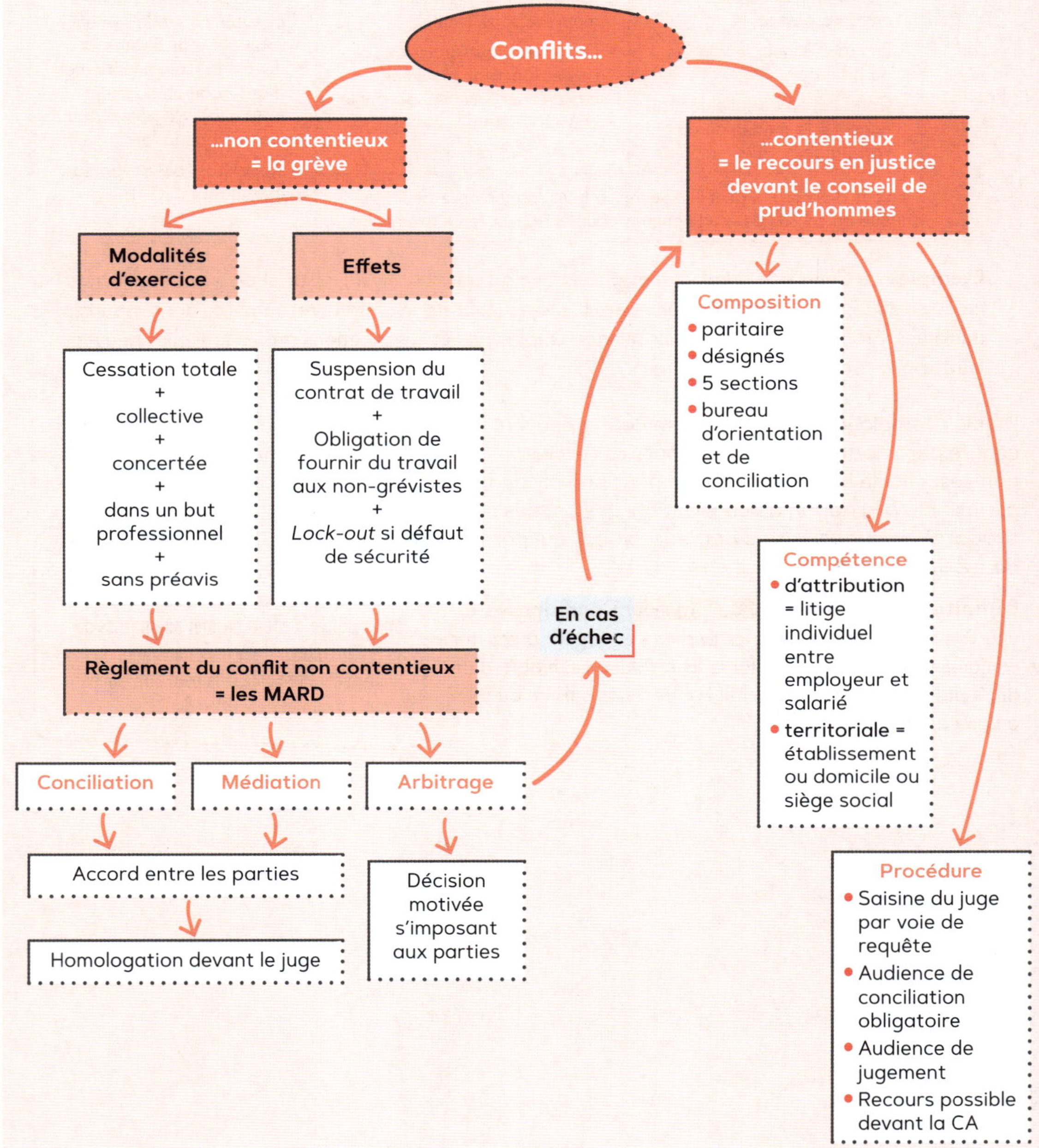

Faites le point sur les notions clés : conseil de prud'hommes p. 32, défenseur syndical p. 33, grève p. 35, *lock-out* p. 35, mode alternatif de règlement des différends (MARD) p. 36, conciliation p. 36, médiation p. 36, arbitrage p. 36, convention de procédure participative p. 37.

Révisez avec les flashcards
www.lienmini.fr/dcg03-05

QCM

Réponse unique

QCM interactif
www.lienmini.fr/dcg03-06

1 La grève est une cessation du travail qui peut être :
❍ **a.** individuelle et totale.
❍ **b.** collective et totale.
❍ **c.** concertée et partielle.

2 La grève a pour effet :
❍ **a.** la suspension du contrat de travail et du pouvoir disciplinaire de l'employeur.
❍ **b.** le maintien du contrat de travail.
❍ **c.** la suspension du contrat de travail, mais le maintien du pouvoir disciplinaire en cas de faute lourde.

3 La grève nécessite le respect :
❍ **a.** d'un préavis de grève s'il est prévu par la convention collective.
❍ **b.** d'un préavis de grève prévu par la loi.
❍ **c.** d'aucun préavis de grève.

4 La médiation et l'arbitrage sont :
❍ **a.** deux modes de règlement des conflits mis en place en cas d'échec de la conciliation.
❍ **b.** deux modes de règlement des conflits successifs.
❍ **c.** non applicables aux conflits entre salariés et employeurs.

5 Le conseil de prud'hommes est une juridiction :
❍ **a.** composée de magistrats professionnels.
❍ **b.** paritaire composée de représentants élus et de magistrats professionnels.
❍ **c.** paritaire composée de représentants désignés des salariés et des employeurs.

Plusieurs réponses possibles

6 Le *lock-out* est décidé par l'employeur :
❍ **a.** en cas de mouvement de grève ne permettant pas le maintien de la sécurité.
❍ **b.** en cas de mouvement de grève ne permettant pas un bon fonctionnement de l'entreprise.
❍ **c.** en cas de mouvement de grève empêchant tout fonctionnement de l'entreprise.

7 Est interdite par la loi :
❍ **a.** la grève tournante.
❍ **b.** la grève du zèle.
❍ **c.** la grève perlée.

8 En cas de grève, les salariés non-grévistes ont droit :
❍ **a.** à des dommages et intérêts en cas de grève illicite.
❍ **b.** à une prime pour non-participation au mouvement de grève.
❍ **c.** au maintien de leur contrat de travail.

9 **Les MARD permettent un règlement des conflits entre salarié et employeur :**

❍ **a.** en restant confidentiel.
❍ **b.** sans avoir recours au juge.
❍ **c.** en gagnant du temps et de l'argent.

10 **Peut être désigné conseiller prud'homal tout salarié :**

❍ **a.** inscrit sur une liste électorale prud'homale.
❍ **b.** ayant 3 ans d'ancienneté professionnelle sur une période de 10 ans.
❍ **c.** n'ayant ni interdiction, ni déchéance, ni casier judiciaire.

Réponses à justifier

11 **Maurine et Alban sont salariés dans la société Volailles. Leur salaire n'a pas augmenté depuis deux ans alors que les actionnaires ont touché des dividendes en augmentation. Ils décident de se mettre en grève.**

❍ **a.** Le motif de grève est valable mais ils doivent commencer par faire une demande d'augmentation à leur employeur.
❍ **b.** Le motif de grève n'est pas valable et ils ne peuvent être deux à se mettre en grève.
❍ **c.** Le motif de grève est valable mais ils ne peuvent être deux à se mettre en grève.

12 **Bertrand a été licencié après 20 ans dans la même entreprise. Il a été en retard de plusieurs heures pendant trois jours consécutifs car il a du mal à se remettre du décès accidentel de sa femme. Ses collègues décident de se mettre en grève pour le soutenir. Richard, un ami d'enfance de Bertrand, souhaite faire de même dans son entreprise.**

❍ **a.** La grève de solidarité est licite aussi bien dans l'entreprise de Bertrand que dans celle de Richard.
❍ **b.** La grève de solidarité est licite dans l'entreprise de Bertrand mais pas dans celle de Richard.
❍ **c.** La grève de solidarité est licite dans l'entreprise de Richard mais pas dans celle de Bertrand.

13 **Martine est en conflit avec son responsable. Celui-ci lui reproche de ne pas suivre suffisamment ses consignes mais Martine considère que ces dernières ne sont pas claires. La situation commence à s'envenimer. Le DRH a entendu parler des MARD mais ne connaît pas la différence entre les différents modes possibles.**

❍ **a.** Conciliation, médiation et arbitrage ont le même but : trouver un commun accord entre les parties.
❍ **b.** Conciliation et médiation permettent de trouver un commun accord entre les parties, tandis que l'arbitrage a pour issue une décision motivée imposée aux parties.
❍ **c.** Conciliation, médiation et arbitrage ont pour but de trouver une solution imposée aux parties.

14 **Maëlys travaille à Rouen pour la SARL Dufloc dont le siège social est à Paris. Elle habite à Dreux. Elle a un litige avec son employeur et décide de saisir le conseil des prud'hommes.**

❍ **a.** Elle peut saisir celui de Paris ou de Rouen.
❍ **b.** Elle peut saisir celui de Paris uniquement car c'est le domicile du défendeur.
❍ **c.** Elle peut saisir celui de Rouen uniquement car c'est le lieu d'exécution de son contrat de travail.

15 **Amandine est en conflit avec son employeur qui ne lui a pas payé ses dernières heures supplémentaires. De plus, elle considère que son employeur n'applique pas la bonne convention collective.**

❍ **a.** Amandine peut faire un recours devant le conseil des prud'hommes pour ces deux litiges : heures supplémentaires et application de la convention collective.

❍ **b.** Amandine peut faire un recours devant le TJ, juge de droit commun pour ces deux litiges : heures supplémentaires et application de la convention collective.

❍ **c.** Amandine peut faire un recours devant le conseil des prud'hommes pour les heures supplémentaires mais devant le TJ pour la convention collective.

—• CAS PRATIQUE GUIDÉ •—

EFFETS D'UNE GRÈVE AU SEIN DE LA SARL BRICOPLUS

Francine et Machka travaillent depuis 5 ans comme caissières dans un magasin de bricolage exploité par la SARL Bricoplus. La mise en place d'une nouvelle direction s'est accompagnée de décisions impactant directement leur temps de travail et leur rémunération.

Francine et Machka, comme les 12 autres caissiers de cette entreprise, ont demandé à la direction de revenir sur ses décisions et d'organiser des négociations.

À la suite du refus de la direction, elles décident de lancer un mouvement de grève. Afin qu'il soit plus efficace, Francine propose d'occuper les locaux de manière à empêcher les non-grévistes de les remplacer et d'assurer tout de même des ventes.

Machka est d'accord pour suivre ce mouvement, mais elle se demande quels en seront les effets. Elle a un loyer à payer et les études de ses enfants à financer. Elle espère toucher tout de même une partie de son salaire.

1. **Vérifiez les conditions de licéité de ce mouvement de grève.**
2. **Présentez à Machka les effets de ce mouvement de grève et répondez à ses attentes.**

CORRIGÉ

☑ COMPÉTENCES ATTENDUES : **Différencier un mouvement illicite et une grève licite. Identifier les effets de l'exercice normal du droit de grève. Caractériser l'exercice anormal du droit de grève et en tirer les conséquences.**

Méthode

Pour vérifier si un mouvement de grève est licite, vous devez en identifier l'origine et les modalités de mise en œuvre. Il faut commencer par rappeler les conditions de licéité d'un mouvement de grève pour ensuite les appliquer au cas donné.
N'oubliez pas les cas de mouvements de grève illicites car interdits par la loi.
Même si la question n'est pas posée explicitement, vous devez toujours vérifier la licéité du mouvement de grève avant de répondre aux questions qui en découlent. Les effets du mouvement de grève doivent être envisagés dans deux cas : mouvement licite ou illicite.

1. Vérification des conditions de licéité de ce mouvement de grève.

PRINCIPES JURIDIQUES

Pour être licite, un mouvement de grève doit être une cessation totale du travail de façon collective et concertée. Les revendications doivent être uniquement professionnelles. La grève avec occupation des locaux est illicite dès lors qu'elle empêche les salariés non grévistes de travailler et qu'elle porte atteinte à la liberté du travail. Seul le piquet de grève à l'entrée de l'entreprise est autorisé.

> **!** Le mouvement de grève doit être une cessation collective du travail, cependant, elle peut être le fait d'une minorité de salariés. Il n'est donc pas nécessaire que tous les caissiers se mettent en grève en même temps.

APPLICATION AU CAS

En l'espèce, le mouvement de grève entamée par Francine et Machka repose sur des revendications professionnelles et constitue une cessation collective, totale et concertée du travail. Cependant, le fait de vouloir occuper les locaux est illicite car leur but est d'empêcher les salariés non grévistes de travailler. La proposition de Francine n'est pas licite.

2. Présentation des effets de ce mouvement de grève et réponse à ses attentes.

> **!** Pour cette question, vous devez envisager les effets des deux situations : le cas de la grève licite mais également le cas du mouvement de grève illicite.

PRINCIPES JURIDIQUES

Lors d'une grève, le contrat de travail est suspendu. Le salarié ne reçoit aucune rémunération. Lorsque le mouvement de grève se termine par des négociations, les représentants des salariés peuvent obtenir de l'employeur le versement d'indemnités pour la période non travaillée mais il n'a aucune obligation à accepter. Cela peut être un compromis permettant de mettre fin au conflit plus facilement.

Les salariés qui mettent en œuvre un mouvement de grève illicite peuvent être sanctionnés par l'employeur pour faute lourde dès lors qu'est démontrée la volonté de nuire. De plus, les salariés non grévistes pourront exercer un recours en responsabilité pour réparation du préjudice subi du fait de ce mouvement illicite.

APPLICATION AU CAS

En l'espèce, Machka ne doit pas espérer percevoir une partie de son salaire car en principe, en cas de grève, le contrat de travail est suspendu. Il en sera autrement si un accord de fin de conflit est signé avec l'employeur et prévoit ce paiement.

Par ailleurs, si Francine et Machka décident d'occuper les locaux, leur responsabilité civile (ainsi que celle des autres participants à ce mouvement) pourra être engagée pour grève illicite. Ils pourraient même être licenciés pour faute lourde.

AUTOÉVALUATION

La grille d'autoévaluation ci-dessous vous permet d'évaluer votre niveau et de vérifier si vos réponses correspondent aux attendus de l'examen.

Questions	Niveau 1	Niveau 2	Niveau 3	Niveau 4
	Un premier élément de réponse, mais très incomplet, des erreurs, des contresens	*Des éléments de réponse isolés, des approximations et/ou de la paraphrase*	*Question comprise : des éléments de réponse pertinents mais incomplets au niveau des savoirs et/ou de l'application*	*Compétence attendue mobilisée avec mobilisation complète des savoirs associés à la compétence. Application pertinente.*
1. Vérifiez les conditions de licéité de ce mouvement de grève. *(voir Section II.A)*	❑ Vous ne donnez pas les conditions de licéité de la grève (ou de façon incomplète).	❑ Vous donnez les conditions de licéité de la grève de façon incomplète et vous n'identifiez pas le cas d'illicéité de ce mouvement de grève.	❑ Vous donnez les conditions de licéité de la grève ainsi que les cas de grèves illicites, mais vous validez l'occupation des locaux ou vous ne validez pas le mouvement de grève lancé par deux salariés ou vous ne vérifiez pas dans les faits toutes les conditions de validité.	❑ Vous présentez toutes les conditions de licéité d'un mouvement de grève ainsi que les cas de grève illicite. ❑ Vous vérifiez que ces conditions sont bien toutes remplies dans ce cas et vous indiquez clairement le cas d'illicéité de ce mouvement.
2. Présentez à Machka les effets de ce mouvement de grève et répondez à ses attentes. *(voir Section II.A)*	❑ Vous faites des confusions dans les effets d'un mouvement de grève et n'abordez que le mouvement de grève illicite.	❑ Vous présentez certains effets d'un mouvement de grève licite mais vous oubliez ceux d'un mouvement de grève illicite (ou l'inverse).	❑ Vous présentez le principal effet d'un mouvement de grève licite ainsi que celui d'un mouvement de grève illicite, mais vous oubliez les cas particuliers (paiement du salaire et responsabilité).	❑ Vous présentez les principaux effets en cas de mouvement de grève licite ou illicite. Vous citez également les effets secondaires possibles (paiement du salaire et responsabilité).

EXERCICES

1 Analyse d'arrêt – Médiation et obligation de l'employeur — 15 min

☑ **COMPÉTENCE ATTENDUE : Caractériser conciliation, médiation et arbitrage.**

Arrêt de la Cour de cassation n° 11-18208 du 17 octobre 2012

Attendu, selon l'arrêt attaqué (Versailles, 24 mars 2011), que Mme X. a été engagée le 30 juillet 2001 en qualité de coordinateur approvisionnement par la société Moria ; que par lettre remise à l'employeur le 26 octobre 2005 elle a pris acte de la rupture de son contrat de travail ; qu'elle a saisi la juridiction prud'homale de demandes au titre de la rupture ;

Attendu que l'employeur fait grief à l'arrêt de déclarer fondée la prise d'acte de la salariée, alors, selon le moyen :

1°/ que l'insubordination et la mésentente entre collègues, lorsqu'elles sont imputables au salarié démissionnaire, ne peuvent justifier la requalification de sa démission en licenciement sans cause réelle et sérieuse ; qu'en l'espèce, dès lors qu'il est constant que Mme X., qui avait été engagée en qualité de coordinateur approvisionnement et logistique, avait contesté nombre de tâches qui relevaient pourtant de ses attributions et que lui avait confiées sa responsable hiérarchique, ce qui avait généré nombre de conflits avec celle-ci et étaient à l'origine de sa démission, la cour d'appel ne pouvait requalifier sa démission en licenciement sans cause réelle et sérieuse, sans violer les articles L. 1231-1, L. 1235-3 et L. 1237-1 et suivants du Code du travail ; [...]

3°/ que pour requalifier une démission en licenciement sans cause réelle et sérieuse, les juges du fond doivent caractériser un manquement imputable à l'employeur suffisamment grave pour justifier la rupture immédiate du contrat de travail par le salarié ; qu'en l'espèce, la cour d'appel, qui se borne à énoncer que l'employeur, qui a laissé s'installer une situation de conflit sans y apporter aucun remède, a manqué à ses obligations contractuelles, sans constater que ce manquement était suffisamment grave pour justifier une rupture immédiate du contrat de travail, n'a pas justifié légalement sa décision de requalifier la démission en licenciement sans cause réelle et sérieuse, méconnaissant ainsi les articles L. 1231-1, L. 1235-3 et L. 1237-1 et suivants du Code du travail ;

4°/ que seul un manquement suffisamment grave de l'employeur de nature à empêcher la poursuite du contrat de travail peut justifier la prise d'acte de la rupture et que, sauf cas de harcèlement ou de danger immédiat, l'employeur est seul maître de l'organisation interne de l'entreprise ; qu'en l'espèce, la cour d'appel ne pouvait requalifier la démission de Mme X. en un licenciement sans cause réelle et sérieuse, en se bornant à énoncer que la société Moria avait refusé la médiation préconisée par l'inspection du travail et n'avait pas cherché à changer la salariée de bureau ou de service pour remédier aux conflits, quand elle devait rechercher, comme elle y était invitée, si, dès que Mme X. s'était plainte de difficultés relationnelles avec sa responsable, l'employeur n'avait pas fait preuve d'une vigilance accrue en la recevant à plusieurs reprises, en invitant, par courrier du 16 mars 2005, l'inspection du travail à se rendre sur place aux fins de procéder aux constatations utiles et en convoquant en réunion extraordinaire le CHSCT dès le 24 mars 2005 et, si la salariée n'avait pas elle-même rompu ce processus mis en place par l'employeur pour mettre un terme au conflit entre les antagonistes, en démissionnant subitement dans l'espoir de bénéficier des avantages d'un licenciement ; qu'ainsi, la cour d'appel a privé sa décision de base légale au regard des articles L. 1221-1, L. 1231-01, L. 1235-1, L. 1237-2 du Code du travail ;

Mais attendu que la cour d'appel, qui n'a pas constaté que la salariée avait refusé d'exécuter à tort des tâches qui lui incombaient et qu'elle était responsable du conflit s'étant instauré avec sa responsable hiérarchique, a, sans être tenue de suivre les parties dans le détail de leur argumentation, constaté que l'employeur avait laissé perdurer un conflit sans lui apporter de solution et que ce manquement, dont elle a fait ressortir le caractère suffisamment grave, justifiait la prise d'acte de la rupture ; que le moyen, qui manque en fait en ses deux premières branches, n'est pas fondé ;

PAR CES MOTIFS : REJETTE le pourvoi.

1. **Présentez les parties ainsi que les faits de cet arrêt.**
2. **Donnez la définition et les conditions de la notion de « prise d'acte de la rupture du contrat de travail » telles qu'elles sont présentées dans cet arrêt.**
3. **Identifiez le problème posé à la Cour de cassation.**
4. **À travers sa solution, montrez l'importance que donne la Cour de cassation à la procédure de médiation.**

2 Conflit non contentieux au sein de l'imprimerie Mannier — 20 min

☑ COMPÉTENCES ATTENDUES : Différencier un mouvement illicite et une grève licite. Caractériser l'exercice anormal du droit de grève et en tirer les conséquences. Identifier une situation contraignante pouvant fonder un lock-out et préciser son régime. Caractériser conciliation, médiation et arbitrage.

Maurice Mannier dirige une imprimerie de 35 salariés implantée à Carcans (33). Son activité est plutôt florissante. Cependant, les actionnaires exigent toujours plus de dividendes, ce qui ne permet pas les investissements nécessaires à la modernisation de cette activité.

Récemment, les employés ont réclamé une augmentation de leur salaire qui leur a été refusée. Maurice Mannier a par ailleurs décidé de procéder à une réduction des effectifs pour préserver la compétitivité de l'entreprise. Certains salariés syndiqués menacent de se mettre en grève alors que des tirages importants viennent d'être commandés. Maurice Mannier ne s'inquiète pas. Il a répondu que ce mouvement de grève était illicite étant donné qu'il n'avait encore pris aucune décision. De plus, si les salariés se mettent en grève, Maurice Mannier a prévu de fermer l'entreprise en invoquant le *lock-out*. Il sait qu'en procédant ainsi les salariés non grévistes feront pression sur les autres salariés pour qu'ils mettent fin au mouvement de grève.

Finalement, le conflit a eu lieu. Afin de sortir de cette impasse, Maurice Mannier a décidé d'entamer des négociations et souhaite faire appel à un tiers extérieur qui pourrait aider à trouver un terrain d'entente.

1. **Vérifiez la validité des réponses données par Maurice Mannier.**
2. **Indiquez à Maurice Mannier les procédures de résolution de ce conflit à sa disposition.**

3 Le conseil de Prud'hommes, présentation et organisation — 30 min

☑ **COMPÉTENCES ATTENDUES : Déterminer la juridiction compétente à l'occasion d'un litige du travail. Schématiser la procédure prud'homale.**

Alice Marmande, âgée de 35 ans, est cadre depuis 5 ans dans une société prestataire de services informatiques. Elle est responsable d'une équipe de 5 commerciaux et est elle-même placée sous la responsabilité de son supérieur hiérarchique. Syndiquée, elle a récemment décidé de se présenter pour être désignée conseillère des salariés au conseil des prud'hommes. Cependant, elle ne connaît pas très bien le fonctionnement de cette juridiction et se pose nombre de questions.

1. **Vérifiez si Alice Marmande respecte les conditions pour être désignée conseillère prud'homale.**
2. **Présentez la section à laquelle Alice Marmande sera rattachée.**
3. **Expliquez à Alice l'organisation interne d'un conseil de prud'hommes.**

CAS DE SYNTHÈSE

MOUVEMENT DE GRÈVE ET MARD CHEZ AMAZON — 40 min

☑ **COMPÉTENCES ATTENDUES : Déterminer la juridiction compétente à l'occasion d'un litige du travail. Schématiser la procédure prud'homale. Informer sur la nature et les caractéristiques des modes alternatifs de règlement des différends. Différencier un mouvement illicite et une grève licite. Identifier les effets de l'exercice normal du droit de grève.**

Mise en situation

Steven est salarié au sein d'un centre de distribution de la société Amazon situé à Montélimar (Drôme). Récemment, il a eu connaissance d'un mouvement de grève entamé en Allemagne dont vous avez les informations en Annexe. Steven souhaite se mettre en grève dans le cadre de ce mouvement et en a parlé à plusieurs de ses collègues dont certains sont syndiqués. Ne l'étant pas lui-même, il compte sur eux pour relayer cet appel à la grève afin de rendre ce mouvement licite.

Finalement, le mouvement de grève a pris de l'ampleur, et ce sont maintenant 15 sites logistiques sur les 20 que compte Amazon en France qui sont en grève. Il est urgent de trouver une solution.

Le responsable d'Amazon France envisage d'avoir recours aux MARD pour régler la situation.

Au cours du mouvement de grève, certains salariés ont décidé d'occuper le site de Montélimar. Des frictions ont eu lieu avec les salariés non grévistes et les dirigeants du site. Du matériel et certains bâtiments ont été endommagés. Steven et trois autres collègues ont été licenciés pour faute lourde.

Cependant, Steven conteste cette sanction. Il a bien participé au blocage de l'entrée du site mais n'a dégradé ni bâtiment ni matériel. Il compte faire un recours devant le tribunal mais ne sait comment s'y prendre. Se rappelant que vous suivez une formation de droit social, il décide de vous demander de l'aider, au nom de votre amitié.

1. **Vérifiez la licéité du mouvement de grève lancé par Steven.**
2. **Précisez le mode de règlement des conflits vous paraissant le mieux adapté dans ce cas.**
3. **Indiquez à Steven le tribunal compétent pour répondre à sa demande.**
4. **Présentez-lui la procédure à suivre.**

Vous disposez ci-dessous d'un document pour étayer vos analyses.

DOCUMENT

« Allemagne : des centaines de salariés d'Amazon sont en grève »

« Plusieurs centaines de salariés allemands du géant américain du commerce en ligne Amazon ont entamé ce lundi un mouvement de grève pour demander de meilleures conditions de travail face à la crise sanitaire du coronavirus. [...] L'organisation demande au géant américain d'adopter un accord visant à "assurer une meilleure protection de la santé et de la sécurité des travailleurs" face à la crise du coronavirus.

Selon les représentants syndicaux locaux, entre 400 et 450 personnes ont participé ce lundi matin au mouvement de grève dans un centre logistique de l'ouest de l'Allemagne, à Rheinberg. [...]

La crise sanitaire, causée par la pandémie de coronavirus, a amplifié le mouvement de contestation alors que les conditions de travail des salariés du groupe sont régulièrement mises en cause. Selon le syndicat, un récent foyer de coronavirus dans un centre logistique, celui de Bad Hersfeld, a conduit à l'infection de "30 à 40 personnes". »

Source : www.20minutes.fr, 30/06/2020

SUJET TYPE D'EXAMEN 1

Le sujet se présente sous la forme de trois dossiers :

DOSSIER 1 – Application de textes conventionnels (5 / 20 points)

DOSSIER 2 – Conflits contentieux et non contentieux (8 / 20 points)

DOSSIER 3 – Le contrôle Urssaf (7 / 20 points)

BASE DOCUMENTAIRE

Document 1 – Accord d'entreprise relatif aux conditions de travail et à la rémunération

Document 2 – Convention collective nationale de la fabrication de l'ameublement du 14 janvier 1986

Document 3 – Arrêt n° 20-10136 de la Cour de cassation du 24 juin 2021

Avertissement

Si le texte du sujet, de ses questions ou de ses documents vous conduit à formuler une ou plusieurs hypothèses, il vous est demandé de la (ou les) formuler explicitement dans votre copie. Toutes les réponses doivent être justifiées.

Il vous est demandé d'apporter un soin particulier à la présentation de votre copie et à la qualité rédactionnelle.

Sujet

La société Euryl SA a été fondée en 1965 par M. Jean-Paul Leblanc. Elle fabrique des sièges et canapés de relaxation en cuir et simili cuir. Son siège social est situé à Caen, mais plusieurs établissements sont présents dans toute la France, notamment à Bourges, Besançon, Toulouse et Perpignan. La société compte au total 104 salariés répartis dans ces différents établissements.

Vous travaillez au sein du service des ressources humaines depuis cinq ans sous la direction de Nadine Bernard. Vous avez plusieurs dossiers à traiter faisant suite à différentes demandes de salariés.

DOSSIER 1 – Application de textes conventionnels

Récemment, un accord collectif a été adopté au sein de la SA Euryl, à la suite d'une négociation entre M Jean-Paul Leblanc et les représentants de différents syndicats, mettant en place plusieurs dispositions relatives aux conditions de travail et à la rémunération. Parmi ces dispositions, une prime d'ancienneté est prévue aux conditions indiquées dans le document 1.

Mme Delcouffe, déléguée syndicale de la CFDT, non-signataire de cet accord, vient de vous informer de l'existence d'un avenant à la convention collective nationale de la fabrication d'ameublement prévoyant des conditions différentes pour l'attribution et le calcul de cette prime. Cet avenant a été signé la semaine dernière, l'accord collectif date d'il y a 3 semaines.

Votre mission : conseiller l'employeur quant à l'application d'une source de droit.

Pour la réaliser, vous devez :

1.1 Vérifier à quelles conditions la convention collective nationale de la fabrication d'ameublement est applicable à la SA Euryl.

1.2 Analyser la situation afin de décider de l'application ou non de ce nouvel accord collectif aux salariés de la SA Euryl.

Par ailleurs, depuis 2018, date de la mise en place de la nouvelle direction, tous les salariés bénéficiaient d'un jour de congé supplémentaire à prendre dans la semaine entre Noël et le jour de l'an. La négociation de ce nouvel accord collectif a été l'occasion pour la direction de supprimer ce jour de congé.

Mme Delcouffe conteste cette suppression considérant que Jean-Paul Leblanc n'a pas respecté la procédure nécessaire pour y mettre fin.

1.3 Présenter les règles évoquées par Mme Delcouffe afin de vous assurer du maintien ou non de ce jour de congé supplémentaire.

DOSSIER 2 – Conflits contentieux et non contentieux

Vous avez récemment reçu un mail de Mme Benaroui qui vous demande un rattrapage de salaire sur les trois années passées à travailler au sein de la société Euryl. En effet, la convention collective nationale de la fabrication de l'ameublement prévoit que les agents de production du niveau II perçoivent une rémunération supérieure au SMIC.

Or, Mme Benaroui a toujours été rémunérée sur la base du SMIC. À la suite de la revalorisation de la grille des salaires, elle a reçu une lettre recommandée par laquelle son employeur l'a informée qu'il ne pourrait pas la conserver au sein de la société s'il devait lui verser le salaire prévu par la convention collective. Mme Benaroui a accepté ces conditions de rémunération dans un avenant à son contrat de travail. Cependant, licenciée il y a peu de temps pour motif économique, elle vous informe qu'elle va saisir le juge pour demander un rattrapage de salaire et un calcul de ses indemnités sur la base de la rémunération prévue par la convention collective.

Votre mission : répondre à la demande d'un salarié concernant sa rémunération.

Pour cela, vous devez :

2.1 Identifier la juridiction compétente pour traiter ce litige.

2.2 Vérifier si Mme Benaroui a des chances de voir son action aboutir.

La situation étant délicate, Nadine Bernard se demande si elle n'aurait pas mieux fait de passer par une procédure de règlement des conflits autre que le conseil de prud'hommes. Elle a entendu parler de la médiation, mais ne sait pas trop quoi en penser. Elle vous demande de l'informer sur cette procédure ainsi que sur le rôle éventuel de l'inspection du travail dans cette situation.

Votre mission : guider l'employeur dans le choix d'une procédure non contentieuse.
Pour la réaliser, vous devez :

2.3 Présenter la médiation ainsi que les autres modes alternatifs de règlement des conflits, puis proposer à Nadine le mode le mieux adapté à cette situation.

2.4 Identifier le rôle de l'inspection du travail dans cette procédure.

DOSSIER 3 – Le contrôle Urssaf

Nadine Bernard vient de vous informer du déroulement prochain d'un contrôle par les agents de l'Urssaf.
Elle vient en effet de recevoir un avis par LRAR (lettre recommandée avec accusé de réception) concernant une opération de vérification portant sur le calcul des cotisations sociales versées depuis 5 ans par la SA Euryl.
Nadine est inquiète du déroulement de ce contrôle et se demande ce qui va se passer si l'Urssaf découvre certaines erreurs. En effet, elle n'est pas certaine d'avoir toujours appliqué les bons taux du fait de la complexité des situations diverses des salariés concernés.
Vous lui proposez de vous informer sur ce type de contrôle afin de vérifier qu'il sera bien fait dans les règles.

Votre mission : conseiller l'employeur en cas de contrôle de l'Urssaf.
Pour la réaliser, vous devez :

3.1 Présenter à Nadine les étapes d'un contrôle Urssaf.

3.2 Identifier les moyens dont dispose la SA Euryl en cas d'identification d'erreurs faites dans les déclarations sociales.

3.3 À partir de l'analyse de l'arrêt de la Cour de cassation du 24 juin 2021 fourni dans la base documentaire, indiquer à Nadine l'élément important à vérifier pour s'assurer de la validité du contrôle effectué par les agents de l'Urssaf.

BASE DOCUMENTAIRE

Document 1 – Accord d'entreprise relatif aux conditions de travail et à la rémunération

ENTRE :
La société anonyme Euryl désignée ci-après comme
L'Entreprise, représentée par M. Jean-Paul Leblanc, PDCG d'une part et les organisations syndicales représentées par les délégués syndicaux centraux, dûment mandatés :
CFE/CGC représentée par Mme Tudaille
CGT représentée par M. Bornot
CGT/FO représentée par M. Varcrosse d'autre part IL A ÉTÉ CONVENU ET ARRÊTÉ CE QUI SUIT :

Article 3

Les salariés ayant une ancienneté de 6 ans au 31 décembre bénéficient d'une prime correspondant à 1/52 des salaires effectifs perçus au cours de l'année civile.
Le versement se fait conformément aux règles prévues dans la convention collective nationale.

Document 2 — Convention collective nationale étendue de la fabrication de l'ameublement du 14 janvier 1986 Extraits

Article premier

La présente convention règle, sur l'ensemble du territoire métropolitain, les rapports entre employeurs et salariés de la fabrication de l'ameublement et de la fabrication d'orgues.
Entrent dans le champ d'application de la présente convention les entreprises de fabrication d'ameublement et de mobilier d'agencement, de rénovation, de réparation et de restauration, ainsi que les entreprises de fabrication et de restauration d'orgues à tuyaux, quel que soit le matériau utilisé, l'effectif de l'entreprise et qu'il s'agisse d'une fabrication en série ou à l'unité.

Article 34 (issu de la signature d'un avenant)

Il est accordé à tout salarié ayant au moins 5 ans d'ancienneté au 31 décembre une prime correspondant à 2/52 des salaires effectifs perçus au cours de l'année civile.
Cette prime est versée :

- moitié au 31 décembre, à condition d'être inscrit à l'effectif à cette date ;
- moitié au 30 juin, à condition d'être inscrit à l'effectif à cette date.

Document 3 — Arrêt n° 20-10136 de la Cour de cassation du 24 juin 2021

Faits et procédure

1. Selon l'arrêt attaqué (Paris, 25 octobre 2019), à la suite d'un contrôle portant sur les années 2010 à 2012, l'Urssaf d'Île-de-France (l'Urssaf) a adressé à la société Cordobag centre autos, aux droits de laquelle vient la société Feu vert (la société), une lettre d'observations suivie d'une mise en demeure.
2. La société a saisi d'un recours une juridiction de sécurité sociale.
Mais sur le moyen, pris en sa troisième branche

Énoncé du moyen

4. La société fait grief à l'arrêt de rejeter le moyen tiré de la nullité de la procédure de redressement, alors « que l'article R. 243-59, alinéa 5, du Code de la sécurité sociale, dans sa rédaction applicable, à l'issue des vérifications, les inspecteurs du recouvrement communiquent à l'employeur un document daté et signé par eux mentionnant l'objet du contrôle, les documents consultés, la période vérifiée et la date de la fin du contrôle ; que ce document mentionne s'il y a lieu, les observations faites au cours du contrôle, assorties de l'indication de la nature, du mode de calcul et du montant des redressements envisagés ; que la lettre d'observations ouvre une nouvelle phase de discussion des documents pris en considération et des conséquences qui en sont tirées, la personne contrôlée disposant d'un délai pour en discuter la pertinence ; qu'en jugeant régulière la procédure, quand il résulte de ses constatations que la lettre d'observation ne contenait aucune référence aux documents se trouvant sur la clé USB et aux conditions de leur utilisation, documents que l'Urssaf a pourtant reconnu avoir exploités, la cour d'appel a violé l'article R. 243-59, alinéa 5, du Code de la sécurité sociale. »

Réponse de la Cour

Vu l'article R. 243-59 du Code de la sécurité sociale, en sa rédaction applicable au contrôle litigieux :

5. Il résulte de ce texte que la lettre d'observations doit mentionner l'ensemble des documents consultés par l'inspecteur du recouvrement ayant servi à établir le bien-fondé du redressement.

6. Pour rejeter la demande d'annulation de la procédure de contrôle, l'arrêt constate notamment que les inspecteurs du recouvrement se sont fondés, pour le calcul du redressement, sur des fichiers informatiques sollicités par eux, copiés sur une clé USB donnée par l'employeur, et retient que la société ne peut prétendre ne pas en avoir eu une connaissance précise et exacte puisque c'est elle-même qui les a transmis.

7. En statuant ainsi, alors qu'elle relevait que la liste des documents mentionnés dans la lettre d'observations était incomplète et imprécise, la cour d'appel, qui n'a pas tiré les conséquences légales de ses propres constatations, a violé le texte susvisé.

PAR CES MOTIFS, la Cour : CASSE ET ANNULE, en toutes ses dispositions, l'arrêt rendu le 25 octobre 2019, entre les parties, par la cour d'appel de Paris ; remet l'affaire et les parties dans l'état où elles se trouvaient avant cet arrêt et les renvoie devant la cour d'appel de Paris, autrement composée ; condamne l'Urssaf d'Île-de-France aux dépens.

PARTIE 2

ASPECTS INDIVIDUELS : MISE EN PLACE DU CONTRAT DE TRAVAIL

Le Lab50

EXPLORER **LE FUTUR** DE **VOTRE MÉTIER** !

www.lienmini.fr/dcg03-07

« L’expert-comptable s’apparente à un accompagnateur : il aide les collaborateurs dont les compétences sont variées à travailler ensemble. »

CHAPITRE 4

Le marché du travail et le recrutement

À l'issue de ce chapitre,

• vous serez capable :
- ❒ de vérifier la légalité d'un recrutement ;
- ❒ de qualifier les clauses spécifiques d'un contrat de travail et d'en apprécier la validité ;
- ❒ de rédiger une clause du contrat de travail et d'en apprécier l'intérêt.

• vous saurez identifier :
- ❒ le recrutement : les acteurs du recrutement ; les restrictions à la liberté d'embauche ; les modalités de recrutement ;
- ❒ les clauses courantes inscrites dans un contrat de travail : clause de non-concurrence, clause d'exclusivité.

Mettez-vous en situation

Thian Vanbuck travaille au service ressources humaines d'une PME qui commercialise des photocopieurs auprès des administrations. Récemment, le dirigeant a décidé de mener une campagne de recrutement pour étendre son marché aux entreprises privées.
Pour mener à bien cette mission, Thian a décidé de faire appel à Pôle emploi mais se demande s'il n'existerait pas d'autres moyens de recrutement complémentaires. Par ailleurs, le dirigeant lui a précisé ne pas souhaiter recruter de salariés âgés de plus de 40 ans et vouloir éviter ceux avec un statut de salarié handicapé. Aidez Thian à présenter à son employeur les arguments nécessaires pour mener à bien cette mission.

I. Le marché du travail et l'emploi

Définition : Le marché du travail est le lieu de rencontre réel ou fictif de l'offre et de la demande de la force de travail en vue de la fixation d'un prix et d'une quantité (l'entreprise est l'offreur, le salarié est le demandeur). Cette définition s'applique également au marché de l'emploi (le salarié est alors l'offreur).

A La mise en place du marché du travail

1. Les principes constitutifs du marché du travail

a. La liberté professionnelle

Définition : La liberté professionnelle est le droit d'exercer l'activité de son choix. Elle est reconnue depuis 1791.

La liberté professionnelle consiste à la fois en la liberté d'entreprendre en tant que travailleur indépendant ou employeur ; et la liberté du travail en tant que salarié (liberté de travailler ou non).

Ces libertés comportent des limites encadrées par la loi :

Définitions : La clause de non-concurrence est la clause par laquelle le salarié s'interdit, à l'issue de son contrat de travail, de travailler pour un concurrent [voir Chapitre 6].

La clause d'exclusivité est la clause qui interdit au salarié de travailler pour un autre employeur pendant la durée de son contrat de travail. Pour être valable, elle doit être indispensable aux intérêts légitimes de l'employeur, justifiée par la nature de la tâche et proportionnée au but recherché [voir Chapitre 6].

> **!** La clause d'exclusivité concerne tout emploi et non uniquement un emploi chez un concurrent.

b. L'égalité

Définition : Le principe de non-discrimination interdit à l'employeur de prendre des traits distinctifs de la personne du travailleur pour faire son choix. Il s'applique lors du recrutement, mais également tout au long de l'exécution du contrat de travail.

Pour garantir le bon fonctionnement du marché du travail, le législateur intervient afin d'assurer l'égalité entre les différents intervenants :

- **L'égalité entre salariés.** L'employeur doit respecter l'égalité entre les salariés, au moment du recrutement, lors de l'exécution du contrat de travail et lors de sa rupture. Il ne doit pas faire de discrimination.

> **Article L. 1132-1 du Code du travail (modifié par la loi n° 2020-760 du 22 juin 2020)**
> « Aucune personne ne peut être écartée d'une procédure de recrutement ou de nomination ou de l'accès à un stage ou à une période de formation en entreprise, aucun salarié ne peut être sanctionné, licencié ou faire l'objet d'une mesure discriminatoire, directe ou indirecte [...], notamment en matière de rémunération [...], de mesures d'intéressement ou de distribution d'actions, de formation, de reclassement, d'affectation, de qualification, de classification, de promotion professionnelle, de mutation ou de renouvellement de contrat en raison de son origine, de son sexe, de ses mœurs, de son orientation sexuelle, de son identité de genre, de son âge, de sa situation de famille ou de sa grossesse, de ses caractéristiques génétiques, de la particulière vulnérabilité résultant de sa situation économique, apparente ou connue de son auteur, de son appartenance ou de sa non-appartenance, vraie ou supposée, à une ethnie, une nation ou une prétendue race, de ses opinions politiques, de ses activités syndicales ou mutualistes, de son exercice d'un mandat électif, de ses convictions religieuses, de son apparence physique, de son nom de famille, de son lieu de résidence ou de sa domiciliation bancaire, ou en raison de son état de santé, de sa perte d'autonomie ou de son handicap, de sa capacité à s'exprimer dans une langue autre que le français. »

  Le principe de non-discrimination n'empêche pas l'employeur d'établir des différences (rémunération, etc.) fondées sur des critères objectifs. Par ailleurs, il a pour obligation d'afficher dans l'entreprise le rappel du respect de ce principe de non-discrimination.
- **L'égalité entre employeurs**. Le droit du travail met les employeurs à égalité face aux charges du travail afin d'éviter une concurrence entre employeurs et une politique du « moins-disant social ».
- **L'égalité entre employeurs et salariés**. Sur le plan individuel, la relation de travail est inégalitaire. Cependant, cette égalité est mise en place au plan collectif grâce à différents moyens tels que le droit de grève, les syndicats et la négociation collective.

c. L'ordre public

L'État intervient également dans le fonctionnement du marché du travail afin d'assurer l'ordre public dans deux domaines :

- **La politique d'immigration**. Pour travailler en France, un étranger (hors Union européenne, Islande, Liechtenstein, Norvège et Suisse) doit être titulaire d'un titre de séjour et d'une autorisation de travail. Le non-respect de ces formalités entraîne des sanctions pénales pour le salarié, mais également pour l'employeur.
- **Les formes illicites d'emploi** que constituent le délit de trafic de main-d'œuvre et le délit de travail dissimulé.

Définitions : Le délit de trafic de main-d'œuvre est constitué par toute opération à but lucratif de fourniture de main-d'œuvre qui n'est pas faite dans le cadre du travail temporaire ou de la sous-traitance. Le fournisseur et l'utilisateur sont passibles d'une peine de 2 ans de prison et d'une amende de 30 000 euros.

Le délit de travail dissimulé, travail illégal ou travail « au noir », est constitué de toute activité consistant à dissimuler un emploi salarié totalement ou en partie. L'employeur et, dans certains cas, le salarié sont passibles d'une peine de 3 ans de prison et d'une amende de 45 000 euros.

2. Le service public de l'emploi

Le **service public de l'emploi** comprend le placement, l'indemnisation, l'insertion, la formation et l'accompagnement des demandeurs d'emploi. Il intervient à différents niveaux.

a. Les institutions publiques

Plusieurs services participent au fonctionnement du marché du travail : le ministère du Travail, de l'Emploi et de l'Insertion, le ministère de l'Éducation nationale, de la Jeunesse et des Sports, le ministère de l'Économie, des Finances et de la Relance ou encore le Centre d'études de l'emploi.
La loi n° 2008-126 du 13 février 2008 a mis en place un opérateur unique, Pôle emploi, chargé d'assurer les missions d'accueil, d'orientation, de placement, d'indemnisation et d'accompagnement des demandeurs d'emploi [voir Chapitre 25].

b. Les institutions professionnelles

Les conventions collectives, et donc les partenaires sociaux, sont à l'origine de nombreuses règles organisant le marché du travail.

Exemple : L'accord interprofessionnel sur la sécurité de l'emploi signé en 1986 a mis en place les procédures à respecter en cas de licenciement économique.

c. Les autres acteurs du service public de l'emploi

Plusieurs acteurs, après agrément de l'État, participent également au service de placement : les chambres de commerce et d'industrie (CCI) et les chambres des métiers, les collectivités territoriales agréées, l'Association pour l'emploi des cadres (Apec) ou différents types d'associations.

B L'offre d'emploi

1. Les offres d'emploi traditionnelles

a. Les principes de la qualification des emplois

Les emplois sont classés en plusieurs catégories selon la qualification. De ces catégories dépendent l'indice hiérarchique et la rémunération. Les conventions collectives renégociées tous les cinq ans précisent ces classifications. La négociation contractuelle entre l'employeur et le salarié a également un rôle à jouer dans la qualification donnée à l'emploi occupé.

b. Les catégories d'emploi

Les emplois sont classés dans différentes catégories obéissant à des règles qui leur sont propres.

Tableau 4.1 **Définitions et caractéristiques des différents types d'emploi**

	Ouvrier	Employé	Cadre	Mandataires sociaux
Définition	Exerce un travail manuel.	Travail non manuel sans rôle d'encadrement.	Poste défini par les conventions collectives.	Représentants légaux des personnes morales.
Caractéristiques	Plusieurs sous-catégories professionnelles : manœuvre ordinaire, ouvrier spécialisé, ouvrier qualifié.	Niveau inférieur au technicien et à l'agent de maîtrise.	Niveau de formation élevé et rôle d'encadrement. Rémunération avantageuse en contrepartie de la responsabilité.	Cumul avec un contrat de travail à condition d'en assurer son effectivité.

2. L'emploi « périphérique » ou second marché du travail

Ce second marché concerne les emplois auxquels ont recours les entreprises afin de s'adapter aux variations économiques.

a. L'emploi à temps partiel

Il s'agit des salariés dont la durée du travail est inférieure à la durée légale ou conventionnelle [voir Chapitre 7].

b. Les emplois précaires

Le **contrat de travail temporaire** (CTT) consiste à faire appel à une entreprise de travail temporaire (ou intérim) qui embauche un salarié pour le mettre ensuite à la disposition d'une entreprise utilisatrice [voir Chapitre 7]. Le **contrat de travail à durée déterminée** (CDD) permet de ne recruter le salarié que pour une période limitée dans le temps [voir Chapitre 7]. La **sous-traitance** et la **prestation de services** permettent d'externaliser des activités qui ne sont pas stratégiques pour l'entreprise. Les **entreprises de « travail à temps partagé »** ont pour but de mettre à disposition d'entreprises clientes le personnel qualifié que ces dernières ne peuvent recruter elles-mêmes à raison de leur taille ou de leurs moyens. Il s'agit alors de se « partager » le temps de travail du salarié. Le **portage salarial** consiste à être salarié en CDI d'une entreprise de portage salarial tout en prospectant soi-même ses clients. Ce statut permet à terme de lancer sa propre entreprise en profitant d'une clientèle déjà constituée.

3. L'emploi dans le secteur public

Dans cette troisième catégorie d'offres d'emploi, proposée par l'État et les collectivités territoriales, les salariés ont soit le statut de fonctionnaires (accès par concours) soit le statut d'agents contractuels de droit public recrutés sur la base d'un contrat de travail classique.

II. Les modes de recrutement

A Recrutement direct ou par intermédiaire

1. Le recrutement direct

Définitions : Lorsque l'entreprise procède elle-même au recrutement de ses salariés, on parle de recrutement direct. À défaut, on parle de recrutement indirect ou par intermédiaire.

Le recrutement direct peut se faire de deux façons : en interne ou en externe.

Tableau 4.2 Caractéristiques des deux modes de recrutement

	En interne	En externe
Définition	De l'entreprise vers ses propres salariés.	De l'entreprise vers l'extérieur (marché du travail).
Avantages	Bonne connaissance de l'entreprise par le salarié (culture, fonctionnement, etc.). Promotion source de motivation.	Large choix.
Inconvénients	Absence de renouvellement des méthodes de travail. Risque de tensions internes.	Impossibilité de débaucher. Contenu de l'offre d'emploi encadré par la loi (absence de discrimination, allégations mensongères interdites).

2. Le recrutement par intermédiaire

a. Par l'intermédiaire du service public, Pôle emploi

Pôle emploi est chargé d'organiser la rencontre entre l'offre et la demande.
Il a également un rôle statistique à travers la tenue de la liste des demandeurs d'emploi.

b. Par l'intermédiaire d'une agence de recrutement

L'agence ou le cabinet de recrutement assiste l'employeur dans le choix d'un candidat. Son rôle se limite au simple conseil (sélection des candidats). L'agence n'est payée que par l'employeur, puisque ce service doit être gratuit pour le demandeur d'emploi. Elle n'a qu'une obligation de moyens (responsabilité limitée en cas de mauvais recrutement).

3. Les autres moyens de recrutement

L'entreprise peut signer un contrat de mise à disposition avec une agence de travail temporaire chargée du recrutement d'un salarié en **CTT** [voir Chapitre 7]. Enfin, il existe des **groupements d'employeurs**, associations d'employeurs régis par une même convention collective, qui recrutent un salarié dont ils se partagent le temps de travail.

B Les opérations de recrutement

1. Évolution législative et protection de la vie privée

Plusieurs textes permettent de protéger la vie privée des candidats dans le cadre d'une procédure de recrutement :

- la loi n° 78-17 du 6 janvier 1978, relative à l'informatique, aux fichiers et aux libertés ;
- l'article 9 du Code civil : « Chacun a droit au respect de sa vie privée » ;
- la loi n° 92-1446 du 31 décembre 1992, dite « loi Aubry », qui introduit de nouveaux articles dans le Code du travail afin d'encadrer les techniques de recrutement.

2. Les obligations du recruteur

a. L'information préalable du candidat

Le recruteur doit informer le candidat sur les techniques utilisées pour collecter des informations le concernant (articles L. 1221-8 et L. 1221-9 du Code du travail). Il doit également informer le CSE des dispositifs envisagés préalablement à leur utilisation.

b. Les investigations prohibées

Il est interdit de poser des questions portant sur la santé du candidat, ses convictions politiques, religieuses, ses origines ou son appartenance à une ethnie, son état de grossesse.

> **!** Au-delà de cette interdiction, l'employeur n'est pas libre de poser n'importe quelle question.

La recherche d'autres informations doit être justifiée par **leur finalité et leur pertinence**. La finalité signifie que l'information recherchée doit servir uniquement à apprécier la capacité à occuper l'emploi proposé. La pertinence concerne le lien direct et nécessaire entre les informations demandées et l'emploi proposé.

> **Exemple :** Si les tests de personnalité sont utiles et pertinents pour un emploi de cadre, ils ne présentent aucune utilité pour recruter le personnel d'exécution.

En cas de non-respect, le seul recours du candidat est un recours en responsabilité pour discrimination. En cas de question interdite, il peut décider de ne pas répondre ou communiquer de fausses informations sans pour autant engager sa responsabilité ni être sanctionné ultérieurement.

c. La confidentialité

Les informations recueillies doivent rester confidentielles au cours du recrutement et pendant l'exécution du contrat de travail.

III. Les limites à la liberté d'embauche

A Les limites légales à la liberté d'embaucher

1. Les limites liées à la personne

Certaines situations empêchent l'employeur d'embaucher librement :

- **L'âge de la personne** : un salarié de moins de 16 ans ne peut pas être embauché sauf exceptions. C'est le cas des professions du spectacle ou des stages professionnels.
- **La nationalité** : elle constitue un obstacle à l'embauche pour les salariés hors Union européenne ne disposant pas d'un titre de séjour et de travail.
- **Le respect du congé de maternité** : une femme ne peut pas être embauchée dans les 6 semaines suivant l'accouchement [voir Chapitre 8]. Le Code du travail prévoit également une liste de travaux interdits aux femmes enceintes ou allaitantes (travaux qui impliquent des substances chimiques ou le port de charges lourdes).

2. Les priorités d'emploi et les discriminations

a. Les priorités d'emploi

Certaines personnes bénéficient d'une priorité d'emploi. Il s'agit :

- des salariés de l'entreprise à temps plein ou à temps partiel, des travailleurs de nuit, des télétravailleurs ou des salariés déclarés inaptes : droit de priorité sur les postes proposés en interne par rapport à une embauche en externe ;
- des anciens salariés de l'entreprise ayant perdu leur emploi à la suite d'un licenciement économique ou ayant démissionné pour élever un enfant.

b. L'interdiction des discriminations

La discrimination à l'embauche est sanctionnée pénalement en vertu du **principe de non-discrimination** [voir Section I. A.1.b]. Cependant, la principale difficulté pour le salarié est de faire reconnaître l'existence d'une telle discrimination.

Plusieurs mesures existent pour faciliter cette action :

- La **charge de la preuve** repose sur l'employeur. Le demandeur n'a qu'à apporter des éléments de fait laissant supposer l'existence de la discrimination (loi de 2001).
- La **complicité de discrimination**. Celui qui incite un autre à la discrimination est également coupable.
- Il est possible, pour les **associations déclarées** depuis au moins cinq ans, d'exercer une action en justice au nom et à la place de la victime (décret de 2008).

c. La notion de discrimination positive

Définition : La notion de discrimination positive reconnaît la validité de certaines discriminations dès lors qu'elles ont pour but de protéger des personnes subissant une inégalité de fait :

– Discrimination positive **en faveur des personnes handicapées**. L'entreprise de 20 salariés et plus est tenue d'employer des travailleurs handicapés à hauteur de 6 % de l'effectif global (art. L. 5212-2 du Code du travail). À défaut, elle doit une contribution financière à l'Association de gestion du fonds pour l'insertion professionnelle des personnes handicapées (AGEFIPH).

– Discrimination positive **en faveur des femmes**. Plusieurs lois favorisent l'accès des femmes aux fonctions de direction, de gouvernance et de représentation.

– Discrimination positive **en faveur des alternants**. Les entreprises de 250 salariés et plus doivent respecter un quota d'alternants d'au moins 5 % de l'effectif total (art. 1609 *quinvicies* du Code général des impôts).

B La limite conventionnelle à la liberté de travailler ou clause de non-concurrence

La **clause de non-concurrence** est encadrée par la jurisprudence et par certaines conventions collectives.

1. Les conditions de validité

Un arrêt de principe (arrêt de la Cour de cassation n° 99-43.334, dit arrêt Barbier, 10 juillet 2002) pose quatre conditions cumulatives de validité de cette clause.

a. Les intérêts légitimes de l'entreprise

La clause de non-concurrence doit être justifiée par le risque de communication de connaissances aux concurrents. Elle ne peut se trouver dans n'importe quel contrat de travail.

b. La limite dans le temps et l'espace

Pour être valable, la clause de non-concurrence doit être limitée dans le temps et dans l'espace.

c. Possibilité d'exercer une activité conforme à sa formation

La clause de non-concurrence ne doit pas empêcher le salarié de retrouver un emploi. Le juge tient compte de la durée d'exercice de l'activité interdite, mais également du caractère général ou non de la formation suivie par le salarié.

d. Obligation pour l'employeur de verser une contrepartie financière

La jurisprudence impose, depuis 2002, le versement d'une indemnité financière qui doit être significative, assimilée à un salaire et donc soumise aux cotisations sociales, non modifiable par le juge même si son montant est trop élevé, libératrice pour le salarie en cas de non-paiement. L'employeur ne peut renoncer à cette clause que si cette possibilité est prévue dans le contrat.

2. Les sanctions de l'irrégularité de la clause

Seul le salarié peut invoquer la nullité de la clause. Elle n'a pas d'effet rétroactif lorsque le salarié ne l'a pas respectée : il peut donc conserver les sommes versées avant la décision d'annulation.
Le juge peut modifier la clause afin de la rendre valide mais uniquement en cas de violation par le salarié et peu de temps après la fin du contrat.

3. La mise en œuvre de la clause

La portée de la clause est précisée par le contrat de travail et la convention collective concernés. L'obligation de non-concurrence peut naître, quelle que soit la cause de cessation du travail ; ou elle peut être limitée uniquement en cas de démission ou de licenciement pour faute.

a. Les sanctions encourues par le salarié

En cas de non-respect de la clause, le salarié sera condamné au versement de dommages et intérêts en réparation du préjudice subi par l'employeur. Les parties peuvent prévoir le versement d'une somme forfaitaire dans une clause intégrée au contrat, appelée « clause pénale ». Le juge est compétent pour modifier, à la baisse ou à la hausse, le montant prévu par cette clause.
Le juge peut même aller jusqu'à condamner le salarié, sous astreinte, à résilier le contrat de travail fautif ou à demander la fermeture du fonds de commerce en cause en cas d'activité non salariée.

b. Les sanctions encourues par le nouvel employeur

Si le nouvel employeur n'a pas eu connaissance de cette clause, sa responsabilité ne peut être engagée.
En revanche, s'il en avait connaissance, sa responsabilité délictuelle sera engagée en tant que complice de la violation d'une obligation contractuelle par le salarié. Il sera alors condamné à verser des dommages et intérêts pour le préjudice subi, voire à cesser d'employer le salarié.

SYNTHÈSE

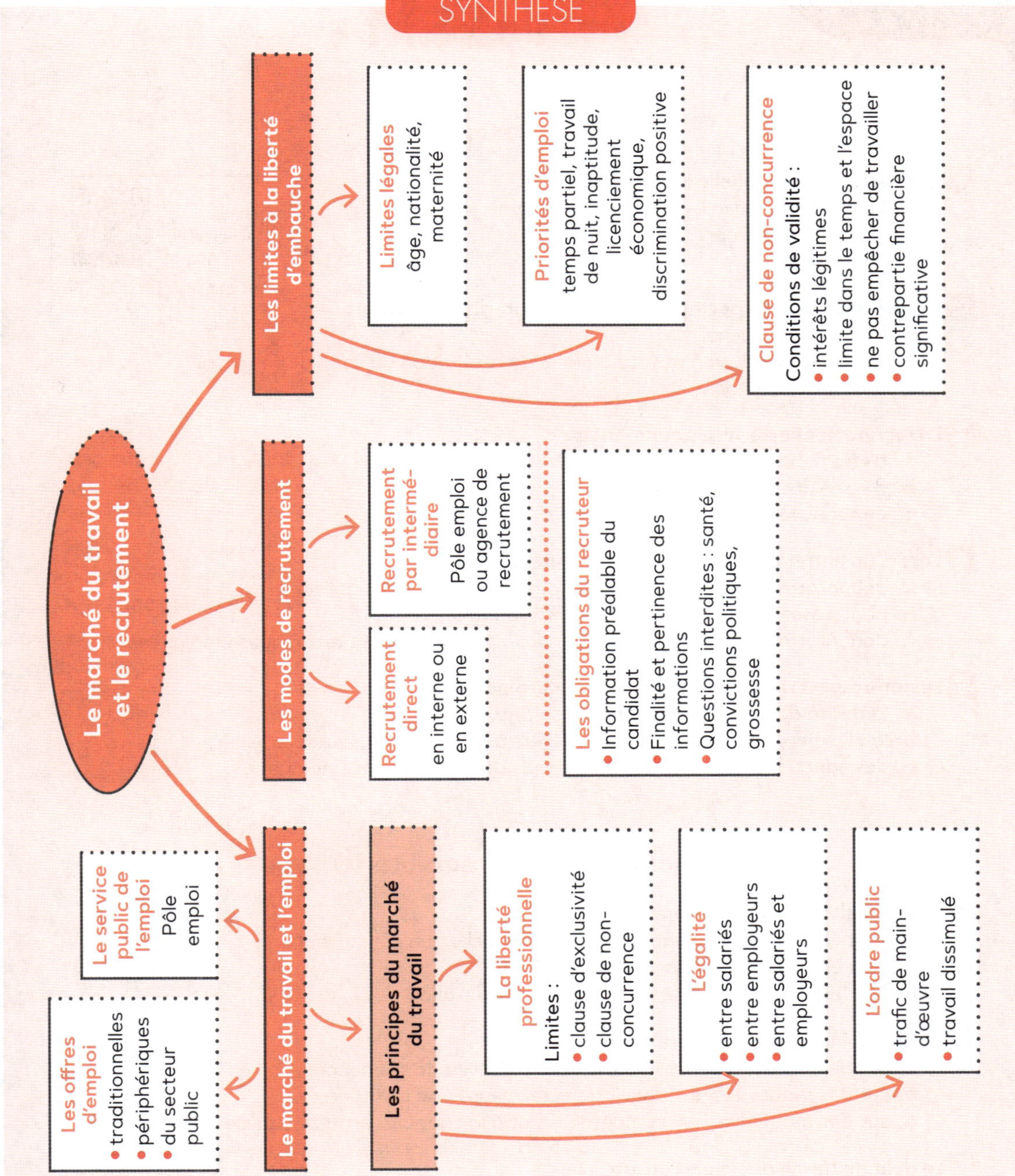

Faites le point sur les notions clés : marché du travail p. 54, liberté professionnelle p. 54, clause de non-concurrence p. 54, clause d'exclusivité p. 55, principe de non-discrimination p. 55, délit de trafic de main-d'œuvre p. 55, délit de travail dissimulé p. 56, recrutement direct p. 57, recrutement indirect p. 57, discrimination positive p. 59.

Révisez avec les flashcards

www.lienmini.fr/dcg03-08

QCM

Réponse unique

QCM interactif
www.lienmini.fr/dcg03-09

1 La liberté professionnelle est :
- ❍ **a.** la liberté de travailler en tant que salarié.
- ❍ **b.** la liberté d'entreprendre.
- ❍ **c.** les deux.

2 L'employeur doit respecter le principe de non-discrimination :
- ❍ **a.** lors de l'embauche.
- ❍ **b.** lors de la conclusion et tout au long de l'exécution du contrat de travail.
- ❍ **c.** lors du licenciement.

3 Le recrutement externe a pour avantage :
- ❍ **a.** d'être moins cher.
- ❍ **b.** d'être sans contrainte.
- ❍ **c.** de renouveler les compétences.

4 Lors d'un entretien d'embauche, le recruteur :
- ❍ **a.** doit informer, au préalable, le candidat des méthodes utilisées.
- ❍ **b.** peut poser toutes les questions qu'il souhaite.
- ❍ **c.** doit informer le candidat, à l'issue de la procédure, des techniques employées.

5 Le non-respect d'une clause de non-concurrence entraîne :
- ❍ **a.** la nullité du contrat conclu par le salarié.
- ❍ **b.** le versement de dommages et intérêts à la charge du seul salarié.
- ❍ **c.** des sanctions à l'égard du salarié mais aussi du nouvel employeur.

Plusieurs réponses possibles

6 La clause d'exclusivité concerne :
- ❍ **a.** tout emploi et non uniquement un emploi chez un concurrent.
- ❍ **b.** tout emploi à l'issue du contrat de travail.
- ❍ **c.** tout emploi réalisé au cours du contrat de travail.

7 La discrimination ne peut être faite :
- ❍ **a.** sur des motifs liés à l'origine, le sexe ou le lieu de résidence.
- ❍ **b.** sur des motifs liés aux convictions religieuses ou politiques.
- ❍ **c.** sur des motifs liés aux compétences et à la capacité professionnelle.

8 Le délit de travail dissimulé consiste à :
- ❍ **a.** fournir de la main-d'œuvre contre rémunération.
- ❍ **b.** ne pas déclarer la totalité de ses salariés.
- ❍ **c.** ne pas déclarer la totalité des heures faites par ses salariés.

9 L'emploi « périphérique » comprend :
- ❍ **a.** les salariés en CDD et en CDI.
- ❍ **b.** les salariés en CDD ou à temps partiel.
- ❍ **c.** les salariés à temps partiel ou les salariés en sous-traitance.

10 Le recrutement en interne permet de :

❍ **a.** recruter des salariés ayant une bonne connaissance de l'entreprise.
❍ **b.** recruter des salariés ayant une bonne connaissance des concurrents.
❍ **c.** motiver les salariés.

Réponses à justifier

11 Une procédure de recrutement prévoyant un test sur un logiciel comptable et des questions sur les résultats aux examens et les loisirs du candidat est-elle valable ?

❍ **a.** Le test et le questionnaire sont des méthodes de recrutement valables à condition d'en informer le salarié au préalable.
❍ **b.** Le test est une méthode de recrutement valable mais pas le questionnaire qui n'est pas pertinent.
❍ **c.** Le test et le questionnaire sont des méthodes de recrutement valables à condition d'en informer le salarié au préalable et de supprimer les questions non pertinentes.

12 Une clause de non-concurrence prévoyant une interdiction de travailler pendant trois ans pour une entreprise concurrente avec versement d'une indemnité égale à 8 % du salaire mensuel est-elle valable ?

❍ **a.** Cette clause est valable à condition d'être limitée géographiquement et d'augmenter le montant de l'indemnité.
❍ **b.** Cette clause est valable à condition de préciser les entreprises concurrentes concernées.
❍ **c.** Cette clause est valable car limitée aux entreprises concurrentes, mais à condition de verser une contrepartie financière plus significative.

13 Le non-respect d'une clause de non-concurrence permet :

❍ **a.** le licenciement du salarié.
❍ **b.** le non-versement de la contrepartie financière significative.
❍ **c.** le versement de dommages et intérêts par le salarié au profit de l'employeur.

14 Le refus d'une formation professionnelle à une salariée pour absence liée a à un mandat de DS est-il contestable ?

❍ **a.** Oui, pour discrimination fondée sur ses activités syndicales.
❍ **b.** Oui, pour discrimination fondée sur le sexe.
❍ **c.** Oui, pour discrimination fondée sur les origines.

15 Quels sont les modes de recrutement possibles ?

❍ **a.** un recrutement interne permettant de motiver ses salariés mais susceptible de créer des jalousies.
❍ **b.** un recrutement externe permettant d'apporter de nouvelles idées au sein de l'entreprise, mais qui nécessite un temps d'adaptation.
❍ **c.** un recrutement par intermédiaire permettant de gagner du temps dans la phase de recrutement mais qui est plus onéreux.

— • CAS PRATIQUE GUIDÉ • —

VALIDITÉ D'UNE PROCÉDURE DE RECRUTEMENT AU SEIN DE LA SARL VALINGES ÉLECTRICITÉ

Julien Valinges dirige la SARL Valinges Électricité dont l'activité consiste en la mise en place et l'entretien d'installations électriques. Récemment, il a développé une nouvelle activité concernant l'installation et la maintenance de systèmes d'alarme.

Pour cela, il a besoin de recruter un technicien qui aura uniquement pour fonction de se rendre chez les clients afin d'installer les systèmes d'alarme.
Il demande à sa secrétaire, Florence Lassot, de faire paraître l'annonce suivante :
« Cherche un technicien électricien, âgé de moins de 30 ans, avec au moins 3 ans d'expérience professionnelle. Femmes s'abstenir.
Vous aurez pour tâche d'assister le dirigeant dans le développement de la branche « systèmes d'alarme ». Une progression rapide de carrière est envisageable. »
Il souhaite également qu'elle prépare un test graphologique, un test de QI et un test de personnalité qu'il soumettra aux candidats.

1. **Analysez la validité de cette annonce.**
2. **Indiquez à Julien Valinges à quelles conditions la procédure de recrutement envisagée sera licite.**

CORRIGÉ

☑ **COMPÉTENCE ATTENDUE : Vérifier la légalité d'un recrutement.**

Méthode

Comme pour tout cas pratique, la lecture attentive du sujet est la première étape importante. Elle permet d'identifier les éléments essentiels pour faire une application correcte de la règle de droit.
Dans le cas donné, il est important d'identifier les objectifs du recrutement pour en voir ensuite les modalités et étudier la validité de ce recrutement.
Les objectifs du recrutement sont : un technicien dont le poste est limité à l'installation des systèmes d'alarme.
Les moyens du recrutement : la publication d'une annonce et le recours à des tests.
Il faut ensuite analyser les questions posées. Elles portent sur les deux moyens précités : la validité de l'annonce et la validité des tests.
Le contenu de l'annonce doit être identifié avec précision, chaque élément étant déterminant dans l'évaluation de la validité de cette procédure de recrutement.

1. Analyse de la validité de cette annonce.

Méthode

Lorsqu'une question porte sur la validité d'un document (clause, offre d'emploi, contrat), vous devez en préciser les effets, que ce document soit valable ou non, même si ce point n'est pas clairement énoncé dans la question.
N'oubliez pas de préciser clairement la validité du document en cause en écrivant en conclusion « le document est valable », par exemple.

PRINCIPES JURIDIQUES

Pour être valable, une offre d'emploi doit respecter plusieurs conditions :

- ne pas comporter de mentions discriminatoires ;
- être rédigée en français ;
- ne pas comporter d'allégations mensongères sur l'emploi ;
- être datée.

APPLICATION AU CAS

En l'espèce, les mentions concernant l'âge et le sexe sont des mentions discriminatoires. Le fait de préciser « une progression rapide de carrière » est mensonger puisque, d'après les faits, Julien Valinges ne compte pas donner de responsabilités spécifiques à ce salarié.

Cette offre d'emploi est illicite. Julien Valinges pourra voir sa responsabilité engagée pour discrimination.

2. Conditions auxquelles la procédure de recrutement envisagée sera licite.

> ! L'application au cas donné est propre à chaque exercice. Vous devez justifier la solution en fonction des éléments de l'énoncé.

PRINCIPES JURIDIQUES

Les opérations de recrutement mises en place par l'employeur doivent avoir un lien direct avec l'emploi proposé. Il est interdit de poser des questions discriminatoires ou portant atteinte à la vie privée du candidat. De plus, toute question ne doit avoir pour finalité que d'apprécier les compétences du candidat en fonction du poste. À défaut, le candidat peut refuser d'y répondre ou même mentir, sa responsabilité ne sera pas engagée. En revanche, il sera difficile pour lui d'exercer un recours contre le recruteur, car ce dernier reste libre de choisir le candidat qu'il souhaite. Enfin, le recruteur a pour obligation d'informer au préalable le candidat des mesures ou techniques de recrutement qui seront mises en place.

APPLICATION AU CAS

En l'espèce, le test de graphologie n'a pas de valeur scientifique. Les tests de QI et de personnalité n'ont pas de lien direct avec l'emploi proposé. Si la procédure de recrutement se limite uniquement à ces tests (hypothèse posée en l'absence de précision dans le sujet), on peut considérer qu'elle n'est pas valable. Cependant, il sera difficile pour le candidat malheureux de la contester du fait de la liberté contractuelle permettant à l'employeur de faire son choix librement.

AUTOÉVALUATION

La grille d'autoévaluation ci-dessous vous permet d'évaluer votre niveau et de vérifier si vos réponses correspondent aux attendus de l'examen.

Questions	Niveau 1	Niveau 2	Niveau 3	Niveau 4
	Un premier élément de réponse, mais très incomplet, des erreurs, des contresens	*Des éléments de réponse isolés, des approximations et/ou de la paraphrase*	*Question comprise : des éléments de réponse pertinents mais incomplets au niveau des savoirs et/ou de l'application*	*Compétence attendue mobilisée avec mobilisation complète des savoirs associés à la compétence. Application pertinente.*
1. Analysez la validité de cette annonce. *(Voir Sections II.B. et III.A)*	❑ Vous ne donnez qu'une seule condition de validité de l'offre d'emploi. ❑ Vous vous prononcez sur la licéité de l'offre mais sans indiquer concrètement les caractères illicites.	❑ Vous ne donnez que la moitié des conditions de validité d'une offre d'emploi. ❑ Vous ne citez qu'une mention discriminatoire et/ou vous ne parlez pas du caractère mensonger de l'offre. ❑ Vous ne concluez pas.	❑ Vous ne donnez pas toutes les conditions de validité d'une offre d'emploi. ❑ Ou vous donnez toutes les conditions de validité, mais vous oubliez de vous prononcer sur le caractère mensonger de la clause. ❑ Vous ne concluez pas sur la licéité de la clause.	❑ Vous donnez toutes les conditions de validité d'une offre d'emploi. ❑ L'application est complète car elle évoque les mentions discriminatoires et le caractère mensonger. ❑ Vous avez conclu sur la licéité de la clause.

Questions	Niveau 1	Niveau 2	Niveau 3	Niveau 4
	Un premier élément de réponse, mais très incomplet, des erreurs, des contresens	*Des éléments de réponse isolés, des approximations et/ou de la paraphrase*	*Question comprise : des éléments de réponse pertinents mais incomplets au niveau des savoirs et/ou de l'application*	*Compétence attendue mobilisée avec mobilisation complète des savoirs associés à la compétence. Application pertinente.*
2. Indiquez à Julien Valinges à quelles conditions la procédure de recrutement envisagée sera licite. *(voir Section II.B)*	❑ Vous ne citez qu'une seule condition de validité des opérations de recrutement. ❑ Vous ne parlez pas des effets (refus du candidat, recours en justice). ❑ Vous validez des opérations de recrutement non licites ou inversement.	❑ Vous citez quelques conditions de validité des opérations de recrutement mais c'est incomplet. ❑ Vous n'évoquez pas la possibilité pour le candidat de refuser de répondre ni la difficulté du recours en justice. ❑ Vous faites une application très incomplète en ne vérifiant la validité que d'un seul test.	❑ Vous connaissez trois conditions de validité des opérations de recrutement. ❑ Vous précisez la possibilité pour le candidat de refuser de répondre ou la difficulté du recours en justice. ❑ Vous faites une application complète mais en oubliant de vous prononcer sur la validité de l'un des tests et/ou de la procédure dans son ensemble.	❑ Vous connaissez les 4 conditions de validité des opérations de recrutement. ❑ Vous précisez la possibilité pour le candidat de refuser de répondre. ❑ Vous évoquez la difficulté d'un recours en justice. ❑ Vous vérifiez la validité de tous les tests envisagés et vous vous prononcez clairement sur la validité de la procédure.

EXERCICES

1 Recrutement et discrimination positive au sein de la SARL Zoomy

15 min

☑ **COMPÉTENCES ATTENDUES : Connaître les principes de fonctionnement du marché du travail. Identifier les restrictions à la liberté d'embauche et les appliquer à une situation concrète.**

La SARL Zoomy est une société qui fabrique des appareils photo numériques. Située à Nantes, elle est actuellement composée de 25 salariés, dont 3 travailleurs handicapés. Récemment, après des investissements risqués, elle a fait l'objet d'une procédure de licenciement économique entraînant la rupture du contrat de travail de quatre salariés.

Aujourd'hui, les affaires reprennent et Roger vient d'être embauché comme responsable adjoint des ressources humaines. Il doit procéder à une campagne de recrutement et, à cette occasion, s'interroge sur les obligations de son entreprise.

1. **Vérifiez si la SARL Zoomy respecte ses obligations en matière de recrutement de salariés handicapés.**
2. **Présentez à Roger les obligations de la SARL Zoomy à l'égard des salariés récemment licenciés.**

2 Procédures de recrutement dans la SARL Zoomy

20 min

☑ **COMPÉTENCES ATTENDUES : Identifier et apprécier les différentes modalités de recrutement. Vérifier la légalité d'un recrutement.**

Dans le cadre de cette campagne de recrutement, Roger a décidé de procéder à deux sortes de recrutement : en interne et en externe. Pour ce dernier, il a prévu de faire passer un entretien d'environ 10 minutes à chaque candidat, suivi d'un entretien avec le responsable du service.

Afin de préparer au mieux le déroulement de cet entretien, il a préparé une liste de questions :

- Pourquoi êtes-vous à la recherche d'un emploi ?
- Que connaissez-vous de la SARL Zoomy ?
- Êtes-vous marié(e) ? Avec ou sans enfant ?
- Êtes-vous enceinte ou comptez-vous l'être dans les 6 mois à venir ?
- Qu'attendez-vous du poste pour lequel vous postulez ?
- Quelles sont vos prétentions salariales ?
- Êtes-vous prêt(e) à travailler le dimanche ?
- Quelles activités avez-vous en dehors du travail ? Êtes-vous syndiqué(e) ?

1. Comparez les avantages et inconvénients d'un recrutement en interne et en externe afin d'expliquer le choix fait par Roger.

2. Vérifiez la licéité des questions prévues par Roger et proposez les modifications nécessaires.

3 Validité d'une clause contractuelle dans la SARL Zoomy

30 min

☑ COMPÉTENCES ATTENDUES : **Identifier les restrictions à la liberté d'embauche. Apprécier la validité d'une clause de non-concurrence et d'une clause d'exclusivité. Rédiger une clause de non-concurrence et en apprécier l'intérêt.**

Alain vient d'être embauché comme responsable des ventes par la SARL Zoomy. Dans son contrat de travail, il constate l'existence de deux clauses particulières sur lesquelles il s'interroge.

Clause 1 : « Compte tenu de la nature de ses fonctions, M. Alain Gerrardo s'interdit, en cas de cessation du présent contrat pour licenciement pour faute, d'entrer au service d'une entreprise fabriquant ou vendant des articles pouvant concurrencer ceux de la SARL Zoomy. Toute violation de la présente clause rend automatiquement M. Alain Gerrardo redevable d'une pénalité fixée dès à présent et forfaitairement à 2 500 euros. »

Clause 2 : « M. Alain Gerrardo s'engage à réserver l'exclusivité de son activité professionnelle à la SARL Zoomy. Par conséquent, il s'interdit d'exercer, conjointement à l'activité qui fait l'objet du présent contrat, toute autre activité professionnelle rémunérée, salariée ou non, même non concurrente à celle de la société. »

1. Après les avoir définies, précisez si ces clauses sont valables et proposez-en une nouvelle rédaction.

2. En posant l'hypothèse qu'elles sont valables, présentez les conséquences en cas de non-respect de ces clauses par Alain ou par son employeur.

• CAS DE SYNTHÈSE •

RECRUTEMENT ET LIMITES À LA LIBERTÉ D'EMBAUCHE AU SEIN DE LA SA TREMPLIN

40 min

☑ COMPÉTENCES ATTENDUES : **Identifier et apprécier les différentes modalités de recrutement. Vérifier la légalité d'un recrutement. Identifier les restrictions à la liberté d'embauche.**

Mise en situation

La SA Tremplin, spécialisée dans la fabrication de jeux extérieurs, a mis en place une campagne de recrutement de cinq commerciaux bilingues car elle souhaite développer ses ventes à l'international.

M. Sirroute est chargé d'organiser ce recrutement. Il a prévu de tenir compte des critères suivants :

- âge inférieur à 30 ans pour avoir un salarié dynamique ;
- sans enfant et non marié pour avoir un salarié disponible ;
- de nationalité anglaise ou américaine ou ayant des origines anglo-saxonnes pour avoir un salarié bilingue.

Vanessa travaille dans la SA Tremplin depuis 5 ans en contrat à temps partiel. Elle compte profiter de cette opportunité pour avoir un temps plein. Cependant, M. Sirroute lui répond que ces offres ne s'adressent qu'à des candidatures externes et masculines.

Hervé souhaite postuler pour être embauché par la SA Tremplin mais voudrait bénéficier du statut de cadre. Il a en effet pris connaissance de la convention collective plus intéressante pour les cadres.

Vous effectuez votre stage au sein de cette société et avez pour mission d'assister M. Sirroute dans ces différents dossiers.

1. **Vérifiez la légalité des critères de recrutement envisagés par M. Sirroute.**
2. **Analysez la validité de la réponse donnée par M. Sirroute à Vanessa.**
3. **Que pensez-vous de la demande faite par Hervé ?**

Vous avez le document suivant à votre disposition pour étayer vos réponses.

DOCUMENT

Arrêt de la Cour de cassation n° 18-20440 du 23 octobre 2019

Attendu, selon l'arrêt attaqué, que M. H. a été engagé le 4 juin 2001 par la société Dekra Industrial, en qualité de « spécialiste électricité » puis, selon avenant du 1er juillet 2002, de « spécialiste », sans modification de sa classification au niveau IV, échelon 1, coefficient 255 de la convention collective nationale des industries métallurgiques, mécaniques et connexes de la Haute-Vienne ; que depuis 2006, il est investi de différents mandats de représentation du personnel ; qu'invoquant une discrimination en raison de son activité syndicale, le salarié a, le 5 mai 2014, saisi la juridiction prud'homale aux fins de rappel de salaires et de dommages-intérêts.

Vu la convention collective nationale des industries métallurgiques, mécaniques et connexes de la Haute-Vienne et l'accord national du 21 juillet 1975 sur la classification ;

Attendu que pour faire droit à la demande de rappel de salaires, l'arrêt retient d'une part que le salarié a été embauché en qualité de « spécialiste électricité » catégorie « spécialiste », et soutient, sans être contredit, qu'il procédait aux vérifications réglementaires et initiales d'installations électriques dans les secteurs industriels, tertiaires et dans les collectivités territoriales, était en contact direct avec la clientèle, et gérait son planning de manière autonome, d'autre part que l'employeur a par ailleurs entretenu le flou dans les mentions portées sur les bulletins de salaire faisant tantôt état d'un code fonction « spécialiste » couplé à un emploi « spécialiste », puis d'un code fonction « ICT » couplé à un emploi « spécialiste » à compter de 2005, avant de cesser toute référence au code fonction à compter de 2012 et de se limiter à l'emploi de « spécialiste » ;

Qu'en se déterminant ainsi, par des motifs inopérants, sans examiner les fonctions réellement exercées par le salarié au regard de la définition conventionnelle du niveau V, échelon 1, et sans rechercher si le niveau de connaissance de l'intéressé correspondait au niveau III de l'éducation nationale, la cour d'appel n'a pas donné de base légale à sa décision ; PAR CES MOTIFS : CASSE ET ANNULE, l'arrêt rendu le 6 juin 2018.

CHAPITRE 5

Formation du contrat de travail et formalités liées à l'embauche

À l'issue de ce chapitre,

• vous serez capable :

❒ de distinguer pourparlers, offre de contrat de travail et promesse unilatérale de contrat de travail ;
❒ de vérifier la formation du contrat de travail ;
❒ de vérifier les formalités liées à l'embauche ;
❒ de déterminer les principales obligations légales des parties à un contrat de travail.

• vous saurez identifier :

❒ La formation du contrat de travail :
- conclusion du contrat de travail,
- conditions de fond de validité du contrat de travail,
- conditions de forme de validité du contrat de travail ;

❒ les formalités liées à l'embauche ;
❒ l'exécution du contrat : les obligations du salarié et de l'employeur.

Mise en situation

Yanis Riboule vient d'être nommé assistant ressources humaines au sein de la SAS OBM Informatique. Il est chargé de recruter un nouvel assistant comptable. Après plusieurs entretiens, il a fait une proposition écrite à Laurène Dermal dont le profil lui paraît correspondre le mieux au poste. Cependant, le responsable du service comptable vient de lui annoncer qu'il souhaitait que soit recruté à ce poste son ancien apprenti. Par ailleurs, Yanis va devoir procéder aux formalités d'embauche et se demande ce qu'il risque en cas d'oubli. Yanis peut-il revenir sur la proposition faite à Laurène ? Présentez-lui les formalités à respecter en cas d'embauche.

I. Les conditions de formation du contrat de travail

A Les conditions de fond

Comme tous les contrats, le contrat de travail est soumis à trois conditions générales de validité (le consentement, la capacité, le contenu).

1. Le consentement

La première condition de validité du contrat de travail est l'existence d'un consentement et l'absence de vice de ce dernier.
Il existe **trois vices du consentement** entraînant la nullité du contrat : l'erreur, le dol et la violence.

a. L'erreur

Elle peut porter sur plusieurs éléments différents :
- l'objet du contrat, tel que la définition du poste ;
- la personne de l'employeur ou celle du salarié.

Exemples : Erreur sur la société ayant diffusé l'offre d'emploi, erreur sur l'identification du salarié.

Pour entraîner la nullité du contrat, l'erreur doit avoir été **déterminante pour le consentement**. Cependant, elle ne doit pas être inexcusable. L'employeur doit s'être renseigné sur la capacité du candidat et ne peut invoquer une erreur sur ses compétences.

b. Le dol

Définition : Le dol se définit comme l'ensemble des manœuvres frauduleuses élaborées pour tromper le cocontractant et le pousser à conclure le contrat.

Le dol est un motif de nullité du contrat dès lors qu'il est **déterminant pour le consentement**. Il peut notamment porter sur les qualités professionnelles nécessaires pour le poste. Il n'est reconnu qu'en cas de manœuvres frauduleuses commises par le salarié. Pour que le dol soit retenu, l'employeur ne doit pas avoir eu les moyens de se rendre compte de son erreur.

> ! Le fait de mentir lors de l'entretien d'embauche en répondant à des questions interdites (portant atteinte à la vie privée) n'est pas considéré comme un dol justifiant la nullité du contrat de travail.

c. La violence

La violence est un vice de consentement rarement retenu dans le cadre du contrat de travail. La Cour de cassation l'accepte dès lors que l'employeur a abusé de sa position pour imposer des conditions financières défavorables au salarié et profiter d'un état de nécessité économique.

2. La capacité

L'employeur, personne physique ou morale, et le salarié, personne physique, doivent avoir la capacité civile. Le mineur peut signer un contrat de travail sous réserve de l'autorisation de son représentant légal. Il en est de même pour le majeur incapable, sous tutelle ou curatelle.

> **Exemple :** Le contrat d'apprentissage peut être un contrat de travail signé par le mineur et son représentant légal.

L'étranger a la capacité civile pour signer un contrat de travail. Il doit cependant justifier d'un titre de séjour et d'une autorisation de travail.

3. Le contenu

Depuis l'ordonnance n° 2016-131 du 10 février 2016, l'objet et la cause licites, deux conditions de validité d'un contrat, ont été remplacés par la notion de contenu licite et certain.
Le contenu est, pour le salarié, **la prestation de travail** ; pour l'employeur, **le versement du salaire**.
Il ne doit pas être contraire aux bonnes mœurs ni à l'ordre public.

> ! La notion de cause n'a pas disparu du Code civil, elle est toujours présente à travers la notion de but illicite et de contrepartie réelle dans le cadre d'un contrat à titre onéreux.

En principe, le non-respect de l'une de ces trois conditions de validité (consentement, capacité et contenu) entraîne la nullité du contrat. Dans le cas du contrat de travail, cette nullité ne vaut que pour l'avenir. Le salarié sera payé pour le travail fourni, et il pourra obtenir les documents de fin de contrat [voir Chapitre 18].

B Les conditions de forme

1. L'obligation d'information

Le CDI à temps complet ne nécessite aucun écrit pour être valable [voir Chapitre 6]. Cependant, un écrit doit être remis au salarié dans les 2 mois suivant son embauche afin d'informer le salarié sur ses conditions de travail (directive européenne n° 91-533 du 14 octobre 1991). Ce document doit être rédigé en français, en deux exemplaires, datés et signés.
L'employeur est également tenu d'une obligation d'information, au moment de l'embauche, par la remise d'une notice d'information au salarié.

2. L'offre de contrat de travail ou promesse unilatérale de contrat

a. Définition de l'offre de contrat de travail

Depuis deux arrêts de la Cour de cassation n° 2063 et 2064 du 21 septembre 2017, la jurisprudence sociale fait la différence entre l'**offre de contrat de travail** et la **promesse unilatérale de contrat de travail**. Elle a abandonné la notion de promesse d'embauche qui s'appliquait auparavant, pour aligner le contrat de travail sur le droit des contrats.

Définitions : L'offre de contrat de travail est l'acte par lequel l'employeur propose un engagement en précisant l'emploi, la rémunération, la date d'entrée en fonction et la volonté d'être lié par le contrat en cas d'acceptation de son destinataire pendant une certaine durée.
La promesse unilatérale de contrat est l'acte par lequel l'employeur propose un engagement, en précise les mêmes éléments (emploi, rémunération, date d'entrée en fonction), mais s'en remet davantage à la volonté du salarié pour la conclusion du contrat pendant une certaine durée.

> **!** Pour être valable, la promesse d'embauche devait contenir une offre précise, ferme, non conditionnelle et adressée à un candidat déterminé. Ces caractéristiques s'appliquent toujours à l'offre de contrat et à la promesse unilatérale de contrat.

b. Forme et auteur de l'offre ou promesse unilatérale de contrat de travail

En principe, seules les personnes qui sont habilitées à embaucher peuvent engager l'entreprise à la suite d'une promesse unilatérale de contrat. Cependant, la jurisprudence retient **la théorie de l'apparence** : pour que la promesse soit valable, il suffit que le candidat pense que son auteur est compétent pour recruter ; peu importe si ce n'est pas le cas.
La promesse unilatérale de contrat n'étant pas un contrat solennel, elle peut prendre plusieurs formes possibles, dès lors que les éléments précités sont présents.

> **Exemples :** Sont considérés par la jurisprudence comme des promesses de contrat : une attestation, un courrier envoyé par l'employeur à la DREETS, un mail du responsable clientèle.

c. Effets du non-respect d'une offre ou d'une promesse unilatérale

La différence essentielle entre une offre de contrat de travail et une promesse unilatérale de contrat de travail repose sur leurs effets.
Dans le cas de l'offre, le contrat ne sera formé qu'en cas d'acceptation expresse du salarié. Elle peut donc donner lieu à négociation et contre-offre de la part du salarié. De plus, l'employeur peut retirer son offre avant l'expiration du délai fixé. Le contrat ne sera pas conclu. Le candidat pourra obtenir des dommages et intérêts s'il prouve avoir subi un préjudice.
En revanche, **dans le cadre de la promesse unilatérale de contrat**, il ne manque que le consentement du bénéficiaire qui pourrait être implicite. L'auteur de la promesse s'engage de façon irrévocable pendant un délai donné. Ainsi, la rétractation pendant ce délai n'empêche pas la formation du contrat de travail promis.
En cas d'embauche du salarié, l'employeur est tenu par le contenu de cette promesse : il doit fournir au salarié un emploi conforme aux éléments précisés dedans.

> **!** Le conseil de prud'hommes est le tribunal compétent pour identifier l'existence d'une promesse de contrat, même s'il n'y a pas de litige concernant l'exécution du contrat de travail.

C La qualification de contrat de travail

1. Effets de la qualification

La **qualification de contrat de travail** entraîne l'application du Code du travail, la compétence du conseil de prud'hommes pour les litiges individuels entre l'employeur et le salarié, et l'application du régime général de la Sécurité sociale.

L'employeur peut être sanctionné pénalement pour délit de dissimulation d'emploi salarié dès lors qu'il a cherché volontairement à dissimuler le contrat de travail afin de se soustraire à la législation sociale [voir Chapitre 2].
L'exécution du contrat de travail est source d'obligations pour les cocontractants, le salarié et l'employeur. Le salarié a pour obligation de travailler dans les conditions fixées par l'employeur et doit respecter son obligation de loyauté. L'employeur doit fournir un travail, verser un salaire et respecter la santé, la sécurité et la vie privée du salarié. Toutes les obligations du salarié et de l'employeur seront développées dans les chapitres relatifs aux conditions de travail [voir Partie 3].

2. Éléments de qualification

On retient **trois critères importants** pour qualifier un contrat de travail : une prestation de travail, une rémunération et un lien de subordination.

Définition : Le contrat de travail est défini par la Cour de cassation comme une convention par laquelle une personne physique s'engage à mettre son activité à la disposition d'une autre personne, physique ou morale, sous la subordination de laquelle elle se place, moyennant une rémunération.

Tableau 5.1 Les critères de qualification du contrat de travail

	Définition	Caractéristiques	Statut en cas d'absence du critère
Une prestation de travail	Tâche physique ou manuelle, intellectuelle ou artistique.	Doit être l'objet principal du contrat.	Convention de stage dont l'objet est la formation.
Une rémunération	Somme d'argent versée au salarié en contrepartie du travail effectué.	Calculée en fonction du temps ou à la tâche ou les deux. Versée en numéraire ou en nature.	Activités bénévoles.
Un lien de subordination	Fait de travailler au profit d'autrui dans le cadre d'une structure organisée par le cocontractant bénéficiaire de cette prestation.	Exercice d'un pouvoir de direction, d'un pouvoir de contrôle et d'un pouvoir de sanction. Critères cumulatifs.	Travailleur indépendant.

Dans certains cas, la loi assimile les travailleurs indépendants, notamment ceux pour lesquels il existe une subordination économique, à des salariés sans tenir compte des critères précédents.

Exemples : Les voyageurs représentants placiers (VRP) ou les mannequins sont assimilés à des salariés.

3. Mise en œuvre de la qualification

a. La charge de la preuve

La charge de la preuve consiste à déterminer qui doit apporter la preuve de ce qu'il avance. En présence d'un contrat de travail apparent, c'est à celui qui en conteste l'existence d'apporter la preuve de l'absence de lien de subordination. À l'inverse, il existe une présomption légale d'absence de contrat de travail dans certains cas précisés par le Code du travail (art. L. 8221-6, par exemple les personnes immatriculées au registre du commerce et des sociétés [RCS] ou au répertoire des métiers). Dans ce cas, la charge de la preuve repose sur celui qui invoque l'existence du contrat de travail.

b. Les indices

La qualification de contrat de travail est retenue par le juge dès lors qu'existe un **faisceau d'indices** parmi lesquels on trouve :

- le comportement du bénéficiaire de la prestation qui se comporte comme un employeur ;
- le lieu de travail imposé par l'employeur ;
- l'obligation de demeurer à la disposition de l'employeur selon un horaire établi par ce dernier ;
- la dépendance du salarié due au fait que le matériel professionnel est fourni par l'employeur ;
- l'intégration du salarié dans un service organisé et contrôlé par l'employeur.

II. Les formalités liées à l'embauche

A Les formalités préalables à l'embauche

1. La déclaration préalable à l'embauche (DPAE)

Définition : La déclaration préalable à l'embauche (DPAE), prévue aux articles L. 1221-10 et suivants du Code du travail permet à l'employeur d'accomplir de nombreuses formalités relevant de différents organismes grâce à un document unique :
- la déclaration de première embauche dans un établissement ;
- la demande d'immatriculation au régime général de la Sécurité sociale ;
- l'affiliation au régime de l'assurance chômage ;
- la demande d'adhésion à un service de prévention et de santé au travail ;
- la déclaration d'embauche en vue de l'examen médical obligatoire ;
- la liste des salariés embauchés pour établir la déclaration annuelle des données sociales (DADS).

Cette déclaration doit être effectuée auprès de l'Urssaf au plus tôt 8 jours avant l'embauche et au plus tard le dernier jour ouvrable précédant l'embauche. Elle peut être émise par écrit, par échange de données informatisé (EDI) ou sur le site Internet.

> **!** La télédéclaration est obligatoire à partir de 50 DPAE par an depuis 2014. À défaut, l'employeur devra verser une pénalité fixée à 0,5 % du plafond mensuel de la Sécurité sociale par salarié.

L'embauche d'un ressortissant étranger implique que l'employeur vérifie au préalable que la personne détient une autorisation de travail en cours de validité.

2. Les sanctions en cas de non-respect

Le non-respect de cette DPAE est sanctionné pénalement dès lors que l'élément intentionnel est prouvé [voir Chapitre 2].

Tableau 5.2 Les sanctions en cas de non-respect de la DPAE

	Sanction pénale	Sanction civile
Pour l'employeur	– Délit de dissimulation d'emploi salarié. – Article L. 8224-1 du Code du travail : 3 ans de prison et 45 000 euros d'amende (le quintuple pour la personne morale).	– Versement au salarié d'une indemnité forfaitaire au moins égale à 6 mois de salaire (article L. 8223-1 du Code du travail). – Cumul possible avec les indemnités de préavis, de congés payés et le versement de dommages et intérêts. – Non-cumul avec l'indemnité de licenciement.
	– Peines complémentaires : interdiction d'exercer, exclusion des marchés publics, etc.	– Pénalité versée à l'Urssaf égale à 300 fois le taux horaire minimal garanti (article L. 1221-11 du Code du travail). – Suppression des aides publiques ou de l'exonération des cotisations sociales.
Pour le salarié	– Ne peut pas être poursuivi pour délit de dissimulation d'emploi salarié. – Sanction pénale pour fraude aux prestations sociales.	– Suspension et/ou remboursement des indemnités chômage et des prestations sociales perçues.

B Les formalités suivant l'embauche

1. Le registre unique du personnel

Définition : Le registre unique du personnel est un document contenant les informations suivantes : les noms des salariés, l'emploi et la qualification, les dates d'entrée et de sortie ; par ordre chronologique d'embauche, la nationalité, la date de naissance, le sexe.

La tenue du registre unique du personnel est obligatoire quel que soit l'effectif (article L. 1221-13 du Code du travail). Certains salariés font l'objet de mentions particulières.

> **Exemples :** Les contrats d'apprentissage, à temps partiel, temporaires ou conclus avec des travailleurs étrangers doivent faire l'objet de mentions particulières. Il en est de même des stagiaires.

Ce registre peut être remplacé par un fichier informatique. Il doit être à la disposition de l'inspecteur du travail et des représentants du personnel. Il est soumis au respect du Règlement général sur la protection des données (RGPD).
Dans tous les cas, le non-respect de cette formalité est sanctionné pénalement par une contravention de quatrième classe (3 750 euros d'amende maximum par salarié concerné pour un employeur personne morale).

2. Les déclarations sociales

Dans les entreprises et établissements occupant au moins 50 salariés, l'employeur doit adresser à la Direction de l'animation de la recherche, des études et des statistiques (Dares) une déclaration des mouvements de main-d'œuvre (DMMO) du mois précédent. Les CDD conclus pour une durée maximale de 1 mois non renouvelable ou pour un remplacement de congé maternité ou d'adoption ne figurent pas sur ce relevé. La déclaration doit être effectuée dans les 8 premiers jours de chaque mois, et ce même s'il n'y a eu aucun mouvement pendant le mois, et jusqu'à la fin de l'année si l'entreprise passe sous le seuil des 50 salariés.
Depuis 2015 pour les grandes entreprises et 2017 pour les TPE et les PME, la déclaration sociale nominative (DSN) remplace progressivement différentes déclarations sociales à faire par l'employeur, dont la DMMO, la DADS-U, la DOETH ou l'attestation employeur. En revanche, elle n'est pas destinée à remplacer la DPAE.

3. La visite d'information et de prévention

L'employeur doit assurer la surveillance médicale de ses salariés avec le concours du service de prévention et de santé au travail. Le salarié doit faire l'objet d'une **visite d'information et de prévention** avant la fin de la période d'essai et au maximum 3 mois après son arrivée dans l'entreprise (article R. 4624-10 du Code du travail).
Ce suivi est maintenu en cours d'exécution du contrat de travail (tous les 5 ans), puis en cas d'arrêt de travail. Le temps nécessité par ces examens est assimilé à du temps de travail effectif, donc rémunéré comme tel. Les frais de transport sont pris en charge par l'employeur.
Cette visite d'information et de prévention vise à interroger le salarié sur son état de santé, l'informer des risques éventuels liés à son poste de travail, le sensibiliser sur les moyens de prévention à mettre en œuvre et sur les modalités de suivi de son état de santé.
Cette visite n'étant pas obligatoirement assurée par le médecin du travail, le salarié peut être orienté vers ce dernier si son état de santé ou les risques liés à son poste le justifient, ou à sa demande.
À l'issue de cette visite médicale, le professionnel de santé remplit un dossier médical soumis au secret médical, ainsi qu'une attestation de suivi délivrée au salarié et à l'employeur.
La visite d'information et de prévention est obligatoire pour toutes les entreprises, quel que soit leur effectif, et pour tous les salariés recrutés, y compris en CDD ou ayant effectué leur stage au sein de l'entreprise. Elle est facultative si le salarié est recruté pour occuper le même emploi que le précédent dans un délai maximum de 5 ans, si le professionnel de santé est en possession de

la dernière attestation de suivi et qu'aucune mesure d'aménagement du poste ou d'inaptitude n'a été prononcée au cours des cinq dernières années (conditions cumulatives).

> **!** Pour les travailleurs à risque et les travailleurs handicapés ou de nuit, notamment, le délai est de 3 ans et non de 5 ans. De plus, ils continuent à bénéficier d'une visite médicale d'embauche donnant lieu à un avis d'aptitude ou d'inaptitude.

Les infractions relatives à la médecine du travail sont sanctionnées pénalement par l'amende prévue pour les contraventions de cinquième classe soit 1 500 euros ou 3 000 euros en cas de récidive pour une personne physique (article R. 4745-1 du Code du travail).

C La simplification des formalités d'embauche

Plusieurs titres et chèques emploi ont été mis en place pour simplifier les formalités d'embauche. L'employeur remplit un document unique valant DPAE et contrat de travail.

1. Le titre emploi-service entreprise (Tese)

Définition : Le titre emploi service entreprise (Tese) est un document dont l'employeur remplit le volet salarié pour la première déclaration et le volet social pour chaque mois.

Le centre national Tese calcule, à partir de cette déclaration, les cotisations dues, et adresse à l'employeur un décompte de cotisations sociales. Le centre national Tese établit aussi le bulletin de paie, les états récapitulatifs mensuels et annuels tels que la DSN, les déclarations sociales annuelles et l'attestation fiscale pour les salariés.
Depuis le 1er janvier 2019, le centre national Tese assure également le prélèvement de l'impôt sur le revenu à la source. Il calcule le montant du salaire net après imposition que l'employeur doit verser à son salarié. L'employeur est ensuite prélevé par l'Urssaf du montant de la retenue à la source en même temps que des cotisations sociales.

Tableau 5.3 Règles d'utilisation du TESE

Employeurs utilisateurs	Salariés concernés	Modalités d'utilisation
Depuis le 1er janvier 2019, pas de condition d'effectifs (loi n° 2018-1203 du 22 décembre 2018).	Tous les types de contrats de travail. Nouvelle embauche ou non. Obligatoirement pour tous les salariés de l'entreprise.	Un seul document pour accomplir toutes les formalités. Une seule déclaration pour les organismes sociaux. Un seul règlement pour les cotisations sociales.

2. Le chèque emploi associatif (CEA)

Définition : Le chèque emploi associatif (CEA) consiste pour l'employeur à remplir des volets sociaux afin de déclarer au centre national de gestion le salaire net versé.

Depuis le 1er janvier 2019, il est destiné à toutes les associations à but non lucratif sans condition d'effectif (art. L. 133-5-6 du Code de la Sécurité sociale). Ce chèque emploi suit le même fonctionnement que le Tese, y compris pour le prélèvement à la source. Seule différence : il ne peut être utilisé qu'avec l'accord du salarié.

3. Le chèque emploi-service universel (Cesu)

Définition : Le chèque emploi-service universel (art. L. 1271-1 du Code du travail) contient un « volet social » permettant de déclarer les salaires nets versés.

Il est destiné aux particuliers et leur permet de rémunérer des salariés occupant des emplois de services à la personne qui se déroulent au domicile.
Ces titres sont ensuite transmis au centre national de traitement. Depuis le 1er janvier 2016, ces déclarations se font obligatoirement en ligne.

SYNTHÈSE

La formation du contrat de travail

Conditions de validité du contrat de travail

Les conditions de fond

- Capacité civile
- Contenu licite et certain
- Consentement non vicié : erreur, dol, violence

Les conditions de forme

- Offre de contrat ou promesse unilatérale de contrat
- Obligation d'information

La qualification de contrat de travail

- Prestation de travail
- Rémunération
- Lien de subordination

Effets :

- Application du Code du travail
- Compétence du conseil des prud'hommes

Formalités liées à l'embauche

Formalités préalables à l'embauche

- La DPAE = 6 formalités en 1 seule déclaration
- Sanctions en cas de non-respect : sanction pénale et sanction civile

Formalités suivant l'embauche

- Mise à jour du registre unique du personnel
- Visite d'information et de prévention
- Déclarations sociales

Simplification des formalités

- TESE
- CEA
- CESU

Faites le point sur les notions clés : dol p. 70, offre de contrat de travail p. 71, promesse unilatérale de contrat de travail p. 71, contrat de travail p. 72, déclaration préalable à l'embauche (DPAE) p. 73, registre unique du personnel p. 74, titre emploi-service entreprise (TESE) p. 75, chèque emploi associatif (CEA) p. 75, chèque emploi-service universel (CESU) p. 75.

Révisez avec les flashcards
www.lienmini.fr/dcg03-10

QCM

Réponse unique

QCM interactif

www.lienmini.fr/dcg03-11

1 Le dol est un motif de nullité du contrat de travail à condition :
- ❍ **a.** qu'il soit suffisamment grave.
- ❍ **b.** qu'il soit déterminant pour le consentement.
- ❍ **c.** qu'il existe.

2 La promesse unilatérale de contrat existe dès lors :
- ❍ **a.** que le poste est indiqué.
- ❍ **b.** que la date d'embauche est fixée.
- ❍ **c.** qu'au moins trois éléments sont précisés.

3 Le retrait d'une promesse unilatérale de contrat de travail avant terme :
- ❍ **a.** n'empêche pas la formation du contrat.
- ❍ **b.** empêche la formation du contrat.
- ❍ **c.** ne donne lieu au versement d'aucune indemnité.

4 Une relation est qualifiée de contrat de travail à condition :
- ❍ **a.** qu'il y ait versement d'une rémunération.
- ❍ **b.** qu'il y ait une rémunération et une prestation de travail.
- ❍ **c.** que trois critères soient réunis : prestation de travail, rémunération et lien de subordination.

5 La visite médicale d'information et de prévention est :
- ❍ **a.** obligatoire avant l'embauche.
- ❍ **b.** facultative.
- ❍ **c.** obligatoire dans les 3 mois suivant l'embauche.

Plusieurs réponses possibles

6 La DPAE permet à l'employeur :
- ❍ **a.** uniquement de faire sa déclaration de première embauche.
- ❍ **b.** de se faire affilier ainsi que le nouveau salarié au régime de la Sécurité sociale et à l'assurance chômage.
- ❍ **c.** de préparer la visite d'information et de prévention.

7 Pour être valable, le contrat de travail doit respecter les conditions suivantes :
- ❍ **a.** un consentement non vicié et une capacité juridique.
- ❍ **b.** un consentement valable.
- ❍ **c.** un contenu licite et certain.

8 L'offre de contrat de travail permet :
- ❍ **a.** à l'employeur de revenir dessus à tout moment.
- ❍ **b.** à l'employeur de revenir dessus tant qu'elle n'a pas été acceptée.
- ❍ **c.** au salarié de faire une contre-offre.

9 L'existence d'un contrat de travail entraîne :
- ❍ **a.** des obligations pour le salarié et l'employeur.
- ❍ **b.** des obligations uniquement pour l'employeur.
- ❍ **c.** des droits pour le salarié et l'employeur.

10 La charge de la preuve du contrat de travail repose :
- ❍ **a.** toujours sur le demandeur.
- ❍ **b.** sur celui qui conteste l'existence du contrat en cas de contrat apparent.
- ❍ **c.** sur celui qui revendique l'existence d'un contrat en l'absence de contrat apparent.

Réponses à justifier

11 L'erreur sur un diplôme du candidat :
- ❍ **a.** est un motif de nullité du contrat de travail.
- ❍ **b.** peut être un motif de nullité du contrat de travail.
- ❍ **c.** n'est pas un motif de nullité du contrat de travail.

12 La promesse et l'offre de contrat de travail se différencient :
- ❍ **a.** par leur auteur.
- ❍ **b.** par leur contenu.
- ❍ **c.** par leur forme.

13 Le lien de subordination indispensable à l'existence d'un contrat de travail existe si :
- ❍ **a.** le bénéficiaire de la prestation donne des directives, les contrôle et les sanctionne.
- ❍ **b.** le bénéficiaire de la prestation décide du lieu et des horaires d'exécution de celle-ci.
- ❍ **c.** le bénéficiaire de la prestation verse un salaire.

14 Le fait de ne pas respecter les formalités d'embauche est sanctionné :
- ❍ **a.** par une sanction pénale à l'égard du salarié informé de cette absence de déclaration.
- ❍ **b.** par une sanction pénale à l'égard de l'employeur l'ayant fait de façon intentionnelle.
- ❍ **c.** par une sanction pénale dans tous les cas à l'égard de l'employeur et du salarié.

15 La visite médicale d'information et de prévention est :
- ❍ **a.** à réaliser avant l'embauche ou au plus tard le premier jour de travail.
- ❍ **b.** à réaliser uniquement par le médecin du travail.
- ❍ **c.** à réaliser par un médecin du travail ou des professionnels d'un service de prévention et de santé au travail.

—• CAS PRATIQUE GUIDÉ •—

PROMESSE UNILATÉRALE DE CONTRAT DE LA SOCIÉTÉ CAPOFRANCE

Mehdi est dépité. Il a passé la semaine dernière une série d'entretiens pour être embauché par la société CapoFrance, leader dans l'immobilier. Il y a deux jours, il a reçu le courrier suivant : « Monsieur, nous avons le plaisir de vous annoncer que votre candidature est retenue. Vous prendrez vos fonctions de conseiller commercial à compter du 1er mars pour un salaire conforme à la convention collective. » Sa joie a été de courte durée puisque, dès le lendemain, le responsable des ressources humaines l'a appelé pour lui annoncer que, finalement, il ne serait pas recruté, les prévisions de croissance étant revues à la baisse.

1. **Qualifiez le courrier reçu par Mehdi il y a deux jours.**
2. **Présentez les conséquences de la décision prise par le responsable des ressources humaines de la société CapoFrance.**

CORRIGÉ

☑ COMPÉTENCES ATTENDUES : **Distinguer pourparlers, offre de contrat de travail et promesse unilatérale de contrat de travail. Vérifier la formation du contrat de travail.**

Méthode

La première question porte sur la qualification d'un document. Il est essentiel d'avoir en tête que cette qualification doit être uniquement juridique (et non indiquer qu'il s'agit d'une lettre ou d'un courrier par exemple).
Vous devez donc faire référence à un document juridique étudié dans le cadre de cette unité d'enseignement : le contrat de travail, convention collective, accord collectif, accord de rupture homologué ou promesse de contrat de travail par exemple.
La seconde question porte sur les effets de cette qualification ou les impacts juridiques du document qualifié.
Si l'énoncé des questions est différent, vous devez toujours penser à caractériser d'abord le document, et dans ce cas, à vérifier d'abord s'il s'agit d'une promesse ou d'une offre avant d'en développer les effets.
La différence entre l'offre et la promesse unilatérale de contrat est liée à l'engagement de l'employeur. Cet engagement est ferme dans le cas de la promesse, il est sous condition d'acceptation conforme dans le cas de l'offre.

1. Qualification du courrier reçu par Mehdi.

PRINCIPES JURIDIQUES

Il y a promesse unilatérale de contrat dès lors que le document écrit contient une offre précise, ferme et non conditionnelle. Elle doit contenir des informations présentant le poste, la rémunération et la date d'entrée en fonction.
Elle doit être adressée à un candidat déterminé et peut prendre n'importe quelle forme.
L'auteur de cette promesse doit être l'employeur ou toute personne ayant pouvoir pour recruter ou apparaissant comme tel aux yeux du candidat.
Le candidat n'a aucun engagement envers l'employeur. Il est libre de lever l'option ou non pour former le contrat.

APPLICATION AU CAS

En l'espèce, le courrier reçu par Mehdi constitue :

- une offre ferme et non conditionnelle : aucune condition ni délai ne sont indiqués ;
- une offre précise : le poste, la date et la rémunération sont prévus ;
- une offre faite de façon individuelle à Mehdi.

Il s'agit donc d'une promesse unilatérale de contrat. Mehdi peut se présenter le 1er mars pour commencer à travailler. Il n'a pas à formuler d'acceptation de façon écrite.

> ! La qualification de promesse de contrat de travail est déterminante pour répondre correctement à la question suivante. En effet, le retrait d'une offre de contrat de travail n'est pas traité de la même façon par la loi.

2. Présentation des conséquences de la décision prise par le responsable des ressources humaines de la société CapoFrance.

PRINCIPES JURIDIQUES

La promesse unilatérale de contrat doit être maintenue par l'employeur pendant un délai raisonnable (à défaut de durée de validité précisée dans le document lui-même). Le retrait de la promesse pendant ce délai n'empêche pas la conclusion du contrat de travail. Le contrat est donc conclu. À défaut, l'employeur devra verser les indemnités liées à un licenciement sans cause réelle et sérieuse : l'indemnité de préavis, de congés payés et des dommages et intérêts pour le préjudice subi.

APPLICATION AU CAS

En l'espèce, la promesse unilatérale de contrat est reconnue. Le contrat de travail est formé dès réception de la lettre par Mehdi. Peu importe que le responsable des ressources humaines contacte Mehdi dès le lendemain pour se rétracter.

Le retrait de la promesse pendant le délai raisonnable n'empêche pas la conclusion du contrat de travail.

Le non-respect de cette promesse d'embauche permettra à Mehdi de toucher des dommages et intérêts, comme dans le cadre d'un licenciement sans cause réelle et sérieuse.

> **!** **Le fait que l'employeur justifie la rupture de la promesse par des prévisions de croissance à la baisse n'est pas reconnu comme une justification valable du fait du délai très court entre ces deux décisions. L'employeur avait déjà connaissance de cette situation lors de l'envoi de sa promesse unilatérale de contrat.**

AUTOÉVALUATION

La grille d'autoévaluation ci-dessous vous permet d'évaluer votre niveau et de vérifier si vos réponses correspondent aux attendus de l'examen.

Questions	Niveau 1	Niveau 2	Niveau 3	Niveau 4
	Un premier élément de réponse, mais très incomplet, des erreurs, des contresens	*Des éléments de réponse isolés, des approximations et/ou de la paraphrase*	*Question comprise : des éléments de réponse pertinents mais incomplets au niveau des savoirs et/ou de l'application*	*Compétence attendue mobilisée avec mobilisation complète des savoirs associés à la compétence. Application pertinente.*
1. Qualifiez le courrier reçu par Mehdi il y a deux jours. *(voir Section I.B)*	❑ Vous ne qualifiez pas le courrier de façon juridique ou en n'abordant ni la notion de promesse ni la notion d'offre de contrat de travail.	❑ Vous citez la notion de promesse de contrat de travail (ou d'offre de contrat) mais en faisant un contresens dans la définition. Votre application au cas donné est fausse.	❑ Vous identifiez la promesse de contrat de travail mais ses caractéristiques sont incomplètes. ❑ Votre application au cas donné est incomplète.	❑ Vous identifiez la promesse de contrat de travail et vous en donnez toutes les caractéristiques. ❑ Vous en faites une application complète au cas donné.

Questions	Niveau 1	Niveau 2	Niveau 3	Niveau 4
	Un premier élément de réponse, mais très incomplet, des erreurs, des contresens	*Des éléments de réponse isolés, des approximations et/ou de la paraphrase*	*Question comprise : des éléments de réponse pertinents mais incomplets au niveau des savoirs et/ou de l'application*	*Compétence attendue mobilisée avec mobilisation complète des savoirs associés à la compétence. Application pertinente.*
2. Présentez les conséquences de la décision prise par le responsable des ressources humaines il y a deux jours. *(voir Section I.B)*	❑ Votre réponse ne concerne pas les effets de l'acte juridique en cause dans ce cas. ❑ Vous ne présentez aucune conséquence valable.	❑ Vous faites des confusions entre les effets d'une promesse et ceux d'une offre de contrat de travail.	❑ Vous présentez les effets de la promesse unilatérale mais vous ne mentionnez pas les indemnités à verser ou vous faites une application incomplète.	❑ Vous présentez les effets de la promesse unilatérale de contrat. ❑ Vous en faites une application complète au cas donné.

EXERCICES

1 Utilisation du titre emploi-service entreprise (Tese) dans la SARL Durel

15 min

☑ **COMPÉTENCE ATTENDUE : Identifier et vérifier les formalités liées à l'embauche.**

Marc Durel et sa femme tiennent une boutique de gaufres et de glaces sur le bord de mer à Donville-les-Bains (50), la SARL Durel. Durant la période estivale, ils sont amenés à embaucher deux salariés pour les assister face à l'affluence. Marc Durel a entendu parler du Tese et se demande si cela lui permettrait de simplifier son recrutement.
Bien renseignés, Marc Durel et sa femme ont utilisé le Tese à plusieurs reprises avec satisfaction. Fabienne Durel en a parlé à son frère, David Davisko, en lui vantant les mérites de ce dispositif. David Davisko tient un hôtel-restaurant sur la côte normande et emploie 10 salariés de façon permanente. De juin à septembre inclus, il est amené à recruter plusieurs salariés supplémentaires du fait de l'affluence des vacanciers.

1. **Présentez les avantages du Tese dans la situation de Marc Durel.**
2. **Vérifiez si David Davisko pourrait avoir recours au dispositif du Tese.**

2 Formalités après l'embauche au sein de la société Tarmasa

30 min

☑ **COMPÉTENCES ATTENDUES : Vérifier les formalités liées à l'embauche. Déterminer les obligations légales des parties au contrat.**

La société Tarmasa fabrique des composants électroniques à Nice. Elle comprend 17 salariés, mais ses effectifs augmentent fortement à certaines périodes par l'embauche de salariés temporaires.

Son gérant, Richard Tarmasa, vient de partir à la retraite et de céder la société à Gilles Pachinsky. Ce dernier prend peu à peu connaissance du mode de fonctionnement de cette société et vient de s'intéresser au registre unique du personnel. Il est surpris par ce qu'il y lit car ce registre ne mentionne ni les salariés à temps partiel ni les salariés temporaires. Richard Tarmasa n'assurait qu'un contrôle rapide sur le contenu de ce registre et n'a jamais pris la peine de le faire compléter correctement.
Gilles Pachinsky vous consulte afin d'avoir plus d'informations sur ses obligations à la suite de sa reprise de cette société.
Le 20 janvier, Gilles Pachinsky a recruté un salarié en CDD avec une période d'essai de 10 jours. Ce salarié avait déjà occupé le même emploi il y a deux ans et aucun avis d'inaptitude le concernant n'a jamais été établi. Gilles se demande s'il doit prévoir une visite médicale consécutive à son embauche et quelles seront ses autres obligations.

1. **Présentez à Gilles les informations essentielles que doit contenir le registre unique du personnel.**
2. **Indiquez-lui les risques qu'il prend à laisser ce registre en l'état.**
3. **Rappelez les objectifs d'une visite médicale et vérifiez si Gilles doit la mettre en place dans le cas donné.**
4. **Recensez les différentes obligations légales que Gilles aura à l'égard de ce nouveau salarié.**

3 Qualification de contrat de travail dans la société Trio TCS

40 min

COMPÉTENCE ATTENDUE : Vérifier la formation du contrat de travail.

Hubert Huer a été engagé en août N par la société Trio TCS située à Nantes, commissionnaire de transport, en qualité de chauffeur. Le 28 février N + 6, il a démissionné de son emploi et s'est inscrit aussitôt au RCS, afin de continuer à travailler avec cette société mais en qualité de sous-traitant. Le gérant de la société Trio TCS lui avait expliqué qu'il pourrait ainsi avoir davantage de liberté dans l'organisation de son travail. Il en a d'ailleurs profité pour embaucher un salarié de façon ponctuelle et ne plus faire de tournées en fin de semaine. Cependant, son autonomie n'est pas réelle. La société Trio TCS continue de lui donner des directives précises en définissant notamment le secteur de livraison et les horaires de travail. Hubert Huer n'étant plus en mesure d'assurer les tournées après une longue maladie, la société Trio TCS décide de mettre fin au contrat de sous-traitance le 10 août N + 9. Hubert, se retrouvant sans aucun revenu, se demande s'il a un recours à sa disposition. Il compte saisir le tribunal de commerce et vous informe de sa démarche afin que vous puissiez le conseiller au mieux.

1. **Présentez à Hubert le motif qu'il peut invoquer dans le cadre de son recours et indiquez ses chances d'obtenir gain de cause.**
2. **Vérifiez la compétence du tribunal qu'il a choisi pour exercer ce recours.**
3. **Analysez la situation afin d'identifier la personne sur laquelle repose la charge de la preuve.**

CAS DE SYNTHÈSE

EMBAUCHE DE NOUVEAUX SALARIÉS DANS LA SOCIÉTÉ VERCLAIR

40 min

☑ COMPÉTENCES ATTENDUES : **Distinguer pourparlers, offre de contrat de travail et promesse unilatérale de contrat de travail. Vérifier les formalités liées à l'embauche. Déterminer les principales obligations légales des parties à un contrat de travail.**

Mise en situation

La société Verclair est une entreprise fabriquant différentes catégories de verre à usage industriel. Située à Grenoble, elle a connu un fort développement ces dernières années et a procédé à de nombreux recrutements. Récemment, Anne-Marie, responsable des ressources humaines dans cette société, a eu pour mission de recruter deux ouvriers spécialisés. À l'issue de la procédure de recrutement, elle a envoyé le courrier suivant à Marine et à Théo : « Madame (ou) Monsieur, J'ai le plaisir de vous annoncer que votre candidature a été retenue pour le poste d'ouvrier qualifié P3 avec un salaire de 32 120 euros. Votre prise de fonction aura lieu le 1er octobre. »

Après réception de ce courrier, Marine a confirmé sa venue, mais Théo n'a toujours rien répondu et Anne-Marie se demande si elle ne devrait pas reprendre la procédure de recrutement et trouver un autre ouvrier.

Finalement, Marine et Théo se sont présentés tous les deux le 1er octobre. Anne-Marie est soulagée et va pouvoir procéder aux formalités liées à l'embauche. Craignant d'en oublier une partie, elle vous contacte afin que vous puissiez la guider car elle sait que vous suivez une formation en droit social d'un très bon niveau. Elle en profite pour échanger avec vous sur un document qu'elle a trouvé sur Internet (voir Document ci-après) et qui récapitule les droits et obligations de l'employeur et du salarié.

1. **Indiquez à Anne-Marie les risques qu'elle aurait pris si elle avait finalement décidé de reprendre la procédure de recrutement pour trouver un ouvrier à la place de Théo.**
2. **Recensez les formalités liées à l'embauche de Marine et de Théo.**
3. **Vérifiez si le document trouvé par Anne-Marie est complet.**

Vous disposez ci-dessous d'un document pour étayer vos analyses.

DOCUMENT

Quelles sont vos obligations en tant qu'employeur ?

Les obligations d'un employeur sont les suivantes :

- mettre un travail à la disposition de son salarié ;
- mettre le matériel nécessaire à la réalisation du travail à la disposition du salarié ;
- verser un salaire de façon régulière.

Le salarié devra de son côté exécuter la prestation de travail telle qu'elle a été définie dans son contrat de travail.

CHAPITRE 6

Contenu du contrat de travail et recours au CDI

À l'issue de ce chapitre,

• vous serez capable :

❒ de qualifier les clauses spécifiques d'un contrat de travail et en apprécier la validité ;
❒ de rédiger une clause du contrat de travail et en apprécier l'intérêt ;
❒ de justifier le choix d'un contrat de travail dans un contexte donné.

• vous saurez identifier :

❒ les clauses courantes inscrites dans un contrat de travail : période d'essai, non-concurrence, exclusivité, dédit de formation, mobilité, objectifs ;
❒ le contrat à durée indéterminée ;
❒ le CDI de chantier ou d'opération.

Mettez-vous en situation

Bilal Rassina est dirigeant d'une agence immobilière comprenant 5 salariés. Il a décidé de recruter un nouveau négociateur en immobilier en CDI. Au moment de signer ce contrat, il se pose des questions concernant les conditions de validité de ce contrat : conditions de forme mais également de fond.
Voici les questions qu'il vous soumet : le contenu d'un CDI est-il imposé par la loi ? Doit-il être mis par écrit ou l'offre d'emploi est-elle suffisante ? Peut-il ajouter les clauses qu'il souhaite ? Comment rédiger une clause de non-concurrence pour qu'elle soit valable ? Peut-il imposer une période d'essai à ce nouveau salarié ?

I. Le contenu du contrat de travail

Le contrat de travail doit contenir différentes clauses : certaines sont essentielles et d'autres facultatives, selon la volonté de l'employeur.

A Les clauses essentielles

L'écrit remis en tant que contrat de travail doit contenir un certain nombre de **mentions obligatoires** :

- l'identité des parties ;
- la description du poste ;
- la date d'effet du contrat ;
- la rémunération ainsi que les primes et avantages ;
- le lieu de travail ;
- la durée du travail et les horaires ;
- les congés payés ;
- la convention collective applicable.

Toute modification d'une de ces clauses est assimilée à une modification du contrat de travail nécessitant l'accord des deux parties, contrairement aux modifications unilatérales des conditions de travail par l'employeur [voir Chapitre 9].

B Les clauses spécifiques

Du fait du principe de liberté contractuelle, l'employeur a la possibilité de prévoir dans le contrat de travail des clauses non encadrées par la loi. Le juge intervient alors pour en préciser les conditions de validité.

> ! Comme tout contrat, le contrat de travail peut contenir une clause pénale. Elle prévoit le montant des dommages et intérêts à verser en cas de non-respect de ses obligations par l'une des parties. Le juge est compétent pour modifier le montant de l'indemnité s'il le trouve inadapté.

1. La période d'essai

Cette clause est facultative mais encadrée par la loi du 25 juin 2008, qui fixe la durée de cette période ainsi que les modalités de rupture du contrat pendant cette période.
Le contrat peut toujours prévoir des conditions plus favorables pour le salarié que la loi, telles qu'une durée de période d'essai plus courte.

Définition : La période d'essai est la période pendant laquelle l'employeur évalue les compétences du salarié et le salarié apprécie si les fonctions occupées lui conviennent. À défaut, le contrat peut être rompu de manière unilatérale, sans motif ni indemnité.

a. La durée de la période d'essai

Tableau 6.1 Durée de la période d'essai selon la catégorie d'emploi

Catégorie d'emploi	Durée initiale maximum	Durée max. (renouvellement inclus)
Ouvriers et employés	2 mois	4 mois
Agents de maîtrise et techniciens	3 mois	6 mois
Cadres	4 mois	8 mois

La période d'essai peut être **renouvelée une seule fois**. Pour cela, le renouvellement doit être prévu par un accord collectif de branche étendu.
La durée de la période d'essai et son renouvellement doivent être obligatoirement mentionnés dans le contrat de travail ou la lettre d'engagement. De plus, le renouvellement n'est possible qu'avec l'accord exprès du salarié (la simple signature d'une lettre est insuffisante).

> ! La période d'essai est automatiquement prolongée lorsque le contrat a été interrompu pour absence justifiée du salarié telle que la maladie ou la fermeture temporaire de l'entreprise.

En cas d'embauche d'un salarié dans les 3 mois suivant l'issue de son stage de fin d'études, la durée de la période d'essai est réduite de la durée du stage. Cependant, cela ne doit pas avoir pour effet de la réduire de plus de la moitié.

Exemple : Dans le cas d'une période d'essai de 3 mois faisant suite à un stage de 2 mois, la période d'essai ne pourra être réduite que d'une durée d'un mois et demi.

b. Les dates de début et de fin de la période d'essai

La période d'essai débute au commencement de l'exécution du contrat de travail. Les parties ne peuvent convenir de différer le début de l'essai. Ainsi, la période d'essai est différente du test professionnel. Ce dernier fait partie de la procédure de recrutement et n'a pas lieu dans les conditions normales de l'emploi, contrairement à la période d'essai.

À l'inverse, le fait que le salarié soit en formation en début de contrat ne permet pas de reporter le point de départ de la période d'essai à la fin de cette période de formation.
La période d'essai se termine à la date prévue dans le contrat. Lorsqu'il n'indique qu'une durée et non une date, elle prend fin la veille du dernier jour de cette période.

Exemple : Une période d'essai de 1 mois commençant le 20 avril se termine le 19 mai au soir.

c. La rupture du contrat pendant la période d'essai

La période d'essai permet une rupture du contrat **sans motif ni indemnité**.
Cependant, la loi prévoit l'obligation, pour l'auteur de la rupture, de respecter un **délai de prévenance**. Ce délai ne doit pas avoir pour effet de prolonger la durée de la période d'essai. En cas de non-respect, le salarié perçoit une indemnité équivalente au salaire perdu.

Tableau 6.2 **Délai de prévenance en cas de rupture pendant la période d'essai**

Présence du salarié dans l'entreprise	Rupture de l'employeur	Rupture du salarié
7 jours maximum	24 heures	24 heures
Entre 8 jours et 1 mois	48 heures	48 heures
Après 1 mois	2 semaines	48 heures
Après 3 mois (donc cadre ou période d'essai renouvelée)	1 mois	48 heures

La rupture du contrat de travail pendant la période d'essai n'a pas à être justifiée. Cependant, elle peut donner lieu au versement de dommages et intérêts en cas d'abus de droit. Il s'agit des cas dans lesquels l'employeur rompt le contrat de travail alors qu'il n'a pas eu la possibilité d'apprécier les compétences du salarié.

Exemple : Lorsque le salarié est en formation pendant toute la durée de la période d'essai, l'employeur ne peut vérifier s'il a les compétences convenant au poste pour lequel il a été recruté. Il n'a alors aucun motif pour justifier la rupture du contrat de travail.

À l'issue de la période d'essai, le contrat de travail est définitif et existe depuis le jour de sa conclusion.
À l'inverse, en cas de rupture, l'employeur doit remettre au salarié un certificat de travail, une déclaration Pôle emploi pour faire valoir ses droits à l'assurance chômage, un reçu pour solde de tout compte et lui verser une indemnité compensatrice de congés payés.
Il ne faut pas confondre la clause de période d'essai avec la clause de période probatoire. Cette dernière a les mêmes objectifs que la période d'essai mais s'applique en cours d'exécution du contrat en cas de changement de poste du salarié. La **clause de période probatoire** doit être prévue dans le contrat de travail ou dans l'avenant. Elle permet au salarié de retrouver ses fonctions antérieures si le nouveau poste ne convient pas au salarié ou à l'employeur.

2. La clause de non-concurrence

La clause de non-concurrence est une clause par laquelle le salarié s'engage, à l'issue de son contrat de travail, à ne pas faire de concurrence à son ancien employeur [voir Chapitre 4].

3. La clause d'exclusivité

Il est en principe possible de cumuler plusieurs contrats de travail à condition de respecter la durée maximale du travail :
- 48 heures par semaine ou 44 heures en moyenne sur 12 semaines consécutives (46 heures en cas d'accord collectif) ;
- 10 heures par jour (sauf dérogation par décret ou accord collectif d'entreprise).

La clause d'exclusivité constitue néanmoins une limite à cette possibilité.
En effet, elle interdit interdit au salarié, pendant l'exécution de son contrat de travail, d'exercer une autre activité, hors de l'entreprise, dans un secteur concurrentiel ou non.

Pour être valable, cette clause doit respecter plusieurs conditions fixées par la jurisprudence, notamment dans deux arrêts rendus par la Cour de cassation le 11 juillet 2000 (n° 98-10143) :
- être indispensable à la protection des intérêts légitimes de l'entreprise ;
- être proportionnée au but recherché ;
- être justifiée par la nature de la tâche à accomplir.

Le non-respect de cette clause est une cause réelle et sérieuse de licenciement pour faute pouvant aller jusqu'à la faute lourde.

> **!** Même en l'absence d'une telle clause, le salarié a une obligation de loyauté et de fidélité pendant l'exécution de son contrat de travail lui interdisant toute activité concurrente.

4. La clause de dédit-formation

Indépendamment de toute clause prévue dans le contrat de travail, l'employeur a une obligation générale de formation à l'égard de ses salariés. Ces derniers ont, quant à eux, une obligation d'adaptabilité. La responsabilité de chacun peut être engagée en cas de non-respect de ces obligations.

Définition : La clause de dédit-formation est la clause par laquelle le salarié s'engage à rester un certain temps dans l'entreprise après avoir bénéficié d'une formation spécifique. À défaut, il doit indemniser l'entreprise.

Pour être valable, la clause de dédit-formation doit respecter plusieurs conditions :
- l'engagement par l'entreprise de frais réels de formation au-delà des dépenses imposées par la loi ou la convention collective ;
- une indemnité qui ne doit pas empêcher le salarié de démissionner ;
- la signature d'une convention particulière conclue avant le début de la formation et qui précise la date, la nature, la durée de la formation et son coût réel pour l'employeur, ainsi que le montant et les modalités du remboursement à la charge du salarié.

> **!** La clause de dédit-formation s'applique même en cas de rupture pendant la période d'essai. En revanche, elle est interdite dans les contrats ayant pour objet de faire acquérir une formation au salarié, tel le contrat d'apprentissage.

5. La clause de mobilité

a. La jurisprudence

Le lieu de travail mentionné dans le contrat est considéré par la jurisprudence comme une simple information. Il peut donc être modifié par l'employeur de façon unilatérale (modification des conditions de travail).
Cependant, ce n'est pas le cas lorsque la modification a lieu en dehors du secteur géographique (déterminé au cas par cas par la jurisprudence). Il s'agit alors d'une modification du contrat de travail nécessitant l'accord du salarié [voir Chapitre 9].
La clause de mobilité permet d'obtenir cet accord dès la signature du contrat de travail.

Définition : La clause de mobilité est la clause par laquelle le salarié accepte par avance la modification de son lieu de travail en dehors du secteur géographique.

La jurisprudence considère que le refus de mobilité du salarié dans le cadre de la mise en œuvre d'une telle clause est constitutif d'une faute grave entraînant un licenciement sans préavis ni indemnité de licenciement. Cependant, en cas de contraintes liées à la vie familiale justifiant le refus du salarié, elle requalifie cette rupture en licenciement pour faute simple.

Les **conditions de validité de cette clause** sont liées à sa mise en œuvre :

- La clause doit être prévue dans le contrat de travail. La clause de mobilité prévue par la convention collective est applicable à condition qu'elle soit suffisamment précise et que le salarié ait eu connaissance de l'existence de cette convention au moment de son engagement.
- Elle doit indiquer de façon précise sa zone géographique d'application.
- Sa mise en œuvre ne doit pas avoir pour effet de modifier un autre élément du contrat de travail.
- L'employeur ne doit pas avoir recours à cette clause pour causer un préjudice au salarié. Le juge apprécie la notion de bonne foi et d'abus de droit lors de la mise en œuvre de cette clause par l'employeur.

b. La loi relative à la sécurisation de l'emploi du 14 juin 2013 dite loi Sapin modifiée par l'ordonnance n° 2017-1385 du 22 septembre 2017

La loi de sécurisation de l'emploi a mis en place des possibilités de **mobilité interne et externe** à condition de négocier un accord collectif pour en fixer les règles. L'ordonnance de 2017 reprend ce dispositif en l'incluant dans un seul et même accord collectif, l'accord de performance collective ayant un objet plus large (durée du travail, modalités d'organisation, aménagement de la rémunération, mobilité géographique ou professionnelle) ou dans un accord de rupture conventionnelle collective.

Concernant la mobilité, les règles sont les suivantes :

- **Mobilité interne** (au sein la même entreprise). Le salarié dispose d'un délai d'un mois à compter de la date de communication de l'existence et du contenu de l'accord pour faire savoir s'il refuse ou non la modification de son contrat à la suite de l'application de l'accord. En cas de refus, il pourra être licencié pour un motif spécifique qui constitue une cause réelle et sérieuse reconnue par la loi.
- **Mobilité externe** (vers une entreprise différente). La mobilité externe professionnelle est également appelée congé de mobilité volontaire sécurisée. Elle concerne uniquement les salariés des entreprises de plus de 300 personnes ou de dimension européenne avec un établissement d'au moins 150 salariés en France.

> **!** Depuis l'ordonnance Macron, le motif de licenciement n'est plus un motif économique, mais il s'agit d'un motif *sui generis* sur lequel le juge n'a plus de contrôle à effectuer dès lors que l'accord collectif appliqué est valable.

La demande est faite par le salarié et donne lieu à la signature d'un avenant au contrat de travail. En cas de deux refus successifs, le salarié bénéficie d'un accès de droit à un congé de formation dans le cadre du CPF-Transition professionnelle [voir Chapitre 13].

6. La clause de quota

Cette clause est également appelée « clause de résultat » ou « clause d'objectifs ».

Définition : La clause de quota fixe des objectifs ou des quotas à atteindre par le salarié (ex. : chiffre d'affaires minimal ou quota de ventes sur une période considérée).

Pour être valable, cette clause doit fixer des objectifs raisonnables et compatibles avec le marché. L'employeur doit tenir compte de la situation économique, mais également de ses évolutions en révisant régulièrement les objectifs à atteindre. La seule insuffisance de résultats ne peut constituer une cause de licenciement.

II. Le choix du recours au CDI

Le **contrat de travail à durée indéterminée** (CDI) est le contrat de travail de droit commun. Il est utilisé pour tout type de tâches dès lors qu'aucune durée n'est précisée.

Aucune condition de forme n'est exigée pour qu'un CDI soit valable. Cependant, la loi du 1er juillet 1993 exige la remise d'un écrit au salarié dans les 2 mois suivant son embauche. Cet écrit n'est pas forcément un contrat de travail.

Exemples : Le double de la déclaration préalable d'embauche adressée à l'Urssaf, une lettre d'engagement ou le bulletin de salaire peuvent permettre de remplir l'obligation de remise d'un écrit.

L'écrit est un moyen de preuve du contrat de travail. À partir du moment où la totalité des salaires prévus pour la durée du contrat est supérieure à 1 500 euros, l'écrit est le seul moyen de preuve recevable.
Lorsque le contrat est exécuté sur le territoire français, il doit être rédigé en français [voir Chapitre 5].

III. Le CDI d'opération et le CDII

Le CDI de chantier prévu au départ pour le secteur du BTP a été étendu par l'ordonnance n° 2017-1387 du 22 septembre 2017 a d'autres secteurs d'activité et ne doit plus être appelé un CDI de chantier mais un **CDI de projet, de mission,** ou **d'opération.**

Définition : Le CDI d'opération est un CDI conclu pour une durée indéterminée mais qui prend fin lors de la réalisation du chantier, de l'opération ou de la mission.

Exemple : Le CDI de chantier ou d'opération est d'usage dans les secteurs du BTP, construction mécanique, cinéma, bureau d'études, aéronautique et entreprises du paysage.

Ses conditions de recours et ses règles de fonctionnement sont fixées par convention ou accord de branche étendu. A défaut, il est conclu dans les secteurs où son usage est habituel (article L.1223-8 du Code du travail). La fin du chantier ou la réalisation de l'opération en question constitue un motif de licenciement pour cause réelle et sérieuse mettant fin au CDI.

! Il s'agit ici d'un CDI. L'employeur doit respecter la procédure de licenciement pour motif personnel afin de mettre fin à ce contrat de travail. Il faut noter que la réalité du motif de rupture ne peut être remise en cause.

Le CDI intérimaire (CDII) a été mis en place à titre expérimental par la loi Rebsamen du 17 août 2015 et confirmé par la loi sur la liberté de choisir son avenir professionnel du 5 septembre 2018.

Définition : Le CDI intérimaire (CDII) est un CDI conclu entre une entreprise de travail temporaire et un salarié, pour une durée indéterminée.

Ce CDII doit mentionner la durée du travail, le périmètre de mobilité, les horaires pendant lesquels le salarié doit rester joignable en cas d'intermission, les emplois concernés, la garantie mensuelle de rémunération.
La durée maximale des missions est de 36 mois sauf accord de branche étendu contraire. Le salarié est tenu d'accepter les missions correspondant à son contrat dès lors que sa rémunération horaire est au moins égale à 70 % de celle de sa précédente mission.

SYNTHÈSE

Le contrat de travail à durée indéterminée CDI

Les conditions de forme

- **Aucune condition de forme pour sa validité**
- **Obligation de remise d'un écrit dans les deux mois**
- **Formalités de déclaration**

Le contenu du contrat

Les clauses essentielles

- Les parties
- La rémunération
- Les congés payés
- La convention collective applicable
- La durée du contrat
- La date d'effet du contrat
- Le poste

Les clauses spécifiques

- La clause de période d'essai
- La clause de non-concurrence
- La clause d'exclusivité
- La clause de quota
- La clause de mobilité
- La clause de dédit-formation

Conditions de validité, mise en œuvre et effets

Toute atteinte à une liberté doit être :
- justifiée par un intérêt légitime
- proportionnée au but recherché

Faites le point sur les notions clés : période d'essai p. 85, clause de dédit-formation p. 87, clause de mobilité p. 87, clause de quota p. 88, CDI d'opération p. 89, CDI intérimaire (CDII) p. 89.

Révisez avec les flashcards

www.lienmini.fr/dcg03-12

QCM

Réponse unique

QCM interactif

www.lienmini.fr/dcg03-13

1 Pour qu'un CDI soit valable, il faut :

❍ **a.** un contrat signé par les deux parties.
❍ **b.** le respect de certaines formalités de publicité.
❍ **c.** aucune condition de forme.

2 La période d'essai permet de rompre le contrat de travail :

❍ **a.** à tout moment et sans motif.
❍ **b.** sans motif mais en respectant un préavis.
❍ **c.** en respectant un délai de prévenance et un motif.

3 La clause de dédit-formation permet à l'employeur :

❍ **a.** d'empêcher le salarié de démissionner suite à une formation.
❍ **b.** de s'assurer de l'investissement d'un salarié suite à une formation.
❍ **c.** de limiter le risque de départ d'un salarié ayant bénéficié d'une formation spécifique.

4 La clause de mobilité est valable dès lors :

❍ **a.** qu'elle est suffisamment précise.
❍ **b.** que sa zone d'application est précisée dans le contrat.
❍ **c.** qu'elle respecte des conditions de rédaction et de mise en œuvre.

5 Le non-respect de la clause de quota est un motif valable de licenciement :

❍ **a.** en cas de révision régulière des objectifs et d'insuffisance de la part du salarié.
❍ **b.** dans tous les cas.
❍ **c.** uniquement si les objectifs sont revus régulièrement.

Plusieurs réponses possibles

6 Pour être valable, le contrat de travail écrit doit contenir obligatoirement les mentions suivantes :

❍ **a.** la période d'essai, le poste, la rémunération.
❍ **b.** le poste, la rémunération, la durée du travail.
❍ **c.** les horaires, les congés payés, la convention collective applicable.

7 La période d'essai est :

❍ **a.** une clause facultative encadrée par la loi.
❍ **b.** une clause obligatoire encadrée par la convention collective.
❍ **c.** une clause encadrée par un accord collectif.

8 La clause d'exclusivité :

❍ **a.** permet le cumul de plusieurs emplois mais dans les limites légales de la durée du travail.
❍ **b.** interdit le cumul d'emplois dans un secteur concurrentiel ou non.
❍ **c.** limite le cumul de plusieurs emplois indépendamment des limites légales de la durée du travail.

9 **Pour être valable, la clause de dédit-formation doit :**

- ❍ **a.** prévoir le versement d'une contrepartie financière significative.
- ❍ **b.** être précédée de la signature d'une convention précisant les modalités de la formation.
- ❍ **c.** prévoir une indemnité non excessive versée par le salarié en cas de non-respect.

10 **Pour être valable, la clause de mobilité doit :**

- ❍ **a.** être prévue dans le contrat de travail.
- ❍ **b.** être prévue dans le contrat de travail et l'accord collectif.
- ❍ **c.** ne pas modifier un autre élément du contrat de travail lors de sa mise en œuvre.

Réponses à justifier

11 **Pauline est chargée de rédiger le CDI d'un salarié récemment recruté. Elle se demande si cet écrit sera une condition de validité du contrat.**

- ❍ **a.** La remise d'un écrit contenant des mentions obligatoires est indispensable.
- ❍ **b.** La remise d'un contrat de travail écrit et précis est nécessaire.
- ❍ **c.** Aucune remise d'écrit n'est nécessaire, l'échange des consentements est suffisant.

12 **La rupture du contrat de travail pendant la période d'essai est libre. Cependant :**

- ❍ **a.** elle nécessite l'existence d'un juste motif.
- ❍ **b.** elle se fait sans avoir à justifier de motif lors de la rupture.
- ❍ **c.** elle se fait sans juste motif.

13 **Myriam s'interroge sur la validité de la clause de dédit-formation présente dans son contrat de travail. Cette clause est valable si :**

- ❍ **a.** elle prévoit une formation allant au-delà de l'obligation légale de formation de l'employeur.
- ❍ **b.** elle prévoit une formation pertinente pour le salarié.
- ❍ **c.** elle tient compte des frais de formation engagés par l'employeur.

14 **Antoine a une clause de mobilité licite dans son contrat de travail. Il se pose la question des risques qu'il encourt s'il refuse une mutation.**

- ❍ **a.** Il sera sanctionné par un licenciement pour faute grave.
- ❍ **b.** Il sera sanctionné par le versement de dommages et intérêts par le salarié.
- ❍ **c.** Il pourra être sanctionné par un licenciement pour faute simple.

15 **L'accord de performance collective est un accord qui peut prévoir la mobilité des salariés de l'entreprise selon les modalités suivantes :**

- ❍ **a.** une mobilité interne ou externe dans les entreprises de plus de 300 salariés.
- ❍ **b.** uniquement une mobilité interne et professionnelle.
- ❍ **c.** uniquement une mobilité interne et géographique.

—• CAS PRATIQUE GUIDÉ •—

RÉGIME JURIDIQUE DE LA PÉRIODE D'ESSAI AU SEIN DE LA SOCIÉTÉ SSRH

Martial vient de finir ses études d'ingénieur informaticien et a été embauché dans une société de services informatiques spécialisée dans la gestion des ressources humaines, la SSRH. Il a signé son CDI le 4 août. Martial est satisfait de son nouvel emploi. Cependant, le 6 février, il est convoqué par le responsable des ressources humaines qui lui indique qu'il met fin à son contrat.

Martial demande alors à toucher des indemnités, ce que le DRH refuse, arguant qu'il s'agit d'une rupture du contrat pendant la période d'essai qui a été renouvelée. Le contrat de travail de Martial contient en effet une clause prévoyant une période d'essai de 4 mois renouvelable. Par ailleurs, il n'a donné à Martial aucune raison motivant cette rupture.

1. **Vérifiez la validité de la rupture du contrat de travail de Martial.**
2. **Analysez les motifs permettant éventuellement une condamnation de l'employeur à verser des indemnités à Martial.**

CORRIGÉ

☑ COMPÉTENCES ATTENDUES : **Qualifier les clauses spécifiques d'un contrat de travail. En apprécier la validité.**

Méthode

Lisez attentivement le sujet pour repérer les principaux éléments suivants :
- Le type de contrat : selon la forme du contrat de travail (CDI, CDD ou autre), les règles applicables ne sont pas les mêmes, notamment en cas de rupture. Ici, il s'agit d'un CDI, donc la rupture devra respecter les règles propres à ce type de contrat. Ainsi, le mode de calcul de la durée de la période d'essai n'est pas le même que celui applicable dans un CDD.
- Les dates : elles sont très importantes surtout lorsqu'il est question de délai (période d'essai...). En l'espèce, la contestation porte sur le fait que le salarié est toujours dans la période d'essai et que la rupture du contrat de travail a lieu pendant cette période. Il est donc très important de pouvoir dater le commencement d'exécution de ce contrat.
- Les autres éléments présents dans le contrat de travail (clauses...) et les diverses mentions (usage, convention collective, etc.). En l'espèce, le sujet porte sur la clause de période d'essai.
- La validité des clauses identifiées dans le contrat en cause : cette consigne doit être respectée pour toute clause présente dans le contrat de travail. En effet, rien ne sert de se prononcer sur l'application d'une clause si elle n'est pas valable.
En l'espèce, cette question est indirectement traitée dans la première question sur la validité de la rupture du contrat de travail de Martial.

1. Vérification de la validité de la rupture du contrat de travail de Martial.

PRINCIPES JURIDIQUES

Le contrat de travail peut être rompu de façon unilatérale et sans motif pendant la période d'essai. Celle-ci doit obligatoirement être prévue par le contrat de travail.

Sa durée varie selon la forme du contrat, CDI ou CDD. Dans un CDI, elle est fixée par le contrat lui-même tout en respectant un maximum imposé par la loi. Pour les cadres, la durée de la période d'essai est de 4 mois maximum, renouvelable une fois pour un maximum de 8 mois. Le renouvellement doit être prévu dans le contrat de travail et l'accord collectif, et il nécessite l'accord exprès du salarié.

En cas de rupture du contrat pendant la période d'essai, il faut respecter un délai de prévenance qui dépend de l'ancienneté du salarié et de l'auteur de la rupture.

> **!** Deux vérifications doivent être faites lorsque l'on étudie la validité d'une clause de période d'essai :
> – sa durée ;
> – sa présence dans le contrat de travail.

APPLICATION AU CAS

En l'espèce, la durée de cette période d'essai est de 4 mois ce qui est valable puisque Martial a été embauché en tant que cadre.

Cette période d'essai est prévue dans le contrat de travail, ainsi que son renouvellement. On pose l'hypothèse que le renouvellement est également prévu dans l'accord collectif.

> **!** Lorsque le sujet n'est pas assez précis, il est possible de poser une ou plusieurs hypothèses. Sous réserve d'être suffisamment clair et précis, vous pouvez choisir de présenter une solution unique liée à une seule hypothèse.

Deux hypothèses peuvent être formulées :

- Martial a donné son accord exprès au renouvellement de sa période d'essai le 4 décembre. La rupture faite à l'initiative de l'employeur le 6 février a donc lieu pendant la période d'essai et est valable. Il faut néanmoins tenir compte du délai de prévenance. Du fait de l'ancienneté de Martial dans l'entreprise (plus de 3 mois) et de la rupture à l'initiative de l'employeur, le délai de prévenance est de 1 mois. Si Martial est prévenu le 6 février, la rupture définitive du contrat n'aura lieu que le 6 mars. On est toujours dans le délai de la période d'essai.
- Martial n'a pas donné son accord exprès. La rupture a alors lieu en dehors de la période d'essai. Il convient donc de respecter les règles du licenciement, ce qui n'est pas fait ici.

> **!** Vous ne devez jamais oublier de conclure, c'est-à-dire de vous prononcer clairement sur la question qui vous est posée. Cette remarque de méthodologie est particulièrement importante lorsque la question porte sur la validité d'une clause.

2. Analyse des motifs permettant éventuellement une condamnation de l'employeur à verser des indemnités à Martial.

PRINCIPES JURIDIQUES

Le contrat de travail peut être rompu pendant la période d'essai sans motif ni indemnité.

Cependant, en cas de non-respect du délai de prévenance, l'employeur devra verser une indemnité égale au montant des salaires et des avantages que le salarié aurait perçus s'il avait travaillé jusqu'au terme du délai de prévenance dû.

> **!** Il s'agit ici de retenir l'hypothèse dans laquelle le contrat a été rompu pendant la période d'essai. Deux conditions sont alors à vérifier car pouvant donner lieu au versement d'indemnité en cas de non-respect : le délai de prévenance et le juste motif.

En cas de rupture de la période d'essai pour un motif abusif, c'est-à-dire non lié aux compétences du salarié, l'employeur doit également verser des dommages et intérêts pour préjudice subi.

APPLICATION AU CAS

En l'espèce, Martial peut obtenir une indemnité du fait de la rupture de son contrat de travail hors période d'essai, s'il n'a pas donné son accord exprès au renouvellement de cette période (réponse traitée en partie déjà dans la question 1).
Dans le cas contraire, il pourra obtenir une indemnité si l'employeur décide de mettre fin à son contrat avant le 6 mars et qu'il ne respecte donc pas le délai de prévenance. De plus, on peut poser l'hypothèse que la rupture du contrat est décidée par l'employeur pour un motif abusif (motif économique, discrimination, remplacement d'un salarié). Alors, Martial pourra exercer un recours en responsabilité et obtenir le versement de dommages et intérêts.

AUTOÉVALUATION

La grille d'autoévaluation ci-dessous vous permet d'évaluer votre niveau et de vérifier si vos réponses correspondent aux attendus de l'examen.

Questions	Niveau 1	Niveau 2	Niveau 3	Niveau 4
	Un premier élément de réponse, mais très incomplet, des erreurs, des contresens	*Des éléments de réponse isolés, des approximations et/ou de la paraphrase*	*Question comprise : des éléments de réponse pertinents mais incomplets au niveau des savoirs et/ou de l'application*	*Compétence attendue mobilisée avec mobilisation complète des savoirs associés à la compétence. Application pertinente.*
1. Vérifiez la validité de la rupture du contrat de travail de Martial. *(voir Section I.B. 1)*	❑ Vous ne donnez pas la définition de la période d'essai. ❑ Vous ne donnez pas les règles en matière de renouvellement ni de délai de prévenance ou avec des erreurs.	❑ Vous donnez la définition ou les objectifs de la période d'essai mais vous ne citez pas les conditions de son renouvellement ou du délai de prévenance. OU ❑ Vous faites une application mais les principes précités sont incomplets.	❑ Vous donnez la définition et les objectifs de la période d'essai. ❑ Vous citez les règles concernant le renouvellement et le délai de prévenance. ❑ L'application est incomplète ou avec des erreurs.	❑ Vous avez donné une définition complète de la période d'essai et des règles du renouvellement et du délai de prévenance. ❑ L'application est complète et prévoit les deux hypothèses.
2. Analysez les motifs permettant éventuellement une condamnation de l'employeur à verser des indemnités à Martial. *(voir Section I.B. 1)*	❑ Vous évoquez des motifs sans lien avec la notion de période d'essai. ❑ Vous concluez à l'absence de versement de dommages et intérêts sans le justifier.	❑ Vous citez les effets du non-respect du délai de prévenance mais vous oubliez ceux liés au juste motif ou inversement. ❑ L'application au cas n'est pas faite ou est incomplète.	❑ Vous citez les effets du non-respect du délai de prévenance et du juste motif. ❑ L'application est incomplète ou erronée. Vous n'allez pas au bout du raisonnement juridique (recours possibles pour le salarié).	❑ Vous présentez de façon complète les effets du non-respect du délai de prévenance et du juste motif. ❑ Vous en faites une application concrète et complète.

EXERCICES

1 Période d'essai et exclusivité dans le contrat de travail de M. Olivet

15 min

COMPÉTENCES ATTENDUES : Rédiger une clause du contrat de travail. En apprécier l'intérêt.

M. Olivet vient d'être recruté par la SARL Vicraft fabricant de jouets et accessoires pour chats et chiens sur un poste de technico-commercial avec un niveau de qualification d'agent de maîtrise. Ses missions sont de développer la clientèle en prospectant sur de nouveaux secteurs mais également de fidéliser les clients existants. Les zones à couvrir sont les régions Rhône-Alpes, Île-de-France et Grand Est. Il est donc prévu des déplacements réguliers nécessitant de découcher et d'avoir une grande disponibilité. Lors de l'entretien, le responsable des ressources humaines lui a précisé que son contrat de travail contiendrait une clause d'exclusivité. M. Olivet a accepté mais se demande, après réflexion, à quoi une telle clause peut l'engager. Par ailleurs, il a également été question d'une période d'essai de 2 mois renouvelable une fois. M. Olivet se demande à quelle date il pourra être assuré que son emploi est définitif.

1. **Présentez à M. Olivet un modèle de clause d'exclusivité en indiquant ses conditions de validité.**
2. **Indiquez-lui les obligations liées à cette clause.**
3. **Vérifiez la validité de la période d'essai prévue dans son contrat de travail.**

2 Clause de mobilité et clause d'objectifs dans le contrat de Pascal Lavigne

25 min

COMPÉTENCES ATTENDUES : Qualifier les clauses spécifiques d'un contrat et en apprécier la validité. Rédiger une clause du contrat de travail et en apprécier l'intérêt.

Pascal Lavigne vient d'être recruté par la société Maje SA. Son contrat de travail contient les clauses suivantes :

Clause 1. « M. Pascal Lavigne exercera ses fonctions à Nantes au siège social de la société MAJE SA. Toutefois, pour des besoins justifiés notamment par l'évolution de ses activités, l'employeur se réserve le droit de le muter définitivement à Bourges ou à Marseille ou dans l'un quelconque de ses futurs établissements. En cas de mise en œuvre de cette clause, M. Pascal Lavigne sera informé au moins 5 jours avant son affectation définitive dans son nouveau lieu de travail ».

Clause 2. « M. Pascal Lavigne s'engage à réaliser pour l'année N un objectif mensuel de 15 000 euros de chiffre d'affaires HT. M. Pascal Lavigne reconnaît que, sauf circonstances exceptionnelles, l'objectif ainsi défini est réalisable et ce, compte tenu tant de la conjoncture actuelle du marché sur lequel évolue la société MAJE SA que des moyens mis à sa disposition ».

Le 1er février N, Pascal reçoit un courrier lui précisant qu'il est affecté, à compter du 15 février, à Lille, au sein du nouvel établissement qui a ouvert en janvier N.

Le 15 janvier N + 2, il apprend qu'il n'a pas réalisé les objectifs qui lui avaient été fixés et qu'en conséquence, son employeur a décidé de rompre son contrat de travail.

Vérifiez la validité des décisions prises par l'employeur de Pascal Lavigne.

3 Recours au CDI et clause de dédit-formation dans la clinique privée Clairval

35 min

☑ COMPÉTENCES ATTENDUES : **Qualifier les clauses spécifiques d'un contrat et en apprécier la validité. Rédiger une clause du contrat de travail et en apprécier l'intérêt. Justifier le choix d'un contrat de travail dans un contexte donné.**

La clinique privée Clairval est spécialisée dans le traitement des cancers. Face à l'augmentation du nombre de patients, elle a procédé à des recrutements, dont celui de Jeanne Victaris, embauchée comme infirmière le 1er janvier N.

Le 1er avril N, Jeanne s'inquiète car elle n'a toujours pas signé de contrat de travail. Elle a reçu régulièrement des bulletins de salaire et se demande si cela serait suffisant en cas de litige avec son employeur.

Finalement, le 19 septembre N, elle signe un contrat de travail contenant la clause suivante :

« *Article 3. Calcul du dédit éventuel :*

La clinique privée Clairval prendra directement en charge le montant de la formation. Ceci constitue une participation allant au-delà de ses obligations légales et conventionnelles. Mme Victaris s'engage à travailler pour la clinique privée Clairval pendant une durée au moins égale à 24 mois à l'issue de la formation.

En cas de non-respect de cet engagement, Mme Victaris remboursera à l'établissement la totalité de la somme engagée, soit un montant de 49 885 euros.

Article 4. Modalités d'application du dédit.

La clause de dédit-formation ne pourra s'appliquer que dans l'hypothèse où Mme Victaris aura démissionné avant la fin de l'engagement. »

Jeanne Victaris décide de donner sa démission le 24 novembre N + 1 pour se faire embaucher, grâce à sa nouvelle formation, dans un hôpital privé d'une grande ville où elle sera mieux payée.

1. **Indiquez à Jeanne si elle a raison de s'inquiéter.**
2. **Qualifiez puis vérifiez la validité de cette clause.**
3. **Analysez la situation afin d'identifier les obligations éventuelles de Jeanne à l'égard de son ancien employeur.**

CAS DE SYNTHÈSE

APPLICATION D'UNE CLAUSE DE MOBILITÉ AU SEIN DE LA SARL CANOPHY

40 min

☑ COMPÉTENCES ATTENDUES : **Qualifier les clauses spécifiques d'un contrat et en apprécier la validité. Rédiger une clause du contrat de travail et en apprécier l'intérêt.**

Mise en situation

La SARL Canophy est une entreprise pharmaceutique spécialisée dans la fabrication de produits à usage unique pour les blocs opératoires des hôpitaux et cliniques publics ou privés.

Créée en 1998, elle s'est installée à Saint-Ouen (93), lieu de son siège social. Elle a ensuite ouvert des sites de production à Marseille, à Lyon et à Strasbourg.

Margot Desrenne a été embauchée en 2017 comme ingénieur systèmes et réseaux.

Elle gère le système informatique de la SARL avec une équipe de trois personnes au siège social. Cependant, le 20 septembre, le responsable des ressources humaines, Dimitri Verkof, lui a annoncé sa mutation pour l'établissement de Lyon à compter du 1er octobre. En effet, la direction souhaite faire évoluer le système d'information de cet établissement et seule Margot dispose des compétences et de l'expérience nécessaires. Margot compte refuser cette proposition, mais Dimitri lui a déjà répondu qu'elle n'avait pas le choix en application d'une clause prévue dans son contrat. Elle décide de vous contacter pour avoir votre avis.

Analysez la clause prévue dans le contrat de travail de Margot afin de la conseiller au mieux.

Vous disposez ci-dessous d'une base documentaire pour étayer vos analyses.

BASE DOCUMENTAIRE

Document 1 – Extrait du contrat de travail de Margot Desrenne

Article 5 : Clause de mobilité

« La salariée, Margot Desrenne, exercera ses fonctions au siège social de la SARL Canophy situé à Saint-Ouen (93). Toutefois, elle pourra être amenée à être affectée dans l'un des autres établissements de la SARL dans la limite géographique du territoire français en cas de besoin ».

Document 2 – Arrêt de la Cour de cassation n° 13-11906 du 9 juillet 2014

Vu l'article L. 1232-1 du Code du travail, ensemble l'article 1134 du Code civil ;

Attendu, selon les arrêts attaqués, que M. X… et trois autres salariés ont été engagés par la société Euro Cargo Rail en qualité de coordinateurs des opérations France ; que leur contrat de travail prévoyait une clause de mobilité ainsi libellée : « Compte tenu de la nature de ses fonctions, M. X… prend l'engagement d'accepter tout changement de lieu de travail nécessité par l'intérêt ou le fonctionnement de l'entreprise dans la limite géographique du territoire français sans que ce changement constitue une modification du contrat de travail » ; qu'exerçant leur activité à Frouard en Meurthe-et-Moselle, ils ont été licenciés pour avoir refusé leur mutation à Paris ; qu'ils ont saisi la juridiction prud'homale ;

Attendu que pour dire le licenciement dépourvu de cause réelle et sérieuse, les arrêts retiennent que la seule mention du « territoire français » ne peut suffire à rendre précise la clause de mobilité puisque n'excluant pas les « DOM-TOM », que cette clause ne comporte aucune précision sur sa zone géographique d'application et ne permet pas au salarié, au moment de la signature du contrat, de savoir si elle concerne les établissements existants ou également ceux à venir ;

Qu'en statuant ainsi, alors que la clause de mobilité définissait de façon précise sa zone géographique d'application et ne conférait pas à l'employeur le pouvoir d'en étendre unilatéralement la portée, la cour d'appel a violé les textes susvisés ;

PAR CES MOTIFS : CASSE ET ANNULE, mais seulement en ce qu'ils disent les licenciements dépourvus de cause réelle et sérieuse et condamnent la société Euro Cargo Rail au paiement de diverses sommes à ce titre, les arrêts rendus le 12 décembre 2012, entre les parties, par la cour d'appel de Nancy.

CHAPITRE 7

La diversité des contrats de travail

À l'issue de ce chapitre,

• vous serez capable :

❒ de justifier le choix d'un contrat de travail dans un contexte donné ;

❒ de vérifier la légalité du motif de recours au CDD ou au CTT ;

❒ de comparer le régime juridique du CDD et du CTT ;

❒ d'identifier les spécificités du portage salarial, du contrat d'apprentissage et du contrat de professionnalisation ;

❒ d'apprécier l'intérêt du recours au temps partiel par l'employeur.

• vous saurez identifier :

❒ les contrats atypiques : CDD, CTT, portage salarial, contrat d'apprentissage, contrat de professionnalisation ;

❒ le contrat à temps partiel.

Mise en situation

Yacin vient d'être recruté en tant que responsable des ressources humaines par la SARL Manèges Villy qui gère plusieurs parcs d'attractions en France. Sa première mission consiste à procéder à différents recrutements selon les besoins des directeurs des parcs. Yacin a bien en tête la différence entre un CDI et un CDD, mais il se demande s'il ne pourrait pas faire appel au CTT dans certains cas. De plus, peut-être serait-il parfois plus efficace de recruter deux salariés à temps partiel qu'un seul à temps plein ? Pour finir, il a entendu parler du portage salarial et du CDI de mission, mais ce sont de nouveaux concepts qu'il n'a pas étudiés dans le cadre de sa formation.
Se rappelant que vous aviez de bonnes connaissances en droit social, il vous soumet ses différentes questions.

I. Le contrat de travail à durée déterminée (CDD)

A Les modalités de recours au CDD

1. Les cas de recours prévus par la loi

Le **contrat à durée déterminée** ne peut être utilisé que pour les cas de recours prévus limitativement par le Code du travail à l'article L. 1242-2.

a. Le remplacement

Le CDD permet de :

- remplacer un salarié temporairement absent (maladie, maternité, congés payés, etc.) ;
- attendre l'entrée en fonction d'un salarié recruté en contrat à durée indéterminée ;
- remplacer un salarié en CDI dont le poste est supprimé en attendant cette suppression définitive ;
- remplacer un salarié à temps plein qui demande à travailler à temps partiel de façon provisoire ;

- remplacer un chef d'entreprise, une personne exerçant une profession libérale, un conjoint participant à titre professionnel et habituel à l'exercice de l'activité, ou un associé non salarié d'une société civile professionnelle (SCP) ou d'une société d'exercice libéral (SEL).

Le remplacement peut concerner n'importe quel salarié de l'entreprise ainsi que n'importe quel cas de suspension du contrat de travail [voir Chapitre 8]. Pour chaque salarié remplacé, il faut recourir à un CDD et à un seul. L'employeur ne peut conclure un seul CDD pour remplacer plusieurs salariés différents, même absents successivement.

> **!** La loi n° 2018-774 du 05/09/2018 pour la liberté de choisir son avenir professionnel a prévu d'expérimenter, dans 11 secteurs d'activité, la possibilité d'avoir recours à un seul CDD pour remplacer plusieurs salariés.

Définition : Le remplacement en cascade consiste à affecter le salarié recruté en CDD à un poste différent de celui du salarié absent. Ce dernier est alors remplacé par un autre salarié de l'entreprise qui aura pour avantage de connaître le poste et ses spécificités.

b. Les variations de l'activité de l'entreprise

Relèvent de la variation de l'activité de l'entreprise les motifs suivants :

- l'accroissement temporaire de l'activité de l'entreprise ;
- la survenance d'une commande exceptionnelle à l'exportation ;
- l'emploi à caractère saisonnier ;
- les emplois fixés par décret pour lesquels il est d'usage de ne pas recourir au CDI ;
- la tâche occasionnelle ne relevant pas de l'activité normale de l'entreprise (informatisation, audit, etc.) ou travaux urgents nécessaires pour prévenir des accidents ;
- le recrutement d'un ingénieur ou d'un cadre en vue de la réalisation d'un objectif défini lorsqu'un accord de branche ou d'entreprise le prévoit.

c. L'aide à l'accès à l'emploi

Le CDD est utilisé dans le cadre de la politique de l'emploi afin de faciliter l'accès au marché du travail pour les personnes en difficulté. Il permet également de fournir un complément de formation professionnelle à un salarié.
Un CDD conclu régulièrement pour remplacer des salariés absents est requalifié en CDI par le juge dès lors que ce recours régulier démontre un besoin permanent de main-d'œuvre supplémentaire.

> **!** En plus du respect strict des cas de recours énumérés par la loi, le CDD ne peut être conclu que pour l'exécution d'une tâche précise et temporaire.

2. Les cas de recours interdits par la loi

Il est interdit d'avoir recours à un CDD dans les cas suivants :

- De manière durable pour un emploi lié à l'activité normale et permanente de l'entreprise. Pour limiter ce risque, le CDD ne peut être renouvelé que deux fois et pour une durée maximale de 18 mois, renouvellement inclus, sauf accord ou convention de branche étendu contraire.
- Pour remplacer un salarié gréviste.
- Pour effectuer des travaux particulièrement dangereux.
- Pour répondre à un accroissement temporaire d'activité sur un poste de travail supprimé depuis moins de 6 mois à la suite d'un licenciement pour motif économique.

> **!** On peut conclure un CDD pour accroissement temporaire d'activité à la suite d'un licenciement pour motif économique lorsque la durée du contrat n'est pas supérieure à 3 mois et non susceptible de renouvellement, ou lorsque le contrat est lié à la survenance d'une commande exceptionnelle à l'exportation.

Les CDD conclus dans des cas non autorisés par la loi sont réputés à durée indéterminée (requalification à la demande du salarié, indemnité au moins égale à 1 mois de salaire).

3. La durée du CDD

a. Le terme précis ou imprécis

En principe, le CDD a un terme précis : il est conclu pour une durée fixée à l'avance. Les CDD conclus pour remplacement, attente d'un salarié en CDI ou emploi saisonnier ou d'usage ou de recrutement d'un ingénieur ou d'un cadre pour une mission peuvent avoir un terme imprécis. La fin du CDD dépend alors d'un événement certain et indépendant de la volonté des parties (ex. : fin du congé maladie du salarié remplacé).

Le CDD à terme imprécis prévoit une durée minimale librement fixée. Cette période permet au salarié d'être assuré d'un temps minimal de travail et d'une rémunération correspondante. Les salaires correspondant à cette période sont dus même en cas de fin anticipée du contrat de travail.

b. Le renouvellement

Depuis l'ordonnance n° 2017-1387 du 22 septembre 2017, la durée totale du CDD et le nombre de renouvellements sont fixés par une convention ou un accord de branche étendu. À défaut, la règle prévue par la loi, depuis la loi Rebsamen du 17 août 2015, est de deux renouvellements au maximum sur un même poste et dans la limite de 18 mois. Le motif de recours doit exister à la date du renouvellement. Cette limite ne s'applique pas en cas de CDD à terme précis conclu pour remplacer un salarié absent qui peut être prolongé tant que le salarié n'est pas revenu. Les CDD conclus dans le cadre des politiques de l'emploi sont soumis à des durées spécifiques.

Lorsque le contrat est exécuté à l'étranger ou qu'il est utilisé dans le cadre d'une commande exceptionnelle à l'exportation ou d'un départ définitif précédant une suppression de poste, il peut durer 24 mois maximum.

En cas de travaux urgents ou d'attente d'un salarié recruté en CDI, la durée maximale du CDD, renouvellement inclus, est de 9 mois.

Le CDD à objet défini (ou CDD des cadres) est conclu pour une durée minimale de 18 mois et une durée maximale de 36 mois. Il ne peut être renouvelé.

Un **délai de carence** doit être respecté entre deux CDD (exceptions : rupture anticipée ou refus de renouvellement de contrat par le salarié, remplacement d'un salarié absent ou pour travaux urgents, CDD d'usage ou conclu dans le cadre des politiques de l'emploi).

Définition : Le délai de carence est la période pendant laquelle l'employeur ne peut avoir recours à un CDD pour pourvoir le poste du salarié dont le contrat vient de prendre fin.

Ce délai est d'une durée égale à un tiers de la durée du CDD fini, renouvellement inclus, lorsque cette durée est supérieure ou égale à 14 jours.

> **Exemple :** Un CDD débute le 23 novembre N et est prolongé à compter du 4 janvier N + 1, et ce jusqu'au vendredi 8 janvier. Le salarié est employé du lundi au vendredi, mais les ateliers fonctionnent du lundi au samedi, sauf les jours fériés. Le CDD ayant une durée de 47 jours calendaires, le délai de carence sera donc de : 47/3, soit une durée égale à 16 jours, du lundi au samedi, soit jusqu'au 27 janvier N + 1. L'employeur pourra donc recruter à nouveau en CDD à compter du jeudi 28 janvier.

Dans les autres cas, le délai de carence équivaut à la moitié de la durée du CDD achevé, renouvellement inclus.

Comme pour la durée du CDD, les modalités de calcul du délai de carence peuvent être fixées par une convention ou un accord de branche étendu. À défaut, on applique les règles légales précitées. L'ordonnance du 22 septembre 2017 a introduit une certaine souplesse concernant le recours au CDD par l'intermédiaire des conventions ou accords de branche. Cependant, ces particularités ne doivent jamais porter atteinte au principe selon lequel « un CDD ne peut avoir ni pour objet ni pour effet de pourvoir durablement un emploi lié à l'activité normale et permanente de l'entreprise » (art. L. 1242-1 du Code du travail).

> **!** Le délai de carence se calcule en jours ouvrés alors que la durée du CDD est en jours calendaires.

4. Les cas spécifiques de recours au CDD

Il existe des CDD particuliers présentant des durées et des conditions spécifiques :

- Les **CDD dits « d'usage »**. Ils répondent à la nature temporaire des emplois dans des secteurs définis par le Code du travail, les conventions ou accords collectifs étendus.
- Le **« CDD seniors »**. Il peut être utilisé pour toute personne de plus de 57 ans au chômage depuis plus de 3 mois ou bénéficiant d'un contrat de sécurisation professionnelle après un licenciement économique.
- Le « **CDD des cadres » ou CDD à objet défini** permet d'embaucher un ingénieur ou un cadre pour la réalisation d'un objet défini.

B La forme du CDD

Le CDD est obligatoirement un contrat écrit signé par les deux parties, employeur et salarié. À défaut, il est présumé à durée indéterminée de manière irréfragable (sans possibilité d'apporter la preuve contraire).
Pour être valable, le CDD doit contenir un certain nombre de mentions obligatoires :

- identité des parties ;
- motif du recours au CDD ;
- nom et qualification de la personne en cas de CDD de remplacement ;
- désignation de l'emploi occupé ;
- date du terme ou durée minimale du contrat ;
- clause de renouvellement si renouvellement envisagé ;
- montant de la rémunération et des primes éventuelles ;
- convention collective applicable ;
- durée de la période d'essai éventuellement prévue (période d'essai jamais obligatoire) ;
- nom et adresse de la caisse de retraite complémentaire.

Le contrat doit être remis au salarié dans les 2 jours suivant son embauche.
Le non-respect des conditions précitées est sanctionné par la requalification du contrat en CDI. Seul le salarié peut faire cette demande. Le juge considère cependant que l'omission de certaines mentions obligatoires n'entraîne pas requalification (ex. : convention collective).

C L'exécution du CDD

1. L'arrivée du terme

Le salarié et l'employeur sont tenus d'exécuter le contrat jusqu'à l'arrivée du terme.
Le contrat prend fin de plein droit par l'arrivée du terme, à la fin de la période minimale prévue quand le terme n'a pas été précisé ou lors de la réalisation de l'objet si elle intervient après la fin de la durée minimale. Les parties ne peuvent pas insérer une clause de rupture anticipée.

2. La rupture avant terme ou rupture anticipée

Une **rupture anticipée** peut intervenir en cas :

- d'accord entre les parties par écrit ;
- de faute grave rendant impossible le maintien du contrat (procédure disciplinaire) ;
- de force majeure rendant impossible l'exécution du contrat de façon définitive (selon la jurisprudence, ne constituent pas des cas de force majeure l'insuffisance professionnelle, la maladie ou la grossesse) ;
- d'embauche en CDI, sous réserve d'un préavis d'un jour par semaine de travail ;
- de rupture anticipée à l'initiative de l'employeur en cas d'inaptitude constatée par la médecine du travail.

L'employeur doit respecter des obligations spécifiques en cas d'inaptitude professionnelle (obligation de reclassement, délai de 1 mois suivant la déclaration d'inaptitude pour rompre le contrat, indemnité de rupture égale au double de l'indemnité légale de licenciement).
En cas de rupture anticipée non justifiée, le salarié a droit à des dommages et intérêts d'un montant au moins égal aux rémunérations qu'il aurait perçues jusqu'au terme du contrat. Il percevra également son indemnité de fin de contrat et, le cas échéant, une indemnité compensatrice de congés payés. Si la rupture anticipée non justifiée est à l'initiative du salarié, l'employeur a droit à la réparation du préjudice subi.

3. L'indemnité de fin de contrat ou indemnité de précarité

En fin de contrat, le salarié perçoit une indemnité correspondant à 10 % des sommes brutes versées pendant toute la durée du contrat afin de compenser la précarité de l'emploi.
Elle est due lorsque l'arrivée du terme met fin à toute relation d'emploi ou en cas de conclusion d'un autre CDD, sauf emploi saisonnier, CDD d'usage, emploi de jeunes pendant les vacances scolaires, faute grave, force majeure, rupture anticipée du salarié, refus d'un CDI pour rémunération équivalente ou conclusion d'un CDI. La convention collective peut prévoir d'augmenter ou d'abaisser cette indemnité (minimum légal impératif de 6 %). L'employeur doit alors compenser cet abaissement par une offre de formation.

4. L'égalité de traitement

Les salariés en CDD doivent bénéficier d'une égalité de traitement avec les salariés en CDI placés dans une situation identique. Cette égalité concerne les congés payés, la rémunération, les conditions d'hygiène et de sécurité, le fait d'être électeur et éligible. Seuls les avantages dont bénéficient les salariés en raison de leur ancienneté peuvent être différents.

5. La période d'essai

Pour être valable, la **période d'essai** doit être expressément prévue par le contrat de travail.
Sa durée est encadrée par la loi : 1 jour par semaine de travail dans la limite de 2 semaines si le CDD a une durée égale ou inférieure à 6 mois ; dans la limite de 1 mois si sa durée est supérieure à 6 mois. En cas de CDD à terme imprécis, la période d'essai est calculée selon la durée minimale du contrat. En cas de rupture pendant la période d'essai, le délai de prévenance est le même que pour un CDI.

> **!** La rupture du contrat pendant une période d'essai supérieure aux limites légales est considérée comme une rupture anticipée du CDD non justifiée. Il n'y a pas requalification du CDD en CDI.

II. Les contrats de travail spécifiques

A Le contrat de travail temporaire (CTT ou intérim)

1. La spécificité du CTT

La loi interdit la fourniture de main-d'œuvre à but lucratif en la sanctionnant pour délit de prêt illicite de main-d'œuvre ou délit de marchandage de main-d'œuvre à 2 ans de prison et 30 000 euros d'amende (art. L. 8234-1 et L. 8243-1 du Code du travail) [voir Chapitre 4].
L'entreprise de travail temporaire (ETT) est une exception puisqu'elle a pour activité de fournir, contre rémunération, des salariés. Ce contrat spécifique est régi par la loi du 3 janvier 1972 modifiée plusieurs fois, afin d'encadrer les cas de recours au travail temporaire et de le rapprocher du régime du CDD.

Figure 7.1 **Le travail temporaire : une relation triangulaire**

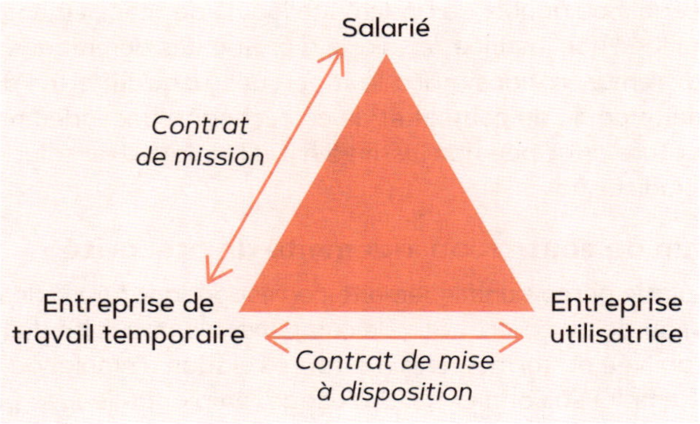

2. Les règles encadrant l'activité des ETT

a. La règle d'exclusivité

La loi pose le principe d'exclusivité concernant l'activité de toute ETT qui ne peut avoir, même de façon accessoire, une activité commerciale ou industrielle. En contrepartie, les ETT disposent d'un monopole et sont les seules à pouvoir tirer profit de la mise à disposition de salariés.

b. Le contrôle de l'activité

L'activité d'une ETT est soumise au dépôt d'une déclaration préalable (inspection du travail) et au relevé mensuel des contrats de mission (DSN).

c. La garantie financière

Toute ETT est tenue à tout moment de justifier d'une garantie financière, variable selon le chiffre d'affaires (CA) (au moins 8 % du CA et respectant un montant minimum fixé par décret). Elle permet d'assurer, en cas de défaillance de sa part, le paiement des salaires, indemnités et charges sociales.

3. Les rapports entre les différents partenaires d'un CTT

a. Les rapports entre ETT et entreprise utilisatrice

> **!** Le CTT n'est pas possible pour les ingénieurs et cadres concernés uniquement par le CDD à objet défini. Le remplacement temporaire d'un médecin du travail absent est interdit en CTT.

L'entreprise utilisatrice doit respecter les cas de recours au CTT autorisés et interdits qui sont les mêmes que pour un CDD. En cas de non-respect, le salarié peut invoquer l'existence d'un CDI conclu avec elle.
Le contrat signé entre l'ETT et l'entreprise utilisatrice est un **contrat de mise à disposition** du salarié recruté par l'ETT auprès de l'entreprise utilisatrice.
Il doit être formalisé (écrit) et remis au plus tard au salarié dans les 2 jours qui suivent le début de sa mission. Il doit comporter des mentions obligatoires (motif du recours au CTT, terme de la mission, caractéristiques particulières du poste à pourvoir, nature des équipements de protection individuelle, montant de la rémunération que percevrait dans l'entreprise utilisatrice un salarié au même poste).
En cas de faute du salarié au cours de sa mission, se pose la question de la responsabilité de l'ETT :

- Soit le contrat ne contient pas de clause et alors la responsabilité de l'ETT peut être engagée en cas de mise à disposition d'un salarié non apte au poste concerné. L'ETT a alors une **obligation de moyens** lors du recrutement du salarié mis ensuite à disposition de l'entreprise utilisatrice.
- Soit le contrat contient **une clause** et elle précise alors la portée de la responsabilité de l'ETT.

b. Les rapports entre ETT et travailleur temporaire

Le **contrat de mission** obéit aux mêmes règles qu'un CDD. Il doit contenir des mentions supplémentaires : la qualification professionnelle du salarié intérimaire, les modalités de rémunération, la non-interdiction d'embauche à l'issue du contrat par l'entreprise utilisatrice.
La période d'essai est fixée par convention ou accord professionnel de branche étendue. À défaut, elle est de 2 jours si la durée du CTT est inférieure ou égale à 1 mois ; de 3 jours si elle est de 1 à 2 mois inclus ; et de 5 jours si la durée est strictement supérieure à 2 mois. Le calcul se fait en jours ouvrés.
En cas de rupture du contrat de mission avant terme :

- À l'initiative de l'ETT, celle-ci doit proposer un nouveau contrat dans les 3 jours ; sauf en cas de force majeure ou de faute grave du salarié. À défaut, elle devra verser le salaire jusqu'à la fin du contrat initialement prévue et l'indemnité de fin de contrat. La rupture du contrat de mise à disposition n'est pas considérée comme un cas de force majeure.
- À l'initiative du salarié, il devra verser des dommages et intérêts à l'employeur, sauf s'il justifie d'une embauche en CDI.

> **!** Si le terme du contrat est précis, il peut être avancé ou reporté dans la limite d'un jour pour cinq jours travaillés sans que cet aménagement ait pour effet de réduire la durée de la mission de plus de dix jours.

En termes de rémunération, l'employeur doit respecter les règles suivantes :

- Un salaire au moins égal à celui perçu dans l'entreprise utilisatrice pour une qualification équivalente à un même poste de travail.
- Le paiement des jours fériés dont bénéficient les salariés de l'entreprise utilisatrice, indépendamment de l'ancienneté du salarié intérimaire.
- Une indemnité de congés payés versée en fin de mission. Elle est due quelle que soit la durée de la mission. Son montant ne peut être inférieur au dixième de la rémunération totale brute due au salarié pendant sa mission.
- Une indemnité de précarité de situation (ou indemnité de fin de mission) quand il ne bénéficie pas, à l'issue d'une mission, immédiatement, d'un CDI avec l'utilisateur. Cette indemnité ne peut être inférieure à 10 % de la rémunération totale brute due au salarié pendant sa mission. Elle n'est pas due en cas de rupture par le salarié, en cas de faute grave, de force majeure ou de CTT d'usage.

c. Les rapports entre entreprise utilisatrice et travailleur temporaire

L'entreprise utilisatrice exerce son pouvoir de direction à l'égard du travailleur temporaire et est donc responsable de ses conditions de travail. Elle peut embaucher le salarié en fin de mission. Toute clause contraire est réputée non écrite. Elle est également responsable du préjudice subi par un tiers en cas de faute du salarié temporaire.
Si elle continue à le faire travailler au-delà de la durée de sa mission, la relation est requalifiée en CDI. En cas de défaillance de l'ETT dans le paiement des salaires et des cotisations, et d'insuffisance de caution, c'est à l'entreprise utilisatrice de prendre en charge ces paiements.

4. Les autres contrats proches du CTT

Il existe d'autres contrats de travail dans lesquels est mise en place une relation triangulaire : l'entreprise utilisatrice ne recrute pas elle-même le salarié dont elle a besoin mais demande à une autre entreprise de mettre ce salarié à sa disposition.

a. L'entreprise de travail à temps partagé (ETTP).

Mise en place par la loi n° 2005-882 du 2 août 2005, cette entreprise a pour activité la mise à disposition de salariés qualifiés auprès d'entreprises qui ne pourraient les recruter elles-mêmes en raison de leur taille ou de leurs moyens (art. L. 1252-1 du Code du travail).
Le contrat conclu entre l'ETTP et le salarié est un CDI. Cependant, l'ETTP est soumise aux mêmes conditions qu'une ETT. L'entreprise utilisatrice devra justifier de l'impossibilité de recruter elle-même ce salarié et non d'un besoin temporaire.

Exemple : Une PME a besoin des services d'un responsable des ressources humaines ou d'un directeur administratif et financier quelques mois par an.

b. L'entreprise de portage salarial

Réglementée par la loi n° 2008-596 du 25 juin 2008, la société de portage salarial signe un contrat de travail avec le salarié porté (CDD ou CDI). Elle met ensuite ce salarié à la disposition de l'entreprise utilisatrice par l'intermédiaire d'un contrat commercial.
Le salarié porté est autonome dans la prospection de ses clients, l'organisation de ses missions et la facturation. En revanche, la société de portage salarial facture la prestation au client et reverse ensuite la somme (moins une commission) au salarié porté sous forme d'un salaire (art. L. 1254-1 du Code du travail et suivants).

B Le contrat de travail à temps partiel

Créé en 1973, le contrat de travail à temps partiel a été réformé par la loi n° 2013-504 du 14 juin 2013 relative à la sécurisation de l'emploi, ainsi que par la loi n° 2016-1088 du 8 août 2016.

Définition : Le contrat de travail à temps partiel est un contrat pour lequel la durée du travail est inférieure à la durée légale ou conventionnelle applicable dans l'entreprise.

1. La mise en place du travail à temps partiel

a. La décision de mise en place

La décision de mise en place du temps partiel est prise par le dirigeant après avis des représentants du personnel. Elle peut également faire suite à une demande du salarié. Les salariés de l'entreprise ont une priorité pour tout emploi équivalent mis en place à temps partiel dans l'entreprise.
Pour les branches d'activité dans lesquelles au moins un tiers des salariés est à temps partiel, une négociation collective portant sur les modalités d'organisation du temps partiel doit être menée dans les 3 mois suivant la date d'atteinte du seuil.

> **!** Le passage au temps partiel ne peut pas être imposé au salarié, car il s'agit d'une modification de son contrat de travail [voir Chapitre 9]. Le salarié ne peut exiger ce passage au temps partiel sauf en cas de congé parental ou de congé pour création ou reprise d'entreprise.

b. Le contrat de travail à temps partiel

Le contrat de travail à temps partiel doit être établi par écrit. À défaut, il est présumé être à temps plein (présomption simple).
Il contient certaines mentions obligatoires, telles que la qualification du salarié, sa rémunération, la durée du travail et la répartition de cette durée entre les jours ou les semaines.

> **!** Le **temps partiel en raison des besoins de la vie personnelle** est mis en place à la demande du salarié. Le salarié est occupé selon l'horaire collectif applicable pendant les périodes travaillées et demande à bénéficier d'une ou plusieurs périodes d'au moins une semaine en raison des besoins de sa vie personnelle (ex. vacances scolaires). Son temps de travail sur l'année est inférieur à 1 607 heures. Le salarié est donc à temps partiel. L'employeur peut refuser à condition de le justifier par des raisons objectives liées au fonctionnement de l'entreprise.

2. L'organisation du travail à temps partiel

a. L'horaire de base

Depuis juillet 2014, une durée minimale est imposée par la loi. Elle est fixée à 24 heures par semaine (soit 104 heures par mois ou 1 248 heures par an) et mise en œuvre par accord de branche. Des dérogations sont possibles sur demande individuelle du salarié, par convention ou accord de branche étendu ou pour certains CDD ou CTT de remplacement ou conclus pour une durée de 7 jours au plus.

b. Les heures complémentaires

Les heures effectuées au-delà de la durée du temps partiel sont appelées des **heures complémentaires**.

Elles ne peuvent être refusées par le salarié dès lors qu'elles sont prévues par le contrat.

L'employeur doit tout de même respecter deux limites : le nombre d'heures complémentaires pendant une même semaine doit être inférieur à 1/10e de la durée hebdomadaire et ne doit avoir pour effet de porter le temps de travail au niveau de la durée légale. Si ces conditions sont respectées, le salarié ne peut refuser d'effectuer les heures complémentaires.

> **!** Un accord collectif peut permettre de porter le nombre d'heures complémentaires à un tiers de la durée hebdomadaire.

Si l'employeur a recours à au moins 2 heures complémentaires pendant 12 semaines de suite, ces heures seront intégrées à l'horaire de base du salarié. Le salarié reste libre de s'opposer à cette modification. Depuis le 1er janvier 2014, les heures complémentaires sont majorées de 10 % dès la première heure. Celles qui dépassent la limite de 1/10e sont majorées de 25 % sauf accord de branche étendu contraire (au minimum 10 %).

Les heures supplémentaires concernent uniquement les salariés à temps plein. Les heures de complément permettent une augmentation temporaire du temps de travail. Elles sont prévues par accord de branche étendu ou avenant au contrat de travail et ne sont pas majorées sauf accord plus favorable.

> **!** Il ne faut pas confondre les heures complémentaires avec les **heures supplémentaires** et les **heures de complément**.

c. La répartition du temps de travail

Le contrat de travail prévoit la répartition hebdomadaire ou mensuelle du temps de travail. Elle ne peut être modifiée que si le contrat contient une clause prévoyant les conditions de cette modification. Au cours d'une même journée, l'horaire à temps partiel ne peut comporter plus d'une interruption qui doit être au maximum de 2 heures. Le contrat de travail peut mettre en place une variation des horaires en fonction des semaines ou des mois si cela est prévu par accord d'entreprise ou convention de branche. Il doit alors préciser la durée hebdomadaire ou mensuelle de référence, et l'écart avec cette durée ne doit pas en dépasser le tiers. Le délai de prévenance à respecter par l'employeur pour toute modification est de 7 jours ouvrés minimum, sauf accord collectif prévoyant un délai minimum de 3 jours avec des contreparties.

> **!** Le salarié à temps partiel a les mêmes droits individuels que le salarié à temps plein : rémunération, congés, période d'essai, avantages liés à l'ancienneté, licenciement.

C Les contrats en faveur de l'emploi

1. Les contrats en alternance

Définition : Un contrat en alternance est un contrat de travail permettant d'acquérir des compétences grâce à l'alternance entre des périodes de formation et des périodes de travail dans l'entreprise. Il permet de préparer un diplôme, tout en acquérant une première expérience professionnelle.

On distingue deux catégories de contrats par alternance : le contrat d'apprentissage et le contrat de professionnalisation.

La loi n° 2018-771 du 5 septembre 2018 sur la liberté de choisir son avenir professionnel et l'ordonnance n° 2019-861 du 21 août 2019 sont les dernières modifications apportées à l'alternance.

Tableau 7.1 Les caractéristiques comparées des contrats d'apprentissage et de professionnalisation

	Contrat d'apprentissage (articles L6221-1 et s. du Code du travail)	Contrat de professionnalisation (articles L6325-1 et s. du Code du travail)
Bénéficiaires	– Jeunes de 16 à 29 ans inclus (35 ans si 2d contrat). – Pas de limite d'âge pour les projets de création et de reprise d'entreprise ou les travailleurs handicapés.	– Jeunes de 16 à 25 ans. – Demandeurs d'emploi âgés de 26 ans et plus. – Bénéficiaires du revenu de solidarité active (RSA) ou de l'allocation adultes handicapés (AAH) ou de l'allocation de solidarité spécifique (ASS). – Le but est de valider un diplôme, une certification ou uniquement des compétences nouvelles.
Durée du contrat	– CDD de 6 mois à 3 ans, selon la durée de la formation, et des compétences déjà acquises. Elle est prorogeable d'un an en cas d'échec. – CDI avec une période d'apprentissage	– CDD ou action de reconversion ou promotion par l'alternance. – CDD de 6 mois minimum, ou CDI avec une action de 6 à 12 mois.
Temps de travail	– Obligatoirement durée légale du temps de travail (35 heures/semaine). – Durée de formation incluse dans la durée de travail et au minimum de 400 heures/an. Possibilité d'un congé supplémentaire de 5 jours pour préparer l'examen.	– Temps plein ou temps partiel. – La durée du temps de travail comprend le temps de formation. – Durée de la formation au minimum de 150 heures/an.
Période d'essai	– Obligatoire, durée de 45 jours de formation dans l'entreprise, consécutifs ou non, et non renouvelable.	– Fixée dans le contrat ou la convention, règles de droit commun.
Rupture du contrat	– Impossibilité de le rompre avant le terme sauf pendant la période d'essai ; d'un commun accord ; sur décision de l'apprenti en cas d'obtention du diplôme avant le terme prévu au contrat, moyennant un préavis de 1 mois ; en cas de manquements répétés, faute grave de l'une des parties, force majeure, inaptitude médicalement constatée, exclusion définitive du centre de formation d'apprentis (CFA), en cas de liquidation judiciaire par notification du liquidateur. – Démission possible à condition de passer avant devant un médiateur. – Aucune indemnité de précarité n'est due en fin de contrat. – Suivi de la formation sous le statut de stagiaire.	– Règles de rupture applicables au CDD ou au CDI. – Aucune indemnité de précarité due en fin de contrat.
Rémunération	– Rémunération en pourcentage du SMIC selon l'âge de l'apprenti, l'année de contrat et la progression dans le cycle de formation. – Majorations pour heures supplémentaires.	Salarié de moins de 26 ans : pourcentage du SMIC en fonction de son âge et du niveau d'étude. Salarié de plus de 26 ans : au minimum le SMIC et 85 % du minimum conventionnel.
Formalités	– Il faut un contrat écrit comme pour un CDD. – Contrat transmis au CFA pour attester de l'inscription de l'apprenti à une formation, puis à l'opérateur de compétences (OPCO).	Transmission du contrat écrit ou de la convention de formation à l'OPCO pour la demande de prise en charge financière. Dépôt à la DREETS.

Si l'apprenti est confronté à des risques pour sa santé ou son intégrité physique et morale, alors un inspecteur ou contrôleur du travail peut demander la suspension du contrat d'apprentissage à la DREETS. Celle-ci décide, dans un délai de 15 jours, si l'apprenti doit reprendre le travail ou si le contrat est rompu.

2. Le contrat unique d'insertion

Définition : Le contrat unique d'insertion est un contrat signé entre une personne sans emploi ayant des difficultés sociales et professionnelles d'accès à l'emploi et un employeur du secteur marchand ou non marchand.
On parle de contrat unique d'insertion-contrat initiative emploi (CUI-CIE) lorsqu'il est conclu avec une personne du secteur marchand, et de contrat unique d'insertion-contrat d'accompagnement dans l'emploi (CUI-CAE) ou parcours emploi compétences (PEC) lorsqu'il est signé avec une personne du secteur non marchand (collectivité territoriale, association).

À temps complet ou à temps partiel, il s'agit soit d'un CDI soit d'un CDD d'une durée de 6 mois à 2 ans maximum. Une convention est signée entre l'employeur, le bénéficiaire et un représentant de l'État afin de préciser les engagements respectifs de chaque partie. L'employeur perçoit des aides financières en échange d'actions de formation et d'accompagnement à l'égard du bénéficiaire.

Depuis 2018, le recours au CUI-CIE est limité aux DOM et aux contrats prescrits par les départements dans le cadre des conventions annuelles d'objectifs.

Ce parcours renforce l'exigence d'un entretien tripartite préalable (employeur, bénéficiaire, organisme prescripteur), d'un entretien de sortie et la formalisation des engagements de l'employeur. Il doit permettre au salarié d'acquérir réellement des compétences professionnelles supplémentaires. Le montant de l'aide est compris entre 30 % et 60 % du SMIC brut. La durée minimum du PEC doit être de 9 mois.

3. Les mesures en faveur de l'embauche des jeunes

Le **parcours contractualisé d'accompagnement vers l'emploi et l'autonomie** (PACEA) a pour objectif de mettre en place un accompagnement des jeunes en difficulté. Il concerne les jeunes de 16 à 25 ans et repose sur la signature d'un accord entre le jeune et la mission locale. L'accompagnement comprend des périodes de formation, des situations professionnelles et des actions spécifiques. Selon la situation du jeune, il peut bénéficier d'une allocation pour les périodes pendant lesquelles il ne perçoit aucune autre source de revenu.
La garantie jeune est une spécificité du PACEA. Conclue pour une durée d'1 an, elle peut être prolongée de 6 mois au maximum.

SYNTHÈSE

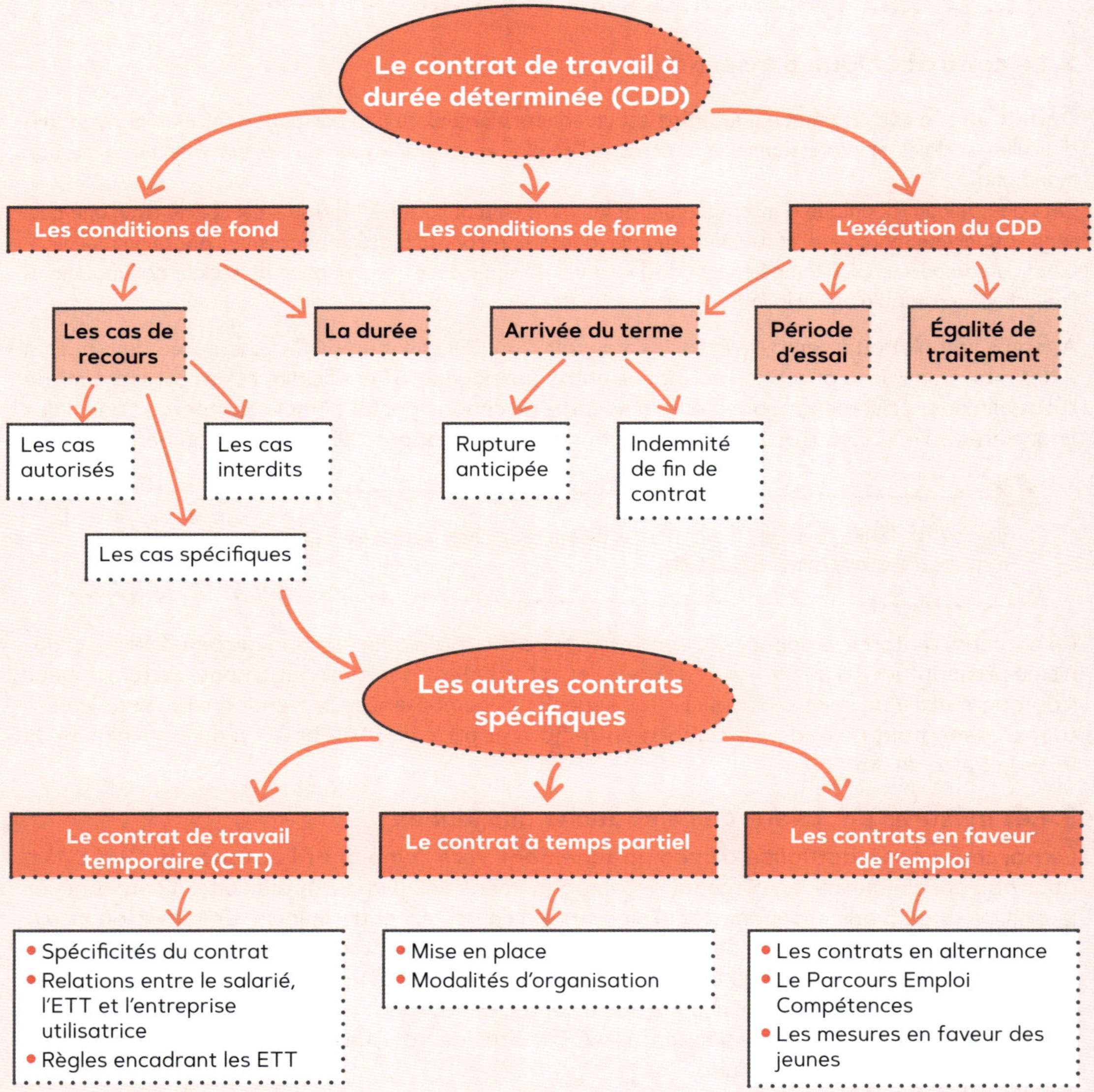

Faites le point sur les notions clés : remplacement en cascade p. 100, délai de carence p. 101, contrat de travail à temps partiel p. 106, contrat en alternance p. 107, contrat unique d'insertion p. 109.

Révisez avec les flashcards
www.lienmini.fr/dcg03-14

QCM

Réponse unique

QCM interactif

www.lienmini.fr/dcg03-15

1 L'employeur peut recourir à un CDD s'il :
- ❍ **a.** se trouve dans un cas prévu par la loi.
- ❍ **b.** se trouve dans un cas prévu par la loi et pour une tâche précise et temporaire.
- ❍ **c.** a un besoin temporaire de main-d'œuvre.

2 Le CDD peut être rompu avant terme :
- ❍ **a.** en cas d'accord entre les parties.
- ❍ **b.** en cas de demande du salarié.
- ❍ **c.** en cas de demande de l'employeur.

3 Le contrat signé entre l'intérimaire et l'entreprise utilisatrice est :
- ❍ **a.** un contrat de mission.
- ❍ **b.** un contrat de mise à disposition.
- ❍ **c.** il n'y a pas de contrat.

4 Le salarié à temps partiel :
- ❍ **a.** ne peut refuser de faire des heures complémentaires.
- ❍ **b.** peut refuser de faire des heures complémentaires.
- ❍ **c.** ne peut refuser de faire des heures complémentaires dès lors qu'elles sont prévues et limitées.

5 Le contrat d'apprentissage est réservé :
- ❍ **a.** aux jeunes de 16 à 25 ans.
- ❍ **b.** aux jeunes de 16 à 29 ans.
- ❍ **c.** aux jeunes de 16 à 35 ans.

Plusieurs réponses possibles

6 Le CDD peut être renouvelé :
- ❍ **a.** autant de fois que cela est prévu dans une convention ou accord de branche étendu.
- ❍ **b.** uniquement deux fois pour un même poste.
- ❍ **c.** deux fois ou plus selon ce qui est prévu dans le contrat.

7 Le CDD peut être rompu avant terme :
- ❍ **a.** d'un commun accord entre les parties.
- ❍ **b.** si une cause spécifique de rupture est prévue dans le contrat ou l'accord d'entreprise.
- ❍ **c.** en cas d'embauche en CDI.

8 L'activité d'une ETT est encadrée par plusieurs règles :
- ❍ **a.** une autorisation d'activité délivrée par la DREETS.
- ❍ **b.** une déclaration d'activité préalable faite à la DREETS.
- ❍ **c.** une déclaration mensuelle d'activité faite *via* la DSN.

9 **Le portage salarial permet :**

❍ **a.** d'aider un entrepreneur à lancer sa propre activité tout en étant salarié.
❍ **b.** de rémunérer un salarié en fonction de son activité réelle.
❍ **c.** d'être autonome dans la gestion de son activité tout en bénéficiant du statut de salarié.

10 **Un salarié à temps partiel peut voir la répartition de son temps de travail modifiée si :**

❍ **a.** une clause de son contrat prévoit les conditions de cette modification.
❍ **b.** un accord d'entreprise ou une convention de branche prévoit la modulation de ces horaires.
❍ **c.** l'employeur le décide dans le cadre d'un engagement unilatéral.

Réponses à justifier

11 **Pour embaucher en CDD sur un poste sur lequel vient de finir un CDD de 21 jours, l'employeur doit respecter un délai de carence de :**

❍ **a.** 11 jours. ❍ **b.** de 10,5 jours. ❍ **c.** de 7 jours.

12 **La durée de la période d'essai dans le cadre d'un CTT allant du 1er mars au 15 mai est de :**

❍ **a.** 2 jours. ❍ **b.** 3 jours. ❍ **c.** 5 jours.

13 **Un salarié à temps partiel qui travaille 30 heures par semaine pourra être amené à faire :**

❍ **a.** 3 heures complémentaires maximum.
❍ **b.** 10 heures complémentaires maximum en cas d'accord collectif.
❍ **c.** 5 heures complémentaires maximum.

14 **Un contrat d'apprentissage peut :**

❍ **a.** avoir une durée maximale de 3 ans.
❍ **b.** avoir une durée différente de la durée de la formation.
❍ **c.** avoir une durée maximale de 12 mois.

15 **Le parcours emploi compétences est :**

❍ **a.** davantage réglementé que le CUI-CAE qu'il remplace.
❍ **b.** moins financé par l'État que le CUI-CAE.
❍ **c.** moins réglementé que le CUI-CIE qu'il remplace.

— CAS PRATIQUE GUIDÉ —

VALIDITÉ ET RUPTURE DU CONTRAT À DURÉE DÉTERMINÉE DE RAOUL VERMÈDE

Raoul Vermède a été embauché par la société Banzai, qui fabrique des jeux de société pour enfants, en contrat à durée déterminée sans clause de renouvellement du 1er juin au 31 juillet pour remplacer deux salariés successivement en congés payés. Il a signé son contrat de travail le 2 juin.

Ce dernier contient notamment une clause précisant qu'il ne pourra pas avoir accès au restaurant de l'entreprise du fait de son statut de salarié précaire.

Le 5 août, Raoul travaille toujours au sein de la société Banzai. Son responsable a eu besoin de lui pour terminer le projet qui a pris du retard.

Le 10 août, le responsable de Raoul met fin à son contrat de travail le projet étant achevé.

1. **Vérifiez la validité du contrat de travail signé par Raoul Vermède.**
2. **Identifiez quel recours en justice Raoul Vermède peut envisager.**
3. **Analysez les effets de la décision prise le 10 août par le responsable de Raoul.**

CORRIGÉ

☑ COMPÉTENCES ATTENDUES : **Justifier le choix d'un contrat de travail dans un contexte donné. Vérifier la légalité du motif de recours au CDD. Identifier les spécificités du régime juridique d'un CDD.**

Méthode

Vous devez d'abord identifier le type de contrat en cause (en l'espèce, un CDD) pour déterminer les règles de fond et de forme applicables.
Repérez ensuite les dates mentionnées dans le sujet : elles permettent de vérifier le respect de la durée du CDD et des règles en matière de renouvellement.
Enfin, gardez bien en tête le motif de recours au CDD ; les conditions de forme ainsi que les règles en matière de durée, de renouvellement ou de succession de contrats sont spécifiques lorsque le CDD est conclu pour remplacer un salarié absent.

1. Vérification de la validité du contrat de travail signé par Raoul Vermède.

PRINCIPES JURIDIQUES

Le CDD est un contrat de travail à durée déterminée qui doit respecter deux types de conditions pour être valable : des conditions de forme et des conditions de fond.
Concernant les conditions de forme, le CDD est un contrat de travail spécifique qui doit être fait par écrit. Cet écrit doit être remis au salarié dans les 2 jours suivant son embauche et contenir des mentions obligatoires telles que son objet, le poste, la durée, la rémunération, le nom et la qualification de la personne remplacée.
Concernant les conditions de fond, l'employeur ne peut avoir recours à un CDD que pour un besoin temporaire et dans des cas prévus par la loi tels que l'absence d'un salarié ou une augmentation temporaire d'activité. En cas de remplacement d'un salarié absent, l'employeur doit avoir recours à un CDD par salarié remplacé.

> **!** Un décret du 18/12/2019 a fixé la liste de 11 secteurs d'activité autorisés, à titre expérimental, à conclure un seul CDD pour remplacer plusieurs salariés. Ces secteurs sont l'économie sociale et solidaire, les secteurs sanitaire, alimentaire, de la propreté, du sport et loisirs et des transports routiers.

Le CDD a une durée maximale de 18 mois, renouvellements inclus. Le renouvellement doit être prévu dans le contrat de travail.
En cas de succession de CDD sur le même poste, l'employeur doit respecter un délai de carence entre deux contrats, délai variable selon la durée du contrat précédent renouvellement inclus. Ce délai ne s'applique pas dans le cas d'un CDD conclu pour remplacer un salarié absent dès lors que cette absence se prolonge.

> **!** Le salarié en CDD a les mêmes droits que le salarié embauché en CDI en vertu du principe d'égalité de traitement.

Le délai de carence s'applique en cas de succession de CDD sur le même poste, c'est-à-dire concernant les mêmes travaux ou la même qualification professionnelle. En cas de succession de CDD avec le même salarié, l'employeur doit respecter une durée minimale, non imposée par le Code du travail, à partir du moment où les contrats portent sur des postes différents. La succession de CDD distincts pendant plusieurs années avec le même salarié fait courir le risque d'une requalification en CDI dès lors qu'un besoin structurel est mis en évidence.

APPLICATION AU CAS

En l'espèce, Raoul est embauché en CDD pour remplacer deux salariés absents pour congés pendant 2 mois. Le motif de recours au CDD est valable, la durée aussi. Un écrit lui est remis dès le deuxième jour, ce qui respecte bien la condition de forme imposée.

Cependant, l'employeur n'a pas respecté les autres conditions :

- Il doit établir un CDD pour chaque salarié remplacé et préciser son nom et sa qualification dans le contrat de travail. Il ne peut donc pas remplacer deux salariés avec le même contrat, même pour des absences successives, car la société Bandai ne fait pas partie des secteurs d'activité concernés par le dispositif mis en place à titre expérimental.
- Il doit respecter le principe d'égalité entre les salariés et ne peut priver Raoul de son droit d'accéder au restaurant de l'entreprise.
- Aucune clause de renouvellement n'étant prévue dans le CDD, celui-ci doit prendre fin à l'arrivée du terme, il ne peut pas être poursuivi au-delà. Raoul ne peut pas être encore dans l'entreprise le 5 août, car il n'y a pas de clause de renouvellement et les congés payés des salariés absents auront pris fin. Nous ne sommes donc pas dans le cas d'une prolongation de l'absence entraînant prolongation du CDD.

2. Identification du recours en justice envisageable par Raoul Vermède.

PRINCIPES JURIDIQUES

Le non-respect des conditions de fond et de forme propres au CDD a pour effet la requalification du contrat en CDI. Le salarié a droit à une indemnité de requalification au moins égale à 1 mois de salaire.

APPLICATION AU CAS

En l'espèce, l'employeur de Raoul n'a pas respecté les conditions précitées. Le CDD est requalifié en CDI. Raoul aura droit à l'indemnité précitée.

3. Analyse des effets de la décision prise par le responsable de Raoul.

PRINCIPES JURIDIQUES

Le CDD prend fin à l'arrivée du terme en l'absence de renouvellement. En cas de poursuite du travail au-delà du terme, le CDD est requalifié en CDI. La requalification donne droit au versement de l'indemnité de requalification.

Lorsque les relations se poursuivent au-delà du terme et qu'il n'y a pas d'autre irrégularité, les juges considèrent que le CDD est devenu automatiquement un CDI sans indemnité de requalification à verser. La fin du CDD est alors assimilée à une rupture non justifiée d'un CDI et, donc, à un licenciement sans cause réelle et sérieuse donnant droit à l'indemnité de précarité, à une indemnité compensatrice de congés payés, à l'indemnité de préavis, à l'indemnité légale ou conventionnelle de licenciement et éventuellement au versement de dommages et intérêts.

APPLICATION AU CAS

En l'espèce, le CDD de Raoul n'a pas été renouvelé. Le fait d'être toujours en poste au 5 août signifie que la relation de travail s'est poursuivie au-delà du terme du CDD alors requalifié de CDI. La rupture de son contrat le 10 août donne droit à toutes les indemnités, y compris à celle de requalification car le CDD d'origine est irrégulier.

AUTOÉVALUATION

La grille d'autoévaluation ci-dessous vous permet d'évaluer votre niveau et de vérifier si vos réponses correspondent aux attendus de l'examen.

Questions	Niveau 1	Niveau 2	Niveau 3	Niveau 4
	Un premier élément de réponse, mais très incomplet, des erreurs, des contresens	*Des éléments de réponse isolés, des approximations et/ou de la paraphrase*	*Question comprise : des éléments de réponse pertinents mais incomplets au niveau des savoirs et/ou de l'application*	*Compétence attendue mobilisée avec mobilisation complète des savoirs associés à la compétence. Application pertinente.*
1. Vérifiez la validité du contrat de travail signé par Raoul Vermède. *(voir Sections I.A. et B)*	❑ Vous n'avez pas identifié le contrat de travail. Vous n'indiquez pas qu'un CDD est soumis à des conditions de validité qui lui sont propres.	❑ Vous avez défini le CDD, mais vous ne citez que les conditions de fond ou les conditions de forme pour vérifier sa validité. ❑ L'application est incomplète car elle n'identifie qu'une seule condition non respectée par l'employeur.	❑ Le CDD est défini et les conditions de fond et de forme sont identifiées. ❑ Vous n'avez pas cité les éléments spécifiques tels que le délai de carence, le non-renouvellement ou l'arrivée du terme. ❑ L'application est incomplète.	❑ Le CDD est défini et toutes les conditions de validité sont citées. ❑ L'application est complète car vous identifiez les différents problèmes en cause dont le respect du principe d'égalité entre salariés.
2. Identifiez le recours en justice envisageable par Raoul Vermède. *(voir Section I.C)*	❑ Vous considérez qu'aucun recours n'est envisageable ou vous vous prononcez sur la juridiction compétente et non sur le motif du recours.	❑ Vous avez identifié le problème posé mais les conséquences énoncées ne sont pas correctes. ❑ L'application est erronée.	❑ Vous avez identifié le recours envisageable mais il y a des erreurs dans les conséquences de ce recours. ❑ L'application est incomplète, l'indemnité n'est pas citée.	❑ Vous avez identifié le recours envisageable ainsi que ses conséquences indemnitaires. ❑ L'application est complète.
3. Analysez les effets de la décision prise par le responsable de Raoul Vermède. *(voir Section I.C)*	❑ Vous faites un contresens en considérant que la rupture du contrat le 10 août est valable. ❑ Vous confondez entre les différents motifs de recours au CDD possibles.	❑ Vous confondez la requalification et le fait de poursuivre le CDD en CDI. ❑ Vous ne citez pas les conséquences liées à la rupture du contrat de travail.	❑ Vous indiquez la requalification du CDD en CDI mais vous n'avez pas cité toutes les conséquences de cette requalification ni de la rupture de ce contrat. ❑ L'application est incomplète.	❑ Vous indiquez la requalification et vous identifiez, de façon précise, toutes les conséquences liées à la rupture de ce contrat de travail. ❑ L'application est complète.

EXERCICES

1 Validité du recours au CDD par Michel Tranx

15 min

☑ COMPÉTENCES ATTENDUES : Justifier le choix d'un contrat de travail dans un contexte donné. Vérifier la légalité du motif de recours au CDD.

La société Baguel fabrique des pâtes alimentaires. Comprenant 52 salariés, son siège social est situé à Limoges. Michel Tranx en est le responsable des ressources humaines. Récemment, il vous a fait part des projets de recrutement suivants en CDD :

- remplacer une salariée en congé maternité pendant 4 mois ;
- faire face à une augmentation prévue de l'activité pendant le mois de juillet ;
- remplacer un salarié en congé sabbatique pour une durée de 20 mois ;
- avoir un commercial supplémentaire afin de faire face à la demande croissante. Michel Tranx n'est pas certain de l'évolution économique de son entreprise et ne souhaite pas avoir à licencier en cas de conjoncture défavorable.

1. **Vérifiez la validité de ces contrats de travail.**

2 Rupture d'un CDD au sein de la société Zolla

20 min

☑ COMPÉTENCE ATTENDUE : Appliquer le régime juridique du CDD en cas de rupture.

La SARL Zolla est un éditeur d'ouvrages économiques allant des manuels scolaires aux essais philosophiques. Joseph Adelson, gérant de cette société a recruté Yvan Mercoff en CDD pour 10 mois. Cependant, au bout de 2 mois, il se rend compte qu'Yvan ne respecte pas ses horaires de travail. Il s'arrange toujours pour arriver 30 minutes plus tard et partir 30 minutes plus tôt. Malgré plusieurs rappels à l'ordre, Yvan n'a pas changé de comportement.
La situation a même empiré puisqu'il a insulté un collègue suite à plusieurs remarques de celui-ci et qu'il a décidé de prolonger sa pause du midi.
Joseph souhaite rompre son contrat de travail, mais Yvan lui répond qu'il ne partira pas avant le terme de celui-ci et qu'il compte lui demander le versement d'une indemnité importante.
Conseillez Joseph dans le cadre de la rupture de ce CDD et analysez les droits à indemnités d'Yvan.

3 Contrat à temps partiel et durée du travail pour Mickaël

40 min

☑ COMPÉTENCES ATTENDUES : Justifier le choix d'un contrat de travail dans un contexte donné. Apprécier l'intérêt du recours au temps partiel par l'employeur. Appliquer le régime juridique du contrat à temps partiel.

Mickaël travaille comme caissier dans un magasin de bricolage à raison de 30 heures par semaine. Afin de compléter ses revenus, il a trouvé un emploi de serveur le vendredi et le samedi soir de minuit à 5 heures du matin dans une discothèque. En parallèle, il suit une préparation à distance pour passer une licence de gestion.
Pendant les mois de juin, juillet et août, le dirigeant du magasin de bricolage lui a demandé de travailler 34 heures par semaine en raison de l'affluence de la clientèle et du fait des vacances des autres caissiers. Mickaël a accepté, mais il est épuisé et se demande s'il aurait pu refuser.
Le 3 septembre, il est convoqué par le responsable des ressources humaines du magasin de bricolage afin de l'informer d'une modification de la répartition de ses horaires. Il travaillera désormais le lundi après-midi et le samedi toute la journée alors que jusqu'ici, il ne travaillait

aucun de ces 2 jours. Or, du fait de son second emploi, il ne souhaite pas que cette répartition de ses horaires change.

1. **Analysez la situation de Mickaël afin de le conseiller au mieux.**
2. **Vérifiez la validité de cette modification et indiquez à quelle condition Mickaël pourrait la refuser.**

CAS DE SYNTHÈSE

LES CONTRATS ATYPIQUES AU SEIN DE LA SOCIÉTÉ TRAITEUR'MALIN

50 min

☑ COMPÉTENCES ATTENDUES : **Justifier le choix d'un contrat de travail dans un contexte donné. Vérifier la légalité du motif de recours au CDD. Comparer le régime juridique du CDD et du CTT. Apprécier l'intérêt du recours au temps partiel par l'employeur.**

Mise en situation

Christelle Depreux est gérante de la SARL Traiteur'Malin dont le siège social est situé à Pau. Pour faire face aux besoins de personnel variables selon les mois, elle fait appel à plusieurs catégories de contrats atypiques. La SARL est actuellement composée de 12 salariés équivalents temps plein.

En juin, elle a embauché deux salariés en CDD : Riad a été affecté à un poste de serveur pour la saison estivale, Manon est venue renforcer l'équipe administrative pour la gestion des salaires devenue complexe dans ce domaine d'activité. Christelle a pris la peine d'intituler les contrats signés par ces deux salariés « CDD d'usage » afin d'éviter toute demande de requalification de leur part.

Par ailleurs, elle a eu besoin récemment de recruter un commis de cuisine. N'ayant pas le temps de s'occuper elle-même de ce recrutement, elle a décidé de faire appel à la société Rant, ETT spécialisée dans ce domaine d'activité. C'est ainsi que Karim est arrivé au sein de la SARL Traiteur'Malin le 1er juin et jusqu'au 1er octobre. Cependant, il ne donne pas satisfaction et au bout d'une semaine, le chef cuisinier lui a déjà fait plusieurs reproches. Christelle envisage la rupture de ce contrat et compte engager la responsabilité de la société Rant du fait de l'incompétence de Karim.

Samuel travaille au sein de cette SARL en tant qu'assistant administratif. Récemment papa d'une petite fille, Myla, il a demandé à Christelle de pouvoir réduire son temps de travail à 30 heures par semaine. Christelle est assez réticente à accepter sa demande mais est prête à un accord si Samuel s'engage, en contrepartie, à faire des heures supplémentaires lorsque Christelle lui demandera. Samuel n'est pas certain de vouloir accepter, car il craint que Christelle ne profite de cette situation pour lui faire faire, par ce moyen, les 35 heures hebdomadaire de son emploi du temps actuel.

Pour finir, Christelle envisage de recruter un commis de cuisine en contrat par alternance. Elle a lu que le salaire versé dans le cadre de ce type de contrat de travail est inférieur au SMIC et elle se dit que cela lui permettra d'avoir un salarié supplémentaire en limitant l'augmentation de sa masse salariale. De plus, elle compte ainsi anticiper toute obligation qui pourrait peser sur son entreprise concernant l'emploi de salariés par alternance.

Face à ces différentes situations, Chrystelle décide de vous consulter pour recueillir votre avis. Vous disposez d'une base documentaire pour vous aider dans la justification de vos conseils.

1. **Vérifiez la validité des contrats signés avec Manon et Riad.**
2. **Identifiez les motifs de rupture du contrat de Karim.**
3. **Analysez la situation permettant éventuellement à Christelle d'engager la responsabilité de la société Rant.**
4. **Présentez à Christelle les caractéristiques du contrat d'apprentissage afin de vérifier s'il correspond à ses attentes.**

Vous disposez ci-dessous d'une base documentaire pour étayer vos analyses.

BASE DOCUMENTAIRE

Document 1 - Article D.1242-1 du Code du travail

En application du 3° de l'article L. 1242-2, les secteurs d'activité dans lesquels des contrats à durée déterminée peuvent être conclus pour les emplois pour lesquels il est d'usage constant de ne pas recourir au contrat à durée indéterminée en raison de la nature de l'activité exercée et du caractère par nature temporaire de ces emplois sont les suivants :
1° Les exploitations forestières ;
2° La réparation navale ;
3° Le déménagement ;
4° L'hôtellerie et la restauration, les centres de loisirs et de vacances ;
5° Le sport professionnel ;
6° Les spectacles, l'action culturelle, l'audiovisuel, la production cinématographique, l'édition phonographique ;
7° L'enseignement ;
[...]
14° La recherche scientifique réalisée dans le cadre d'une convention internationale
15° Les activités foraines.

Document 2 - Convention collective nationale des hôtels, cafés-restaurants (HCR) du 30 avril 1997

Titre IV Contrat de travail
Embauche

Article 14
1. Extras
L'emploi d'extra qui, par nature est temporaire, est régi par les dispositions légales en vigueur. Un extra est engagé pour la durée nécessaire à la réalisation de la mission. Il peut être appelé à être occupé dans un établissement quelques heures, une journée entière ou plusieurs journées consécutives dans les limites des durées définies par l'article 21.2 c.
Un extra qui se verrait confier par le même établissement des missions pendant plus de 60 jours dans un trimestre civil pourra demander la requalification de son contrat en contrat à durée indéterminée.
Les modalités de rémunération d'extra seront définies d'un commun accord à l'embauche. En outre, à la fin du contrat le salarié perçoit une indemnité de congés payés égale à 10 % de la rémunération totale brute perçue quelle que soit la durée du contrat. Un contrat devra être établi pour chaque vacation.

Document 3 – Arrêt n° 81-14868 de la Cour de cassation, ch. com., du 21 octobre 1982

Vu l'article L.124-1 du Code du travail

Attendu que selon ce texte l'entreprise de travail temporaire qui s'est engagée à mettre à la disposition d'un utilisateur des salariés qu'elle embauche en considération d'une qualification convenue, est tenue de vérifier si ces salariés sont aptes au travail qui est l'objet de la mission ;

Que la société Meza a demandé au mois d'octobre 1973 à la société Interlabor, entreprise de travail temporaire, de mettre à sa disposition un ouvrier fraiseur hautement qualifié ; que l'ouvrier qui lui a été envoyé n'a pas respecté les cotes données dans l'usinage de certaines pièces et a dépassé les tolérances permises, dans des proportions telles que le client a refusé ces pièces ;

Que pour accueillir la demande de la société Interlabor en paiement de ses factures et débouter la société Meza d'une demande reconventionnelle en dommages-intérêts, l'arrêt attaqué a relevé que cet ouvrier avait un cap d'ajusteur et un brevet de fraiseur ; qu'il avait travaillé en 1970, pendant un an, en qualité de P3 et que, selon l'expert, il « pouvait » avoir atteint, trois ans après, la qualification d'ouvrier professionnel hautement qualifié par lui déclarée lors de son embauche, de telle sorte que « la société Interlabor n'avait aucune raison de mettre en doute le fait qu'il possédait réellement cette qualification » et en a déduit qu'elle avait fourni à la société Meza un ouvrier possédant la qualification requise, « après vérifications suffisantes ».

Qu'en statuant ainsi, alors que la société Meza avait affirmé sans être démentie que, selon le rapport d'expertise, un ouvrier OPHQ n'aurait pas commis de telles erreurs de cotes et qu'il résultait de ces constatations que la société Interlabor n'avait procédé à aucune vérification pour rechercher si l'ouvrier qu'elle mettait à la disposition de la société Meza avait la qualification précise qui était exigée, notamment en s'enquérant du travail qu'il avait effectué entre 1970 et 1973, la cour d'appel, qui n'a pas tiré de ses constatations les conséquences légales qui s'en évinçaient, n'a pas donné de base légale à sa décision ;

Par ces motifs : Casse et annule l'arrêt rendu entre les parties le 25 juin 1981, par la cour d'appel de Paris.

SUJET TYPE D'EXAMEN 2

Le sujet se présente sous la forme de trois dossiers :

DOSSIER 1 – Recrutement et discrimination	(6 / 20 points)
DOSSIER 2 – Les recrutements temporaires	(7 / 20 points)
DOSSIER 3 – Le contenu d'un CDI	(7 / 20 points)

BASE DOCUMENTAIRE

Document 1 — Projet d'offre d'emploi
Document 2 — Guide d'entretien pour le recrutement d'un collaborateur comptable
Document 3 — Arrêt de la Cour de cassation, chambre sociale, 5 mai 2021, n° 19-14295
Document 4 — Extrait du contrat de travail de Mme Halima
Document 5 — Arrêt de la Cour de cassation, chambre sociale, 8 avril 2021, n° 19-22097

Avertissement
Si le texte du sujet, de ses questions ou de ses documents vous conduit à formuler une ou plusieurs hypothèses, il vous est demandé de la (ou les) formuler explicitement dans votre copie. Toutes les réponses doivent être justifiées.
Il vous est demandé d'apporter un soin particulier à la présentation de votre copie et à la qualité rédactionnelle.

Sujet

La société Sud-Ouest déchets industriels (SODI) est une société par actions simplifiée située à Amabarès-et-Lagrave (33) dont l'objet est la mise à disposition de matériel de nettoyage industriel. Elle assure également une activité de collecte et de traitement de déchets non polluants.
Créée en 1980, elle compte actuellement 248 salariés, dont la plupart sont en contrat à durée indéterminée.
Vous travaillez au sein du service ressources humaines et plusieurs dossiers vous sont confiés directement par Ludovic Escre, le président de la SAS, sous la supervision de votre responsable directe, Amélie Lerat.

DOSSIER 1 — Le recrutement et discrimination

À la suite d'une rupture conventionnelle, vous devez procéder au recrutement d'un nouveau collaborateur comptable. Vous échangez à ce sujet avec Ludovic et une de vos collègues du service ressources humaines. Il faut faire vite, car le retard dans le traitement des dossiers s'accumule et le responsable administratif et financier souhaiterait avoir un salarié rapidement et efficace dès le début de son contrat.

Plusieurs propositions découlent de ces échanges (documents 1 et 2) et vous devez maintenant choisir celle qui convient le mieux à la situation de la SAS SODI.

Votre mission : élaborer une procédure de recrutement.
Pour la réaliser, vous devez :

1.1. Apprécier la validité de l'offre d'emploi proposée dans le document 1 et la reformuler si nécessaire.

1.2. Présenter les différents canaux de recrutement utilisables par la SAS SODI afin de choisir, en le justifiant, celui qui paraît le plus adapté.

1.3. Analyser le guide d'entretien de recrutement proposé par votre collègue.

DOSSIER 2 – Les recrutements temporaires

La société SODI a régulièrement recours à des salariés temporaires. Vous avez été chargé(e) de procéder à plusieurs recrutements concernant des absences et/ou des augmentations de l'activité.
La procédure de recrutement des salariés temporaires vous prend beaucoup de temps. Or, il y a 3 semaines, vous avez eu à remplacer en même temps deux salariés à temps partiel puis, la semaine suivante à nouveau, un autre salarié.
Vous avez alors décidé de faire appel à M. Tribat, salarié temporaire, qui était déjà intervenu pour la société SODI il y a quelques années et qui avait été très apprécié. Afin de simplifier la procédure, vous lui avez fait signer un seul CDD à temps plein pour remplacer ces trois salariés. M. Tribat vous fait confiance, mais a tout de même évoqué un doute concernant la validité de cette procédure. Vous avez décidé de vous renseigner sur ce point.
Par ailleurs, vous avez reçu hier un courrier en recommandé envoyé par Valérie demandant à la société SODI le versement de dommages et intérêts pour requalification de son CDD en CDI. Valérie a été recrutée en CDD du 8 janvier au 12 février 2019 comme assistante de gestion pour remplacement d'un salarié en congé maladie, puis elle a signé un nouveau contrat d'une durée d'un mois, le 14 février 2019, pour surcroît d'activité. Elle conteste le non-respect du délai de carence.

Votre mission : conseiller l'employeur dans son recours aux contrats à durée déterminée.
Pour la réaliser, vous devez :

2.1. Vérifier les conditions de recours au CDD en cas d'absence de plusieurs salariés en même temps afin de répondre aux interrogations de M. Tribat.

2.2. Analyser la situation de Valérie afin de vous prononcer sur sa demande de requalification en contrat à durée indéterminée.

2.3. Identifiez les indemnités auxquelles elle aurait droit si sa demande était acceptée.

DOSSIER 3 – Le contenu d'un CDI

Parmi les dossiers qu'Amélie Lerat vous a confiés, se trouve le cas de Mme Halima, responsable informatique au sein de la société SODI, qui a donné sa démission il y a 2 ans. Elle vient d'être embauchée dans une société de recyclage de déchets ménagers dont le siège social est à Toulouse et qui a pour secteur d'activité les régions Nouvelle-Aquitaine et l'Occitanie. Vous avez décidé de la contacter afin de lui demander de respecter la clause de non-concurrence intégrée dans son contrat de travail, en donnant sa démission de ce nouveau poste. Mme Halima vous répond qu'il n'en est pas question et qu'elle va de plus exercer un recours contre la société SODI afin de lui demander une indemnité pour prêt illicite de main-d'œuvre. En effet, pendant 1 an, la société SODI a envoyé Mme Halima en mission au sein de la SARL Rendut pour qu'elle mette en place un nouveau PGI (Progiciel de gestion intégrée) sous la responsabilité directe du gérant de l'entreprise. Le gérant de la SARL Rendut n'étant autre

que le frère du gérant de la SARL SODI, ce dernier ne lui a facturé, dans le cadre d'un contrat de service, que le montant du salaire qu'il a eu à verser à Mme Halima.
Le dernier dossier à traiter est celui de M. Vincent, engagé à compter du 28 décembre 2020 en qualité d'agent de sécurité selon un contrat à temps partiel d'une durée de 50 heures par mois. Il a accompli 1,75 heure complémentaire au mois de février 2021 avec, au cours de la première semaine de ce mois, une durée de travail de 36,75 heures. À la suite de la rupture de son contrat de travail en décembre 2021, il vous contacte afin de vous informer qu'il va saisir le conseil de prud'hommes pour demander la requalification de son contrat en temps plein.

Votre mission : analyser la mise en œuvre d'un contrat de travail.
Pour cela, vous devez :

3.1. Rédiger le message que vous allez envoyer à Mme Halima au sujet de sa clause de non-concurrence.

3.2. Analyser si le recours de Mme Halima a des chances d'être accueilli par le juge.

3.3. Présenter les arguments invoqués par M. Vincent et en vérifier la validité.

BASE DOCUMENTAIRE

Document 1 – Projet d'offre d'emploi

La SAS SODI est une entreprise spécialisée dans la mise à disposition de matériel de nettoyage industriel. Elle assure également une activité de collecte et de traitement de déchets non polluants.
Au sein de cette entreprise, vous trouverez un service financier et comptable pour lequel nous recherchons :

UN ASSISTANT COMPTABLE

Intervenant dans une société en pleine croissance, vos missions seront les suivantes :

- saisir les factures ;
- réaliser des bilans ;
- établir des états de rapprochement bancaire ;
- rédiger des documents comptables ;
- assurer le suivi des budgets.

Profil recherché :
De formation Bac +2 minimum en comptabilité (BTS, DCG, Master, DSCG...), vous justifiez d'une première expérience d'au moins 2 ans sur un poste similaire. Votre langue maternelle est le français. Vous avez une bonne culture des pays anglo-saxons. Curieux et adaptable, vous souhaitez rejoindre une structure dans laquelle vous pourrez évoluer. Vous vous assurez de n'avoir aucun engagement associatif personnel le samedi pour être disponible en cas de besoin.

Document 2 – Guide d'entretien pour le recrutement d'un collaborateur comptable

Date de l'entretien : Nom du candidat : Poste:

Questions à poser :
1. Pouvez-vous vous présenter ?
2. Que savez-vous de nous ?
3. Pourquoi avez-vous quitté votre dernier poste ?
4. Qu'est-ce qui a suscité votre intérêt pour cette offre d'emploi ?
5. Parlez-moi d'une situation qui vous a mis mal à l'aise à l'égard de votre responsable. Pour quelles raisons ?

6. Si vous assistiez à une situation de harcèlement, quelle serait votre réaction ?
7. Quels résultats avez-vous obtenus dans vos précédentes expériences ?
8. Quels sont vos hobbies ? Aimez-vous la pêche ?
9. Quelle est la critique la plus constructive qu'on a été amené à vous faire ?
10. Si vous pouviez revenir dans le passé, feriez-vous différemment certaines choses ?
11. Qu'aimeriez-vous faire une fois en poste ?
12. Qu'attendez-vous de votre manageur ?
13. Quels sont vos axes d'amélioration ?
14. Quels sont vos moteurs professionnels ?
15. Où vous voyez-vous dans cinq ans ?
16. Quelles sont vos prétentions salariales ?
17. Quelle est votre disponibilité ? Le soir ? Le week-end ? Pourquoi ?
18. Avez-vous des questions ?

Document 3 – Arrêt de la Cour de cassation, chambre sociale, 5 mai 2021, n° 19-14295

Faits et procédure

1. Selon l'arrêt attaqué (Aix-en-Provence, 1er février 2019), Mme [W], épouse [O], a été engagée en qualité d'aide-cuisinière par l'association Entraide des Bouches-du-Rhône, selon contrats à durée déterminée de remplacement non successifs du 24 avril au 11 septembre 2009, pour surcroît d'activité pour la journée du 12 septembre 2009, puis pour remplacement d'un salarié absent du 15 septembre 2009 au 8 avril 2011. Le 14 mars 2011, les parties ont conclu un contrat à durée indéterminée avec effet au 17 mai 2011.

2. La salariée a été placée en arrêt de travail pour maladie professionnelle du 11 octobre 2011 au 26 avril 2012, puis pour accident du travail à compter du 26 mai 2012 et pour maladies professionnelles et non professionnelles à compter du 22 octobre 2012. Elle a été reconnue travailleuse handicapée pour la période du 1er décembre 2012 au 30 novembre 2017.

3. Le 28 mai 2014, la salariée a saisi la juridiction prud'homale aux fins de requalification de la relation de travail en un contrat à durée indéterminée à compter du 12 septembre 2009, de résiliation judiciaire de son contrat de travail aux torts de l'employeur pour non-respect de son obligation de sécurité et de condamnation de ce dernier au paiement de diverses sommes.

Examen des moyens sur le premier moyen énoncé du moyen

4. La salariée fait grief à l'arrêt de déclarer prescrite la demande de requalification de la relation de travail en contrat de travail à durée indéterminée à compter du 12 septembre 2009, alors « que le délai de prescription des actions en requalification du contrat de travail à durée déterminée en contrat de travail à durée indéterminée a successivement été réduit de trente à cinq ans puis de cinq à deux ans, par les lois n° 2008-561 du 17 juin 2008 et 2013-504 du 14 juin 2013 » […]

Réponse de la Cour

Vu les articles L. 1471-1 du Code du travail, dans sa rédaction antérieure à celle issue de l'ordonnance n° 2017-1387 du 22 septembre 2017, […] :

5. Il résulte du dernier de ces textes qu'en cas de réduction de la durée du délai de prescription, ce nouveau délai court à compter du jour de l'entrée en vigueur de la loi nouvelle sans que la durée totale puisse excéder la durée prévue par la loi antérieure.

6. Selon le premier de ces textes, toute action portant sur l'exécution du contrat de travail se prescrit par deux ans à compter du jour où celui qui l'exerce a connu ou aurait dû connaître les faits lui permettant d'exercer son droit.

7. Aux termes du deuxième, un employeur ne peut conclure avec le même salarié des contrats à durée déterminée successifs que dans quatre hypothèses : pour remplacer des salariés absents, pour des emplois saisonniers ou pour des emplois pour lesquels il est d'usage

constant de ne pas recourir aux contrats à durée indéterminée, pour remplacer l'une des personnes mentionnées aux 4° et 5°de l'article L. 1242-2 du Code du travail.
8. Il en résulte, d'une part, que la conclusion de contrats à durée déterminée pour un surcroît d'activité n'entre pas dans le champ d'application de l'article L. 1244-1 du Code du travail, d'autre part, que le délai de prescription d'une action en requalification d'un contrat à durée déterminée en contrat à durée indéterminée, fondée sur le non-respect du délai de carence entre deux contrats successifs prévu à l'article L. 1244-3 du Code du travail, court à compter du premier jour d'exécution du second de ces contrats.
9. Pour déclarer prescrite la demande de requalification de la relation de travail en contrat de travail à durée indéterminée à compter du 12 septembre 2009, l'arrêt retient qu'il résulte de l'article L. 1471-1 du Code du travail dans sa rédaction applicable au litige, que le délai de prescription d'une action en requalification d'un contrat à durée déterminée en contrat à durée indéterminée, fondée sur le non-respect du délai de carence entre deux contrats successifs, court à compter de la date de conclusion du second contrat, soit, en l'espèce, le 1er septembre 2009. [...]
10. En statuant ainsi, alors, d'une part, qu'il ressortait de ses propres constatations que les parties avaient conclu des contrats de remplacement non successifs pour des périodes comprises entre les 24 avril et 11 septembre 2009 puis un contrat pour surcroît d'activité pour la journée du 12 septembre 2009, de telle sorte que le délai de prescription de l'action en requalification de ce contrat à durée déterminée en contrat à durée indéterminée, fondée sur le non-respect du délai de carence entre deux contrats successifs, courait à compter du premier jour de son exécution, le 12 septembre 2009, et, d'autre part, qu'elle avait relevé que la salariée avait saisi la juridiction prud'homale le 28 mai 2014, ce dont il résultait que la prescription de deux ans applicable à l'action en requalification a couru à compter de l'entrée en vigueur de la loi du 14 juin 2013, sans que la durée totale excède la prescription quinquennale à laquelle était soumise cette action avant cette date, la cour d'appel a violé les textes susvisés

Document 4 – Extrait du contrat de travail de Mme Halima

Article 7 : Clause de non-concurrence

Compte tenu des responsabilités et fonctions assurées par Mme Halima et, afin de préserver les intérêts de la société, en cas de rupture du contrat de travail et pour quelque motif que ce soit, la clause suivante est conclue.

Mme Halima s'engage à ne pas entrer au service d'une entreprise concurrente ni à collaborer directement ou indirectement à toute fabrication, tout commerce ou toute autre activité pour concurrencer les articles ou produits fabriqués par la société ou les activités de la société.

Cette clause de non-concurrence s'applique mondialement pendant 4 ans.

En contrepartie de cette obligation de non-concurrence, Mme Halima percevra, pendant toute la durée de l'interdiction, une indemnité mensuelle égale à 30 % de la moyenne de son salaire brut.

Lors de la rupture du contrat de travail, quel que soit le motif, la société se réserve le droit de libérer Mme Halima de l'interdiction de concurrence, sans que cette dernière puisse alors prétendre au paiement d'une quelconque indemnité.

Document 5 — Arrêt de la Cour de cassation, chambre sociale, 8 avril 2021, n° 19-22097

Faits et procédure

1. Selon l'arrêt attaqué (Angers, 27 juin 2019), rendu en référé, Mme D. a été engagée en qualité de généticienne par la société [...] le 1er janvier 2015. Le contrat de travail stipulait une clause de non-concurrence.

2. La salariée a démissionné le 29 mai 2018 et quitté la société le 31 août 2018.

3. L'employeur l'a mise en demeure de respecter la clause de non-concurrence le 17 septembre 2018 puis a saisi la juridiction prud'homale en référé.

Examen des moyens Sur le premier moyen, pris en sa deuxième branche Énoncé du moyen

4. La salariée fait grief à l'arrêt de confirmer l'ordonnance de référé en ce qu'elle lui a ordonné de cesser toute activité de concurrence professionnelle à la société [...] au sein de la société [...] et de la condamner à payer des sommes à titre provisionnel, alors « qu'est illicite la clause de non-concurrence qui, pour délimiter son périmètre géographique, se réfère "au niveau mondial" ; qu'en déduisant l'existence d'un trouble manifestement illicite de ce que la clause de non-concurrence, bien que sa délimitation soit le monde entier, ne rendait pas impossible l'exercice par la salariée d'une activité conforme à sa formation, lorsqu'il résultait de ses propres constatations qu'en stipulant qu'elle était d'application mondiale, la clause litigieuse n'était pas délimitée dans l'espace, la cour d'appel a violé l'article 1134 devenu les articles 1103 et 1104 du Code civil. »

Réponse de la Cour

Vu le principe fondamental de libre exercice d'une activité professionnelle et les articles L. 1121-1, R. 1455-6 et R. 1455-7 du Code du travail :

5. Une clause de non-concurrence n'est licite que si elle est indispensable à la protection des intérêts légitimes de l'entreprise, limitée dans le temps et dans l'espace, qu'elle tient compte des spécificités de l'emploi du salarié et comporte l'obligation pour l'employeur de verser au salarié une contrepartie financière, ces conditions étant cumulatives.

6. Pour ordonner à la salariée de cesser toute activité de concurrence professionnelle à la société [...] au sein de la société [...] et la condamner à payer des sommes à titre provisionnel, l'arrêt retient que le fait que la délimitation géographique de l'obligation de non-concurrence soit le monde entier ne rend pas en soi impossible par la salariée l'exercice d'une activité professionnelle.

7. En statuant ainsi, alors qu'il résultait de ses constatations que la clause de non-concurrence n'était pas délimitée dans l'espace, ce dont il résultait que les demandes fondées sur cette clause se heurtaient à l'existence d'une contestation sérieuse, et que sa méconnaissance ne constituait pas un trouble manifestement illicite, la cour d'appel a violé le principe et les textes susvisés ;

PAR CES MOTIFS : CASSE ET ANNULE, en toutes ses dispositions, l'arrêt rendu le 27 juin 2019.

PARTIE 3

ASPECTS INDIVIDUELS : EXÉCUTION DU CONTRAT DE TRAVAIL

« Le contrat de travail est source de droits et d'obligations, tant pour le salarié que pour l'employeur. »

CHAPITRE 8

Les cas de suspension du contrat de travail

À l'issue de ce chapitre,

• vous serez capable :

- ❒ d'identifier les cas de suspension du contrat de travail ;
- ❒ de déduire les principaux effets des cas de suspension du contrat de travail.

• vous saurez identifier :

- ❒ la classification des causes de suspension
- ❒ les règles communes aux cas de suspension d'un contrat de travail ;
- ❒ les spécificités propres à la suspension du contrat pour maladie ou accident ;
- ❒ les spécificités propres à la suspension du contrat à la suite d'une naissance.

Mise en situation

Philippe vient d'être recruté au sein du service des ressources humaines de la société d'informatique Infocom. Il a plusieurs dossiers à gérer concernant des absences de salariés. Ainsi, Louise vient de lui annoncer sa grossesse et sa décision de poser ses congés payés avant de partir en congé maternité dès le mois prochain. Philippe souhaiterait qu'elle ne parte pas si tôt et se demande s'il peut refuser son départ. Il doit déjà remplacer Arthur, en congé pour maladie professionnelle, et ne sait d'ailleurs pas quand celui-ci reviendra. Il se pose la question de procéder à son licenciement.
Conseillez au mieux Philippe dans les décisions à prendre à l'égard de Louise et d'Arthur.

I. La notion de suspension du contrat de travail

Définition : Il y a suspension du contrat de travail chaque fois que le salarié est fondé à refuser la prestation de travail ou l'employeur à s'abstenir de fournir du travail.

A La situation des parties pendant la période de suspension

1. Les obligations contractuelles

Les obligations principales (fournir une prestation de travail contre rémunération) sont suspendues.
En revanche, les obligations secondaires sont maintenues : discrétion, loyauté, confidentialité.

2. Le lien avec l'entreprise

Malgré la suspension du contrat de travail, le lien avec l'entreprise est maintenu. Le salarié fait toujours partie des effectifs et reste électeur.

! Les accidents survenus pendant la période de suspension du contrat ne sont pas considérés comme des accidents du travail.

B La situation des parties au terme de la période de suspension

1. Suspension et licenciement

La période de suspension du contrat peut inciter l'employeur à procéder au licenciement du salarié qui n'assure plus sa prestation de travail. Cependant, en fonction du cas de suspension du contrat, le licenciement n'est pas toujours possible. Il en est ainsi de la maladie et de la maternité qui sont des cas de suspension ne permettant pas le licenciement du salarié [voir Chapitre 16].

2. Suspension et droit aux congés payés

Le droit aux congés payés dépend du travail effectif. Les périodes de suspension du contrat ne font acquérir en principe aucun congé au salarié car il ne s'agit pas de travail effectif.

> **!** Il existe des exceptions, comme l'arrêt pour accident du travail ou le congé maladie, assimilés à du temps de travail effectif par certaines conventions collectives.

3. Suspension et ancienneté

La notion d'**ancienneté** est importante pour permettre de calculer un certain nombre de droits au bénéfice du salarié. En principe, la période de suspension du contrat de travail n'entre pas dans le calcul de l'ancienneté. Néanmoins l'accident du travail, la maladie professionnelle et le congé de maternité sont assimilés à des périodes de travail effectif permettant de bénéficier de l'ancienneté.

> **!** Quand plusieurs événements entraînant la suspension du contrat de travail interviennent en même temps, la jurisprudence retient la première cause pour qualifier la suspension du contrat. Ainsi, si un salarié gréviste tombe malade, la cause de suspension retenue est la grève.

II. Les cas de suspension du contrat de travail

A La maternité

La femme enceinte est protégée lors de l'embauche [voir Chapitre 4], mais aussi au cours de l'exécution de son contrat de travail.

1. La dispense de l'obligation de travailler

a. La dispense partielle en début de grossesse

Du début de la grossesse jusqu'à 6 semaines avant la date présumée de l'accouchement, la salariée peut être dispensée d'exécuter une partie de sa tâche habituelle. Cette dispense peut prendre la forme d'une réduction des horaires de travail, d'un changement provisoire d'activité ou encore d'un passage d'un horaire de nuit à un horaire de jour. Elle ne doit pas avoir d'effet sur sa rémunération et elle prend fin dès que son état de santé lui permet de retrouver son emploi normal. Enfin, certaines tâches sont interdites aux femmes enceintes.

> **Exemples :** Une femme enceinte ne peut travailler à l'extérieur s'il fait moins de 0 °C, porter des charges lourdes, manipuler des produits dangereux et travailler de nuit si le certificat de son médecin le déconseille.

Pour certaines activités à risque listées par décret (article R. 1225-4 du Code du travail), lorsque l'employeur n'a pas la possibilité d'aménager le poste de travail, il y a alors suspension du contrat de travail avec maintien de la rémunération jusqu'au début du congé de maternité.

Les absences pour effectuer les contrôles médicaux obligatoires sont considérées comme du temps de travail effectif. Cette protection concerne également le conjoint, pacsé ou concubin qui assiste à trois de ces examens médicaux obligatoires.

b. La dispense totale pendant le congé maternité

Le congé de maternité est de 16 semaines, dont 6 semaines avant la date présumée de l'accouchement et 10 semaines après. Cette période peut être prolongée en cas d'état pathologique, de naissance multiple ou à partir du troisième enfant. Les dates du congé sont préfixes (elles ne changent pas en fonction de la date réelle de la naissance). Cependant, la salariée peut reporter après l'accouchement une partie du congé prénatal dans la limite de 3 semaines. Le congé maternité est considéré comme du temps de travail effectif pour le calcul des congés payés et de l'ancienneté.

> **!** Est sanctionné pénalement (amende de 1 500 euros) le fait de faire travailler la femme enceinte pendant 8 semaines au total avant et après la date présumée d'accouchement (dont 6 semaines après), même avec son accord.

c. La prolongation de la suspension après le congé

Définition : Le congé parental d'éducation (CPE) est un congé à temps plein ou à temps partiel qui peut être pris par le père ou la mère à la suite de l'arrivée d'un enfant dans le foyer.

Tableau 8.1 Les caractéristiques du congé parental d'éducation (CPE)

Durée	Modalités	Conditions	Effets	Allocation
1 an renouvelable chaque année dans la limite de 3 ans.	– Congé total ou à temps partiel. – Salarié réintégré dans l'emploi préalablement occupé ou un emploi similaire à l'issue du congé.	– Au moins 1 an d'ancienneté dans l'entreprise. – Être le parent, naturel ou adoptif. – Par LRAR au moins 1 mois avant la fin du congé maternité ou 2 mois avant le départ. – Par LRAR au moins 1 mois avant en cas de renouvellement.	– Pas de refus possible sauf en cas de demande tardive. – Congé non rémunéré. – Non pris en compte pour les congés payés (CP). – Uniquement la moitié pour l'ancienneté.	– Prestation partagée d'éducation de l'enfant (PreparE). En cas d'adoption, cette allocation sera versée à condition que l'enfant ait moins de 20 ans. – Pendant 6 mois pour un seul enfant, 6 mois supplémentaires si congé pris par l'autre parent. – 24 mois maximum pour chaque parent, jusqu'aux 3 ans de l'enfant en enlevant les mois indemnisés au titre du congé postnatal. – Condition pour l'allocation : avoir validé au moins 8 trimestres de cotisations vieillesse. – Attribuée à un seul parent ou aux deux, en même temps ou successivement.

> **!** Il faut distinguer les conditions pour bénéficier d'un CPE et celles relatives au versement de l'allocation PreparE.

À l'issue de ce congé, le salarié est réintégré dans son poste ou un poste équivalent et sa rémunération doit être majorée comme celle des salariés relevant de la même catégorie professionnelle. Le CPE ne fait pas obstacle au licenciement économique ni à l'arrivée du terme du CDD.

2. La protection contre le licenciement

a. La portée de la protection

Il est interdit de résilier le contrat de travail d'une salariée enceinte, y compris pendant la période de suspension du contrat et pendant les 10 semaines suivant cette période (y compris pendant les congés payés pris immédiatement après ou pendant les 10 semaines suivant ces congés payés).

Il en est de même en cas d'adoption et pour le père pendant les 10 semaines suivant la naissance de l'enfant. En présence d'une faute grave non liée à l'état de grossesse ou face à l'impossibilité de maintenir le contrat pour une raison autre que la grossesse ou l'accouchement (cas de force majeure ou licenciement économique), l'employeur peut rompre le contrat de travail. Cette possibilité n'existe pas pendant le congé de maternité. Aucun licenciement ni signification, qu'elle qu'en soit la cause, ne peut avoir lieu pendant cette période.
Si l'employeur a licencié la salariée sans savoir qu'elle était enceinte, celle-ci dispose de 15 jours pour lui envoyer un certificat médical par lettre recommandée AR. Le licenciement est alors annulé.

b. Les sanctions en cas de licenciement illicite

La sanction est la nullité du licenciement. La salariée a droit à sa réintégration dans son poste d'origine si elle le demande. À défaut, l'employeur doit lui verser les salaires qu'elle aurait dû percevoir du jour du licenciement au jour où cesse la période de protection. Elle recevra également les indemnités de licenciement et de préavis, et des dommages et intérêts pour préjudice subi d'un montant au moins égal à 6 mois de salaire.

3. Le congé de paternité et d'accueil de l'enfant

Définition : Le congé de paternité et d'accueil de l'enfant permet au père de l'enfant, mais également à toute personne vivant maritalement avec la mère, de bénéficier de la suspension de son contrat de travail pour s'occuper de l'enfant suite à la naissance.

Le congé de paternité est considéré comme du temps de travail effectif pour le calcul de l'ancienneté et des droits à congés payés. Il concerne aussi bien le père de l'enfant que le conjoint ou pacsé de la mère.

Tableau 8.2 Caractéristiques du congé de paternité et d'accueil de l'enfant

Durée	Conditions	Effets
– 25 jours calendaires dont 4 jours obligatoire pris immédiatement après le congé de naissance. – Ajoutés au congé de naissance de 3 jours (congé obligatoire) calculé en jours ouvrables.	– Pris dans les 6 mois suivant la naissance. – Informer l'employeur au moins 1 mois avant (pas de refus possible). – Justifier d'une durée d'immatriculation de 10 mois et d'au moins 150 heures de travail salarié au cours des 3 derniers mois pour bénéficier de l'allocation. – Possibilité de fractionner le congé facultatif de 21 jours en respectant une durée minimale de 5 jours.	– Suspension du contrat de travail. – Versement d'une indemnité journalière forfaitaire par la CPAM. – Indemnité égale au gain journalier de base dans la limite du plafond de la Sécurité sociale. – Complément versé par l'employeur si prévu par la convention collective.

! La loi n° 2020-1576 de financement de la Sécurité sociale pour 2021 a modifié les caractéristiques du congé paternité. Ces nouvelles règles sont applicables depuis le 1er juillet 2021 suite au décret n°2021-574 du 10 mai 2021.

B La maladie et l'accident

1. La période de suspension du contrat

a. Les règles communes

Pendant l'arrêt de travail, le salarié doit fournir à l'employeur les moyens nécessaires à la poursuite de l'activité de l'entreprise. Cependant, il n'a pas à exécuter de prestation de travail, le lien de subordination étant suspendu.

Tableau 8.3 Les obligations du salarié

Obligation d'information	– Information de l'employeur dans le délai fixé par convention collective (en général, 48 heures). – Information de la CPAM dans le délai de 48 heures. – Licenciement pour faute en cas de non-respect.
Obligation de loyauté	– Interdiction d'exercer une activité professionnelle pour le compte d'un autre employeur. – Obligation de fournir à l'employeur les moyens nécessaires à la poursuite de l'activité de l'entreprise. – Licenciement pour faute en cas de non-respect. – Limite : activité de loisirs, activité occasionnelle et à titre bénévole.

L'employeur doit également respecter un certain nombre d'engagements à l'égard du salarié.

Tableau 8.4 Les obligations de l'employeur

Obligation administrative	Remplir obligatoirement une attestation de salaire à destination de la CPAM.
Obligation de rémunération	Versement d'une indemnité complémentaire.

Pour percevoir l'indemnité complémentaire [voir Chapitre 24], le salarié doit avoir une ancienneté d'un an dans l'entreprise, justifier de son incapacité dans les 48 heures, être pris en charge par la Sécurité sociale et être soigné en France ou sur le territoire de l'Union européenne.

Cette indemnité est versée au salarié :

- Pendant les 30 premiers jours, il touche 90 % de la rémunération brute moins les allocations perçues de la Sécurité sociale moins les indemnités versées par le régime complémentaire de prévoyance.
- Pendant les 30 jours suivants, le versement est réduit à 66,66 % de la rémunération brute.

> **!** Une convention ou accord collectifs peuvent prévoir des conditions plus favorables.

Ces durées d'indemnisation sont augmentées de 10 jours par période entière de 5 ans d'ancienneté supplémentaire, dans la limite de 90 jours. En cas de congé pour maladie ou accident non professionnel, le versement de cette indemnité n'a lieu qu'à compter du huitième jour d'absence.

En contrepartie du versement de cette rémunération, l'employeur peut ordonner une **contre-visite médicale.** Le salarié qui refuse de se soumettre à cette contre-visite ne commet pas une faute motivant un licenciement, mais perd le droit à l'allocation complémentaire versée par l'employeur. La CPAM doit également être informée et peut suspendre les indemnités journalières.

> **!** La suspension des IJSS entraîne automatiquement la suspension des indemnités complémentaires.

b. Les règles spécifiques

Deux cas doivent être distingués :

- **En cas de maladie ou d'accident non professionnel**. Si la maladie se prolonge ou en cas d'arrêts répétés, l'employeur peut licencier le salarié. Le licenciement n'est valable que si les absences du salarié perturbent gravement le fonctionnement de l'entreprise et nécessitent le remplacement définitif du salarié (conditions cumulatives).
- **En cas de maladie ou d'accident professionnel**. Pendant la période de suspension, l'employeur ne peut pas résilier le contrat de travail sauf en cas de faute grave ou d'impossibilité de maintenir le contrat de travail pour une raison autre que la maladie ou l'accident. En revanche, il peut engager la procédure de licenciement. Le salarié licencié irrégulièrement peut demander soit la nullité du licenciement et sa réintégration, soit le paiement d'indemnités de rupture.

2. L'issue de la suspension

a. Le retour au travail du salarié

La loi ne fixe pas la date de reprise de l'emploi. La Cour de cassation estime que c'est la **visite de reprise**, assurée par le médecin du travail (ou le service de prévention et de santé au travail), qui met fin à la période de suspension. Elle doit avoir lieu dans les 8 jours suivant celui où le salarié se présente dans l'entreprise à l'expiration de l'arrêt ordonné par son médecin et est organisée à l'initiative de l'employeur.

Pour les arrêts de travail de moins de 30 jours ayant une cause non professionnelle ou un accident de travail, la Cour de cassation considère que la date de reprise est celle prévue sur le certificat médical établi par le médecin traitant. Le salarié doit reprendre son activité précédente ou un emploi similaire (même rémunération, même qualification, mêmes perspectives de carrière).

> ! Dans les autres cas, la visite de reprise est obligatoire. Elle est assimilée à du temps de travail effectif. De plus, si l'arrêt de travail a une durée de plus de 3 mois, une visite de préreprise peut être organisée à la demande du salarié ou du médecin.

Lorsque la cause du congé est non professionnelle, la non-réintégration donne lieu à un licenciement sans cause réelle et sérieuse et au versement d'indemnités. Lorsqu'elle est professionnelle, le salarié a droit à une indemnité spéciale de licenciement, à une indemnité compensatrice de préavis ainsi qu'à une indemnité compensatrice de congés payés.

b. L'inaptitude du salarié

Depuis la loi n° 2016-1088 du 8 août 2016, l'**inaptitude** peut être constatée par le médecin du travail dès la première visite médicale de reprise. Un second examen peut être prévu 15 jours plus tard uniquement s'il le juge nécessaire. La contestation de la décision prise par le médecin se fait devant le conseil de prud'hommes.

Tableau 8.5 Les trois décisions possibles à l'issue de l'examen médical de reprise

Le reclassement		
Conditions	Modalités	Effets
– Emploi tenant compte des conclusions prises par le médecin. – Emploi le plus proche possible du précédent. – Offre sérieuse et précise.	– Mettre en œuvre tous les moyens à sa disposition : transformation du poste de travail ; aménagement du temps de travail, au sein du groupe sur le territoire national. – Respecter le délai de 1 mois. – Consulter le CSE.	– Le reclassement à un poste inférieur n'est possible qu'avec l'accord du salarié. – En cas de refus, l'employeur doit faire d'autres propositions.
Le licenciement		
Conditions	Effets, en cas d'inaptitude professionnelle	Effets, en cas d'inaptitude non professionnelle
– En cas de reclassement impossible. – En cas de refus répétés du salarié.	– Versement d'une indemnité spéciale de licenciement. – Versement de l'indemnité compensatrice de préavis. – Versement de dommages et intérêts en cas de préjudice.	– Versement de l'indemnité légale de licenciement. – Non-versement de l'indemnité de préavis.

L'absence de prise de décision		
Situation concernée	Conditions	Effets
– Aucune décision de reclassement ni de licenciement.	– Dans le délai de 1 mois à compter de l'examen de reprise. – Même en cas de refus abusif de la part du salarié.	– Versement du salaire correspondant à l'emploi occupé avant la suspension de son contrat. – Licenciement sans cause réelle et sérieuse en l'absence de versement du salaire.

C Les autres causes de suspension du contrat

1. La suspension du contrat du fait du salarié

a. Le congé de présence parentale

Définition : Le congé de présence parentale bénéficie à tout salarié dont l'enfant à charge de moins de 20 ans est victime d'une maladie, d'un handicap ou d'un accident grave, nécessitant, pendant une période minimale, une présence ou des soins, peut bénéficier d'un congé de présence parentale.

Le salarié en congé bénéficie d'une allocation journalière spéciale pendant 3 ans maximum avec renouvellement tous les 6 mois. Ce congé est assimilé à une période de travail, sauf pour l'ancienneté (prise en compte à 50 %). À l'issue du congé, le salarié retrouve son emploi ou un poste équivalent.

> **!** La loi n° 2020-692 du 8 juin 2020 a créé un congé de deuil de 8 jours fractionnables à la suite du décès de son enfant de moins de 25 ans. Ce congé est cumulable avec le congé pour décès.

b. Les congés payés

Le salarié a droit à 2,5 jours de congé par mois de travail effectif, ce qui représente au final 5 semaines de congés payés par an [voir Chapitre 11].

c. Le compte personnel de formation – transition professionnelle (CPF)

Ce congé est attribué au salarié à sa demande pour suivre la formation de son choix, non prévue dans le plan de formation de l'entreprise [voir Chapitre 13].

d. Le congé sabbatique

Définition : Le congé sabbatique est une suspension du contrat de travail pour convenances personnelles pendant une période de 6 à 11 mois (sauf convention ou accord collectif plus favorable).

Le salarié doit justifier d'une ancienneté de 36 mois dans l'entreprise ainsi que de 6 années d'activité professionnelle. Le délai de carence entre deux congés sabbatiques ou congé de transition professionnelle de 6 mois est de 6 ans. Le salarié ne touche aucune rémunération pendant la durée du congé sauf en cas de convention collective contraire. Il doit faire sa demande par tout moyen conférant une date certaine au moins 3 mois avant le départ.
Dans les entreprises de moins de 300 salariés, l'employeur peut refuser ce congé si les conséquences pour l'entreprise sont négatives et après avis des représentants du personnel.

e. Le congé pour création d'entreprise

Ce congé de 12 mois est donné au salarié à condition de justifier de 24 mois d'ancienneté consécutifs ou non dans l'entreprise ou le groupe (sauf convention ou accord contraire) et d'une création ou reprise d'entreprise. Il peut être pris sous la forme d'un temps partiel. Le salarié doit informer l'employeur par lettre ou courrier électronique recommandé au moins 2 mois avant le départ. Dans les entreprises de moins de 300 salariés, l'employeur peut refuser ce départ s'il a un effet préjudiciable pour l'entreprise.

f. La grève

La grève se définit comme la cessation collective du travail après concertation dans un but professionnel. Son exercice est encadré par la loi et le salarié gréviste est protégé [voir Chapitre 3].

2. La suspension du contrat du fait de l'employeur

a. La suspension collective du contrat

L'employeur peut décider la fermeture temporaire de l'entreprise ou de l'établissement en cas de *lock-out*, d'activité partielle ou à la suite d'une décision de justice.

Tableau 8.6 Les trois cas de fermeture temporaire de l'entreprise

Cas de fermeture	Conditions cumulatives	Effets
Le *lock-out*	– En cas de grève. – Si force majeure ou impossibilité d'assurer la sécurité des salariés. [voir Chapitre 3]	– Suspension temporaire du contrat de travail des salariés non-grévistes. – Non-versement des salaires.
L'activité partielle	– Fermeture temporaire de l'entreprise ou réduction du temps de travail. – Uniquement en cas de difficultés économiques, de sinistre exceptionnel, de circonstances exceptionnelles ou de modernisation indispensable.	– Versement d'une allocation spécifique financée par l'État et l'Unédic. – Versement d'une indemnité complémentaire par l'employeur.
La décision de justice	– Non-respect de règles de sécurité ou sanction pénale.	– Fermeture temporaire ou définitive. – Application des règles de l'activité partielle ou du licenciement collectif.

b. La suspension individuelle du contrat

L'employeur peut décider **la mise à pied** du salarié pour faute à titre de sanction disciplinaire ou à titre conservatoire dans le cadre d'une procédure de licenciement [voir Chapitres 14 et 16].

SYNTHÈSE

Suspension du contrat de travail

Dans quels cas ?

Congé parental d'éducation

La maternité
- Dispense partielle de travail
- Dispense totale de travail

La paternité
- Dispense totale de travail

La maladie et l'accident
- Obligations du salarié
- Obligations de l'employeur
- Effets à l'issue du congé

Autres
- Congé de présence parental
- Congé de deuil
- Congés payés
- CPF – Transition professionnelle
- Congé sabbatique
- Congé pour reprise ou création d'entreprise
- Grève, *lock-out*
- Activité partielle

Quels effets ?

Les obligations des parties

Suspension des obligations principales :
travail et rémunération

Maintien des obligations secondaires :
loyauté, confidentialité

Les droits des salariés
- Droit d'être électeur et éligible
- Droit aux CP et à l'ancienneté si le congé est du temps de travail effectif

Le droit de l'employeur au licenciement

Interdit
En cas de maternité ou de grève

Autorisé
En cas de faute grave et mise à pied

Faites le point sur les notions clés : suspension du contrat de travail p. 128, congé parental d'éducation p. 130, congé de paternité et d'accueil de l'enfant p. 131, congé de présence parentale p. 134, congé sabbatique p. 134.

Révisez avec les flashcards
www.lienmini.fr/dcg03-16

QCM

Réponse unique

QCM interactif

www.lienmini.fr/dcg03-17

1 Pendant la période de suspension du contrat de travail :
- ❍ **a.** seules les obligations de l'employeur sont maintenues.
- ❍ **b.** seules les obligations du salarié sont maintenues.
- ❍ **c.** seules les obligations accessoires des deux parties sont maintenues.

2 Le congé parental d'éducation est :
- ❍ **a.** réservé à la mère.
- ❍ **b.** partagé entre le père et la mère.
- ❍ **c.** réservé au père.

3 Le contrat de travail de la salariée enceinte peut être rompu :
- ❍ **a.** pendant le congé maternité en cas de faute grave.
- ❍ **b.** en dehors du congé maternité en cas de faute grave.
- ❍ **c.** en dehors du congé maternité pour tout motif.

4 Le salarié en congé maladie peut exercer une activité :
- ❍ **a.** professionnelle à condition de ne pas faire concurrence à son employeur.
- ❍ **b.** professionnelle en vertu du principe de la liberté d'entreprendre.
- ❍ **c.** non professionnelle quelle qu'elle soit.

5 En cas d'inaptitude médicalement constatée, le salarié doit être :
- ❍ **a.** reclassé dans un poste équivalent.
- ❍ **b.** licencié après un préavis.
- ❍ **c.** licencié uniquement si le reclassement est impossible.

Plusieurs réponses possibles

6 La période de suspension du contrat de travail :
- ❍ **a.** ne permet pas de bénéficier de congés payés car ce n'est pas du temps de travail effectif.
- ❍ **b.** peut permettre de bénéficier de congés payés si elle est reconnue comme du temps de travail effectif.
- ❍ **c.** peut permettre d'être comptabilisée pour l'ancienneté quand elle est reconnue comme du temps de travail effectif.

7 En début de grossesse, la femme enceinte peut bénéficier :
- ❍ **a.** d'une rémunération supplémentaire si elle accepte de travailler.
- ❍ **b.** d'un aménagement du poste ou des horaires avec maintien de la rémunération.
- ❍ **c.** d'une suspension de son travail avec maintien de la rémunération en cas d'activité à risques.

8 L'allocation PréparE est versée au parent en CPE :
- ❍ **a.** pendant 3 ans, durée maximale de ce congé.
- ❍ **b.** pendant 2 ans, avec prolongation à 12 mois en cas d'alternance des parents.
- ❍ **c.** pendant 6 mois, pour le 1er enfant, avec prolongation de 6 mois en cas d'alternance des parents.

9 **Le congé de paternité concerne :**
❍ **a.** le père de l'enfant qui vient de naître.
❍ **b.** le père de la femme enceinte.
❍ **c.** le conjoint ou pacsé de la femme enceinte.

10 **Le salarié en congé maladie doit :**
❍ **a.** informer le médecin du travail dans les 48 heures.
❍ **b.** informer son employeur dans un délai très court.
❍ **c.** informer la CPAM dans les 48 heures.

Réponses à justifier

11 **Anna, enceinte, a reçu le 10 mars une LRAR la convoquant à un entretien de licenciement. Elle peut :**
❍ **a.** refuser de se rendre à cet entretien et continuer à venir travailler.
❍ **b.** envoyer un certificat médical à son employeur avant le 25 mars.
❍ **c.** envoyer par LRAR un certificat justifiant de son état de grossesse avant le 25 mars.

12 **Jonas est papa depuis le 3 avril d'un petit Alban. Suite à certaines absences non justifiées, il a été licencié le 5 mai.**
❍ **a.** Jonas ne peut contester ce licenciement pour faute qui est justifié.
❍ **b.** Jonas ne bénéficie d'aucune protection car il n'est pas en congé paternité.
❍ **c.** Jonas peut contester ce licenciement car il est protégé pendant les 10 semaines suivant la naissance.

13 **Kévin est en arrêt maladie pour 1 semaine. Le jeudi, il donne un coup de main à sa sœur sur un marché. Son employeur le croise et décide de le licencier.**
❍ **a.** Le licenciement de Kévin est justifié pour faute simple.
❍ **b.** Le licenciement de Kévin n'est pas justifié car il exerce une activité bénévole.
❍ **c.** Le licenciement de Kévin est justifié pour faute grave.

14 **Ahmed est déclaré inapte à rester debout plus de 2 heures de suite du fait d'un accident du travail.**
❍ **a.** L'employeur doit aménager son poste de travail et ne peut le licencier que si cet aménagement n'est pas possible.
❍ **b.** L'employeur peut licencier Ahmed pour inaptitude et impossibilité de reprendre son travail. La Sécurité sociale le prendra en charge.
❍ **c.** L'employeur doit aménager le poste de travail ou faire plusieurs propositions de reclassement sérieuses avant de pouvoir licencier Ahmed.

15 **Bertille souhaite prendre un congé sabbatique de 3 mois pour se rendre au Mexique. Elle a bénéficié d'un congé formation-transition professionnelle d'une durée de 6 mois qui a pris fin il y a 2 mois.**
❍ **a.** Bertille ne pourra pas prendre le congé souhaité car elle doit respecter un délai de carence.
❍ **b.** Bertille pourra prendre le congé souhaité, son employeur ne peut lui refuser.
❍ **c.** Bertille ne pourra pas prendre le congé souhaité car il doit être au minimum de 6 mois.

CAS PRATIQUE GUIDÉ

PROTECTION DE LA SALARIÉE ENCEINTE ET CONGÉ MATERNITÉ AU SEIN DE LA SOCIÉTÉ REVAIRLINES

Laurence est hôtesse de l'air au sein de la société Revairlines depuis 5 ans. Enceinte de 2 mois, elle demande à son employeur d'aménager son poste de travail. Sa grossesse ne se déroule pas bien et son médecin lui a conseillé d'éviter les piétinements et les changements d'altitudes.

Le dirigeant de la société Revairlines, M. Haire, a proposé à Laurence un poste dans un bureau, mais avec une baisse de sa rémunération. Il précise qu'il n'a aucun autre poste à proposer.

Si Laurence refuse, il lui propose de partir tout de suite en congé de maternité et de revenir juste après la naissance de son enfant ou d'accepter un licenciement pour inaptitude à remplir ses fonctions correctement.

1. **Vérifiez la validité de la proposition de poste faite par M. Haire.**
2. **Analysez sa demande concernant le congé de Laurence ou son licenciement.**

CORRIGÉ

☑ COMPÉTENCES ATTENDUES : **Identifier les spécificités liées à la suspension du contrat de travail suite à une naissance. Déduire les effets de la suspension du contrat de travail. Maîtriser la méthodologie du cas pratique.**

Méthode

Il est important de repérer, dès la lecture du sujet, le problème posé. Dès lors qu'il s'agit d'une salariée enceinte, vous devez identifier sa situation : encore en cours d'exécution de son contrat, en congé ou au retour de son congé.
L'identification des dates pour l'application des délais est également essentielle.
Ici, il s'agit d'identifier les différents dispositifs mis en place pour protéger la salariée enceinte.

1. Vérification de la validité de la proposition de poste faite par M. Haire.

PRINCIPES JURIDIQUES

La dispense partielle d'activité en début de grossesse ne doit pas avoir d'effet sur la rémunération de la femme enceinte. Cette dispense doit prendre fin dès que l'état de la salariée le lui permet.
L'employeur, qui n'a pas la possibilité d'aménager le poste de travail, peut affecter la salariée sur un autre poste mais avec maintien de la rémunération (arrêt n° 99-44976 de la Cour de cassation du 19 janvier 1999).

APPLICATION AU CAS

M. Haire ne pouvant pas reclasser Laurence dans un poste de travail avec la même rémunération, il a pour obligation de maintenir sa rémunération et de suivre les prescriptions imposées par le médecin traitant. En cas de litige, il peut faire appel au médecin du travail afin d'avoir son avis.

2. Analyse de la demande de l'employeur concernant le congé de Laurence ou son licenciement.

Méthode

Vous avez ici deux questions à traiter : le droit à congé de maternité de la salariée enceinte et sa protection contre le licenciement.

PRINCIPES JURIDIQUES

Le congé de maternité est de 16 semaines, dont 6 semaines avant la date présumée de l'accouchement et 10 semaines après. Cette période peut être prolongée en cas d'état pathologique, de naissance multiple ou à partir du troisième enfant. Les dates du congé sont préfixes (elles ne changent pas en fonction de la date réelle de la naissance). Cependant, la salariée peut reporter après l'accouchement une partie du congé prénatal dans la limite de 3 semaines. Le congé maternité est considéré comme du temps de travail effectif pour le calcul des congés payés et de l'ancienneté.

> ! Est sanctionné pénalement (amende de 1 500 euros) le fait de faire travailler la femme enceinte pendant 8 semaines au total avant et après la date présumée d'accouchement (dont 6 semaines après), même avec son accord.

L'employeur n'a en principe pas le droit de licencier la salariée enceinte, y compris pendant le congé maternité et pendant les 10 semaines suivant la fin de ce congé. Cependant, excepté pendant le congé maternité, le licenciement peut exceptionnellement être prononcé s'il repose sur une faute grave ou une impossibilité de maintenir le contrat non liées à l'état de grossesse.

> ! Quelle qu'en soit la cause, le licenciement est interdit pendant toute la durée du congé maternité.

APPLICATION AU CAS

Laurence est enceinte de 2 mois. Son congé de maternité doit débuter en principe au bout de 7 mois ½ de grossesse. M. Hair ne peut donc pas lui demander de partir en congé de maternité dès maintenant. De plus, il n'a pas le droit de la faire travailler pendant les 6 semaines suivant son accouchement, donc il ne pourra pas la faire revenir juste après la naissance de son enfant.

Par ailleurs, n'étant pas encore en congé maternité, son employeur peut la licencier. Cependant, il doit alors justifier d'une faute grave ou d'une impossibilité de maintenir le contrat, non liées à son état de grossesse.

Or, dans le cas présent, il justifie le licenciement par l'inaptitude de Laurence liée à sa situation de grossesse. Ce motif n'est pas valable. Si le licenciement a lieu, il sera annulé pour absence de cause réelle et sérieuse. Laurence devra retrouver son poste et être indemnisée.

AUTOÉVALUATION

La grille d'autoévaluation ci-après vous permet d'évaluer votre niveau et de vérifier si vos réponses correspondent aux attendus de l'examen.

Questions	Niveau 1	Niveau 2	Niveau 3	Niveau 4
	Un premier élément de réponse, mais très incomplet, des erreurs, des contresens	*Des éléments de réponse isolés, des approximations et/ou de la paraphrase*	*Question comprise : des éléments de réponse pertinents mais incomplets au niveau des savoirs et/ou de l'application*	*Compétence attendue mobilisée avec mobilisation complète des savoirs associés à la compétence. Application pertinente.*
1. Vérifiez la validité de la proposition de poste faite par M. Hair. *(voir Section II.A)*	❑ Vous validez la décision prise par M. Haire. ❑ Vous ne présentez pas la possibilité d'une dispense partielle d'activité.	❑ Vous présentez la possibilité d'une dispense partielle mais les effets cités sont erronés. ❑ Votre application au cas est fausse.	❑ Vous présentez la possibilité d'une dispense partielle et ses effets sur la rémunération. ❑ Votre application est confuse et en partie fausse.	❑ Vous présentez la dispense partielle ainsi que ses effets sur la rémunération. ❑ Votre application est complète.
2. Analysez la demande de l'employeur concernant le congé de Laurence ou son licenciement. *(voir Section II.A)*	❑ Vous validez le licenciement pour inaptitude ainsi que la demande de congé anticipé faite par M. Hair.	❑ Vous ne validez pas le licenciement pour inaptitude mais votre justification est incomplète. ❑ Vous ne traitez pas le cas du congé de maternité anticipé (ou inversement). ❑ L'application est fausse car vous considérez que Laurence est en congé maternité. Vous avez accepté l'avancement de ce congé proposé par M. Hair.	❑ Vous ne validez pas le licenciement et vous faites bien la distinction entre la protection pendant le congé et hors congé. ❑ Vous rejetez la possibilité de demander à Laurence un départ en congé maternité anticipé. ❑ Vous faites des erreurs sur la durée de la protection et/ou du congé et/ou votre application est fausse car vous ne justifiez pas correctement la nullité du licenciement.	❑ Vous identifiez précisément et avec les délais les différentes périodes de protection de la femme enceinte. ❑ Vous rejetez la demande de M. Hair concernant les dates du congé de maternité de Laurence. ❑ Vous analysez correctement la situation en invalidant le licenciement du fait du motif retenu par l'employeur.

EXERCICES

1 Conséquences d'un arrêt maladie et d'un congé maternité dans le laboratoire Biotechnique

15 min

☑ **COMPÉTENCES ATTENDUES : Identifier les causes de suspension du contrat de travail. Déduire les principaux effets des cas de suspension du contrat de travail.**

Secrétaire dans le laboratoire médical Biotechnique, Françoise doit se faire opérer de la hanche. Son absence devrait durer plusieurs semaines du fait de la rééducation. Françoise ne s'entend pas très bien avec son directeur qu'elle juge trop autoritaire. Elle a décidé de ne pas le prévenir de son absence afin de lui montrer combien elle lui est indispensable.
Florence, une collègue de Françoise, a protégé l'utilisation de son ordinateur par un mot de passe. En congé maternité, elle refuse de le communiquer à son employeur. Or, son ordinateur contient

de nombreux documents indispensables pour sa remplaçante. Celle-ci va être obligée de refaire de nombreux modèles de documents et de collecter à nouveau certaines coordonnées.
Florence considère qu'elle est en congé et que son employeur n'a rien à lui demander. Elle n'a d'ailleurs pas répondu à la demande relative à l'organisation de la prochaine réunion avec les fournisseurs.

1. Analysez les conséquences de la décision prise par Françoise.

2. Vérifiez la validité des décisions prises par Florence.

2 Statut des salariés en congé maladie dans l'entreprise Batiplus

20 min

COMPÉTENCES ATTENDUES : Identifier les causes de suspension du contrat de travail. Déduire les principaux effets des cas de suspension du contrat de travail.

Henri est dirigeant de l'entreprise Batiplus dont l'activité principale est la construction de logements. Elle comprend 54 salariés. Au sein de cette entreprise, Jack est responsable de chantier et dirige une équipe de 7 ouvriers. Récemment, il a accepté d'aider son frère qui est dirigeant d'une petite entreprise du bâtiment (4 salariés). Il a profité de la prolongation d'un congé maladie donné par son médecin à la suite d'un problème de lombaires pour lui prêter main-forte sur un chantier qui avait pris du retard. Henri a appris cette situation et compte sanctionner Jack pour ce comportement qu'il juge anormal.
Par ailleurs, Henri a un autre salarié qui lui cause des soucis. Il s'agit de Steven. Ce dernier est régulièrement absent pour maladie et Henri doit sans cesse faire appel à une agence d'intérim pour le remplacer. Cela commence à lui coûter de l'argent et il souhaite licencier Steven pour ses absences trop nombreuses.

1. Analysez le comportement de Jack et indiquez la ou les sanction(s) qu'il encourt.

2. Vérifiez la validité du licenciement de Steven toujours en arrêt maladie.

3 Droits des salariés après une naissance

25 min

COMPÉTENCE ATTENDUE : Identifier les spécificités propres à la suspension d'un contrat de travail suite à une naissance.

Julie est enceinte et son accouchement est prévu pour le 20 septembre. Elle se demande quelle sera la durée de son congé maternité (c'est son premier enfant). Elle aimerait en profiter au maximum et retarder la reprise de son contrat de travail.
Bilal, le père de l'enfant, ne vit plus avec Julie (ils se sont séparés au bout de 6 mois de grossesse), mais il compte tout de même profiter de son enfant au maximum.

Analysez la situation de Julie et de Bilal afin de leur présenter les dispositifs existant pour répondre à leurs attentes.

CAS DE SYNTHÈSE

GESTION DES ABSENCES DES SALARIÉS DANS LA SOCIÉTÉ MANALU

35 min

☑ COMPÉTENCES ATTENDUES : **Identifier les causes de suspension d'un contrat de travail. Déduire les effets des cas de suspension d'un contrat de travail. Distinguer la suspension pour motif professionnel ou non professionnel. Identifier les spécificités propres à certains cas de suspension.**

Mise en situation

La société Manalu fabrique des ustensiles de cuisine qu'elle vend par l'intermédiaire des grandes surfaces. Son siège social est situé à Caen (14) et elle applique la convention collective de la métallurgie dont un extrait vous est donné en annexe. Youssef travaille au service des ressources humaines et vous venez l'assister dans le cadre de votre stage de fin d'études. Il vous soumet plusieurs dossiers qui nécessitent des recherches afin de donner des réponses justifiées aux demandes faites par les salariés.

Jeanne travaille dans la société Manalu depuis 5 ans sur un poste d'ouvrière qualifiée. Récemment, elle a cumulé plusieurs retards sans justification. Elle a également commis plusieurs fautes sur son poste de travail nécessitant une interruption de la chaîne de production et un retard de livraison des clients. Youssef a décidé de la licencier pour faute et la lettre de licenciement lui est envoyée le 6 juin. Or, le 15 juin, vous avez reçu un courrier par lequel Jeanne indique qu'elle est enceinte.

Samuel est salarié de la société Manalu depuis 12 ans. Ingénieur de formation, il travaille au service recherche et développement. Récemment, il a été arrêté pendant 2 mois suite à un accident dans les locaux de l'entreprise. Son arrêt maladie se prolongeant, Youssef envisage de le licencier.

Finalement, Samuel n'a pas été licencié. Son état de santé étant consolidé, il vient de passer sa visite médicale de reprise à l'issue de laquelle le médecin a prononcé une inaptitude partielle nécessitant un aménagement de son poste de travail. Youssef ne souhaite pas investir pour procéder à cet aménagement et décide de lui proposer un poste au sein du service documentation mais avec un niveau de salaire beaucoup moins élevé. Si Samuel refuse, Youssef aura enfin un motif pour le licencier.

Analysez les décisions que vous devez conseiller à Youssef pour traiter chacun de ces dossiers.

Vous disposez ci-dessous d'un document pour étayer vos analyses.

DOCUMENT

Extrait de la convention collective nationale des ingénieurs et cadres de la métallurgie du 13 mars 1972. Étendue par arrêté du 27 avril 1973 (JO du 29 mai 1973)

IV – Congés et suspension du contrat de travail (articles 14 à 19)

Maladie (article 16)

Les absences relevant de maladie ou d'accident, y compris les accidents du travail, et justifiées dès que possible par certificat médical pouvant donner lieu à contre-visite, à la demande de l'entreprise, ne constituent pas une rupture du contrat de travail.

À l'issue de la durée d'indemnisation à plein tarif, l'employeur pourra prendre acte de la rupture par force majeure du contrat de travail par nécessité de remplacement effectif. Dans ce cas, la notification du constat de la rupture sera faite à l'intéressé par lettre recommandée.

Lorsque l'employeur aura pris acte de la rupture du contrat de travail, il devra verser à l'intéressé une indemnité égale à celle que celui-ci aurait perçue s'il avait été licencié sans que le délai-congé ait été observé.

CHAPITRE 9

La modification du contrat de travail

À l'issue de ce chapitre,

• vous serez capable :

- ❒ de qualifier une modification du contrat de travail et une modification des conditions de travail ;
- ❒ d'en tirer les conséquences juridiques ;
- ❒ de repérer dans une situation donnée une modification de la situation juridique de l'employeur ;
- ❒ d'en tirer les conséquences juridiques.

• vous saurez identifier :

- ❒ une situation de modification du contrat de travail ;
- ❒ une situation de modification des conditions de travail ;
- ❒ un transfert d'entreprise avec maintien des contrats de travail.

Mettez-vous en situation

Paul-Marin est comptable au sein de la société Voilure. Récemment, le dirigeant a décidé de modifier son poste de travail. Il a ajouté des missions supplémentaires et a modifié ses horaires de travail. Par ailleurs, l'accord d'entreprise sur les salaires a été renégocié et le montant de la prime de fin d'année modifiée à la baisse.

Paul-Marin souhaite refuser ces modifications de son contrat de travail. Il a par ailleurs appris qu'une partie de l'activité de la société serait revendue à un grand groupe et il espère ne pas faire partie des salariés qui seront transférés.

Analysez la situation de Paul-Marin afin de savoir s'il peut refuser les modifications envisagées et vérifiez s'il fera partie des salariés transférés.

I. La notion de modification du contrat de travail

La modification de la situation de travail peut provenir de différentes sources. Il est essentiel de les identifier, afin de savoir si le salarié peut ou non s'opposer à cette modification.

Définition : La modification du contrat de travail est la modification d'un élément essentiel et contractualisé nécessitant l'accord du salarié.

A La modification des dispositions collectives

La modification de la situation du salarié peut résulter de la **modification ou de la dénonciation d'accords collectifs ou d'usages d'entreprise**. Ces modifications, lorsqu'elles sont réalisées dans les règles, s'imposent au salarié. Les avantages tirés des accords collectifs ou des usages ne sont pas intégrés au contrat de travail. Leur modification n'est donc pas considérée comme une modification du contrat nécessitant l'accord du salarié.

En cas de dénonciation d'un accord collectif, les avantages individuels acquis sont considérés comme des avantages propres à chaque salarié.
Ils sont donc intégrés dans le contrat de travail et l'employeur ne peut les modifier de façon unilatérale.

> **!** Pour rappel, depuis la loi « Travail » de 2016, seuls les avantages individuels acquis liés à la rémunération sont maintenus.

B Le projet de modification du contrat

Il est important de distinguer la **simple proposition** de modification du contrat faite au salarié de la **notification de cette modification**. L'employeur doit veiller aux termes qu'il emploie s'il ne veut pas que sa proposition soit qualifiée de notification.

Définition : La notification d'une modification du contrat de travail permet d'informer le salarié d'une modification qui a déjà eu lieu.

C La modification des conditions de travail

La jurisprudence différencie la modification du contrat de travail et la modification des conditions de travail en fonction de l'importance de l'élément modifié. Dès qu'un élément essentiel est modifié, il s'agit d'une modification du contrat de travail nécessitant l'accord du salarié.
Les clauses insérées dans le contrat de travail n'ont pas toutes une valeur contractuelle. Certaines n'ont qu'une valeur informative. La jurisprudence a ainsi précisé que la rémunération, les fonctions du salarié et la durée du travail sont des clauses contractuelles. À l'inverse, le lieu de travail n'est pas une mention contractuelle sauf s'il est précisé que le salarié y travaille exclusivement.
Certaines clauses permettent de modifier des éléments essentiels du contrat de travail en obtenant l'accord du salarié a priori (ex. : clause de mobilité) [voir Chapitre 6].
Lorsque le CDI n'a fait l'objet d'aucun écrit (ou d'un écrit sommaire), le juge apprécie, en fonction des circonstances, si la modification d'espèce est contractuelle ou non.

Exemples : Les heures supplémentaires modifient la durée du travail, mais sont considérées comme une modification des conditions de travail. La modification des horaires de travail concerne les conditions de travail sauf en cas de passage d'un temps plein à un temps partiel ou d'un horaire de jour à un horaire de nuit.

II. Le régime de la modification du contrat de travail

A Les causes de modification du contrat

Trois motifs peuvent être à l'origine d'une modification du contrat de travail par l'employeur.

Tableau 9.1 Les motifs de modification du contrat de travail et leurs effets

	Définitions	Effets
Pour motif économique	Raison autre que le comportement du salarié (difficultés économiques, mutations technologiques, etc.).	Licenciement économique en cas de refus du salarié.
Pour motif personnel	Tout motif inhérent à la personne du salarié (inaptitude, incompétence, etc.).	Aucune procédure particulière. Délai raisonnable laissé au salarié pour se décider.
Pour motif disciplinaire	Sanction prise en cas de faute du salarié (rétrogradation, etc.).	Respect de la procédure disciplinaire : convocation et entretien préalable.

B L'acceptation par le salarié

En cas d'acceptation, il y a novation dans les rapports contractuels. Seule l'obligation modifiée disparaît, les autres éléments du contrat de travail sont maintenus.

Définition : La novation est le fait de remplacer une obligation par une autre. Elle éteint l'ancienne obligation tout en en créant une nouvelle.

En cas de **modification pour motif économique**, l'employeur doit informer le salarié de cette modification par LRAR. Le salarié a alors 1 mois à compter de la réception pour répondre et faire connaître son refus. Le silence vaut acceptation.
En cas de **modification pour motif personnel**, la modification ne se présume pas. La charge de la preuve repose sur celui qui l'invoque. Elle peut être apportée par tout moyen.

C Le refus par le salarié

1. La poursuite du contrat

Si le salarié refuse la modification de son contrat, il doit pouvoir continuer à l'exécuter dans les conditions initiales. La seule solution à la disposition de l'employeur est de procéder au licenciement du salarié pour un motif autre que son refus.

> **!** Même en cas de modification du contrat pour motif disciplinaire, le salarié est en droit de la refuser.

2. La rupture à l'initiative de l'employeur

L'employeur peut décider de procéder au licenciement du salarié. Il devra alors respecter des conditions spécifiques en fonction du type de licenciement invoqué [voir Chapitre 16].
Selon la situation de la modification envisagée, le type de licenciement ne sera pas le même.

Tableau 9.2 Différents types de licenciements

Licenciement économique	En cas de modification pour un motif extérieur à la personne du salarié.
Licenciement collectif	À partir de 10 salariés concernés par la modification refusée.
Licenciement pour faute	En cas de modification à la suite d'une sanction disciplinaire.

Pour être valable, le licenciement doit toujours avoir une cause réelle et sérieuse.

> **!** En principe, le refus du salarié n'est pas en soi un motif valable de licenciement. Cependant, depuis l'ordonnance n° 2017-1385 du 22 septembre 2017, le refus du salarié dans le cadre d'une modification introduite par un accord de performance collective est un motif de licenciement *sui generis*.

Pendant le préavis, le salarié doit pouvoir exécuter son contrat dans les conditions initiales. Si ce n'est pas possible, il sera dispensé de l'exécuter et l'employeur devra lui verser une indemnité compensatrice [voir Chapitre 18]. La situation est opposée en cas de modification en application d'une clause du contrat de travail.

3. La rupture à l'initiative du salarié

Lorsque le salarié refuse la modification de son contrat de travail et que l'employeur ne prend aucune décision, le salarié peut refuser de travailler et être à l'origine de la rupture du contrat de travail. Le juge requalifie alors cette rupture en licenciement sans cause réelle et sérieuse ayant pour effet le versement de plusieurs indemnités au salarié.

III. Le régime de la modification des conditions de travail

A L'acceptation du salarié

Définition : La modification des conditions de travail ne porte pas sur un élément essentiel du contrat de travail et est souvent acceptée par le salarié en application du pouvoir de direction de l'employeur.

Le contrat de travail se poursuit en tenant compte des nouvelles conditions d'exécution.

> **Exemple :** Les modifications des horaires, des tâches ou du lieu de travail au sein d'un même établissement sont considérées comme des modifications des conditions de travail.

B Le refus du salarié

Le refus du salarié peut s'exprimer de plusieurs façons :
- Si le salarié démissionne, le juge vérifie que la démission procède d'une volonté claire et non équivoque [voir Chapitre 17]. Dans ce cas, il n'y a pas requalification en licenciement ni versement d'indemnité de la part de l'employeur.
- Si le salarié cesse son travail, il commet une faute vis-à-vis de ses obligations contractuelles (abandon de poste). L'employeur doit mettre en place une procédure de licenciement pour faute grave. Le salarié ne percevra ni son indemnité de préavis ni son indemnité de licenciement.

Dans certains cas, la jurisprudence accepte que la faute soit requalifiée en faute simple, ce qui permet le versement d'indemnités.

> **Exemples :** La faute simple est retenue en cas de raisons familiales ou lorsque le salarié exécute son contrat de travail dans les mêmes conditions depuis plusieurs années.

C Les cas particuliers

Certaines modifications sont soumises à des règles particulières :
- **Le CDD** [voir Chapitre 7] ne peut être rompu que dans des cas limitativement énumérés par la loi. Le refus par le salarié de la modification de son contrat ne permet pas à l'employeur de procéder à son licenciement. En revanche, le refus d'une modification des conditions de travail constitue une faute grave et donc un motif de rupture du contrat.
- Le **contrat de travail à temps partiel** [voir Chapitre 7] contient des mentions obligatoires telles que la durée du travail et les horaires. Toute modification de ces mentions est une modification du contrat de travail sauf en cas d'application d'une clause prévue dans le contrat.
- Le **représentant du personnel** ou le délégué syndical [voir Chapitres 19 et 20] ne peut se voir imposer aucune modification de ses conditions de travail sans son accord. En cas de refus, l'employeur doit demander l'autorisation à l'inspection du travail pour le licencier.

IV. Le transfert d'entreprise

Selon le principe de l'effet relatif des contrats, le contrat de travail ne devrait pas pouvoir être transféré à un nouvel employeur. Cependant le droit du travail prévoit, sous certaines conditions, le maintien des contrats de travail en cas de transfert de l'entreprise à un nouvel employeur.

A Le champ d'application du transfert d'entreprise

En cas de changement d'employeur, pour pouvoir décider du maintien des contrats de travail, le juge doit d'abord déterminer s'il y a ou non transfert d'entreprise au sens du Code du travail.

Article L. 1224-1 du Code du travail
« Lorsque survient une modification dans la situation juridique de l'employeur, notamment par succession, vente, fusion, transformation du fonds, mise en société de l'entreprise, tous les contrats de travail en cours au jour de la modification subsistent entre le nouvel employeur et le personnel de l'entreprise. »

Quatre critères permettent de qualifier le transfert d'entreprise.

1. L'objet du transfert

L'objet du transfert doit être l'entreprise. Cette notion est définie de plusieurs façons.
La jurisprudence applique l'article L. 1224-1 du Code du travail au transfert d'établissement dès lors que ce dernier répond à la définition précitée. Il en est de même en cas de transfert d'une entité économique autonome.

Définition : L'entité économique autonome est un ensemble organisé de moyens en vue de la poursuite d'une activité économique, que celle-ci soit essentielle ou accessoire.

La jurisprudence a fixé **trois critères** caractérisant la cession d'une entité économique autonome et permettant le transfert des contrats de travail : une activité économique autonome, principale ou accessoire, organisée de manière stable.

Exemple : La cession de l'activité nettoyage des locaux est concernée par le transfert des contrats de travail, alors même qu'il s'agit d'une activité accessoire.

En revanche, le transfert d'un contrat d'entreprise n'est pas considéré par la jurisprudence comme un transfert d'entreprise : il n'y a alors ni maintien ni transfert des contrats de travail.

2. L'acte de transfert

Le Code du travail pose le principe selon lequel il doit toujours exister **un lien de droit** entre les employeurs successifs. Il peut s'agir d'une cession, d'une fusion, d'une succession ou d'une mise en société. Cependant, la jurisprudence interprète largement la notion d'acte de transfert (acte à titre gratuit ou onéreux, transfert d'un droit d'exploitation ou d'un droit de propriété). Elle n'exige pas l'existence d'un lien de droit entre les employeurs successifs.

Exemple : Lorsqu'une entreprise exploite un camping dans le cadre d'une concession de service public, le fait de changer d'exploitant entraîne maintien et transfert des contrats de travail alors même que les concessionnaires n'ont aucun lien de droit entre eux.

3. La continuité de l'entreprise

a. Le maintien de l'activité économique

En cas de modification de l'activité économique, même partielle, les juges considèrent que la notion de transfert d'entreprise n'est pas applicable.

! La suspension de l'activité pendant plusieurs semaines ou mois après l'opération de transfert n'est pas considérée comme une modification ni une rupture de l'activité.

b. Le maintien de l'identité

Pour qu'il y ait transfert des contrats de travail, il faut le **maintien de l'identité de l'entité économique** autonome à laquelle sont rattachés les salariés. Le transfert de l'entité du secteur privé vers le secteur public n'entraîne pas une modification de l'identité de l'entité transférée. La situation inverse n'est pas vraie.
En cas de modification des conditions d'exercice de l'activité, le juge considère qu'il y a perte de l'identité de l'entité économique. Le transfert d'entreprise est alors impossible.

Exemple : L'identité de l'entité économique est modifiée lors du transfert d'un restaurant d'entreprise si le repreneur s'approvisionne en plats cuisinés à l'extérieur alors que son prédécesseur avait un cuisinier sur place.

4. L'existence du contrat de travail au moment du transfert

Pour qu'il y ait maintien du contrat de travail, il faut que ce contrat existe au moment du transfert. Différentes solutions s'appliquent selon que le contrat a été rompu avant ou après le transfert.

Tableau 9.3 Effets selon le moment de la rupture du contrat de travail

Contrat rompu avant transfert	Contrat conclu après transfert
– En cas de licenciement ou de démission avant le transfert, poursuite du préavis jusqu'au terme convenu avec le nouvel employeur. – En cas de volonté de l'employeur d'échapper à l'application de l'article L. 1224-1 C. trav., nullité du licenciement et poursuite du contrat avec le repreneur ou réparation du préjudice par son auteur.	– En cas de conclusion par le cessionnaire d'un contrat avec un ancien salarié du cédant, nullité de tout licenciement et démission préalables et absence d'indemnité.

> **!** Les employeurs successifs peuvent décider l'application volontaire de l'article L. 1224-1 du Code du travail. Dans ce cas, ils doivent recueillir l'accord exprès de tous les salariés concernés.

B Les modalités de maintien du contrat de travail

1. Un transfert automatique

Le transfert du contrat de travail est réalisé de plein droit. Il a un caractère impératif. Cependant, le cédant, le cessionnaire et le salarié peuvent décider d'un commun accord le maintien du salarié auprès du cédant. Le contrat de travail, les usages d'entreprise et les engagements unilatéraux de l'employeur sont transférés sans modification. En revanche, ce transfert entraîne la dénonciation des accords collectifs, mais les avantages individuels acquis en matière de rémunération sont maintenus.

2. L'exécution du contrat

Les parties sont liées par le même contrat et dans les mêmes conditions que les parties précédentes. Le salarié peut invoquer tous les avantages liés à son ancienneté. Le nouvel employeur peut invoquer les droits appartenant à son prédécesseur tels que le licenciement pour faute. Le nouvel employeur est tenu solidairement des dettes de son prédécesseur envers ses salariés, sauf en cas de redressement ou de liquidation judiciaire. Après le transfert du contrat de travail, le nouvel employeur dispose des mêmes droits que n'importe quel employeur. Il peut proposer une modification des contrats et licencier les salariés qui la refuseraient à condition que cette modification soit justifiée.

> **!** Le transfert du contrat de travail ne peut être imposé au salarié protégé. Il est soumis à l'autorisation de l'inspecteur du travail.

SYNTHÈSE

Les sources de modification

- **Modification des accords ou conventions collectives**
  - Maintien des avantages individuels acquis pour la rémunération
  - S'impose au salarié
- **Notification de la modification** OU Projet de modification
  - S'impose au salarié
  - Demande l'accord du salarié
- **Modification des conditions**
  - S'impose au salarié
- OU Modification du contrat
  - Demande l'accord du salarié

Les effets de la modification des conditions de travail / Les effets de la modification du contrat de travail

Acceptation par le salarié

- Exécution du contrat aux nouvelles conditions
- Novation du contrat de travail
- Si motif économique, silence pendant 1 mois vaut acceptation

Refus par le salarié

- Démission claire et non équivoque
- Licenciement pour faute grave (ou faute simple si refus justifié)
- Maintien du contrat de travail OU
- Licenciement pour le motif à l'origine du refus et non pour le refus

Le transfert d'entreprise

Les conditions cumulatives

- Transfert d'une entité économique autonome
- Existence d'un acte de transfert au sens large
- Maintien de l'activité économique et de l'identité
- Existence du contrat au moment du transfert

Les effets du transfert

- Transfert de plein droit
- Transfert impératif
- Transfert du contrat de travail en l'état

→ **Modification du contrat :** l'employeur n'est plus le même

Faites le point sur les notions clés : modification du contrat de travail p. 144, notification d'une modification du contrat de travail p. 145, novation p. 146, modification des conditions de travail p. 147, entité économique autonome p. 148.

Révisez avec les flashcards
www.lienmini.fr/dcg03-18

QCM

Réponse unique

QCM interactif
www.lienmini.fr/dcg03-19

1 La modification des dispositions collectives :
- ❍ **a.** s'impose au salarié.
- ❍ **b.** peut être refusée par le salarié.
- ❍ **c.** n'a pas d'effet sur le contrat de travail.

2 La modification des horaires :
- ❍ **a.** est toujours une modification du contrat de travail.
- ❍ **b.** est toujours une modification des conditions de travail.
- ❍ **c.** n'est une modification du contrat qu'en cas de passage d'un temps plein à un temps partiel ou en cas de travail de nuit.

3 Le salarié qui refuse une modification de ses conditions de travail :
- ❍ **a.** doit donner sa démission.
- ❍ **b.** est licencié pour faute grave.
- ❍ **c.** est licencié pour faute grave ou faute simple en fonction de sa situation.

4 Les contrats de travail rompus avant le transfert :
- ❍ **a.** sont tout de même transmis au nouvel employeur.
- ❍ **b.** ne sont pas transmis au nouvel employeur.
- ❍ **c.** peuvent tout de même être transmis au nouvel employeur.

5 Le transfert du contrat de travail :
- ❍ **a.** permet à l'employeur d'en modifier les éléments essentiels.
- ❍ **b.** permet au salarié de le modifier.
- ❍ **c.** ne permet aucune modification.

Plusieurs réponses possibles

6 Le transfert d'entreprise peut être :
- ❍ **a.** le transfert d'un établissement autonome.
- ❍ **b.** le transfert d'une activité autonome.
- ❍ **c.** le transfert d'un contrat d'entreprise.

7 Lors d'une modification du contrat de travail, l'employeur doit :
- ❍ **a.** notifier la modification dans un délai de 1 mois.
- ❍ **b.** proposer la modification et attendre la réponse du salarié dans le délai de 1 mois.
- ❍ **c.** proposer la modification et laisser un délai raisonnable au salarié.

8 Est considérée comme une modification du contrat de travail :
- ❍ **a.** la modification des horaires de travail.
- ❍ **b.** la modification des missions.
- ❍ **c.** la modification de la rémunération.

9 En cas de refus de la modification du contrat de travail, l'employeur peut licencier le salarié :
- ❍ **a.** pour motif personnel en s'appuyant sur ce refus.
- ❍ **b.** pour motif économique si la modification est liée à un tel motif.
- ❍ **c.** pour motif personnel en cas de modification liée à une sanction disciplinaire.

10 Le transfert d'entreprise permet le maintien des contrats de travail si :
- ❍ **a.** les deux parties, cédant et cessionnaire, sont d'accord.
- ❍ **b.** l'activité économique est maintenue en l'état.
- ❍ **c.** l'entreprise transférée est une entité économique autonome.

Réponses à justifier

11 L'employeur a proposé à son salarié de modifier son lieu de travail et de le transférer à 10 km. Le salarié :
- ❍ **a.** peut refuser car la modification du lieu de travail est une modification de son contrat.
- ❍ **b.** ne peut refuser car la modification du lieu de travail est une modification des conditions.
- ❍ **c.** peut refuser uniquement si le lieu de travail est expressément mentionné dans son contrat.

12 L'employeur qui modifie le contrat de son salarié pour motif économique :
- ❍ **a.** doit lui laisser un délai raisonnable pour accepter ou refuser.
- ❍ **b.** doit le prévenir par LRAR et attendre 1 mois avant de prendre une décision.
- ❍ **c.** doit l'informer puis le licencier en cas de refus.

13 En cas de modification du contrat de travail et de refus du salarié :
- ❍ **a.** l'employeur doit rompre le contrat ou renoncer à sa modification.
- ❍ **b.** l'employeur n'a rien à faire, le refus entraîne rupture du contrat.
- ❍ **c.** le salarié peut refuser de travailler dans les nouvelles conditions et il s'agit alors d'une démission.

14 En cas de modification des conditions de travail :
- ❍ **a.** le refus par le salarié donne lieu à sa démission.
- ❍ **b.** le refus par le salarié donne obligatoirement lieu à un licenciement pour faute grave.
- ❍ **c.** le refus par le salarié donne lieu à un licenciement pour faute grave ou faute simple.

15 La cession par une entreprise d'une activité accessoire :
- ❍ **a.** ne permet pas le maintien des contrats de travail car ce n'est pas l'activité principale qui est concernée.
- ❍ **b.** permet le maintien des contrats de travail si l'activité accessoire garde son identité.
- ❍ **c.** permet le maintien des contrats de travail si l'activité accessoire est une entité économique autonome.

— • CAS PRATIQUE GUIDÉ • —

MODIFICATION DU CONTRAT DE TRAVAIL AU SEIN DE LA SOCIÉTÉ CFM

Élise est salariée dans la société CFM, prestataire de services informatiques. Elle est affectée à l'accueil depuis 5 ans. Son employeur vient de lui annoncer une modification de ses tâches faisant suite à la réorganisation de l'entreprise pour cause de difficultés économiques. Elle va devoir assurer, en plus de l'accueil des clients, de nouvelles tâches de secrétariat. Élise se sent incapable de les prendre en charge et compte le faire savoir rapidement à son employeur.

1. Vérifiez si Élise peut refuser les nouvelles tâches imposées par son employeur.
2. Analysez les conséquences en cas de refus.

CORRIGÉ

☑ COMPÉTENCES ATTENDUES : **Distinguer une modification du contrat de travail d'une modification des conditions de travail. Analyser les conséquences juridiques en fonction de la modification en cause. Maîtriser la méthodologie du cas pratique.**

Méthode

Dès lors que le sujet évoque une modification de la situation du salarié, il est essentiel d'identifier :
- L'origine ou le motif de cette modification : votre analyse des effets sera différente selon que cette modification est liée à une modification d'un accord collectif ou à une décision unilatérale de l'employeur.
- S'il s'agit d'une modification d'un élément essentiel du contrat ou non afin de préciser si les effets sont ceux d'une modification du contrat ou des conditions de travail.
- Si le salarié a accepté ou non cette modification afin d'indiquer les effets de la décision prise par le salarié.
En l'espèce, vous devez identifier les modifications apportées au contrat d'Élise et vous prononcer sur leur qualification (modification du contrat ou des conditions) avant d'analyser les effets de son refus.

1. Vérifiez si Élise peut refuser les nouvelles tâches imposées par son employeur.

PRINCIPES JURIDIQUES

Définition de la modification du contrat de travail : il s'agit de la modification d'un élément essentiel ou contractualisé.
L'ajout de nouvelles tâches est une modification du contrat de travail dès lors que celles-ci n'ont pas un lien direct avec le poste occupé et la formation du salarié.
Toute modification d'un élément essentiel du contrat de travail nécessite l'accord du salarié. L'employeur ne pourra pas le sanctionner en cas de refus. À l'inverse, s'il s'agit d'une modification des conditions de travail, elle ne peut être imposée au salarié.

APPLICATION AU CAS

En l'espèce, la modification envisagée par l'employeur d'Élise est une modification du contrat de travail. Il s'agit de lui attribuer de nouvelles tâches (le secrétariat) qui n'ont pas un lien direct avec son poste d'origine (l'accueil). Elle pourra donc refuser cette modification.

2. Analysez les conséquences en cas de refus.

> **!** Vous devez toujours présenter les effets en cas de refus de la modification, même en l'absence de question explicite dans le sujet.

PRINCIPES JURIDIQUES

Le refus d'une modification du contrat de travail ne peut pas être sanctionné par l'employeur. Le contrat de travail doit se poursuivre dans les conditions d'origine. Cependant, si le motif de la modification du contrat est économique, l'employeur pourra procéder au licenciement économique du salarié, non du fait de son refus, mais pour le motif à l'origine de la modification. Il lui faut alors respecter la procédure et les conditions du licenciement pour motif économique.

De plus, dans ce cas, l'employeur doit informer le salarié par LRAR de la modification du contrat envisagée et lui laisser un délai de 1 mois pour répondre. Le silence vaut acceptation.

APPLICATION AU CAS

En l'espèce, Élise ne sera pas licenciée pour avoir refusé la modification de son contrat de travail. Si elle ne donne pas de réponse dans le délai d'un mois, elle est présumée avoir accepté cette modification. Si elle refuse, alors son employeur pourra la licencier pour motif économique car la modification de son contrat semble justifiée par des difficultés économiques.

AUTOÉVALUATION

La grille d'autoévaluation ci-dessous vous permet d'évaluer votre niveau et de vérifier si vos réponses correspondent aux attendus de l'examen.

Questions	Niveau 1	Niveau 2	Niveau 3	Niveau 4
	Un premier élément de réponse, mais très incomplet, des erreurs, des contresens	*Des éléments de réponse isolés, des approximations et/ou de la paraphrase*	*Question comprise : des éléments de réponse pertinents mais incomplets au niveau des savoirs et/ou de l'application*	*Compétence attendue mobilisée avec mobilisation complète des savoirs associés à la compétence. Application pertinente.*
1. Vérifiez si Élise peut refuser les nouvelles tâches imposées par son employeur. *(voir Section I.C)*	❑ Vous ne donnez pas la définition ou la distinction entre modification des conditions et modifications du contrat. ❑ Les effets et l'application sont inexistants ou faux.	❑ Vous donnez une définition mais elle est incomplète. ❑ Vous ne citez pas les effets permettant de distinguer les deux cas. ❑ Votre application est fausse.	❑ Vous donnez la différence entre modification des conditions et du contrat. ❑ Vous n'évoquez pas explicitement la possibilité ou non pour le salarié de refuser. ❑ Votre application est erronée ou incomplète.	❑ Votre explication de la différence entre modification des conditions et modification du contrat est claire. ❑ Vous précisez l'effet concernant l'avis ou non du salarié. ❑ Vous identifiez l'existence d'une modification du contrat dans le cas donné.
2. Analysez les conséquences en cas de refus. *(voir Section II.C)*	❑ Vous donnez les conséquences du refus d'une modification des conditions de travail. ❑ Vous faites des erreurs sur les conséquences précisées.	❑ Vous présentez les conséquences en cas de refus de façon très incomplète. ❑ Vous n'évoquez pas le délai ni la possibilité pour l'employeur de licencier.	❑ Vous ne posez pas le principe de l'absence de sanction en cas de refus. ❑ Vous évoquez de façon incomplète les particularités de la modification pour motif économique. ❑ Vous validez le refus possible par Élise mais vous n'en tirez pas les conséquences en matière de licenciement économique.	❑ Vous posez le principe de l'absence de sanction. ❑ Vous donnez également la possibilité du licenciement pour motif économique et les particularités de la procédure à suivre. ❑ L'application au cas est complète et précise.

EXERCICES

1 Modifications de contrats de travail au sein du magasin Joliemode

20 min

COMPÉTENCES ATTENDUES : Distinguer une modification du contrat de travail d'une modification des conditions de travail. Analyser les conséquences juridiques en fonction de la modification en cause.

Sabine travaille dans le magasin de vêtements JolieMode situé dans le centre-ville de Nantes. Sa responsable a décidé d'ouvrir le magasin le lundi après-midi et de réorganiser les horaires des vendeuses. Sabine travaille 35 heures réparties du mardi au samedi inclus. Suite à cette réorganisation, sa responsable lui demande de venir travailler le lundi après-midi au lieu du jeudi après-midi. Cela n'arrange pas du tout Sabine qui suit un cours de peinture tous les lundis après-midi.

Par ailleurs, le magasin de Nantes étant en fort développement, Alain Shouze, son dirigeant, souhaite ouvrir un nouveau magasin à Saint-Nazaire, à 65 km de Nantes. Il compte y affecter Nadine et Bernard, deux vendeurs récemment recrutés. Comme ils sont jeunes et sans enfant, Alain Shouze se dit qu'il va pouvoir leur imposer cette mutation.

1. **Vérifiez si Sabine peut refuser la modification envisagée de ses horaires de travail.**
2. **Analysez la décision envisagée par Alain Shouze.**

2 Effets d'un transfert d'entreprise sur les salariés de Parfumplus

20 min

COMPÉTENCES ATTENDUES : Repérer dans une situation donnée une modification de la situation juridique de l'employeur. Analyser les conséquences juridiques d'un transfert d'entreprise.

La société Parfumplus fabrique des produits cosmétiques variés ainsi que plusieurs types d'emballages, notamment des bouteilles en verre. Récemment, son dirigeant a décidé de recentrer son activité sur la fabrication des produits en cédant à la société Superverre l'usine fabriquant les bouteilles de parfum. Afin de faciliter la cession et juste avant qu'elle n'ait lieu, le dirigeant de la société Parfumplus a procédé au licenciement de plusieurs salariés en invoquant le motif économique de la cessation d'activité. En effet, la société Superverre a repris l'activité en l'état, ainsi que le matériel et certains salariés qu'elle a choisis en fonction de leur formation et de leur expérience.

La société Superverre a profité de ce transfert pour réduire la rémunération des salariés repris et ne pas reprendre l'ancienneté acquise auprès de leur précédent employeur.

Plusieurs salariés s'interrogent sur les conditions de cette reprise d'activité.

1. **Indiquez si la société Superverre peut choisir parmi les salariés qu'elle souhaite reprendre.**
2. **Vérifiez la licéité des modifications apportées aux contrats par la société Superverre.**

3 Cession d'activité et transfert d'entreprise dans la société Perdrus

30 min

COMPÉTENCES ATTENDUES : Repérer dans une situation donnée une modification de la situation juridique de l'employeur. Analyser les conséquences juridiques d'un transfert d'entreprise.

La société Perdrus est une société qui fabrique du matériel de bureau à destination des professionnels. Ayant commencé par les meubles de bureau, elle a ensuite élargi son activité

aux fournitures de bureau. Implantée dans la région PACA, elle possède deux usines de fabrication situées à Marignane et à Vitrolles, l'une est spécialisée dans les meubles et l'autre dans les fournitures. Le directeur de ces deux établissements est Alain Lemoigne. Les salariés sont affectés à l'un ou l'autre des établissements en fonction des besoins de production ce qui permet d'assurer une souplesse intéressante dans la gestion des ressources.
Récemment, il a été décidé par la direction de la société Perdrus de se séparer de son activité de fournitures de bureau afin de se recentrer sur son activité d'origine, les meubles de bureau. Il est prévu de vendre l'usine située à Vitrolles à la société Suprat, leader local dans le domaine.
Soumaya et Arthur s'inquiètent de cette cession. Soumaya travaille à la fois dans l'établissement de Marignane et dans celui de Vitrolles et se demande si elle va se retrouver avec un travail à temps partiel suite à cette cession.
Quant à Arthur, il travaille essentiellement au sein de l'établissement de Vitrolles. Il vient d'être élu membre du CSE de la société Perdrus et ne voit pas comment il pourra continuer à exercer son mandat s'il est repris par la société Suprat.

1. **Analysez la situation de Soumaya et d'Arthur afin de vous prononcer sur le transfert ou non de leurs contrats de travail à la société Suprat.**
2. **Présentez les conséquences de leur nouvelle situation.**

CAS DE SYNTHÈSE

MODIFICATION DE CONTRATS DE TRAVAIL DANS LA SOCIÉTÉ CATERPLAR

45 min

COMPÉTENCES ATTENDUES : Distinguer une modification du contrat de travail d'une modification des conditions de travail. Analyser les conséquences juridiques en fonction de la modification en cause.

Mise en situation

La société Caterplar est une entreprise de 37 salariés, dont le siège social est à Paris, mais qui a plusieurs usines de fabrication situées à Auxerre et à Reims. Elle fabrique des oreillers, des couettes, des édredons, des coussins. Son chiffre d'affaires s'élève à 9 923 500 euros pour la dernière année. Aline, Lionel et Fabien ont été recrutés en qualité d'agents de production il y a 5 ans pour travailler au sein de l'usine située à Auxerre.

Le nouveau P-DG, Hervé Dumas, a décidé de revoir l'organisation de la production au sein de la société. Il a chargé Estelle Bouicq, responsable des ressources humaines, de procéder aux modifications nécessaires dans les contrats des salariés concernés.

Aline travaille en horaires de soir ou de nuit et perçoit une prime liée à ces horaires atypiques. Estelle a décidé de la faire travailler désormais uniquement en horaires de jour en s'appuyant sur l'une des clauses de son contrat de travail. Par ailleurs, elle souhaite transférer Lionel de l'usine d'Auxerre à celle de Reims. Lionel est un excellent salarié et ses qualités professionnelles permettront de faire face aux nouveaux objectifs de production fixés par la direction pour ce site. Pour finir, Estelle a décidé de modifier la rémunération de Fabien et d'autres salariés placés sur le même poste afin de répondre aux nouveaux objectifs fixés par la direction.

Pour cela, elle a convoqué les salariés concernés afin de leur proposer cette modification en indiquant qu'en cas de refus de leur part, elle serait contrainte de mettre en place un plan de licenciement pour motif économique. Les salariés ont refusé et, considérant que leur contrat avait été modifié sans leur accord, ils ont fait un recours pour demander indemnisation pour licenciement sans cause réelle et sérieuse.

Estelle fait face aux oppositions de ces différents salariés et ne sait comment y répondre. Elle vous consulte afin d'avoir l'avis d'un spécialiste de ces questions.

1. **Vérifiez si les modifications apportées aux contrats d'Aline et de Lionel sont possibles sans leur accord.**
2. **Analysez la situation de Fabien et de ses collègues afin de savoir s'ils obtiendront ce qu'ils ont demandé.**

Vous disposez ci-dessous d'une base documentaire pour étayer vos analyses.

BASE DOCUMENTAIRE

Document 1 – Extrait du contrat de travail d'Aline Dupuis

Article 4 – Rémunération

La société Caterplar s'engage à verser à Aline Dupuis une rémunération brute mensuelle à hauteur de 10,55 euros de l'heure sur la base de 35 heures par semaine.

Une prime sera versée en cas de travail du soir ou de nuit conformément à la convention collective applicable.

Article 5 – Horaires

Aline Dupuis est engagée pour une durée du travail fixée à 35 heures par semaine réparties de la manière suivante :

Lundi, mardi, mercredi de 22 heures à 5 heures

Vendredi de 19 h 00 à 2 heures.

Les nécessités de la production peuvent amener l'employeur à affecter Aline Dupuis sur des horaires différents en fonction des besoins de l'entreprise.

Document 2 – Extrait du contrat de Lionel Ferré

Article 3 – Lieu de travail

Lionel Ferré est recruté par la société Caterplar pour être affecté à l'établissement situé à Auxerre.

Cependant, en cas de besoins de la production, il pourra être amené à changer de lieu d'exécution de son contrat de travail et à être affecté dans l'établissement situé à Reims de façon temporaire ou définitive. Le refus de Lionel Ferré d'accepter cette mutation pourrait constituer une faute susceptible d'entraîner l'application de sanctions disciplinaires pouvant aller jusqu'au licenciement.

CHAPITRE 10

La durée du travail

À l'issue de ce chapitre,

• vous serez capable :

❒ de qualifier une période de temps de travail effectif ;

❒ de préciser le cadre légal et conventionnel du recours aux heures supplémentaires ;

❒ de préciser les obligations de l'employeur en termes de repos et de rémunération en cas d'heures supplémentaires ;

❒ de préciser les conditions et les effets du recours à l'aménagement du temps de travail, au travail de nuit, aux conventions de forfait ;

❒ d'évaluer les marges de manœuvre de l'employeur pour faire varier le temps de travail d'un salarié.

• vous saurez identifier :

❒ la durée légale ou conventionnelle du travail ;

❒ le régime juridique des heures supplémentaires ;

❒ les modalités d'aménagement du temps de travail ;

❒ le travail de nuit ;

❒ les caractéristiques des conventions de forfait ;

❒ les obligations de l'employeur en matière de mesure de la charge de travail des salariés.

Mettez-vous en situation

Max travaille dans un supermarché en tant que caissier. Ce mois-ci, son employeur lui a demandé de faire des heures supplémentaires, plus que d'habitude, afin de remplacer des collègues en arrêt maladie. Max se demande s'il peut refuser et, s'il accepte, quelles seront les compensations auxquelles il aura droit. Par ailleurs, sa femme, Virginie, travaille en tant que cadre dans une société d'import-export. Son employeur lui a proposé de signer une convention de forfait pour apporter plus de souplesse dans l'organisation de son emploi du temps. Virginie hésite. Elle vous demande conseil et en profite pour vous soumettre le cas de Max.
Quels conseils pouvez-vous donner à Virginie et à Max pour qu'ils prennent au mieux leur décision ?

I. Les normes en matière de durée du travail

Le temps de travail est la période pendant laquelle on considère qu'il y a exécution du contrat de travail. Le salarié est soumis à son obligation de fournir un travail et l'employeur à son obligation de le rémunérer.

A Durée légale et durées maximales du travail

1. Champ d'application

Toutes les entreprises sont concernées par la réglementation sur la durée du travail, qu'elles soient publiques ou privées, et quelle que soit leur forme juridique.

Tous les salariés bénéficient également de ces règles, sauf les cadres dirigeants soumis à un régime spécifique et certains salariés (ex. : les concierges, les VRP).

2. Durée légale et temps de travail effectif

L'article L. 3121-27 du Code du travail fixe la durée légale du travail effectif des salariés à 35 heures par semaine. La notion de temps de travail effectif est essentielle pour calculer le temps de travail du salarié et rémunérer éventuellement des heures supplémentaires.

Définition : Le temps de travail effectif est le temps pendant lequel le salarié est à la disposition de l'employeur et se conforme à ses directives sans pouvoir vaquer librement à ses occupations personnelles (art. L. 3121-1 du Code du travail).

Certaines situations, non considérées comme du temps de travail effectif au regard de cette définition, peuvent être rémunérées en vertu d'une convention collective ou donner lieu à contrepartie :

- **Les pauses et le temps de repas.** Il s'agit de temps de travail effectif si le salarié ne peut s'éloigner de son poste de travail sur ordre de son employeur.
- **Le temps d'habillage et de déshabillage**. Tout salarié a droit à un repos compensateur ou à une contrepartie financière si une tenue de travail est imposée par l'employeur et si l'habillage et le déshabillage ont lieu dans l'entreprise.
- **Le temps de douche** (en cas de travaux insalubres). Il est considéré depuis un décret du 18 novembre 2016 (en application de la loi Travail) comme n'étant pas du temps de travail effectif mais comme donnant lieu obligatoirement à une rémunération au tarif normal de l'heure de travail (art. R. 3121-1 du Code du travail).

> **!** Le fait de faire l'objet d'une contrepartie financière ou sous forme de repos n'est pas équivalent à une reconnaissance de ce temps comme du temps de travail effectif pris en compte pour le calcul de l'ancienneté ou des congés payés par exemple.

- **Le temps de trajet.** Tout salarié a droit à un repos compensateur ou à une contrepartie financière si le temps dépasse le temps normal de trajet entre le domicile et le lieu habituel de travail.
- **Les astreintes.** La période d'intervention représente du temps de travail effectif, le reste est qualifié de temps de repos. Tout salarié a droit à un repos compensateur ou à une contrepartie financière pour le temps d'attente lié à l'astreinte.

Définition : L'astreinte est une période pendant laquelle le salarié, sans être sur son lieu de travail et sans être à la disposition permanente et immédiate de son employeur, doit être en mesure d'intervenir pour accomplir un travail au service de l'entreprise.

Le salarié doit être informé dans un délai raisonnable, fixé par accord collectif. À défaut, la loi prévoit un délai de 15 jours au minimum.

> **!** Si l'astreinte a lieu dans les locaux imposés par l'employeur, elle est alors considérée comme du temps de travail effectif.

3. Durées maximales

Les durées maximales du travail fixées par la loi de 1982 :

- 10 heures par jour (8 heures pour les moins de 18 ans). Cette durée maximale peut être portée à 12 heures par accord ou convention collective, ou autorisation de l'inspecteur du travail à la suite d'une augmentation temporaire d'activité.
- 48 heures par semaine.
- 44 heures par semaine sur 12 semaines consécutives, ou 46 heures en cas d'accord collectif.

Ces durées s'appliquent également en cas de cumul de plusieurs contrats de travail pour des employeurs différents. Des autorisations de dépassement exceptionnelles et temporaires sont possibles pour une durée maximale de 60 heures.

4. Contrôle et preuve des heures de travail

L'employeur a pour obligation d'informer les salariés des horaires de travail et des heures effectuées. Un contrôle sur place peut être réalisé par l'inspecteur du travail [voir Chapitre 2]. En cas de litige, la charge de la preuve repose sur les deux parties, employeur et salarié.

B Les heures supplémentaires

1. L'existence d'heures supplémentaires

Définition : Une heure supplémentaire est une heure travaillée au-delà de la durée légale.

Bien qu'elles répondent à cette définition, certaines heures ne sont pas considérées comme étant des heures supplémentaires.

Tableau 10.1 Les catégories d'heures différentes des heures supplémentaires

	Définition	Statut
Heures d'équivalence	– Heures pendant lesquelles le salarié n'a pas de travail à effectuer tout en se trouvant tout de même sur place. Ex. : vendeur ou caissier présent dans un magasin de vente au détail en attendant le client.	– Mises en place par décret en Conseil d'État ou décret simple après conclusion d'une convention ou d'un accord de branche. – Heures non rémunérées sauf accord ou convention collective. – Heures supplémentaires pour les heures effectuées au-delà de l'horaire d'équivalence.
Heures récupérées	– À la suite d'une réduction de la durée normale d'une semaine de travail en cas d'interruption collective du travail. – Récupération dans les 12 mois précédant ou suivant la perte des heures de travail. – Uniquement pour les heures perdues en dessous des 35 heures.	– Uniquement dans des cas limitativement énumérés par le Code du travail : cause accidentelle, force majeure, intempérie, inventaire, pont. – Limitées à une augmentation de la durée du travail d'une heure par jour. – Information de l'inspecteur du travail et consultation du CSE obligatoires. – Uniquement sur décision de l'employeur.
Heures modulées	– Mises en place dans le cadre de l'aménagement du temps de travail.	– Effectuées au-delà des 35 heures, permettent de compenser des semaines ayant un horaire inférieur.

2. Le recours aux heures supplémentaires

Le recours aux heures supplémentaires ne peut être décidé que par l'employeur en vertu de son pouvoir de direction. Le salarié ne peut refuser d'effectuer les heures supplémentaires sous peine de sanction pouvant aller jusqu'au licenciement pour faute. Cependant, l'utilisation des heures supplémentaires par l'employeur est limitée par la notion de contingent annuel d'heures supplémentaires.

Définition : Le contingent annuel d'heures supplémentaires est la quantité d'heures supplémentaires pouvant être effectuées après une simple information du CSE.

Le contingent est fixé par convention ou accord collectif de branche étendu ou par accord d'entreprise ou d'établissement. À défaut, le décret du 6 novembre 2008 fixe un contingent de 220 heures par an et par salarié. Est imputable sur ce contingent toute heure effectuée au-delà de 35 heures par semaine (sauf travaux urgents, heures compensées par un repos).

Une fois le contingent épuisé, si l'employeur veut recourir à d'autres heures supplémentaires, il doit consulter les représentants du personnel. Les conditions de recours sont fixées dans l'accord collectif.

> **!** La notion de contingent ne s'applique pas aux cadres dirigeants ni aux salariés au forfait.

3. Les contreparties des heures supplémentaires

La contrepartie des heures supplémentaires prend en principe la forme d'une majoration de salaire. Le taux de majoration est fixé par accord ou convention collective et doit alors être au moins égal à 10 %. À défaut, le taux légal est de 25 % pour les 8 premières heures et de 50 % au-delà.

Un **repos compensateur** peut également être prévu :

- Le **repos compensateur de remplacement ou équivalent**. Une convention ou un accord collectif, ou à défaut, un engagement unilatéral de l'employeur, peut prévoir de remplacer le paiement des heures supplémentaires par l'attribution d'un repos compensateur équivalent. Le taux applicable est le même que pour la majoration de salaire (une heure donne droit à 1 heure 15 de repos compensateur).
- Le **repos compensateur de complément**. Ce repos compensateur est dit « de complément », car il s'ajoute à la majoration de salaire.

> **!** Les heures supplémentaires compensées par un repos ne s'imputent pas sur le contingent annuel.

Tableau 10.2 Les conditions d'attribution d'un repos compensateur de complément

Heures supplémentaires effectuées	Dans les entreprises	Repos compensateur obtenu
À l'intérieur du contingent annuel	Application uniquement en cas d'accord ou de convention collective.	Selon les dispositions fixées dans l'accord ou la convention collective.
Au-delà du contingent annuel	De 20 salariés ou moins.	50 % des heures supplémentaires effectuées.
	De plus de 20 salariés.	100 % des heures supplémentaires effectuées.

Les conditions de prise du repos sont fixées par convention collective ou, à défaut, par le décret du 4 novembre 2008.

Pour prendre son repos compensateur, le salarié doit :

- Justifier de 7 heures de repos compensateur indiquées sur son bulletin de salaire ou en annexe. Il peut le prendre par journée entière ou demi-journée dans un délai de 2 mois. Lorsque le salarié justifie de moins de 7 heures, l'employeur n'est pas tenu d'accepter sa demande.
- Adresser une demande écrite au moins une semaine à l'avance en précisant la date et la durée du repos. L'employeur a un délai de 7 jours pour lui répondre. Il peut reporter la demande pour des raisons impératives et après consultation des délégués du personnel. Le repos doit être pris dans le délai de 2 mois, même en cas de report.

Si le salarié ne réclame pas le bénéfice de ses repos compensateurs, l'employeur est tenu de lui demander de prendre effectivement ses repos dans un délai maximal de 1 an.

C Les cadres et les conventions de forfait

En fonction de la catégorie à laquelle le cadre appartient, les règles applicables diffèrent.

Tableau 10.3 Les catégories de cadres

	Critères	Effets en matière de temps de travail
Les cadres dirigeants	– Quatre critères cumulatifs : les responsabilités, l'indépendance dans l'organisation, l'autonomie dans la prise de décisions et une rémunération parmi les plus élevées de l'entreprise.	– Non concernés par la réglementation en matière de durée du travail. – Non-application des heures supplémentaires, ni des règles en matière de repos, ni des conventions de forfait.
Les cadres intégrés à une unité de travail	– Cadres du fait de la qualification de la convention collective. – Des fonctions les conduisant à suivre l'horaire collectif de leur service.	– Application du régime légal du temps de travail. – Possibilité de convention individuelle de forfait uniquement en heures sur la semaine ou le mois.
Les cadres autonomes ou intermédiaires	– Cadres ni dirigeants ni intégrés. – Autonomie réelle dans l'organisation de leur emploi du temps.	– Application du régime légal du temps de travail. – Possibilité de convention individuelle de forfait en jours ou en heures.

Définition : La convention de forfait est une convention individuelle conclue par écrit entre l'employeur et le salarié, par laquelle ils conviennent d'une rémunération forfaitaire incluant le salaire de base et les heures supplémentaires.

Les conventions de forfait en heures doivent respecter les durées maximales du travail.
On distingue plusieurs catégories de conventions de forfait : la convention de forfait en heures sur base hebdomadaire ou mensuelle, la convention de forfait en heures sur base annuelle et la convention de forfait en jours sur base annuelle.

! **Selon la catégorie de convention de forfait, elle peut également concerner les salariés non-cadres. C'est le cas des conventions en heures sur la semaine ou le mois. De plus, les conventions de forfait annuel concernent les cadres mais également les salariés disposant d'une réelle autonomie.**

Les conventions de forfait annuel, en heures ou en jours, doivent être précédées de la conclusion d'un accord collectif précisant les salariés concernés, les caractéristiques du forfait ainsi que les garanties offertes aux salariés. En cas de forfait annuel en jours, l'accord collectif doit fixer les modalités de contrôle par l'employeur du caractère raisonnable de la charge de travail ainsi que de la bonne répartition dans le temps de ce travail. Le salarié peut saisir le juge en cas de rémunération sous-évaluée.

! **Le salarié ne peut être soumis à un régime de forfait que s'il a signé au préalable une convention individuelle.
Le non-respect des conditions de validité entraîne le paiement des heures supplémentaires et une sanction possible pour travail dissimulé.**

II. L'aménagement du temps de travail

A La répartition collective ou individuelle

L'horaire collectif s'applique en principe à l'ensemble du personnel afin de faciliter l'organisation. Il existe cependant deux aménagements possibles : le travail en équipe et les horaires individualisés.

1. Le travail en équipe

Définition : Le travail en équipe consiste à faire succéder plusieurs équipes de salariés afin de permettre un fonctionnement en continu ou en semi-continu.

Tableau 10.4 **Les organisations possibles en équipe**

	Fonctionnement	Objectifs
Le travail par relais	Répartition des horaires en fonction des équipes : – Équipes chevauchantes : début de la deuxième équipe avant la fin de la première. – Équipes alternantes : alternance du travail des deux équipes (travail posté).	Couvrir une plus grande amplitude horaire.
Le travail par roulement	Répartition des journées de travail différente selon les salariés.	Ouvrir tous les jours de la semaine, y compris le dimanche en cas d'autorisation.
L'équipe de suppléance	– Équipe ayant pour fonction de remplacer les équipes de salariés en congés. – Recours autorisé par accord ou convention collective, ou par l'inspecteur du travail.	Faire fonctionner l'entreprise tous les jours de la semaine.

Quelle que soit l'organisation retenue, les conventions collectives doivent prévoir des compensations pécuniaires et d'autre nature (repos, retraite anticipée, formation) pour les salariés concernés. Le calcul des heures supplémentaires est fait en moyenne sur l'année et donne droit à majoration. La composition nominative de chaque équipe doit être indiquée soit par affichage, soit sur un registre mis à jour régulièrement. Le même salarié ne peut être affecté à deux équipes successives.

> **!** Le travail par relais et le travail par roulement ne sont possibles que pour les activités limitativement prévues par décret (établissement hospitalier, restaurant, pharmacie, etc.). Pour les autres activités, une convention ou un accord collectif doit être conclu.

2. Les horaires individualisés

Cette méthode consiste à fixer une période quotidienne de présence obligatoire, avec des plages horaires en début et en fin de journée permettant une adaptation en fonction des besoins de chaque salarié. On parle également d'**horaires à la carte** ou d'**horaires variables**. Ils sont mis en place à la demande expresse des salariés. Le report d'heures d'une semaine sur l'autre, sans calcul des heures supplémentaires, est possible et laissé au libre choix du salarié dans la limite de 3 heures par semaine et de 10 heures pour le cumul des reports par mois sauf accord collectif contraire.

Ces horaires individualisés sont autorisés sous réserve d'une demande des salariés et d'un avis conforme du CSE. En l'absence de CSE, il faut une autorisation de l'inspecteur du travail et adhésion individuelle de chaque salarié.

B La répartition hebdomadaire, annuelle ou journalière

1. La répartition dans la semaine

Pour répartir les horaires sur la semaine, l'employeur doit respecter :

- **Des conditions de fond.** La répartition des horaires de travail doit se faire sur les jours ouvrables (entre 4 jours et 6 jours par semaine). Il est possible également d'opter pour une répartition par demi-journées.
- **Des conditions de forme.** En cas de répartition sur 4 jours ou 4,5 jours, il lui faut un avis conforme du CSE et une information de l'inspecteur du travail. À défaut d'avis du CSE ou en l'absence de représentants du personnel, cette répartition n'est pas possible même avec l'accord de tous les salariés.

La fixation des horaires doit être datée et signée par l'employeur ou le chef d'établissement et affichée dans les locaux. Le non-respect des horaires est constitutif d'une faute, la sanction allant jusqu'au licenciement en cas de retards fréquents après des mises en garde ou un avertissement.

2. La répartition par périodes supérieures à la semaine

L'employeur peut décider un aménagement du temps de travail sur plusieurs semaines permettant une variation des horaires sans avoir à décompter des heures supplémentaires.

Cet aménagement peut se faire :

- de façon annuelle, les heures supplémentaires étant décomptées au-delà de 1 607 heures ;
- par l'attribution de jours de repos pour les heures effectuées au-delà de 35 heures par semaine ;
- par la mise en place d'horaires cycliques.

Deux modalités sont à la disposition de l'employeur pour mettre en place cet aménagement du temps de travail : appliquer un accord collectif ou, à défaut, suivre les règles fixées par décret.

Tableau 10.5 Les modalités de mise en place de l'aménagement du temps de travail

Origine de la mise en place	Contenu de l'acte	Conditions de mise en place
Accord collectif d'entreprise ou d'établissement	– Période de référence d'une durée supérieure la semaine et au plus égale à l'année ou à 3 ans si accord de branche. – Conditions et délais de prévenance en cas de changement d'horaires. – Modalités de décompte des heures supplémentaires. – Modalités de calcul du salaire.	– Obligation d'affichage dans l'entreprise de la répartition des horaires. – Information personnelle donnée aux salariés concernés.
Décret d'application du 4 novembre 2008	– Programme indicatif de la variation du temps de travail. – Calcul des heures supplémentaires uniquement pour les heures au-delà de 39 heures. – Lissage des salaires sur 35 heures par semaine indépendamment de l'horaire réel.	– Uniquement en cas d'aménagement sur un cycle de 4 semaines au plus (ou 9 semaines si moins de 50 salariés). – Avis du CSE. – Information de l'inspecteur du travail. – Obligation d'affichage du programme.

L'article L. 3121-43 du Code du travail précise que l'aménagement du temps de travail sur une période supérieure à la semaine ne constitue plus une modification du contrat de travail nécessitant un accord exprès du salarié.

> **!** L'accord d'entreprise ou d'établissement peut contenir des dispositions contraires à l'accord de branche sur l'aménagement du temps de travail.

3. Le travail de jour ou de nuit

Le travail des salariés doit être organisé le jour. Tout salarié doit bénéficier d'un repos quotidien d'une durée minimale de 11 heures consécutives. Des dérogations à cette règle ne sont possibles qu'en vertu d'un accord ou d'une convention collective, ou en cas de travaux urgents ou d'un surcroît d'activité. Une pause minimale de 20 minutes est obligatoire après 6 heures de travail quotidien. Exceptionnellement, l'employeur peut avoir recours au travail de nuit.

Définition : Est considéré comme travailleur de nuit tout salarié qui accomplit, pendant la période de nuit (de 21 heures à 7 heures ou selon une période fixée par accord), soit, selon son horaire de travail habituel, au minimum 3 heures dans la période de nuit, à raison de deux fois par semaine au moins ; soit un nombre minimal d'heures de travail pendant une « période de référence » fixée par accord collectif étendu. À défaut d'accord, le nombre minimal est de 270 heures accomplies pendant une période de 12 mois consécutifs.

Tableau 10.6 **Les conditions et le statut du travailleur de nuit**

Conditions cumulatives de recours au travail de nuit	Statut du travailleur de nuit	Contreparties
– Mis en place par convention ou accord collectif d'entreprise ou de branche. – Justifié par la nécessité d'assurer la continuité de l'activité économique ou des services d'utilité sociale. – Prenant en compte des impératifs de protection de la sécurité et de la santé des travailleurs. Consultation du CSE et du médecin de travail.	– Durée quotidienne de travail limitée à 8 heures consécutives. – Durée hebdomadaire de travail limitée à 40 heures sur une période de 12 semaines consécutives. – Examen médical préalable à l'affectation au poste de nuit, puis tous les 6 mois. – Priorité pour un poste de travail de jour se libérant dans l'entreprise. – Possibilité de refuser le passage au travail de nuit.	– Fixées dans l'accord collectif. – Contrepartie sous forme de repos obligatoire. – Contrepartie sous forme de salaire possible. – Inscription sur la fiche de prévention des expositions aux risques professionnels.

! La loi du 6 août 2015 crée le travail en soirée de 21 heures à minuit pour les commerces situés dans les zones touristiques internationales. Cette période n'est plus considérée comme du travail de nuit. Sa mise en place doit être autorisée par un accord collectif prévoyant des compensations (rémunération double et repos compensateur équivalent en temps).

SYNTHÈSE

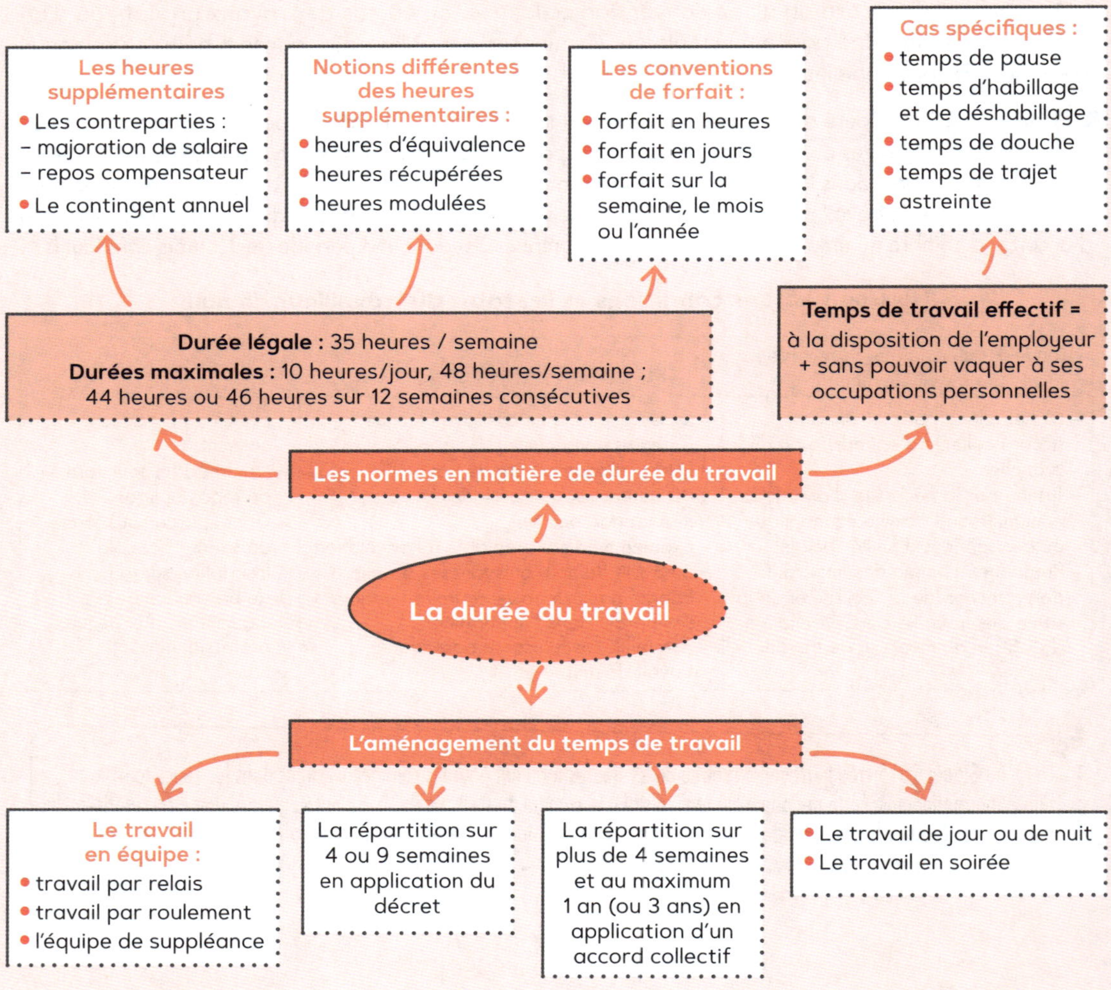

Faites le point sur les notions clés : temps de travail effectif p. 159, astreinte p. 159, heure supplémentaire p. 160, contingent annuel d'heures supplémentaires p. 160, convention de forfait p. 162, travail en équipe p. 163, travailleur de nuit p. 165.

Révisez avec les flashcards

www.lienmini.fr/dcg03-20

QCM

Réponse unique

QCM interactif

www.lienmini.fr/dcg03-21

1 La durée maximale du travail est de :

❍ **a.** 35 heures par semaine.
❍ **b.** 39 heures par semaine.
❍ **c.** 48 heures par semaine.

2 Le temps d'habillage :

❍ **a.** n'est jamais considéré comme du temps de travail effectif.
❍ **b.** peut être considéré comme du temps de travail effectif.
❍ **c.** ne donne lieu à rémunération que si c'est du temps de travail effectif.

3 Les heures d'équivalence :

❍ **a.** donnent droit aux heures supplémentaires au-delà de l'horaire d'équivalence.
❍ **b.** ne permettent pas le paiement d'heures supplémentaires.
❍ **c.** donnent droit aux heures supplémentaires au-delà de 35 heures.

4 Les heures supplémentaires donnent droit :

❍ **a.** obligatoirement à une majoration de salaire.
❍ **b.** à une majoration de salaire et à un repos compensateur.
❍ **c.** à une majoration de salaire qui peut être remplacée par un repos compensateur.

5 La convention de forfait en heures sur une base annuelle peut concerner :

❍ **a.** tous les salariés.
❍ **b.** uniquement les cadres.
❍ **c.** les cadres intermédiaires et les salariés autonomes.

Plusieurs réponses possibles

6 Le temps d'astreinte donne droit :

❍ **a.** à rémunération pour la période d'intervention, trajet inclus.
❍ **b.** à contrepartie pour la période d'intervention, trajet inclus.
❍ **c.** à contrepartie pour la période d'attente sans intervention.

7 Les heures récupérées ne sont pas décomptées dans les heures supplémentaires dès lors :

❍ **a.** qu'elles dépassent les 35 heures par semaine.
❍ **b.** qu'elles ne concernent que les heures perdues en dessous des 35 heures par semaine.
❍ **c.** qu'elles font suite à une réduction temporaire de la durée du travail pour une cause exceptionnelle.

8 Le recours aux heures supplémentaires est :

❍ **a.** décidé par le salarié qui peut l'imposer à l'employeur.
❍ **b.** décidé par l'employeur qui peut l'imposer au salarié.
❍ **c.** fait par le salarié en cas de besoin lié à la charge de travail.

9 La convention de forfait annuel en jours permet :

❍ **a.** une organisation plus souple du temps de travail.
❍ **b.** de ne pas avoir à payer les heures supplémentaires.
❍ **c.** un rattrapage des heures supplémentaires non réalisées.

10 **Le travail de nuit est possible :**

❍ **a.** dans toutes les entreprises.
❍ **b.** uniquement s'il est justifié par l'activité économique ou l'utilité sociale.
❍ **c.** uniquement s'il est prévu par convention ou accord collectif.

Réponses à justifier

11 **Axel travaille dans une usine de fabrication de ciment. Pendant ses pauses du matin et du repas, il doit rester près de son poste de travail afin d'intervenir aussitôt en cas de dysfonctionnement qui bloquerait toute la chaîne de production, ce qui arrive très rarement.**

❍ **a.** Le temps de repas n'est pas du temps de travail effectif car Axel mange mais le temps de pause est du temps de travail effectif.
❍ **b.** Les temps de pause et de repas ne sont pas du temps de travail effectif car Axel ne travaille pas pendant cette période et intervient rarement.
❍ **c.** Les temps de pause et de repas sont du temps de travail effectif car l'employeur d'Axel lui impose de rester près de son poste de travail et d'intervenir en cas de besoins.

12 **Régis travaille dans un supermarché dont l'activité connaît un fort développement. Son employeur lui a demandé de faire 4 heures supplémentaires cette semaine en plus des 3 heures qu'il effectue déjà.**

❍ **a.** Régis ne peut pas refuser car l'employeur peut toujours imposer des heures supplémentaires.
❍ **b.** Régis ne peut pas refuser car son temps de travail ne dépasse pas le maximum par semaine.
❍ **c.** Régis ne peut pas refuser mais l'employeur ne pourra pas lui imposer les heures allant au-delà du contingent d'heures supplémentaires.

13 **Jasmine est responsable des ressources humaines dans une société de prestations informatiques. Elle est chargée par son employeur de proposer une nouvelle organisation du travail et compte mettre en place un aménagement du temps de travail sur une période de référence de 3 mois permettant de faire face plus facilement aux périodes creuses.**

❍ **a.** L'employeur peut mettre en place librement un aménagement du temps de travail sur 3 mois qui s'impose aux salariés.
❍ **b.** L'employeur doit prévoir la négociation d'un accord collectif pour faire un aménagement du temps de travail sur une durée de 3 mois et l'imposer aux salariés.
❍ **c.** L'employeur doit prévoir la négociation d'un accord collectif pour faire un aménagement du temps de travail sur une durée de 3 mois mais doit avoir l'accord de salariés pour leur imposer.

14 **Théo travaille dans une usine selon l'horaire suivant : de 22 heures à 5 heures du lundi au jeudi et de 3 heures à 10 heures du vendredi au samedi.**

❍ **a.** Théo est un travailleur de nuit.
❍ **b.** Théo n'est pas un travailleur de nuit.

15 **Christelle a postulé pour un travail comprenant une organisation du temps de travail en équipes chevauchantes ou par roulement. Elle s'interroge sur la différences entre ces équipes.**

❍ **a.** Il s'agit de la même organisation du temps de travail quelle que soit l'appellation donnée aux équipes.
❍ **b.** L'organisation est différente entre une équipe chevauchante et une équipe par roulement.

CAS PRATIQUE GUIDÉ

TEMPS DE TRAVAIL EFFECTIF ET HEURES SUPPLÉMENTAIRES DANS L'ENTREPRISE BELVOLAILLE

Martin travaille dans l'entreprise d'élevage de volailles BelVolaille. Avant de rejoindre son poste et de pointer, il doit revêtir une tenue de travail permettant d'assurer des conditions de travail optimales. À la fin de la journée, il pointe également avant de se déshabiller. Martin ne comprend pas pourquoi le temps passé à l'habillage et au déshabillage n'est pas compté comme du temps de travail effectif et il se demande si son employeur respecte la loi.

Le mois dernier, Martin a travaillé 37 heures la première semaine, 36 heures la deuxième semaine et 35 heures les deux semaines suivantes. Il a reçu son bulletin de salaire, mais ne comprend pas comment ses heures supplémentaires ont été rémunérées. Il est précisé que Martin a effectué pour le moment 120 heures supplémentaires depuis le début de l'année. Ni convention ni accord collectif n'a été signé au sujet des heures supplémentaires.

1. **Indiquez si Martin peut demander la rémunération du temps passé à mettre et à enlever sa tenue de travail.**
2. **À défaut, à quoi peut-il prétendre ?**
3. **Indiquez à Martin le mode de calcul des heures supplémentaires qu'il a effectuées.**
4. **Précisez-lui les contreparties auxquelles il a droit.**

CORRIGÉ

☑ COMPÉTENCES ATTENDUES : **Qualifier une période de temps de travail effectif. Préciser le cadre légal et conventionnel du recours aux heures supplémentaires. Préciser les obligations de l'employeur en termes de repos et de rémunération en cas d'heures supplémentaires.**

Méthode

Lorsqu'un cas pratique porte sur le temps de travail, et notamment sur les heures supplémentaires, vous devez toujours définir la notion de temps de travail effectif même si cela n'est pas explicitement demandé par le sujet.

Seule cette notion permet le calcul du salaire en fonction des heures effectuées et la reconnaissance d'heures supplémentaires.

Il est important de ne pas faire de confusion entre temps de travail effectif, heures supplémentaires et contingent d'heures supplémentaires.

La souplesse introduite par le législateur vous oblige également à être attentif à l'existence d'une convention ou d'un accord collectif qui aurait des impacts sur cette notion de temps de travail effectif et sur les heures supplémentaires.

1. Possibilité de rémunération du temps passé à mettre et à enlever sa tenue de travail.

PRINCIPES JURIDIQUES

Le salaire est versé par l'employeur en contrepartie de ce temps de travail effectif. Les heures qui ne

> ! Rappel de la définition : le temps de travail effectif est la période pendant laquelle le salarié est à la disposition de l'employeur sans pouvoir vaquer librement à ses occupations personnelles.

sont pas du temps de travail effectif ne donnent pas droit au versement d'une rémunération. Le temps d'habillage et de déshabillage n'est jamais considéré comme du temps de travail effectif, sauf convention collective ou contrat de travail contraires.

APPLICATION AU CAS

En l'espèce, le temps passé par Martin à mettre et à enlever sa tenue de travail n'est pas du temps de travail effectif. Il ne donne donc droit à aucune rémunération.

2. À quoi peut-il prétendre ?

PRINCIPES JURIDIQUES

Lorsque la tenue de travail est imposée par la loi, par la convention collective, par le contrat de travail ou par le règlement intérieur et que l'habillage et le déshabillage doivent avoir lieu dans l'entreprise, alors le temps passé à cela donne droit à une contrepartie financière ou sous forme de repos.

APPLICATION AU CAS

En l'espèce, la tenue de travail est imposée à Martin par son employeur. Le temps passé à l'habillage et au déshabillage ne fait pas partie de son temps de travail effectif, mais il donnera droit à une contrepartie dès lors qu'il devra revêtir sa tenue sur place pour respecter des conditions d'hygiène.

3. Mode de calcul des heures supplémentaires effectuées par Martin.

PRINCIPES JURIDIQUES

Les heures supplémentaires sont les heures effectuées au-delà de la durée légale ou conventionnelle du travail. Elles sont calculées pour chaque semaine de travail, sauf en cas d'aménagement du temps de travail sur une durée supérieure.

APPLICATION AU CAS

En l'espèce, on pose l'hypothèse que la durée du travail applicable à cette entreprise est de 35 heures. Martin a fait 2 heures supplémentaires la première semaine et 1 heure supplémentaire la deuxième semaine. Il n'a fait aucune heure supplémentaire les deux semaines suivantes.

> **!** À défaut d'information donnée dans le sujet, vous devez appliquer la durée légale classique, à savoir 35 heures par semaine.

4. Contreparties auxquelles Martin a droit.

PRINCIPES JURIDIQUES

Les heures supplémentaires donnent toujours droit à une majoration de salaire sauf en cas de convention collective remplaçant cette majoration par un repos compensateur. La majoration de salaire est de 25 % pour les 8 premières heures et de 50 % pour les heures suivantes. Elle peut être au minimum de 10 % en cas d'accord ou de convention collective.
Un repos compensateur de complément est possible uniquement en cas de dépassement du contingent annuel d'heures supplémentaires (220 heures par an et par salarié) ou en cas d'accord collectif.

APPLICATION AU CAS

En l'espèce, Martin aura droit à une majoration de salaire de 25 % pour les 3 heures supplémentaires effectuées sur le mois en cause. En l'absence de convention ou d'accord collectif, il n'aura pas droit à un repos compensateur de remplacement ni de complément, le contingent annuel n'étant pas dépassé (il a effectué 120 heures et non plus de 220 depuis le début de l'année).

! **Même si le sujet précise qu'il n'y a pas d'accord ni de convention collective, vous devez tout de même indiquer dans la règle de droit les spécificités applicables si un accord était signé. L'application au cas vous permet ensuite de préciser l'existence ou non de cet accord et, de ce fait, les règles applicables.**

AUTOÉVALUATION

La grille d'autoévaluation ci-dessous vous permet d'évaluer votre niveau et de vérifier si vos réponses correspondent aux attendus de l'examen.

Questions	Niveau 1	Niveau 2	Niveau 3	Niveau 4
	Un premier élément de réponse, mais très incomplet, des erreurs, des contresens	*Des éléments de réponse isolés, des approximations et/ou de la paraphrase*	*Question comprise : des éléments de réponse pertinents mais incomplets au niveau des savoirs et/ou de l'application*	*Compétence attendue mobilisée avec mobilisation complète des savoirs associés à la compétence. Application pertinente.*
1. Indiquez si Martin peut demander la rémunération du temps passé à mettre et à enlever sa tenue de travail. *(voir Section I.A)*	❑ Vous ne donnez pas la définition du temps de travail effectif. ❑ Ou vous considérez que le temps d'habillage et de déshabillage doit être rémunéré.	❑ Vous donnez une définition incomplète de la notion de temps de travail effectif. ❑ Vous qualifiez correctement le temps d'habillage mais vous accordez une rémunération.	❑ Votre définition du temps de travail effectif est complète. ❑ Vous caractérisez correctement le temps d'habillage et de déshabillage mais vous n'en donnez pas les conséquences correctes.	❑ Votre définition du temps de travail effectif est complète. ❑ Vous caractérisez correctement le temps d'habillage et de déshabillage et votre conclusion est correcte.
2. À défaut, à quoi peut-il prétendre ? *(voir Section I.A)*	❑ Vous proposez le versement d'une rémunération. ❑ Vous ne proposez rien.	❑ Vous proposez une contrepartie mais sans préciser laquelle. ❑ Vous ne donnez pas les conditions de cette contrepartie ou de façon très incomplète.	❑ Vous proposez les deux formes de contrepartie. ❑ Vous donnez l'une des conditions mais vous oubliez la seconde. ❑ Votre application est incomplète.	❑ Vous proposez les deux formes de contrepartie. ❑ Vous citez les deux conditions. ❑ L'application est complète.

Questions	Niveau 1	Niveau 2	Niveau 3	Niveau 4
	Un premier élément de réponse, mais très incomplet, des erreurs, des contresens	*Des éléments de réponse isolés, des approximations et/ou de la paraphrase*	*Question comprise : des éléments de réponse pertinents mais incomplets au niveau des savoirs et/ou de l'application*	*Compétence attendue mobilisée avec mobilisation complète des savoirs associés à la compétence. Application pertinente.*
3. Indiquez à Martin le mode de calcul des heures supplémentaires qu'il a effectuées ? *(voir Section I.B)*	❑ Vous ne donnez pas la définition des heures supplémentaires. ❑ Vous ne faites pas le calcul des heures de Martin ou de façon erronée.	❑ Vous donnez une définition incomplète des heures supplémentaires. ❑ Le calcul des heures supplémentaires est incomplet.	❑ Vous donnez une définition précise des heures supplémentaires. ❑ Le calcul des heures de Martin n'est pas fait sur toutes les semaines.	❑ Vous donnez une définition précise des heures supplémentaires. ❑ Vous faites le calcul des heures de Martin sur toutes les semaines.
4. Précisez-lui les contreparties auxquelles il a droit. *(voir Section I.B)*	❑ Vous n'avez pas compris la question. ❑ Vous n'évoquez ni majoration de salaire ni repos.	❑ Vous évoquez la majoration de salaire ou les repos, mais de façon incomplète avec des erreurs. ❑ L'application n'est pas faite ou très incomplète.	❑ Vous présentez la majoration de salaire sans erreur mais sans évoquer l'exception. ❑ Vous citez le repos compensateur et/ou le contingent mais de façon incomplète. ❑ Votre application est incomplète.	❑ Vous présentez la majoration de salaire ainsi que l'exception liée à l'accord collectif. ❑ Vous évoquez le repos compensateur et l'application est complète.

EXERCICES

1 Temps de travail effectif et convention de forfait dans la société Bureau pour tous

15 min

☑ **COMPÉTENCES ATTENDUES : Qualifier une période de temps de travail effectif. Préciser le cadre légal et conventionnel du recours aux heures supplémentaires. Préciser les conditions et effets du recours aux conventions de forfait.**

Virgil travaille à Paris comme magasinier au sein de la société Bureau Pour Tous, chaîne de magasins proposant papeterie, fournitures, mobilier de bureau et matériel informatique à prix réduits.

Le midi, il a une pause de 12 h 00 à 13 h 30 pour manger. Or il a pris l'habitude de manger sur place avec une collègue et est souvent de retour à son poste de travail dès 13 h 00. Comme il ne pointe pas, il se demande s'il pourrait obtenir la rémunération de cette demi-heure de travail.

Récemment, la responsable des ressources humaines lui a proposé de signer une convention de forfait en heures mensuelles. Virgil hésite et craint qu'une telle convention ne lui permette pas d'avoir le paiement de ses heures supplémentaires.

Sachant que vous suivez des cours de droit social, Virgil vous contacte pour que vous le conseilliez.

1. **Vérifiez à quelles conditions il peut être rémunéré sur son temps de pause.**
2. **Identifiez les conditions à respecter pour signer une convention de forfait en heures mensuelles.**
3. **Précisez à Virgil comment seront prises en compte ses heures supplémentaires.**

2 Aménagements du temps de travail dans la société Areloc

20 min

☑ COMPÉTENCES ATTENDUES : **Préciser les conditions et effets du recours de l'aménagement du temps de travail. Évaluer les marges de manœuvre de l'employeur pour faire varier le temps de travail d'un salarié.**

Samuel a été nommé chef de projet au sein de la société Areloc, spécialisée dans la découpe et l'emboutissage de métaux. Il est chargé de mettre en place une nouvelle chaîne de production utilisant un logiciel de CFAO (conception et fabrication assistées par ordinateur). Pour cela, il va devoir revoir l'aménagement du temps de travail et souhaite mettre en place plusieurs modifications.

Tout d'abord, il compte organiser le travail par équipe afin de permettre à la chaîne de production de ne pas connaître de coupure, la mise en route étant source d'erreurs et de perte de temps. Il se demande si des contraintes particulières s'imposent pour cette organisation.

Ensuite, il veut mettre en place un aménagement du temps de travail sur l'année. Cet aménagement permettrait de faire travailler les salariés davantage sur les mois de forte activité (d'octobre à février) et de compenser ensuite sur la période de faible activité (de mai à septembre). Il compte ainsi avoir moins d'heures supplémentaires à payer.

Samuel a échangé sur ces projets avec Florence, responsable des ressources humaines. Elle trouve que tout ceci est bien compliqué et ne permettra pas de réduire le paiement des heures supplémentaires.

Samuel vous consulte et vous donne les missions suivantes :

1. **Identifiez les contraintes à respecter pour mettre en place le travail par équipe souhaité par Samuel.**
2. **Vérifiez si l'aménagement du temps de travail envisagé par Samuel est possible et avec quelles conséquences.**

3 Temps de trajet, astreinte et heures supplémentaires dans la société Brimat

30 min

☑ COMPÉTENCES ATTENDUES : **Qualifier une période de temps de travail effectif. Préciser le cadre légal et conventionnel du recours aux heures supplémentaires. Préciser les obligations de l'employeur en termes de repos et de rémunération en cas d'heures supplémentaires.**

Marzouk travaille au sein de la société Brimat comprenant 52 salariés et située à Bourges. Habitant à Saint-Amand-Montrond, il doit parcourir un trajet de 56 km tous les jours, soit environ 50 minutes de route. La semaine dernière, son employeur l'a affecté pour 15 jours dans l'établissement situé à Châteauroux. Il a alors dû effectuer 75 km de trajet par jour, ce qui représente environ 1 heure 15 de route. Il prend donc son service plus tard et est obligé de compenser la demi-heure perdue le matin en restant plus tard le soir. Il se demande s'il pourrait obtenir une indemnisation de son employeur.

Florent a été d'astreinte plusieurs semaines de suite le mardi et le jeudi soir. Pendant l'astreinte, il reste chez lui mais doit être prêt à intervenir à tout moment en cas d'appel de son collègue présent dans l'usine. Ainsi, il a été appelé à intervenir deux fois sur les trois dernières semaines. Il n'a pas bien compris si ce temps d'astreinte lui serait rémunéré.

Marzouk se pose également des questions relatives à l'exécution de son contrat de travail. Ce mois-ci, il a travaillé 45 heures par semaine. Le mois dernier il avait déjà fait des heures supplémentaires et atteint 220 heures supplémentaires depuis le début de l'année. Il aimerait bénéficier de repos pour compenser les heures supplémentaires qu'il a effectuées et pouvoir utiliser ce repos pour financer une partie du congé sabbatique qu'il compte prendre l'an prochain pour rendre visite à sa famille qui vit au Maroc.

1. **Analysez la situation de Marzouk pour vérifier si sa demande serait acceptée par son employeur.**
2. **Indiquez à Florent s'il pourra obtenir une rémunération liée à ce temps d'astreinte.**
3. **Vérifiez si Marzouk pourra obtenir des jours de repos en contrepartie des heures supplémentaires effectuées.**
4. **Que pouvez-vous lui conseiller concernant le financement de son congé sabbatique ?**

CAS DE SYNTHÈSE

MISE EN PLACE DU TRAVAIL DE NUIT DANS LE MAGASIN SPORTISSIME

40 min

☑ COMPÉTENCES ATTENDUES : **Identifier les dérogations au repos dominical et leur régime à partir d'une documentation. Évaluer les marges de manœuvre de l'employeur pour faire varier le temps de travail d'un salarié.**

Mise en situation

Une de vos amies, Pauline, est gérante du magasin de sport Sportissime situé à Paris sur les Champs-Élysées. Elle a décidé de modifier les horaires d'ouverture de ce magasin pour répondre à la demande de la clientèle étrangère. Ainsi, au lieu de fermer à 20 heures, son magasin fermera à 22 heures le vendredi et le samedi soir. Elle a présenté ce projet lors de la dernière réunion du CSE, mais il a été très mal accueilli par les salariés qui lui ont répondu que cette ouverture ne serait pas possible sans la conclusion d'un accord collectif et l'accord individuel des salariés concernés. Pauline est ennuyée et souhaiterait passer outre ce refus, d'autant plus qu'elle vient d'ouvrir un autre magasin situé rue Saint-Antoine et pour lequel elle voudrait appliquer les mêmes horaires.

Elle décide de vous consulter pour vous demander :

1. **de lui présenter les règles à respecter pour mettre en place le travail de nuit ;**
2. **d'analyser la situation de ces deux magasins et l'organisation des horaires possibles.**

À cette occasion, vous lui communiquez les textes présentés dans la base documentaire pour étayer votre réponse.

BASE DOCUMENTAIRE

Document 1 – Arrêt de la Cour de cassation du 24 septembre 2014, n° 13-24851

Attendu, selon l'arrêt attaqué, que le syndicat des employés du commerce Île-de-France-UNSA, l'Union syndicale CGT du commerce, de la distribution et des services de Paris, le syndicat CGT-Force ouvrière des employés et cadres du commerce de Paris, la fédération des employés et cadres de la CGT Force ouvrière, le syndicat SUD commerces et services Île-de-France et le syndicat commerce interdépartemental d'Île-de-France CFDT (les syndicats) ont saisi un tribunal de grande instance, statuant en référé, pour qu'il soit interdit, sous astreinte, à la société Sephora (la société) d'employer des salariés, d'une part, de 21 heures à 6 heures du matin dans son magasin des Champs-Élysées à Paris ;

Sur le troisième moyen :

Attendu que la société Sephora fait grief à l'arrêt de lui ordonner de cesser d'employer des salariés entre 21 heures et 6 heures dans son établissement situé avenue des Champs-Élysées à Paris sous astreinte, alors, selon le moyen :

1°/ que, selon l'article L. 3122-32 du Code du travail, le recours au travail de nuit est exceptionnel ; que ce texte établit un critère d'appréciation d'ordre général qui implique que le juge vérifie concrètement si le recours au travail de nuit a une nature exceptionnelle eu égard à la situation précise de l'employeur, sans prohiber par principe le recours au travail de nuit dans certains secteurs ou branches d'activité ; qu'en retenant au contraire que le caractère exceptionnel visé à l'article L. 3122-32 du Code du travail [...] s'apprécie au regard du secteur d'activité pour lequel le travail de nuit est inhérent ou pour lequel il n'existe pas d'autres possibilités d'aménagement du temps de travail, ce qui n'est pas le cas des commerces de parfumerie, la cour d'appel, jugeant ainsi que le recours au travail de nuit s'apprécie uniquement au regard du secteur d'activité et qu'il est par nature prohibé dans les commerces de parfumerie, a ajouté une condition à la loi et a violé l'article L. 3122-32 du Code du travail ; [...]

3°/ que, selon l'article L. 3122-32 du Code du travail, le recours au travail de nuit doit également être justifié par la nécessité d'assurer la continuité de l'activité économique ou des services d'utilité sociale ; qu'en vertu de ce second critère d'ordre général, le recours au travail de nuit est régulier lorsqu'il s'avère nécessaire au fonctionnement interne de l'entreprise, de la branche d'activité ou du secteur géographique dans lequel l'employeur intervient ; que, tel que soutenu par la société dans ses conclusions d'appel, cette condition était remplie compte tenu, en premier lieu, de la nécessité d'assurer la continuité de l'activité économique de l'avenue des Champs-Élysées après 21 heures, indispensable au maintien de l'attractivité de cette avenue hautement prisée par les touristes internationaux pour ses attraits en termes de shopping en soirée et, en second lieu, de la nécessité d'assurer la continuité économique de la ville de Paris en raison de la forte perte d'attractivité touristique qui découlerait de la fermeture en soirée des enseignes des Champs-Élysées ; qu'en retenant au contraire que l'attraction commerciale liée à l'ouverture de nuit de l'établissement [...] ne constitue pas une nécessité d'assurer la continuité de l'activité économique, la cour d'appel a violé l'article L. 3122-32 du Code du travail ; [...]

Mais attendu, d'abord, que selon l'article L. 3122-32 du Code du travail interprété à la lumière de la directive 93/104 du 23 novembre 1993 concernant certains aspects de l'aménagement du temps de travail, le recours au travail de nuit est exceptionnel. Il prend en compte les impératifs de protection de la santé et de la sécurité des travailleurs et est justifié par la nécessité d'assurer la continuité de l'activité économique ou des services d'utilité sociale ; qu'il en résulte que le travail de nuit ne peut pas être le mode d'organisation normal du travail au sein d'une entreprise et ne doit être mis en œuvre que lorsqu'il est indispensable à son fonctionnement ;

Attendu, ensuite, que le fait pour un employeur de recourir au travail de nuit en violation des dispositions légales susvisées constitue un trouble manifestement illicite ;

Et attendu qu'ayant relevé que la société, qui exerce dans un secteur, le commerce de parfumerie, où le travail de nuit n'est pas inhérent à l'activité, ne démontrait pas qu'il était impossible d'envisager d'autre possibilité d'aménagement du temps de travail, non plus que son activité économique supposait le recours au travail de nuit, dès lors que les difficultés de livraison alléguées ne nécessitaient pas pour autant que le magasin fût ouvert à la clientèle la nuit et que l'attractivité commerciale liée à l'ouverture de nuit du magasin des Champs-Élysées ne permettait pas de caractériser la nécessité d'assurer la continuité de l'activité, et alors qu'il ne résulte ni de l'arrêt ni des productions qu'une quelconque violation des dispositions tant

de la Convention de sauvegarde des droits de l'homme et des libertés fondamentales que de la Charte des droits fondamentaux de l'Union européenne, ou encore de la Déclaration universelle des droits de l'homme, a été invoquée par la société devant les juges du fond, la cour d'appel en a exactement déduit l'existence d'un trouble manifestement illicite ;
D'où il suit que le moyen n'est pas fondé ; PAR CES MOTIFS, Rejette le recours.

Document 2 – Les 18 zones touristiques internationales

Les **10 ZTI situées à Paris et en région parisienne** :

- zone Paris-La Défense *(1)* ;
- zone des Champs-Élysées Montaigne *(2)* ;
- zone Haussmann *(3)* ;
- zone Le Marais *(4)* ;
- zone Les Halles *(5)* ;
- zone Montmartre *(6)* ;
- zone Rennes – Saint-Sulpice *(7)* ;
- zone Saint-Honoré – Vendôme *(8)* ;
- zone Saint-Germain *(9)* ;
- zone Beaugrenelle *(10)* ;
- zone Palais des Congrès *(11)*.

Les **8 ZTI situées en régions**, sur le territoire français :

- zone Cannes *(12)* ;
- zone Cagnes-sur-Mer *(13)* ;
- zone Nice *(14)* ;
- zone Saint-Laurent-du-Var *(15)* ;
- zone Val-d'Europe (Serris) *(16)* ;
- zone Deauville *(17)* ;
- zone Antibes *(18)* ;
- zone La Baule-Escoublac *(19)*.

CHAPITRE 11

Les repos et congés

À l'issue de ce chapitre,

• vous serez capable :

❒ d'établir le cadre légal des droits à congés payés ;

❒ d'identifier les dérogations au repos dominical et leur régime à partir d'une documentation.

• vous saurez identifier :

❒ les principales dérogations au repos dominical et leur régime à partir d'une documentation ;

❒ les règles relatives au repos hebdomadaire, aux congés payés et aux jours fériés.

Mettez-vous en situation

Oumaima est assistante au sein du service ressources humaines d'une société de grande distribution spécialisée dans le bricolage et le jardinage.

Elle gère le temps de travail des salariés de plusieurs magasins différents.

Le magasin situé à Tours souhaite ouvrir deux dimanches de suite, en décembre, avant les fêtes de Noël. Le magasin d'Orléans a décidé d'ouvrir le 11 novembre. Pour finir, le directeur du magasin de Blois a refusé le départ en congés payés de deux salariés qui contestent cette décision.

Oumaima va refuser les demandes d'ouverture faites par les magasins de Tours et d'Orléans et rejeter le recours des salariés du magasin de Blois. Qu'en pensez-vous ?

I. Le repos hebdomadaire

Un employeur ne peut occuper un salarié **plus de 6 jours par semaine**.

Définition : Le repos hebdomadaire est un repos d'une durée minimale de 24 heures (plus 11 heures de repos quotidien) « donné le dimanche » et imposé par le Code du travail.

Ce principe s'applique à toutes les entreprises et protège tous les salariés, mais ne concerne pas les travailleurs indépendants.

En cas de non-respect, le juge des référés peut ordonner la fermeture sous astreinte. L'employeur sera sanctionné pénalement. Il devra également verser des dommages et intérêts au salarié.

Cependant, il existe plusieurs dérogations permettant d'organiser le travail le dimanche et de placer le repos un autre jour de la semaine.

Les derniers textes adoptés à ce sujet sont la loi n° 2015-990 du 6 août 2015 et le décret n° 2016-755 du 8 juin 2016.

Tableau 11.1 Les dérogations au repos dominical

Modalités	Entreprises concernées	Effets
1. Autorisation de plein droit par la loi.	– Entreprises ayant des contraintes de production ne permettant pas d'arrêt (ex. : cimenterie). – Entreprises proposant des biens ou des services indispensables aux besoins du public (hôtels, restaurants, musées, pharmacies, etc.). – Uniquement s'il s'agit de l'activité principale de l'établissement en cause.	– Aucune majoration. – Aucun repos compensateur. – Sauf convention collective plus favorable.
	– Les commerces de détail alimentaire. Répondre aux besoins du public.	– Travail le dimanche autorisé jusqu'à 13 heures. – Compensé par une journée entière de repos par roulement et par quinzaine. – Majoration de salaire de 30 % si commerce de détail ayant une surface de vente supérieure à 400 m^2.
	– Établissements de vente au détail, non alimentaire, situés dans certaines zones du territoire : zones touristiques internationales, zones touristiques, zones commerciales, zones comprises dans l'emprise des gares. – Zones fixées par les ministres ou le préfet de région après avis du maire.	– Contreparties obligatoires fixées par accord collectif (majoration salariale). – Seuls les salariés volontaires sont concernés. – Repos hebdomadaire donné par roulement.
2. Autorisation préfectorale donnée pour toute l'année ou une période limitée. Valable pendant 3 ans maximum.	– Fermeture ayant des conséquences préjudiciables pour son fonctionnement OU pour le public.	– Contreparties obligatoires fixées par accord collectif (repos et rémunération double). – Seuls les salariés volontaires sont concernés.
3. Accord collectif ou autorisation de l'inspecteur du travail	– Entreprises industrielles fonctionnant avec le travail en continu ou des équipes de suppléance.	– Rémunération majorée de 50 % pour l'équipe de suppléance.
4. Autorisation du maire 12 dimanches par an	– Commerces de détail non alimentaires.	– Rémunération doublée. – Repos compensateur équivalent. Uniquement pour les salariés volontaires.

! **Dans tous les cas où l'accord du salarié est nécessaire, il doit être donné par écrit. Le refus du salarié ne peut être retenu comme motif de sanction. De plus, le salarié doit toujours bénéficier d'un temps de repos hebdomadaire quelle que soit l'organisation retenue.**

II. Les congés annuels ou congés payés

A Les modalités d'octroi et de calcul des congés payés

1. La prise des congés payés

Tout salarié a droit à des congés payés (CP), quels que soient son emploi et sa qualification.

Définition : Les congés payés concernent des jours pendant lesquels le salarié ne travaille pas mais touche tout de même une rémunération. Ils sont acquis en fonction du travail effectif sur une période de référence donnée.

Le salarié à temps partiel a les mêmes droits que celui qui travaille à temps plein. Aucune condition d'ancienneté n'est exigée.

La **période de référence** s'étend du 1er juin de l'année précédente au 31 mai de l'année en cours sauf accord d'entreprise ou de branche fixant une autre période. Les congés payés doivent être pris chaque année et le salarié qui a continué à travailler ne peut prétendre les cumuler sauf dans le cadre d'un compte épargne-temps (CET). Il peut demander le versement de dommages et intérêts pour congés non pris s'il prouve qu'il en a été privé par la faute de l'employeur.

> **!** Depuis la loi n° 2016-1088 du 8 août 2016, il est possible de bénéficier de congés payés dès la fin du 1er mois d'embauche.

Certains cas de report de congés sont admis par la loi :

- report de la 5e semaine sur 6 années maximum en vue d'un congé sabbatique ou d'un congé pour création d'entreprise ;
- report jusqu'au 31 décembre N + 1 en cas de calcul du temps de travail sur l'année pour une période de prise de congés allant du 1er juin N – 1 au 31 mai N ;
- possibilité d'affecter au CET les jours de CP excédant 24 jours ouvrables.

La mise en place des congés payés relève du pouvoir de l'employeur tout en respectant un cadre précis fixé par la loi.

Tableau 11.2 La mise en place des congés payés

La période des congés	L'ordre de départ	Le fractionnement du congé
– Fixée librement par l'employeur sauf accord ou convention collective. – Affichée au moins 2 mois à l'avance. – Cinquième semaine prise obligatoirement à part du congé principal. – Au moins 12 jours ouvrables pendant la période légale du 1er mai au 31 octobre (ou période conventionnelle). – Congé continu s'il est inférieur à 12 jours. – Fractionnement possible de la cinquième semaine pour permettre une fermeture de l'entreprise. – Prise des congés imposable par l'employeur sur la période de fermeture de l'entreprise.	– Fixé librement par l'employeur. – Prise en compte de la situation familiale et/ou de l'activité chez un autre employeur. – Ordre et date communiqués par l'employeur à chaque salarié et affichés au moins 1 mois à l'avance sauf accord collectif fixant un délai plus court.	– Droit à des congés supplémentaires en cas de fractionnement du congé principal pris en dehors de la période du 1er mai au 31 octobre : - 1 jour si de 3 à 5 jours de congé pris ; - 2 jours si au moins 6 jours pris. – Sauf accord d'entreprise fixant un nombre supérieur ou inférieur. – Possibilité de renonciation aux congés supplémentaires par le salarié de façon expresse et écrite.

2. Le calcul des congés payés

La **durée des congés payés** est de 2,5 jours par mois de travail effectif dans l'entreprise.
La totalité du congé ne peut excéder 30 jours ou 5 semaines pour une année de travail effectif. Le calcul des congés payés dépend du calcul du mois de travail effectif. Sont assimilées à 1 mois de travail effectif les périodes équivalentes à 4 semaines ou à 24 jours de travail. En cas d'absence pendant la période de référence, le décompte en jours ouvrables des congés s'effectue suivant la règle la plus favorable au salarié. Certaines périodes d'absence sont assimilées par la loi ou la convention collective à des périodes de travail effectif [voir Chapitre 8]. Le nombre de jours de congé acquis est arrondi au supérieur.

B L'indemnité de congés payés

Une **indemnité de congés payés** est versée au salarié pendant son absence. **Deux modes de calcul** sont possibles :

- Une indemnité égale à la rémunération qui aurait été perçue pendant le congé si le salarié avait continué à travailler (principe du maintien de la rémunération).
- Une indemnité égale au dixième de la rémunération totale brute perçue par le salarié pendant la période de référence.

La solution la plus avantageuse pour le salarié devra être retenue. La rémunération prise en compte pour le calcul de l'indemnité de congés payés comprend tous les salaires perçus à l'exception des remboursements de frais, des primes liées aux conditions de travail, des primes semestrielles ou annuelles dont le montant n'est pas diminué par les congés.

> **!** En cas de rupture du contrat de travail, les congés payés non pris donnent droit à une indemnité compensatrice.

C La maladie du salarié pendant ses congés payés

Deux cas de figure peuvent se présenter :

- **Le salarié tombe malade pendant ses congés.** Il doit reprendre le travail à la date prévue et ne peut exiger que son congé soit prolongé de la durée de la maladie ou qu'il soit reporté. Pendant le congé maladie, le salarié cumule son indemnité de congés payés calculée normalement avec les indemnités journalières de maladie versées par la Sécurité sociale [voir Chapitre 24]. En revanche, il ne perçoit pas le complément de rémunération versé par l'employeur en cas de maladie.
- **Le salarié est absent pour maladie au moment du départ en congés.** Il peut en demander le report. L'employeur décide alors des dates du congé reporté. Si l'arrêt de maladie prend fin après la clôture de la période des congés payés légale ou conventionnelle, le salarié peut demander un report de ses congés ou une indemnité compensatrice si le contrat est rompu.

D Le compte épargne temps (CET)

Le CET est mis en place par accord collectif d'entreprise ou de branche.

Définition : Ouvert à tous les salariés, le compte épargne-temps (CET) permet d'accumuler des droits à congé rémunéré.

L'accord collectif fixe les versements possibles à l'initiative du salarié (5e semaine de congés payés annuels, jours de congé pour fractionnement, etc.) et ceux à l'initiative de l'employeur (aménagement du temps de travail, abondement).

III. Les jours fériés

Définition : Un jour férié est un jour de fête légale énuméré par le Code du travail. On dénombre 11 jours fériés : 1er janvier, lundi de Pâques, 1er mai, 8 mai, Ascension, lundi de Pentecôte, 14 juillet, Assomption (15 août), Toussaint, 11 novembre, 25 décembre.

Aucune disposition légale ne prévoit le chômage obligatoire des « ponts ». S'il est octroyé, ce repos doit être payé.

A Le repos les jours fériés

Seul le 1er mai est obligatoirement chômé pour tous les salariés sauf pour les établissements qui ne peuvent interrompre leur activité (transports, usines à feu continu, hôpitaux, etc.). Les autres jours fériés peuvent être travaillés. La loi interdit la récupération des jours fériés chômés.
Les jours fériés chômés sont fixés par accord d'entreprise qui prime sur l'accord de branche. À défaut, c'est une décision unilatérale de l'employeur.

B La rémunération des jours fériés

Si le salarié **travaille le jour férié**, seul le 1er mai donne droit à une majoration de salaire de 100 %. Pour les autres jours, une majoration peut être prévue par convention collective.
Si le salarié **ne travaille pas le jour férié**, la situation diffère selon le jour de la semaine concerné.

Tableau 11.3 **Rémunération du salarié selon le jour férié chômé**

Jour de la semaine concerné	Compensation prévue
Jour de repos habituel dans l'entreprise	Aucune compensation.
Pendant les congés payés	Jour supplémentaire uniquement s'il tombe sur un jour ouvrable (pour un décompte fait en jours ouvrables).
Jour habituellement travaillé	– Maintien du salaire sans condition d'ancienneté s'il s'agit du 1er mai. – Maintien du salaire à condition de disposer de 3 mois d'ancienneté dans les autres cas.

Définitions : Un jour ouvrable est un jour autre que le dimanche ou un jour férié chômé dans l'établissement. Un jour ouvré est un jour pendant lequel le salarié travaille effectivement dans l'entreprise.

Pour rémunérer le jour férié chômé, aucune condition d'ancienneté n'est imposée pour les salariés intérimaires. Pour les salariés à temps partiel, la condition d'ancienneté est calculée au prorata du temps de présence.

SYNTHÈSE

Les repos et congés

Le repos hebdomadaire

Le principe
- Obligatoire
- Le dimanche

Les sanctions
- Responsabilité pénale et civile
- Fermeture sous astreinte

Les dérogations au repos dominical

Autorisation légale de plein droit
- Contraintes de production
- Biens ou services indispensables
- Commerces de détail alimentaires
- Vente de détail non alimentaire dans certaines zones

Autorisation préfectorale
- Pendant 3 ans au maximum
- Appréciation par le préfet
- Fermeture préjudiciable pour l'entreprise ou pour le public

Autorisation du maire 12 dimanches par an
- Commerces de détail non alimentaires

Accord collectif ou Inspection du travail
- Entreprises industrielles
- Travail en continu ou équipes de suppléance

Les jours fériés
- Seul le 1er mai est obligatoirement **chômé et payé**
- Selon accord collectif pour les autres jours fériés

Rémunération selon le jour de la semaine
- Rien si jour de repos habituel
- Jour supplémentaire si jour ouvrable pendant les congés payés
- Maintien du salaire si ancienneté de 3 mois

Les congés payés

Mise en place
- Période des congés et ordre de départ fixés par l'employeur
- Prise en compte de l'accord ou de la convention collective
- Congés supplémentaires en cas de fractionnement

Calcul des congés payés
- 2,5 jours par mois de travail effectif
- 30 jours par an
- Indemnité de CP avec maintien du salaire ou 1/10e de la rémunération perçue pendant la période de référence

Faites le point sur les notions clés : repos hebdomadaire p. 177, congés payés p. 179, compte épargne temps p. 180, jour férié p. 181, jour ouvrable p. 181, jour ouvré p. 181.

Révisez avec les flashcards
www.lienmini.fr/dcg03-22

QCM

Réponse unique

QCM interactif

www.lienmini.fr/dcg03-23

1 Le travail le dimanche est autorisé :

❍ **a.** uniquement par la loi.
❍ **b.** par la loi ou par le préfet ou par accord collectif.
❍ **c.** par décision des représentants du personnel.

2 Les jours fériés chômés :

❍ **a.** doivent tous être rémunérés.
❍ **b.** ne sont pas rémunérés.
❍ **c.** sont rémunérés uniquement s'ils tombent un jour habituellement travaillé.

3 Les congés payés sont pris sur une période fixée :

❍ **a.** librement par le salarié.
❍ **b.** à la suite d'un accord entre le salarié et l'employeur.
❍ **c.** par décision unilatérale de l'employeur.

4 Les congés payés donnent droit à une indemnité égale :

❍ **a.** au salaire versé habituellement au salarié.
❍ **b.** à un choix entre deux modes de calcul.
❍ **c.** au dixième de la rémunération totale perçue pendant la période de référence.

5 L'ordre des départs est :

❍ **a.** fixé après échanges entre les salariés.
❍ **b.** fixé par accord collectif d'entreprise.
❍ **c.** fixé librement par l'employeur.

Plusieurs réponses possibles

6 La loi autorise de plein droit le travail le dimanche :

❍ **a.** pour les entreprises ayant des contraintes de production.
❍ **b.** pour les commerces de vente au détail non alimentaire.
❍ **c.** pour les entreprises dont la fermeture serait préjudiciable pour le public.

7 Le travail le dimanche permet au salarié de demander :

❍ **a.** des contreparties sous forme de repos.
❍ **b.** uniquement une majoration de la rémunération.
❍ **c.** une majoration de la rémunération selon les cas.

8 Le travail un jour férié permet :

❍ **a.** de récupérer ce jour sous forme de repos.
❍ **b.** de percevoir une majoration de salaire.
❍ **c.** de percevoir une rémunération comme tout autre jour de travail.

9 Le droit aux congés payés ne dépend pas :

❍ **a.** de l'ancienneté du salarié.
❍ **b.** du travail effectué pendant la période de référence.
❍ **c.** du temps de travail.

10 **L'indemnité de congés payés est calculée en fonction de la rémunération du salarié sans tenir compte :**
- ❍ **a.** de tous les salaires perçus pendant la période de référence.
- ❍ **b.** des remboursements de frais.
- ❍ **c.** des primes liées aux conditions de travail.

Réponses à justifier

11 **Michel gère un magasin de vêtements. Il souhaite ouvrir le dimanche. C'est possible :**
- ❍ **a.** sur autorisation spéciale du préfet.
- ❍ **b.** s'il se situe dans une zone géographique particulière.
- ❍ **c.** jusqu'à 13 heures pour les besoins du public.

12 **L'agence de voyages Volplus a obtenu une autorisation d'ouverture le dimanche, donnée par le préfet. Elle concerne :**
- ❍ **a.** obligatoirement toute l'année et les commerces alimentaires.
- ❍ **b.** toute l'année ou une partie pendant 3 ans au maximum.
- ❍ **c.** une période de 3 années maximum en cas de conséquences préjudiciables pour son fonctionnement.

13 **Au sein de la SARL Tokup, le jour férié chômé donne droit au maintien du salaire :**
- ❍ **a.** s'il tombe pendant les congés payés.
- ❍ **b.** si c'est le 1er mai et un jour habituellement travaillé.
- ❍ **c.** s'il tombe un jour habituellement travaillé.

14 **Arthur souhaite reporter ses congés payés. C'est possible :**
- ❍ **a.** s'il n'a pas réussi à tous les prendre pendant la période des congés.
- ❍ **b.** s'il s'agit de la 5e semaine pour financer un congé sabbatique.
- ❍ **c.** s'ils sont affectés au compte épargne-temps.

15 **Marine va prendre 4 jours de congés payés en novembre. Elle aura droit :**
- ❍ **a.** à 1 jour de congé supplémentaire.
- ❍ **b.** à 2 jours de congé supplémentaires.
- ❍ **c.** à aucun jour de congé s'il s'agit de la 5e semaine de congés payés.

CAS PRATIQUE GUIDÉ

RÉMUNÉRATION DES CONGÉS PAYÉS ET MALADIE DU SALARIÉ DANS LA SARL MAXIPLUS

Martine travaille comme hôtesse de caisse dans le supermarché Maxiplus depuis 3 ans. Elle compte poser 3 semaines de congé en août pour partir en Espagne. Elle se pose des questions sur la rémunération dont elle va bénéficier. Elle perçoit habituellement 1 600 euros par mois. Cependant, depuis le mois d'avril, elle touche 1 690 euros à la suite d'une évolution de son poste.

Malheureusement, Martine a attrapé une grippe intestinale et a dû reporter son voyage en Espagne. N'ayant pas pu profiter de ses vacances comme elle le voulait, elle souhaiterait les prolonger.

1. Précisez quelle somme Martine va percevoir pendant ces trois semaines de congé en présentant clairement le mode de calcul de cette indemnité de congés payés.
2. Vérifiez à quelles conditions Martine pourra demander une prolongation de ses vacances du fait de sa maladie.

CORRIGÉ

☑ COMPÉTENCE ATTENDUE : **Vérifier le respect des règles encadrant les congés payés.**

Méthode

Dans ce cas pratique, vous devez identifier l'évolution de la rémunération de la salariée car vous devez en tenir compte dans le calcul de l'indemnité de congés payés.
La seconde question porte sur la conciliation entre deux périodes de suspension du contrat de travail : les congés payés et l'arrêt maladie.

1. Mode de calcul de l'indemnité de congés payés.

PRINCIPES JURIDIQUES

Les congés payés permettent au salarié de partir en congés tout en percevant une indemnité. Celle-ci est calculée en fonction du salaire perçu habituellement. Deux modes de calcul peuvent s'appliquer : le maintien du salaire ou la règle du dixième de la rémunération perçue pendant la période de référence.
La période de référence s'étend sur 12 mois, du 1er juin N - 1 au 31 mai N (sauf accord collectif fixant une période différente). En général, le second mode de calcul est plus avantageux pour le salarié, sauf s'il a bénéficié d'une augmentation récente.

APPLICATION AU CAS

Méthode

Lorsque la question posée porte sur la rémunération des jours de congés payés. Il est important de présenter les deux modes de calcul de l'indemnité de congés payés. Ce calcul peut également être utile en cas de rupture du contrat de travail si le salarié n'a pas pu prendre ses congés. Il faudra alors calculer l'indemnité compensatrice de congés payés.

> ! L'indemnité de congés payés est calculée pour les 5 semaines de congé. Il faut ensuite faire une proportion pour obtenir le montant concernant les semaines de congé en cause dans le cas donné.

Si on applique la première méthode, Martine percevra 1 690 euros pour ses 5 semaines de congés payés (règle du maintien de la rémunération actuelle).
En l'espèce, elle percevra 1 014 euros (1 690 × 3/5) pour ses 3 semaines de congés payés.
Si on applique la deuxième méthode, Martine a perçu 1 600 euros par mois sur 10 mois et 1 690 euros sur 2 mois (avril et mai).
La rémunération de la période de référence est de 19 380 euros (1 600 × 10 + 1 690 × 2). Donc l'indemnité de congés payés est de 1 938 euros (1/10° de 19 380 euros), soit 1 163 euros pour 3 semaines (1 938 × 3/5).
La solution la plus avantageuse pour le salarié doit être retenue. Ici, on retiendra la seconde solution qui lui permet de bénéficier d'une rémunération de 1 163 euros pour 3 semaines.

2. Conditions de prolongation des vacances de Martine du fait de sa maladie.

PRINCIPES JURIDIQUES

Le salarié en congé maladie pendant ses congés payés ne peut bénéficier ni d'un report ni d'une prolongation de ses congés. Ils sont perdus. Il percevra l'indemnité journalière de Sécurité sociale ainsi que son indemnité de congés payés pendant cette période.

> **!** La maladie est un motif de suspension du contrat de travail. Se pose alors la question de la coordination de ces deux motifs : arrêt maladie et congés payés.

APPLICATION AU CAS

En l'espèce, Martine ne pourra pas demander une prolongation de ses vacances. Ses congés sont perdus. En effet, elle est déjà en congés lorsqu'elle tombe malade. Son contrat de travail est donc déjà suspendu pour un motif, il ne peut l'être en même temps pour un autre motif. Son départ en congés aurait pu être reporté si elle avait été malade ce jour-là.

AUTOÉVALUATION

La grille d'autoévaluation ci-dessous vous permet d'évaluer votre niveau et de vérifier si vos réponses correspondent aux attendus de l'examen.

Questions	Niveau 1	Niveau 2	Niveau 3	Niveau 4
	Un premier élément de réponse, mais très incomplet, des erreurs, des contresens	*Des éléments de réponse isolés, des approximations et/ou de la paraphrase*	*Question comprise : des éléments de réponse pertinents mais incomplets au niveau des savoirs et/ou de l'application*	*Compétence attendue mobilisée avec mobilisation complète des savoirs associés à la compétence. Application pertinente.*
1. Précisez quelle somme Martine va percevoir pendant ces 3 semaines de congé en présentant clairement le mode de calcul de cette indemnité de congés payés. *(voir Section II.B)*	❑ Vous n'avez présenté aucun mode de calcul ou avec des confusions importantes. ❑ Vous confondez versement d'une indemnité sous forme du maintien de la rémunération et versement de la rémunération.	❑ Vous ne présentez qu'un seul des deux modes de calcul. ❑ Votre application aux faits comporte des erreurs.	❑ Vous présentez les deux modes de calcul. ❑ Votre application aux faits est incorrecte du fait d'une période de référence erronée ou de l'absence de choix pour la méthode la plus avantageuse.	❑ Vous présentez les deux modes de calcul. ❑ Votre application tient compte de la période de référence. Les calculs sont corrects. L'application précise le choix du mode de calcul plus avantageux pour la salariée.
2. Vérifiez à quelles conditions Martine pourra demander une prolongation de ses vacances du fait de sa maladie. *(voir Section II.C)*	❑ Vous avez préconisé un report des congés payés ce qui n'est pas possible.	❑ Vous refusez le report des congés payés mais vous acceptez la prolongation de ces congés (ou l'inverse).	❑ Vous précisez que le salarié ne peut bénéficier ni d'un report ni d'une prolongation de ses congés, mais votre application au cas ne tient pas compte du fait que la salariée est déjà en congés payés.	❑ Vous précisez les effets de la maladie pendant les congés payés. ❑ Vous appliquez correctement la règle au cas de Martine.

EXERCICES

1 Jours fériés au sein de la SA Prestaplus

20 min

COMPÉTENCE ATTENDUE : Vérifier le respect des règles encadrant les congés payés.

La SA Prestplus est une société de prestation informatique située à Vincennes.
Anna a été recrutée il y a deux ans et Virginie vient juste d'arriver le mois dernier.
Cette dernière a échangé avec Anna au sujet des jours fériés de cette année. Celle-ci l'informe que, dans la SA Prestplus, le lundi de Pentecôte et le 11 novembre ne sont pas chômés. Cette année le 11 novembre tombe un mercredi, jour non travaillé par Virginie, le 1er mai est un vendredi et le 14 juillet un mardi. Par ailleurs, elle a prévu de poser ses congés d'été du 10 juillet au 20 juillet.

Distinguez, dans le cas de Virginie, les jours fériés qui lui donneront droit à rémunération et les autres.

2 Calcul des congés payés au sein de la SA Prestaplus

30 min

COMPÉTENCE ATTENDUE : Vérifier le respect des règles encadrant les congés payés.

David et Lysa travaillent au sein de la SA Prestaplus. David a été embauché le 1er juin N – 2 et Lysa, le 1er septembre N. David s'est absenté 3 jours en avril N pour maladie, 2 jours en septembre N – 1 pour grève et 5 semaines au cours de l'année N – 1 dans le cadre de ses congés payés. Lysa a pris 3 jours de congés sans solde en novembre N, 2 jours en janvier N + 1 pour suivre une formation à la demande de son employeur.
Depuis six mois, David et Lysa habitent ensemble. Pour leurs prochains congés, ils ont prévu de partir une semaine à La Martinique. David est inquiet car son responsable, sous le coup de la colère, l'a menacé de ne pas lui accorder sa semaine de congé en même temps que celle de Lysa.

1. **Calculez le nombre de congés payés auxquels David et Lysa ont droit en N et en N + 1.**
2. **Vérifiez si la menace du responsable de David est valable.**

3 Travail dominical dans l'entreprise PaysduJouet

40 min

COMPÉTENCE ATTENDUE : Vérifier le respect des règles encadrant le travail dominical.

Charlène est vendeuse dans un magasin de jouets, PaysduJouet situé gare Saint-Lazare à Paris. Elle travaille régulièrement le dimanche mais ne souhaite plus le faire à compter du 1er décembre. Son amie, Jeanne, travaille pour la même enseigne mais dans un magasin situé rue de Rivoli. Charlène envisage de demander sa mutation dans ce magasin pour échapper au travail le dimanche, mais Jeanne l'en dissuade vite. Un arrêté préfectoral a été pris pour autoriser cette ouverture et bien que les syndicats aient exercé un recours en justice, Jeanne craint de devoir tout de même travailler le dimanche. Elles se tournent vers vous pour avoir des explications.

1. **Vérifiez si Charlène pourra refuser de travailler le dimanche.**
2. **Analysez la réponse de Jeanne.**

CAS DE SYNTHÈSE

TRAVAIL DOMINICAL AU SEIN DE LA SARL DRESS'IN

30 min

☑ **COMPÉTENCE ATTENDUE : Vérifier le respect des règles encadrant le travail dominical.**

Mise en situation

La SARL Dress'in est une société spécialisée dans la fabrication et la vente de vêtements pour les femmes fortes. Elle possède plusieurs magasins dans les Landes. À l'approche des fêtes de fin d'année, son gérant, Antoine TABELLE souhaite ouvrir ces différents magasins tous les dimanches à partir du mois de novembre.

Maria est vendeuse au sein du magasin situé à Dax. Elle ne souhaite pas travailler le dimanche pour profiter de sa famille et l'a déjà laissé entendre à Antoine lors de son annonce. En revanche, Sizie, vendeuse à Mont-de-Marsan, est intéressée, à condition d'avoir une prime spéciale compensant cette contrainte.

En stage au sein de la SARL Dress'in lors de la mise en place de ce projet, vous êtes chargé de proposer des solutions aux questions posées par Antoine.

1. **Analysez la situation de chacun des magasins de la SARL Dress'in afin de préciser à Antoine si une ouverture le dimanche serait possible.**
2. **Vérifiez si Maria peut refuser de travailler le dimanche.**
3. **Indiquez à Sizie les compensations auxquelles elle aura droit.**

BASE DOCUMENTAIRE

Document 1 – Article L. 3132-25 du Code du travail

Les établissements de vente au détail qui mettent à disposition des biens et des services et qui sont situés dans les zones touristiques caractérisées par une affluence particulièrement importante de touristes peuvent donner le repos hebdomadaire par roulement pour tout ou partie du personnel, dans les conditions prévues aux articles L. 3132-25-3 et L. 3132-25-4.

Document 2 – Liste de décrets classant certaines zones en zones touristiques dans les Landes

Par décret du 31 mai 2013 la commune de Mimizan est classée comme station de tourisme.
Par décret du 18 septembre 2013 la commune de Dax est classée comme station de tourisme.
Par décret en date du 11 mai 2016, la commune de Biscarrosse est classée comme station de tourisme.
Par décret en date du 24 août 2018, la commune de Soustons (Landes) est classée comme station de tourisme.
Par décret en date du 7 septembre 2018, la commune de Vieux-Boucau-les-Bains est classée comme station de tourisme.

CHAPITRE 12

La rémunération

À l'issue de ce chapitre,

• vous serez capable :

- ❒ de préciser les limites légales et conventionnelles encadrant la fixation de la rémunération ;
- ❒ d'analyser un bulletin de salaire au regard des règles de droit étudiées.

• vous saurez identifier :

- ❒ les différents éléments du salaire ;
- ❒ les modalités de détermination du salaire et ses éléments accessoires et complémentaires ;
- ❒ les mesures de protection du salaire à l'égard des créanciers de l'employeur et du salarié ;
- ❒ les mentions obligatoires et interdites du bulletin de salaire ;
- ❒ les notions de salaire brut, salaire net et le lien avec la protection sociale ;
- ❒ les conditions de remise, conservation et force probante du bulletin de salaire.

Mettez-vous en situation

Shana et Flore ont ouvert une crêperie à Saint-Malo. Leur activité ayant rencontré un réel succès, elles décident de recruter deux salariés pour assurer le service pendant la haute saison. Flore prévoit une rémunération variable ainsi que des compléments de salaire mais Shana craint que ce système ne permette pas de respecter le minimum légal.
Flore est, quant à elle, inquiète de la nécessité d'établir un bulletin de salaire. Elle s'interroge sur les mentions obligatoires à retenir ainsi que les modalités de calcul du salaire net à verser.
Comment pouvez-vous les rassurer concernant la rémunération à verser et le contenu du bulletin de salaire ?

I. La notion de salaire

A La qualification de salaire

1. La distinction entre salaire et rémunération

La notion de rémunération couvre un champ plus large que le salaire.

Définition : Selon l'article L. 3221-3 du Code du travail, constituent une rémunération le salaire ou traitement ordinaire de base ou minimum et tous les autres avantages et accessoires payés, directement ou indirectement, en espèces ou en nature, par l'employeur au salarié en raison de l'emploi de ce dernier.

Sont inclus dans le salaire les **substituts de salaire** (indemnités de CP) et toutes les sommes permettant d'améliorer la **production** (prime de rendement). Ne sont pas pris en compte les frais professionnels (remboursement des dépenses professionnelles), les indemnités réparatrices (dommages et intérêts), les indemnités versées par la Sécurité sociale en cas de suspension ou de cessation du contrat de travail [voir Chapitre 24] et les sommes versées au salarié au titre de l'intéressement.

2. Les enjeux de la qualification de salaire

Le fait de qualifier certaines sommes de salaire a une incidence importante sur **la réglementation applicable**. Les salaires sont soumis à des règles propres en matière de calcul des cotisations sociales, de vérification du respect du SMIC ou de calcul d'indemnités.

B Les différentes formes de rémunération

1. Salaire au temps ou au rendement

Définition : Le salaire au temps est le montant du salaire exclusivement déterminé par le temps passé au travail par le salarié. Le salaire au rendement est le montant du salaire en fonction des résultats du travail d'un individu ou d'une équipe dans un temps donné et répondant aux normes de qualité fixées.

Tableau 12.1 **Différences entre salaire au temps et salaire au rendement**

	Salaire au temps	Salaire au rendement
Modalités de mise en place	Unité de temps variant selon la nature de la fonction et la place dans la hiérarchie (paiement à l'heure, à la journée, au mois).	– Variation de la rémunération prévue dans le contrat de travail. – Conditions : - variation fondée sur des critères objectifs. - risque d'entreprise ne pesant pas sur le salarié. - respect des minima légaux.
Conséquences	– Rémunération limitée au temps de travail effectif. – Rémunération du travail à temps partiel proportionnelle au temps plein. – Réduction de la rémunération en cas de réduction du temps de travail.	– La modification des cadences ou des normes de production entraîne une modification de la rémunération. – Consultation préalable obligatoire du CSE. – Forme de salaire interdite pendant les 2 semaines suivant une modification du poste et pour les travaux dangereux ou pénibles.

Le salaire peut également être versé de façon forfaitaire dans le cadre d'une **convention individuelle de forfait** [voir Chapitre 10].

2. Salaire en espèces ou en nature

En général, le salaire est versé **en espèces** mais il peut également l'être **en nature** (nourriture, logement, chauffage, éclairage, chèque-restaurant, véhicule de fonction, etc.). Cette rémunération en nature (avantage en nature) est courante dans certaines professions dont elle facilite l'exercice (travail agricole, hôtellerie et restauration). Les avantages en nature sont **intégrés au salaire** pour le calcul des différentes indemnités et le contrôle de versement du SMIC. Ils doivent faire l'objet d'une **appréciation forfaitaire** en fonction de leur valeur réelle.

3. Les compléments de salaire

Définitions : La gratification est une somme remise par l'employeur pour marquer au personnel sa satisfaction du travail accompli, ou, parfois, à l'occasion d'événements familiaux.
Une prime est une somme versée pour inciter le salarié à l'augmentation des résultats ou le fidéliser ou tenir compte des conditions d'exercice du travail.
Un pourboire est une somme versée par un tiers que le salarié rencontre à l'occasion de ses fonctions, pour marquer sa satisfaction.

Tableau 12.2 Les régimes juridiques des compléments de salaire

Gratifications		Primes	Pourboires
– Les gratifications libéralités.	– Les gratifications complément de salaire.	– Ces primes font partie du salaire dès qu'elles ont le caractère de périodicité. – Ne peuvent se substituer à d'autres éléments de la rémunération. – Versées annuellement, il s'agit de gratifications.	– Licites à condition de ne pas être interdits par la convention collective ni versés à l'insu de l'employeur. – Même régime juridique que le salaire.
– Gratifications versées à titre facultatif. – Non incluses dans le salaire.	– Gratifications obligatoires. – Complément de salaire, elles sont soumises au même régime juridique.		

II. Le montant du salaire

En principe, le montant du salaire est fixé librement par les parties dans le contrat de travail. Dans les faits, elles doivent respecter certaines contraintes.

A Le salaire minimum interprofessionnel de croissance (SMIC)

Le SMIC est défini par le Code du travail.

Définition : Le salaire minimum de croissance (SMIC) est le salaire horaire en dessous duquel il est interdit de rémunérer un salarié. Son montant est de 10,57 euros bruts pour 2022.

> **Article L. 3231-2 du Code du travail**
> Le salaire minimum de croissance assure aux salariés dont les rémunérations sont les plus faibles :
> 1°. La garantie de leur pouvoir d'achat ;
> 2°. Une participation au développement économique de la nation.

1. Le domaine d'application

Le SMIC s'applique sur l'ensemble du territoire métropolitain, dans les DOM (sauf Mayotte) et les COM.

Doit percevoir un salaire au moins égal au SMIC tout salarié du secteur privé, âgé d'au moins 18 ans et d'aptitude physique normale, quel que soit le mode de rémunération.

Un **taux réduit** du SMIC peut être pratiqué pour les apprentis et jeunes salariés en contrat de professionnalisation [voir Chapitre 7] et les mineurs ayant moins de 6 mois de pratique professionnelle dans la branche d'activité.

2. La vérification du respect du SMIC

Pour vérifier le respect du SMIC, il faut calculer le salaire versé. Le salaire à comparer avec le SMIC correspond à « une heure de travail effectif [voir Chapitre 10] compte tenu des rémunérations ayant le caractère de complément de salaire ». Certains éléments sont exclus de l'assiette de vérification du SMIC par la loi ou la jurisprudence.

Tableau 12.3 **L'assiette de vérification du SMIC**

Éléments inclus	Éléments exclus
– Salaire de base. – Avantages en nature. – Majorations diverses ayant le caractère d'un complément de salaire (primes, indemnités…). – Pourboires. – Primes individuelles ou collectives de rendement, primes de production ou de productivité constituant un élément prévisible de rémunération. – Primes de fin d'année et primes de vacances.	– Remboursements de frais professionnels (frais réels ou allocation forfaitaire si dépenses effectivement supportées) ex. : prime de panier et prime de transport. – Majorations légales pour heures supplémentaires et pour travail le dimanche, les jours fériés et la nuit. – Primes d'ancienneté, d'assiduité, liées à la situation géographique/conditions particulières. – Participation et intéressement.

Le non-respect du SMIC et la récidive sont punis de l'amende prévue pour les contraventions de cinquième classe (amende de 1 500 euros par salarié concerné). Le salarié qui n'a pas touché le SMIC peut prétendre à un rappel de salaire et des dommages et intérêts pour préjudice subi.

3. La procédure de fixation du SMIC

Article L. 3231-4 du Code du travail
La garantie du pouvoir d'achat des salariés prévue au 1° de l'article L. 3231-2 est assurée par l'indexation du salaire minimum de croissance sur l'évolution de l'indice national des prix à la consommation institué comme référence par voie réglementaire.

La procédure de fixation du SMIC repose sur un double mécanisme d'indexation et de prise en compte de la croissance.

Tableau 12.4 **Étapes de la procédure de fixation du SMIC**

	1. Réévaluation annuelle	2. Relèvement automatique en cours d'année	3. Augmentation supplémentaire optionnelle
Périodicité	– Tous les ans au 1er janvier.	– À tout moment. – Dans le mois qui suit la publication par l'INSEE de l'indice en cause.	– Plutôt en cas de réévaluation annuelle, mais possibilité également en cas de relèvement automatique.
Modalités	– Selon l'évolution de l'indice mensuel des prix à la consommation augmenté de la moitié du gain de pouvoir d'achat du salaire horaire de base des ouvriers et des employés (SHBOE).	– De façon automatique. – En cas d'augmentation de l'indice des prix à la consommation d'au moins 2 % par rapport à l'indice précédent.	– Décision d'augmentation supplémentaire prise par le gouvernement.

Deux notions sont proches du SMIC mais s'en distinguent néanmoins :

- Le **minimum garanti** permet une évaluation des avantages en nature ou des frais professionnels.
- La **rémunération mensuelle minimale** consiste à mensualiser le SMIC pour protéger les salariés défavorisés. Tout salarié dont l'horaire est au moins égal à la durée légale hebdomadaire perçoit une rémunération mensuelle minimale égale au montant du SMIC horaire multiplié par le nombre d'heures. En cas de réduction de l'horaire en dessous de la durée légale, l'employeur versera une allocation complémentaire prise en partie en charge par l'État [notion d'activité partielle, voir Chapitre 25].

B La fixation des salaires par accords collectifs et individuels

Le salaire résulte d'une négociation entre les parties qui prend deux formes : la négociation collective des salaires. et la négociation individuelle lors de la conclusion du contrat de travail.

1. La négociation collective des salaires

a. L'accord de branche

Le SMIC concerne le salaire minimum uniquement pour les travailleurs les plus défavorisés. Les conventions collectives extensibles [voir Chapitre 21] doivent obligatoirement fixer le salaire minimum professionnel du travailleur sans qualification et les coefficients hiérarchiques afférents aux différentes qualifications professionnelles. L'augmentation du minimum de base entraîne la réévaluation de toute la grille des salaires. Pour chaque emploi, un minimum conventionnel est donc prévu. Ces conventions doivent également prévoir la procédure et la périodicité de révision des salaires catégoriels minima.

> **!** L'accord de branche est dit « impératif » ou « d'ordre public » concernant le salaire minimum.

b. L'accord d'entreprise

L'accord d'entreprise peut prévoir un salaire minimum plus favorable que l'accord de branche. La loi du 13 novembre 1982 fixe une double obligation : la négociation annuelle des salaires effectifs au niveau de l'entreprise et la réduction des inégalités hommes-femmes.
L'ordonnance n° 2017-1385 du 22 septembre 2017 a modifié les règles de la négociation annuelle obligatoire (NAO). Le calendrier, la périodicité, les thèmes et les modalités de la négociation au niveau du groupe, de l'entreprise ou de l'établissement peuvent être fixés par un accord collectif d'entreprise. Le principe de la NAO ne s'applique qu'à défaut d'accord collectif.

2. La négociation individuelle du salaire

Le montant du salaire dépend du **contrat de travail individuel** qui peut être plus favorable que la loi, la convention collective ou les accords de branche ou d'entreprise.

> **!** La modification du salaire est une modification du contrat de travail qui ne peut être décidée unilatéralement par l'employeur sauf à respecter une certaine procédure [voir Chapitre 9].

3. L'ordre public salarial

L'employeur doit cependant respecter le **principe d'ordre public salarial**.

Tableau 12.5 Les trois règles de l'ordre public salarial

	Contenu	Effets et limites
1. Prohibition de l'indexation des salaires	Interdiction de toute clause d'indexation des salaires sur le SMIC, l'indice des prix ou le niveau général des salaires.	Possibilité d'indexer les salaires sur le chiffre d'affaires, les bénéfices ou le prix de vente des biens fabriqués par l'entreprise concernée.
2. Principe d'égalité et de non-discrimination	– Égalité entre les salariés temporaires et ceux en CDI ayant la même qualification sur le même poste de travail. – Égalité entre salariés à temps partiel et à temps plein. – Non-discrimination et égalité hommes-femmes.	– Seule l'ancienneté peut être un critère de différenciation entre les salariés temporaires et les salariés en CDI. – Différences entre salariés à temps plein et à temps partiel si elles reposent sur la durée du travail.
3. Principe « à travail égal, salaire égal »	Égalité de rémunération si même employeur, travail de valeur égale et situation identique.	Possibilité d'établir des différences justifiées par des critères objectifs (ex. avantages individuels acquis). Charge de la preuve incombant à l'employeur.

III. Le paiement du salaire

A L'employeur solvable

Trois objectifs sont mis en place par la loi concernant le paiement du salaire : régularité du paiement, sécurité des moyens de paiement et vérification.

1. La régularité du paiement

Quatre éléments principaux sont pris en compte :

- **Le lieu**. Le salaire est quérable et non portable. Le salarié doit se rendre dans l'entreprise pour obtenir le paiement du salaire, ce n'est pas à l'employeur de le lui apporter.
- **La périodicité**. Le salaire doit être versé à intervalles réguliers du fait de son caractère alimentaire. Le principe de la **mensualisation** est posé par la loi à l'article L. 3242-1 du Code du travail. Il est cependant toujours possible de demander le versement d'un acompte en milieu de mois. Sont exclus du bénéfice de la mensualisation les travailleurs à domicile, les travailleurs saisonniers, les travailleurs intermittents et les travailleurs temporaires. Ils sont alors payés au moins deux fois par mois, à 16 jours au plus d'intervalle.
- **Le jour**. Il ne peut pas s'agir du jour de repos hebdomadaire du salarié. En cas de retard de paiement, l'employeur est passible d'une amende, du versement de dommages et intérêts moratoires, de dommages et intérêts compensatoires en cas de préjudice, et le salarié a la possibilité d'arrêter l'exécution du contrat de travail tant qu'il n'est pas rémunéré (exception d'inexécution).
- **La prescription triennale**. Les actions en paiement de salaires se prescrivent par 3 ans. Le délai de prescription court à compter de « la date à laquelle le salarié a connu ou aurait dû connaître les faits lui permettant d'agir ». En cas de rupture du contrat, le salarié peut faire une demande de paiement des sommes dues à compter des 3 années précédant la rupture du contrat.

2. La sécurité des modes de paiement

La loi impose le paiement en « monnaie métallique ou fiduciaire ayant cours légal ». L'employeur peut également payer par chèque et par virement et y est contraint pour toute somme supérieure à 1 500 euros.

3. La vérification du paiement : le bulletin de salaire

a. L'obligation légale

La remise du bulletin de salaire lors du paiement est une obligation légale. Il permet au salarié de vérifier l'exactitude des sommes. L'employeur doit le conserver pendant 5 ans. Le non-respect de ces règles est sanctionné pénalement autant de fois qu'il y a de bulletins irréguliers. L'employeur peut également être condamné sous astreinte à remplir son obligation et à verser des dommages et intérêts. Les inexactitudes constituent un **délit de dissimulation d'emploi**.

Le bulletin de salaire peut être remis en mains propres sur le lieu et pendant le temps de travail ou envoyé par tout moyen. En cas de bulletin dématérialisé, il doit être accessible à tout moment, pour une durée de 50 ans (ou jusqu'aux 75 ans du salarié) et sur un espace sécurisé (coffre-fort numérique).

> **!** Aucun accord du salarié n'est nécessaire pour cette mise en place, mais il a un droit d'opposition.

b. Le contenu

Le bulletin de salaire doit contenir des mentions obligatoires.

Une version simplifiée est obligatoire depuis le 1er janvier 2018. Un arrêté du 23 décembre 2021 modifie le contenu de ce bulletin simplifié en y rajoutant quelques mentions afin de le rendre compatible avec la DSN et le prélèvement à la source.

Tableau 12.6 Contenu du bulletin de salaire

Mentions obligatoires	Données relatives aux cotisations (simplification du bulletin de salaire)
– Employeur (nom, adresse, numéro d'immatriculation…) – Salarié (nom, emploi…) – Urssaf ou MSA – Convention collective de branche – Composition de la rémunération brute, forfait – Prélèvements sociaux et fiscaux, sommes non soumises à cotisations – Net à payer – Net imposable du mois ainsi que son cumul annuel – Prélèvement à la source mensuel ainsi que son cumul annuel – Date de paiement – Dates des CP ou montant de l'indemnité – Heures de repos compensateur – Montant net des heures complémentaires/supplémentaires exonérées d'impôt sur le revenu	– Sécurité sociale et caisse nationale de solidarité pour l'autonomie – Assurance chômage (dont AGS) – Retraite complémentaire obligatoire, prévoyance – Contribution sociale généralisée (CSG) et contribution au remboursement de la dette sociale (CRDS) – Autres charges patronales. – Possibilité pour l'employeur de regrouper les lignes relatives aux cotisations patronales d'une part, et salariales d'autre part. – Simplification des intitulés des cotisations

Certaines mentions sont interdites : absences dues à l'exercice du droit de grève, absences dues à l'activité de représentation des salariés.

> **!** Le salaire brut se distingue du net en déduisant du salaire de base les cotisations sociales. Il faut ensuite déduire le prélèvement à la source permettant le paiement de l'impôt sur le revenu pour obtenir le salaire réellement perçu par le salarié (parfois appelé le « net net »).

c. La force probante

L'acceptation du bulletin de paie n'empêche pas le salarié de contester la réalité du paiement de la somme indiquée ou son exactitude. Cette acceptation ne vaut donc pas renonciation. L'employeur doit apporter la preuve du paiement et des heures réellement effectuées. Le salarié doit conserver ses bulletins de paie sans limitation de durée.

B L'employeur insolvable

La loi du 27 décembre 1973 a mis en place un système d'assurance contre le risque de non-paiement du salaire, en créant **l'Association pour la gestion du régime de garantie des créances des salariés** (AGS), qui s'applique aux procédures de sauvegarde, de redressement ou de liquidation judiciaires. Outre cette garantie, les créances salariales bénéficient d'un **privilège** et d'un **superprivilège** face aux autres créanciers.

1. L'assurance des salaires

Définition : L'Association pour la gestion du régime de garantie des créances des salariés (AGS) est une association qui garantit le paiement des salaires en faisant une avance aux salariés qu'elle récupère ensuite sur le patrimoine de l'employeur.

Constituée par les organisations nationales d'employeurs les plus représentatives et gérée par l'Unédic, l'AGS est fondée sur la solidarité des employeurs qui versent des cotisations dont le recouvrement est assuré par l'Urssaf. Le taux est établi depuis 2018 à 0,15 % des salaires servant de base pour le calcul des cotisations chômage.

Tableau 12.7 Les sommes garanties par l'AGS selon la situation de l'entreprise

En cas de redressement ou de liquidation judiciaires	
Sommes couvertes	Conditions
Sommes dues au salarié à la date du jugement d'ouverture de la procédure collective.	Sommes versées en exécution du contrat de travail ou au titre de l'intéressement ou de la participation.
– Créances résultant de la rupture des contrats de travail selon la date de cette rupture. – Sommes liées à la mise en œuvre d'un PSE.	La rupture doit avoir lieu : – pendant la période d'observation ; – dans le mois suivant le jugement arrêtant le plan de redressement ; – dans les 15 jours du jugement de liquidation ; – pendant le maintien provisoire de l'activité autorisé par le jugement de liquidation et dans les 15 jours de la fin du maintien de l'activité.
Sommes non couvertes car versées en connaissance des difficultés de l'entreprise.	– En application d'un accord d'entreprise ou d'établissement ou de groupe, ou d'une décision unilatérale de l'employeur. – Si accord conclu et déposé ou décision notifiée moins de 18 mois avant la date du jugement d'ouverture de la procédure de sauvegarde, de redressement ou de liquidation judiciaires.
En cas d'ouverture d'une procédure de sauvegarde	
Sommes couvertes	Conditions
Créances résultant des licenciements pour motif économique prononcés pendant la période d'observation ou le mois de l'arrêté du jugement du plan de sauvegarde.	– Entreprise pas encore en état de cessation des paiements. – Garantie soumise à justificatifs des difficultés économiques.

Le **montant de la garantie** dépend du plafond mensuel retenu en matière de calcul des cotisations d'assurance chômage et de l'ancienneté du contrat du salarié.

2. Les modalités de paiement des salaires

Afin de protéger les salariés contre le recours des autres créanciers, les créances salariales se voient reconnaître des privilèges :

- Un privilège général passant après les impôts, les privilèges spéciaux, les frais de justice, les frais funéraires et de dernière maladie qui ne portent que sur des meubles.

Définition : Le privilège des salaires permet un paiement prioritaire pour les 6 derniers mois de travail effectif restés impayés.

- Un superprivilège protégeant les salariés en cas de procédure de sauvegarde, de redressement ou de liquidation judiciaires. Il place le paiement des sommes garanties avant toutes les autres créances, y compris celles du Trésor.

Définition : Le superprivilège concerne les rémunérations de toute nature pour les 60 derniers jours (salariés et apprentis) ou les 90 derniers jours de travail (VRP), dans la limite d'un plafond égal à deux fois le plafond mensuel de la Sécurité sociale [voir Chapitre 24].

Ces créances sont payées dans les 10 jours du jugement d'ouverture de la procédure.

Figure 12.1 **Les étapes du paiement**

C Les obstacles au paiement

1. L'empêchement du fait des créanciers du salarié

En cas de salarié endetté, les créanciers peuvent faire une **saisie sur salaire** ou **saisie-arrêt**. En raison du caractère alimentaire de ce dernier, une protection particulière encadre la procédure de saisie, mais aussi la cessibilité du salaire (protection du salarié contre lui-même) :

- Le **salaire est saisi ou cessible par tranches**. Réactualisées par décret chaque année, les fractions vont de 1/20e sur la portion de salaire inférieure ou égale à 3 940 euros à la totalité sur la tranche supérieure à 22 770 euros.
- Les fractions sont augmentées dès lors que le débiteur **a des personnes à charge**. Elles sont calculées à partir du salaire net annuel des 12 mois précédant la notification de la saisie, en tenant compte également des accessoires.
- Une fraction du salaire, **au moins égale au RSA** pour une personne seule, est insaisissable.
- La procédure de saisie a lieu devant le TJ avec un préliminaire obligatoire de conciliation afin de limiter les frais et de simplifier l'ensemble.

2. L'empêchement du fait de l'employeur

Le **système de compensation** permet d'éteindre les **dettes réciproques** entre l'employeur et le salarié. Elle est cependant interdite pour les fournitures procurées à crédit au salarié. Les retenues sur salaire faites pour le compte d'un organisme de protection sociale ne sont pas soumises au régime de la compensation.

L'employeur peut parfois recourir à une **retenue sur salaire** en cas de trop-perçu, d'avance ou d'acompte sur salaire ou de congé sans solde.

SYNTHÈSE

La rémunération

La notion de salaire

- **La qualification de salaire**
  - **La rémunération** = salaire + avantages + accessoires
- **Les formes de rémunération :**
  - Salaire au temps OU au rendement
  - Compléments de salaire : gratifications, primes, pourboires
  - Salaire en espèces OU en nature

Le montant du salaire

- **Le SMIC :**
  - montant
  - éléments inclus/exclus
  - revalorisation
- **Le salaire conventionnel :**
  - Négociation individuelle
  - Ordre public salarial : prohibition de l'indexation, principe d'égalité, non-discrimination, « à travail égal, salaire égal »
  - Négociation collective

Le paiement du salaire

- **Employeur insolvable**
  - Privilège
  - Superprivilège
  - Assurance de garantie des salaires
- **Employeur solvable**
  - Régularité du paiement : lieu, période, jour, prescription
  - Sécurité du paiement
  - Bulletin de salaire
- **Obstacles au paiement :**
  - Saisie-arrêt sur salaire
  - Compensation

Faites le point sur les notions clés : rémunération p. 189, salaire au temps p. 190, salaire au rendement p. 190, gratification p. 190, prime p. 190, pourboire p. 190, salaire minimum de croissance (SMIC) p. 191, l'Association pour la gestion du régime de garantie des créances des salariés (AGS) p. 195, privilège p. 196, superprivilège p. 196.

Révisez avec les flashcards

www.lienmini.fr/dcg03-24

QCM

Réponse unique

QCM interactif

www.lienmini.fr/dcg03-25

1 Le salaire au temps consiste à :

- ❍ **a.** ne rémunérer que les heures effectuées au-delà des 35 heures.
- ❍ **b.** rémunérer toutes les heures passées au travail.
- ❍ **c.** ne rémunérer que les heures de travail effectif.

2 Le montant du SMIC est revu :

- ❍ **a.** chaque année de façon automatique.
- ❍ **b.** une ou plusieurs fois par an en fonction de l'évolution de certains indices des prix.
- ❍ **c.** uniquement une seule fois par an selon l'évolution de l'indice des prix à la consommation.

3 L'ordre public salarial :

- ❍ **a.** interdit l'indexation des salaires même en faveur du salarié.
- ❍ **b.** permet l'indexation des salaires uniquement en faveur du salarié.
- ❍ **c.** permet l'indexation des salaires uniquement sur l'indice des prix à la consommation.

4 L'AGS permet de garantir :

- ❍ **a.** toutes les sommes dues au salarié.
- ❍ **b.** uniquement les sommes dues au salarié en cas de redressement judiciaire.
- ❍ **c.** uniquement les sommes dues au salarié en cas de difficultés de l'entreprise (liquidation, redressement ou procédure de sauvegarde).

5 La saisie sur salaire permet au créancier :

- ❍ **a.** de se faire rembourser sa créance en plusieurs fois.
- ❍ **b.** de se faire rembourser sa créance en une seule fois.
- ❍ **c.** de se faire rembourser obligatoirement la totalité de sa créance.

Plusieurs réponses possibles

6 Le salaire au rendement est possible si :

- ❍ **a.** il est prévu dans le contrat de travail.
- ❍ **b.** il est prévu dans un accord collectif d'entreprise.
- ❍ **c.** il varie en fonction de critères objectifs.

7 L'assiette de vérification du SMIC inclut :

- ❍ **a.** le remboursement des frais professionnels.
- ❍ **b.** les avantages en nature.
- ❍ **c.** les primes de rendement.

8 L'obligation annuelle de négociation collective en matière de rémunération concerne :

- ❍ **a.** la grille de salaires.
- ❍ **b.** la réduction des inégalités hommes-femmes.
- ❍ **c.** les primes et gratifications.

9 Le montant du salaire fixé dans le contrat de travail :

- ❍ **a.** peut être modifié unilatéralement par le salarié.
- ❍ **b.** ne peut être modifié unilatéralement par l'employeur.
- ❍ **c.** peut être modifié d'un commun accord entre le salarié et l'employeur.

10 L'ordre public salarial impose :

- ❍ **a.** une rémunération égale pour un même travail dans la même entreprise.

❍ **b.** la possibilité de faire des différences de rémunérations même non justifiées.
❍ **c.** la possibilité de faire des différences de rémunération uniquement justifiées par des critères objectifs.

Réponses à justifier

11 Une gratification est :
❍ **a.** soit versée à titre facultatif soit versée à titre obligatoire.
❍ **b.** toujours versée à titre facultatif.
❍ **c.** assimilée au salaire, donc toujours versée à titre obligatoire.

12 Le minimum garanti est une notion :
❍ **a.** en lien avec la rémunération mais différente du SMIC.
❍ **b.** équivalente au SMIC.
❍ **c.** sans lien avec la rémunération du salarié.

13 Lors de la négociation collective obligatoire, un accord d'entreprise peut prévoir :
❍ **a.** la périodicité et le calendrier des négociations.
❍ **b.** des thèmes et une périodicité différente de celle prévue par la loi.
❍ **c.** la suppression de la négociation collective portant sur la rémunération.

14 Les créances salariales sont protégées par :
❍ **a.** un privilège et un superprivilège pour leur totalité.
❍ **b.** en partie par un privilège et, en cas de difficultés, par un superprivilège.
❍ **c.** un privilège et un superprivilège uniquement en cas de difficultés.

15 Le salaire peut ne pas être versé dans sa totalité :
❍ **a.** si l'employeur a des difficultés économiques.
❍ **b.** en cas de compensation avec des dettes du salarié.
❍ **c.** en cas de saisie-arrêt par des créanciers du salarié.

CAS PRATIQUE GUIDÉ

COMPLÉMENTS DE SALAIRE ET RESPECT DU SMIC DANS LA SA FULLCOM

Théa travaille en tant qu'assistante comptable pour la SA FullCom, une société de communication, dans laquelle elle gère les bulletins de salaire. L'an dernier, l'employeur avait versé une prime de résultat, mais a décidé de ne pas la reconduire cette année. Sans cette prime, certains salariés ont un salaire inférieur au montant du SMIC. Leur employeur leur a annoncé que cette situation serait temporaire et qu'elle ne devait durer que 2 mois.

1. **Qualifiez la prime versée par l'employeur.**
2. **Vérifiez si l'employeur de Théa peut décider de ne plus verser cette prime.**
3. **Analysez cette situation au regard du SMIC.**

CORRIGÉ

☑ **COMPÉTENCES ATTENDUES : Repérer les différents éléments du salaire. Maîtriser les modalités de détermination du salaire et ses éléments accessoires et complémentaires. Préciser les limites légales et conventionnelles encadrant la fixation de la rémunération.**

Méthode

La vérification du respect du SMIC nécessite la prise en compte uniquement des éléments de rémunération assimilables au salaire. Afin de les identifier plus facilement, il est important de connaître les plus courants (voir le tableau donné dans le cours). Vous pouvez justifier votre solution en rappelant qu'est assimilé au salaire tout versement constituant une contrepartie directe de la prestation individuelle de travail du salarié. N'oubliez pas de traiter les effets en cas de non-respect du SMIC même en l'absence de question directe à ce sujet.

1. Qualifiez la prime versée par l'employeur.

PRINCIPES JURIDIQUES

Les gratifications sont des sommes versées par l'employeur afin de manifester sa satisfaction du travail accompli par le salarié. On distingue les gratifications libéralités, versées librement par l'employeur à sa discrétion, des gratifications complément de salaires, obligatoires du fait de leur origine.

> **!** Il est essentiel de lire attentivement le sujet donné afin d'identifier la source de la somme non versée en cause. Cette information pourrait également vous être donnée dans une annexe. Vous pouvez également procéder par déduction, en vérifiant les différentes sources possibles et en les confrontant au sujet donné.

APPLICATION AU CAS

En l'espèce, la prime de résultat versée est une gratification libéralité car elle n'est prévue ni par le contrat de travail ni par un accord collectif. Il s'agit donc d'un complément de rémunération non assimilé au salaire.

2. Vérifiez si l'employeur peut décider de ne plus verser cette prime.

PRINCIPES JURIDIQUES

Les gratifications libéralités dépendent uniquement de la volonté de l'employeur. Celui-ci peut décider librement de ne plus verser la gratification. La seule exception serait le cas où la gratification est assimilée à un usage dès lors qu'elle est générale, fixe et répétée dans le temps [voir Chapitre 1].

> **!** Pour vérifier si l'employeur peut modifier l'avantage sans l'accord du salarié, vous devez toujours commencer par qualifier la somme versée en fonction de sa source même si le sujet ne vous pose pas la question.

APPLICATION AU CAS

En l'espèce, la prime de résultat n'a été versée qu'une seule fois. Ce n'est donc pas un usage. De plus, elle n'a pour origine aucun texte, mais la volonté de l'employeur. Il s'agit donc d'une gratification libéralité sur laquelle l'employeur peut revenir à tout moment.

3. Analysez cette situation au regard du SMIC.

PRINCIPES JURIDIQUES

L'employeur a pour obligation de verser un salaire horaire au moins égal au SMIC. Les éléments de rémunération fixes et liés au travail du salarié sont des accessoires du salaire et entrent dans la base de vérification du SMIC. Le critère déterminant est le fait que la somme versée soit en lien direct avec le travail

> **!** Vous ne devez pas vous contenter de vérifier si le SMIC est respecté, mais vous devez également en préciser les conséquences, c'est-à-dire les sanctions en cas de non-respect.

effectué par le salarié. Le non-respect du SMIC est sanctionné pénalement en plus d'un rappel de salaire et du versement de dommages et intérêts pour le préjudice subi par le salarié.

APPLICATION AU CAS

En l'espèce, l'employeur ne respecte pas le SMIC comme l'indique le sujet. Or, ce n'est pas possible, même de façon temporaire. Il sera sanctionné pénalement et devra verser un rappel de salaire et des dommages et intérêts aux salariés concernés. Le rappel de salaire concernera également la période pendant laquelle la prime a été versée. En effet, cette prime n'étant pas incluse dans la base de calcul du salaire car non obligatoire, l'employeur ne respectait déjà pas le minimum salarial obligatoire.

AUTOÉVALUATION

La grille d'autoévaluation ci-dessous vous permet d'évaluer votre niveau et de vérifier si vos réponses correspondent aux attendus de l'examen.

Questions	Niveau 1	Niveau 2	Niveau 3	Niveau 4
	Un premier élément de réponse, mais très incomplet, des erreurs, des contresens	*Des éléments de réponse isolés, des approximations et/ou de la paraphrase*	*Question comprise : des éléments de réponse pertinents mais incomplets au niveau des savoirs et/ou de l'application*	*Compétence attendue mobilisée avec mobilisation complète des savoirs associés à la compétence. Application pertinente.*
1. Qualifiez la prime versée par l'employeur. *(voir Section I.B.3)*	❑ Vous ne donnez pas la définition d'une gratification. ❑ Vous ne connaissez pas la différence entre les deux catégories de libéralités.	❑ Vous donnez la définition d'une gratification mais elle est incomplète. ❑ Vous ne citez pas les termes de « gratification » « libéralité » ou « complément de salaire ».	❑ Vous donnez une définition complète de la gratification, mais la différence entre les deux sortes de gratification est incomplète. ❑ Votre application est erronée ou confuse.	❑ Vous donnez une définition complète de la gratification. ❑ Vous savez identifier les deux types de gratifications. ❑ Vous appliquez de façon exacte ces définitions au cas qui vous est donné.
2. Vérifiez si l'employeur peut décider de ne pas verser cette prime. *(voir Section I.B.3)*	❑ Vous ne connaissez pas le régime juridique d'une gratification libéralité. ❑ Vous ne citez pas la notion d'usage. ❑ Vous ne faites pas d'application.	❑ Vous présentez le régime juridique d'une gratification libéralité, mais vous ne citez pas la notion d'usage. ❑ Votre application est très incomplète.	❑ Vous identifiez correctement le régime juridique d'une gratification libéralité. ❑ Vous donnez la définition d'un usage. ❑ Votre application et votre conclusion sont fausses (solution contraire à celle attendue).	❑ Vous connaissez le régime juridique d'une gratification libéralité. ❑ Vous présentez l'exception de l'usage d'entreprise. Votre application au cas est complète et correctement conclue.

Questions	Niveau 1	Niveau 2	Niveau 3	Niveau 4
	Un premier élément de réponse, mais très incomplet, des erreurs, des contresens	*Des éléments de réponse isolés, des approximations et/ou de la paraphrase*	*Question comprise : des éléments de réponse pertinents mais incomplets au niveau des savoirs et/ou de l'application*	*Compétence attendue mobilisée avec mobilisation complète des savoirs associés à la compétence. Application pertinente.*
3. Analysez cette situation au regard du SMIC. *(voir Section II.A.2)*	❑ Vous confondez les éléments entrant dans la base de vérification du SMIC et ceux qui en sont exclus.	❑ Vous connaissez la contrainte liée au respect du SMIC mais vous confondez les sommes entrant ou non dans la base de vérification. ❑ Votre application est fausse.	❑ Vous connaissez la contrainte du SMIC ainsi que les sommes entrant dans la vérification de la base. ❑ Vous oubliez de donner les conséquences en cas de non-respect OU ❑ Vous faites une application incomplète en ne traitant pas le régime juridique de la prime.	❑ Vous précisez la contrainte du SMIC ainsi que les sommes entrant dans la base de vérification. ❑ Vous donnez les conséquences en cas de non-respect. ❑ Votre application traite du non-respect du SMIC et pense également à vérifier la période incluant le versement de la prime.

EXERCICES

1 Formes de rémunération et respect du SMIC au sein de la société Mettallum

15 min

☑ COMPÉTENCES ATTENDUES : **Identifier les différents éléments du salaire. Maîtriser les modalités de détermination du salaire et ses éléments accessoires et complémentaires.**

Eddy a été embauché comme fraiseur dans la société Mettallum il y a 3 ans. Son salaire est fixé en fonction du nombre de pièces correctes fabriquées par heure. Récemment, la direction a décidé de modifier les exigences de qualité suite à plusieurs retours de la part des clients. Ces nouvelles exigences entraînent davantage de rebus et, par voie de conséquence, une baisse du rendement d'Eddy. Ce dernier s'inquiète de l'évolution à venir de son salaire.

1. **Vérifiez si les conditions sont remplies pour valider le mode de rémunération appliqué dans cette entreprise.**
2. **Analysez la modification des exigences de qualité.**

2 Égalité de rémunération et saisie sur salaire au sein d'une coopérative d'Isigny-sur-Mer

25 min

☑ COMPÉTENCES ATTENDUES : **Maîtriser les modalités de détermination du salaire et ses éléments accessoires et complémentaires. Préciser les limites légales et conventionnelles encadrant la fixation de la rémunération.**

Théodore est commercial dans une coopérative d'Isigny-sur-Mer (Calvados) qui connaît une forte croissance à l'exportation.
Pour faire face au développement de l'activité, Marie et Ulysse ont été recrutés en renfort de l'équipe commerciale. Après plusieurs mois, Théodore apprend, au cours d'une discussion avec Marie, qu'elle perçoit des commissions d'un montant plus élevé que les siennes. Marie

est diplômée d'une grande école de commerce tandis que Théodore est titulaire d'un BTS Management des unités commerciales. Pour autant, Théodore a plus d'ancienneté et est tout aussi compétent. Il ne comprend pas cette différence de rémunération.

Fier de son nouveau poste, Ulysse a vécu au-dessus de ses moyens et loue notamment un luxueux trois-pièces. Il vient de faire l'objet d'une saisie-arrêt sur salaire de la part de son propriétaire en raison de nombreux loyers impayés. Il se demande s'il lui restera assez d'argent pour vivre correctement.

1. **Vérifiez si la différence de rémunération entre Marie et Théodore est justifiée.**
2. **Présentez à Ulysse le fonctionnement de la saisie-arrêt sur salaire.**

3 Garantie des salaires dans la société Réact'

25 min

COMPÉTENCES ATTENDUES : Maîtriser les limites légales et conventionnelles encadrant la fixation de la rémunération. Identifier les mesures de protection du salaire à l'égard des créanciers de l'employeur et du salarié.

La société React'a déposé le bilan le 1er septembre N. Elle fait l'objet d'une procédure de redressement judiciaire. Du fait de ces difficultés, Alain n'a pas perçu son salaire pour son dernier mois de travail. De plus, il réclame le versement d'une prime spécifique qui avait été négociée entre les représentants du personnel et l'employeur 2 mois auparavant au vu des difficultés naissantes.

1. **Analysez la situation d'Alain afin de savoir s'il pourra obtenir le paiement de son salaire.**
2. **Vérifiez si la prime réclamée par Alain sera versée.**

CAS DE SYNTHÈSE

ÉDITION DE BULLETINS DE SALAIRE AU SEIN DE L'ENTREPRISE MADDOC

40 min

COMPÉTENCES ATTENDUES : Analyser un bulletin de salaire au regard des règles de droit étudiées. Identifier les mentions obligatoires et interdites du bulletin de salaire. Distinguer les notions de salaire brut, salaire net et le lien avec la protection sociale. Maîtriser les conditions de remise, conservation et force probante du bulletin de salaire.

Mise en situation

L'entreprise Maddoc, dirigée par M. Roulon, est spécialisée dans la fabrication de cartes informatiques programmables à destination de robots motorisés. Située près de Rennes (35), elle emploie 15 salariés. Vous êtes affecté au service « Paye » avec la charge, notamment d'établir les bulletins de salaire.

Votre employeur a décidé d'investir dans un logiciel de paye permettant l'élaboration automatique des bulletins de salaire. Il vous a chargé de paramétrer ce logiciel et d'effectuer les modifications nécessaires pour être en règle avec la législation. Vous avez en annexe un exemple de bulletins de salaire tels qu'ils sont établis jusqu'à présent.

Par ailleurs, il souhaiterait faire progresser son entreprise vers le « zéro papier » et envisage de ne plus émettre que des bulletins de salaire électroniques. Il compte utiliser également ce nouveau format pour rejeter les demandes des salariés qui contesteraient le salaire perçu.

1. **Proposez à votre employeur un modèle de bulletin de salaire à partir de l'exemple qui vous a été fourni.**

2. Présentez-lui les conditions à respecter pour émettre uniquement des bulletins numériques.
3. Vérifiez si l'émission d'un bulletin de salaire numérique, tel que prévu par M. Roulon, permet de rejeter les contestations des salariés.

DOCUMENT

Exemple de bulletin de salaire édité par l'entreprise Maddoc

Bulletin de PAIE
Paye du 01/01/2021 au 31/01/2021
L'unité monétaire utilisée est l'Euro

Société MADDOC
22 rue de l'Epalet
35170 BRUZ
Siret 598 636 632 52689 Rennes
NAF 2612Z

Matricule	0000001
N°Sécurité Sociale	1234567891234
Emploi	Assistante
Classification	Employée
Niveau	IV
Coefficient	160
Entrée le	01/01/2019
Date d'ancienneté	01/01/2019
Heures payées	148,63
Plafond période	3 359,29 €

Mme VERDURE Anne
15 rue des Peupliers
35170 BRUZ

RUBRIQUES	BASE	TAUX	A PAYER	CHARGES PATRONALES	
					Montant
Salaire de base	151,67	15,00 €	2 275,00 €		
Prime d'ancienneté	0,00	- €	- €		
Heures supplémentaires exo à 25%	3,00	18,75 €	56,25 €		
Absence maladie	2,00	14,48 €	28,96 €		
Complément maladie	- 28,96 €	0%	- €		
Absence grève	8,00	15,00 €	- 120,00 €		
TOTAL BRUT			**2 240,21 €**		
Santé					
Sécurité Sociale - Maladie, Maternité, Invalidité, Décès	2 240,21 €				156,81 €
Complément Sécurité Sociale Maladie	- €				- €
Complémentaire Incapacité, Invalidité, Décès	- €	0,750%	- €		- €
Complémentaire Santé			- €		- €
Accident du travail/Maladies professionnelles	2 240,21 €			1,200%	26,88 €
Retraite					
Sécurité Sociale plafonnée	2 240,21 €	6,900%	- 154,57 €		191,54 €
Sécurité Sociale déplafonnée	2 240,21 €	0,400%	- 8,96 €		42,56 €
Retraite complémentaire T1	2 240,21 €	4,010%	- 89,83 €		134,64 €
Retraite complémentaire T2	- €	9,720%	- €		- €
Famille					
Allocations Familiales	2 240,21 €				77,29 €
Complément Allocations Familiales	- €				- €
Assurance Chômage					
Assurance chômage	2 240,21 €				90,73 €
AGS	2 240,21 €				3,36 €
APEC	- €	0,024%	- €		- €
Autres contributions dues par l'employeur					97,81 €
Cotisations statutaires ou prévues par la CCN					- €
Exonération salariale sur les HS	54,05 €	11,31%	6,11 €		
Exonération de cotisations Employeur					- 97,17 €
CSG déductible	2 145,74 €	6,800%	- 145,91 €		
Net Imposable			**1 790,80 €**		
CSG non déductible sur HS	55,27 €	6,800%	- 3,76 €		
CSG non déductible	2 201,01 €	2,400%	- 52,82 €		
CRDS non déductible	2 201,01 €	0,500%	- 11,01 €		
Total des charges			**- 546,83 €**		**832,35 €**
Transport public	- €	50%	- €		
Acompte	500,00 €		- 500,00 €		
NET A PAYER			**1 279,46 €**		
Dont évolution de la rémunération liée à la suppression des cotisations salariales chômage et maladi			33,15 €		
		Allègement de cotisations employeur			- 271,91 €
		Total versé par l'employeur			2 658,64 €

CHAPITRE 13

La formation du salarié

À l'issue de ce chapitre,

• vous serez capable :

- ❒ d'identifier les différentes contributions de l'employeur au financement de la formation ;
- ❒ de préciser les obligations de l'employeur en matière d'adaptation de ses salariés aux évolutions de l'emploi et leurs conséquences juridiques ;
- ❒ de repérer les différents types d'actions de formation inscrites dans un plan de développement des compétences et comprendre son intérêt pour l'employeur ;
- ❒ de vérifier les conditions de mobilisation du compte personnel de formation ;
- ❒ d'établir le rôle des différents acteurs de la formation selon le dispositif de formation.

• vous saurez identifier :

- ❒ les obligations de l'employeur : financement de la formation par les cotisations patronales, adaptation des salariés aux évolutions de l'emploi, entretien bisannuel, formation lors du licenciement ;
- ❒ un plan de développement des compétences ;
- ❒ la mobilisation du compte personnel de formation et ses conséquences juridiques ;
- ❒ la validation des acquis d'expérience ;
- ❒ les acteurs de la formation : financeurs, opérateurs.

Mettez-vous en situation

Juliette est ouvrière qualifiée dans une usine fabriquant du matériel dentaire de précision située à Bourges (18). Récemment, le responsable des ressources humaines l'a informée qu'elle devrait suivre une formation de 3 jours à Orléans (45) suite à un changement de certaines machines. Juliette n'a pas du tout envie de suivre cette formation et elle considère qu'elle peut se former sur le tas.
De plus, elle souhaiterait suivre une formation de 6 mois pour passer un BTS. Elle se demande si son employeur pourrait l'aider à financer cette formation et si elle pourra percevoir son salaire pendant cette période.
Comment pouvez-vous conseiller au mieux Juliette concernant ces deux formations ?

I. Le cadre institutionnel de la formation

A Les différents types d'actions de formation professionnelle

Le Code du travail recense et définit un certain nombre d'actions de formation considérées comme de la formation professionnelle continue. Elles sont alors encadrées par la loi et/ou des décrets qui fixent les personnes concernées par ces actions ainsi que les modalités de financement.
La loi n° 2018-771 du 5 septembre 2018 relative à la « liberté de choisir son avenir professionnel » a modifié l'article L. 6313-1 du Code du travail en regroupant les quinze types d'actions énumérées en quatre catégories.

1. Les actions de formation

Il s'agit des actions de formation de base (préformation et préparation à la vie professionnelle, lutte contre l'illettrisme), mais également des actions de formation permettant l'évolution professionnelle (développement des compétences, perfectionnement, promotion professionnelle, conversion).

2. Le bilan de compétences

Définition : Le bilan de compétences permet de faire un point d'étape des compétences, de la carrière, des motivations et des aspirations professionnelles d'une personne.

Le bilan de compétences comprend **3 étapes** : un entretien individuel permettant de déterminer les besoins, une phase d'investigation permettant d'évaluer les compétences, une synthèse reprenant ces étapes pour mettre ensuite en place si nécessaire un projet de formation répondant aux objectifs visés par le salarié.
Il est d'une durée de 24 heures maximum réparties sur plusieurs semaines.

3. Les actions permettant de valider les acquis de l'expérience

Définition : La validation des acquis de l'expérience (VAE) a pour objectif de valider un diplôme ou d'obtenir une certification de qualification professionnelle en faisant valoir les compétences acquises dans le cadre de son expérience professionnelle ou personnelle.

Elle consiste à rédiger un dossier éventuellement soutenu ensuite à l'oral pour mettre en avant ses différentes expériences ayant permis d'acquérir les compétences nécessaires à la validation du diplôme visé.
Pour préparer son dossier et passer l'oral de VAE, le salarié peut demander un congé de 24 heures de temps de travail maximal à condition de justifier d'une expérience professionnelle d'un an en rapport avec la certification visée..

4. Les actions de formation par apprentissage

Il s'agit d'alterner des périodes de formation au sein d'un organisme de formation et des périodes de formation en entreprise. L'apprenti est titulaire d'un contrat de travail spécifique [voir Chapitre 7].
L'accès et le financement de ces formations passent par le **plan de développement des compétences (PDC)**, par le **compte personnel de formation (CPF)**, par le compte personnel de formation transition professionnelle ou **projet de transition professionnelle** (PTP) ou encore par la **période de professionnalisation**.

B Les partenaires de la formation professionnelle

1. Les pouvoirs publics

L'État intervient dans la mise en place des grandes orientations de la formation professionnelle. Son action est relayée au plan local par les régions qui ont une compétence de principe.

2. Les partenaires sociaux

Les partenaires sociaux interviennent dans l'organisation de la formation professionnelle à deux niveaux : la négociation collective et la gestion paritaire commune des fonds.

a. La négociation collective

La négociation collective tient une place importante dans l'encadrement des actions de formation puisque les principales lois sur ce sujet ont pour origine la conclusion d'un accord national interprofessionnel (ANI).

Exemple : La loi du 15 mars 2014 relative à la formation professionnelle, qui a mis en place le CPF, reprend le contenu de l'ANI du 14 décembre 2013.

b. La gestion paritaire des fonds

Les organismes chargés de gérer les fonds affectés au financement des actions de formation professionnelle sont composés d'un nombre égal de représentants des organisations d'employeurs et de salariés.

La loi du 5 septembre 2018 a réformé les différents organismes intervenant dans la gestion paritaire des fonds et a mis en place une nouvelle instance, **France Compétences**, gérée par l'État, les partenaires sociaux et les régions.

Tableau 13.1 Les organismes de gestion paritaire de la formation professionnelle

Organismes	Fonctions
France Compétences	– Contrôler les prix des formations et leur qualité. – Vérifier le cahier des charges permettant de bénéficier d'un financement. – Décider de la répartition des fonds entre les différents organismes de formation.
OPCO	– Assurer le développement et le financement de l'alternance. – Assurer le financement des plans de développement des compétences des TPE/PME (moins de 50 salariés). – Gérer les contributions supplémentaires prévues par les branches professionnelles. – Animer des observatoires prospectifs des métiers et des qualifications, aider à la mise en place de certifications.
Commission paritaire interprofessionnelle régionale (CPIR) *appelée également Associations Transitions Pro (ATpro)*	– Gérer le financement du PTP (ou compte personnel de formation – transition professionnelle). – Accompagner le salarié dans son PTP (pertinence, faisabilité). – Attester du caractère réel et sérieux des projets de reconversion des salariés démissionnaires souhaitant bénéficier de l'ARE [voir Chapitre 25]. – Remplace le Fongecif.

Exemple : L'OPCO ATLAS regroupe les secteurs de l'assurance, la banque, le conseil et la finance. Les experts-comptables et commissaires aux comptes font partie des 15 branches professionnelles rattachées à cet OPCO.

> **!** Depuis la réforme, les OPCO (qui remplacent les OPCA) ne sont plus chargés de la collecte des fonds. Celle-ci est assurée par l'Urssaf.

Le financement de la formation suit désormais la figure 13.1.

Figure 13.1 Procédure du financement de la formation

Entreprises → URSAFF → France Compétences →
- OPCO
- Caisse des dépôts (CPF)
- Pôle emploi (demandeurs d'emploi)
- CPIR
- CEP : conseil en évolution professionnelle

Définition : Le conseil en évolution professionnelle est un dispositif d'accompagnement gratuit et personnalisé proposé à toute personne souhaitant faire le point sur sa situation professionnelle.

D'une durée de 2 à 3 heures, il est effectué sur le temps libre du salarié. Assuré par des organismes spécifiques (Pôle emploi, Apec, missions locales, CAP emploi), il permet de

> **!** Contrairement au bilan de compétences, le conseil en évolution professionnelle est gratuit et assuré par des organismes publics ou semi-publics.

faire un point sur la situation professionnelle et d'envisager éventuellement l'élaboration d'un projet professionnel. L'employeur doit rappeler cette possibilité au salarié lors de l'entretien professionnel.

3. Les entreprises

a. Le financement de la formation professionnelle

Toutes les entreprises doivent consacrer un **pourcentage minimal de leur masse salariale annuelle brute** soumise aux cotisations de Sécurité sociale à la formation professionnelle.
La contribution unique à la formation professionnelle et à l'alternance regroupe depuis le 1er janvier 2022 la contribution à la formation professionnelle et la taxe d'apprentissage.
Les montants de la contribution à la formation professionnelle varient selon les effectifs :

- 0,55 % pour les entreprises de 10 salariés et moins ;
- 1 % pour les entreprises de 11 salariés et plus.

Cette contribution est collectée de façon mensuelle depuis 2022 par l'Urssaf de la même manière que les cotisations de Sécurité sociale. Elle est déclarée *via* la DSN. La convention ou l'accord collectif peuvent prévoir des taux supérieurs au taux légal.

> ! Pour les ETT, une contribution conventionnelle supplémentaire de 0,3 % est due quel que soit leur effectif.

b. La négociation collective

La formation professionnelle fait l'objet d'une négociation entre partenaires sociaux au niveau de la branche et/ou au niveau de l'entreprise.
Un accord d'entreprise peut fixer la fréquence de cette négociation. À défaut, les entreprises de 300 salariés et plus ont une obligation de négociation triennale sur la gestion des emplois et des parcours professionnels (GEPP).
De plus, un accord d'entreprise peut fixer les critères d'abondement du CPF, modifier la fréquence des entretiens professionnels, ou définir des actions de formation hors temps de travail.

4. Les organismes de formation

La formation professionnelle peut être assurée par des organismes privés. Elle est encadrée par une convention de formation signée entre le demandeur, l'entreprise et l'organisme de formation. La convention doit fixer : les effectifs, la nature, les moyens, la durée et le financement du stage, ainsi que les bénéficiaires. Afin d'éviter les abus, la loi a mis en place un contrôle des prestataires de services intervenant sur ce marché : afin de bénéficier des financements publics, ils doivent être certifiés par un organisme de certification accrédité par le Comité français d'accréditation (COFRAC).

II. Les droits et obligations de formation

A L'obligation d'adaptation

L'obligation d'adaptation à la charge de l'employeur a été mise en place par la jurisprudence s'appuyant sur la notion d'**exécution de bonne foi du contrat de travail**. Elle concerne plusieurs situations :

- en cas de modification du contrat de travail refusée par le salarié, l'employeur peut avoir à le reclasser et donc à le former [voir Chapitre 9] ;
- en cas de licenciement économique, l'employeur doit proposer une formation au salarié pour favoriser son reclassement [voir Chapitre 16].

L'obligation de formation constitue :

- une **obligation de résultat** concernant l'adaptation du salarié à l'évolution de son poste de travail ;

- une **obligation de moyens** concernant le maintien de la capacité du salarié à occuper un emploi ;
- une **simple faculté** concernant le développement des compétences du salarié.

Le plan de développement des compétences (PDC) permet à l'employeur de répondre à ces obligations. Les entretiens individuels sont également des outils de gestion des compétences.

Tableau 13.2 Les deux catégories d'entretiens individuels

	Entretien individuel d'évaluation	Entretien individuel professionnel
Fréquence	– Tous les ans. – Non obligatoire sauf convention collective contraire.	– Tous les 2 ans sauf accord collectif contraire. – À l'issue de certains congés (maternité, congé sabbatique, arrêt maladie). – Rendu obligatoire par la loi du 5 mars 2014.
Objectifs	Faire un bilan de l'année écoulée en termes d'évaluation des compétences du salarié.	– Faire un bilan des perspectives d'évolution professionnelle du salarié. – Identifier ses besoins de formation. – Informer sur le CPF et le CPE.
Modalités	– Consultation préalable du CSE obligatoire. – Information préalable des salariés sur les méthodes et techniques d'évaluation.	– Librement fixées par l'employeur. – Obligation d'information des salariés.

De plus, un **bilan**, effectué tous les 6 ans, permet de vérifier que le salarié a bien bénéficié des entretiens professionnels obligatoires et qu'il a suivi au moins une action de formation ou fait valider un diplôme ou bénéficié d'une progression salariale ou professionnelle. À défaut, dans les entreprises de 50 salariés et plus, l'employeur devra lui verser un abondement correctif de 3 000 euros sur son CPF.

B Le compte personnel de formation (CPF)

Mis en place par la loi n° 2014-288 du 15 mars 2014 relative à la formation professionnelle, le CPF remplace le droit individuel à la formation (DIF). Depuis le 1er janvier 2017, il fait partie du compte personnel d'activité (CPA) englobant également le compte professionnel de prévention (C2P) [voir Chapitre 15] et le compte d'engagement citoyen (CEC).

1. Le fonctionnement du CPF

a. Les bénéficiaires et la durée du compte

Bénéficient du CPF tous les salariés en CDI, en CDD, en contrat d'apprentissage, en contrat de professionnalisation, ainsi que les demandeurs d'emploi et les travailleurs indépendants.
Le CPF suit le travailleur de son entrée sur le marché du travail jusqu'à son départ à la retraite.

b. L'alimentation du compte

Le salarié acquiert 500 euros par an, dans la limite de 5 000 euros, dès lors que sa durée du travail est supérieure ou égale à la moitié de la durée légale. Les absences pour maternité, paternité, CPE, accident du travail et maladie professionnelle sont prises en compte pour le calcul de ces droits.

c. Le dépassement du plafond

Certaines heures peuvent s'ajouter à ce compte et permettre de dépasser le plafond :
- un abondement par l'employeur, Pôle emploi ou des branches professionnelles ;
- 3 000 euros dans les entreprises d'au moins 50 salariés en cas d'absence d'entretien professionnel pendant 6 ans et de progression salariale ou professionnelle (garantie formation) ;
- 375 euros par point acquis sur le compte personnel de prévention pour prendre en charge une formation en vue d'accéder à un emploi non exposé ou moins exposé à la pénibilité.

!

Les heures de DIF acquises jusqu'au 31 décembre 2014 sont mobilisables, sans limite dans le temps, à condition d'être transférées dans le CPF avant le 1er juillet 2021 et sont prises en compte dans le calcul du plafond du CPF.

2. L'utilisation du CPF

C'est le salarié qui prend l'initiative d'utiliser son CPF dans le cadre de son projet de formation :

- **Sans l'accord de l'employeur**, s'il l'utilise hors du temps de travail ou s'il a pour but l'acquisition du socle de compétences. Il n'y a alors aucun versement de la part de l'employeur.
- **Avec l'accord préalable de l'employeur**, s'il l'utilise pendant le temps de travail. La demande doit être faite au moins 60 jours avant le commencement de la formation si elle dure moins de 6 mois ou 120 jours avant dans les autres cas. L'employeur notifie la réponse dans un délai de 30 jours. L'absence de réponse vaut acceptation.

L'accord préalable de l'employeur sur le contenu de la formation n'est pas nécessaire. Seul un accord sur le planning de formation sera requis si la formation a lieu pendant le temps de travail.
Les demandes de financement d'actions de formation dans le cadre du CPF sont faites auprès de la Caisse des dépôts et consignations, chargée de la gestion de ce CPF.

!

Les formations choisies sont obligatoirement des formations qualifiantes correspondant aux besoins de l'économie prévisibles à court ou moyen terme. Le CPF peut également servir à financer l'obtention du permis B, un bilan de compétences, une création ou une reprise d'entreprise, une démarche de VAE.

C Le droit à congé de formation ou projet de transition professionnelle (PTP)

Ce congé a pour objectifs d'accéder à un niveau supérieur de formation, de changer d'activité ou de s'ouvrir à la culture et aux responsabilités bénévoles.

Définition : Le droit à congé de formation est, pour le salarié, le droit de suivre, à son initiative et à titre individuel, des actions de formation indépendantes du plan de développement des compétences de son entreprise.

Ce droit à congé de formation, dénommé CIF, a été remplacé par la loi n° 2018-771 du 5 septembre 2018 relative à la « liberté de choisir son avenir professionnel », à compter du 1er janvier 2019, par la notion de **PTP** ou compte personnel de formation-transition professionnelle.

Définition : Le projet de transition professionnelle (PTP) est une modalité particulière de mobilisation de son compte personnel de formation permettant aux salariés de financer des formations en lien avec un projet de reconversion.

1. Les conditions applicables aux bénéficiaires

a. L'ancienneté

Pour bénéficier de ce congé, il faut être salarié depuis au moins 24 mois (consécutifs ou non), dont 12 passés dans l'entreprise, sauf pour les salariés ayant changé d'emploi à la suite d'un licenciement économique et n'ayant pas suivi d'action de formation entre les deux.
Pour les salariés en CDD, l'ancienneté doit être de 24 mois d'activité au cours des 5 dernières années, dont 4 mois en CDD au cours des 12 derniers mois.

b. Le délai de franchise

Le salarié doit respecter un délai entre deux PTP dans la même entreprise. Compris entre 6 mois et 6 ans, ce délai est égal à 10 fois la durée du congé de formation précédent.

Exemple : Si la durée de formation du congé précédent est de 12 mois, le délai de franchise sera de 120 mois (= 12*10), réduit à 6 ans du fait du plafond.

2. Les conditions applicables à la formation

Le choix de la formation est **libre** en fonction du projet professionnel du salarié.
La durée du projet correspond à la durée de la formation choisie. La prise en charge financière sera différente selon que ce congé dure moins ou plus d'un an (ou 1 200 heures). Le salarié doit faire une demande à la CPIR.

3. Les conditions applicables aux effectifs

L'employeur ne peut pas refuser la demande dès lors que les conditions précitées sont remplies. Il peut en revanche **reporter le départ en congé** de 9 mois au maximum :

- En fonction des effectifs simultanément absents pour PTP :
  - dans les établissements de 100 salariés et plus. Afin que le nombre de salariés en congé ne dépasse pas 2 % du nombre total des travailleurs de l'établissement ;
  - dans les établissements de moins de 100 salariés, si un salarié bénéficie déjà d'un congé.
- Pour un motif d'organisation de l'entreprise, et ce quelle que soit la taille de l'entreprise, après information du CSE et, le cas échéant, arbitrage de l'inspecteur du travail.

De plus, le salarié doit émettre une demande écrite 60 jours à l'avance si la durée de la formation est de moins de 6 mois ou à temps partiel et 120 jours à l'avance dans les autres cas. La réponse doit être donnée par l'employeur dans les 30 jours. L'absence de réponse vaut autorisation.

III. Le statut du salarié en formation

Le salarié en formation peut se trouver dans **trois situations différentes**.

A La formation assimilée à du temps de travail effectif

Lorsque la formation a pour objectif une adaptation au poste de travail, une action liée à l'évolution des emplois ou un maintien dans l'emploi, elle est assimilée à du **temps de travail effectif** [voir Chapitre 10]. Le contrat de travail n'est pas suspendu d'où des droits et obligations pour les deux parties. Cette formation peut être prévue dans un PDC.

1. Droits et obligations de l'employeur

Le salarié a droit au versement de sa rémunération et à la prise en charge des frais de formation :

- S'il s'agit d'une formation permettant **l'adaptation du salarié à son poste de travail**, la totalité du temps de formation est assimilée à du temps de travail effectif. Il peut donc même y avoir paiement en heures supplémentaires.
- S'il s'agit d'une formation de **maintien dans l'emploi**, seules les heures supplémentaires effectuées au-delà de 50 heures par an ont le régime des heures supplémentaires.

2. Droits et obligations du salarié

> **!** L'employeur n'a pas pour obligation de reconnaître les compétences acquises par le salarié dans le cadre de sa formation, sauf accord avec l'employeur, convention collective contraire ou clause contractuelle.

Sur le plan collectif, le salarié conserve ses droits en matière de représentation du personnel [voir Chapitre 19].
Sur le plan individuel, son contrat de travail est maintenu mais ses obligations sont modifiées. Le droit à formation se transforme en **obligation de formation** pour s'adapter aux évolutions du poste. Le salarié a alors une obligation d'assiduité au stage. Il peut être licencié s'il refuse de suivre la formation.

B La formation ajoutée au temps de travail

1. Formation dans le cadre du plan de développement des compétences

Définition : Le plan de développement des compétences (PDC) mis en place volontairement par l'employeur permet d'organiser les formations prévues pour ses salariés, sur une période allant de 1 à 3 ans.

L'employeur doit tenir compte des orientations fixées par la convention de branche dans le choix des actions de formation permettant d'adapter le salarié au poste de travail, de maintenir son employabilité ou de développer ses compétences.
Le CSE doit être consulté à plusieurs reprises sur la mise en place d'un PDC.
Lorsque la formation est non obligatoire et hors temps de travail, sa durée est limitée à 30 heures par an et par salarié ou 2 % en cas de forfait, sauf accord collectif contraire. Le salarié peut refuser la formation en dehors du temps de travail, ce n'est pas une cause de licenciement ni de faute.

2. Formation dans le cadre du CPF

Les heures consacrées à la formation pendant le temps de travail constituent un temps de travail effectif et donnent lieu au maintien par l'employeur de la rémunération du salarié.
En revanche, lorsque le salarié se forme sur son temps libre, ce temps de formation ne donne pas droit à rémunération. Les frais pédagogiques et les frais annexes (ex. : frais de transport, repas, hébergement) peuvent être pris en charge.

C Les congés de formation

1. Suspension du contrat de travail

En cas de congé de formation, il y a suspension du contrat de travail. Le lien de subordination est toujours présent et le salarié a une obligation d'assiduité à la formation et de loyauté. Le congé est pris en compte pour le calcul de l'ancienneté et le droit aux congés payés.
La période de formation ne peut être imputée sur celle des congés. Au retour du congé, le salarié doit retrouver un poste équivalent mais l'employeur n'est pas tenu de reconnaître la qualification acquise au cours de la formation.

2. Rémunération

Le salarié a droit à une rémunération s'il obtient l'accord d'un **organisme paritaire agréé** (association Transitions Pro). Les modalités de prise en charge de ce congé sont définies par la convention collective. En principe, il a droit au maintien de 60 à 90 % de la rémunération antérieure (100 % si la rémunération antérieure est inférieure à deux fois le montant du SMIC) en fonction de la durée de la formation (inférieure ou supérieure à 1 an ou 1 200 heures). Elle est avancée par l'employeur puis remboursée par l'organisme paritaire.

> **!** Le salarié fait toujours partie des effectifs de l'entreprise. Il est électeur et éligible.

SYNTHÈSE

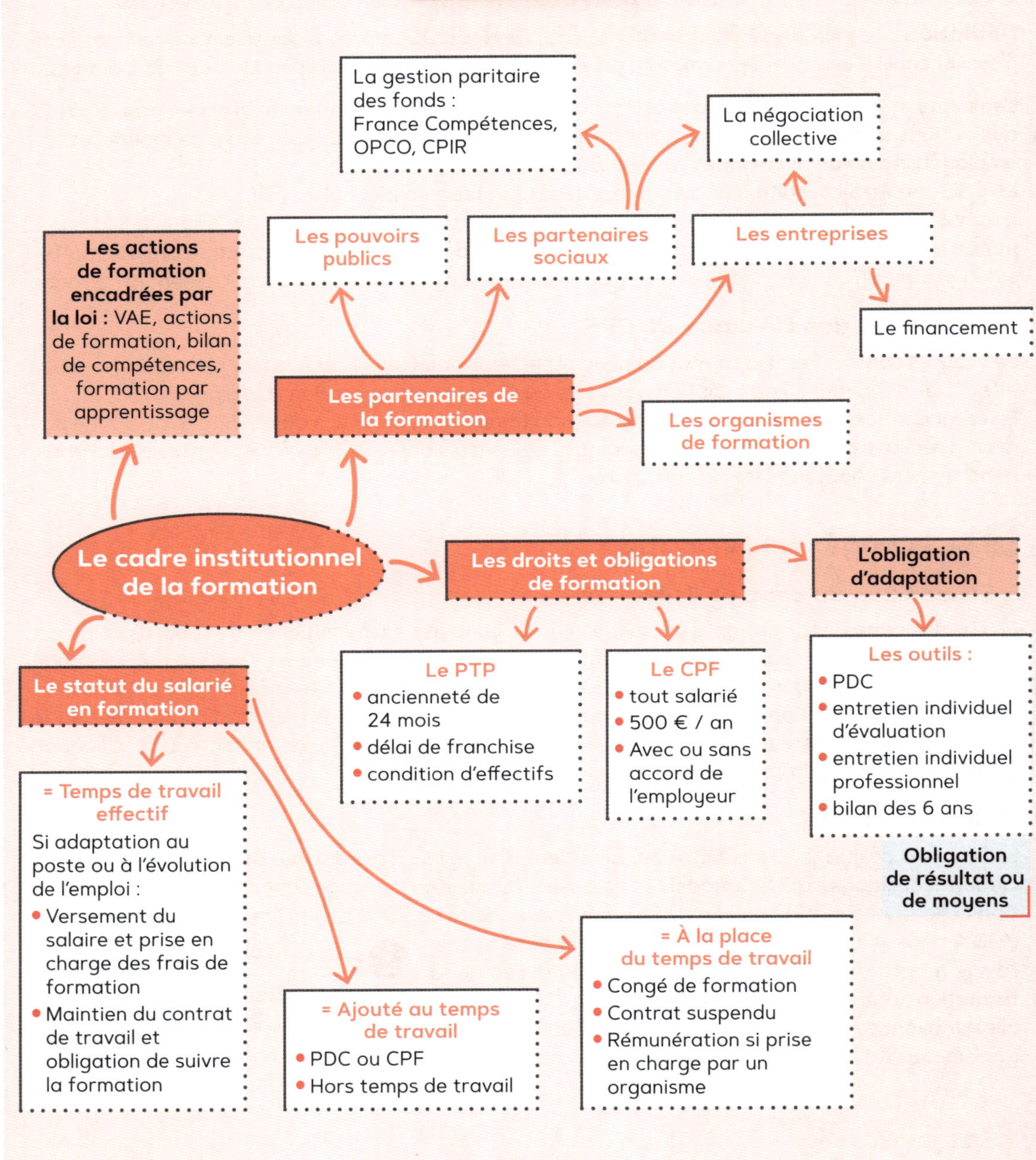

Faites le point sur les notions clés : bilan de compétences p. 207, validation des acquis de l'expérience (VAE) p. 207, conseil en évolution professionnelle p. 208, droit à congé de formation p. 211, projet de transition professionnelle (PTP) p. 211, plan de développement des compétences (PDC) p. 213.

Révisez avec les flashcards

www.lienmini.fr/dcg03-26

QCM

Réponse unique

QCM interactif
www.lienmini.fr/dcg03-27

1 Les OPCO ont pour rôle :

❍ **a.** de collecter la taxe professionnelle.
❍ **b.** d'assurer le financement de l'alternance.
❍ **c.** de contrôler la qualité des formations.

2 Les entreprises de 11 salariés et plus :

❍ **a.** n'ont pas d'obligation financière en matière de formation.
❍ **b.** doivent financer la formation professionnelle à hauteur de 1 % de leur résultat.
❍ **c.** doivent financer la formation professionnelle à hauteur de 1 % de leur masse salariale.

3 L'employeur a une obligation d'adaptation de son salarié qui est :

❍ **a.** une obligation de résultat.
❍ **b.** une obligation de moyens.
❍ **c.** une obligation de résultat ou de moyens selon l'évolution concernée.

4 Le PTP est ouvert à tout salarié :

❍ **a.** quelle que soit son ancienneté.
❍ **b.** quel que soit son contrat de travail.
❍ **c.** quelle que soit sa situation professionnelle.

5 Le CPF permet de cumuler :

❍ **a.** au maximum 5 000 euros pour financer une formation.
❍ **b.** au maximum 500 euros pour financer une formation.
❍ **c.** autant d'heures de formation que le souhaite le salarié.

Plusieurs réponses possibles

6 L'entretien individuel professionnel permet :

❍ **a.** de faire le bilan des besoins de formation du salarié.
❍ **b.** d'identifier les perspectives d'évolution professionnelle du salarié.
❍ **c.** de faire un bilan des objectifs remplis par le salarié.

7 Le temps passé par le salarié en formation est :

❍ **a.** du temps de travail effectif si la formation permet d'adapter le salarié à son poste de travail.
❍ **b.** du temps de travail effectif s'il est imposé par le PDC.
❍ **c.** du temps de travail effectif si la formation permet de maintenir le salarié dans l'emploi.

8 France Compétences est :

❍ **a.** un organisme chargé de contrôler les prix des formations et leur qualité.
❍ **b.** un organisme géré par l'État, les partenaires sociaux et les régions.
❍ **c.** un organisme dont la compétence est régionale, en appui des missions locales.

9 Le bilan de compétences permet :

❍ **a.** de déterminer les besoins de formation du salarié.
❍ **b.** de vérifier si le salarié a acquis les compétences nécessaires à son poste.
❍ **c.** d'évaluer les compétences du salarié au regard de son projet professionnel.

10 Le congé de formation entraîne :

❍ **a.** le maintien de la rémunération du salarié.
❍ **b.** la suspension du contrat de travail du salarié.
❍ **c.** le maintien de l'obligation de loyauté du salarié.

Réponses à justifier

11 La formation financée dans le cadre du CPF :

❍ **a.** est toujours considérée comme du temps de travail effectif.
❍ **b.** ne donne pas droit à rémunération en cas de formation sur le temps libre.
❍ **c.** donne droit à rémunération en cas de formation hors temps de travail.

12 L'employeur peut refuser la demande de congé formation du salarié :

❍ **a.** si la formation envisagée n'a aucun lien avec le poste ou l'emploi actuel du salarié.
❍ **b.** si la formation entraîne trop d'absences de salariés en même temps.
❍ **c.** si le salarié ne respecte pas les formalités de demande.

13 Le CPF permet de cumuler des droits à formation :

❍ **a.** dans la limite de 5 000 euros sauf temps de travail inférieur à 17,5 heures.
❍ **b.** dans la limite de 8 000 euros en l'absence d'entretien pendant 6 ans.
❍ **c.** dans la limite de 5 500 euros pour tout salarié.

14 L'entretien individuel d'évaluation :

❍ **a.** est un entretien annuel obligatoire.
❍ **b.** est un entretien annuel facultatif et prospectif.
❍ **c.** est un entretien annuel facultatif permettant de faire un bilan.

15 Les organismes de gestion paritaire de la formation :

❍ **a.** sont nombreux et non coordonnés.
❍ **b.** sont moins nombreux et coordonnés par une instance nationale.
❍ **c.** sont moins nombreux et indépendants.

— CAS PRATIQUE GUIDÉ —

MISE EN PLACE D'UN PROJET DE TRANSITION PROFESSIONNELLE DANS L'ENTREPRISE VÉCAP

Anne et André travaillent dans l'entreprise Vécap, fabricant de vélos. Située à Royan, elle emploie huit salariés. Anne et André ont été respectivement embauchés il y a cinq ans et onze ans en tant qu'ouvriers.

Aujourd'hui, André est chef d'équipe et Anne, ouvrière spécialisée. L'entreprise Vécap connaît quelques difficultés. Anne et André s'inquiètent pour leur avenir. Ils souhaitent prendre un congé de formation grâce à leur CPF : Anne aimerait changer de métier et André veut valider un diplôme de technicien en profitant de l'expérience acquise. L'un de leurs collègues, Steve, est actuellement en congé de formation et Natacha vient de terminer le sien. Tous deux leur ont expliqué les intérêts de ce congé.

1. Présentez le PTP ou CPF-TP à Anne et André.

2. Vérifiez s'ils remplissent les conditions pour en bénéficier.

CORRIGÉ

☑ **COMPÉTENCE ATTENDUE : Vérifier les conditions de mobilisation du compte personnel de formation.**

Méthode

Pensez à commencer par lire toutes les questions, afin d'éviter des répétitions dans vos réponses lorsque les questions sont complémentaires.

> **!** Pour appliquer correctement les règles encadrant la mobilisation du CPF, vous devez identifier le nombre de salariés dans l'entreprise, ainsi que ceux qui souhaitent partir en congé, et tenir compte du délai de franchise.

1. Présentez le PTP ou CPF-TP à Anne et André.

Méthode

La question posée ici semble uniquement être une question de cours portant sur le PTP. Cependant, rien n'étant précisé dans le sujet, il faudra tout de même faire une application concrète au cas donné, sans empiéter sur la réponse de la question 2.

PRINCIPES JURIDIQUES

Le compte personnel de formation (CPF) permet d'accumuler des heures pour financer une formation dans le cadre d'un congé. On parle alors de projet de transition professionnelle (PTP) ou compte personne de formation-transition professionnelle (CPF-TP).
Ce congé est utilisé par le salarié qui souhaite changer d'emploi ou se reconvertir. Le choix de la formation est donc libre et la durée du projet correspond à la durée de la formation choisie.
Le salarié fera une demande à la CPIR pour la prise en charge des frais de formation.

APPLICATION AU CAS

En l'espèce, Anne et André peuvent utiliser leur CPF pour financer un projet de transition professionnelle. En effet, André souhaite valider un diplôme de niveau supérieur à son diplôme actuel et Anne souhaite exercer un autre métier. Ces formations ne sont pas en lien avec l'obligation générale de formation concernant leur poste.

2. Vérifiez s'ils remplissent les conditions nécessaires pour bénéficier de ce congé.

PRINCIPES JURIDIQUES

- **Ancienneté**. Il faut être salarié depuis au moins 24 mois, dont 12 mois passés dans l'entreprise.
- **Délai de franchise**. Un délai entre deux congés de formation de 10 fois la durée du délai précédent doit être respecté, délai compris entre 6 mois et 6 ans.
- **Durée du congé**. La durée du congé est égale à la durée de la formation. La prise en charge financière sera différente selon que le congé est d'un an ou de 1 200 heures en cas de formation à temps partiel ou plus.
- **Procédure**. La demande doit être émise 60 jours avant pour une formation de moins de 6 mois, 120 jours avant dans les autres cas.
- **Report de la demande**. Dans les entreprises de moins de 100 salariés, le report est possible si un salarié bénéficie déjà d'un congé de formation (2 % des effectifs si plus de 100 salariés). Dans toutes les entreprises, ce report est possible dès lors qu'il aurait des conséquences préjudiciables pour la production et la bonne marche de l'entreprise.

APPLICATION AU CAS

En l'espèce, Anne et André ont tous les deux l'ancienneté requise. Ils n'ont jamais bénéficié d'un congé de formation et souhaitent en profiter pour obtenir une qualification supplémentaire.

S'ils respectent le délai imparti pour adresser leur demande, l'employeur ne pourra pas leur refuser ce congé. En revanche, l'entreprise ayant moins de 100 salariés, l'employeur peut reporter leur demande étant donné qu'il y a déjà un salarié de l'entreprise en congé. De plus, ils ne pourront pas prendre leur congé de formation tous les deux en même temps.

AUTOÉVALUATION

La grille d'autoévaluation ci-dessous vous permet d'évaluer votre niveau et de vérifier si vos réponses correspondent aux attendus de l'examen.

Questions	Niveau 1	Niveau 2	Niveau 3	Niveau 4
	Un premier élément de réponse, mais très incomplet, des erreurs, des contresens	*Des éléments de réponse isolés, des approximations et/ou de la paraphrase*	*Question comprise : des éléments de réponse pertinents, mais incomplets au niveau des savoirs et/ou de l'application*	*Compétence attendue mobilisée avec mobilisation complète des savoirs associés à la compétence. Application pertinente.*
1. Présentez le PTP ou CFP-Transition professionnelle à Anne et André. *(voir Section II.C)*	❑ Vous ne connaissez pas les sigles PTP ou CPF-Transition professionnelle. ❑ Vous confondez le congé de formation et le droit à la formation. ❑ Vous ne faites aucune application au cas donné.	❑ Vous connaissez les sigles, mais la présentation des modalités de ce congé est incomplète. ❑ Vous ne faites aucune application au cas donné.	❑ Vous connaissez les sigles. ❑ Vous présentez les objectifs du congé de formation, mais vous faites des erreurs sur le choix de la formation et/ou la durée. ❑ Vous ne citez pas la CPIR. ❑ Vous faites une application au cas donné.	❑ Vous connaissez le PTP et le CFP-Transition professionnel. ❑ Vous présentez les objectifs du congé de formation (choix de la formation, durée, différence avec le droit de formation). ❑ Vous faites une application précise au cas donné.
2. Vérifiez s'ils remplissent les conditions nécessaires pour bénéficier de ce congé. *(voir Section II.C)*	❑ Vous ne donnez pas les conditions pour demander un congé de formation. ❑ Vous concluez au refus de la demande d'Anne et André.	❑ Vous donnez deux conditions correctes sur les cinq attendues. ❑ Vous faites une application incomplète.	❑ Vous donnez toutes les conditions pour bénéficier de ce congé, mais vous ne les appliquez pas. OU ❑ Vous donnez au moins quatre conditions et vous faites une application de ces conditions au cas donné.	❑ Vous donnez toutes les conditions pour bénéficier de ce congé de transition professionnelle. ❑ Vous faites une application complète de ces conditions au cas donné.

EXERCICES

1 Utilisation du compte personnel de formation par Mathis — 15 min

☑ **COMPÉTENCE ATTENDUE : Identifier les conditions de mobilisation du compte personnel de formation et ses conséquences juridiques**

Mathis est salarié en CDI dans la société Vric depuis 7 ans. Il souhaite suivre une formation dans le cadre de cours du soir pour obtenir un BTS MCO et faire évoluer sa carrière professionnelle au sein de cette société. Il a entendu parler du CPF et se demande s'il pourrait en bénéficier et dans quelles conditions. Bertrand a été embauché chez Vric pour un CDD de 15 mois. Il se demande s'il dispose également d'un CPF.

1. **Présentez à Mathis les conditions lui permettant de suivre la formation souhaitée en utilisant son CPF.**
2. **Que pouvez-vous répondre à Bertrand ?**

2 Formation professionnelle d'Élise dans la SARL Couture

20 min

☑ COMPÉTENCE ATTENDUE : **Préciser les obligations de l'employeur en matière d'adaptation de ses salariés aux évolutions de l'emploi et leurs conséquences juridiques.**

Élise, salariée de la SARL Couture, doit suivre une formation imposée par son employeur afin de se former sur une nouvelle machine programmable qu'il vient d'acheter. Cette formation a lieu le mardi et le vendredi, en plus de son horaire de travail habituel (35 heures par semaine). Élise se demande si elle sera rémunérée pour ce temps passé en formation. Au bout d'une semaine, elle décide de ne plus suivre cette formation. Son employeur l'a déjà mise en demeure à deux reprises, mais Élise ne souhaite pas suivre une formation qu'elle n'a pas demandée.

1. **Vérifiez si Élise sera rémunérée pendant sa formation.**
2. **Analysez les risques encourus par Élise du fait de son refus.**

3 Obligations de formation à la charge de Rachid en tant qu'employeur

25 min

☑ COMPÉTENCES ATTENDUES : **Identifier les obligations de l'employeur : financement de la formation professionnelle, adaptation des salariés aux évolutions de l'emploi. Repérer les différents types d'actions de formation inscrites dans un plan de développement des compétences et comprendre son intérêt pour l'employeur.**

Rachid vient de racheter une entreprise de recyclage de déchets qui emploie 56 salariés, la société Recycle. Il a décidé de moderniser le système de production en acquérant de nouvelles machines et en organisant différemment la répartition des tâches. Pour cela, il doit mettre en place un plan de développement des compétences afin d'adapter certains salariés à l'évolution à venir de leurs postes de travail. Il vous consulte sur ses obligations en termes de formation. Certains salariés ont refusé de suivre les formations proposées.

1. **Présentez à Rachid ses obligations en termes de formation professionnelle.**
2. **Identifiez les règles à respecter pour mettre en place un plan de développement des compétences.**

CAS DE SYNTHÈSE

GESTION DE LA FORMATION PROFESSIONNELLE DANS LA SOCIÉTÉ STIBOLU

45 min

☑ COMPÉTENCES ATTENDUES : **Identifier les obligations de l'employeur : financement de la formation par les cotisations patronales, adaptation des salariés aux évolutions de l'emploi, entretien bisannuel. Identifier la VAE. Établir le rôle des différents acteurs de la formation selon le dispositif de formation.**

Mise en situation

La société Stibolu est spécialisée dans l'outillage et les machines pour le travail du bois avec une expérience unique dans le tournage sur bois. Le fils de Victor Stibolu,

Gaël, vient de reprendre la direction de la société et compte poursuivre le développement entamé par son père en adaptant l'entreprise aux nouvelles technologies du secteur. Pour cela, il a décidé de recruter un adjoint au responsable des ressources humaines qui s'occupera de la formation des salariés. Vous êtes retenu pour ce poste.

La première mission qui vous est confiée consiste à rédiger une note présentant les obligations en termes de formation qui s'imposent à l'employeur.

Ensuite, Gaël vous demande de vérifier la situation des salariés concernant les entretiens professionnels. Vous constatez que trois salariés n'ont eu aucun entretien professionnel depuis 4 ans et que le dernier entretien a consisté à échanger sur les objectifs à atteindre, objectifs fixés sur une période de 5 ans.

Enfin, vous avez deux dossiers à traiter : celui de Liseline et celui de Pierre-Marin. Liseline a fait une demande pour débuter une démarche de VAE afin de valider un DSCG (elle est actuellement assistante comptable dans l'entreprise). Pierre-Marin souhaite suivre une formation pour valider une Licence professionnelle commerce et vente (il est actuellement commercial et titulaire d'un BTS). Ils vous demandent quels sont les financements possibles et s'ils peuvent continuer à percevoir leurs salaires.

1. **Rédigez la note demandée par Gaël Stibolu.**
2. **Vérifiez si les règles encadrant les obligations de l'employeur en termes d'entretien ont bien été respectées par la société Stibolu.**
3. **Analysez la situation de Liseline et celle de Pierre-Marin afin de répondre au mieux à leurs attentes.**

Vous disposez ci-dessous d'une base documentaire pour étayer vos analyses.

BASE DOCUMENTAIRE

Document 1 – Article L.6321-1 du Code du travail

L'employeur assure l'adaptation des salariés à leur poste de travail.

Il veille au maintien de leur capacité à occuper un emploi, au regard notamment de l'évolution des emplois, des technologies et des organisations. [...]

Les actions de formation mises en œuvre à ces fins sont prévues, le cas échéant, par le plan de développement des compétences mentionné au 1° de l'article L. 6312-1. Elles peuvent permettre d'obtenir une partie identifiée de certification professionnelle, classée au sein du répertoire national des certifications professionnelles et visant à l'acquisition d'un bloc de compétences.

Document 2 – Article L. 6131-1 du Code du travail

I.- Les employeurs concourent, chaque année, au développement de la formation professionnelle et de l'apprentissage par :

1° Le financement direct des actions de formation de leurs salariés ;

2° Le versement de la contribution unique à la formation professionnelle et à l'alternance mentionnée à l'article L. 6131-2 ;

3° Le versement de la contribution supplémentaire à l'apprentissage mentionnée à l'article L. 6241-1 ;

4° Le versement de la contribution dédiée au financement du compte personnel de formation pour les titulaires d'un contrat à durée déterminée mentionnée à l'article L. 6331-6.

CHAPITRE 14

Le pouvoir disciplinaire de l'employeur

À l'issue de ce chapitre,

• vous serez capable :

❒ de vérifier la validité du règlement intérieur ;

❒ de caractériser le degré d'une faute ;

❒ de déterminer les sanctions associées et la procédure disciplinaire adéquate ;

❒ d'apprécier l'étendue du pouvoir de contrôle du juge.

• vous saurez identifier :

❒ les fondements du pouvoir de l'employeur ;

❒ les actes réglementaires de l'employeur ;

❒ le droit disciplinaire : fautes et sanctions disciplinaires, garanties procédurales, contrôle judiciaire.

Mettez-vous en situation

Marie travaille au sein de la SA Petits Voiliers, fabricant de vêtements pour enfants. Elle vient de prendre connaissance du nouveau règlement intérieur affiché par son employeur et s'interroge sur certaines mentions telles que :

- les horaires ;
- l'existence d'une période d'essai obligatoire pour les cadres ;
- l'interdiction de se marier avec un autre salarié de l'entreprise ;
- l'obligation pour certains salariés (conducteurs de machines) de se soumettre à un éthylotest.

Par ailleurs, son collègue Ahmed lui apprend qu'il fait l'objet d'une mise à pied de 3 jours à la suite de deux retards qu'il a eu dans la semaine.

Analysez la légalité des décisions prises par l'employeur de Marie.

I. Les moyens d'exercice du pouvoir disciplinaire

A Le règlement intérieur (RI)

1. L'élaboration du RI

a. Le champ d'application

Un RI est obligatoire dans les entreprises, établissements et tout organisme de droit privé employant au moins 50 salariés pendant 12 mois consécutifs depuis le 1er janvier 2020 (loi n° 2019-486 du 22/05/2019). Lorsque la même entreprise a plusieurs établissements, il ne sera exigé la mise en place de plusieurs RI que si ces établissements ont des conditions d'hygiène et de sécurité différentes. Le non-respect de cette obligation est sanctionné pénalement (amende de 750 euros).

Définition : Le règlement intérieur est un document écrit, établi par l'employeur, fixant les règles générales et permanentes relatives à l'hygiène et à la sécurité, à la discipline et à l'ensemble des sanctions applicables dans l'entreprise. Il rappelle également la prise en compte des dispositions relatives au harcèlement sexuel et moral.

Les salariés à temps partiel et les salariés temporaires sont pris en compte dans les effectifs au prorata de leur temps de présence dans l'entreprise. Les apprentis et les titulaires d'un contrat de professionnalisation n'entrent pas dans ce décompte. Les règles relatives aux sanctions et à la procédure disciplinaire s'appliquent uniquement aux salariés de l'entreprise. Les règles d'hygiène, de sécurité et de discipline générale s'appliquent à tous les travailleurs de l'entreprise, salariés ou non.

b. La procédure d'élaboration du RI

Le RI est élaboré puis modifié par l'employeur de façon unilatérale en suivant **quatre étapes** dont le non-respect entraîne la nullité du document et des sanctions pénales.

Figure 14.1 Les étapes de l'élaboration du règlement intérieur

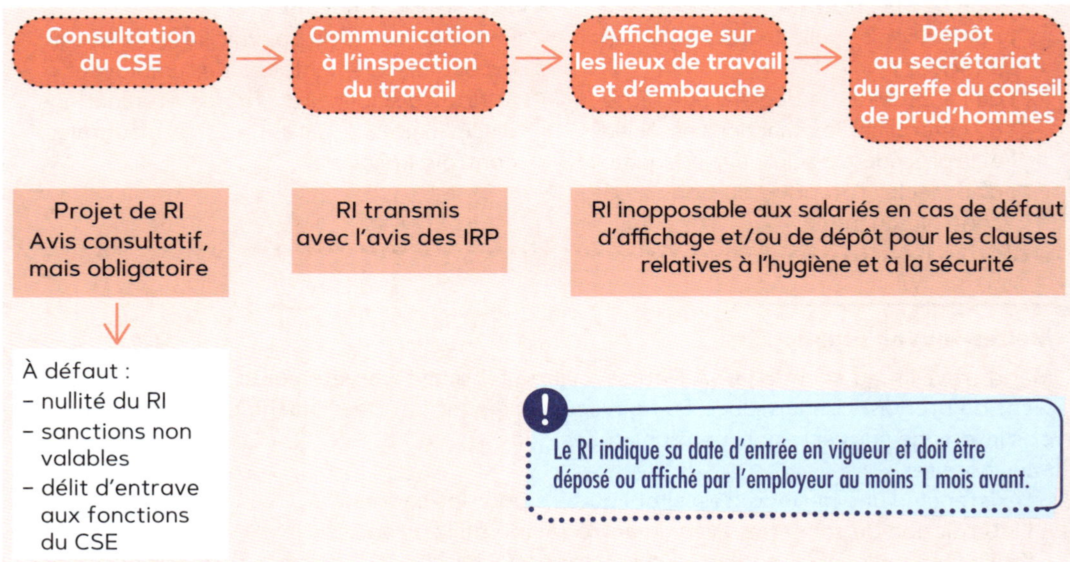

2. Le contenu du RI

a. Les clauses obligatoires

Le contenu du RI est fixé de **manière limitative** par le Code du travail. Il comprend :

- les mesures d'application de la réglementation en matière d'hygiène, de santé et de sécurité ;
- les règles générales et permanentes relatives à la discipline ;
- un rappel des règles relatives aux droits de la défense en cas de sanction ;
- un rappel des règles sur le harcèlement moral et sexuel et relatives aux agissements sexistes.

Depuis la loi du 8 août 2016, le RI peut affirmer le respect du principe de neutralité et poser des restrictions aux convictions religieuses justifiées pour le bon fonctionnement de l'entreprise et proportionnées au but recherché.

> **!** La loi définit strictement le contenu du RI qui ne peut contenir d'autres thèmes. Si l'employeur souhaite ajouter des règles complémentaires, il doit les faire figurer dans le contrat de travail ou dans un accord ou une convention collective.

b. Les clauses interdites

L'article L. 1321-3 du Code du travail interdit :

- Les **clauses contraires aux lois et aux règlements**, aux dispositions des conventions et accords collectifs ou aux normes communautaires et internationales. En revanche, le RI peut être plus favorable.
- Les **clauses restreignant les droits des personnes** ou les libertés individuelles et collectives, sauf si elles sont justifiées par la nature de la tâche à accomplir et proportionnées au but recherché. La clause portant atteinte à cette liberté doit indiquer avec précision les raisons de cette restriction.
- Les **clauses discriminatoires** en raison du sexe, de la religion, de la situation de famille, etc.

En cas de non-respect, les **conséquences juridiques** varient selon le contenu des dispositions :

- Si elles sont **favorables aux salariés**, elles sont considérées comme un engagement unilatéral de l'employeur. Il doit les respecter en l'absence de dénonciation régulière.
- Si elles **créent des obligations** à la charge des salariés, elles n'ont aucune force obligatoire.

3. Le contrôle du RI

a. Le contrôle administratif

L'inspecteur du travail exerce un contrôle administratif sur le contenu du règlement.

Tableau 14.1 L'exercice du contrôle de l'inspecteur du travail

Périodicité	Périmètre	Modalités
À tout moment : – lors de la mise en place ; – en cas de modification ; – dès qu'il prend connaissance d'un RI contraire à la loi ou aux libertés des salariés.	– Existence du règlement. – Respect de la procédure d'élaboration. – Contenu du règlement (clauses obligatoires et clauses interdites).	– Pouvoir d'interprétation propre non tenu par les décisions prises par d'autres inspecteurs du travail. – Décision notifiée à l'employeur et communiquée au CSE. – Compétence unique de l'employeur en matière d'élaboration et de modification.

Plusieurs recours contre la décision de l'inspecteur du travail sont possibles :

- Le **recours hiérarchique** devant le directeur régional du travail et de l'emploi (DRTE) dans les 2 mois de la notification pour lui demander la nullité de la décision contestée. Le DRTE doit rendre une décision motivée et la notifier à l'employeur et aux IRP sous 4 mois. Cette décision est elle-même susceptible de recours devant le ministre du Travail dans les 2 mois.

> ! Le recours n'est pas suspensif, la décision doit donc être exécutée par l'employeur en attendant l'issue du recours.

- Le **recours contentieux** pour excès de pouvoir devant le TA dans les 2 mois.

b. Le contrôle judiciaire

Ce contrôle peut avoir lieu devant deux juridictions différentes :

- Le **conseil de prud'hommes**. Il est compétent pour tout recours d'un salarié contre une sanction prise par application d'une clause qu'il considère comme illégale. Le juge peut écarter l'application de cette clause et annuler la sanction prise par l'employeur, mais il ne peut ni annuler la clause ni en demander la modification ou le retrait.
- Le **tribunal judiciaire** (TJ). Il peut être saisi par toute personne intéressée (syndicat ou représentant du personnel) demandant la nullité d'une clause du RI. Le juge ne peut annuler les clauses illégales qu'en l'absence de décision de l'inspecteur du travail.

B Les autres moyens réglementaires

L'employeur a d'autres moyens à sa disposition pour organiser le fonctionnement de son entreprise au jour le jour : notes de service, circulaires et directives.

1. Principe : l'assimilation au RI

Tout document fixant les règles générales et permanentes relatives à la discipline et à l'hygiène et la sécurité est considéré comme une adjonction au RI et donc soumis à la même réglementation.

2. Exception

Les **notes de service** peuvent être appliquées immédiatement quand l'urgence le justifie. Elles ne sont alors pas soumises à la procédure d'élaboration du RI. Cependant, l'obligation de les communiquer simultanément au CSE, et à l'inspecteur du travail est maintenue.

II. L'encadrement de l'exercice du pouvoir disciplinaire

A Les garanties de fond

1. La faute disciplinaire

a. La notion de faute disciplinaire

La loi ne donne pas de définition de la faute disciplinaire. L'employeur n'a pas pour obligation d'établir une liste de fautes dans le RI. La définition donnée par la jurisprudence laisse tout pouvoir d'appréciation à l'employeur.

Définition : La faute disciplinaire concerne tout agissement du salarié que l'employeur considère comme fautif.

Afin d'éviter l'arbitraire de l'employeur, la jurisprudence ajoute certaines limites à cette appréciation :

- Le comportement du salarié doit être **relatif à l'exécution de sa prestation de travail**. Les faits relevant de sa vie personnelle ne peuvent constituer une faute passible d'une sanction disciplinaire [voir Chapitre 15].
- Le comportement ne peut être constitutif de faute que **si l'obligation non respectée est licite** ou si le non-respect résulte de l'exercice d'un droit.
- La faute disciplinaire doit être **distinguée de l'insuffisance professionnelle**. Cette dernière est indépendante de la volonté du salarié. On ne peut appliquer une sanction disciplinaire pour insuffisance professionnelle. De même, l'état de santé ou le handicap ne peuvent être des comportements constitutifs d'une faute. Ils ne peuvent donc faire l'objet d'une sanction disciplinaire.

> ! On distingue différentes catégories de fautes selon leur importance : la faute simple, la faute grave et la faute lourde.

Définition : La faute lourde est une faute grave, qui ne permet pas le maintien du salarié pendant le préavis et qui a été guidée par une intention de nuire.

b. Le délai de prescription

En cas de faute disciplinaire, le délai de **prescription** est de 2 mois.

> **Article L. 1332-4 du Code du travail**
> Aucun fait fautif ne peut donner lieu à lui seul à l'engagement de poursuites disciplinaires au-delà d'un délai de 2 mois à compter du jour où l'employeur en a eu connaissance, à moins que ce fait ait donné lieu dans le même délai à l'exercice de poursuites pénales.

La jurisprudence a précisé les modalités de **mise en œuvre de ce délai** :

- Le délai de prescription ne court pas à compter du jour où les faits ont été commis, mais du jour où l'employeur en a eu connaissance. Il inclut le jour où les poursuites disciplinaires sont engagées mais pas la date du prononcé de la sanction.
- La suspension du contrat de travail n'a aucun effet sur le délai de prescription.
- Les poursuites pénales donnent lieu à l'interruption du délai de prescription.
- Lorsque d'autres faits fautifs sont commis, l'employeur peut utiliser le fait fautif prescrit pour motiver sa sanction.

2. Les sanctions disciplinaires

a. La notion de sanction disciplinaire

La qualification de sanction disciplinaire est importante car elle oblige l'employeur au respect d'une **procédure spécifique** et conditionne la forme et la portée des sanctions prises.

Définition : Selon l'article L. 1331-1 du Code du travail, constitue une sanction disciplinaire toute mesure, autre que les observations verbales, prise par l'employeur à la suite d'un agissement du salarié considéré par l'employeur comme fautif, que cette mesure soit de nature à affecter immédiatement ou non la présence du salarié dans l'entreprise, sa fonction, sa carrière ou sa rémunération.
Les sanctions disciplinaires qu'un employeur peut prendre sont nombreuses.

> **Exemple :** Pour sanctionner un salarié, l'employeur peut notamment recourir au blâme, à l'avertissement, la mise à pied, la mutation disciplinaire, la rétrogradation, au refus de promotion ou encore au licenciement.

b. Le choix de la sanction

A priori, l'employeur est libre de choisir la sanction disciplinaire. Dans les faits :

- La sanction **purement pécuniaire** est interdite. En revanche, elle peut avoir des effets pécuniaires. L'employeur essaye parfois de détourner cette interdiction en réduisant les primes sur des motifs autres que la faute, ce qui est immédiatement sanctionné par le juge.
- La sanction doit obligatoirement être **prévue dans le RI**.
- La sanction ne doit **pas être source de discrimination**. L'employeur a le pouvoir, dans l'intérêt de l'entreprise, d'individualiser les sanctions concernant des salariés ayant participé aux mêmes faits fautifs, à condition de ne pas établir de discrimination. Le salarié n'a pas à apporter la preuve de la discrimination, mais uniquement des éléments factuels la laissant supposer. L'employeur doit ensuite justifier son choix de façon objective.
- La sanction doit être **proportionnée à la faute**. Le juge est libre d'apprécier cette proportionnalité.
- Le salarié ne peut être sanctionné **deux fois pour la même faute**. En revanche, lorsque la faute se répète, l'employeur peut sanctionner la deuxième faute plus sévèrement que la première. Il ne peut prendre en compte les sanctions prononcées plus de 3 ans avant le déclenchement des poursuites disciplinaires.

B Les garanties de forme

L'employeur a pour obligation de respecter la **procédure disciplinaire**, quelles que soient l'activité ou la taille de l'entreprise. Elle varie selon la sanction envisagée.

1. La procédure simplifiée

En cas **d'avertissement** ou de **blâme**, c'est-à-dire de **sanction mineure** n'ayant pas d'incidence sur la présence dans l'entreprise, la carrière ou la rémunération, l'employeur est tenu d'informer par écrit le salarié des griefs retenus au moment où il lui notifie la sanction. Il est recommandé d'agir par LRAR ou remise en mains propres contre décharge afin de constituer une preuve.

2. La procédure normale

Pour les **autres sanctions** ayant un effet sur la situation du salarié, mais sans entraîner la rupture du contrat de travail, la procédure à suivre est plus restrictive.

Figure 14.2 Les trois étapes de la procédure disciplinaire normale

Convocation à un entretien préalable → **Déroulement de l'entretien** → **Notification de la sanction**

- **Convocation à un entretien préalable** : Par écrit avec LRAR ou remise en main propre contre décharge indiquant l'objet, la date, l'heure et le lieu de la convocation, ainsi que la faculté de se faire assister.
- **Déroulement de l'entretien** : L'employeur doit indiquer le motif de la sanction et recueillir les explications du salarié.
- **Notification de la sanction** : L'employeur doit attendre au moins 2 jours francs pour prononcer la sanction, mais pas plus de 1 mois à partir du jour fixé pour l'entretien. Celle-ci doit se faire par écrit et être motivée.

La **mise à pied conservatoire** ne peut être prononcée qu'en cas de faute grave. À défaut, il s'agit d'une mise à pied disciplinaire et le licenciement est sans cause réelle et sérieuse. La convention collective ou le RI peuvent prévoir des conditions procédurales plus restrictives.

3. La procédure renforcée

En cas de licenciement pour motif disciplinaire, l'employeur doit respecter les deux procédures, en privilégiant la procédure la plus protectrice pour le salarié. Il en est de même en cas de rupture anticipée du CDD pour faute grave. Ainsi l'entretien ne peut avoir lieu moins de 5 jours après la remise de la lettre de convocation. L'employeur doit respecter un délai de 2 jours entre l'entretien et la notification du licenciement.
Lorsque la sanction disciplinaire a pour effet de modifier le contrat de travail, la jurisprudence considère que le salarié peut refuser cette modification. L'employeur devra alors prendre une autre sanction.

III. Le contrôle judiciaire de la sanction disciplinaire

Le salarié peut saisir le conseil de prud'hommes afin de lui demander d'annuler la sanction prise par l'employeur et de lui verser des dommages et intérêts.

A L'objet du contrôle judiciaire

Le salarié peut exercer **deux types de recours** : la contestation d'une sanction disciplinaire ou la demande de requalification d'une décision en sanction disciplinaire afin d'en obtenir l'annulation pour non-respect des conditions de validité. Le contrôle du juge porte sur **trois points différents**.

1. La régularité de la procédure

Le conseil de prud'hommes doit apprécier la régularité de la procédure en contrôlant :

- S'il s'agit d'une sanction disciplinaire obligeant l'employeur à suivre la procédure disciplinaire.

- Si toutes les étapes de la procédure disciplinaire ont été respectées, en tenant compte de la loi mais aussi du RI ou de la convention collective si nécessaire.

Certaines irrégularités de procédure sont considérées par le juge comme un vice de fond entraînant la nullité de la sanction. Il en est ainsi du non-respect du délai de 1 mois ou du non-respect d'une disposition de la convention collective ou du RI.

2. L'existence d'une faute

Le juge apprécie ensuite l'existence d'une faute.

Figure 14.3 Les trois étapes du contrôle du juge

Existence des faits
Le juge se fonde sur les éléments apportés par l'employeur et le salarié, et sur les mesures d'instruction.
Le doute profite au salarié.

→ **Qualification de faute**
Le juge n'est pas lié par la qualification de faute prévue par le RI.
Il peut ne pas retenir un fait qualifié de faute ou qualifier de faute un fait non prévu par le RI.

→ **Degré de gravité**
La sanction doit être proportionnée à la faute commise.
Le juge contrôle la qualification de la faute et le choix de la sanction.

3. La licéité de la sanction

Le juge vérifie si la sanction n'est pas une sanction interdite ou disproportionnée par rapport à la faute commise.

B Les effets du contrôle

1. Annulation de la sanction

Le juge peut décider de la **nullité de la sanction**, même en cas de non-respect d'un élément de forme. Cependant, il n'a pas le pouvoir de la modifier, car il se substituerait alors à l'employeur. Il peut également accorder des dommages et intérêts simultanément ou à la place de la nullité en cas de préjudice subi par le salarié. La nullité de la sanction, plus ou moins facile à mettre en œuvre, a pour effet de replacer le salarié dans sa situation antérieure.

> **!** Il est plus facile de revenir sur une mise à pied ou un avertissement que sur une rétrogradation.

En cas de nullité, dès lors que le juge reconnaît l'existence d'une faute, l'employeur dispose d'un délai de 1 mois à partir de la notification du jugement pour prononcer une nouvelle sanction.

2. Recours au juge des référés

Le **juge des référés** saisi dans l'urgence ne peut prononcer la nullité de la sanction, même irrégulière ou illégale. Son pouvoir se limite à la prise de mesures conservatoires afin de faire cesser le trouble manifestement illicite.

Exemple : Le juge peut ordonner le versement de la fraction de salaire retenue dans le cadre de la sanction illicite.

SYNTHÈSE

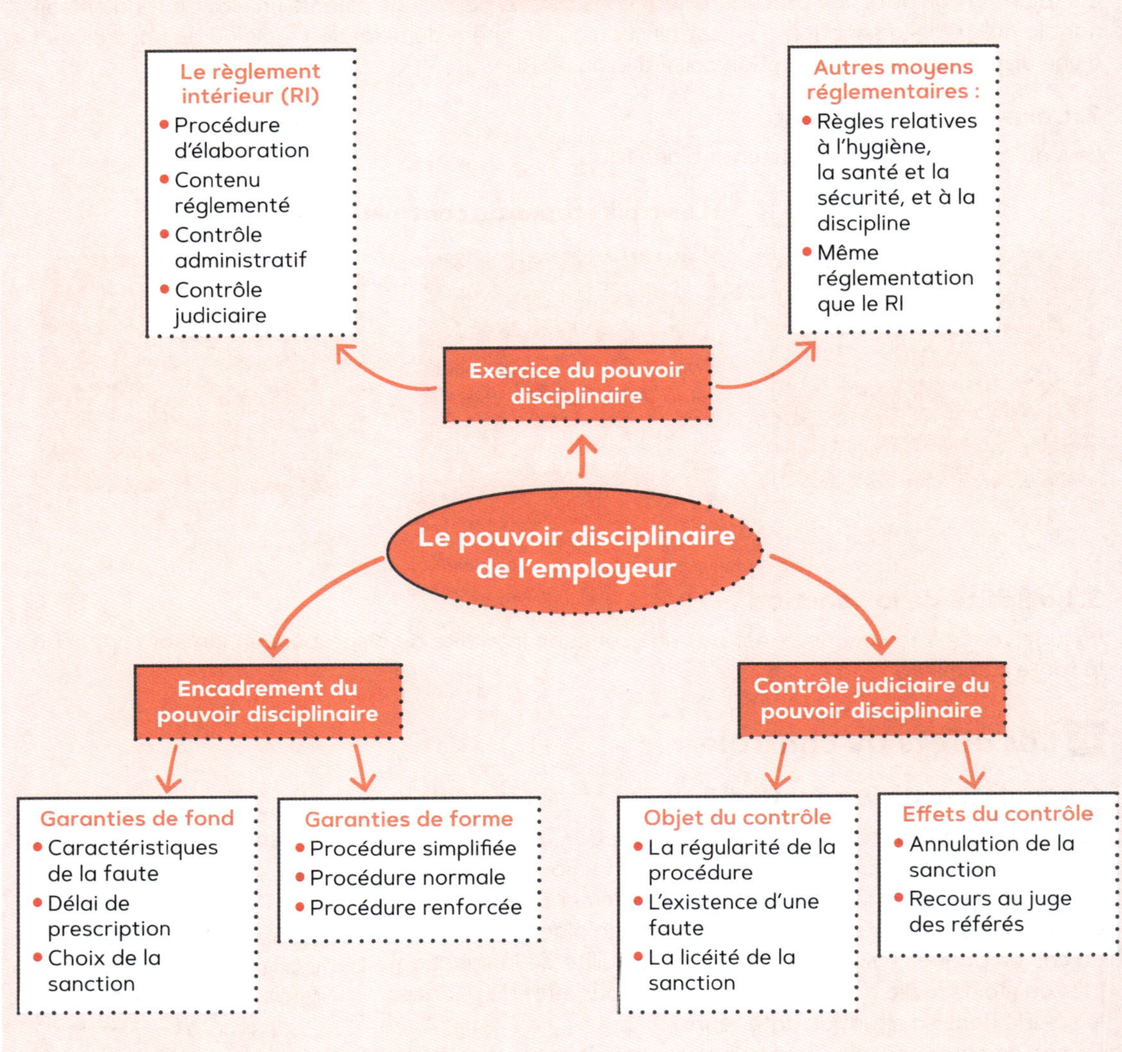

Faites le point sur les notions clés : règlement intérieur p. 221, faute disciplinaire p. 224, faute lourde p. 224, sanction disciplinaire p. 225.

Révisez avec les flashcards

www.lienmini.fr/dcg03-28

QCM

Réponse unique

1 Le règlement intérieur est un document écrit établi :
- ❍ **a.** uniquement par l'employeur.
- ❍ **b.** par l'employeur et les représentants du personnel.
- ❍ **c.** par l'employeur après avis des représentants du personnel.

QCM interactif
www.lienmini.fr/dcg03-29

2 Le règlement intérieur contient :
- ❍ **a.** uniquement les clauses prévues par la loi.
- ❍ **b.** des clauses prévues à la fois par la loi et par la convention collective.
- ❍ **c.** des clauses obligatoires et des clauses facultatives.

3 Le contrôle exercé par l'inspecteur du travail sur le règlement intérieur se fait :
- ❍ **a.** uniquement lors de sa mise en place.
- ❍ **b.** lors de sa mise en place, mais aussi à tout moment.
- ❍ **c.** uniquement s'il y a une demande faite par un salarié.

4 La faute disciplinaire concerne :
- ❍ **a.** toute faute commise par le salarié.
- ❍ **b.** uniquement les fautes volontaires.
- ❍ **c.** uniquement les fautes en rapport avec le contrat de travail et les fautes volontaires.

5 La sanction disciplinaire est :
- ❍ **a.** choisie librement par l'employeur.
- ❍ **b.** obligatoirement prévue dans le RI et proportionnée à la faute.
- ❍ **c.** choisie librement par l'employeur après avis des représentants du personnel.

Plusieurs réponses possibles

6 Le règlement intérieur contient des clauses :
- ❍ **a.** concernant la discipline.
- ❍ **b.** concernant la santé et la sécurité des salariés.
- ❍ **c.** concernant la période d'essai.

7 La procédure pour mettre en place un règlement intérieur nécessite :
- ❍ **a.** la négociation d'un accord collectif précisant le contenu de ce RI.
- ❍ **b.** la consultation du CSE.
- ❍ **c.** la communication du RI à l'inspection du travail.

8 Le règlement intérieur peut comporter des clauses portant atteinte :
- ❍ **a.** aux libertés individuelles si elles sont justifiées par la nature de la tâche à accomplir.
- ❍ **b.** à l'égalité entre les salariés.
- ❍ **c.** aux droits des salariés en cas de neutralité de l'entreprise.

9 Le RI est soumis au contrôle :
- ❍ **a.** des représentants du personnel lors de son adoption.
- ❍ **b.** de l'inspection du travail lors de son adoption et de son application aux salariés.
- ❍ **c.** du juge lors de son application aux salariés.

10 La sanction disciplinaire doit :
- ❍ **a.** être proportionnée à la faute commise.
- ❍ **b.** ne pas être source de discrimination.
- ❍ **c.** être autorisée par l'inspecteur du travail.

Réponses à justifier

11 La faute disciplinaire peut concerner :
- ❍ **a.** une insuffisance professionnelle.
- ❍ **b.** l'état de santé ou le handicap du salarié.
- ❍ **c.** un fait relatif à l'exécution du contrat de travail.

12 La procédure disciplinaire normale :
- ❍ **a.** ne comporte pas d'entretien avec le salarié.
- ❍ **b.** comporte une convocation à un entretien puis une notification de la sanction.
- ❍ **c.** concerne les sanctions ayant un effet sur la situation du salarié sans rompre le contrat de travail.

13 Lorsque l'employeur prononce une mise à pied :
- ❍ **a.** il peut la compléter par un licenciement pour faute.
- ❍ **b.** il doit préciser si elle est conservatoire ou simple.
- ❍ **c.** il doit justifier d'une faute simple ou grave.

14 Lors de son contrôle, le juge doit :
- ❍ **a.** respecter les fautes définies dans le RI.
- ❍ **b.** apprécier les faits pour qualifier la faute.
- ❍ **c.** tenir compte des éléments apportés par toutes les parties et par les mesures d'instruction.

15 Lors du contrôle de la sanction disciplinaire, le juge peut :
- ❍ **a.** modifier la sanction choisie par l'employeur.
- ❍ **b.** annuler la sanction prise par l'employeur.
- ❍ **c.** verser des dommages-intérêts au salarié pour le préjudice subi du fait de la sanction.

CAS PRATIQUE GUIDÉ

VALIDITÉ DU RÈGLEMENT INTÉRIEUR DE LA SA MÉCAPLUS

Stéphane Beaugrand est directeur général de la SA Mécaplus, entreprise industrielle spécialisée dans la fabrication de pièces détachées pour automobiles. Récemment, son entreprise a fait l'objet d'un contrôle par un inspecteur du travail qui a notamment remis en cause plusieurs articles du RI de l'entreprise et demandé à Stéphane Beaugrand de les modifier.

Les articles en cause sont les suivants :

Article 5. La direction se réserve le droit de faire ouvrir et de contrôler le contenu des casiers à tout moment.

Article 9. Les salariés qui manipulent des produits dangereux ou qui sont occupés à une machine dangereuse peuvent être soumis à l'épreuve de l'éthylotest dans le cas où l'état d'imprégnation alcoolique constitue un danger pour les intéressés ou leur environnement.

Article 11. Les salariés percevront une prime d'assiduité calculée en fonction de leur nombre de jours de présence sur l'année.

1. **Justifiez la décision de l'inspecteur du travail.**
2. **Analysez les effets des remises en cause faites par l'inspecteur du travail.**
3. **Présentez les recours à la disposition de Stéphane Beaugrand pour contester cette décision.**

CORRIGÉ

☑ **COMPÉTENCE ATTENDUE : Vérifier la validité du règlement intérieur.**

Méthode

Ce cas pratique nécessite une lecture attentive des articles en cause pour se prononcer sur leur validité. Vous devez garder à l'esprit que le pouvoir réglementaire de l'employeur ne doit pas porter une atteinte excessive aux libertés du salarié et doit donc toujours être justifié par un intérêt légitime et proportionné au but recherché.

1. Justifiez la décision de l'inspecteur du travail.

PRINCIPES JURIDIQUES

Le règlement intérieur permet à l'employeur de fixer les règles relatives à l'hygiène et la sécurité et de prévoir des sanctions en cas de non-respect de ces règles. Son contenu est strictement encadré puisqu'il ne doit contenir que des clauses liées à l'hygiène, à la sécurité, aux droits de la défense du salarié sanctionné et au harcèlement moral ou sexuel. Les clauses restreignant les droits ou libertés des salariés sans justification ou discriminatoires sont interdites.

> ! Vous devez à la fois présenter les clauses obligatoires contenues dans le RI, mais également les clauses interdites afin de pouvoir en faire ensuite une application complète.

APPLICATION AU CAS

Méthode

Il vous est demandé de vous prononcer sur chacun des articles mis en cause par l'inspecteur du travail l'un après l'autre.

En l'espèce, l'article 5 porte atteinte à la vie privée des salariés. Pour être valable, il doit être modifié afin que ce contrôle des casiers soit justifié par des nécessités de l'hygiène ou de la sécurité.

Au contraire, l'article 9, qui porte également atteinte aux libertés des salariés, est justifié par la protection de la sécurité des personnes. L'inspecteur du travail ne peut donc pas le contester.

Enfin, l'article 11 ne concerne pas les thèmes couverts par un RI. Cette prime d'assiduité peut être prévue dans une convention ou un accord collectif ou dans le contrat de travail. Elle ne peut faire partie du RI.

2. Analysez les effets des remises en cause faites par l'inspecteur du travail.

PRINCIPES JURIDIQUES

L'inspecteur du travail ne peut supprimer les clauses illicites contenues dans un RI. En revanche, il pourra prononcer la nullité des sanctions prises par l'employeur sur la base de ces clauses et demander à l'employeur de régulariser la situation en modifiant les clauses non valables.

> ! N'allez pas trop vite en prononçant la suppression de clauses illicites. Elles ne peuvent être retirées ni remplacées par l'inspecteur du travail, mais étant nulles, elles ne peuvent permettre la justification d'aucune sanction.

APPLICATION AU CAS

Méthode

Il vous est demandé de faire une application concrète en indiquant précisément les modifications à apporter au RI pour le rendre valable.

Stéphane Beaugrand devra modifier l'article 5 et supprimer l'article 11. L'article 9 pourra être laissé en l'état.

3. Présentez les recours à la disposition de Stéphane Beaugrand pour contester cette décision.

PRINCIPES JURIDIQUES

Plusieurs recours contre la décision de l'inspecteur du travail sont possibles :

- le recours hiérarchique devant le DRTE dans les 2 mois de la notification puis contre la décision du DRTE devant le ministre du Travail dans les 2 mois ;
- le recours contentieux pour excès de pouvoir devant le TA dans les 2 mois.

APPLICATION AU CAS

En l'espèce, Stéphane Beaugrand pourra exercer les recours précités pour contester la décision prise par l'inspecteur du travail puisque l'article 9 est valable rédigé en l'état.

AUTOÉVALUATION

La grille d'autoévaluation ci-dessous vous permet d'évaluer votre niveau et de vérifier si vos réponses correspondent aux attendus de l'examen.

Questions	Niveau 1	Niveau 2	Niveau 3	Niveau 4
	Un premier élément de réponse, mais très incomplet, des erreurs, des contresens	*Des éléments de réponse isolés, des approximations et/ou de la paraphrase*	*Question comprise : des éléments de réponse pertinents mais incomplets au niveau des savoirs et/ou de l'application*	*Compétence attendue mobilisée avec mobilisation complète des savoirs associés à la compétence. Application pertinente.*
1. Justifiez la décision de l'inspecteur du travail. *(voir Section I.A.2)*	❑ Vous n'avez pas énoncé les règles encadrant le contenu d'un RI. ❑ Vous n'identifiez pas les articles valables ou non valables.	❑ Vous énoncez le contenu d'un RI mais vous n'avez pas présenté les clauses interdites. ❑ Votre application est en partie erronée (vous ne donnez une bonne réponse que pour 1 seul des 3 articles).	❑ Vous énoncez correctement la règle de droit, mais votre application est incomplète (vous n'avez pas analysé correctement les 3 articles). ❑ Votre réponse manque de justification pour expliquer la validation ou non des articles concernés.	❑ Vous énoncez correctement la règle de droit en présentant à la fois le contenu légal d'un RI et les clauses interdites. ❑ Vous faites une analyse précise de chacun des articles donnés.
2. Analysez les effets des remises en cause faites par l'inspecteur du travail. *(voir Section I.A.3)*	❑ Vous prononcez la suppression des clauses illicites par l'inspecteur du travail. ❑ Votre application est erronée concernant les articles à valider ou modifier.	❑ Vous ne prononcez pas la suppression des clauses par l'inspecteur du travail, mais vous ne donnez pas la sanction applicable. ❑ Votre analyse des modifications à effectuer est erronée.	❑ Vous savez que l'inspecteur du travail ne peut supprimer les clauses illicites. ❑ Votre application est en grande partie juste. ❑ Cependant, la solution proposée concernant les actions de l'inspecteur du travail est incomplète.	❑ Votre règle énonçant les actions possibles par l'inspecteur du travail est complète. ❑ Votre application reprend les articles à supprimer ou modifier.

Questions	Niveau 1	Niveau 2	Niveau 3	Niveau 4
	Un premier élément de réponse, mais très incomplet, des erreurs, des contresens	*Des éléments de réponse isolés, des approximations et/ou de la paraphrase*	*Question comprise : des éléments de réponse pertinents mais incomplets au niveau des savoirs et/ou de l'application*	*Compétence attendue mobilisée avec mobilisation complète des savoirs associés à la compétence. Application pertinente.*
3. Présentez les recours à la disposition de Stéphane Beaugrand pour contester cette décision. *(voir Section I.A.3)*	❑ Vous ne connaissez pas les recours possibles contre les décisions de l'inspection du travail. ❑ Vous citez le conseil des prud'hommes ou tout autre tribunal non compétent. ❑ Vous n'avez pas identifié la clause pour laquelle un recours est possible ou vous ne faites pas d'application.	❑ Vous citez le recours contentieux mais sans citer le bon tribunal. ❑ Vous évoquez le recours hiérarchique mais sans l'expliquer clairement. La présentation de la procédure est incomplète. ❑ L'application est fausse.	❑ Vous présentez correctement et de façon complète, soit le recours contentieux, soit le recours hiérarchique. ❑ L'application est correcte.	❑ Vous présentez de façon correcte et complète les deux recours possibles. ❑ L'application est également correcte.

EXERCICES

1 Exercice du pouvoir disciplinaire au sein de Maxiplus — 20 min

☑ **COMPÉTENCES ATTENDUES : Caractériser le degré d'une faute. Déterminer les sanctions associées et la procédure disciplinaire adéquate.**

Franck Verneuil est caissier au supermarché Maxiplus. Depuis quelque temps, il accepte difficilement les remarques de son supérieur. La semaine dernière, il s'est emporté et l'a insulté devant plusieurs clients. Hier, il a reçu une convocation à un entretien. Franck Verneuil se demande quelle va être l'issue de cet entretien.

Par ailleurs, 3 mois auparavant, ses retards répétitifs lui avaient valu plusieurs remarques puis un avertissement. En retard à nouveau cette semaine, son supérieur lui a signifié qu'il aurait 2 jours de mise à pied. Cette sanction est indépendante de celle qui sera prise suite aux faits faisant l'objet de la première question.

1. **Présentez à M. Verneuil la procédure qui va suivre sa convocation.**
2. **Vérifiez si Franck Verneuil pourra être mis à pied pour ce nouveau retard.**
3. **Indiquez-lui les recours à sa disposition.**

2 Validité du règlement intérieur de l'entreprise Mancel — 30 min

☑ **COMPÉTENCES ATTENDUES : Vérifier la validité du règlement intérieur. Apprécier l'étendue du pouvoir de contrôle du juge.**

L'entreprise Mancel est une société qui fabrique des tissus d'ameublement dont le siège social est situé à Alençon (61). Le dirigeant vous consulte sur son projet de règlement intérieur (document ci-après).

Règlement intérieur de l'entreprise Mancel

Le présent règlement a pour objet :

- de préciser la réglementation en matière d'hygiène et de sécurité.
- de déterminer les règles générales et permanentes relatives à la discipline ainsi que la nature et l'échelle des sanctions applicables.
- de rappeler les garanties de procédure dont jouissent les salariés en matière de sanctions disciplinaires.

Il s'applique à tous les salariés de l'entreprise où qu'ils se trouvent (lieu de travail, parking, salle de repos...) sauf aux intérimaires et aux stagiaires présents dans l'entreprise. Toute autre prescription générale, portée à la connaissance de tous par une note de service, sera considérée comme adjonction au présent règlement et aura même force d'application.

Accès et horaires d'ouverture. Les locaux sont ouverts de 8 h 30 à 18 h 30. Des horaires différents peuvent être appliqués en cas de nécessités ponctuelles. Les salariés doivent respecter l'horaire de travail affiché. Ils doivent effectuer les heures supplémentaires qui sont demandées par l'employeur.

Utilisation des ressources logistiques et informatiques. L'utilisation d'Internet, de l'intranet, du téléphone, du fax et de la messagerie électronique de l'entreprise ne peut être réalisée pour un usage personnel.

Discipline. Tout comportement considéré comme fautif par l'employeur pourra faire l'objet d'une sanction déterminée librement par l'employeur.

Autres dispositions. Aucun salarié ne peut quitter son poste de travail sans en avoir préalablement informé son employeur. À défaut, il s'expose à une sanction choisie librement par l'employeur.

1. **Vérifiez le champ d'application de ce règlement intérieur.**
2. **Présentez les modalités permettant d'informer les salariés de son contenu.**
3. **Vérifiez si une note de service a la même force obligatoire que le règlement intérieur de l'entreprise Mancel.**
4. **Analysez la validité des différentes clauses du règlement intérieur de l'entreprise Mancel.**

3 Sanctions disciplinaires au sein de la société Confort' — 30 min

☑ COMPÉTENCES ATTENDUES : Vérifier la validité du règlement intérieur. Caractériser le degré d'une faute. Déterminer les sanctions associées.

La société Confort'a pour activité le commerce de détail de meubles. Elle comprend 52 salariés et est dirigée par Sylvie Chastex.

Marine a été engagée, il y a cinq ans, en tant qu'hôtesse d'accueil. Récemment, elle a appris que son mari lui était infidèle. Elle soupçonne l'une des salariées, hôtesse de caisse d'être à l'origine de cette situation et a décidé de se venger en lui rendant la vie impossible. Elle ne supporte plus aucune remarque et claque régulièrement la porte du bureau de son supérieur hiérarchique.

La situation n'a que trop duré et Sylvie Chatex décide de prononcer une mise à pied conformément au règlement intérieur adopté depuis 6 mois du fait de l'augmentation des effectifs de l'établissement. Marine n'a jamais lu le contenu de ce document car il est uniquement affiché dans la salle de pause.

Victor est magasinier. Le 30 octobre N, il reçoit par LRAR un avertissement disciplinaire qui sera mis dans son dossier. Victor a été absent plusieurs jours de suite sans motif. Il est revenu mais cumule depuis de nombreux retards le matin.

En échangeant avec Marine, Victor se rend compte que le règlement intérieur a été mis en place après la réception du courrier recommandé. Il s'interroge sur la validité de cette sanction.

1. **Présentez les conditions et les modalités de mise en place d'un règlement intérieur dans chacun de ces deux établissements.**
2. **Analysez la validité des sanctions prononcées contre Marine et contre Victor.**

CAS DE SYNTHÈSE

APPLICATION DU RÈGLEMENT INTÉRIEUR AU SEIN DE LA SOCIÉTÉ DUMAIGNE

40 min

COMPÉTENCES ATTENDUES : Vérifier la validité du règlement intérieur. Caractériser le degré d'une faute. Déterminer les sanctions associées et la procédure disciplinaire adéquate. Apprécier l'étendue du pouvoir de contrôle du juge.

Mise en situation

La société Dumaigne a été fondée en 1965 par M. Leblanc. Elle fabrique des sièges et des canapés de relaxation en cuir et simili cuir. Son siège social est situé à Caen, mais plusieurs établissements sont présents dans toute la France.

La société compte au total 104 salariés. L'entreprise est ouverte du lundi au vendredi.

Vous êtes recruté au sein du service ressources humaines. Certains salariés sont venus vous voir pour contester les sanctions disciplinaires dont ils ont fait l'objet :

- Mélissa a reçu un avertissement pour avoir eu plus de 3 retards dans la semaine ;
- Pascal a reçu la notification d'une mise à pied pour avoir eu un comportement déplacé pendant plusieurs réunions ;
- Joëlle est déléguée syndicale. De ce fait, elle bénéficie d'une décharge horaire. M. Leblanc lui reproche de ne pas avoir respecté les objectifs de production pour le deuxième mois consécutif. Il décide de réduire sa rémunération fixe comme lui permet de le faire le règlement intérieur. Si Joëlle conteste, alors il procédera à son licenciement pour faute.

Afin de répondre aux questions des salariés, vous décidez de commencer par prendre connaissance du règlement intérieur mis en place en 2016 dans cette entreprise.

1. **Vérifier la validité de ce règlement intérieur.**
2. **Analyser les décisions prises par M. Leblanc.**
3. **Présentez aux salariés concernés les recours possibles.**

Vous disposez ci-dessous un document pour étayer vos analyses.

DOCUMENT

Règlement intérieur de l'entreprise Dumaigne applicable à compter du 4 janvier 2016

I - DISPOSITIONS GÉNÉRALES

Le présent règlement intérieur s'applique dans toute l'entreprise y compris les cours, parkings et cantines, il s'applique aussi à l'extérieur de l'entreprise à l'occasion de missions effectuées pour le compte de l'entreprise.

Le règlement intérieur fixe les règles applicables en matière d'hygiène, de santé et de sécurité au travail pour l'ensemble du personnel présent dans l'entreprise.

Le règlement intérieur fixe les règles disciplinaires applicables aux salariés.

II - HYGIÈNE, SANTÉ ET SÉCURITÉ

A. Règles de sécurité

1. Obligations générales

En vertu de l'article L. 41Z2-1 du Code du travail, dans le respect des conditions prévues dans le règlement intérieur, il incombe à chaque membre du personnel de l'entreprise de prendre soin, en fonction de sa formation et selon ses possibilités, de sa santé et de sa sécurité ainsi que de celles des autres personnes concernées par ses actes ou ses omissions au travail. Toute violation de ces dispositions constitue une faute. [...]

B. Protection de la santé

1. Tabagisme et vapotage

La consommation de tabac est interdite dans l'entreprise. Le vapotage est interdit dans les lieux de travail fermés et couverts à usage collectif. [...]

4. Fouilles

Pour des raisons de sécurité collective et pour prévenir les vols, l'employeur pourra effectuer des fouilles à l'entrée et à la sortie de l'entreprise. Le salarié a le droit de s'opposer à la fouille. Le salarié a le droit d'exiger la présence d'un témoin lors de la fouille.

III – DISCIPLINE

A. Règles générales [...]

6. Tenue vestimentaire

Pour des raisons de sécurité, les membres du personnel sont tenus de porter un uniforme pendant les heures de travail dans les locaux de l'entreprise.

7. Comportement

Les membres du personnel ont l'obligation de respecter les instructions de leur supérieur hiérarchique dans le cadre de l'exécution de leur travail. Ils doivent également respecter toutes les instructions communiquées par affichage ou sous forme d'une note de service.

Le mariage ou le concubinage entre salariés de l'entreprise est interdit.

8. Matériel et locaux de l'entreprise

Il est interdit d'utiliser le matériel et les outils de l'entreprise à des fins personnelles. Il est interdit de réaliser un travail personnel dans les locaux de l'entreprise. Il est interdit de provoquer des réunions et rassemblements pendant les heures et sur les lieux de travail, sous réserve de l'exercice des droits de grève et des droits des représentants du personnel.

B. Nature et échelle des sanctions

Un membre du personnel commettant une violation du règlement intérieur ou adoptant un comportement considéré comme une faute pourra être sanctionné par l'entreprise.

L'entreprise pourra prononcer les sanctions suivantes, dans l'ordre croissant : avertissement, mise à pied pendant 3 jours maximum, licenciement pour faute grave ou lourde.

IV- HARCÈLEMENT MORAL, SEXUEL ET AGISSEMENTS SEXISTES [...]

V – PUBLICITÉ, ENTRÉE EN VIGUEUR ET MODIFICATIONS

A. Demande d'avis

Le projet de règlement intérieur a été soumis pour avis au CSE (comité social et économique) le 10/02/2016.

B. Formalités de publicité

Le présent règlement intérieur a été communiqué à l'inspecteur du travail le 29/02/2016.

Le présent règlement intérieur a été déposé au secrétariat du greffe du Conseil des prud'hommes de Caen le 02/03/2016.

Le règlement intérieur est porté à la connaissance de toute personne ayant accès aux lieux de travail ou aux locaux où se fait l'embauche ;

- mise en ligne sur l'intranet de l'entreprise le 01/03/2016 ;
- envoi par courriel le 01/03/2016
- affiché dans les lieux de travail [...]

C – Entrée en vigueur

Le présent règlement intérieur est applicable à compter du 4 janvier 2016.

CHAPITRE 15

Les libertés fondamentales du salarié et sa protection physique

À l'issue de ce chapitre,

- **vous serez capable :**
  - ❒ de vérifier le respect par l'employeur des libertés individuelles et fondamentales du salarié dans l'exercice de ses pouvoirs ;
  - ❒ de repérer un cas de discrimination dans le cadre de la relation de travail et d'en tirer les conséquences juridiques ;
  - ❒ d'identifier les instances chargées de la protection de la santé du salarié et d'exposer leurs attributions ;
  - ❒ de vérifier la possibilité pour un salarié d'exercer son droit de retrait et/ou son droit d'alerte, dans une situation donnée ;
  - ❒ d'analyser l'étendue de l'obligation de sécurité de l'employeur et les sanctions.
- **vous saurez identifier :**
  - ❒ l'articulation entre le pouvoir de direction de l'employeur et les libertés fondamentales et individuelles du salarié ;
  - ❒ l'articulation entre le pouvoir de direction de l'employeur et le principe de non-discrimination ;
  - ❒ l'obligation générale de sécurité de l'employeur ;
  - ❒ la prévention de la pénibilité ;
  - ❒ la responsabilité civile et pénale de l'employeur ;
  - ❒ les droits et obligations du salarié en matière de sécurité et de santé ;
  - ❒ les acteurs de la santé au travail.

Mettez-vous en situation

Anna vient d'être recrutée en tant que commerciale au sein d'une entreprise de téléphonie mobile. Le dirigeant, M. Crosmit craint l'espionnage industriel et a mis en place de nombreux moyens de surveillance. Anna vient de recevoir un avertissement pour avoir envoyé des mails personnels pendant ses heures de travail. De plus, son responsable lui a précisé que son poste téléphonique serait désormais sur écoute. Après échanges avec son collègue, elle apprend que ce dernier est mieux rémunéré qu'elle. Il lui répond que cette situation est conforme à la philosophie du dirigeant : « Les hommes sont meilleurs que les femmes. »
Tout ceci inquiète Anna qui vient vous consulter. Qu'en pensez-vous ?

I. Les libertés fondamentales du salarié

Face aux pouvoirs de l'employeur, les **libertés fondamentales** des salariés sont protégées par l'encadrement des moyens de surveillance utilisés par l'employeur, par la lutte contre les discriminations et par la protection contre le harcèlement.

A Les moyens de surveillance à la disposition de l'employeur

Si l'employeur ne respecte pas ses obligations, les moyens de surveillance mis en place sont considérés comme **illicites** et ne peuvent justifier une sanction.

1. Le respect des droits et libertés des salariés

Tous les dispositifs de surveillance sont possibles à condition que l'atteinte à la vie privée du salarié soit **proportionnée aux intérêts légitimes** de l'employeur.

Tableau 15.1 Les conditions de recours aux principaux moyens de surveillance

	Règles à respecter
Fouille	Uniquement à titre préventif, dans des conditions décentes et justifiées par des raisons précises. En présence du salarié qui peut se faire assister d'un représentant du personnel.
Contrôle du téléphone	Vérification des factures téléphoniques sans en informer le salarié. Écoutes téléphoniques uniquement sur information des salariés et à condition de les justifier.
Caméra de surveillance	Information du salarié. Uniquement dans un intérêt légitime et non dans le but de surveiller l'activité du salarié.
Lecture du courrier personnel	Courrier écrit ou courriel personnel. Moyen de surveillance interdit car violation du secret des correspondances.
Contrôle informatique	Possibilité de contrôle des documents informatiques. Interdiction de prise de connaissance des dossiers personnels, sauf en cas de faute grave et en présence d'un témoin.

2. L'obligation d'information des salariés

a. L'information individuelle

Les salariés doivent être informés, par tout moyen et au préalable, des dispositifs de surveillance auxquels ils sont soumis, comme les caméras de surveillance ou la fouille du casier.

> **!** Les moyens de surveillance des locaux dans lesquels les salariés ne travaillent pas ne sont pas soumis à cette obligation d'information.

b. L'information collective

Le CSE doit être consulté sur les **moyens et techniques** permettant un contrôle des salariés, préalablement à leur mise en place. Le non-respect de cette obligation d'information est sanctionné pénalement pour **délit d'entrave** [voir Chapitre 19].

3. Le respect du RGPD

Dès lors que l'employeur constitue un dossier sur son salarié contenant des informations personnelles, il doit :

- ne faire figurer dans ce dossier aucune remarque relative à la vie privée du salarié (mœurs, opinions politiques, etc.) ;
- ne faire figurer que des informations ayant un but professionnel ;
- donner un droit d'accès, de rectification et de portabilité au salarié ;
- limiter l'accès à ces données personnelles uniquement aux salariés qui en ont besoin pour la réalisation de leurs tâches.

B La lutte contre les discriminations

Définition : La discrimination concerne le fait de traiter de façon inégale un salarié pour des motifs subjectifs.

1. Les situations de discrimination

La discrimination peut s'exercer à plusieurs moments :

- lors de la procédure de recrutement, l'accès à une période de formation en entreprise ou à un stage [voir Chapitre 4] ;
- lors d'un licenciement ou d'une sanction [voir Chapitres 14 et 16] ;
- à l'occasion de toute décision en matière de rémunération, d'intéressement, de distribution d'actions, d'affectation, de promotion professionnelle, de mutation, etc.

Le salarié doit apporter **les éléments de faits** laissant supposer l'existence d'une discrimination. Il revient au défendeur d'apporter la **preuve** que sa décision est justifiée par un motif autre que discriminatoire.

2. Les motifs de discrimination

L'article L. 1132-1 du Code du travail énumère les cas de discrimination interdits [voir Chapitre 4].

3. Les personnes concernées par les discriminations

Tous les salariés de l'entreprise sont concernés : CDI ou CDD, intérimaires, à temps partiel, en contrat d'apprentissage ou de professionnalisation, ou encore les travailleurs étrangers. L'auteur de la discrimination peut être le supérieur hiérarchique, ou tout autre salarié, de façon directe ou indirecte.

4. Les sanctions en cas de discrimination

Trois sanctions sont possibles :

- **sanction civile** : nullité de la décision prise sur le motif discriminatoire et versement de dommages et intérêts ;
- **sanction pénale** : 3 ans de prison et 45 000 euros d'amende pour non-respect de la loi ;
- **sanction disciplinaire** : sanction prise par l'employeur lorsque l'auteur de la discrimination est un salarié.

> **!** Ce contrôle des discriminations est exercé par les représentants du personnel, l'inspecteur du travail ou le Défenseur des droits.

C La protection contre le harcèlement

1. Le harcèlement moral

Définition : Le harcèlement moral se définit comme tout agissement répété ayant pour objet ou pour effet une dégradation des conditions de travail susceptible de porter atteinte aux droits et à la dignité de la victime, d'altérer sa santé physique ou mentale ou de compromettre son avenir professionnel.

a. Les mesures de protection contre le harcèlement

Aucun salarié ne peut être licencié ou sanctionné ou faire l'objet de mesure discriminatoire pour avoir subi ou refusé de subir ou pour avoir témoigné ou relaté de tels agissements. La charge de la preuve repose sur l'employeur qui doit démontrer qu'il a sanctionné le salarié concerné pour une raison justifiée autre que le harcèlement. La loi prévoit la possibilité de mettre en place une **procédure de médiation** à l'initiative de la personne victime ou de l'auteur des faits.

b. Le rôle de l'employeur

L'employeur a une **obligation de résultat** en matière de protection de la santé et de la sécurité des travailleurs. Sa responsabilité peut être engagée en cas de situation de harcèlement, même s'il n'est pas l'auteur des faits. Outre le rappel de la législation devant figurer dans le RI, il est tenu de prendre toutes les sanctions disciplinaires qui s'imposent à l'encontre de l'auteur du harcèlement.

2. Le harcèlement sexuel

Il concerne toute personne, salariée, stagiaire, ou candidat et peut avoir comme auteur toute personne, y compris au profit d'un tiers.

Définition : Le harcèlement sexuel désigne des faits constitués par des propos ou comportements à connotation sexuelle ou sexiste, répétés, qui soit portent atteinte à la dignité en raison de leur caractère dégradant ou humiliant, soit créent à l'encontre du salarié une situation intimidante, hostile ou offensante. Toute forme de pression grave, même non répétée, exercée dans le but réel ou apparent d'obtenir un acte de nature sexuelle, que celui-ci soit recherché au profit de l'auteur des faits ou au profit d'un tiers, est également assimilée à du harcèlement sexuel.

La loi n° 2015-994 du 17 août 2015 ajoute la notion d'« **agissements sexistes** » ayant des effets sur la dignité du salarié ou sur son environnement de travail.
L'employeur a pour obligation d'informer, par tout moyen, les salariés, personnes en stage, candidats, du texte de l'article 222-33 du Code pénal définissant le harcèlement sexuel, ainsi que des actions contentieuses civiles et pénales ouvertes.
La loi n° 2018-771 du 5 septembre 2018 met en place l'obligation, pour les entreprises de 250 salariés et plus, de désigner un référent harcèlement sexuel. Un référent doit également être désigné par le CSE parmi ses membres.
La loi n° 2021-1018 du 2 août 2021 ajoute aux faits de harcèlement sexuel les faits commis par plusieurs personnes, même de façon non répétée, lorsque ces personnes se sont concertées ou qu'elles savent que ces comportements caractérisent une répétition.

3. Les sanctions

La principale difficulté en matière de harcèlement concerne l'appréciation des preuves par le juge. La charge de la preuve repose sur l'auteur des faits reprochés. Le salarié doit établir les éléments de fait laissant supposer une situation de harcèlement, au défendeur de prouver que ces agissements sont indépendants de toute volonté de harcèlement.
Une fois la preuve du harcèlement établie, plusieurs sanctions peuvent être prises :

- **sanction disciplinaire** : sanction pour faute grave ;
- **sanction civile** : nullité de la décision prise dans le cadre du harcèlement et versement de dommages et intérêts pour le préjudice subi ;
- **sanction pénale** : 30 000 euros d'amende et 2 ans de prison. Toute mesure discriminatoire envers les victimes ou les témoins d'un harcèlement est punie de 3 750 euros d'amende et/ou d'un an d'emprisonnement.

> **!** Les représentants du personnel disposent d'un droit d'alerte [voir Chapitre 19]. L'employeur saisi d'une demande doit procéder sans délai à une enquête avec le délégué et prendre les dispositions nécessaires pour remédier à cette situation.

II. La protection physique du salarié

A L'hygiène et la sécurité

Les conditions d'hygiène et de sécurité sont fixées par l'employeur. On peut les trouver dans le RI [voir Chapitre 14]. Deux types de mesures sont mis en place : des **mesures préventives** pour éviter l'accident et des **mesures de contrôle** pour vérifier l'application des consignes de sécurité.

1. Les mesures préventives

a. L'obligation de sécurité de l'employeur

L'obligation de sécurité à la charge de l'employeur est une **obligation de moyens renforcée** (arrêt de la Cour de cassation du 25 novembre 2015 n° 14-24.444). Pour répondre à cette obligation, l'employeur dispose de plusieurs moyens :

- Mettre en place des mesures de prévention.

- Évaluer les risques propres à l'entreprise : établir un **document unique d'évaluation des risques professionnels** (DUERP), obligatoire pour toute entreprise et à actualiser tous les ans ; faire une déclaration annuelle aux Caisse d'assurance retraite et de la santé au travail (Carsat) par le biais de la DSN sur l'exposition des salariés aux facteurs de pénibilité.
- Mettre en place une information des salariés sur les risques pour la santé et la sécurité, et les mesures prises pour y faire face.
- Former le salarié pour assurer sa sécurité et limiter la prise de risques (lors de l'embauche, en cas de changement de poste, pour les salariés précaires).

> **!** Les DUERP doivent être conservés par l'entreprise pendant 40 ans et accessibles à tous les salariés avec un contenu sécurisé. Pour les entreprises de 150 salariés et plus, un dépôt dématérialisé sur un portail numérique sera obligatoire à partir du 1er juillet 2023.

b. Les droits et devoirs du salarié en matière de sécurité

Le salarié est également soumis à des règles strictes :

- **Une obligation de vigilance**. Chaque salarié est responsable de sa sécurité et de sa santé au travail, mais également de celles des personnes qui sont concernées par ses actes ou ses omissions professionnels. Le salarié qui n'a pas respecté les conditions de sécurité et a ainsi porté atteinte à la santé de ses collègues peut voir sa responsabilité engagée.
- **Un devoir de signalement**.

Définition : En cas de situation présentant un danger grave pour sa santé ou sa sécurité, le salarié a un devoir de signalement ou d'alerte : il est tenu de signaler immédiatement le danger à son employeur.

> **!** Il pèse sur le salarié un devoir d'alerte, donc une obligation, alors qu'il s'agit d'un droit pour les représentants du personnel [voir Chapitre 19].

La loi n'impose aucun formalisme, le salarié peut donc le faire par tout moyen. S'il est victime d'un accident ou d'une maladie professionnelle lié au problème dénoncé, on considère alors que l'employeur a commis une faute inexcusable, ce qui entraîne une majoration des indemnités de Sécurité sociale à la charge de l'employeur.

- **Un droit de retrait**. L'exercice de ce droit est soumis à l'existence d'un motif raisonnable permettant de penser que la situation présente un danger grave et imminent pour la vie et la santé du salarié et ne pas créer pour autrui, et notamment les collègues de travail, une nouvelle situation de risque grave et imminent.

Définition : En cas de danger grave et imminent, tout salarié a un droit de retrait : il peut quitter son poste sans que l'employeur puisse le sanctionner pour abandon de poste ni même exiger son retour tant qu'il n'a pas mis fin au danger. Il ne peut soumettre ce retrait à autorisation, ni effectuer par la suite une retenue sur salaire.

> **!** Tout employeur a une obligation de prévention de la pénibilité au travail. Le C2P concerne tout salarié du secteur privé, affilié au régime général de la Sécurité sociale et exposé à au moins un facteur de pénibilité.

c. Les obligations en matière d'hygiène

Plusieurs articles du Code du travail régissent les conditions en matière d'hygiène et de propreté :

- Les locaux de travail doivent être tenus dans un état constant de propreté.
- Les vestiaires doivent être munis d'une serrure ou d'un cadenas.
- Les lavabos sont alimentés par de l'eau potable.
- L'alimentation fait l'objet de contrôles.

Les **six facteurs d'exposition** sont : le risque hyperbare, le travail de nuit, le travail en équipes successives alternantes, le travail répétitif, les températures extrêmes, le bruit.

2. Les mesures de contrôle

a. Le conseil social et économique (CSE)

Depuis le 1er janvier 2020, le CSE remplace le comité d'hygiène, de sécurité et des conditions de travail (CHSCT). À ce titre, il dispose de missions et de moyens spécifiques en matière de santé, d'hygiène et de sécurité qui varient selon les effectifs.

Tableau 15.2 Rôle du CSE en matière d'hygiène, de sécurité et de santé

<table>
<tr><th></th><th>Effectifs entre 11 et 49 salariés</th><th>Effectifs de 50 salariés et plus</th></tr>
<tr><td>Missions</td><td>Contribuer à la promotion de la santé, de la sécurité et des conditions de travail dans l'entreprise.</td><td>– Veiller au respect des lois et des réglementations en matière de sécurité.
– Analyser la situation et les risques professionnels pour aider l'employeur à mettre en place les mesures nécessaires.
– Proposer des actions de prévention, notamment en matière de harcèlement moral, sexuel et des agissements sexistes.
– Contribuer à faciliter l'accès et le maintien dans l'emploi des femmes et des personnes handicapées.</td></tr>
<tr><td rowspan="2">Réunions</td><td>– Une fois par mois
– En cas d'accident grave ou d'évènement portant atteinte à la santé ou la sécurité.</td><td>– 4 réunions par an dédiées à la santé et la sécurité au travail.
– En cas d'accident grave ou d'évènement portant atteinte à la santé ou la sécurité.</td></tr>
<tr><td colspan="2">Ordre du jour fixé conjointement par le président et le secrétaire.</td></tr>
<tr><td rowspan="2">Composition</td><td colspan="2">– Délégation du personnel
– Chef d'établissement</td></tr>
<tr><td></td><td>– Médecin du travail
– Responsable du service de sécurité et des conditions de travail (voix consultative).
– Agent de contrôle de l'inspection du travail (voix consultative).</td></tr>
<tr><td>Modalités d'intervention</td><td>Enquêtes et propositions en cas d'accident ou de maladie professionnelle.</td><td>– Enquêtes et propositions en cas d'accident ou de maladie professionnelle.
– Inspections régulières.
– Analyse des documents mis à sa disposition par l'employeur.
– Consultation lors de la mise en place et des modifications du RI.
– Consultation sur toute décision modifiant les conditions d'hygiène et de sécurité.
– Consultation du bilan annuel écrit sur la sécurité, l'hygiène et la santé.</td></tr>
<tr><td rowspan="2">Moyens d'action</td><td colspan="2">– Déclenchement de la procédure d'alerte auprès de l'employeur en cas d'atteinte aux droits des personnes ou de danger grave et imminent.
– Formation portant notamment sur l'exercice de ces missions pour les aider à identifier les risques professionnels et à les prévenir.</td></tr>
<tr><td></td><td>– Mise en place de réunions.
– Recours possible à un expert dans certaines circonstances.
– Recours en justice possible car il a la personnalité juridique.</td></tr>
</table>

b. L'inspection du travail

L'inspecteur du travail contrôle le respect des règles d'hygiène, de sécurité et de santé au sein de l'entreprise. Ses modalités d'intervention varient selon l'infraction en cause.

B La santé au travail

L'employeur est responsable de la santé au travail de ses salariés. Ainsi, les entreprises industrielles, commerciales et agricoles doivent mettre en place un **service de prévention et de santé au travail** (SPST) dont le rôle est « d'éviter toute altération de la santé physique et mentale des travailleurs du fait de leur travail ».

1. L'organisation du service de prévention et de santé

Définition : Le service de prévention et de santé au travail (SPST) est une association loi 1901 dont les employeurs sont adhérents. Il est composé d'un ou plusieurs médecins du travail assistés éventuellement de personnes qualifiées (ingénieur ergonome, psychologue, etc.). On parle alors de service pluridisciplinaire.

Les employeurs, en tant qu'adhérents, participent à l'administration de ce service mais également à son financement par le biais de leur adhésion obligatoire. Tout SPST a pour obligation de proposer un socle minimum de services aux entreprises et aux travailleurs.
Un service autonome est mis en place lorsque le nombre de salariés est supérieur à 500. À défaut, il s'agit d'un service interentreprises. Tout service de santé doit faire l'objet d'une procédure de certification et d'un agrément préalable à renouveler par la DREETS tous les 5 ans.
La loi n°2021-1018 sur la santé au travail du 2 août 2021 élargit les missions des SPST. Ils peuvent désormais aider les entreprises à évaluer et prévenir les risques professionnels, conseiller les employeurs pour améliorer qualité de vie et conditions de travail, et participer à des campagnes de prévention et de vaccination.

2. Le médecin du travail

Le médecin du travail est un **salarié protégé**. Il joue un **rôle préventif** dans l'intérêt des salariés :
- contrôle des conditions générales de santé des salariés ;
- aménagements du poste de travail pour éviter l'altération de la santé de chaque salarié ;
- amélioration des conditions de travail et de l'hygiène de l'établissement.

Tableau 15.3 Les moyens d'intervention du médecin du travail

	Périmètre
Liberté d'accès aux lieux de travail	Accès à tous les lieux de travail qu'il juge utiles. Rédaction d'une « fiche d'entreprise » regroupant les risques propres à chaque salarié.
Examens médicaux	– Visite d'information et de prévention avec intervention du médecin du travail uniquement en cas de risque identifié [voir Chapitre 5]. Elle est réalisée dans un délai de 3 mois maximum suivant l'embauche. – Elle n'est pas requise si le salarié est embauché sur le même poste, sans avis d'inaptitude au cours des 5 dernières années. – Surveillance médicale tous les 5 ans (tous les 4 ans en cas de poste à risque) – Visite de mi-carrière l'année des 45 ans pour les salariés sur un poste à risque. – Visite de reprise à l'issue d'un congé de maternité ou maladie professionnelle – À l'issue d'un congé pour maladie ou accident du travail si le congé est de plus de 30 jours. Depuis la loi du 2 août 2021, le médecin du travail peut recourir à la télémédecine sous condition d'un accord préalable du patient.
Rôle d'information	Rapports d'activité présentés au CSE et à l'inspecteur du travail. Enquêtes statistiques pour le compte de l'État.

À compter du 1er octobre 2022, les salariés, travailleurs et demandeurs d'emploi pourront bénéficier d'un passeport de prévention dans lequel ils pourront inscrire les formations suivies en matière de santé et sécurité au travail ainsi que les certificats ou diplômes obtenus.

SYNTHÈSE

Les libertés fondamentales du salarié et sa protection physique

Les libertés fondamentales

Les moyens de surveillance

Atteinte à la vie privée et aux libertés du salarié

Conditions de recours :
- atteinte proportionnée
- atteinte justifiée par un intérêt légitime
- information préalable du salarié obligatoire
- information du CSE
- respect du RGPD

Effets en cas de non-respect :
- mode de preuve non valable
- nullité de la sanction

Les discriminations

Cas variés de discrimination :
- situations (recrutement, exécution du contrat, licenciement)
- motifs
- salariés concernés

Le harcèlement

Cas variés de harcèlement :
- situations (recrutement, exécution du contrat, licenciement)
- moral ou sexuel
- salariés concernés

- Mesures de protection
- Obligation de résultat de l'employeur

Sanctions : (discriminations et harcèlement)
- sanction civile
- sanction pénale
- sanction disciplinaire

La protection physique

Hygiène et sécurité

Mesures préventives :
- obligation de sécurité de l'employeur
- droits et devoirs du salarié

Mesures de contrôle :
- CSE
- inspection du travail

Santé au travail

- Rôle du service de de prévention et santé au travail
- Rôle du médecin du travail

Faites le point sur les notions clés : discrimination p. 239, harcèlement moral p. 239, harcèlement sexuel p. 240, devoir de signalement ou d'alerte p. 241, droit de retrait p. 241, service de prévention et de santé au travail (SPST) p. 243.

Révisez avec les flashcards
www.lienmini.fr/dcg03-30

QCM

Réponse unique

QCM interactif

www.lienmini.fr/dcg03-31

1 L'employeur peut avoir recours :
- ❍ **a.** à tout moyen de surveillance.
- ❍ **b.** uniquement aux moyens de surveillance prévus par la loi.
- ❍ **c.** uniquement aux moyens de surveillance justifiés par le but recherché.

2 La discrimination concerne :
- ❍ **a.** toutes les situations auxquelles le salarié est confronté.
- ❍ **b.** uniquement le recrutement du salarié.
- ❍ **c.** uniquement le recrutement et la rupture du contrat de travail.

3 Le harcèlement moral est constitué dès lors que :
- ❍ **a.** le salarié subit des agissements répétés dégradant sa situation de travail.
- ❍ **b.** le salarié subit des remarques déplacées.
- ❍ **c.** le salarié subit des agissements répétés ayant des effets sur sa situation de travail et portant atteinte à ses droits ou à sa santé.

4 Le CSE a un rôle à jouer en matière d'hygiène, de santé et de sécurité :
- ❍ **a.** à partir de 11 salariés.
- ❍ **b.** à partir de 50 salariés.
- ❍ **c.** à partir de 25 salariés.

5 Le médecin du travail intervient :
- ❍ **a.** à tout moment dès lors qu'il le juge utile.
- ❍ **b.** uniquement une fois par an.
- ❍ **c.** une fois par an et en cas de demande de l'employeur.

Plusieurs réponses possibles

6 Le contrôle des appels téléphoniques des salariés est :
- ❍ **a.** possible uniquement s'ils sont informés et si c'est justifié.
- ❍ **b.** possible sur la base des factures téléphoniques s'ils sont informés.
- ❍ **c.** possible sur la base des factures téléphoniques sans information.

7 La collecte des informations personnelles des salariés :
- ❍ **a.** ne doit faire figurer que des données ayant un but professionnel précis.
- ❍ **b.** doit prévoir un droit d'accès, de rectification et de portabilité.
- ❍ **c.** doit permettre un accès à ces informations par tout salarié de l'entreprise.

8 L'employeur doit protéger les salariés contre les faits :
- ❍ **a.** de harcèlement moral et sexuel.
- ❍ **b.** de harcèlement moral.
- ❍ **c.** sexistes.

9 L'employeur a plusieurs moyens pour assurer la sécurité de ses salariés :

❍ **a.** faire intervenir l'inspection du travail.

❍ **b.** établir un document unique d'évaluation des risques avec la possibilité de se faire aider par le SPST.

❍ **c.** prévoir des formations régulières de ses salariés.

10 Le CSE intervient en matière d'hygiène et de sécurité :

❍ **a.** en organisant des formations des salariés à la sécurité.

❍ **b.** en proposant des actions de prévention en matière de harcèlement et d'agissements sexistes.

❍ **c.** en veillant au respect des lois et réglementations en matière de sécurité.

Réponses à justifier

11 Le respect du RGPD par l'employeur implique :

❍ **a.** de faire une déclaration des données personnelles des salariés collectées par l'employeur.

❍ **b.** de mettre en place les mesures nécessaires en cas de contrôle des modalités de collectes des données personnelles des salariés.

❍ **c.** de limiter à l'essentiel la collecte des données personnelles des salariés.

12 La discrimination consiste :

❍ **a.** à agir de façon répétée pour dégrader les conditions de travail d'un salarié.

❍ **b.** à avoir des propos à connotation sexuelle ou sexiste de façon répétée et portant atteinte aux conditions de travail du salarié.

❍ **c.** à prendre des décisions particulières à l'égard d'un salarié sans justification objective.

13 En matière de sécurité au travail, le salarié a :

❍ **a.** uniquement des droits.

❍ **b.** uniquement des obligations.

❍ **c.** des droits et des obligations.

14 Le CSE a des moyens et des modalités d'action en matière de sécurité, d'hygiène et de santé :

❍ **a.** différents selon les effectifs de l'entreprise.

❍ **b.** identiques selon les effectifs de l'entreprise.

❍ **c.** identiques sur certains moyens d'action mais différentes pour certaines modalités.

15 Le contrôle du médecin du travail s'exerce :

❍ **a.** obligatoirement lors de l'entrée du salarié dans l'entreprise.

❍ **b.** au moins tous les 3 ans.

❍ **c.** obligatoirement en cas de reprise d'activité après un congé de maternité ou un congé suite à une maladie professionnelle.

— CAS PRATIQUE GUIDÉ —

SURVEILLANCE DU SALARIÉ ET HARCÈLEMENT MORAL AU SEIN DE L'ENTREPRISE SPV

Gaëtan Lajoue est salarié de l'usine SPV qui fabrique des piscines hors sol pour particuliers. Depuis peu, il ne s'entend plus avec son chef d'équipe, Chabane Farida, qui lui reproche d'être à l'origine de son divorce. Ce dernier a décidé de tout faire pour trouver un motif permettant de licencier Gaëtan. Ainsi, il a installé des caméras de surveillance dans l'atelier dans lequel Gaëtan travaille sans en informer les salariés. Il espère ainsi le prendre en flagrant délit de vol. Par ailleurs, Chabane Farida a décidé de ne plus donner de tâches intéressantes à Gaëtan. Toutes les promotions ont été proposées en priorité à ses deux collègues. Régulièrement, il rappelle devant ses collègues qu'il est à l'origine de son divorce et qu'on ne peut lui faire confiance, ni au plan professionnel ni au plan personnel.

1. **Vérifiez la validité du licenciement envisagé par Chabane Farida sur la base des enregistrements réalisés au moyen des caméras installées dans l'atelier.**
2. **Analysez la situation de Gaëtan Lajoue afin de présenter le recours à sa disposition ainsi que ses effets.**

CORRIGÉ

☑ **COMPÉTENCES ATTENDUES : Repérer l'articulation entre le pouvoir de direction de l'employeur et les libertés fondamentales et individuelles du salarié. Identifier l'articulation entre le pouvoir de direction de l'employeur et le principe de non-discrimination.**

Méthode

Les cas pratiques portant sur le harcèlement moral nécessitent une analyse précise des faits. La preuve du harcèlement moral est difficile à apporter. Tous les termes permettant de qualifier au mieux la situation subie par le salarié sont importants pour justifier la solution pratique.

1. Vérifiez la validité du licenciement envisagé par Chabane Farida sur la base des enregistrements réalisés au moyen des caméras installées dans l'atelier.

PRINCIPES JURIDIQUES

Méthode

Pour se prononcer sur un licenciement, il est indispensable d'en qualifier la cause. Nous ne développerons pas davantage dans cet exercice la notion de licenciement disciplinaire car elle est traitée dans le chapitre 16. Cependant, si ce sujet était posé à l'examen, il nécessiterait également une réponse sur cette qualification.

> ! En lien avec le chapitre étudié, la question porte ici sur la preuve de la faute et l'existence de moyens de surveillance pour constituer cette preuve et qu'elle soit licite.

Le vol est une faute grave, motif de licenciement disciplinaire. L'employeur doit apporter la preuve de l'existence de ce motif. Il peut mettre en place des moyens de surveillance de ses salariés, mais à condition que cela soit proportionné au but recherché et que les salariés en soient informés. À défaut, l'enregistrement est illicite et ne peut être utilisé comme moyen de preuve.

APPLICATION AU CAS

En l'espèce, Chabane Farida ne pourra pas utiliser les enregistrements effectués grâce à ses caméras comme moyen de preuve pour licencier Gaëtan Lajoue en cas de vol commis par ce dernier. En effet, la mise en place de ces caméras ne semble pas se justifier par un besoin autre que la surveillance des salariés. De plus, il ne les a pas informés. Ce moyen de preuve est donc illicite.

2. Analysez la situation de Gaëtan Lajoue afin de présenter le recours à sa disposition ainsi que ses effets.

PRINCIPES JURIDIQUES

> **!** La lecture du sujet doit vous amener à identifier le point de droit en cause. Vous devez ensuite commencer par le définir pour en donner les conditions puis les effets. Ces trois éléments (définition, conditions, effets) doivent presque toujours se retrouver dans votre réponse.

Le harcèlement moral se définit comme un ensemble d'agissements répétés ayant pour objet ou pour effet une dégradation des conditions de travail susceptible de porter atteinte aux droits et à la dignité de la victime, d'altérer sa santé physique ou mentale ou de compromettre son avenir professionnel. Le salarié doit apporter la preuve d'éléments laissant supposer le harcèlement. Les critères de répétition et d'impact sur la situation personnelle du salarié sont déterminants. L'employeur doit ensuite justifier par des motifs objectifs les faits qui lui sont reprochés.

Le harcèlement moral est sanctionné civilement par le versement de dommages et intérêts pour préjudice subi. La ou les décisions prises dans le cadre du harcèlement peuvent être annulées. L'auteur du harcèlement peut également être sanctionné pénalement.

APPLICATION AU CAS

Méthodologie

Ici, vous devez identifier précisément les différentes décisions prises par Chabane à l'égard de Gaëtan. Il s'agit de mettre en avant la notion d'actes répétés ayant un impact sur les conditions de travail du salarié concerné.

En l'espèce, Gaëtan Lajoue peut exercer un recours pour harcèlement moral. Les décisions prises par Chabane Farida ont un impact sur sa carrière professionnelle (tâches inintéressantes, absence de promotion) et sur sa dignité car il le critique régulièrement devant ses collègues. Il pourra obtenir le versement de dommages et intérêts et la nullité des décisions prises par l'employeur. Enfin, ce dernier pourra être sanctionné pénalement.

AUTOÉVALUATION

La grille d'autoévaluation ci-dessous vous permet d'évaluer votre niveau et de vérifier si vos réponses correspondent aux attendus de l'examen.

Questions	Niveau 1	Niveau 2	Niveau 3	Niveau 4
	Un premier élément de réponse, mais très incomplet, des erreurs, des contresens	*Des éléments de réponse isolés, des approximations et/ou de la paraphrase*	*Question comprise : des éléments de réponse pertinents mais incomplets au niveau des savoirs et/ou de l'application*	*Compétence attendue mobilisée avec mobilisation complète des savoirs associés à la compétence. Application pertinente.*
1. Vérifiez la validité du licenciement envisagé par Chabane Farida sur la base des enregistrements réalisés au moyen des caméras installées dans l'atelier. *(voir Section I.A. 1)*	❑ Vous développez le licenciement au lieu de vous interroger sur la licéité de la preuve. ❑ Vous n'évoquez pas la notion d'enregistrements à l'insu des salariés ou vous validez ce mode de surveillance.	❑ Vous validez le licenciement sans justifier pourquoi. ❑ Vous retenez la validité des enregistrements faits sans expliquer pourquoi. Il manque la notion essentielle de décision « justifiée par un intérêt légitime et proportionnée au but recherché ».	❑ Vous vous prononcez sur les conditions de validité d'un enregistrement par caméras mais vous oubliez d'en donner les effets. ❑ Votre application est incomplète concernant les justifications concrètes du rejet de ce mode de preuve.	❑ Vous avez présenté le motif du licenciement. ❑ Vous avez indiqué les conditions de validité d'un enregistrement des salariés. ❑ Vous avez appliqué cette solution au cas donné en prenant le temps d'en donner les effets.
2. Analysez la situation de Gaëtan Lajoue afin de présenter le recours à sa disposition ainsi que ses effets. *(voir Section I.C. 1)*	❑ Vous n'avez pas identifié la notion de harcèlement moral. ❑ Vous confondez avec la discrimination qui nécessite la prise en compte d'un élément subjectif pour justifier certaines décisions. ❑ Votre application est fausse car vous validez les décisions prises par Chabane.	❑ Vous avez identifié le harcèlement moral mais vous n'en donnez pas la définition. ❑ Vous oubliez de présenter les effets d'une situation de harcèlement. ❑ Vous ne présentez pas l'application concrète de votre solution au cas donné.	❑ Vous avez identifié le harcèlement moral et vous en avez donné la définition presque complète. ❑ Votre application au cas est imprécise et vous avez oublié de donner les effets d'une telle situation.	❑ Vous avez identifié et défini de façon complète la notion de harcèlement moral. ❑ Vous avez précisé les sanctions applicables dans cette situation. ❑ Vous justifiez l'application de cette solution au cas donné et vous en donnez les conséquences juridiques.

EXERCICES

1 Libertés fondamentales et discriminations au sein de la société Sciences & Chimie

20 min

COMPÉTENCES ATTENDUES : Vérifier le respect par l'employeur des libertés individuelles et fondamentales du salarié dans l'exercice de ses pouvoirs. Repérer un cas de discrimination dans le cadre de la relation de travail et en tirer les conséquences juridiques.

La société Sciences & Chimie est une entreprise classée Seveso en raison des risques inhérents à son activité. Le 26 mars N, les dirigeants de cette société ont reçu des lettres anonymes contenant des renseignements qui démontraient que leur auteur avait eu accès à des courriers confidentiels et verrouillés de l'entreprise. La direction en a alors déduit que le système de cryptage des données de l'entreprise avait été forcé. De ce fait, elle a demandé à son responsable informatique de contrôler les postes informatiques de 17 salariés. Ce dernier a eu accès à tous les documents présents sur ces postes, y compris les mails personnels, et cela en l'absence des salariés concernés. C'est ainsi que la direction a appris que Mathieu Levret était adhérent d'un parti politique d'extrême droite et comptait se présenter aux prochaines élections. Les dirigeants ont alors choisi de refuser la proposition de promotion émise par le responsable de Mathieu Levret et de l'accorder à un autre salarié pourtant moins méritant que lui.

1. **Vérifiez si l'accès aux mails personnels des salariés était possible dans cette situation.**
2. **Analysez la validité de la décision prise par la direction.**
3. **Présentez le recours à la disposition de Mathieu Levret.**

2 Protection physique du salarié au sein de l'entreprise industrielle Metallic

20 min

COMPÉTENCES ATTENDUES : Identifier les instances chargées de la protection de la santé du salarié et exposer leurs attributions. Vérifier la possibilité pour un salarié d'exercer son droit de retrait et/ou son droit d'alerte, dans une situation donnée. Analyser l'étendue de l'obligation de sécurité de l'employeur et les sanctions.

Germain travaille au sein de l'entreprise Metallic qui fabrique des pièces en métal adaptables sur différentes machines. Il vient d'être embauché pour usiner ces pièces. Le médecin du travail, lors d'une visite dans les ateliers, a constaté que Germain ne portait pas de masque. Il a alors préconisé le port d'un masque pour éviter l'inhalation des poussières de métal très nocives pour les poumons. Cependant, un mois plus tard, il reçoit Germain qui se plaint de troubles respiratoires. L'employeur n'a toujours pas mis de masque à sa disposition. Germain ne souhaite pas poursuivre son travail dans ces conditions mais il ne veut pas non plus donner sa démission. Il le signale immédiatement à son employeur et en informe également un représentant du personnel membre du CSE. Pour autant, l'employeur continue de penser que le port de ce masque est superflu et refuse d'en équiper Germain et ses collègues. Il n'apprécie d'ailleurs pas que le médecin du travail se soit rendu de sa propre initiative dans les ateliers. Le 4 novembre, Germain est placé en arrêt maladie. Il souffre d'une grave déficience respiratoire.

1. **Vérifiez si le médecin du travail avait le droit de procéder comme il l'a fait.**
2. **Proposez à Germain une solution autre que la démission pour protéger sa santé.**
3. **Identifiez quelles seront les conséquences de son arrêt maladie.**

3 Respect de la vie privée d'Hervé Tridulle au sein de la SA AMConstruction

30 min

COMPÉTENCES ATTENDUES : Vérifier le respect par l'employeur des libertés individuelles et fondamentales du salarié dans l'exercice de ses pouvoirs. Repérer un cas de discrimination dans le cadre de la relation de travail et en tirer les conséquences juridiques. Identifier les instances chargées de la protection de la santé du salarié et exposer leurs attributions. Identifier les droits et obligations des salariés en matière de sécurité et de santé.

La société AMConstruction est spécialisée dans la construction de bâtiments industriels. Hervé Tridulle travaille au sein de cette société depuis 5 ans en tant que chauffeur de direction.
Le 1er mars, il a été convoqué à un entretien dans le cadre d'une procédure disciplinaire en vue de prononcer sa rétrogradation. À l'issue de cette procédure, il a signé un avenant à son contrat de travail.
Cependant, après avoir échangé sur cette situation avec l'un de ses amis, diplômé de DSCG, il a décidé de faire un recours pour contester cette décision qui porte atteinte à sa vie privée. Il souhaite annuler l'avenant et demander des dommages et intérêts.
Le dirigeant, M. Boinard, considère qu'Hervé Tridulle ne peut revenir sur son consentement, et que la sanction est largement justifiée. En effet, quelques mois plus tôt, Hervé s'est fait adresser au siège de la société une revue destinée à des couples échangistes. L'enveloppe précisant uniquement son nom et le nom de l'entreprise, elle a été ouverte et déposée au standard à son intention. Plusieurs salariés ont été choqués de la présence de ce magazine dans un lieu de passage.
La même semaine, Matthieu Ricardo, collègue d'Hervé, a été sanctionné pour s'être connecté à plusieurs reprises, pendant son temps de travail, sur des sites pornographiques. C'est Jeanne Lapierre, responsable informatique, qui a signalé ces connexions suite à une intervention pour mettre à jour l'ordinateur de Matthieu pendant ses congés payés.

1. **Présentez les arguments de l'employeur pour justifier sa décision.**
2. **Analysez la situation d'Hervé Tridulle et répondez à ses différentes demandes.**
3. **Vérifiez la validité de la décision prise par M. Boinard à l'égard de Matthieu.**

CAS DE SYNTHÈSE

PROTECTION DE LA SANTÉ ET DE LA SÉCURITÉ DES SALARIÉS DE LA SOCIÉTÉ NOVAMEUBLE SA

50 min

COMPÉTENCES ATTENDUES : Vérifier le respect par l'employeur des libertés individuelles et fondamentales du salarié dans l'exercice de ses pouvoirs. Repérer un cas de discrimination dans le cadre de la relation de travail et en tirer les conséquences juridiques. Identifier les instances chargées de la protection de la santé du salarié et exposer leurs attributions. Identifier les droits et obligations des salariés en matière de sécurité et de santé.

Mise en situation

La société Novameuble SA est une entreprise de 125 salariés dont l'activité principale est la vente en gros de mobilier contemporain. Elle n'est rattachée à aucune convention collective. Son siège social est situé à Marseille (Bouches-du-Rhône).

M. Delajoie est nommé directeur des ressources humaines par M. Lamotte, le P-DG. Vous l'assistez dans la gestion des dossiers du personnel.

M. Dupont vient d'être embauché et s'étonne de ne pas avoir bénéficié d'une visite auprès de la médecine du travail avant de prendre son poste. Il en demande les raisons à M. Delajoie qui lui répond qu'étant donné qu'il occupait, avant son embauche, un poste en tous points similaire aux fonctions qu'il exerce actuellement, la visite médicale n'est pas obligatoire. De plus, M. Delajoie n'a pas renouvelé son adhésion au SPST et ne compte pas le faire avant quelques années afin de faire des économies.

Mme Langrue a constaté un dysfonctionnement sur l'un des chariots élévateurs. Elle l'a signalé à M. Prévot, responsable du service, mais celui-ci n'a pris aucune décision. Mme Langrue est obligée de monter le mât télescopique par à-coups ce qui cause des secousses qui risquent de faire tomber le chargement. De plus, le poids indiqué sur la machine est limité à 1 500 kg alors que Mme Langrue est régulièrement amenée à transporter des palettes pesant environ 2 000 kg.

Mme Langrue étant élue représentante du personnel au sein du CSE depuis une semaine, elle se demande comment elle pourrait utiliser cette nouvelle fonction pour obtenir enfin de son employeur les décisions nécessaires. Elle vous consulte à ce sujet.

Cependant, avant d'avoir pu obtenir une réponse, l'accident se produit. Lors du transport de plusieurs colis, la secousse du mât télescopique déséquilibre le chargement qui tombe sur M. Leneuve qui se trouvait à proximité. Ce dernier est admis aux urgences dans un état grave souffrant d'un traumatisme crânien. M. Prévot arrive alors sur les lieux de l'accident et insulte Mme Langrue affirmant « qu'une femme n'aurait jamais dû être recrutée pour conduire cet engin ».

Mme Langrue est particulièrement choquée et compte engager la responsabilité de son employeur mais ne sait comment s'y prendre.

1. **Vérifiez que M. Delajoie respecte bien les règles applicables à M. Dupont en matière de suivi médical.**
2. **Que pensez-vous de sa décision concernant son adhésion à un SPST ?**
3. **Présentez à Mme Langrue le rôle du CSE en matière de santé et sécurité des salariés. Qu'aurait-elle pu faire dans le cadre de son mandat ?**
4. **Analysez la situation afin de mettre en évidence la ou les responsabilités encourues par cet employeur.**

Vous disposez ci-dessous d'une base documentaire pour étayer vos analyses.

DOCUMENT

Arrêt de la Cour de cassation n° 00-41.220 du 28 février 2002

Attendu que M. Y... a été engagé en 1986 par la société Textar France en qualité dirigeant du service entretien ; qu'en janvier 1995 la société Textar a confié à la société Chaudronnerie tuyauterie construction (CTC) dont le gérant était M. Z.., la fourniture, la confection, [...] d'une nouvelle tuyauterie sur la centrale hydraulique de son unité de fabrication de plaquettes de frein ; que le 25 février 1995 lors du démontage de l'ancienne conduite de l'installation, et à la suite du desserrage de la bride de fixation d'un clapet anti-retour deux salariés ont été tués par la projection d'huile sous haute pression ; que la société Textar a licencié M. Y... le 31 mars 1995 pour faute grave ;

Attendu que M. Y… fait grief à l'arrêt attaqué (Metz, 7 décembre 1999) de l'avoir débouté de ses demandes en paiement de diverses sommes à titre d'indemnité de préavis, de congés payés sur préavis, d'indemnité de licenciement ainsi qu'à titre de dommages-intérêts pour licenciement sans cause réelle et sérieuse, alors, selon le moyen :
1° que la faute grave s'entend d'un manquement caractérisé par le salarié à ses obligations contractuelles ; que les dispositions du décret du 22 février 1992 relatif aux prescriptions applicables aux travaux effectués dans un établissement par une entreprise extérieure mettent à la charge du chef d'entreprise ou d'un délégué investi de l'autorité, de la compétence et des moyens nécessaires, les mesures de prévention préalables à l'exécution d'une opération ; que la seule circonstance que M. Y… ait eu à assurer, outre la responsabilité du bureau d'études, la direction du service entretien, n'avait pas pour effet de lui conférer une responsabilité déléguée en matière de sécurité et de prévention des risques au regard des sociétés intervenantes extérieures ; que la cour d'appel, qui n'a pas constaté que M. Y… ait été chargé par délégation expresse ou tacite de la prévention des risques résultant des travaux effectués par une entreprise extérieure, et des compétences nécessaires à cet effet, du fait d'une formation adaptée, mais l'a tenu pour responsable de la non-information de l'entreprise extérieure des particularités du clapet anti-retour à l'origine de l'accident mortel, a privé sa décision de toute base légale au regard des articles L. 122-8 et 9 et L. 122-14-4 du Code du travail ; […]
Mais attendu que selon l'article L. 230-3 du Code du travail, il incombe à chaque travailleur de prendre soin, en fonction de sa formation et selon ses possibilités, de sa sécurité et de sa santé ainsi que de celles des autres personnes concernées du fait de ses actes ou de ses omissions au travail ; que dès lors, alors même qu'il n'aurait pas reçu de délégation de pouvoir, il répond des fautes qu'il a commises dans l'exécution de son contrat de travail ;
Et attendu que l'arrêt confirmatif attaqué a constaté, d'abord, que M. Y… était responsable du service entretien, qu'il entrait dans ses attributions de passer les commandes relatives à la maintenance des installations de la société, de définir avec les entreprises intervenantes les conditions de leur intervention et de les renseigner sur les mesures de sécurité, ensuite, qu'il n'avait pas correctement établi le plan de prévention lors de l'intervention de la société CRM et ne l'avait pas averti des dangers liés à cette intervention, qu'il connaissait pourtant, notamment en ce qui concernait les particularités du clapet anti-retour à l'origine de l'accident ; que la cour d'appel, qui s'est expliquée sur les moyens invoqués par M. Y…, a pu déduire de ces constatations, qu'il avait commis une faute grave ; que le moyen n'est pas fondé ;
Par ces motifs : REJETTE le pourvoi.

CHAPITRE 16

Le licenciement

À l'issue de ce chapitre,

• vous serez capable :

- ❒ d'analyser la validité d'un licenciement pour motif personnel ;
- ❒ d'apprécier la possibilité pour l'employeur d'avoir recours au licenciement pour motif économique dans un contexte donné ;
- ❒ d'exploiter une documentation juridique relative aux obligations de l'employeur dans le cadre d'un licenciement pour motif économique ;
- ❒ de décrire la procédure de validation du plan de sauvegarde de l'emploi (PSE) et ses conséquences.

• vous saurez identifier :

- ❒ les motifs et la procédure du licenciement pour motif personnel ;
- ❒ les motifs et obligations de l'employeur en cas de licenciement pour motif économique ;
- ❒ la procédure de licenciement individuel ou collectif de moins ou de plus de 10 salariés, en cas de licenciement pour motif économique.

Mettez-vous en situation

Zoé vient d'être recrutée au sein de la société Verbat, entreprise d'entretien d'espaces verts, en tant qu'assistante des ressources humaines. Dès son arrivée, elle s'est vu confier deux dossiers difficiles. Le premier concerne le licenciement d'un salarié qui a insulté à plusieurs reprises son supérieur hiérarchique et s'est montré agressif envers ses collègues. Le second concerne une réduction d'effectifs, l'objectif étant de supprimer 9 postes, voire 11 si possible.

Pouvez-vous préciser à Zoé si une procédure particulière doit être suivie dans ces deux dossiers différents ? Quels seraient les critères permettant de vérifier la validité de ces deux projets de licenciements ?

I. Le licenciement pour motif personnel

Définition : Le licenciement pour motif personnel est une rupture unilatérale du contrat de travail à l'initiative de l'employeur ayant pour origine des causes inhérentes à la personne du salarié.

Les faits reprochés au salarié doivent avoir eu lieu à l'occasion de l'exécution du contrat de travail.

A Le respect de la procédure de licenciement

1. Le déroulement de la procédure de licenciement

La procédure de licenciement comporte trois étapes.

Figure 16.1 **Les étapes de la procédure de licenciement**

Convocation obligatoire → (5 jours) → Entretien préalable au licenciement → (2 jours) → Notification obligatoire par LRAR

! La procédure est la même quelle que soit la taille de l'entreprise, l'ancienneté du salarié ou la cause du licenciement.

a. La convocation à un entretien préalable de licenciement

La convocation et l'organisation de l'entretien sont **obligatoires**. La tenue même de l'entretien n'est pas obligatoire, seule son organisation compte.

La convocation (LRAR ou lettre remise en main propre) mentionne l'objet (entretien de licenciement), la date, l'heure et le lieu de l'entretien, ainsi que la possibilité de se faire assister par un représentant du personnel ou, à défaut, par un autre salarié ou un conseiller choisi sur une liste déposée auprès de l'inspecteur du travail.

! La lettre de convocation n'a pas à mentionner les motifs du licenciement envisagé.

La loi impose un **délai minimal de 5 jours ouvrables** entre la présentation de la lettre et l'entretien. Le jour fixé pour l'entretien doit être un jour où le salarié exerce habituellement son activité, ce qui n'empêche pas de le convoquer pendant une période de congé.

b. L'entretien

L'employeur est représenté par une personne ayant qualité pour décider du maintien ou du licenciement du salarié et peut être assisté par une personne appartenant au personnel de l'entreprise. Le salarié peut être assisté par un représentant du personnel, un salarié ou un conseiller du salarié.

Figure 16.2 **Le déroulement de l'entretien**

Énoncé des motifs du licenciement par l'employeur → Défense du salarié en réponse aux motifs invoqués → Éventuellement, rédaction d'un PV constatant le déroulement de l'entretien

Les propos tenus par le salarié pour se défendre ne peuvent être utilisés par l'employeur comme motif de sanction. L'employeur peut invoquer devant le juge un motif non abordé lors de l'entretien, mais précisé dans la **lettre de licenciement**.

c. La notification (lettre de licenciement)

La **notification** est obligatoirement envoyée par LRAR (possibilité de lettre recommandée électronique avec accord du salarié). Elle ne peut pas l'être avant un **délai de 2 jours ouvrables** après la date de convocation (ou la date de l'entretien s'il a eu lieu). Il n'y a pas de délai maximal pour envoyer cette lettre sauf en cas de licenciement disciplinaire (délai de 1 mois à compter de l'entretien). La notification mentionne le ou les motifs de licenciement. En cas de contestation, le juge ne peut examiner aucun autre motif.

Depuis le 1er janvier 2018, l'employeur a la possibilité de préciser les griefs dans un délai de 15 jours suivant la notification. Cette précision est apportée à l'initiative de l'employeur ou sur demande du salarié.

! Si le salarié n'a fait aucune demande, l'insuffisance du motif de licenciement ne pourra donner lieu qu'au versement d'une indemnité égale à 1 mois de salaire (procédure irrégulière). S'il a fait une demande, l'insuffisance requalifie la rupture en licenciement sans cause réelle et sérieuse.

2. Les sanctions en cas d'irrégularités dans la procédure

Deux sanctions sont prévues par le Code du travail : suivre la procédure prévue et verser au salarié une indemnité qui ne peut être supérieure à 1 mois de salaire.

La contrainte de suivre la procédure n'est pas imposée lorsque le licenciement a une cause réelle et sérieuse. L'indemnité ne peut être versée que si le salarié apporte la preuve d'un préjudice.

> **!** Depuis l'ordonnance du 24 septembre 2017, la sanction est la même quels que soient l'ancienneté du salarié et les effectifs de l'entreprise.

B L'exigence d'une cause réelle et sérieuse

1. La notion de cause réelle et sérieuse

Aucune définition n'est donnée par la loi ni la jurisprudence. Cependant, plusieurs critères ont été dégagés par la doctrine à partir des décisions jurisprudentielles.

a. Une cause réelle

La cause réelle implique qu'elle soit objective, existante et exacte.

Figure 16.3 Caractères de la cause réelle

Cause objective
- Manifestations extérieures susceptibles de vérification.
- Sont exclus les préjugés ou les soupçons.

Cause existante
- Faits existant réellement.
- Preuve apportée par l'employeur.

Cause exacte

Véritable motif du licenciement et non uniquement un prétexte.

b. Une cause sérieuse

La cause sérieuse n'implique pas nécessairement une faute.

Définition : La cause sérieuse revêt une certaine gravité rendant impossible la poursuite du travail sans dommages pour l'entreprise.

Deux cas de figure peuvent se présenter.

Figure 16.4 Les deux cas de cause sérieuse

Existence d'une faute
- Faute légère ne permettant pas le licenciement, sauf répétition.
- Faute simple donnant droit à préavis et indemnité.
- Faute grave ou lourde (intention de nuire) donnant droit uniquement à l'indemnité compensatrice de CP (QPC n° 2015-523 du 2 mars 2016).

Absence de faute
- Motif personnel : insuffisance professionnelle, absences répétées pour maladie non professionnelle, etc.
- Comportement du salarié créant un trouble caractérisé au sein de l'entreprise.

2. L'existence d'une cause réelle et sérieuse

a. La preuve de la cause

La charge de la preuve concernant la cause du licenciement ne repose sur aucune des deux parties en particulier. C'est au juge de se faire son opinion à partir des éléments apportés par chacune des parties. Si un doute subsiste, il profite au salarié.

> **!** L'employeur ne doit pas utiliser de moyens illicites pour obtenir ces éléments de preuve. Ex. : surveillance du salarié à son insu.

b. Les sanctions en cas d'absence de cause réelle et sérieuse

Trois types de sanctions sont prévus par l'article L. 1235-3 du Code du travail :

- Le **droit à réintégration** avec maintien des avantages acquis. Cette solution est rarement retenue car ce n'est pas une obligation et la loi prévoit que l'employeur et le salarié peuvent refuser.
- Le **versement d'une indemnité** d'un montant fixé par la loi et compris entre un minimum et un maximum en fonction de l'ancienneté du salarié et des effectifs de l'entreprise. Ce versement a lieu en cas de refus de réintégration par l'une ou l'autre des parties même si le salarié retrouve un emploi et ne subit donc pas de préjudice. Cette indemnité peut être supérieure si le salarié apporte la preuve d'un préjudice subi plus important. De plus, elle n'empêche pas le versement de dommages et intérêts pour licenciement abusif.
- La **condamnation de l'employeur au remboursement des allocations de chômage**. Ce remboursement concerne les indemnités versées entre le licenciement et le jugement de nullité dans la limite de 6 mois. Cette sanction n'est possible que si le licenciement a lieu dans une entreprise de moins de 11 salariés ou lorsque le salarié a une ancienneté de moins de 2 ans.

C Les licenciements prohibés

1. Les cas de licenciements interdits

Plusieurs cas de licenciement sont interdits par la loi :

- En cas de motif discriminatoire ou d'action en justice engagée par le salarié dans le cadre d'une discrimination [voir Chapitre 15].
- En raison de l'exercice normal du droit de grève [voir Chapitre 3].
- Pour cause de maladie ou pendant le congé en cas de maladie professionnelle ou d'accident du travail [voir Chapitre 8].
- Dans le cadre de la grossesse, de la maternité ou de la paternité [voir Chapitre 8].
- En cas de refus de subir des actes de harcèlement sexuel ou moral ou en cas de témoignage relatif à de tels agissements [voir Chapitre 15].
- De façon automatique, en application d'une clause prévue dans le contrat de travail. Le juge garde son pouvoir d'appréciation des faits et est libre de décider s'il s'agit ou non d'une cause réelle et sérieuse de licenciement.

2. Les sanctions en cas de licenciement prohibé

Trois types de sanctions sont applicables :

- Le **droit à réintégration**. Le licenciement prohibé est nul. Il y a alors réintégration du salarié dans son emploi ou un emploi équivalent.
- Le **versement d'indemnités complémentaires**. Le salarié perçoit des dommages et intérêts pour le préjudice subi. Ce versement a lieu même en cas de réintégration du salarié.
- Le **versement d'une indemnisation de remplacement**. Lorsque le salarié n'exerce pas son droit à réintégration, il perçoit les indemnités de rupture du contrat de travail et l'indemnité réparant le préjudice dû au caractère illicite du licenciement. Le montant de cette indemnité doit être au moins égal à 6 mois de salaire.

En cas de licenciement pour inaptitude médicalement constatée, l'employeur a une obligation de reclassement dans l'entreprise ou le groupe, uniquement sur le territoire national et en tenant compte de l'avis médical.

> **!** En cas d'avis « obstacle à tout reclassement » ou « danger immédiat », l'employeur peut rompre le contrat sans obligation de reclassement.

II. Le licenciement économique

A La notion de licenciement pour motif économique

1. La définition générale du licenciement économique

Définition : Le licenciement pour motif économique est la rupture unilatérale du contrat de travail du salarié à l'initiative de l'employeur pour un motif indépendant du comportement du salarié.

Trois éléments sont indispensables à la qualification de licenciement pour motif économique (voir article L. 1233-3 du Code du travail) :

- Le motif économique doit être **un motif non inhérent** à la personne du travailleur.
- Il implique **la suppression de l'emploi** sa transformation ou une modification d'un élément essentiel du contrat de travail refusée par le salarié. Les difficultés économiques doivent être caractérisées par l'évolution significative d'au moins un indicateur économique (baisse de commandes, du chiffre d'affaires, dégradation de la trésorerie, etc.).
- La cause de la suppression ou de la modification de l'emploi doit être notamment des **difficultés économiques** ou des mutations technologiques ou encore une réorganisation de l'entreprise. Les mutations technologiques ou la réorganisation de l'entreprise doivent être nécessitées par la sauvegarde de la compétitivité de l'entreprise.

> **!** L'appréciation des difficultés économiques doit se faire uniquement au niveau du territoire national et au niveau de l'entreprise ou des entreprises du groupe ayant le même secteur d'activité.

2. Les différentes catégories de licenciement économique

La procédure pour licenciement économique varie selon le nombre de salariés concernés :

- Le licenciement d'un seul salarié est qualifié de **licenciement individuel**.
- À partir de deux salariés, il s'agit d'un **licenciement collectif**.

Cependant, la loi tient compte d'une période de 30 jours consécutifs (ou 3 mois pour les entreprises de 50 salariés et plus) pour compter le nombre de salariés licenciés.

> **Exemple :** Si un employeur licenciait un salarié chaque jour pour le même motif, ces licenciements seraient qualifiés de « licenciements collectifs ».

> **!** Les refus d'une modification de leur contrat de travail pour motif économique par au moins 10 salariés sont assimilés à des licenciements pour motif économique. À l'inverse, le licenciement pour motif personnel de plusieurs salariés en même temps est obligatoirement un licenciement individuel.

B La procédure de licenciement pour motif économique

Cette procédure comporte plusieurs étapes.

Figure 16.5 Procédure du licenciement économique

Convocation obligatoire →	Entretien →	Information et consultation des représentants du personnel →	Information de l'autorité administrative →	Notification obligatoire

1. Convocation et entretien avec le salarié

La convocation et l'entretien avec le salarié sont soumis aux mêmes règles que le licenciement pour motif personnel. En cas de **licenciement collectif** de plus de 10 salariés dans une même période de 30 jours, l'entretien n'est obligatoire que si l'entreprise ne dispose pas d'un CSE.

2. Information et consultation des représentants du personnel

Si l'employeur prévoit un **projet de restructuration** ayant un effet sur les emplois, la consultation des représentants du personnel est obligatoire avant même la mise en place du projet.

> **!** Le licenciement individuel n'implique pas de consulter les représentants du personnel.

a. Licenciement collectif de 2 à 9 salariés

Le projet de licenciement doit être soumis pour avis au CSE (causes, nombre et catégories professionnelles concernés, calendrier). À défaut, le salarié a droit à une indemnité supplémentaire au moins égale à 1 mois de salaire brut. Cette consultation permet notamment de fixer l'ordre des licenciements (charges de famille, ancienneté, caractéristiques sociales, qualités professionnelles, autres critères ajoutés par l'employeur).
Le non-respect de l'ordre des licenciements est sanctionné par le versement de dommages et intérêts au salarié, une amende prévue pour les contraventions de 4e classe.

b. Licenciement collectif de 10 salariés et plus

Tableau 16.1 Procédure de licenciement collectif

	Organisation des réunions	Déroulement des réunions
Dans les entreprises de moins de 50 salariés	Réunions du CSE. Deux réunions à 14 jours maximum d'intervalle. La seconde réunion permet à l'employeur d'apporter des réponses aux avis et propositions donnés par le CSE.	Présentation des raisons économiques et financières du projet. Présentation du contenu du projet (nombre de salariés, critères, mesures de reclassement).
Dans les entreprises de 50 salariés et plus	Réunions du CSE. Deux réunions à au moins 15 jours d'intervalle. Trois réunions en cas de recours à un expert pour se faire assister.	**!** Le recours a un expert est à la charge de l'entreprise.

> **!** En cas de non-respect des obligations d'information et de consultation, l'employeur peut voir sa responsabilité civile (dommages et intérêts) et pénale (délit d'entrave) engagée. Un remboursement des allocations versées par Pôle emploi pourra également lui être demandé dans la limite de 6 mois.

3. Information de l'autorité administrative

L'employeur doit informer le DDTEFP au sein de la DREETS quel que soit l'effectif de l'entreprise.

a. Modalités d'information

Tableau 16.2 Procédures d'information selon les effectifs licenciés

Licenciement individuel ou de moins de 10 salariés	Licenciement de 10 salariés et plus
– Information par écrit, *a posteriori*, dans les 8 jours suivant la notification du licenciement aux salariés concernés. – Objectifs : faire des statistiques et vérifier le respect de la procédure.	– Transmission des documents envoyés aux représentants du personnel et des PV des réunions du CSE. – Pour l'administration : délai de 21 jours à compter de la notification du projet de licenciement (vérification des conditions du licenciement et un avis écrit sur les irrégularités).

b. Rôle de l'autorité administrative

L'autorité administrative n'intervient qu'en cas de licenciement de 10 salariés et plus en contrôlant **la régularité de la procédure** suivie et les **mesures sociales d'accompagnement**. Elle ne se prononce pas sur le caractère réel et sérieux du motif invoqué. En cas d'irrégularité, l'employeur doit répondre par écrit avec copie aux représentants du personnel. Lorsque l'entreprise a 50 salariés et plus, l'employeur doit transmettre **le PSE** afin qu'il soit validé (accord majoritaire) ou homologué (document unilatéral). L'administration peut faire des propositions pour aider l'employeur à améliorer le PSE.

4. Notification du licenciement

a. Délais de notification

- En cas de licenciement de **1 à 9 salariés**, la notification du licenciement ne peut avoir lieu avant un délai d'au moins 7 jours à compter de la date de l'entretien préalable ; 15 jours pour un cadre si le licenciement est individuel.
- En cas de **licenciement collectif** (au moins 10 salariés sur 30 jours), le délai pour la notification varie entre 30 et 60 jours selon le nombre de salariés licenciés. Il court à compter de la notification du projet de licenciement à la DREETS ou de la notification de validation du PSE (plus de 50 salariés).

b. Contenu de la lettre de licenciement

Envoyée par LRAR, la lettre de licenciement doit préciser : le motif économique de licenciement, l'existence de la priorité de réembauchage pendant 1 an et ses modalités d'application, ainsi que le bénéfice **d'un contrat de sécurisation professionnelle (CSP)** ou **d'un congé de reclassement personnalisé** (CRP). L'employeur n'a pas obligation d'indiquer les critères de l'ordre des licenciements ; cependant, le salarié peut lui en faire la demande par écrit. En cas de refus de l'employeur, il doit lui verser des dommages et intérêts pour irrégularité de la procédure.

c. Droits des salariés licenciés

Les salariés licenciés ont droit à une **indemnité légale ou conventionnelle de licenciement**, à une priorité de réembauchage et à un congé de reclassement ou à un CSP.

L'employeur doit également respecter son **obligation de reclassement** avant de prononcer le licenciement définitif du salarié.

En cas de non-respect des règles du licenciement, le salarié peut engager **la responsabilité de l'employeur** au plan pénal et/ou au plan civil (versement de dommages et intérêts) [voir Chapitre 18].

C Les mesures sociales d'accompagnement

1. Le plan de sauvegarde de l'emploi (PSE)

Définition : Le plan de sauvegarde de l'emploi (PSE) (également appelé plan social) est un ensemble de mesures ayant pour objectif de limiter le nombre de suppressions d'emplois en cas de licenciement pour motif économique.

> ! Le PSE peut également être issu d'un accord mixte alliant à la fois accord collectif majoritaire et décision unilatérale de l'employeur.

Le PSE est obligatoire dans les entreprises employant au moins 50 salariés en cas de licenciement d'au moins 10 salariés sur 30 jours (ou refus de modification du contrat de travail par au moins 10 salariés). Il est établi, sous peine de nullité, dans le cadre d'un **accord collectif majoritaire** validé par la DREETS ou, à défaut, par **décision unilatérale de l'employeur** homologuée par la DREETS.
Il doit être diffusé par affichage ou tout autre moyen sur le lieu de travail.
Le PSE vise à éviter, limiter les licenciements et assurer le reclassement des salariés sur le territoire national (le reclassement à l'étranger n'est possible qu'en cas de demande du salarié).
Lorsque l'entreprise comporte au moins 1 000 salariés et qu'il y a fermeture de l'établissement, l'employeur a pour obligation de chercher un repreneur.
La contestation du contenu du PSE doit se faire devant le TA car il s'agit de contester la décision de l'inspection du travail ayant validé le PSE.
L'employeur détermine l'ensemble de ses obligations dans le cadre du PSE. Cependant, l'employeur ne peut imposer d'obligations aux salariés qui peuvent refuser les mesures prévues par le plan de reclassement. Il peut s'engager pour une durée déterminée ou indéterminée. En cas de non-respect du PSE, l'employeur sera condamné à verser les sommes promises ou, à défaut, des dommages et intérêts.

> ! Le licenciement est nul s'il est prononcé en l'absence de présentation, de validation ou d'homologation du PSE par la DREETS ou si la décision de validation est annulée (PSE insuffisant).

2. Les mesures favorisant le reclassement

a. Le congé de reclassement personnalisé (CRP)

Définition : Le congé de reclassement personnalisé (CRP) est un congé qui suspend le contrat de travail afin de permettre au salarié de bénéficier d'actions de formation pour faciliter sa réinsertion à la suite d'un licenciement pour motif économique.

Ce congé doit être proposé à chaque salarié concerné par le licenciement, soit lors de l'entretien préalable, soit lors de la dernière réunion des représentants du personnel. L'employeur doit rappeler ce droit dans la lettre de licenciement. Le salarié a un **délai de 8 jours** à compter de la notification pour faire connaître sa décision, le silence vaut refus.

Tableau 16.3 **Caractéristiques du CRP**

Salariés concernés	Salariés licenciés pour un motif économique. Dans les entreprises comptant au moins 1 000 salariés et qui ne sont ni en redressement, ni en liquidation judiciaire.
Durée	Entre 4 et 12 mois. Débute à l'expiration du délai de réponse. S'exécute pendant le préavis de licenciement.
Contenu	Actions de formation, bilan de compétences, VAE, etc. Financement pris en charge par l'employeur.

Rémunération	Rémunération habituelle pendant la durée du préavis. Au-delà du préavis, rémunération au moins égale à 65 % de sa rémunération brute moyenne des 12 derniers mois et supérieure à 85 % du SMIC.
Obligations du salarié	Suivre les actions de formation. Participer aux actions de recherche d'emploi. Informer l'employeur par courrier s'il retrouve un emploi pendant son congé. Le non-respect de ces obligations met fin au CRP.

Si l'employeur omet de proposer un congé de reclassement, le salarié peut demander le versement de dommages et intérêts pour préjudice subi du fait de la « perte d'une chance d'être reclassé ».

b. Le contrat de sécurisation professionnelle (CSP)

Définition : Le contrat de sécurisation professionnelle (CSP) permet au salarié de bénéficier de mesures d'accompagnement ayant pour but de l'aider à se réinsérer à la suite de son licenciement pour motif économique.

Un avenant à la convention de 2015 signé le 30 juin 2021 prolonge ce dispositif jusqu'au 31 décembre 2022.

Tableau 16.4 **Caractéristiques du CSP**

Salariés concernés	– Salariés licenciés pour un motif économique. – Dans les entreprises de moins de 1 000 salariés. – Dans les entreprises en redressement ou en liquidation judiciaires. – Salariés justifiant d'une durée d'affiliation à l'assurance chômage d'au moins 88 jours (610 heures ou 4 mois) au cours des 24 mois précédent (si salarié de moins de 53 ans, ou 36 mois sinon).
Durée	– 12 mois, sauf prolongation en cas de maternité, paternité, adoption, maladie, congé de proche aidant. – Délai de 21 jours pour le salarié pour accepter ou refuser à compter de la date de remise du document d'information. Le silence vaut refus.
Contenu	– Mise en place d'un parcours de retour à l'emploi. – Actions de formation, bilan de compétences, VAE, etc.
Effets	– Rupture du contrat de travail à la date d'expiration du délai de réflexion de 21 jours. – Versement de l'indemnité de licenciement mais pas de l'indemnité de préavis.
Rémunération	– Allocation de sécurisation professionnelle versée pour une durée de 12 mois. – Allocation égale à 75 % du salaire journalier de référence (SJR) pour les salariés justifiant de 1 an d'ancienneté dans l'entreprise. À défaut, elle est égale au montant de l'ARE à laquelle l'intéressé aurait pu prétendre. – L'employeur doit verser l'indemnité de préavis non perçue par le salarié aux organismes chargés du versement de cette allocation dans la limite de 3 mois de salaire.

! **Le salarié doit être informé par écrit contre récépissé et de façon individuelle du contenu du CSP après la notification par la DREETS de sa décision de validation ou d'homologation.**

En cas de refus du CSP par le salarié, la procédure de licenciement suit son cours. Le salarié ne peut demander à bénéficier ni d'actions de reclassement ni d'allocations spécifiques.

L'employeur qui omet de proposer un CSP au salarié est redevable à Pôle emploi d'une contribution spécifique égale à 2 mois de salaire bruts.

3. La priorité de réembauche

Définition : Le salarié licencié pour motif économique bénéficie d'une priorité de réembauche durant un délai d'un an à compter de la date de rupture de son contrat s'il en fait la demande au cours de ce même délai (art. L.1233-45 du Code du travail).

> **!** L'entreprise peut réembaucher un salarié qui vient d'être licencié pour motif économique. La seule interdiction concerne le recrutement en CDD dans le délai de 6 mois suivant le licenciement [voir Chapitre 7].

Tout salarié licencié pour motif économique ou ayant opté pour un départ volontaire est titulaire de ce droit, sans condition. Cette priorité s'applique également aux salariés qui ont trouvé un emploi dans une autre entreprise. L'employeur doit préciser l'existence de ce droit et ses modalités d'exercice dans la lettre de licenciement.

La priorité de réembauche porte sur tout emploi devenu disponible et compatible avec la qualification du salarié et satisfaisant **trois conditions** :

- Il s'agit uniquement d'une embauche. Le recrutement en interne n'est pas concerné.
- L'emploi visé doit être disponible. Le poste temporairement vacant ne permet pas de faire valoir ce droit.
- L'emploi doit être compatible avec les qualifications acquises avant et depuis la rupture du contrat.

Le non-respect de la priorité de réembauchage est **sanctionné civilement** (indemnité égale à au moins un mois de salaire). L'employeur a également pour **obligation d'informer** le salarié de tout emploi devenu disponible et compatible avec sa formation, d'informer les représentants du personnel des postes disponibles et d'en afficher la liste.

D Le contrôle de la cause réelle et sérieuse

Le juge contrôle la réalité de la cause invoquée dans le cadre d'un licenciement économique. Cependant, ce contrôle est difficile car il ne peut s'immiscer dans la gestion de la société et décider de l'opportunité du licenciement comme moyen pour l'employeur de maintenir sa société. Il doit vérifier si la cause est réelle et suffisamment sérieuse.

Tableau 16.5 Les deux types de contrôle effectués par le juge

Contrôle de l'existence des faits invoqués	Contrôle de la réalité du lien causal
– Réalité de la suppression ou de la transformation de l'emploi occupé (poste) ou de la modification d'un élément essentiel du contrat (ex. : fermeture d'un établissement et délocalisation des emplois). – Réalité des difficultés économiques invoquées (ex. : cessation d'activité, à condition qu'elle ne soit pas due à une faute de gestion de l'employeur).	– Lien entre la suppression de l'emploi et le licenciement. Le cas échéant, obligation de reclassement même en cas de suppression de l'emploi. – Lien entre la suppression de l'emploi et la cause économique (suppression de l'emploi réellement due à une cause économique).

SYNTHÈSE

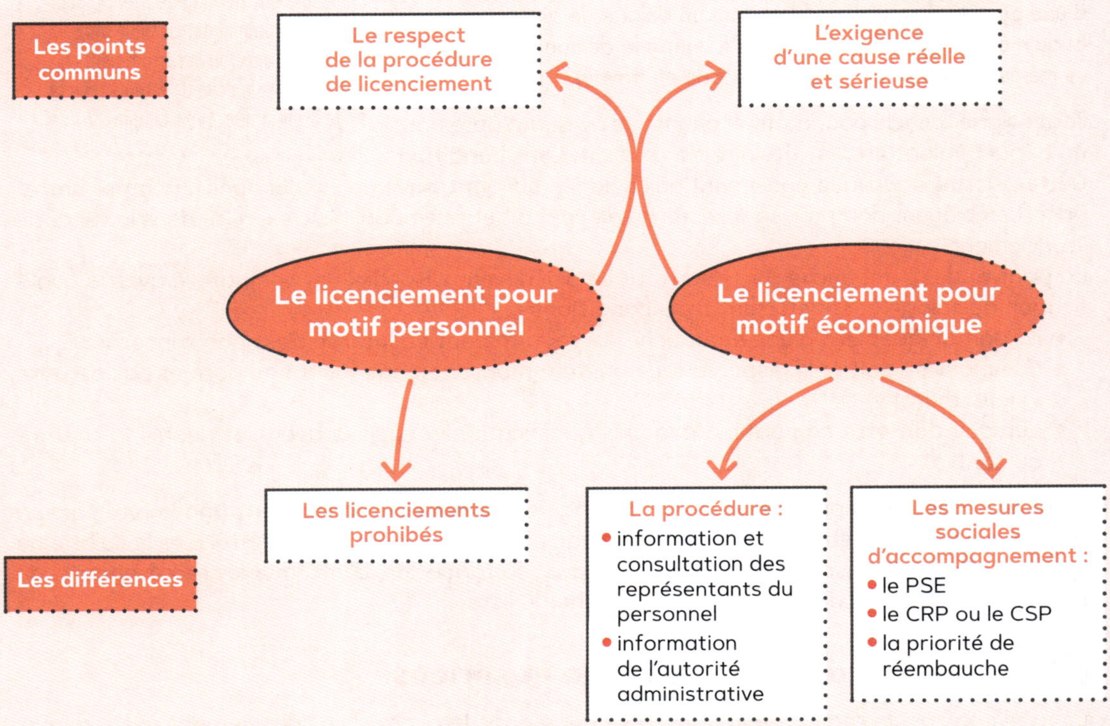

Faites le point sur les notions clés : licenciement pour motif personnel p. 254, cause sérieuse p. 256, licenciement pour motif économique p. 258, plan de sauvegarde de l'emploi (PSE) p. 261, congé de reclassement personnalisé (CRP) p. 261, contrat de sécurisation professionnelle (CSP) p. 262, priorité de réembauche p. 263.

Révisez avec les flashcards
www.lienmini.fr/dcg03-32

QCM

Réponse unique

1 Le licenciement pour motif personnel est prononcé :

❍ **a.** pour un motif lié à l'organisation interne de l'entreprise.
❍ **b.** pour un motif lié à la personne du salarié.
❍ **c.** pour un motif lié au salarié et aux conditions d'exécution de son contrat de travail.

QCM interactif

www.lienmini.fr/dcg03-33

2 En cas de licenciement pour motif personnel, la convocation à l'entretien :

❍ **a.** est obligatoire mais l'entretien lui-même est facultatif.
❍ **b.** est obligatoire tout comme l'entretien.
❍ **c.** est facultative.

3 La faute grave a des conséquences :

❍ **a.** moins importantes que la faute simple.
❍ **b.** plus importantes que la faute simple.
❍ **c.** aussi importantes que la faute simple.

4 Le licenciement pour motif économique est possible :

❍ **a.** uniquement en cas de difficultés économiques.
❍ **b.** en cas de difficultés économiques ou de mutations technologiques ou de tout autre motif économique.
❍ **c.** en cas de mutations technologiques à venir.

5 La procédure de licenciement pour motif économique est :

❍ **a.** la même quel que soit le nombre de salariés concernés.
❍ **b.** différente selon la taille de l'entreprise.
❍ **c.** différente selon la taille de l'entreprise et le nombre de salariés concernés.

Plusieurs réponses possibles

6 Le licenciement prohibé a pour effet :

❍ **a.** de faire reprendre la procédure au départ.
❍ **b.** d'entraîner uniquement le versement de dommages et intérêts.
❍ **c.** de donner droit à réintégration et au versement de dommages et intérêts.

7 Pour valider un licenciement pour motif personnel, le juge vérifie que la cause est :

❍ **a.** objective et donc indépendante de toute discrimination.
❍ **b.** existante et liée à des faits réels.
❍ **c.** en lien direct avec une faute commise par le salarié.

8 La lettre de convocation à l'entretien pour licenciement pour motif personnel doit contenir :

❍ **a.** les motifs du licenciement envisagé pour permettre au salarié de se défendre.
❍ **b.** l'objet, la date et le lieu de l'entretien.
❍ **c.** la possibilité de se faire assister par un représentant du personnel, un autre salarié ou un conseiller.

9 Le licenciement collectif pour motif économique nécessite :

- ❍ **a.** la réunion du CSE pour discuter du contenu du projet de licenciement.
- ❍ **b.** au moins deux réunions du CSE pour discuter des raisons économiques du projet.
- ❍ **c.** consultation du CSE pour échanger sur le contenu du projet de licenciement.

10 Le congé de reclassement personnalisé doit être proposé aux salariés :

- ❍ **a.** dans les entreprises d'au moins 1 000 salariés.
- ❍ **b.** dans les entreprises qui ne sont pas en redressement ou liquidation judiciaires.
- ❍ **c.** dans les entreprises de moins de 1 000 salariés.

Réponses à justifier

11 Le PSE doit obligatoirement contenir des mesures :

- ❍ **a.** de reclassement des salariés.
- ❍ **b.** de formation, d'évaluation des compétences, d'accompagnement du salarié.
- ❍ **c.** qui s'imposent au salarié licencié.

12 Le contrat de sécurisation professionnelle donne droit :

- ❍ **a.** automatiquement au versement d'une allocation.
- ❍ **b.** au versement d'une allocation uniquement sous conditions.
- ❍ **c.** au versement d'une allocation selon la taille de l'entreprise.

13 La priorité de réembauche ne peut s'appliquer que :

- ❍ **a.** si le salarié en fait explicitement la demande.
- ❍ **b.** si l'emploi visé est disponible.
- ❍ **c.** si le salarié n'a pas trouvé un emploi dans une autre entreprise.

14 Le contrôle de la validité d'un licenciement pour motif économique nécessite :

- ❍ **a.** de vérifier la suppression réelle du poste du salarié en cause.
- ❍ **b.** de vérifier le lien entre la suppression ou transformation de l'emploi et la cause économique.
- ❍ **c.** de vérifier le lien entre la suppression de l'emploi et le licenciement.

15 Le licenciement pour motif personnel est justifié par :

- ❍ **a.** une cause sérieuse qui peut être une faute ou un manquement aux obligations du salarié.
- ❍ **b.** une cause sérieuse qui doit être une faute, simple ou grave.
- ❍ **c.** une cause sérieuse qui peut être une faute professionnelle ou une insuffisance personnelle.

CAS PRATIQUE GUIDÉ

LICENCIEMENT POUR MOTIF PERSONNEL D'UN PILOTE DE LIGNE

Vincent est pilote de ligne pour la compagnie Air Toulouse depuis 7 ans. Récemment, après plusieurs plaintes de divers voyageurs, il a été licencié pour faute grave. Son employeur lui reproche d'avoir consommé de la drogue lors des escales, le rendant inapte à assurer son poste correctement. Vincent souhaite contester ce licenciement car il ne trouve pas la cause sérieuse. De plus, la procédure prévue dans le RI de l'entreprise n'a pas été respectée. Vincent a bien été convoqué à un entretien, mais aucun conseil de discipline n'a été consulté.

1. **Analysez la validité du licenciement de Vincent.**
2. **Indiquez quelles en seront les conséquences.**

CORRIGÉ

☑ **COMPÉTENCE ATTENDUE : Analyser la validité d'un licenciement pour motif personnel.**

Méthode

Lorsqu'un cas porte sur le licenciement, vous devez commencer par identifier la catégorie de licenciement en cause (pour motif personnel ou économique). Ensuite, vous devez vérifier à la fois le respect des conditions de fond (cause réelle et sérieuse) et de forme (procédure) quelle que soit la question posée.
Dans ce cas pratique, la formulation du sujet vous incite à vous prononcer à la fois sur la validité du motif de licenciement et sur le respect de la procédure.

1. Analysez la validité du licenciement de Vincent.

> **!** La réponse doit clairement faire apparaître, d'une part, les règles propres à la cause réelle et sérieuse et, d'autre part, les règles applicables à la procédure de licenciement. Vous pouvez faire l'application au fur et à mesure, ou en une seule fois dans la partie « application au cas » de votre réponse.

PRINCIPES JURIDIQUES

Le licenciement pour motif personnel est un licenciement lié à la personne du salarié. Il a pour motif soit une faute commise par le salarié dans l'exercice de ses fonctions, soit une situation ne permettant pas le maintien du contrat de travail (inaptitude, insuffisances professionnelles, etc.). La faute commise doit être suffisamment sérieuse pour justifier une rupture du contrat de travail. Les faits de la vie privée ne peuvent être un motif valable de licenciement sauf s'ils créent un trouble caractérisé au sein de l'entreprise. Le licenciement pour faute grave est prononcé en cas de faute commise par le salarié d'une telle gravité qu'elle ne permet pas le maintien du contrat de travail pendant la période de préavis. La faute lourde implique une intention de nuire de la part du salarié.
La procédure de licenciement pour motif personnel comporte plusieurs étapes : la convocation à un entretien, l'entretien, la notification du licenciement. Le règlement intérieur (RI) ou la convention collective peuvent prévoir une étape supplémentaire. Le non-respect de cette étape rend le licenciement sans cause réelle et sérieuse.

APPLICATION AU CAS

Concernant le motif du licenciement de Vincent, la consommation de drogue est un fait, même commis en dehors du temps de travail sur le temps d'escale, qui est d'une telle gravité qu'il crée forcément un trouble caractérisé au sein de l'entreprise. Il s'agit donc d'un motif valable de licenciement. La faute grave est retenue dans ce cas.
Concernant la procédure à respecter, le RI prévoyait l'avis d'un conseil de discipline. Le fait de ne pas avoir respecté cette étape dans la procédure rend le licenciement sans cause réelle et sérieuse.

2. Indiquez quelles en seront les conséquences.

PRINCIPES JURIDIQUES

Lorsque le licenciement est sans cause réelle et sérieuse, le juge prononce sa nullité. Le salarié a alors droit à réintégration mais n'est pas contraint d'accepter. S'il refuse la réintégration, il a droit à une indemnité égale à 6 mois de salaire, ainsi qu'aux indemnités liées à la rupture de son contrat de travail. Il perçoit également le versement de dommages et intérêts compensant le préjudice subi.

APPLICATION AU CAS

En l'espèce, du fait de son licenciement sans cause réelle et sérieuse, Vincent aura droit à réintégration dans son poste ou au versement d'une indemnité de réintégration et de rupture ainsi que des dommages et intérêts.

AUTOÉVALUATION

La grille d'autoévaluation ci-dessous vous permet d'évaluer votre niveau et de vérifier si vos réponses correspondent aux attendus de l'examen.

Questions	Niveau 1	Niveau 2	Niveau 3	Niveau 4
	Un premier élément de réponse, mais très incomplet, des erreurs, des contresens	*Des éléments de réponse isolés, des approximations et/ou de la paraphrase*	*Question comprise : des éléments de réponse pertinents mais incomplets au niveau des savoirs et/ou de l'application*	*Compétence attendue mobilisée avec mobilisation complète des savoirs associés à la compétence. Application pertinente.*
1. Analysez la validité du licenciement de Vincent. *(voir Sections I.A et B)*	❑ Vous avez décidé, à tort, que ce licenciement n'est pas valable car il concerne la vie privée du salarié. ❑ Vous n'avez pas analysé le déroulement de la procédure ou vous avez validé la procédure.	❑ Vous précisez les conditions de validité d'un licenciement pour motif personnel, mais votre application est fausse. ❑ Vous n'avez pas analysé le déroulement de la procédure en cause ici.	❑ Vous précisez les conditions de validité d'un licenciement pour motif personnel et votre application est juste. OU ❑ Vous précisez la procédure de licenciement pour motif personnel et vous en faites une application correcte.	❑ Vous précisez les conditions de validité du licenciement pour motif personnel ainsi que la procédure à suivre. ❑ Vous faites une application correcte au cas donné de la condition de validité de fond et de forme.
2. Indiquez quelles en seront les conséquences. *(voir Section I)*	❑ Vous ne précisez pas la nullité du licenciement. ❑ Vous n'indiquez pas que le licenciement n'est pas valable.	❑ Vous prononcez la nullité du licenciement mais vous n'indiquez pas les autres effets. ❑ Vous ne faites pas d'application au cas donné.	❑ Vous prononcez la nullité du licenciement et vous indiquez uniquement l'un des effets. ❑ Votre application au cas donné est incomplète.	❑ Vous prononcez la nullité du licenciement et vous indiquez tous les effets. ❑ Votre application au cas donné est complète.

EXERCICES

1 Licenciement pour motif personnel dans la société Wagner

20 min

COMPÉTENCE ATTENDUE : Analyser la validité d'un licenciement pour motif personnel.

Anne Respot a été engagée comme secrétaire comptable par l'entreprise de construction mécanique Wagner le 6 mars N – 6 qui emploie 125 salariés. Son mari, Jean-Pierre Respot, était déjà employé comme cadre dans cette même entreprise. Le 6 janvier N – 2, Jean-Pierre Respot a été licencié pour motif économique. N'ayant pas obtenu le versement de toutes les indemnités qui lui étaient dues, il a assigné la société Wagner en justice pour obtenir réparation le 15 décembre N – 1. Suite à cette procédure, le dirigeant de la société Wagner a décidé de licencier Anne Respot qui a reçu un courrier de convocation à un entretien le 15 janvier N, l'entretien étant programmé le 18 janvier. Le jour même, son employeur lui a remis une lettre de licenciement avec dispense d'exécution du préavis indiquant le motif suivant : « Il y a incompatibilité entre vos fonctions de secrétaire exercées dans les secrets de la vie de la société Wagner et le fait d'être l'épouse d'un ancien salarié qui nous attaque devant les tribunaux ».

1. **Vérifiez la validité du motif du licenciement d'Anne Respot.**
2. **Analysez la procédure suivie lors du licenciement d'Anne Respot.**
3. **Si Anne Respot exerce un recours en justice pour contester son licenciement, que pourra-t-elle espérer obtenir ?**

2 Licenciement pour motif économique au sein de la société CEPAP

20 min

COMPÉTENCE ATTENDUE : Apprécier la possibilité pour l'employeur d'avoir recours au licenciement pour motif économique dans un contexte donné.

La société Compagnie européenne de papeterie (CEPAP) est spécialisée dans la fabrication d'enveloppes et de documents de correspondance. Employant 57 salariés, elle connaît depuis plusieurs années quelques difficultés du fait du développement d'Internet. Pour faire face à la baisse de son chiffre d'affaires et maintenir la rentabilité de son entreprise, Michel Lamois, dirigeant de CEPAP, a décidé de procéder à une réorganisation. Pour cela, il a proposé à 6 salariés la modification de leurs contrats de travail (modification des tâches et réduction de la rémunération). Damien Panetier fait partie des salariés auxquels cette proposition a été faite. Il souhaite refuser mais se demande quelles en seraient alors les conséquences.

1. **Identifiez la décision que pourrait prendre Michel Lamois en cas de refus par Damien Panetier de la modification de son contrat de travail.**
2. **Indiquez la procédure que devra alors suivre Michel Lamois.**

3 Gestion des licenciements au sein de la société Euryl

30 min

COMPÉTENCE ATTENDUE : Apprécier la possibilité pour l'employeur d'avoir recours au licenciement pour motif économique dans un contexte donné.

La société Euryl fabrique des sièges et des canapés de relaxation en cuir et simili cuir. La société compte au total 104 salariés répartis dans différents établissements en France.

Récemment, la direction a envisagé le licenciement économique de plusieurs salariés répartis dans les différents établissements. En effet, le chiffre d'affaires est en baisse et le bénéfice se réduit de plus en plus. Cette année, les actionnaires ne pourront pas percevoir de dividendes. Ainsi, il est envisagé de licencier près de 25 salariés, sans négociation ni discussion préalable. En l'absence de CSE, les revendications sont présentées par les représentants syndicaux qui menacent de déclencher un mouvement de grève.

1. **Présentez les étapes à respecter par la direction pour mettre en place la procédure de licenciement économique.**
2. **Analysez l'obligation de reclassement à la charge de l'employeur.**

CAS DE SYNTHÈSE

LICENCIEMENT COLLECTIF POUR MOTIF ÉCONOMIQUE DANS LA SOCIÉTÉ PLASTIC

45 min

☑ COMPÉTENCES ATTENDUES : **Apprécier la possibilité pour l'employeur d'avoir recours au licenciement pour motif économique dans un contexte donné. Exploiter une documentation juridique relative aux obligations de l'employeur dans le cadre d'un licenciement pour motif économique. Décrire la procédure de validation du plan de sauvegarde de l'emploi (PSE) et ses conséquences.**

Mise en situation

La société Plastic est une société spécialisée dans la fabrication de plastiques pour emballages divers. Située à Royan (17), elle comporte 127 salariés et son capital social est de 584 000 euros. Dirigée par Nathan Malan, elle connaît des difficultés depuis deux ans nécessitant une réduction des effectifs.

En effet, Nathan Malan n'a pas su adapter son entreprise aux nouvelles exigences environnementales favorisant le plastique recyclable. Le 1er mars, il a été contraint de licencier 5 salariés qui refusaient une modification de leur contrat de travail dans le cadre d'une réorganisation de l'entreprise. Le 22 mars, il en a licencié à nouveau 6 pour suppression de leur poste de travail du fait du même projet de réorganisation.

Alexis Morelle est chef d'équipe et représentant élu du CSE. Il s'étonne de la procédure suivie par Nathan qui n'a pas consulté le CSE avant de décider de ces licenciements et qui n'a mis en place aucun dispositif pour aider les salariés à retrouver un emploi. Un mouvement de contestation est en train de se développer au sein de la société Plastic et Alexis Morelle envisage d'inciter les salariés concernés par ces licenciements à en contester la validité.

Outre le non-respect de la procédure, Alexis considère que Nathan Malan n'a pas pris les bonnes décisions de gestion au bon moment et qu'il aurait dû privilégier les investissements au sein de la société Plastic pour permettre une modernisation de l'outil de production. Vous faites votre stage au sein de la DREETS et êtes chargé de répondre aux questions qu'Alexis a posées.

1. **Vérifiez la validité des licenciements décidés par Nathan Malan au regard de la procédure suivie.**
2. **À l'aide des documents fournis dans la base documentaire, analysez les obligations de l'employeur en cas de licenciement économique et tirez-en les conséquences pour les salariés de la société Plastic.**

3. **Analysez l'argument de fond invoqué par Alexis Morelle en prenant appui sur la jurisprudence fournie dans le document 2.**

Vous disposez ci-dessous d'une base documentaire pour étayer vos analyses.

BASE DOCUMENTAIRE

Document 1 – Article L. 1233-4 du Code du travail

Le licenciement pour motif économique d'un salarié ne peut intervenir que lorsque tous les efforts de formation et d'adaptation ont été réalisés et que le reclassement de l'intéressé ne peut être opéré sur les emplois disponibles, situés sur le territoire national dans l'entreprise ou les autres entreprises du groupe dont l'entreprise fait partie et dont l'organisation, les activités ou le lieu d'exploitation assurent la permutation de tout ou partie du personnel.

Document 2 – Article L. 1233-22

L'accord prévu à l'article L. 1233-21 fixe les conditions dans lesquelles le comité social et économique :

1° Est réuni et informé de la situation économique et financière de l'entreprise ;

2° Peut formuler des propositions alternatives au projet économique à l'origine d'une restructuration ayant des incidences sur l'emploi et obtenir une réponse motivée de l'employeur à ses propositions ;

3° Peut recourir à une expertise.

Document 3 – Arrêt de la Cour de cassation n° 18-23029 du 4 novembre 2020

Attendu que si la faute de l'employeur à l'origine de la menace pesant sur la compétitivité de l'entreprise rendant nécessaire sa réorganisation est de nature à priver de cause réelle et sérieuse les licenciements consécutifs à cette réorganisation, l'erreur éventuellement commise dans l'appréciation du risque inhérent à tout choix de gestion ne caractérise pas à elle seule une telle faute ;

Attendu, selon les arrêts attaqués, que MM. W.., P.., S.., et L... et Mme C.., salariés de la société Pages jaunes, ont été licenciés pour motif économique entre le 30 avril et le 11 août 2014 après avoir refusé la modification de leur contrat de travail pour motif économique proposée dans le cadre de la réorganisation de l'entreprise ayant donné lieu à un plan de sauvegarde de l'emploi contenu dans un accord collectif majoritaire signé le 20 novembre 2013 et validé par le directeur régional des entreprises, de la concurrence, de la consommation, du travail et de l'emploi d'Île-de-France le 2 janvier 2014 ; que par arrêt du 22 octobre 2014, statuant sur le recours d'un autre salarié, une cour administrative d'appel a annulé cette décision de validation, au motif que l'accord du 20 novembre 2013 ne revêtait pas le caractère majoritaire requis par les dispositions de l'article L. 1233-24-1 du Code du travail ; que le Conseil d'État a, le 22 juillet 2015, rejeté les pourvois formés contre cet arrêt ; que les salariés ont saisi la juridiction prud'homale pour voir juger sans cause réelle et sérieuse leur licenciement pour motif économique ;

Attendu que pour condamner la société Pages jaunes à verser aux salariés diverses sommes à titre de dommages-intérêts pour licenciement sans cause réelle et sérieuse et ordonner le remboursement à l'organisme concerné des indemnités de chômage payées aux salariés dans la limite de trois mois d'indemnités, les arrêts retiennent que la société Pages jaunes est une filiale à 100 % au sens de l'article L. 233-1 du Code de commerce de Pages jaunes groupe, aujourd'hui dénommé Solocal ; que dans le cadre d'une opération de rachat d'entreprise par endettement, dite « LBO » pour *leverage buy-out*, l'utilisation des ressources financières du groupe, constituées essentiellement par les ressources financières de la société Pages jaunes, n'a été possible que parce que cette dernière a accepté de prendre des décisions permettant de nourrir les besoins de sa holding, laquelle a ainsi asséché la source de financement des

nécessaires et incontournables investissements stratégiques, alors même que l'essor d'un marché « V... » et la multiplication d'entreprises au modèle innovant ou spécialisées ayant une activité concurrentielle nécessitaient de proposer des prestations spécialisées et adaptées ; que la société Pages jaunes ne met pas la cour en mesure de considérer que l'inadaptation de son organisation à la nouvelle configuration du marché de la publicité et la dégradation de la situation économique qui s'en est suivie ne résultent pas de l'incapacité dans laquelle elle se trouvait depuis 2006 et l'opération dite « LBO », du fait de la mise à disposition de ses liquidités en 2006 et des versements continus de dividendes opérés jusqu'en 2011, de financer les évolutions nécessaires à la mise en place de barrières à l'entrée dans un marché évoluant très rapidement et de faire les indispensables investissements en recherche et développement depuis 2008 ; que dès lors le péril encouru en 2014 par la compétitivité de l'entreprise au moment de la mise en œuvre de la procédure de licenciement n'est pas dissociable de la faute de la société Pages jaunes, caractérisée par des décisions de mise à disposition de liquidités empêchant ou limitant les investissements nécessaires, ces décisions pouvant être qualifiées de préjudiciables comme prises dans le seul intérêt de l'actionnaire, et ne se confondant pas avec une simple erreur de gestion ;
Qu'en statuant ainsi, par des motifs insuffisants à caractériser la faute de l'employeur à l'origine de la menace pesant sur la compétitivité de l'entreprise, la cour d'appel a violé le texte susvisé ;
PAR CES MOTIFS, la Cour : CASSE ET ANNULE, mais seulement en ce qu'ils condamnent la société Pages jaunes à verser, à titre de dommages-intérêts pour licenciement sans cause réelle et sérieuse, à MM. W... et L... la somme de 70 000 euros chacun, à MM. P.. et S.. la somme de 90 000 euros chacun, à Mme C... la somme de 60 000 euros, ordonnent le remboursement à l'organisme les ayant servies, des indemnités de chômage payées à ces salariés dans la limite de trois mois d'indemnités, les arrêts rendus le 2 août 2018, entre les parties, par la cour d'appel de Caen.

CHAPITRE 17

Les autres modes de rupture

À l'issue de ce chapitre,

• vous serez capable :

❒ de déterminer le mode de rupture adapté à une situation donnée.

• vous saurez identifier :

❒ les autres modes de rupture du contrat de travail : la démission, la prise d'acte de la rupture, la rupture conventionnelle, la force majeure, la résiliation judiciaire, le départ et la mise à la retraite.

Mettez-vous en situation

Marjolaine est vendeuse dans un magasin de vêtements vintage recyclés d'une enseigne nationale. Récemment, elle a eu plusieurs altercations avec le nouveau gérant du magasin qui la trouve incompétente et lui a fait plusieurs remarques sexistes. Elle hésite à donner sa démission. Son ami, Théo, étudiant en DCG, lui conseille plutôt de négocier une rupture individuelle homologuée.

Marjolaine s'interroge sur la meilleure option à choisir d'autant plus qu'elle vient d'apprendre que la société gérant cette enseigne prévoyait la négociation d'un accord collectif de rupture conventionnelle collective.

Conseillez-lui le mode de rupture le mieux adapté à sa situation.

I. La démission

A La notion de démission

Définition : La démission est la rupture du contrat de travail ayant pour origine la volonté unilatérale du salarié.

La notion de démission contient deux éléments déterminants : un acte unilatéral du salarié et une volonté libre.

1. Un acte unilatéral de volonté émanant du salarié

La démission est un **acte unilatéral émanant du salarié**. Elle doit donc être distinguée des accords mettant fin au contrat de travail conclus entre l'employeur et le salarié.

Elle met fin au contrat sans que l'employeur n'ait besoin de donner son accord. Cependant, il peut renoncer à se prévaloir de la démission et considérer qu'il y a eu licenciement. Ce renoncement doit être exprès et non équivoque. La démission peut intervenir par tout moyen (écrit ou oral), aucune procédure spécifique n'étant imposée par la loi.

2. Une volonté libre, sérieuse et non équivoque

L'existence d'un acte de volonté n'est pas suffisante en elle-même. En l'absence de tout formalisme, il peut parfois être difficile de s'assurer de l'existence ou non d'une démission.

Tableau 17.1 **Les trois critères jurisprudentiels**

Critères	Applications	Effets
Une volonté claire et non équivoque	– Le comportement du salarié ne suffit pas à déduire la volonté de démissionner. – Appréciation au cas par cas par le juge.	En cas de volonté équivoque, la démission n'est pas retenue comme motif de rupture. Ex. : démission sous la menace d'un licenciement pour faute grave.
Une volonté libre	– Émise librement par le salarié. – Prise en compte de la contrainte exercée par l'employeur. – Prise en compte du comportement fautif de l'employeur amenant à la démission.	L'absence de volonté libre permet de requalifier la rupture en licenciement sans cause réelle et sérieuse. Ex. : démission dans le cadre d'une situation de harcèlement.
Une volonté sérieuse	– Non-prise en compte des mouvements d'humeur. – Prise en compte de la rétractation dans un délai raisonnable.	Absence de démission en cas de rétractation dans un délai raisonnable. Ex. : rétractation le lendemain suite à une démission faite sous le coup de la colère.

B Le régime juridique de la démission

En principe, le salarié est libre de démissionner à tout moment, sans motif ni autorisation de son employeur.
Il existe deux limites :

- **L'abus de droit.** Si la démission est abusive, elle donne droit au versement de dommages et intérêts au profit de l'employeur pour compenser le préjudice subi. Le nouvel employeur peut être condamné solidairement à réparer le préjudice subi par l'ancien employeur, s'il est intervenu dans la rupture ou a embauché le salarié alors qu'il le savait déjà lié par un autre contrat de travail.
- **Les limites conventionnelles.** Le contrat de travail peut prévoir une clause de dédit-formation imposant au salarié le remboursement de la formation engagée en cas de départ avant une certaine date et limitant ainsi sa liberté de démissionner.

Un préavis en cas de démission peut être prévu par la loi, la convention collective ou les usages. Il ne peut être prévu ni par le contrat de travail ni par le RI [voir Chapitre 18].
En principe, la démission ne donne pas droit au versement de l'aide au retour à l'emploi (ARE) sauf si l'on se trouve dans l'un des 17 cas de démission légitime prévus par le régime d'assurance-chômage [voir Chapitre 25]. On trouve notamment des motifs pour raison privée (suivre son conjoint) ou pour motif personnel (non-paiement des salaires, créer ou reprendre une entreprise).

II. Les accords de rupture

La rupture du contrat de travail peut également trouver son origine dans un accord entre le salarié et l'employeur (rupture conventionnelle homologuée ou accord collectif).

A La rupture conventionnelle homologuée

Définition : La rupture conventionnelle homologuée est la rupture du contrat de travail à la suite d'un commun accord entre le salarié et l'employeur.

Mise en place par la loi de modernisation du marché du travail du 25 juin 2008, la rupture conventionnelle homologuée se matérialise par la signature d'une convention entre l'employeur et le salarié, convention qui, de plus, doit être homologuée par le directeur départemental du travail – ou autorisée par l'inspecteur du travail pour les salariés protégés.

1. Champ d'application

En principe, la rupture conventionnelle homologuée est applicable à tout salarié, y compris les salariés protégés.
La jurisprudence a validé cette rupture en cas d'arrêt pour maladie ou accident (quelle qu'en soit l'origine, professionnelle ou non).
Depuis l'arrêt n° 14-10149 de la Cour de cassation du 25 mars 2015, ce mode de rupture est également accepté pour la salariée enceinte ou en congé maternité (sous réserve d'un vice de consentement).
Cependant, la loi exclut l'utilisation de ce mode de rupture dans le cadre d'accords collectifs de **GEPP** et de **PSE**.
Enfin, ce type de rupture n'entre pas en compte dans l'appréciation du licenciement économique de plus de 10 salariés.

> **!** La rupture conventionnelle homologuée ne s'applique qu'aux contrats conclus à durée indéterminée. Elle n'est pas prévue parmi la liste des cas de rupture anticipée d'un CDD [voir Chapitre 7].

> **!** La rupture conventionnelle homologuée ne doit pas être utilisée pour contourner la loi et échapper au respect de la procédure en cas de licenciement collectif pour motif économique. La notion de bonne foi est importante.

2. Procédure

La procédure permettant une rupture conventionnelle homologuée comporte trois étapes.

Figure 17.1 Les trois étapes à respecter

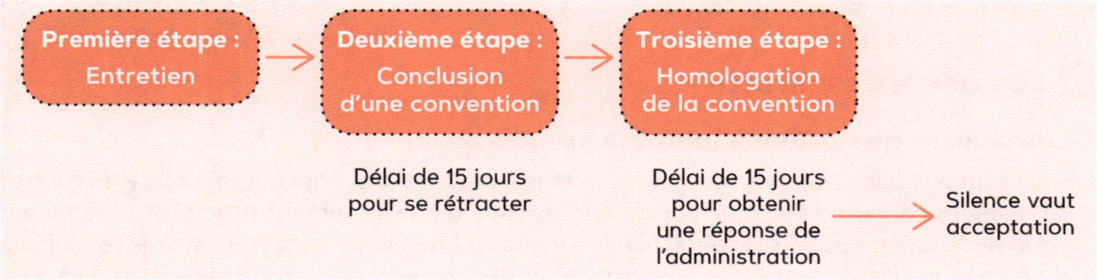

- **Première étape : l'entretien.** L'employeur doit mettre en place un ou plusieurs entretiens avec le salarié pour convenir du principe et des modalités de la rupture conventionnelle. Aucune règle de forme sur la convocation ni sur le déroulement de ces entretiens n'est imposée par la loi. Le salarié peut se faire assister par un représentant du personnel, un autre salarié ou, en l'absence de représentant dans l'entreprise, par un conseiller du salarié. De son côté, l'employeur ne peut être assisté que si le salarié a choisi de l'être, et uniquement par un salarié de l'entreprise. La loi exclut expressément, pour les deux parties, la possibilité de se faire assister par un avocat.
- **Deuxième étape : la conclusion d'une convention.** La convention doit définir les conditions de la rupture. Elle doit notamment indiquer le montant de l'indemnité spécifique de rupture qui ne peut être inférieure à l'indemnité légale de licenciement, ainsi que la date de la rupture, au plus tôt le lendemain du jour de l'homologation. À compter de la date de signature de la convention, l'employeur et le salarié disposent chacun d'un délai de 15 jours calendaires pour se rétracter. Cette rétractation doit se faire par courrier. Le processus de rupture conventionnelle est alors rompu et la relation de travail doit en principe se poursuivre.
- **Troisième étape : l'homologation de la convention.** L'homologation est réalisée par le directeur de la DREETS dont relève l'établissement où est employé le salarié. À l'issue du

délai de rétractation, la demande d'homologation est transmise par l'une des parties par l'intermédiaire d'un formulaire auquel est joint un exemplaire signé de la convention de rupture. Si la rupture concerne un salarié protégé, le formulaire doit être renvoyé, par l'employeur, à l'inspecteur du travail afin qu'il donne son autorisation. La DREETS dispose d'un délai de 15 jours ouvrables pour répondre. À défaut, le silence vaut acceptation. Le contrôle ne porte pas sur les motifs de la rupture, mais uniquement sur le respect de la procédure conventionnelle et du consentement des parties.

> **!** À compter du 01/04/2022, le recours au téléservice est obligatoire pour effectuer la demande d'homologation de la rupture conventionnelle.

3. Effets

Le salarié bénéficie de l'indemnité de rupture prévue par la convention. Son montant ne peut pas être inférieur à l'indemnité légale de licenciement. Le salarié dont le contrat a fait l'objet d'une rupture conventionnelle homologuée peut bénéficier de l'ARE, s'il remplit les conditions requises. En cas de contentieux, le recours doit avoir lieu dans un délai de 12 mois maximum devant le conseil de prud'hommes.

Depuis un arrêt de la Cour de cassation du 15 octobre 2014 (n° 11-22251), la rupture amiable ou rupture conventionnelle non homologuée n'est plus valable que dans les cas prévus par la loi : rupture d'un CDD, rupture d'un contrat d'apprentissage, départ volontaire à la suite d'un accord sur la GEPP ou dans le cadre d'un PSE. Dans les autres cas, si cette rupture n'est pas homologuée, elle est requalifiée par le juge de licenciement sans cause réelle et sérieuse.

> **!** Le recours exercé contre la décision de l'inspecteur du travail se fait dans le cadre d'un recours gracieux hiérarchique ou devant le TA.

B Les accords collectifs

1. Les clauses de rupture imputable au salarié

Les conventions collectives peuvent prévoir certaines clauses précisant que la rupture du contrat sera « imputable au salarié » en cas de **survenance d'un événement précis**, et notamment lorsque ce dernier n'a pas respecté certaines conditions. La Cour de cassation se réserve toujours le droit de requalifier la rupture en licenciement et d'en rechercher la cause réelle et sérieuse.

Exemple : Rupture du contrat de travail en cas d'absence non justifiée dans les 48 heures.

2. Les départs négociés

La notion de départ négocié concerne une **offre collective de prime** faite par l'employeur à ceux qui décideraient de résilier leur contrat de travail. La Cour de cassation reconnaît la validité de ces départs négociés. Cependant, cela ne dispense pas l'employeur de respecter les procédures d'information et de consultation des représentants du personnel prévues dans le cas des licenciements collectifs.

L'ordonnance n° 2017-1387 du 22 septembre 2017 a créé un nouveau mode de rupture collective, la **rupture conventionnelle collective** et a modifié le **congé de mobilité** permettant également une rupture du contrat de travail d'un commun accord.

Définition : La rupture conventionnelle collective permet de prévoir, dans le cadre d'un accord collectif, la rupture des contrats de travail de salariés volontaires.

Cet accord collectif est un **accord d'entreprise majoritaire** [voir Chapitre 21] validé par la DREETS après information préalable du CSE. Tout salarié souhaitant adhérer à ce départ volontaire peut proposer sa candidature à l'employeur. L'acceptation entraîne la rupture du contrat d'un commun accord permettant la suppression des emplois concernés.

L'intérêt de ce type d'accord est de permettre la rupture des contrats des salariés en l'absence de toute difficulté économique contrairement à la rupture obtenue dans le cadre d'un PSE.

Définition : Le congé de mobilité permet au salarié de bénéficier d'actions de formation et de périodes de travail dans l'entreprise ou en dehors afin de favoriser un retour à l'emploi par l'acquisition de nouvelles compétences.

Ce congé de mobilité peut être mis en place dans les entreprises d'au moins 300 salariés dans le cadre d'un accord collectif portant sur la GEPP ou d'un accord de rupture conventionnelle collective. À l'issue du congé, le contrat de travail est rompu d'un commun accord (il ne s'agit donc pas d'une démission ni d'un licenciement). Le salarié aura droit à l'ARE.
L'accord collectif détermine les conditions de ce congé (durée, modalités d'adhésion, conditions d'adhésion, niveau de rémunération, etc.). Le salarié peut refuser librement d'adhérer au congé de mobilité.

III. La retraite

La Cour de cassation considère nulle toute clause d'une convention, d'un accord collectif ou d'un contrat de travail prévoyant une rupture de plein droit du contrat de travail d'un salarié en raison de son âge ou du fait qu'il serait en droit de bénéficier d'une pension de vieillesse. Seules sont autorisées les clauses favorisant la situation du salarié.

Définition : La retraite est un mode de rupture du contrat de travail du fait de l'âge du salarié. On distingue la mise à la retraite qui a pour origine une décision prise par l'employeur du départ à la retraite qui est décidée par le salarié.

A La mise à la retraite

1. Conditions

Tableau 17.2 **Conditions de départ à la retraite**

Conditions de fond	Conditions de forme
– Décision de l'employeur dès lors que le salarié a atteint l'âge minimum permettant de bénéficier de la retraite à taux plein fixé à 67 ans (selon la date de naissance du salarié et en l'état actuel des textes). – Refus possible du salarié. Obligation pour l'employeur de le consulter chaque année par écrit, au moins 3 mois avant son anniversaire. – Mise à la retraite d'office possible à partir de 70 ans sans justification.	– Absence d'entretien préalable. – Notification obligatoire par écrit de la décision de mise à la retraite. À défaut, requalification en licenciement sans cause réelle et sérieuse. – Procédure spécifique vis-à-vis du salarié protégé.

2. Droits et indemnités

Le salarié a droit à un **préavis** dont la durée est égale à celle du préavis de licenciement sauf convention collective plus favorable (préavis plus long). L'indemnité de mise à la retraite est au moins égale à l'indemnité légale de licenciement [voir Chapitre 16]. Lorsque la mise à la retraite résulte de l'application d'un plan social, elle doit respecter la procédure du licenciement économique. Cependant, les salariés bénéficient de l'indemnité de mise à la retraite et non de l'indemnité conventionnelle de licenciement, sauf PSE contraire.

B Le départ à la retraite

Tout salarié peut décider lui-même de partir à la retraite dès qu'il a atteint l'âge lui donnant droit à une pension de vieillesse. L'âge légal de départ à la retraite est fixé à 62 ans (pour les salariés

nés à partir de 1955). Il s'agit d'un droit et non d'une obligation. Le salarié peut donc décider de prolonger au-delà de l'âge légal de départ à la retraite.
Le salarié qui part à la retraite bénéficie d'une **indemnité de départ**. Elle est due même en cas de non-respect du préavis. Le montant de cette indemnité est égal à 1/2 mois de salaire après 10 ans d'ancienneté ; 1 mois après 15 ans ; 1 mois et demi après 20 ans ; 2 mois après 30 ans.
Le salarié qui part à la retraite doit respecter un **préavis** d'une durée égale à celui fixé en cas de licenciement.

IV. La force majeure et la résiliation judiciaire

A La force majeure

Définition : La force majeure est un événement imprévisible, insurmontable et extérieur.

La force majeure est un événement :
- **Imprévisible**. Il ne résulte ni d'une faute ni du risque économique que l'entrepreneur a accepté de prendre.
- **Insurmontable**. Il s'agit d'une impossibilité absolue d'exécution et non simplement d'une exécution plus difficile ou plus onéreuse.
- **Extérieur**. Il ne dépend pas de la volonté des parties.

Le contrat de travail est rompu immédiatement. L'employeur n'a pas à respecter le préavis, ni à verser une indemnité compensatrice, ni à mettre en place la procédure de licenciement ou à payer l'indemnité de licenciement. Cependant, dans les cas où la rupture résulte d'un sinistre, le salarié touche tout de même une indemnité.
La force majeure est **rarement reconnue par la jurisprudence**. Ainsi, ne sont pas considérés comme étant un cas de force majeure l'incarcération du salarié, le non-renouvellement d'une carte de séjour d'un travailleur étranger, l'hospitalisation ou le décès de l'employeur, l'inaptitude du salarié et la fermeture de l'entreprise pour cause économique. Dans tous ces cas, la rupture est constitutive d'un **licenciement** donnant droit au versement d'une indemnité.

B La résiliation judiciaire et la prise d'acte de la rupture

1. À l'initiative de l'employeur

Utilisée pendant longtemps par l'employeur, la résiliation judiciaire à la demande de l'employeur n'est plus possible depuis des arrêts de la Cour de cassation de 2000. L'employeur doit recourir à son **pouvoir disciplinaire** et prononcer le licenciement de l'intéressé dès lors qu'il existe une **cause réelle et sérieuse** pouvant le justifier. La résiliation judiciaire reste possible en matière de rupture du CDD pour inaptitude et impossibilité de reclassement ou en matière de rupture du contrat d'apprentissage [voir Chapitre 7].

2. À l'initiative du salarié

Lorsque l'employeur n'exécute pas ses obligations, le salarié peut demander la résiliation judiciaire du contrat de travail devant le conseil de prud'hommes. Si elle est prononcée (motifs suffisamment graves), elle sera alors assimilée à un **licenciement sans cause réelle et sérieuse** donnant droit au versement de diverses indemnités (indemnité de licenciement, indemnité compensatrice de préavis, etc.).
Le salarié peut également faire un recours pour prise d'acte de la rupture de son contrat de travail.

Définition : La prise d'acte de la rupture de son contrat de travail est le fait, pour un salarié, de mettre fin à son contrat de travail de façon unilatérale en mettant cette rupture à la charge de l'employeur.

La prise d'acte de la rupture est une rupture unilatérale à l'initiative du salarié qu'il va demander au juge de requalifier en licenciement sans cause réelle et sérieuse. Elle a lieu en cas de non-respect, par l'employeur, d'une obligation déterminante.

Le juge étudiera les faits pour vérifier :

- si l'employeur a en effet manqué au respect de l'une de ses obligations ;
- si ce manquement est qualifié de suffisamment grave pour empêcher la poursuite du contrat et entraîner sa rupture.

! À défaut, cette rupture sera considérée comme étant une démission.

Exemple : Harcèlement ou discrimination, non-paiement de tout ou partie du contrat, modification du contrat sans accord du salarié.

Tableau 17.3 Différences entre résiliation judiciaire et prise d'acte de la rupture

	Résiliation judiciaire	Prise d'acte de la rupture
Situation du salarié	Le contrat de travail existe toujours lorsque le salarié fait sa demande devant le juge.	Le contrat a été rompu de façon unilatérale par le salarié avant de présenter sa demande devant le juge.
Procédure	Saisine du conseil des prud'hommes.	Notification à l'employeur par LRAR Puis saisine du Conseil des prud'hommes
Effets du rejet de la demande par le juge en cas d'absence de manquement ou manquement non grave.	Le contrat de travail existe toujours. Le salarié peut retourner travailler.	Le contrat de travail a été rompu. La rupture est assimilée à une démission.

La résiliation judiciaire se différencie de la prise d'acte de la rupture par le salarié du fait de ses effets. Dans le cas de la résiliation judiciaire, le contrat de travail se poursuit jusqu'à la décision du juge, tandis que dans le cas de la prise d'acte, le contrat a déjà été rompu. Si la résiliation judiciaire est refusée, le salarié retrouve son contrat de travail contrairement à la prise d'acte de la rupture.

SYNTHÈSE

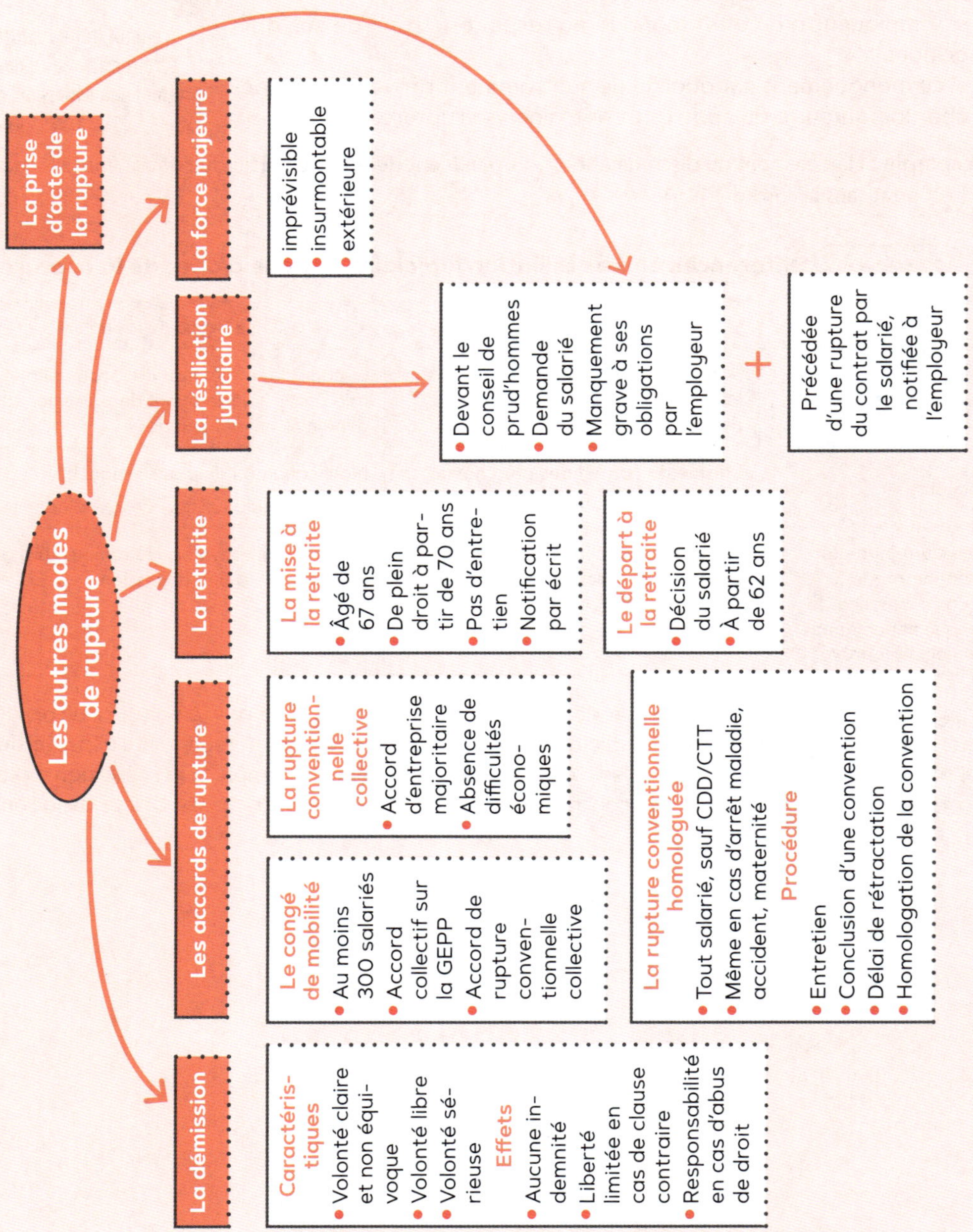

Faites le point sur les notions clés : démission p. 273, rupture conventionnelle homologuée p. 274, rupture conventionnelle collective p. 276, congé de mobilité p. 277, retraite p. 277, force majeure p. 278, prise d'acte de la rupture p. 278.

Révisez avec les flashcards

www.lienmini.fr/dcg03-34

QCM

Réponse unique

QCM interactif

www.lienmini.fr/dcg03-35

1 La démission doit faire l'objet d'une volonté :
- ❍ **a.** libre du salarié.
- ❍ **b.** sérieuse du salarié.
- ❍ **c.** libre, claire et non équivoque du salarié.

2 La mise à la retraite s'impose au salarié :
- ❍ **a.** à partir de 70 ans.
- ❍ **b.** à partir de 67 ans.
- ❍ **c.** à partir de 62 ans.

3 La force majeure a pour effet :
- ❍ **a.** une rupture du contrat de travail après respect d'un préavis.
- ❍ **b.** une rupture immédiate du contrat de travail.
- ❍ **c.** une suspension du contrat de travail.

4 La résiliation judiciaire est :
- ❍ **a.** un mode de rupture du contrat de travail.
- ❍ **b.** un mode de rupture du contrat de travail uniquement à la demande de l'employeur.
- ❍ **c.** un mode de rupture du contrat de travail uniquement à la demande du salarié.

5 La rupture conventionnelle homologuée est :
- ❍ **a.** une rupture unilatérale à l'initiative du salarié.
- ❍ **b.** une rupture unilatérale à l'initiation de l'employeur.
- ❍ **c.** une rupture d'un commun accord entre le salarié et l'employeur.

Plusieurs réponses possibles

6 Le salarié est libre de démissionner à tout moment :
- ❍ **a.** sauf en cas d'abus de droit créant un préjudice pour l'employeur.
- ❍ **b.** sauf en cas de clause de dédit-formation.
- ❍ **c.** sauf en cas de clause pénale.

7 La rupture conventionnelle homologuée est possible :
- ❍ **a.** pour n'importe quel contrat de travail, CDD ou CDI, temps plein ou temps partiel.
- ❍ **b.** en cas d'arrêt maladie professionnelle ou non.
- ❍ **c.** en cas de congé de maternité.

8 La rupture conventionnelle collective implique ;
- ❍ **a.** l'existence de difficultés économiques avérées ou futures.
- ❍ **b.** la signature d'un accord collectif majoritaire.
- ❍ **c.** une demande volontaire du salarié souhaitant quitter l'entreprise.

9 La mise à la retraite n'est possible que :
- ❍ **a.** avec l'accord du salarié.
- ❍ **b.** après un entretien préalable.
- ❍ **c.** à partir de 70 ans.

10 La résiliation judiciaire est une demande :

❍ **a.** acceptée plus facilement si elle est à la demande du salarié que de l'employeur.
❍ **b.** qui doit être justifiée par des motifs suffisamment graves pour être acceptée par le juge.
❍ **c.** faite par le salarié après avoir rompu son contrat de travail suite à une faute de l'employeur.

Réponses à justifier

11 Le congé de mobilité doit :

❍ **a.** être prévu dans un accord collectif.
❍ **b.** comporter une formation, ou VAE.
❍ **c.** comporter une formation et des périodes de travail.

12 La rupture conventionnelle homologuée nécessite :

❍ **a.** le respect d'aucune procédure particulière sauf la signature de l'employeur.
❍ **b.** le respect d'une procédure impliquant une homologation par le CSE.
❍ **c.** le respect d'une procédure impliquant une homologation par la DREETS.

13 La démission sera requalifiée en prise d'acte de la rupture si :

❍ **a.** elle a été faite par le salarié sans volonté libre.
❍ **b.** elle a été faite par le salarié de façon équivoque.
❍ **c.** elle a été faite par le salarié sans volonté sérieuse.

14 La prise d'acte de la rupture :

❍ **a.** est un autre terme pour désigner la notion de rupture du contrat de travail par le juge.
❍ **b.** est différente de la résiliation judiciaire car elle n'est pas faite au même moment.
❍ **c.** peut être demandée soit par le salarié soit par l'employeur.

15 Le départ à la retraite décidée par le salarié :

❍ **a.** peut se faire à tout moment.
❍ **b.** nécessite d'avoir cotisé suffisamment de trimestres.
❍ **c.** implique d'avoir atteint un âge minimal.

— • CAS PRATIQUE GUIDÉ • —

RUPTURE CONVENTIONNELLE HOMOLOGUÉE AU SEIN DE LA SOCIÉTÉ BÂTIMENT ET GÉNIE CIVIL

La société Bâtiment et Génie civil emploie 52 salariés. Récemment, Benoît Lavorde a été amené à rompre plusieurs contrats de travail. Ayant entendu parler de la rupture conventionnelle comme nouveau mode de rupture d'un contrat de travail, il a décidé, pour gagner du temps, de mettre au point des formulaires de rupture. Le salarié n'a qu'à cocher une case « J'accepte la rupture du contrat » et à signer. L'employeur homologue lui-même la rupture avec sa signature.

Le contrat d'André, maçon depuis 5 ans dans cette entreprise, a été rompu suivant cette procédure sur laquelle il se pose des questions.

1. **Vérifiez la validité de la procédure retenue par Benoît Lavorde.**
2. **Présentez les effets qu'aurait la rupture du contrat d'André si elle était réalisée en suivant la procédure adaptée.**

CORRIGÉ

☑ **COMPÉTENCE ATTENDUE : Déterminer le mode de rupture adapté à une situation donnée.**

1. Vérifiez la validité de la procédure retenue par Benoît Lavorde.

Méthode

Cette question nécessite une réponse en deux temps : vous devez d'abord définir la rupture conventionnelle homologuée, puis en donner les principales caractéristiques. Vous pourrez ensuite appliquer ces conditions au cas donné pour vérifier la validité de cette procédure.
Pensez à tenir compte de toutes les informations données dans le sujet pour faire une application complète.

PRINCIPES JURIDIQUES

La rupture conventionnelle homologuée est une convention signée par l'employeur et le salarié par laquelle ils conviennent de rompre le contrat de travail. Elle doit respecter trois étapes : un entretien, la signature d'une convention entre le salarié et l'employeur et une homologation par la DREETS. L'entretien permet aux parties de se mettre d'accord sur cette modalité de rupture et le contenu de la convention. Cette dernière doit préciser les conditions de la rupture du contrat. Les parties disposent d'un délai de 15 jours de rétractation à compter de la signature de la convention. Enfin, le directeur de la DREETS homologue la convention ; il vérifie le consentement du salarié et le respect des conditions de forme.
Lorsque la rupture du contrat de travail ne respecte pas les modalités de rupture prévues par la loi, elle est requalifiée par le juge de licenciement sans cause réelle et sérieuse. Le non-respect d'une des conditions de validité de la rupture conventionnelle homologuée a pour effet le versement de dommages et intérêts pour préjudice subi ainsi que plusieurs types d'indemnités [voir Chapitre 18].

APPLICATION AU CAS

En l'espèce, la procédure mise en place par Benoît Lavorde ne respecte pas les conditions propres à une rupture conventionnelle homologuée. Le contenu de la convention signée par le salarié et l'employeur doit être déterminé d'un commun accord. Il ne peut être imposé par l'employeur dans le cadre d'un formulaire prérempli. De plus, Benoît Lavorde n'a pas prévu d'entretien préalable pour s'assurer du consentement des salariés concernés. Pour finir, seul le directeur du travail peut homologuer une telle convention. Elle devra donc être transmise à la DREETS et la signature de l'employeur n'a pas valeur d'homologation.
En l'état, la procédure suivie par Benoît Lavorde n'est pas valable et ne peut constituer une rupture conventionnelle homologuée.
André pourra contester la validité de la rupture de son contrat de travail devant le Conseil de prud'hommes et obtenir ainsi le versement d'indemnités et de dommages et intérêts car elle sera considérée comme un licenciement sans cause réelle et sérieuse.

> **!** Lors de l'entretien préalable, le salarié a la possibilité de se faire assister par un autre salarié ou un représentant du personnel. Il en est de même pour l'employeur, mais uniquement si le salarié est lui-même assisté.

2. Présentez les effets qu'aurait la rupture du contrat d'André si elle était réalisée en suivant la procédure adaptée.

PRINCIPES JURIDIQUES

Le salarié bénéficie de l'indemnité de rupture prévue par la convention dont le montant ne peut être inférieur à l'indemnité légale de licenciement. Le salarié pourra bénéficier de l'ARE s'il en remplit les conditions.

APPLICATION AU CAS

Si le contrat d'André est respecté selon les conditions légales, il aura droit à une indemnité de rupture librement négociée dans le cadre de la convention. Cette indemnité pourra s'accompagner d'une indemnité de préavis et de congés payés.

AUTOÉVALUATION

La grille d'autoévaluation ci-dessous vous permet d'évaluer votre niveau et de vérifier si vos réponses correspondent aux attendus de l'examen.

Questions	Niveau 1	Niveau 2	Niveau 3	Niveau 4
	Un premier élément de réponse, mais très incomplet, des erreurs, des contresens	*Des éléments de réponse isolés, des approximations et/ou de la paraphrase*	*Question comprise : des éléments de réponse pertinents mais incomplets au niveau des savoirs et/ou de l'application*	*Compétence attendue mobilisée avec mobilisation complète des savoirs associés à la compétence. Application pertinente.*
1. Vérifiez la validité de la procédure retenue par Benoît Lavorde. *(voir Section II.A.1)*	❑ Vous ne connaissez pas la définition d'une rupture conventionnelle homologuée. ❑ Vous justifiez et validez la procédure suivie dans ce cas par l'employeur. ❑ Vous ne citez pas les conséquences d'une procédure non conforme.	❑ Vous donnez une définition incomplète de la rupture conventionnelle homologuée. ❑ Vous validez l'homologation par l'employeur et vous omettez l'existence de l'entretien. ❑ Votre raisonnement sur le contenu de la convention est valable. ❑ Vous ne citez pas les effets attendus en cas de non-validité de la procédure.	❑ Vous donnez une réponse complète de la notion de rupture conventionnelle homologuée. ❑ Vous précisez que le contenu de la convention n'est pas correct et que l'homologation doit être faite par la DREETS OU qu'il faut un entretien préalable. ❑ Votre application est en partie correcte mais vous n'identifiez pas tous les cas rendant cette procédure non valable. ❑ Vous évoquez la possibilité de versement de dommages et intérêts ou d'indemnités.	❑ Vous donnez une définition complète de la notion de rupture conventionnelle homologuée. ❑ Vous précisez la nécessité d'un entretien préalable, d'un contenu négocié avec le salarié et d'une homologation par la DREETS. ❑ Votre application est complète car elle reprend l'ensemble de ces points en les appliquant au cas et vous donnez les conséquences en termes d'indemnités et de dommages et intérêts. ❑ Vous pensez à conclure sur la non-validité de cette procédure.

Questions	Niveau 1	Niveau 2	Niveau 3	Niveau 4
	Un premier élément de réponse, mais très incomplet, des erreurs, des contresens	*Des éléments de réponse isolés, des approximations et/ou de la paraphrase*	*Question comprise : des éléments de réponse pertinents mais incomplets au niveau des savoirs et/ou de l'application*	*Compétence attendue mobilisée avec mobilisation complète des savoirs associés à la compétence. Application pertinente.*
2. Présentez les effets qu'aurait la rupture du contrat d'André si elle était réalisée en suivant la procédure adaptée. *(Voir Section II.A.1)*	❑ Vous n'accordez aucune indemnité au salarié dans le cadre de cette rupture. ❑ Vous assimilez cette rupture à une démission.	❑ Vous accordez des indemnités, mais vous ne précisez pas leur montant minimal. ❑ Vous oubliez d'en faire une application pratique au cas donné.	❑ Vous accordez des indemnités en précisant le montant minimal. ❑ Vous oubliez d'en faire une application au cas donné ou elle est incomplète. ❑ Vous ne citez pas les autres indemnités possibles.	❑ Vous présentez la totalité des indemnités dues en cas de rupture conventionnelle homologuée et vous en faites une application complète au cas donné.

EXERCICES

1 Rupture conventionnelle homologuée du contrat de travail de Rachida

15 min

☑ **COMPÉTENCE ATTENDUE : Déterminer le mode de rupture adapté à une situation donnée : le cas de la rupture conventionnelle homologuée.**

Rachida est ouvrière dans une entreprise de textile, la société Termode. Elle vient récemment d'être élue membre du CSE. À l'issue d'une évolution de poste qui ne lui convient pas, Rachida souhaite trouver un autre emploi. Au lieu de démissionner, son employeur lui propose de signer une rupture conventionnelle homologuée afin qu'elle puisse bénéficier de l'allocation chômage le temps de retrouver un emploi. Rachida ne connaît pas ce mode de rupture et se demande si elle a bien fait d'accepter la proposition de son employeur.

1. **Expliquez à Rachida pourquoi son employeur lui propose ce type de rupture de son contrat de travail.**
2. **Indiquez quelle sera la procédure spécifique à respecter.**
3. **Vérifiez si Rachida pourra renoncer à cette rupture si elle change finalement d'avis.**

2 Mise à la retraite d'un salarié dans la société COB +

15 min

☑ **COMPÉTENCE ATTENDUE : Déterminer le mode de rupture adapté à une situation donnée : cas de la retraite et de la démission.**

La société COB + est une SARL spécialisée dans les travaux de charpente employant 24 salariés. Maxence va fêter ses 67 ans la semaine prochaine. Son employeur, Paul Barrué, vient de lui annoncer qu'il compte le mettre à la retraite d'office. Il a largement dépassé l'âge pour

bénéficier d'une retraite à taux plein et son employeur cherche à recruter de nouveaux diplômés. Maxence aime son travail et ne se voit pas du tout partir à la retraite.
Finalement, Paul Barrué a renoncé à mettre Maxence à la retraite. Cependant, il n'a pas changé d'avis sur ce salarié et a décidé de lui mener la vie dure pour le pousser à partir de lui-même. Ainsi, il a modifié ses horaires de travail, lui a donné des tâches contraignantes et peu intéressantes. Il tarde chaque mois à lui verser son salaire et oublie régulièrement une partie des heures supplémentaires effectuées par Maxence, qui doit à chaque fois vérifier sa rémunération. Dans ces conditions, Maxence finit par donner sa démission. Cependant, il reste persuadé que M. Barrué est dans son tort et souhaite exercer un recours pour obtenir une indemnisation.

1. Que pouvez-vous répondre à Maxence ?

2. Présentez à Maxence le recours qu'il a à sa disposition pour obtenir cette indemnisation.

3 Motifs de rupture d'un contrat de travail à la suite du décès de l'employeur, Raymond Bat

20 min

☑ COMPÉTENCE ATTENDUE : **Déterminer le mode de rupture adapté à une situation donnée : la notion de force majeure.**

Mathis est commercial au sein de la société de travaux, SARL RaymondBat. À la suite d'un accident sur un chantier, le dirigeant de la SARL est décédé. Son fils, Paul Bat décide de reprendre l'activité de la société à son compte et de supprimer certains emplois. Il trouve en effet que son père était trop gentil avec les salariés et que certains d'entre eux n'auraient jamais dû être gardés.
La SARL ayant de très bons résultats financiers, Paul Bat sait qu'il ne peut procéder à un licenciement pour motif économique pour se débarrasser de trois salariés, dont Mathis.
Cependant, il hésite entre plusieurs solutions :

- rompre ce contrat pour force majeure du fait du décès de son père ;
- mettre en place une rupture conventionnelle collective en décidant unilatéralement de la possibilité pour les salariés de partir de façon anticipée ;
- proposer la démission à chacun de ces salariés.

Conseillez au mieux Paul Bat pour l'aider à choisir le mode de rupture du contrat le mieux adapté.

CAS DE SYNTHÈSE

VALIDITÉ DE LA DÉMISSION ET DES RUPTURES COLLECTIVES DE CONTRATS DE TRAVAIL AU SEIN DE LA SA POSTIT

30 min

☑ COMPÉTENCE ATTENDUE : **Déterminer le mode de rupture adapté à une situation donnée.**

Mise en situation

Murielle est responsable des ressources humaines au sein de la société SA Postit, société de transport de colis. Elle vient de vous recruter en tant que stagiaire pour l'aider notamment sur deux dossiers particuliers.

Victor Dumail, chauffeur, s'est plaint de harcèlement moral auprès de Murielle pour des faits remontant à 15 jours. En effet, depuis qu'il a divorcé, son responsable est devenu agressif et ne manque pas de faire des reproches à Victor dès que ce dernier fait une erreur. Dernièrement, il a même été jusqu'à entrer dans une fureur incontrôlable, taper dans une chaise avant de traiter Victor de tous les noms devant ses collègues. Ce dernier a eu un arrêt de travail de 3 jours pour maladie qui l'a amené à confier sa situation à Murielle. Ne pouvant plus tenir, Victor a fini par donner sa démission. Cependant, il a prévenu Murielle, il se laisse quelques semaines pour se reconstruire mais ne manquera pas de faire un recours contre son employeur.

Le second dossier concerne l'application d'un accord d'entreprise récemment signé avec les organisations syndicales représentatives. Murielle compte utiliser cet accord pour supprimer environ 500 postes sur les 761 suppressions envisagées. Elle a déjà choisi les salariés qui seraient concernés et leur a notifié la prochaine rupture de leur contrat de travail en leur indiquant qu'ils ne percevraient aucune indemnité du fait de l'accord signé avec les partenaires sociaux.

Vous n'êtes pas d'accord avec l'interprétation faite par Murielle de ce texte.

1. **Présentez à Murielle les risques qu'encourt son employeur si Victor exerce en effet un recours en justice.**
2. **Vérifiez la procédure à suivre pour pouvoir rompre des contrats en application de l'accord signé avec les organisations syndicales représentatives.**
3. **Quels seront les effets de la rupture dans le cadre de cet accord ?**

Vous disposez ci-dessous d'un document pour étayer vos analyses.

DOCUMENT

Extrait de l'accord collectif relatif à la gestion des emplois et des parcours professionnels (GEPP) au sein de la société SA Postit portant sur le congé de mobilité

Accord signé le 22 juin 2021 pour une durée de 2 ans.
Préambule
Par accord en date du 22 juin 2021, la Direction de la Société SA POSTIT et les organisations syndicales ont signé un accord de gestion des emplois et des parcours professionnels tenant compte de l'environnement complexe dans lequel il évolue ; environnement fortement concurrentiel et en perpétuelle évolution : nouveaux usages, multiplication des canaux digitaux, évolutions technologiques, cadre réglementaire...
Parmi les mesures prévues par cet accord, les parties signataires au présent accord ont identifié à l'article 4.5.8, la possibilité de mobiliser un dispositif dénommé Congé de Mobilité à destination des salariés volontaires dont l'emploi est en décroissance et/ou en évolution majeure de compétences, c'est-à-dire des salariés employés sur des métiers pour lesquels les perspectives d'évolutions économiques, organisationnelles ou technologiques vont entraîner une diminution significative des effectifs.
Ainsi, les parties signataires ont souhaité aménager le congé de mobilité afin de l'adapter aux contraintes de POSTIT SA dans le cadre de son projet de transformation.
Les 21 et 22 février 2021 la Direction présentait également un projet de réorganisation emportant la suppression de 761 emplois et 208 modifications de contrats de travail. Les parties ont ainsi convenu d'ouvrir le congé de mobilité prioritairement à toute mesure de licenciement pour motif économique telle que visée dans le Plan de sauvegarde de l'emploi négocié et signé en parallèle du présent accord.

Article 1 : Conditions d'accès au congé de mobilité

Le présent dispositif de congé de mobilité est ouvert aux salariés qui remplissent cumulativement les conditions suivantes : occuper un emploi identifié au point 1 ci-dessous et justifier d'une présence effective dans le Groupe telle que définie au point 2 ci-dessous.

Par emploi identifié, il faut entendre :

- soit dans la liste des catégories professionnelles impactées définies en Annexe 1 des présentes et dont le poste est supprimé
- soit dans la liste des catégories professionnelles impactées définies en Annexe 1 des présentes et dont le poste n'est pas supprimé. Dans cette hypothèse, les salariés concernés ne pourront se porter candidat au départ en congé de mobilité qu'à la condition exclusive d'avoir au minimum 5 ans d'ancienneté au sein de la SA Postit au 31 décembre 2020.

Article 2 : Modalités et validation des candidatures

Article 2.1. Candidature au congé de mobilité

L'initiative du départ en congé de mobilité reposant sur l'entier volontariat, elle ne pourra venir que des salariés concernés. [...]

Article 5 : Indemnité de départ en congé de mobilité

Pour tout salarié dont la demande de départ aura été acceptée par l'entreprise selon les critères définis au présent chapitre, il sera accordé :

1. Le versement de l'indemnité conventionnelle de licenciement conformément aux dispositions conventionnelles applicables ou l'indemnité légale de licenciement si elle est plus favorable ou l'indemnité de départ à la retraite si elle est plus favorable ;
2. Et, pour les salariés ayant au moins 5 ans d'ancienneté au 31 décembre 2020, les indemnités visées au 1 du présent article, seront majorées selon le barème suivant :
3. Pour les salariés qui candidatent pendant la première phase d'ouverture du congé de mobilité, c'est-à-dire à compter du lendemain de la signature du présent accord et jusqu'au 31 juillet 2020, il sera accordé une indemnité supplémentaire correspondant à un mois de salaire brut.
4. Pour les salariés ayant au moins 5 ans d'ancienneté au 31 décembre 2020 et dont le salaire annuel brut des 12 derniers mois est inférieur ou égal à 40 000 euros bruts (temps plein), une indemnité supplémentaire de 5 000 euros brut sera accordée. Pour les salariés à temps partiel, la condition de rémunération susmentionnée sera proratisée en fonction de sa durée du travail mais l'indemnité restera d'un montant de 5 000 euros brut.

CHAPITRE 18

Les effets de la rupture

À l'issue de ce chapitre,

• vous serez capable :

❒ de préciser les conséquences financières d'une rupture du contrat de travail dans une situation donnée.

• vous saurez identifier :

❒ les effets de la rupture du contrat de travail.

Mettez-vous en situation

Kevin vient d'être licencié pour faute simple à la suite de plusieurs absences non justifiées. Son employeur a prévu de lui verser l'indemnité légale de licenciement et qu'il fasse un préavis.
Kévin se demande si l'indemnité de licenciement prévue dans la convention collective ne serait pas plus favorable et quels seront les effets s'il refuse de faire le préavis.
Par ailleurs, il se pose la question de l'intérêt de signer une transaction qui aurait pu lui permettre, selon lui, de requalifier son licenciement sans faute.
Analysez la situation de Kevin afin de répondre à ses différentes questions. Présentez-lui les documents qui lui seront remis à la suite de cette rupture de son contrat.

I. Le préavis ou délai-congé

Définition : Le préavis, ou délai-congé, est la période précédant la rupture définitive du contrat de travail. Il peut être travaillé ou non.

Le préavis s'applique aux cas de rupture unilatérale (retraite, démission, licenciement). La résiliation judiciaire et la force majeure mettent fin immédiatement au contrat de travail. Il en est de même pour la rupture d'un commun accord, sauf accord contraire des parties.

A L'existence d'un préavis

1. Les sources du délai-congé

Les caractéristiques du préavis (caractère obligatoire et durée) dépendent de la source prévoyant ce délai-congé en fonction du type de rupture du contrat de travail en cause.

Tableau 18.1 Caractéristiques du délai-congé

Sources	Cas d'application	Durée
Loi	– Imposé en cas de licenciement et de retraite. – Renvoi de la loi à la convention collective ou aux usages dans le cas de la démission.	Licenciement ou retraite : – 1 mois pour une ancienneté égale ou supérieure à 6 mois. – 2 mois pour une ancienneté égale ou supérieure à 2 ans. – Référence aux usages pour une ancienneté inférieure à 6 mois.

Sources	Cas d'application	Durée
Convention collective	– Permet d'adapter le délai-congé en fonction des besoins de la profession. – Prévaut sur l'usage même si elle est moins favorable pour le salarié.	– Fixée dans les situations non prévues par la loi. – Conditions en principe plus favorables pour le salarié.
Usages	– Usages pratiqués dans la localité et la profession. – Application variant selon le mode de rupture : - démission : application de l'usage uniquement à défaut de disposition légale ou conventionnelle ; - licenciement : application de l'usage uniquement à défaut de convention collective ou application s'il est plus favorable que la loi (en matière de durée ou en matière d'ancienneté).	Démission : – 1 semaine pour les ouvriers. – 1 mois pour les agents de maîtrise, les techniciens ou les employés. – 3 à 6 mois pour les ingénieurs et les cadres.
Contrat de travail	Ne peut fixer de préavis en matière de démission et uniquement des conditions plus favorables que loi, convention collective et usages en cas de licenciement ou de retraite.	

2. Les conditions du délai-congé

La rupture du CDI résultant d'une décision unilatérale donne lieu au respect d'un préavis sous deux conditions : la prise en compte de l'**ancienneté du salarié** et **l'absence de faute grave**.

a. L'ancienneté du salarié

L'ancienneté du salarié doit être de **6 mois minimum chez le même employeur**. Elle est appréciée au jour de la notification de la rupture du contrat. En principe, les jours non travaillés sont retirés du décompte de l'ancienneté, sauf le congé pour maladie professionnelle ou accident du travail, le congé de maternité, les congés payés et le congé de formation professionnelle.

b. La faute grave du salarié

Lorsque le licenciement est prononcé pour faute grave, le salarié n'a pas droit à un délai-congé.

Définition : La faute grave est un fait ou un ensemble de faits imputables au salarié qui constituent une violation des obligations découlant du contrat de travail d'une importance telle qu'elle rend impossible le maintien du salarié pendant la durée du préavis.

> **!** Si l'employeur décide de verser tout de même une indemnité compensatrice de préavis, il doit maintenir la rupture immédiate du contrat de travail. À défaut, la faute grave motif du licenciement sera remise en cause.

Les faits reprochés au salarié doivent être de nature à rendre indispensable **le départ immédiat** du salarié. L'employeur ne peut invoquer la faute grave et tarder à déclencher la procédure de licenciement, ni faire réaliser une partie du préavis. En revanche, la faute grave n'impose pas à l'employeur de prendre des mesures de sauvegarde immédiate : le salarié est maintenu pendant la durée de la procédure de licenciement. De même, l'employeur peut verser une indemnité compensatrice de préavis et invoquer la faute grave, soit en application d'une disposition du contrat de travail ou de la convention collective plus favorable, soit de façon volontaire.

La preuve de la faute grave incombe à celui qui l'invoque, donc à l'employeur qui refuse le droit au préavis.

c. La faute grave de l'employeur

Lorsque la faute grave de l'employeur est à l'origine de la rupture du contrat de travail par le salarié, ce dernier peut faire une demande de requalification en licenciement [notion de prise d'acte de la rupture – voir Chapitre 17]. L'employeur doit alors respecter son droit à préavis. En revanche, le salarié n'est pas tenu de l'exécuter et peut demander à bénéficier d'une indemnité compensatrice.

B Le déroulement du préavis

1. La durée du délai-congé

La durée du préavis varie selon la source du préavis, elle-même fonction du motif de rupture [voir Tableau 18.1]. En principe, le **point de départ** du délai est le jour de présentation de la lettre de rupture du contrat. La convention, les usages ou le contrat peuvent prévoir un point de départ ultérieur, mais en aucun cas une date antérieure à la présentation de la lettre.
Le préavis est un **délai préfix**, ne comportant ni suspension, ni interruption. L'échéance n'est pas reculée en cas de congé pour maladie, accident (sauf accident du travail) ou grève.

2. Les effets du délai-congé

La situation du salarié sera différente selon que le préavis est travaillé ou non.

a. Le préavis travaillé

Tableau 18.2 **Effets du préavis travaillé**

Maintien des obligations de l'employeur	Maintien des obligations du salarié	En cas de faute du salarié
– Aucune modification du contrat de travail imposée au salarié. À défaut, versement d'une indemnité compensatrice de préavis. – Modification des conditions de travail possible. En cas de refus du salarié, condamnation à verser des dommages et intérêts pour inexécution du préavis. – En cas de clause de mobilité valable et de refus du salarié, le préavis se réalisera sur le nouveau lieu d'affectation.	– Exécuter son contrat de travail dans les conditions normales. – Obligation de fidélité. – Temps libre, prévu par les conventions collectives ou usages, pendant les heures de travail pour rechercher un nouvel emploi.	– Fin du préavis sans indemnité en cas de faute grave ou lourde. – Maintien du versement des autres indemnités (de licenciement, de CP). – Mise en place de la procédure disciplinaire.

b. Le préavis non travaillé

La dispense de travail peut résulter :

- **D'une décision unilatérale de l'employeur.** Celui-ci dispense le salarié d'exécuter son travail pendant le préavis. La dispense de travail doit résulter d'une volonté claire et non équivoque de l'employeur, la charge de la preuve reposant sur le salarié qui l'invoque. L'employeur ne doit pas abuser de son droit, notamment en accompagnant sa dispense d'une attitude de méfiance faisant croire à une faute lourde du salarié. Il a pour obligation de verser au salarié toutes les sommes qu'il aurait perçues s'il avait fourni sa prestation jusqu'à l'expiration du préavis (salaires, compléments de salaires, heures supplémentaires habituelles).
- **D'un accord entre l'employeur et le salarié.** Lorsque le préavis n'est pas exécuté à la demande du salarié, ce dernier n'a alors pas droit au versement de l'indemnité compensatrice. Le salarié et l'employeur sont déliés des obligations relatives à l'exécution du contrat de travail.

- **De l'inobservation fautive du préavis.**
  Celle-ci peut être le fait :
  • du salarié qui doit alors verser à l'employeur une indemnité égale aux salaires qu'il aurait perçus s'il avait continué à travailler. Cette indemnité calculée sur le salaire brut du salarié est forfaitaire puisqu'elle est due, quel que soit le préjudice subi par l'employeur.
  • de l'employeur qui doit alors verser au salarié une indemnité compensatrice égale à celle versée en cas de dispense volontaire.

> **!** Le préavis n'est pas dû en cas de contrat de sécurisation professionnelle (car rupture d'un commun accord) ou de démission par une femme enceinte ou de licenciement pour inaptitude non professionnelle (versement d'une indemnité si professionnelle).

II. Le règlement des comptes

A Les sommes dues par l'employeur

1. L'indemnité légale de licenciement

Cette indemnité est versée uniquement en cas de rupture d'un CDI pour licenciement et à condition d'avoir une ancienneté d'au moins 8 mois de service ininterrompu auprès du même employeur. Elle n'est pas due en cas de faute grave ou de faute lourde [voir Chapitre 16].

Tableau 18.3 La détermination de l'indemnité légale de licenciement

Montant	Mode de calcul	Calendrier
Dépend : – Du salaire réel global, accessoires compris (moyenne sur les 12 ou 3 derniers mois). – Du nombre d'années d'ancienneté (y compris congés payés, congé de maternité, congé pour maladie professionnelle). – De la profession exercée.	– 1/4 de mois de salaire par année d'ancienneté jusqu'à 10 ans et 1/3 de mois au-delà. – Calcul au prorata du nombre de mois en cas d'année incomplète. – Montant doublé en cas d'inaptitude suite à un accident ou une maladie professionnelle.	– Ouverture du droit à indemnité : date de l'envoi de la lettre de licenciement. – Calcul du montant : date de fin du contrat tenant compte de la durée du préavis.

2. L'indemnité conventionnelle ou contractuelle de licenciement

La convention ou le contrat de travail peuvent prévoir le versement d'une indemnité avec des conditions d'attribution moins rigoureuses ou un montant plus élevé. Elles sont licites dès qu'elles sont plus favorables que celles prévues par la loi, sauf à priver l'employeur de son droit de licencier. Lorsque l'indemnité est fixée par une convention collective, les juges ne peuvent pas la réduire, contrairement à l'indemnité contractuelle qu'ils peuvent diminuer s'ils la jugent excessive par rapport au préjudice subi par le salarié.

> **!** Le salarié perçoit une **indemnité compensatrice de congés payés** en cas de congés non pris. Cette indemnité est calculée également sur la période de préavis (ou sur l'indemnité compensatrice de préavis).

3. Les contributions dues à Pôle emploi

L'employeur est contraint de rembourser les indemnités de chômage versées par Pôle emploi **en cas d'absence de cause réelle et sérieuse** ou en cas **de non-respect de la procédure de licenciement économique** [voir Chapitre 16].

4. Le reçu pour solde de tout compte

Définition : Le reçu pour solde de tout compte est le relevé des sommes versées par l'employeur au moment où cesse le contrat de travail.

La remise de ce document par l'employeur est facultative. Il peut être adressé au salarié, quel que soit le motif de la rupture, en deux exemplaires. Le salarié n'est pas tenu de le signer. Ce refus ne peut être sanctionné. La signature a un effet probatoire. Le reçu pour solde de tout compte ne peut être dénoncé que pendant un délai de 6 mois à compter de sa signature. Au-delà, il a un effet libératoire pour l'employeur, mais uniquement pour les sommes mentionnées.

> **!** Si le salarié refuse de signer ce document, le délai de prescription pour faire un recours est de 3 ans maximum selon les sommes concernées. Il en est de même pour les sommes non mentionnées sur ce reçu..

B La transaction

Définition : La transaction est le contrat par lequel les parties mettent fin à une contestation née ou préviennent une contestation à naître.

1. La licéité de la transaction

Il existe deux conditions de validité :

- La transaction n'est valable que si elle est conclue une fois la rupture intervenue et définitive.
- Il existe des concessions réciproques.

> **!** Depuis le 1er janvier 2022, la seule façon de produire l'attestation employeur est la transmission du signalement de fin de contrat de travail unique (FCTU) via la DSN. Exception : les employeurs qui ne sont pas dans le champ de la DSN.

Afin de déterminer l'existence de **concessions réciproques**, le juge identifie l'acte à l'origine de la transaction ainsi que les droits des parties à l'acte. Les concessions n'ont pas à être égales, il suffit qu'elles soient réciproques.
En aucun cas la transaction ne peut porter sur l'imputabilité de l'acte (ou origine de la rupture du contrat de travail). Elle porte uniquement sur ses effets une fois que l'on a déterminé à qui l'acte est imputable.
La transaction est soumise aux règles générales de validité de tous les contrats.

2. Les effets de la transaction

La transaction a **l'autorité de la chose jugée**, c'est-à-dire le même caractère définitif qu'un jugement rendu en dernier ressort.
La transaction ne règle que les **différends prévus dans le contrat**. Elle peut toujours faire l'objet d'un recours en résiliation judiciaire, en cas de non-exécution de ses obligations par l'une des parties, ou d'une annulation, en cas de défaut d'une des conditions de validité.
En contrepartie de sa renonciation aux droits liés par la rupture du contrat, le salarié obtient le versement d'une **indemnité** de la part de l'employeur. La transaction peut également avoir pour objet l'engagement du salarié à ne pas faire de concurrence à son ancien employeur ou l'envoi d'une nouvelle lettre de licenciement ne faisant plus apparaître la faute grave ou lourde commise par le salarié.

III. Les attestations

A Le certificat de travail

Définition : Le certificat de travail est le document remis par l'employeur à tout salarié, à l'expiration du contrat de travail, et constatant la période de travail réalisée par le salarié.

Il est **quérable et non portable** ; le salarié doit donc aller le chercher sur son lieu de travail. Si l'employeur ne s'exécute pas, il peut être condamné sous astreinte à produire le certificat qui devient alors portable. Le contenu du certificat de travail est fixé par un arrêté d'application (identité de l'employeur et du salarié, date d'entrée et de sortie des effectifs, nature de l'emploi ou des emplois successifs, périodes pendant lesquelles ces emplois ont été tenus, date de remise, lieu et signature de l'employeur, portabilité de la couverture santé).

> ! L'employeur ne peut imposer d'y faire figurer d'autres mentions telles que la clause de non-concurrence. Les mentions discriminatoires sont également prohibées

Le défaut de remise de ce document est sanctionné par une amende correspondant à une contravention de 4e classe (amende de 750 euros au maximum) et peut donner lieu à une exécution forcée sous astreinte.

B L'attestation d'emploi destinée à Pôle emploi

Définition : L'attestation d'emploi est un document remis par l'employeur au moment de la rupture du contrat de travail et permettant d'attester de la durée du travail accompli par le salarié lorsqu'il quitte l'entreprise et de la rémunération versée.

Ce document destiné à Pôle emploi doit également indiquer le motif du licenciement sans mentionner la cause précise en cas de licenciement pour motif personnel.

Lorsque le salarié n'a pu percevoir **les indemnités de chômage** qui lui étaient dues en raison d'un défaut, d'une imprécision ou d'une remise tardive de l'attestation, il peut obtenir une indemnité de la part de l'employeur en réparation du préjudice subi. Le non-respect des conditions de délivrance de cette attestation constitue une contravention de cinquième classe (amende de 1 500 euros au maximum).

> ! Depuis le 1er janvier 2022, la seule façon de produire l'attestation employeur est la transmission du signalement de fin de contrat de travail unique (FCTU) *via* la DSN. Exception : les employeurs qui ne sont pas dans le champ de la DSN.

SYNTHÈSE

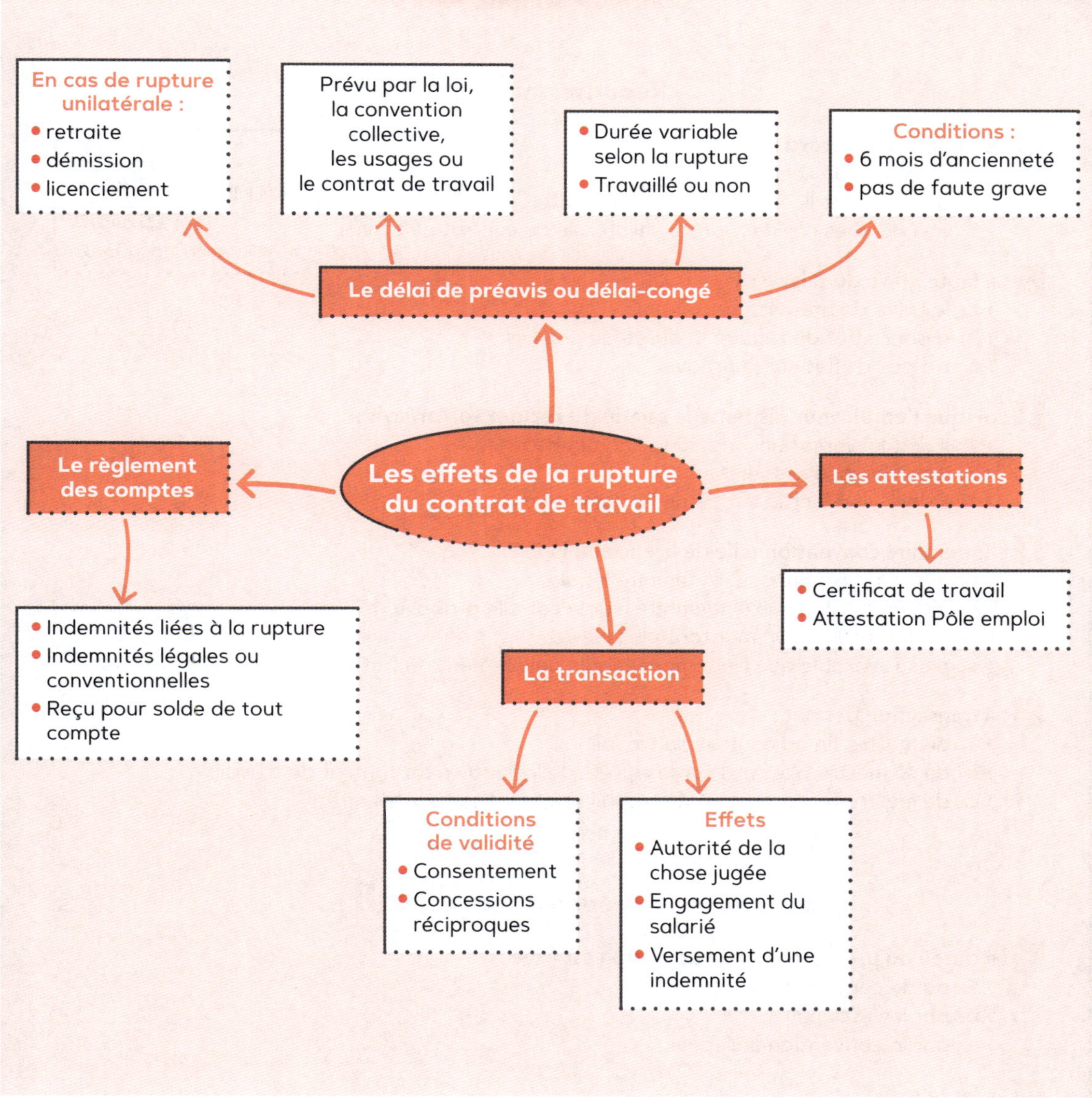

Faites le point sur les notions clés : préavis p. 289, faute grave p. 290, reçu pour solde de tout compte p. 293, transaction p. 293, certificat de travail p. 294, attestation d'emploi p. 294.

Révisez avec les flashcards

www.lienmini.fr/dcg03-36

QCM

Réponse unique

QCM interactif

www.lienmini.fr/dcg03-37

1 Le préavis n'est prévu :
- ❍ **a.** qu'en cas de licenciement.
- ❍ **b.** qu'en cas de licenciement et de retraite.
- ❍ **c.** que dans les cas de rupture unilatérale du contrat de travail.

2 La faute grave du salarié :
- ❍ **a.** le prive du préavis.
- ❍ **b.** a pour effet de réduire la durée du préavis.
- ❍ **c.** n'a pas d'effet sur le préavis.

3 Lorsque l'employeur dispense le salarié d'exécuter son préavis :
- ❍ **a.** il doit lui verser une indemnité compensatrice.
- ❍ **b.** il n'a rien à lui verser.
- ❍ **c.** il doit lui verser la moitié de l'indemnité due.

4 L'indemnité conventionnelle de licenciement est :
- ❍ **a.** moins favorable que l'indemnité légale.
- ❍ **b.** plus favorable que l'indemnité légale car elle propose des conditions moins rigoureuses ou un montant plus élevé.
- ❍ **c.** plus favorable que l'indemnité légale uniquement du fait d'un montant plus élevé.

5 La transaction permet :
- ❍ **a.** de mettre fin au contrat de travail.
- ❍ **b.** de se mettre d'accord sur les effets de la rupture du contrat de travail.
- ❍ **c.** de mettre fin au contrat de travail et d'en organiser les effets.

Plusieurs réponses possibles

6 La durée du préavis en cas de démission est fixée :
- ❍ **a.** par le contrat de travail.
- ❍ **b.** par les usages.
- ❍ **c.** par la convention collective.

7 La faute grave :
- ❍ **a.** empêche l'employeur de prévoir un préavis.
- ❍ **b.** impose à l'employeur des mesures de sauvegarde immédiate.
- ❍ **c.** permet à l'employeur de verser tout de même une indemnité de préavis.

8 Pendant le préavis
- ❍ **a.** il y a maintien des obligations de l'employeur à l'identique.
- ❍ **b.** les obligations du salarié ne peuvent être modifiées.
- ❍ **c.** la modification des conditions de travail n'est pas possible.

9 L'indemnité légale de licenciement se calcule :
- ❍ **a.** 1/5e de mois de salaire par année d'ancienneté jusqu'à 10 ans, plus 2/15e au-delà.
- ❍ **b.** au prorata du nombre de mois en cas d'année incomplète.
- ❍ **c.** un quart de mois de salaire par année d'ancienneté jusqu'à 10 ans et un tiers au-delà.

10 Le reçu pour solde de tout compte :

- ❍ **a.** est un document obligatoire.
- ❍ **b.** est un document facultatif.
- ❍ **c.** concerne n'importe quel motif de rupture.

Réponses à justifier

11 Pour être valable, la transaction doit :

- ❍ **a.** être conclue une fois la rupture intervenue et définitive.
- ❍ **b.** doit comporter des concessions équivalentes.
- ❍ **c.** doit être faite par écrit.

12 Le certificat de travail est :

- ❍ **a.** remis au salarié uniquement en cas de licenciement.
- ❍ **b.** demandé par le salarié quelle que soit sa situation.
- ❍ **c.** obligatoirement remis par l'employeur.

13 L'attestation d'emploi est :

- ❍ **a.** nécessaire pour obtenir le versement d'indemnités de chômage.
- ❍ **b.** nécessaire pour justifier de son expérience professionnelle.
- ❍ **c.** nécessaire pour mettre fin au contrat de travail de façon définitive.

14 Le préavis peut être non travaillé :

- ❍ **a.** uniquement en cas de demande par le salarié.
- ❍ **b.** uniquement en cas d'accord entre l'employeur et le salarié.
- ❍ **c.** en cas d'accord ou en cas de décision unilatérale de l'employeur.

15 En cas de licenciement, le préavis est :

- ❍ **a.** fixé par la loi ou la convention collective.
- ❍ **b.** fixé par les usages.
- ❍ **c.** fixé par la convention collective uniquement plus favorable.

CAS PRATIQUE GUIDÉ

LE PRÉAVIS EN CAS DE LICENCIEMENT DANS LA SOCIÉTÉ ELECTRA

Noé travaille depuis 12 ans au sein de la société Electra en tant qu'électricien.

Après plusieurs fautes professionnelles, il vient d'être licencié pour motif personnel. Il se demande s'il aura un préavis à effectuer et, si c'est le cas, de quelle durée. De plus, son employeur a décidé de réduire le montant de son salaire pendant la durée de son préavis.

1. Présentez à Noé le déroulement de son préavis.

2. Vérifiez si son employeur pourra modifier le montant de son salaire pendant le préavis.

CORRIGÉ

☑ **COMPÉTENCE ATTENDUE : Préciser les conséquences financières d'une rupture du contrat de travail dans une situation donnée.**

> **Méthode**
> **Les conditions propres au préavis dépendent en premier lieu du motif de rupture du contrat de travail. Veillez à bien l'identifier avant de vous pencher sur les règles de préavis applicables.**

1. Présentez à Noé le déroulement de son préavis.

> ! Dans ce cas, il faut vérifier le motif de licenciement avant de pouvoir présenter le déroulement du préavis.

PRINCIPES JURIDIQUES

En cas de licenciement pour motif personnel, le préavis est obligatoire, sauf si l'employeur décide d'en dispenser le salarié. Sa durée est fixée par la loi à 1 mois pour une ancienneté égale ou supérieure à 6 mois, et à 2 mois pour une ancienneté égale ou supérieure à 2 ans. Sa durée peut être fixée également par un usage mais uniquement s'il est plus favorable que la loi. La convention collective pourra fixer des conditions moins favorables que celles prévues dans la loi ou par les usages professionnels.

APPLICATION AU CAS

À défaut d'autres précisions, Noé aura un préavis de 2 mois à effectuer puisque son ancienneté est supérieure à 2 ans.

2. Vérifiez si son employeur pourra modifier le montant de son salaire pendant le préavis.

PRINCIPES JURIDIQUES

Pendant le préavis, le salarié et l'employeur exécutent les mêmes obligations. L'employeur peut procéder à une modification des conditions de travail, mais il ne peut imposer aucune modification du contrat de travail. À défaut, il devra verser une indemnité compensatrice de préavis égale au montant du salaire que le salarié aurait perçu s'il avait continué à travailler. Le salarié sera alors dispensé d'exécuter ce préavis.

APPLICATION AU CAS

En l'espèce, la modification de la rémunération est une modification du contrat de travail. L'employeur de Noé ne pourra pas lui imposer cette réduction pendant son préavis.

AUTOÉVALUATION

La grille d'autoévaluation ci-dessous vous permet d'évaluer votre niveau et de vérifier si vos réponses correspondent aux attendus de l'examen.

Questions	Niveau 1	Niveau 2	Niveau 3	Niveau 4
	Un premier élément de réponse, mais très incomplet, des erreurs, des contresens	*Des éléments de réponse isolés, des approximations et/ou de la paraphrase*	*Question comprise : des éléments de réponse pertinents mais incomplets au niveau des savoirs et/ou de l'application*	*Compétence attendue mobilisée avec mobilisation complète des savoirs associés à la compétence. Application pertinente.*
1. Présentez à Noé le déroulement de son préavis. *(voir Section I)*	❑ Vous ne donnez pas la durée prévue du préavis ou vous faites des confusions. ❑ Vous oubliez de préciser la source du préavis.	❑ Vous présentez le préavis comme étant obligatoire. ❑ Vous en donnez l'application approximative. ❑ Vous omettez d'en faire l'application concrète au cas donné.	❑ Vous présentez les sources possibles du préavis et vous vous prononcez sur son caractère obligatoire ou non. ❑ Vous ne donnez pas les différentes durées possibles. ❑ Vous citez la convention collective mais sans l'appliquer réellement.	❑ Vous présentez les différentes sources du préavis ainsi que sa durée. ❑ Vous pensez à articuler la loi avec les sources issues de la pratique.
2. Vérifiez si son employeur pourra modifier le montant de son salaire pendant le préavis. *(voir Section I)*	❑ Vous affirmez que l'employeur peut modifier le montant du salaire.	❑ Vous évoquez la modification du contrat ou des conditions de travail mais vous faites une confusion dans l'application.	❑ Vous présentez les modifications possibles par l'employeur (modification des conditions et non du contrat de travail). ❑ Vous oubliez de donner les effets de cette modification pour le salarié.	❑ Vous avez bien distingué la différence entre modification du contrat ou des conditions. ❑ Vous précisez les conséquences en cas de modification du contrat pendant le préavis.

• EXERCICES •

1 Effets du licenciement pour faute grave au sein de Maxiplus

15 min

☑ **COMPÉTENCES ATTENDUES : Identifier les effets de la rupture du contrat de travail. Préciser les conséquences financières d'une rupture du contrat de travail dans une situation donnée : cas du licenciement pour faute grave.**

Agnès est caissière dans le supermarché Maxiplus depuis 5 ans. Récemment, son employeur, Serge Super, s'est rendu compte qu'elle détournait régulièrement une partie des sommes perçues en faussant le calcul de sa caisse. Il a donc décidé de la licencier. Cependant, appréciant par ailleurs cette salariée, Serge Super lui a permis d'effectuer quelques jours de préavis.

À l'issue de cette rupture, Serge Super a remis à Agnès un reçu pour solde de tout compte qu'elle a signé sans le vérifier. Il ne lui a remis aucun autre document. Après relecture du reçu, Agnès se rend compte que Serge a oublié de compter certaines heures supplémentaires. Elle souhaite contester le document mais elle est ennuyée car elle l'a signé.

1. **Présentez le motif de licenciement retenu par l'employeur d'Agnès.**
2. **Agnès a-t-elle le droit d'effectuer un préavis ? Quelle sera la conséquence de la décision de Serge Super ?**
3. **Indiquez à Agnès à quelle condition elle pourra contester le reçu pour solde de tout compte malgré sa signature.**
4. **Vérifiez si Serge Super a pour obligation de lui remettre d'autres documents.**

2 Notion de transaction dans la société Winnovex

20 min

☑ COMPÉTENCE ATTENDUE : **Identifier les effets de la rupture du contrat de travail : le cas de la transaction.**

Paloma Rosti a été engagée par la société Winnovex en qualité d'ingénieur commercial, avant d'être promue 6 ans plus tard responsable des ressources humaines. Licenciée le 4 juillet pour faute, elle a signé une transaction le 12 juillet. Celle-ci prévoit le versement d'une indemnité équivalente à 2 mois de salaire en échange de laquelle Paloma Rosti renonce à tout recours en justice contre son employeur sur ce motif. Il est à noter que la convention collective prévoit un délai de préavis de 3 mois en cas de licenciement d'un cadre ayant une ancienneté de plus de 2 ans, quel que soit le motif du licenciement.

Vérifiez la validité de cette transaction.

3 Effets de la démission d'un salarié dans le secteur automobile

30 min

☑ COMPÉTENCE ATTENDUE : **Identifier les effets de la rupture du contrat de travail : le cas de la démission.**

Bryan Vandermeck est mécanicien réparateur automobile au sein du garage PeopleCar situé à Gournay-en-Bray (76) depuis 2003. Il perçoit un salaire de 2 200 euros par mois pour des missions variées : réparation des véhicules de la marque PeopleCar, prise en charge des clients, gestion de son poste de travail. Motivé et efficace, il a bien progressé dans les échelons et est désormais classé à l'échelon 5 depuis 3 ans.

Le 5 février 2021, il décide de donner sa démission ayant trouvé un poste mieux rémunéré à compter du 1er mars, dans un garage concurrent situé à Beauvais qui n'est plus qu'à 10 km de chez lui.

Pascal Letall, gérant du groupe, rappelle à Bryan qu'il a, conformément aux usages, un préavis de 2 mois à effectuer. De plus, il a prévu de l'affecter au garage situé à Rouen (à 50 km de Gournay-en-Bray).

Bryan ne souhaite pas faire ce préavis et vous consulte afin d'avoir votre avis sur sa situation. Vous prenez connaissance des extraits de la convention collective ci-après applicable à la société PeopleCar.

Indiquez à Bryan s'il peut refuser d'effectuer ce préavis ainsi que les effets de ce refus.

Document – Extrait de la convention collective automobile, IDCC 1090

Article 5 : Durée du préavis

Durée de préavis			
Catégories	Ancienneté	Licenciement ou mise à la retraite	Démission ou départ volontaire à la retraite
Ouvriers et employés échelon 1 et 2	– de 6 mois	2 semaines	2 semaines
	6 mois à 2 ans	1 mois	2 semaines
	≥ de 2 ans	2 mois	2 semaines
Ouvriers et employés échelon 3 à 12	– de 2 ans	1 mois	1 mois
	≥ de 2 ans	2 mois	1 mois
Maîtrises échelon 17 à 19	–	2 mois	2 mois
Maîtrises échelon 20 à 25 et cadres	–	3 mois	3 mois

Dispense de préavis en cas de licenciement

Les ouvriers et les employés de l'automobile licenciés ont droit à une dispense de la seconde moitié de leur préavis lorsque la moitié du préavis a été exécutée.

Quant à eux, les agents de maîtrise et les cadres ont droit à une dispense du préavis à condition d'en avoir avisé l'employeur 15 jours auparavant.

CAS DE SYNTHÈSE

EFFETS DE LA RUPTURE D'UN CONTRAT POUR LICENCIEMENT AU SEIN DE LA SOCIÉTÉ TOUTPROPRE

45 min

☑ **COMPÉTENCE ATTENDUE : Identifier les effets de la rupture du contrat de travail : le cas du licenciement.**

Mise en situation

L'entreprise Toutpropre est une société spécialisée dans le secteur de la propreté dont le siège social est situé à Reims. Installée dans l'est de la France avec 10 agences de proximité réparties sur le Grand Est et la Bourgogne-Franche-Comté, elle compte aujourd'hui 705 salariés et affiche un chiffre d'affaires de 31 139 300 euros. Elle offre ses services aux entreprises souhaitant externaliser leurs problématiques en matière de propreté et d'hygiène.

Laurence Benradoui est inspectrice de nettoyage de locaux (statut cadre) au sein de l'agence de Metz depuis 2008. Elle encadre 150 salariés. Son poste consiste à manager et recruter son équipe, détecter les anomalies éventuelles pour les corriger, établir une relation de partenariat avec les clients afin de mesurer leur satisfaction, réaliser les contrôles nécessaires conformément aux procédures qualité.

Depuis deux ans, elle rencontre des difficultés avec le nouveau directeur d'agence qui n'accepte aucune erreur. Il lui a fait des remarques et des avertissements à plusieurs reprises suite à un manque de rigueur de Laurence dans le contrôle du respect des normes de qualité. Cependant, Laurence n'a pas réussi à changer ses habitudes de travail. Au bout de quelques mois, son responsable met en place une procédure de licenciement et Laurence est licenciée pour faute simple.

Connaissant vos compétences en droit social, elle vous contacte pour vous demander votre avis sur les documents reçus par recommandé le 7 mars dernier. Elle s'inquiète de la suppression du préavis et se demande si son employeur lui a fourni tous les documents nécessaires, notamment pour pouvoir s'inscrire à Pôle emploi.

1. **Vérifiez la validité des éléments d'information reçus par Laurence dans le courrier reçu le 7 mars.**
2. **Répondez aux inquiétudes de Laurence concernant les documents non reçus.**

Vous disposez ci-dessous d'une base documentaire pour étayer vos analyses.

BASE DOCUMENTAIRE

Document 1 – Courrier reçu par Laurence Benradoui

SAS TOUTPROPRE
2, allée René-Fonck
51100 REIMS

Mme Laurence BENRADOUI
3, rue des Impairs
57000 METZ

Le 5 mars 2021

Madame Benradoui,

Suite à l'entretien du 1er mars dernier, nous vous notifions par ce courrier votre licenciement pour faute simple dû à un défaut de respect de votre part des consignes applicables en matière d'hygiène pourtant répétées à plusieurs reprises par votre responsable.
Votre contrat de travail prendra fin dès ce jour, vous êtes dispensée de préavis et ne recevrez en conséquence aucune indemnité liée à ce préavis non réalisé.
Vous recevrez une indemnité de licenciement équivalente à 1/20° de mois par année d'ancienneté conformément aux usages applicables dans l'établissement.
Veuillez trouver également ci-joint un reçu pour solde de tout compte mentionnant votre salaire du mois ainsi que cette indemnité.
Cordialement,

M. Albert FONK
Président de la SAS TOUTPROPRE

Document 2 – Extrait de la convention collective nationale des entreprises de propreté du 1er juillet 1994 étendue par arrêté du 31 octobre 1994

Article 9 : Dispositions relatives à l'emploi

9.01.2 Période d'essai

Aux fins de permettre à l'employeur d'évaluer les compétences du salarié dans son travail, notamment au regard de son expérience, et au salarié d'apprécier si les fonctions occupées lui conviennent, il est institué une période d'essai dont les durées sont prévues au second alinéa. La période d'essai ne se présume pas et doit être expressément stipulée dans le contrat de travail ou la lettre d'engagement.

Le contrat de travail à durée indéterminée sauf accord particulier n'est considéré comme définitivement conclu qu'à la fin de la période d'essai dont la durée est fixée comme suit :

- personnel agents de service et chefs d'équipe : 1 mois ;
- personnel employés : 1 mois
- personnel techniciens et agents de maîtrise : 3 mois ;
- personnel cadres : 3 mois.

9.02. Ancienneté

Pour la détermination de l'ancienneté ouvrant droit aux avantages prévus par la présente convention, il sera tenu compte de la présence continue, c'est-à-dire du temps écoulé depuis la date d'entrée en fonction en vertu du contrat de travail en cours, sans que soient exclues les périodes pendant lesquelles le contrat a été suspendu.

9.08 Rupture du contrat de travail

9.08.1. Conditions de la rupture

Si la rupture est à l'initiative de l'employeur, la notification du licenciement sera faite par lettre recommandée avec accusé de réception, dans le cadre de la procédure définie par les articles L. 122-14-1 et L. 122-14-2 du Code du travail.

9.08.2. Préavis réciproque

En cas de rupture du contrat de travail, sauf faute grave ou lourde, un préavis est dû par la partie qui prend l'initiative de la rupture.

La durée de préavis réciproque sera de :

a) Personnel agent de propreté :

- de 1 mois à 6 mois d'ancienneté : 1 semaine pour l'employeur, 2 jours pour le salarié ;
- de 6 mois à 2 ans d'ancienneté : 1 mois pour l'employeur, 1 semaine pour le salarié ;
- plus de 2 ans d'ancienneté : 2 mois pour l'employeur, 1 semaine pour le salarié.

b) Personnel employé :

- de 1 mois à 2 ans d'ancienneté : 1 mois réciproque ;
- plus de 2 ans d'ancienneté : 2 mois pour l'employeur, 1 mois pour le salarié.

c) Personnel technicien et agent de maîtrise :

- de 2 mois à 2 ans d'ancienneté : 1 mois réciproque ;
- plus de 2 ans d'ancienneté : 2 mois réciproques.

d) Personnel cadre : 3 mois réciproques.

Dans le cas où l'une ou l'autre des parties ne respecte pas le préavis, sauf commun accord ou inaptitude non consécutive à un accident du travail, elle doit à l'autre une indemnité égale à la rémunération du préavis non effectuée.

9.08.3. Indemnité de licenciement

Tout salarié licencié bénéficiera, sauf cas de faute grave ou lourde, d'une indemnité de licenciement égale à :

- de 2 ans à 5 ans révolus d'ancienneté :
- 1/10 de mois par année d'ancienneté.
- de 6 ans à 10 ans révolus d'ancienneté :
- 1/10 de mois par année d'ancienneté pour la fraction des 5 premières années ;
- 1/6 de mois par année d'ancienneté pour la fraction de 6 ans à 10 ans révolus.
- à partir de 11 ans d'ancienneté :
- 1/10 de mois par année d'ancienneté pour la fraction des 5 premières années ;
- 1/6 de mois par année d'ancienneté pour la fraction de 6 ans à 10 ans révolus ;
- 1/5 de mois pour chaque année au-delà de 10 ans révolus.

La rémunération moyenne des 12 derniers mois de travail effectif ou selon la formule la plus avantageuse des 3 derniers mois sera prise en considération pour le calcul de cette indemnité (étant entendu que toute prime ou gratification de caractère annuel qui aurait été versée au salarié pendant cette période de 3 mois ne sera prise en compte que *prorata temporis*).

• SUJET TYPE D'EXAMEN 3 •

Le sujet se présente sous la forme de quatre dossiers :

DOSSIER 1 – La cession d'une partie des activités (4 / 20 points)

DOSSIER 2 – Analyse d'une décision de licenciement pour motif économique (4 / 20 points)

DOSSIER 3 – Les différents cas de rupture d'un contrat de travail (10 / 20 points)

DOSSIER 4 – Le calcul du temps de travail des salariés (2 / 20 points)

BASE DOCUMENTAIRE

Document 1 – Article L.1224-1 du Code du travail
Document 2 – Extrait du courrier envoyé par Bernard Campam à son employeur
Document 3 – Arrêt de la Cour de cassation n° 17-20740 du 9 mai 2019

Avertissement

Si le texte du sujet, de ses questions ou de ses documents vous conduit à formuler une ou plusieurs hypothèses, il vous est demandé de la (ou les) formuler *explicitement* dans votre copie. Toutes les réponses doivent être justifiées.

Il vous est demandé d'apporter un soin particulier à la présentation de votre copie et à la qualité rédactionnelle.

Sujet

La MaisonEcolo est une SASU au capital de 12 500 000 euros créée en 1977 et située à Nanterre (92). Son président est Daniel Chassagnon. Elle a pour activité la production et la commercialisation d'un large choix de produits écologiques pour l'entretien de la maison, soumis à la certification Écolabel. Actuellement, elle comprend 120 salariés répartis dans différentes usines de fabrication en France.

Il y a cinq ans, profitant d'une opportunité de rachat d'une entreprise, elle a développé également une activité de fabrication et de commercialisation de petits mobiliers en matériaux recyclés. Cependant, cette activité est soumise à une concurrence rude et n'a pas reçu le même accueil positif par les consommateurs.

Embauché au sein du service RH de cette société, vous constatez qu'elle rencontre de plus en plus de difficultés économiques ayant des répercussions sur la gestion du personnel. Vous êtes amené à répondre aux interrogations de plusieurs salariés inquiets. Vous disposez pour ce faire d'une base documentaire.

DOSSIER 1 – La cession d'une partie des activités (base documentaire : document 1)

Récemment, la direction a décidé de céder son activité de fabrication et de commercialisation de petits mobiliers en matériaux recyclés, afin de se recentrer sur l'activité de départ qui a fait la réussite de la SASU La MaisonEcolo. M. Chassagnon a trouvé un acquéreur, la société Recycl'etbois. Ce rachat impliquerait une baisse des effectifs, ramenés à 90 salariés. Avant 2015, Lys et Kader travaillaient sur la chaîne de production des lessives et autres produits assimilés. Suite à l'intégration de l'activité de fabrication de petits mobiliers, ils ont été affectés à cette nouvelle chaîne de fabrication.

La décision de cession de cette activité les inquiète. En effet, vous les avez informés de leur transfert vers la société Recycl'etbois. Or cette société est une PME dans laquelle les salariés bénéficient de très peu d'avantages sociaux et qui a une existence récente. Lys et Kader craignent d'y perdre beaucoup, voire d'être licenciés si cette société connaît des difficultés. Ils s'interrogent sur l'opportunité de faire un recours en justice.

Votre mission : accompagner l'employeur en cas de cession d'une partie de son activité.

Pour la réaliser, vous devez :

1.1 Vérifier si Lys et à Kader disposent de motifs valables pour s'opposer à ce transfert.

1.2 Analyser les effets de ce transfert sur leurs acquis sociaux.

DOSSIER 2 – Analyse d'une décision de licenciement pour motif économique

La cession de cette activité n'est pas suffisante pour rétablir positivement la situation de la SASU La MaisonEcolo. Le dirigeant envisage de mettre en place une procédure de licenciement pour motif économique. En effet, le chiffre d'affaires relevé ces derniers mois est en baisse constante : 1 554 325 euros pour la période du 1er juillet au 31 décembre contre 1 675 532 euros à la même période l'année précédente. Les chiffres prévus pour la période du 1er janvier au 30 juin ne sont pas meilleurs : 1 452 000 euros contre 1 856 536 euros sur la même période l'année précédente.

M. Chassagnon a décidé de supprimer sept postes de responsable de chaîne de production, qui lui coûtent plus cher que les autres postes d'ouvrier du fait d'une prime spécifique et qui peuvent être supprimés en raison de l'automatisation de la production.

Benoît, membre du CSE, ne comprend pas la décision de M. Chassagnon. Selon lui, la baisse du chiffre d'affaires est temporaire et les résultats de l'entreprise sont toujours positifs, avec un versement constant de dividendes.

Votre mission : réaliser un licenciement pour motif économique.

Pour la réaliser, vous devez :

2.1 Analyser la situation, afin de vous prononcer sur la validité de ce projet de licenciement pour motif économique.

2.2 Présenter la procédure que M. Chassagnon aura à respecter s'il décide de mener à terme son projet.

DOSSIER 3 – Les différents cas de rupture d'un contrat de travail (base documentaire : document 2)

Ces difficultés économiques ne sont pas les seuls problèmes que vous avez à gérer. Récemment, vous avez appris que la SASU faisait l'objet d'une poursuite auprès du conseil de prud'hommes par un ancien salarié, Bernard Campam. Ce dernier était gestionnaire des stocks, travaillant dans la SASU depuis sa création. Le 28 octobre 2020, il a notifié par LRAR au service RH son intention de faire valoir ses droits à la retraite au 1er janvier 2021.

Cependant, il a ensuite saisi le conseil de prud'hommes pour obtenir réparation du fait d'actes d'intimidation, d'humiliations et de surcharge de travail affectant sa santé et qu'il dit subir depuis les années 2000, date à laquelle il a été élu représentant du personnel.
En regardant son dossier personnel, vous constatez qu'il a en effet fait l'objet, depuis cette date, de plusieurs arrêts maladie liés vraisemblablement à des dépressions.

Votre mission : encadrer juridiquement le départ d'un salarié.

Pour la réaliser, vous devez :

3.1 Vérifier si Bernard Campam remplissait toutes les conditions pour partir à la retraite le 1er janvier 2021.

3.2 Présenter les objectifs de sa demande, ainsi que ses effets, en analysant précisément les arguments avancés.

Par ailleurs, Bérengère Mongrain, responsable des achats depuis huit ans, connaît des difficultés dans son couple depuis plusieurs mois, qui ont des répercussions sur son travail. Elle n'arrive plus à prendre de décision ni à gérer correctement son équipe, ayant perdu toute confiance en elle. Votre responsable a essayé de prendre plusieurs mesures pour aider Bérengère, mais les relations avec son équipe ont continué à se détériorer. Finalement, votre responsable vous informe qu'il a décidé de la licencier pour insuffisance professionnelle.
Vous êtes chargé de rédiger le courrier de licenciement pour faute grave, qui lui est envoyé le 19 mai. Votre responsable a insisté pour joindre un mot l'invitant à le rencontrer dans les trois jours suivant réception de ce courrier, afin de lui proposer un préavis de trois mois en échange de quoi elle s'engage à ne pas saisir le conseil de prud'hommes.

Votre mission : mener à terme une procédure disciplinaire.

3.3 Présentez les points de vigilance à respecter dans le courrier que vous devez rédiger.

3.4 Analysez la validité de la proposition faite par votre responsable à Bérengère Mongrain.

DOSSIER 4 – Le calcul du temps de travail des salariés (base documentaire : document 3)

Le dernier dossier concerne une demande de rappel de salaire faite par Aminata, qui travaille dans le service production. Tous les jours, elle arrive à 8 h 00, mais passe d'abord par les vestiaires pour mettre sa tenue de travail. Elle doit ensuite traverser toute l'usine pour rejoindre la chaîne de production et en profite pour s'arrêter à la machine à café du service commercial et discuter avec Alice, une amie.
Elle ne rejoint en général son poste de travail qu'à 8 h 30, où elle pointe, horaire de début de journée pris en compte dans son bulletin de salaire.

Votre mission : évaluer le temps de travail des salariés.

Pour la réaliser, vous devez :

4.1 Analyser la situation d'Aminata, afin de préciser si sa demande sera acceptée par le juge.

BASE DOCUMENTAIRE

Document 1 – Article L.1224-1 du Code du travail

« Lorsque survient une modification dans la situation juridique de l'employeur, notamment par succession, vente, fusion, transformation du fonds, mise en société de l'entreprise, tous les contrats de travail en cours au jour de la modification subsistent entre le nouvel employeur et le personnel de l'entreprise. »

Document 2 – Extrait du courrier envoyé par Bernard Campam à son employeur

« Je viens par la présente [...] vous notifier officiellement mon intention de faire valoir mes droits à la retraite à compter du 1er janvier 2021. [...] En effet, je n'ai plus la force de mener à bien mes mandats de représentation du personnel au sein de votre entreprise. Je le déplore de tout mon cœur car il s'agissait pour moi d'un moteur pour avancer et avoir un sentiment d'utilité au sein de l'entreprise, en dépit de tous les agissements menés à mon encontre depuis plus de vingt et un ans. [...] Cela fait vingt et un ans que je subis inlassablement un harcèlement moral et une discrimination syndicale systématiques de la part de la direction et de quelques "serviteurs zélés". [...] Vos prédécesseurs et vous-même m'avez usé [...] »

Document 3 – Arrêt de la Cour de cassation n° 17-20740 du 9 mai 2019

Attendu, selon l'arrêt attaqué, que la société Total Fina Elf raffinage marketing a engagé M. C... en qualité d'avitailleur à compter du 1er novembre 2000, avec reprise d'ancienneté au 1er août 2000 ; qu'en janvier 2012 la société Total Fina Elf raffinage marketing et la société BP France ont créé la Société d'avitaillement et de stockage de carburants aviation (Sasca), à laquelle elles ont cédé leurs branches d'activité d'avitaillement d'aéronefs ; que M. C... a saisi la juridiction prud'homale aux fins de condamnation de la société Sasca au paiement de diverses sommes au titre de l'exécution du contrat de travail ;

Vu l'article L. 3121-1 du Code du travail ;

Attendu que pour condamner l'employeur au paiement de sommes à titre de rappel de salaire pour la période du 12 octobre 2007 au 28 février 2017, de congés payés et de treizième mois afférents, l'arrêt retient qu'en vertu de l'article L. 3121-1 du Code du travail, la durée du travail effectif est le temps pendant lequel le salarié est à la disposition de l'employeur et se conforme à ses directives sans pouvoir vaquer à des occupations personnelles, que si le temps de trajet pour se rendre à son lieu de travail n'est pas considéré comme un temps de travail, il en est autrement quand, comme en l'espèce, le salarié, lorsqu'il arrive à son lieu de travail, est contraint de se soumettre d'une part, au contrôle de sécurité, d'autre part, à l'utilisation d'un véhicule spécifique, ces contraintes résultant de la spécificité de son emploi et de ses conditions de travail, qu'en effet, le salarié n'a d'autre choix que de se soumettre aux règles de sécurité applicables dans l'enceinte où est situé son lieu de travail et ne dispose pas de la liberté de vaquer à ses occupations personnelles, que la demande du salarié est donc fondée dans son principe mais que le temps d'attente moyen sera évalué à dix minutes, soit vingt minutes par jour ;

Attendu, cependant, que selon l'article L. 3121-1 du Code du travail, la durée du travail effectif est le temps pendant lequel le salarié est à la disposition de l'employeur et se conforme à ses directives sans pouvoir vaquer librement à des occupations personnelles ; que la circonstance que le salarié soit astreint de se déplacer vers son lieu de travail, à l'intérieur de l'enceinte sécurisée de l'infrastructure aéroportuaire, au moyen d'une navette, ne permet pas de considérer que ce temps de déplacement constitue un temps de travail effectif ;

Qu'en statuant comme elle l'a fait, par des motifs impropres à caractériser que le salarié se trouvait à la disposition de son employeur et devait se conformer à ses directives sans pouvoir vaquer librement à des occupations personnelles, la cour d'appel a violé le texte susvisé ;

PAR CES MOTIFS : CASSE ET ANNULE, mais seulement en ce qu'il condamne la Société au paiement des sommes de 9 309,05 euros à titre de rappel de salaire pour la période du 12 octobre 2007 au 28 février 2017, de 930,90 euros bruts au titre des congés payés et de 775,75 euros bruts au titre du treizième mois afférents, et en ce qu'il dit que la société devra régler, à compter du mois de mars 2017, le salaire dû pour le temps de transport, à hauteur de vingt minutes par quart effectué, l'arrêt rendu le 3 mai 2017, entre les parties, par la cour d'appel de Paris.

PARTIE 4

ASPECTS COLLECTIFS DU TRAVAIL

« Les représentants du personnel et les syndicats ont un rôle essentiel à jouer pour défendre les droits des salariés. »

CHAPITRE 19

Les institutions représentatives du personnel (IRP) – le CSE

À l'issue de ce chapitre,

• vous serez capable :
❒ d'identifier les principales institutions représentatives et leurs principales attributions ;
❒ de repérer les situations où l'employeur est tenu de mettre en place une institution représentative du personnel ;
❒ d'identifier les salariés protégés et les moyens de leur protection ;
❒ de caractériser le délit d'entrave et ses sanctions.

• vous saurez identifier :
❒ les institutions représentatives du personnel : mise en place, missions et moyens ;
❒ la protection des institutions représentatives du personnel : les personnes protégées, les moyens de protection, les délits d'entrave.

Mettez-vous en situation

Salomé est gérante de la SARL Briot qui fabrique du maquillage à base de produits uniquement naturels. Son activité s'est bien développée ces dernières années et depuis deux ans, sa société compte 12 salariés équivalent temps plein.
Margot nouvellement recrutée est venue la voir pour lui demander l'organisation d'élections professionnelles. Elle souhaiterait se présenter et trouve essentiel de mettre en place des représentants du personnel.
Salomé hésite car elle craint de devoir faire ensuite face à des revendications salariales plus fréquentes. Elle se demande dans quelle mesure elle peut refuser cette demande.
Présentez à Salomé les obligations qui pèsent sur elle en matière de représentation du personnel.

I. La mise en place du CSE

Définition : Une institution représentative du personnel regroupe les représentants élus par les salariés pour défendre leurs intérêts auprès de l'employeur.

A Les conditions de mise en place du CSE

! Depuis le 1er janvier 2020, les IRP qui étaient les délégués du personnel (DP), le comité d'entreprise (CE) et le comité d'hygiène, de sécurité et des conditions de travail (CHSCT) ont toutes été regroupées au sein d'une même instance : le comité social et économique (CSE).

Définition : Le comité social et économique (CSE) regroupe les représentants du personnel dans toutes les entreprises à partir de 11 salariés.

1. Mise en place au niveau de l'entreprise ou des établissements distincts

Tous les organismes de droit privé employant au moins 11 salariés, quels que soient leur forme juridique et leur objet, doivent mettre en place des représentants du personnel. Cet effectif doit être atteint pendant au moins 12 mois consécutifs.

> **!** À la fin du mandat des membres du CSE, si l'effectif est resté en dessous de 11 pendant 12 mois, alors le renouvellement des membres du CSE n'est pas obligatoire. En revanche, la baisse des effectifs n'a aucun effet sur les mandats en cours.

Tableau 19.1 Les règles de décompte des effectifs

Mode de calcul	Salariés concernés
Salariés pris en compte intégralement	Salariés en CDI à temps plein. Travailleurs à domicile.
Salariés pris en compte au prorata de leur temps de présence	Salariés en CDD, contrat de travail intermittent, CTT. Exclus du décompte s'ils remplacent un salarié absent ou en congé.
Salariés pris en compte au prorata de leur temps de travail	Salariés à temps partiel : en proportion de leur temps de travail total par rapport à la durée légale ou conventionnelle du travail dans l'entreprise.
Salariés exclus des effectifs	Salariés sous contrat d'apprentissage, contrat de professionnalisation, contrat de travail « aidé ».

Les effectifs s'apprécient au niveau de l'entreprise. Cependant, il est également possible de faire une appréciation dans le cadre de chaque établissement distinct :

- Il y a autant de CSE que d'établissements respectant le seuil de 11 salariés.
- Le nombre d'établissements distincts est fixé par accord collectif majoritaire ou accord avec le CSE.
- À défaut, ce nombre est fixé de façon unilatérale par l'employeur compte tenu de l'autonomie de gestion du responsable de l'établissement.
- Cette décision peut être contestée et soumise à une décision de la DREETS.
- L'accord d'entreprise peut également mettre en place des représentants de proximité membres du CSE ou désignés par lui.

Un **CSE central d'entreprise** doit être mis en place en plus de ceux établis au niveau des établissements. La composition, le fonctionnement et les attributions du CSE d'établissement sont les mêmes que le CSE d'entreprise.
Le **nombre de membres du CSE** à élire est fonction de l'effectif de l'entreprise (de 1 titulaire et 1 suppléant pour moins de 24 salariés à 9 titulaires et 9 suppléants pour moins de 200 salariés et jusqu'à 35 titulaires et 35 suppléants pour 10 000 salariés et plus).

2. Mise en place à un autre niveau de représentation

a. L'unité économique et sociale (UES)

La loi prévoit la possibilité d'élire des représentants du personnel au niveau de l'UES.

Définition : L'unité économique et sociale (UES) permet de regrouper les salariés de plusieurs entreprises autonomes ayant une communauté de direction (unité économique) et d'intérêts (unité sociale) afin d'atteindre les seuils nécessaires pour la mise en place de représentants du personnel.

Son existence est reconnue par accord collectif ou par décision du TJ.
Un CSE commun sera mis en place dès lors que l'UES regroupe au moins 11 salariés.

b. Au niveau interentreprises

Il est également possible de mettre en place un **CSE interentreprises**. Ce CSE nécessite l'existence d'entreprises situées sur un même site et ayant des problèmes communs (critère géographique). Il est mis en place par un accord collectif interentreprises conclu entre les employeurs des entreprises du site et les OSR au niveau interprofessionnel ou départemental.

c. Le groupe

Un **comité de groupe** est mis en place en cas de groupe composé d'une entreprise dominante et de filiales qu'elle contrôle. Il est composé du chef de l'entreprise dominante et de représentants des salariés désignés par l'OSR parmi leurs élus aux CSE des entreprises du groupe.
Le nombre maximum de représentants du personnel au comité de groupe est fixé à 30.

d. Au niveau européen

Un **comité d'entreprise européen** peut être mis en place dans les entreprises de plus de 1 000 salariés, ayant au moins deux établissements comprenant un minimum de 150 salariés chacun et implantés dans au moins deux États membres de l'Union européenne.

> **!** La réforme mettant en place le CSE n'est pas revenue sur la notion de comité d'entreprise européen.

3. Les autres IRP

a. Le conseil d'entreprise

Par accord d'entreprise majoritaire ou de branche étendu pour les entreprises dépourvues de délégué syndical, un conseil d'entreprise peut être mis en place. Il exerce alors l'ensemble des attributions reconnues au CSE et est seul compétent pour négocier, conclure et réviser des accords collectifs d'entreprise ou d'établissement.
La mise en place d'un conseil d'entreprise a pour but de remplacer les OSR dans la négociation collective.

b. La commission santé, sécurité et conditions de travail (CSSCT)

Avec la réforme mise en place par les ordonnances Macron de 2017, le CHSCT a été fusionné au sein du CSE.
Cependant, il est prévu la possibilité de mettre en place une CSSCT obligatoire :

- dans les entreprises ou établissements distincts d'au moins 300 salariés ;
- dans les établissements à haut risque (classés Seveso ou gisements miniers) ;
- en cas de demande de l'inspecteur du travail indépendamment des effectifs de l'entreprise.

Les membres de cette commission sont désignés parmi les membres titulaires ou suppléants de la délégation du personnel du CSE, par une délibération adoptée à la majorité des membres présents.

B Modalités de mise en place

1. Les élections professionnelles

L'employeur a pour obligation d'organiser les élections des représentants du personnel **tous les 4 ans**. En cas de carence, un salarié ou une organisation syndicale peut à tout moment le saisir pour lui demander de le faire sous 1 mois sous peine de condamnation pour **délit d'entrave**. En l'absence de candidat, il doit afficher un **PV de carence** et le transmettre à l'inspecteur du travail dans les 15 jours.

> **!** Il existe deux collèges d'électeurs : un collège pour les ouvriers et employés, un collège pour les agents de maîtrise, techniciens, ingénieurs, et cadres. Dans les entreprises de moins de 25 salariés, un seul collège est requis.

a. Organisation des élections

L'employeur doit informer le personnel de la date des élections par tout moyen, au plus tard 90 jours avant. Il met en place la négociation du **protocole préélectoral** avec les syndicats représentatifs. Ce protocole électoral permet de fixer les établissements distincts, la répartition des sièges entre les différents collèges, la composition des collèges, etc. Depuis la décision n°2021-947 QPC du 19 novembre 2021, les salariés titulaires d'une délégation de pouvoirs de l'employeur peuvent tout de même être électeurs.

Pour être adopté, le protocole préélectoral doit être signé à la double majorité :

- majorité des organisations syndicales ayant participé à la négociation ;
- parmi ces signataires, les OSR ayant recueilli la majorité des suffrages lors des dernières élections professionnelles.

b. Déroulement des élections

Deux listes distinctes de candidats sont établies pour chacun des collèges : les titulaires et les suppléants.

Un bureau de vote composé de deux électeurs est prévu pour chacun des collèges. Le vote a lieu à bulletin secret au scrutin de liste à la proportionnelle.

> ! Les listes électorales doivent comporter la même proportion de femmes et d'hommes que celle du collège électoral avec une alternance homme/femme.

Figure 19.1 Les étapes des élections

Premier tour
Réservé aux candidats des OSR ou des organisations syndicales constituées depuis au moins 2 ans et respectant les valeurs républicaines.

→ **Second tour**
Obligatoire si le quorum n'est pas atteint ou si tous les sièges n'ont pas été pourvus. Ouvert à toute candidature et organisé dans les 15 jours suivant le 1er tour.

→ **Dépouillement**
Possibilité de raturer des noms (candidat tout de même élu, sauf si les ratures représentent 10 % des suffrages valablement exprimés) et de changer l'ordre des candidats.

→ **Attribution des sièges**
Dans l'ordre de la liste.
En fonction du nombre de voix obtenues et du quotient électoral.
Les sièges restants sont attribués sur la base de la plus forte moyenne.

Le quorum est atteint si le **nombre de suffrages valablement exprimés** est au moins égal à la moitié du nombre des électeurs inscrits.

> ! La plus « forte moyenne » se détermine en comparant les résultats du calcul suivant :
> Moyenne = Nombre de voix / (Nombre de sièges attribués + 1).

2. Le mandat

Le mandat est de **4 ans sauf accord collectif** de branche, de groupe ou d'entreprise fixant une durée comprise entre 2 et 4 ans.

Tableau 19.2 Conditions pour participer aux élections professionnelles

Conditions d'électorat	– Avoir au moins 16 ans. – Avoir 3 mois d'ancienneté. – Être titulaire d'un contrat de travail. – Ne pas avoir été condamné avec privation du droit de vote politique. – Absence de condition de nationalité.
Conditions d'éligibilité	– Avoir au moins 18 ans. – Avoir 1 an d'ancienneté. – Être titulaire d'un contrat de travail. – Ne pas être conjoint, concubin, pacsé, ascendant, descendant, frère, sœur ou allié au même degré du chef d'entreprise. – Absence de condition de nationalité.

Le nombre de mandats successifs est limité à 3 mandats sauf dans les entreprises de moins de 50 salariés et dans les entreprises de 50 à 300 salariés si le protocole d'accord préélectoral en stipule autrement.

C Contentieux électoral

Le **tribunal judiciaire (TJ)** est seul compétent. Il doit être saisi dans les 3 jours de l'affichage des listes électorales pour les litiges concernant l'électorat, dans les 15 jours de la proclamation des résultats pour les litiges portant sur la régularité des opérations électorales et à tout moment en cas de demande portant sur la validité de l'accord préélectoral ou sur les conditions d'éligibilité.
Le recours est ouvert à tout intéressé, l'employeur, les salariés ou les organisations syndicales.
L'irrégularité constatée n'entraîne la nullité de l'élection que lorsqu'elle a influé sur son résultat.

Depuis la loi n° 2015-990 du 6 août 2015, seul le TJ est compétent pour les recours à l'encontre des décisions prises par la DREETS concernant la reconnaissance de caractère d'établissement distinct et la répartition du personnel et des sièges entre les collèges électoraux.

II. Le rôle du CSE

A Les missions

1. Dans les entreprises de moins de 50 salariés

Les représentants du personnel :

- représentent le personnel auprès de l'employeur et lui font part de toute réclamation individuelle ou collective ;
- sont consultés sur la fixation des congés payés, le RI, la formation, le reclassement des salariés inaptes ;
- émettent des suggestions sur l'organisation générale de l'entreprise ;
- sont les interlocuteurs de l'inspecteur du travail qu'ils peuvent saisir et accompagner en cas de visite ;
- exercent un **droit d'alerte**.

Définition : Si un représentant du personnel constate qu'il existe une atteinte injustifiée ou disproportionnée aux droits des personnes (harcèlement moral par exemple), à leur santé physique ou mentale ou aux libertés individuelles, il dispose d'un droit d'alerte qui lui permet d'en aviser immédiatement l'employeur. Celui-ci procède ou fait procéder à une enquête. Ce droit peut être exercé dans toute entreprise quels que soient les effectifs.

Depuis la loi Climat et résilience du 22 août 2021, le CSE tient compte des conséquences environnementales des décisions de gestion.

2. Dans les entreprises de 50 salariés et plus

Le chef d'entreprise doit consulter le CSE :

- Sur toute question concernant l'organisation, la gestion et la marche générale de l'entreprise (RI, nouvelles technologies, etc.), incluant une information-consultation sur les conséquences environnementales de ces décisions..
- Sur tout point de nature à affecter le volume ou la structure des effectifs, la durée du travail, les conditions d'emploi, de travail et de formation professionnelle des salariés.
- En cas de dépôt d'une offre publique d'achat (OPA) avant toute déclaration de cessation des paiements et lorsque l'entreprise fait l'objet d'une procédure de sauvegarde ou de

redressement ou de liquidation judiciaires, avant toute décision relative à la poursuite de l'activité ainsi que lors de l'élaboration du projet de plan de sauvegarde ou de redressement ou de liquidation de l'entreprise.
- De manière annuelle sur des thèmes fixés par le Code du travail : aménagement du temps de travail, bilan social, congés payés, égalité professionnelle, évolution des emplois et des qualifications, formation professionnelle, recherche et développement. La loi Rebsamen du 17 août 2015 regroupe ces thèmes en trois grandes catégories : les orientations stratégiques, la situation économique et financière ainsi que la politique sociale et les conditions de travail de l'entreprise.
- Sur toute question relative à la santé, l'hygiène et la sécurité des salariés [voir Chapitre 15], et notamment lors de la mise en place et des mises à jour du DUERP.

Le CSE dispose d'informations communiquées par l'employeur [documents comptables et bilan social, voir Chapitre 22].
La mise en place d'une **base de données économiques, sociales et environnementales (BDESE)** est obligatoire dans les entreprises de 50 salariés et plus. L'accès par les membres du CSE à cette BDESE vaut communication des informations. L'employeur doit s'assurer d'un accès permanent par les représentants du personnel à cette BDESE dont le contenu peut être encadré par accord collectif.

Définition : En l'absence d'accord collectif, la base de données économiques, sociales et environnementales (BDESE) comprend notamment des informations sur l'investissement social (type de contrats, personnes handicapées, formation professionnelle), sur le matériel et l'immatériel, sur l'égalité professionnelle femmes et hommes, sur les fonds propres, sur la rémunération des salariés et dirigeants, sur les flux financiers et sur les activités sociales et culturelles.
Des mentions obligatoires supplémentaires sont rajoutées dans les entreprises de 300 salariés et plus (évolution des emplois, conditions de travail).

L'absence de BDESE est considérée comme un délit d'entrave.

B Les moyens

1. Dans les entreprises de moins de 50 salariés

L'employeur doit convoquer et recevoir les représentants du personnel **au moins une fois par mois**. Ils posent leurs questions par écrit au moins 2 jours avant la réunion. L'employeur y répond lors de la réunion, puis par écrit dans un délai de 6 jours (registre tenu à la disposition du personnel et de l'inspecteur du travail).

Tableau 19.3 Les moyens d'action hors réunions

Crédit d'heures attribué à chaque délégué titulaire	– 10 heures par mois. – Considéré et payé comme du temps de travail effectif. – Temps passé en réunion avec l'employeur non décompté de ce crédit.
Local et panneau d'affichage dans l'établissement	– Affichage des documents sans autorisation préalable de l'employeur. – En cas de préjudice, possible saisine du juge des référés par l'employeur pour retirer les documents.
Exemplaire à jour de la convention collective	– À fournir par l'employeur. – Convention collective et accords collectifs ou avenants applicables dans l'entreprise.
Accès à certains documents obligatoires	Notamment registres du personnel et de sécurité, documents récapitulant la durée du travail et, en cas d'intérim, contrats de mise à disposition des travailleurs temporaires.

Liberté de déplacement dans l'entreprise pendant les heures de délégation ou en dehors des heures de travail	– Aucune autorisation requise pour quitter leur poste de travail. – Délai de prévenance limité et faisant l'objet d'une concertation préalable entre l'employeur et les délégués.
Formation économique	Congé de formation pris sur le temps de travail, à la demande du salarié et considéré comme du temps de travail effectif. 5 jours de formation obligatoire à la santé, à la sécurité et aux conditions de travail quel que soit l'effectif de l'entreprise, dès lors qu'il s'agit d'un premier mandat. Pour les mandats suivants, la durée est de 3 à 5 jours selon les effectifs (< ou > à 300 salariés).

2. Dans les entreprises de 50 salariés et plus

Le CSE est réuni **une fois tous les deux mois** et dans les situations d'urgence. Il est réuni une fois par mois dans les entreprises de 300 salariés et plus ou en cas de demande de la majorité des membres.

Par ailleurs, **au moins 4 réunions dans l'année** doivent porter sur des questions de santé, de sécurité et conditions de travail.

Les moyens d'action hors réunions sont les mêmes que ceux attribués dans les entreprises de moins de 50 salariés. D'autres moyens s'y ajoutent.

a. Crédit d'heures

Les membres élus titulaires disposent d'un crédit de 18 heures par mois, considérées comme du temps de travail. Ce crédit d'heures augmente avec les effectifs (21 heures entre 100 et 199 salariés, 34 heures à partir de 10 000 salariés).

b. Budget

Le CSE dispose de trois types de ressources :

- La **subvention de fonctionnement**, versée tous les ans et égale à 0,2 % de la masse salariale brute. Il est possible de transférer une partie de l'excédent annuel du budget de fonctionnement (dans la limite de 10 % de cet excédent) vers le budget destiné à financer les activités sociales et culturelles et inversement.
- La contribution de l'entreprise aux activités sociales et culturelles. Aucun taux n'est imposé par le Code du travail.
- Les **autres ressources** (dons, cotisations facultatives du personnel, recettes propres, subventions). Elles sont également destinées au financement des activités sociales et culturelles.

c. Nomination d'un expert

Cette nomination peut permettre au CSE de prendre connaissance plus efficacement des informations qui lui sont transmises. Il peut s'agir d'un expert-comptable ou d'un expert en technologie rémunéré par l'entreprise ou encore d'un expert libre rémunéré par le comité, sur son budget de fonctionnement.

d. Droit d'alerte

Le CSE dispose d'un droit d'alerte supplémentaire dans les entreprises de 50 salariés et plus qui est une alerte économique. En effet, en cas de situation économique préoccupante, le droit d'alerte permet au CSE de demander des explications à l'employeur sur tout fait affectant la situation économique de l'entreprise, une expertise auprès des tribunaux, la récusation du commissaire aux comptes ou l'intervention de l'inspecteur du travail. Il peut également exercer ce droit d'alerte en cas de recours abusif aux CDD ou CTT.

> **!** Dans les entreprises de 50 salariés et plus, le représentant du personnel peut bénéficier d'un congé de formation économique d'une durée maximale de 5 jours lorsqu'il est élu pour la première fois. Tous les frais de formation sont pris en charge par l'employeur.

C Le fonctionnement

Le chef d'entreprise préside le CSE mais ne vote pas. Il le convoque et élabore, conjointement avec le secrétaire du CSE, l'ordre du jour communiqué aux membres au moins 3 jours avant la séance. Les consultations y sont inscrites de plein droit. Les résolutions sont prises à la majorité des présents. Les représentants syndicaux n'ont qu'une voix consultative. Les délibérations sont consignées dans un PV, établi par le secrétaire et adopté à la réunion suivante avant affichage ou diffusion.

III. La protection des IRP

A Les salariés protégés

Définition : Un salarié protégé est un salarié pour lequel l'employeur doit respecter une procédure particulière pour toute décision modifiant ses conditions ou son contrat de travail. Il s'agit de s'assurer que la décision prise par l'employeur ne l'est pas du fait du statut du salarié protégé.
Les représentants du personnel ne sont pas les seuls salariés protégés (ex. : médecin du travail).

Bénéficient d'une protection en tant que **salariés protégés** :

- Les **représentants élus** en cours de mandat, qu'ils soient titulaires ou suppléants. Sont également protégés les conseillers prud'homaux.
- Les **candidats aux élections** professionnelles aux deux tours. La protection dure pendant 6 mois après la publication des candidatures. L'annulation de la candidature n'a pas d'effet rétroactif sur le statut protecteur.
- Les **salariés ayant demandé l'organisation des élections** pendant 6 mois à compter de l'envoi à l'employeur de la lettre par laquelle le premier syndicat demande ou accepte les élections.
- Les **anciens représentants du personnel**, pendant les 6 mois suivant l'expiration de leur mandat ou la disparition de l'institution.

> ! Une fois la période de protection échue, l'employeur ne peut se fonder sur des faits datant de la période de protection pour motiver une sanction.

B Les moyens de protection

1. La protection contre le licenciement

L'**autorisation administrative** donnée par l'inspecteur du travail est obligatoire quel que soit le motif de licenciement, mais également dans la plupart des cas de rupture du contrat de travail, sauf la démission. Elle s'impose au juge judiciaire.
L'entretien personnel doit avoir lieu avant la consultation du CSE et la demande d'autorisation à l'inspecteur du travail.

Tableau 19.4 **Une procédure de licenciement spécifique**

Autorités à consulter	Pouvoirs
Employeur	Prononce une mise à pied conservatoire en cas de faute grave en attendant l'avis de l'inspecteur du travail. Obligatoirement accompagnée d'une demande de licenciement, ne suspend pas le mandat.
CSE	Émet uniquement un avis, au scrutin secret et à la majorité, vis-à-vis des RP ou DS membres du CSE après avoir auditionné le salarié.

Autorités à consulter	Pouvoirs
Inspecteur du travail	Demande faite par l'employeur par LRAR dans les 15 jours de la délibération du CSE. Décision dans les 2 mois de la réception de la demande. Absence de réponse équivalente à un refus, donc absence d'autorisation de licenciement. Réponse motivée, notifiée aux parties et à l'organisation syndicale. Prise en compte de l'intérêt de l'entreprise et des salariés.

En cas de contestation de la décision rendue par l'inspecteur du travail, deux types de recours sont possibles :

- Le **recours hiérarchique** devant le ministre chargé du Travail dans un délai de 2 mois à compter de la notification de l'inspecteur. Ce recours n'a pas d'effet suspensif. Le silence pendant 4 mois équivaut au rejet de la demande.
- Le **recours contentieux** devant le juge administratif contre la décision de l'inspecteur ou celle du ministre dans un délai de 2 mois. Le juge contrôle l'existence des faits, mais aussi leur gravité justifiant ou non le licenciement.

Tableau 19.5 Les conséquences d'un licenciement non autorisé

	Effets
En l'absence d'autorisation administrative	– Nullité du licenciement et maintien du mandat de RP. – Réintégration ou versement de dommages et intérêts. – Versement d'indemnités (licenciement, préavis, etc.).
En cas d'annulation de l'autorisation administrative	– Réintégration dans son poste et son mandat. – Versement des salaires dus. – Versement d'indemnités de rupture et de licenciement sans cause réelle et sérieuse.

2. Les autres situations de protection

Les salariés protégés bénéficient également d'une protection en cas de modification du contrat ou des conditions de travail, d'inaptitude professionnelle, de mise à la retraite, de CDD, de transfert du contrat de travail et de discrimination.

3. Le délit d'entrave

Le délit d'entrave peut être commis lors de la mise en place des institutions représentatives, en cas d'intervention dans l'exercice des fonctions (défaut d'information ou de consultation) ou lors de la rupture du contrat de travail des représentants du personnel.

Définition : Le délit d'entrave consiste à mettre en place des obstacles à la désignation, au fonctionnement et au licenciement des IRP. Pour qu'il existe, il faut réunir un élément matériel, un élément légal et un élément intentionnel.

Le déclenchement des poursuites a pour origine une **constatation du délit** par l'inspecteur du travail, ou une constitution de partie civile par un RP, le CSE ou encore un syndicat en cas d'atteinte à l'intérêt collectif de la profession.

Les sanctions prévues sont :

- 1 an de prison et/ou une amende de 7 500 euros contre l'employeur personne physique, mais également contre la personne morale en cas d'entrave à la mise en place ;
- amende de 7 500 euros en cas d'atteinte à l'exercice ou au fonctionnement régulier des IRP.

SYNTHÈSE

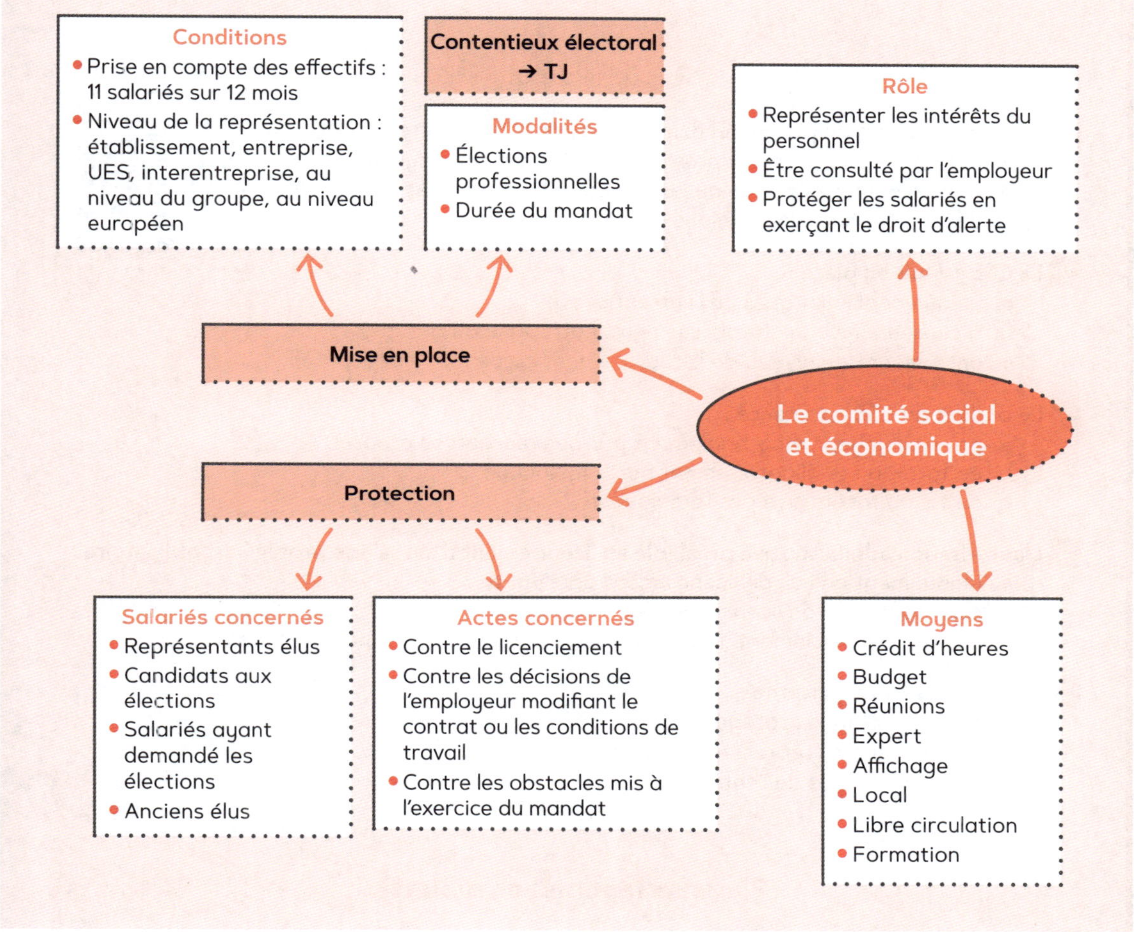

Faites le point sur les notions clés : institution représentative du personnel (IRP) p. 310, comité social et économique (CSE) p. 311, unité économique et sociale (UES) p. 311, droit d'alerte p. 314, base de données économiques, sociales et environnementales (BDESE) p. 315, salarié protégé p. 317, délit d'entrave p. 318.

Révisez avec les flashcards

www.lienmini.fr/dcg03-38

QCM

Réponse unique

QCM interactif

www.lienmini.fr/dcg03-39

1 Les représentants du personnel disposent de crédits d'heures :
- ❍ **a.** utilisables uniquement après autorisation de l'employeur.
- ❍ **b.** dont le nombre varie selon les effectifs de l'entreprise.
- ❍ **c.** décomptés lors des réunions avec l'employeur.

2 Le CSE est mis en place :
- ❍ **a.** uniquement au niveau de l'entreprise.
- ❍ **b.** à plusieurs niveaux (établissement, entreprise ou groupe).
- ❍ **c.** uniquement au niveau de l'établissement ou de l'entreprise.

3 Le budget du CSE est financé :
- ❍ **a.** par l'employeur, mais également par des ressources propres.
- ❍ **b.** en totalité et obligatoirement par l'employeur.
- ❍ **c.** de façon facultative par l'employeur.

4 L'autorisation administrative préalable au licenciement d'un salarié protégé est obligatoire :
- ❍ **a.** uniquement en cas de licenciement pour faute.
- ❍ **b.** pour tout type de licenciement.
- ❍ **c.** en cas de licenciement, mais également pour d'autres types de décisions.

5 Le délit d'entrave concerne :
- ❍ **a.** tous les salariés protégés.
- ❍ **b.** uniquement les représentants du personnel.
- ❍ **c.** tous les salariés de l'entreprise.

Plusieurs réponses possibles

6 Le CSE est consulté par l'employeur :
- ❍ **a.** en cas de décision stratégique ayant un impact sur les salariés.
- ❍ **b.** en cas de modification du règlement intérieur.
- ❍ **c.** pour décider de l'affectation des résultats.

7 La durée du mandat de représentant du personnel est :
- ❍ **a.** de 2 à 4 ans en fonction de l'accord collectif.
- ❍ **b.** de 5 ans.
- ❍ **c.** de 4 ans.

8 Les représentants du personnel sont protégés :
- ❍ **a.** pendant 12 mois à l'issue de leur mandat.
- ❍ **b.** pendant toute la durée de leur mandat.
- ❍ **c.** pendant 6 mois à l'issue de leur mandat.

9 En cas de refus d'autorisation du licenciement d'un salarié protégé, l'employeur peut :
- ❍ **a.** faire un recours hiérarchique auprès du ministère du travail.
- ❍ **b.** faire un recours en justice devant le conseil des prud'hommes.
- ❍ **c.** faire un recours en justice devant le TA.

10 **Les représentants du personnel ont un droit d'alerte :**
- ❍ **a.** en cas de non-respect des conditions de réunion du CSE.
- ❍ **b.** en cas de danger grave et imminent pour les salariés.
- ❍ **c.** en cas de situation économique préoccupante pour l'entreprise.

Réponses à justifier

11 **Le CSE dispose de moyens financiers :**
- ❍ **a.** qui dépendent uniquement de l'employeur.
- ❍ **b.** qui dépendent uniquement de ses activités propres.
- ❍ **c.** qui proviennent de sources différentes.

12 **Les membres du CSE peuvent communiquer avec les salariés**
- ❍ **a.** par le biais d'un panneau d'affichage.
- ❍ **b.** uniquement par l'intermédiaire des PV des réunions.
- ❍ **c.** en se déplaçant dans l'entreprise pendant leurs heures de délégation.

13 **La mise en place d'un CSE est obligatoire :**
- ❍ **a.** à partir de 50 salariés sur 12 mois consécutifs.
- ❍ **b.** à partir de 11 salariés sur au moins 12 mois consécutifs.
- ❍ **c.** à partir de 11 salariés sur 12 mois.

14 **Le décompte des effectifs se fait en tenant compte :**
- ❍ **a.** uniquement des salariés en CDI à temps plein.
- ❍ **b.** des salariés en CDI ou en CDD.
- ❍ **c.** de tous les salariés en fonction de leur temps de présence dans l'entreprise.

15 **Un CSE peut être mis en place pour plusieurs entreprises :**
- ❍ **a.** si elles font partie du même groupe.
- ❍ **b.** uniquement si elles sont sous une direction commune.
- ❍ **c.** si elles ont des intérêts communs.

CAS PRATIQUE GUIDÉ

MISE EN PLACE DE REPRÉSENTANTS DU PERSONNEL DANS L'ENTREPRISE VOYAGES

Martial Herroux vient de racheter l'entreprise Voyages spécialisée dans l'organisation de voyages en Europe. Au cours des deux dernières années, cette entreprise comptait 8 salariés à temps plein, deux salariés à temps partiel (mi-temps et tiers-temps). Deux salariés ont été recrutés en CDD sur les mois de juin, juillet et août pour faire face à une augmentation temporaire de l'activité. L'an dernier, l'entreprise a également recruté un apprenti.

À la suite de la demande d'un nouveau salarié, Martial Herroux vous consulte pour savoir s'il doit mettre en place des représentants du personnel.

1. **Vérifiez si Martial Herroux doit mettre en place des représentants du personnel.**
2. **Le cas échéant, présentez-lui les modalités de mise en place de ces représentants du personnel.**

CORRIGÉ

☑ **COMPÉTENCE ATTENDUE : Repérer les situations où l'employeur est tenu de mettre en place une institution représentative du personnel.**

Méthode

Ce cas pratique nécessite une lecture attentive du sujet pour identifier tous les salariés présents dans cette entreprise. Vous devez faire attention à leur statut afin de savoir comment ils sont comptabilisés dans les effectifs.

1. Vérifiez si Martial Herroux doit mettre en place des représentants du personnel.

PRINCIPES JURIDIQUES

La mise en place d'un CSE est obligatoire à partir de 11 salariés sur 12 mois consécutifs.
Les salariés en CDI à temps plein sont comptabilisés dans les effectifs. Les salariés en CDD ou à temps partiel sont comptabilisés uniquement au prorata de leur temps de présence. Les salariés sous contrat d'apprentissage ou de professionnalisation n'entrent pas dans le calcul de ces effectifs.

> ! Vous devez tenir compte de la totalité des salariés présents sur 12 mois consécutifs et faire un calcul au prorata de leur temps de travail ou de présence.

APPLICATION AU CAS

En l'espèce, l'entreprise Voyages compte 8 salariés à temps plein. Le salarié à mi-temps compte pour 0,5. Le salarié à tiers-temps compte pour 0,33. Les 2 salariés en CDD sur 3 mois comptent pour 3/12 = 0,25 chacun. L'apprenti n'entre pas dans le décompte de l'effectif. Au total, l'entreprise emploie 9,33, soit 10 salariés (8 + 0,5 + 0,33 + 0,5). Elle n'a donc pas pour obligation de mettre en place des représentants du personnel.

2. Le cas échéant, présentez-lui les modalités de mise en place de ces représentants du personnel.

PRINCIPES JURIDIQUES

Les représentants du personnel sont mis en place à la suite d'élections professionnelles organisées par l'employeur tous les 4 ans (ou entre 2 et 4 ans selon un accord collectif). L'employeur doit informer le personnel de la mise en place de ces élections et négocier avec les syndicats représentatifs un protocole préélectoral organisant le déroulement des élections. Deux collèges d'électeurs sont mis en place : pour les ouvriers et les employés et pour les ingénieurs et les cadres. L'élection est à deux tours lorsque le quorum n'est pas atteint au premier tour. Le scrutin est un scrutin de liste avec une attribution des sièges à la proportionnelle.

> ! Votre réponse doit présenter la totalité des étapes nécessaires à l'organisation des élections professionnelles.

APPLICATION AU CAS

Martial Herroux devra suivre les modalités précitées pour mettre en place les représentants du personnel lorsque son entreprise dépassera le seuil de 11 salariés.

AUTOÉVALUATION

La grille d'autoévaluation ci-dessous vous permet d'évaluer votre niveau et de vérifier si vos réponses correspondent aux attendus de l'examen.

Questions	Niveau 1	Niveau 2	Niveau 3	Niveau 4
	Un premier élément de réponse, mais très incomplet, des erreurs, des contresens	*Des éléments de réponse isolés, des approximations et/ou de la paraphrase*	*Question comprise : des éléments de réponse pertinents mais incomplets au niveau des savoirs et/ou de l'application*	*Compétence attendue mobilisée avec mobilisation complète des savoirs associés à la compétence. Application pertinente.*
1. Vérifiez si Martial Herroux doit mettre en place des représentants du personnel. *(voir Section I.A. 1)*	❑ Vous n'appliquez pas le bon seuil rendant obligatoire la mise en place d'un CSE. ❑ Vous comptabilisez tous les salariés sans tenir compte de leurs spécificités.	❑ Vous connaissez le seuil rendant le CSE obligatoire mais vous ne savez pas l'appliquer au cas donné.	❑ Vous connaissez le seuil rendant le CSE obligatoire. ❑ Vous avez fait des erreurs dans votre application pour certains salariés spécifiques.	❑ Vous connaissez le seuil rendant le CSE obligatoire. ❑ Vous avez appliqué correctement ce seuil aux salariés présents en tenant compte des spécificités de leurs contrats de travail.
2. Le cas échéant, présentez-lui les modalités de mise en place de ces représentants du personnel. *(voir Section I.B)*	❑ Votre réponse ne précise pas la durée du mandat ni le déroulement des élections.	❑ Vous donnez la durée du mandat et/ou la mise en place du protocole préélectoral mais vous ne précisez pas les autres étapes de cette mise en place.	❑ Vous donnez la durée du mandat et la nécessité d'un protocole préélectoral. ❑ Vous indiquez l'existence de deux tours mais vous ne donnez pas davantage de précisions. ❑ Vous ne faites pas d'application pratique au cas donné.	❑ Vous précisez les modalités d'organisation des élections professionnelles en donnant : – la durée du mandat, – le protocole préélectoral, – les deux collèges, – les deux tours et la notion de quorum, – le scrutin de liste. ❑ Vous indiquez en une phrase l'application au cas donné.

• EXERCICES •

1 Rôle des délégués du personnel dans le supermarché Vivabio

20 min

☑ **COMPÉTENCE ATTENDUE : Identifier les principales institutions représentatives et leurs principales obligations**

Fabienne et Mireille sont hôtesses de caisse dans le supermarché Vivabio qui comprend 22 salariés. Mireille est en poste depuis 5 ans, et Fabienne depuis 2 ans. Cette dernière est originaire d'Espagne et il s'agit de son premier poste depuis son arrivée en France. Récemment, Fabienne et Mireille ont décidé de se présenter aux élections professionnelles. Mirelle est syndiquée auprès d'une OSR, ce qui n'est pas le cas de Fabienne. Cette dernière a décidé de rejoindre une liste de collègues dont elle apprécie les actions et qui se présentent « sans étiquette ». Elle a beaucoup d'idées pour améliorer le quotidien des salariés de son entreprise. Cependant, elle se demande si elle aura suffisamment de temps et de moyens pour les mettre en application.

1. **Vérifiez si Fabienne pourra se présenter au premier tour des élections professionnelles comme Mireille.**
2. **Présentez à Fabienne les moyens qu'elle aura à sa disposition pour exercer son rôle de représentant du personnel si elle est finalement élue.**

2 Rôle du CSE au sein de la SARL Vilavolailles

25 min

☑ COMPÉTENCES ATTENDUES : **Identifier les principales institutions représentatives et leurs principales obligations. Identifier les salariés protégés et les moyens de leur protection. Caractériser le délit d'entrave et ses sanctions.**

La SARL Vilavolailles, spécialisée dans l'élevage et l'abattage de volailles et de lapins et dirigée par Antonin Ducosse, emploie 65 salariés équivalent temps plein depuis 3 ans. Dominique Accroux est assistant comptable au sein de cette société et vient d'être élu membre du CSE. À la suite de cette élection, il demande à son employeur d'avoir accès à différents documents dont le registre du personnel, les documents comptables et le projet de plan de développement des compétences. Par ailleurs, il souhaite visiter prochainement les deux bâtiments d'abattage pour rencontrer les salariés qui y sont affectés et qu'il a peu l'occasion de voir.
Il compte planifier ces visites en dehors de son temps de travail, mais voudrait que ces heures soient rémunérées par son employeur. Antonin Ducosse lui refuse toutes ses demandes. De plus, il commence à en avoir assez de ce salarié qui « se mêle de ce qui ne le regarde pas ». Il a décidé d'engager une procédure de licenciement à son encontre à la suite d'une restructuration liée à des difficultés économiques. Dominique Accroux sait que cette décision n'est que peu justifiée, mais ignore comment la contester.

1. **Analysez les demandes faites par Dominique Accroux afin de vérifier si elles peuvent être refusées par Antonin Ducosse.**
2. **Vérifiez si Dominique Accroux bénéficie d'une protection spécifique lui permettant de ne pas être licencié.**

3 Fonctionnement du CSE au sein de la société Capservices

35 min

☑ COMPÉTENCES ATTENDUES : **Identifier les principales institutions représentatives et leurs principales obligations. Repérer les situations où l'employeur est tenu de mettre en place une institution représentative du personnel.**

La société Capservices a été créée en 2004 par Christophe Simonnet à Issy-les-Moulineaux (92). Comprenant 12 salariés à sa création, elle en compte aujourd'hui près de 302, répartis sur différents sites en France. Tiphaine Leroy a signalé il y a peu à Christophe la nécessité de mettre en place une commission de santé, de sécurité et des conditions de travail à la suite de l'augmentation des effectifs ces 12 derniers mois. Cependant, ce dernier refuse car il y a déjà un CSE. Il se pose en revanche la question de mettre en place un conseil d'entreprise pour limiter le poids des syndicats dans son entreprise.
Fanny Diprevo vient d'être élue membre du CSE. Elle s'occupe de la gestion du budget du CSE et s'inquiète de la baisse des ressources de ces dernières années. L'employeur a versé moins

d'argent au CSE et considère qu'il n'a qu'à trouver lui-même des sources de financement. Fanny se demande dans quelle mesure elle doit en effet suivre cette nouvelle directive de son employeur.

Elle est d'autant plus inquiète que la situation économique de la société Capservices semble se dégrader, sauf si elle n'a pas bien compris tous les documents qui ont été remis par Christophe Simonnet.

1. **Analysez la situation de la société Capservices afin de vérifier si Christophe est tenu de mettre en place les IRP précitées.**
2. **Vérifiez les sources financières dont devrait pouvoir bénéficier le CSE de la société Capservices.**
3. **Présentez les documents d'information que l'employeur doit remettre aux membres du CSE.**
4. **Quels sont les moyens dont dispose le CSE en cas de difficultés économiques avérées de la société Capservices ?**

CAS DE SYNTHÈSE

MISE EN PLACE D'INSTITUTIONS REPRÉSENTATIVES DU PERSONNEL AU SEIN DE LA SOCIÉTÉ AGROBAR

45 min

☑ COMPÉTENCES ATTENDUES : **Identifier les principales institutions représentatives et leurs principales obligations. Repérer les situations où l'employeur est tenu de mettre en place une institution représentative du personnel. Identifier les salariés protégés et les moyens de leur protection. Caractériser le délit d'entrave et ses sanctions.**

Mise en situation

La société Agrobar est une société spécialisée dans la fabrication de céréales alimentaires située à Ouarville (28) près de Chartres. Dirigée par Marcel Repuit, elle comporte à ce jour 78 salariés équivalent temps plein.

Les dernières élections professionnelles ayant eu lieu le 20 mai N – 3, Marcel s'apprête à organiser de nouvelles élections. Il se demande cependant combien d'élus devront être choisis et s'il devra mettre à leur disposition de nouveaux moyens et vous consulte à ce sujet.

À la suite de votre réponse, il décide finalement de ne pas organiser ces élections immédiatement puisque les salariés ne semblent pas être informés de la fin du mandat des représentants actuels. Cependant, le 1er juin, il reçoit la visite de Claire Dugrain, élue du CSE, qui lui réclame la tenue de ces élections. Marcel décide de ne pas répondre positivement à cette demande et met en œuvre une procédure pour licencier Claire Dugrain. Il prétextera l'existence d'absences non justifiées de cette dernière pour motiver sa décision. En réalité, les absences reprochées correspondent à des heures utilisées par Claire pour des permanences au sein du local du CSE ou des réunions avec lui-même.

Anne Rajmadoui est membre du CSE au sein de la société Agrobar. Elle vient de consulter les décisions d'avancement prises par Marcel Repuit et de constater que les salariés âgés de moins de 30 ans avaient quasiment tous obtenu une augmentation de salaire, alors que les salariés âgés de plus de 50 ans étaient très peu dans ce même cas.

Elle s'interroge sur l'existence d'une possible discrimination et de la possibilité d'exercer un recours. Fabien lui répond que ce n'est pas le rôle du CSE car le recours pour discrimination est un recours individuel.

1. **Justifiez la mise en place d'élections professionnelles dans la société Agrobar.**
2. **Indiquez le nombre de titulaires ainsi que les moyens que ces élus auront à leur disposition pour exercer leur mandat.**
3. **Vérifiez la validité des décisions prises par Marcel Repuit à l'égard de Claire Dugrain.**
4. **Indiquez la procédure qu'Anne Rajmadoui pourrait mettre en place pour faire face à cette situation.**

Vous disposez ci-dessous d'une base documentaire pour étayer vos analyses.

BASE DOCUMENTAIRE

Document 1 – Article R. 2314-1 du Code du travail

Modifié par décret n° 2017-1819 du 29 décembre 2017 – art. 1

À défaut de stipulations dans l'accord prévu au troisième alinéa de l'article L. 2314-1, le nombre de membres de la délégation du personnel du comité social et économique prévu à l'article L. 2314-1 est défini dans le tableau ci-après.

Effectif (nombre de salariés)	Nombre de titulaires	Nombre mensuel d'heures de délégation	Total d'heures de délégation
11 à 24	1	10	10
25 à 49	2	10	20
50 à 74	4	18	72
75 à 99	5	19	95

Document 2 – Arrêt de la Cour de cassation n° 18-24861 du 9 septembre 2020

Faits et procédure

2. Selon l'arrêt attaqué (Montpellier, 26 septembre 2018), le 26 février 2015, Mme N... et M. V..., en qualité de délégués du personnel au sein de la société Capgemini technology, ont mis en œuvre la procédure de droit d'alerte prévue par l'article L. 2313-2 du Code du travail, invoquant une situation de discrimination à raison de l'âge à l'encontre de plusieurs salariés.
3. Le 28 août 2015, ils ont saisi la juridiction prud'homale pour obtenir la condamnation de la société à produire sous astreinte un document reprenant pour l'ensemble des salariés du site de Montpellier certaines informations sur le déroulement de leur carrière et dont ils estimaient qu'ils leur permettraient d'établir l'existence d'une situation de discrimination à raison de l'âge.

Examen du moyen

Énoncé du moyen

4. Les salariés font grief à l'arrêt de constater que l'employeur a procédé sans délai à l'enquête prévue par l'article L. 2313-2, de les débouter de leur demande de condamnation de l'employeur à communiquer un document reprenant pour l'ensemble des salariés du site de Montpellier les éléments demandés, alors, « que si un délégué du personnel constate, notamment par l'intermédiaire d'un salarié, qu'il existe une atteinte aux droits des personnes, à leur santé physique et mentale ou aux libertés individuelles dans l'entreprise qui résulte d'une mesure discriminatoire, il en saisit immédiatement l'employeur qui doit procéder sans délai

à une enquête conjointe avec le délégué du personnel ; que l'enquête conjointe doit être diligentée ou, à défaut, ordonnée par le juge, dès lors que le délégué du personnel apporte des éléments de nature à laisser supposer l'existence d'une discrimination liée à l'âge des salariés et que l'employeur n'apporte aucun élément justifiant la différence de traitement en matière d'évolution de carrière et de rémunération par des éléments objectifs étrangers à toute discrimination ; qu'en jugeant qu'il n'était apporté aucun élément de fait laissant supposer une discrimination, après avoir pourtant constaté que treize salariés de plus de 45 ans, dont la moitié avaient plus de 50 ans, s'étaient vu attribuer la note de potentiel « D », empêchant toute progression de carrière, contre un seul salarié de l'entreprise de plus de 45 ans ayant eu une meilleure notation, la cour d'appel qui n'a pas tiré les conséquences légales de ses constatations desquelles il résultait l'existence d'éléments de fait de nature à établir une présomption de discrimination et justifiant l'exercice du droit d'alerte par les délégués du personnel, a violé les articles L. 2313-2, L. 1132-1 et L. 1134-1 du Code du travail. »

Réponse de la Cour

Vu l'article L. 1132-1, dans sa version antérieure à la loi n° 2016-832 du 24 juin 2016, et les articles L. 1134-1 et L. 2313-2 du Code du travail :

5. Selon le dernier de ces textes, si un délégué du personnel constate qu'il existe dans l'entreprise une atteinte aux droits des personnes qui peut notamment résulter de toute mesure discriminatoire qui ne serait pas justifiée par la nature de la tâche à accomplir, ni proportionnée au but recherché, il en saisit immédiatement l'employeur. Ce dernier procède sans délai à une enquête avec le délégué et prend les dispositions nécessaires pour remédier à cette situation. En cas de carence de l'employeur ou de divergence sur la réalité de cette atteinte, et à défaut de solution trouvée avec l'employeur, le délégué, si le salarié intéressé averti par écrit ne s'y oppose pas, saisit le bureau de jugement du conseil de prud'hommes, qui statue selon la forme des référés et peut ordonner toutes mesures propres à faire cesser cette atteinte et assortir sa décision d'une astreinte. Il résulte des autres textes susvisés, que dans le cadre du droit d'alerte, si un salarié présente des éléments de fait laissant supposer l'existence d'une discrimination directe ou indirecte, il incombe au vu de ces éléments à la partie défenderesse de prouver que sa décision est justifiée par des éléments objectifs étrangers à toute discrimination.

6. Pour débouter les salariés de leurs demandes, la cour d'appel a retenu qu'il n'était apporté aucun élément de fait laissant supposer une discrimination.

7. En statuant ainsi, alors qu'elle avait constaté que treize salariés de plus de 45 ans, dont la moitié avaient plus de 50 ans, s'étaient vu attribuer la note de potentiel « D », contre un seul salarié de l'entreprise de moins de 45 ans ayant eu cette notation, la cour d'appel, qui n'a pas tiré les conséquences légales de ses constatations, dont il résultait l'existence d'éléments de fait laissant supposer l'existence d'une discrimination à raison de l'âge et justifiant l'exercice du droit d'alerte par les délégués du personnel, a violé les textes susvisés.

PAR CES MOTIFS : CASSE ET ANNULE l'arrêt rendu le 26 septembre 2018, entre les parties, par la cour d'appel de Montpellier.

CHAPITRE 20

Le statut et le rôle des syndicats

À l'issue de ce chapitre,

• vous serez capable :

❒ de caractériser les syndicats représentatifs et les syndicats non représentatifs et de distinguer leurs prérogatives ;

❒ de reconnaître les salariés protégés et les moyens de leur protection.

• vous saurez identifier :

❒ la liberté syndicale ;

❒ le statut juridique des syndicats ;

❒ la représentation syndicale dans l'entreprise ;

❒ les rôles de l'action syndicale ;

❒ la protection des syndicats.

Mettez-vous en situation

Naïm est salarié au sein de la SARL Parec spécialisée dans la collecte, le traitement et l'élimination des déchets qui comprend 125 salariés répartis sur plusieurs sites. À la suite de différentes décisions prises par l'employeur et ayant des répercussions qu'ils trouvent négatives sur l'organisation du travail de ses collègues, Naïm a décidé de se syndiquer afin de porter activement les revendications qu'il peut avoir auprès de son employeur.

Il se demande si ce nouveau statut lui permettra de défendre les droits de ses collègues sans mettre en jeu sa carrière.

Pouvez-vous lui présenter les modalités d'action des syndicats au sein de l'entreprise ainsi que la protection dont ils bénéficient ?

I. Le statut des syndicats

A La liberté syndicale

Liberté fondamentale à valeur constitutionnelle, la **liberté syndicale** est consacrée par le préambule de la Constitution de 1946, la CEDH, la Charte sociale européenne et les conventions de l'OIT.

Définition : La liberté syndicale est définie par l'alinéa 6 du Préambule de la Constitution de 1946 comme le fait que « tout homme peut défendre ses droits et ses intérêts par l'action syndicale et adhérer au syndicat de son choix ».

L'article L. 2141-1 du Code du travail précise : « Tout salarié peut librement adhérer au syndicat professionnel de son choix et ne peut être écarté pour l'un des motifs visés à l'article L. 1132-1. »

1. La liberté syndicale individuelle

L'employeur ne peut tenir compte de l'appartenance ou non du salarié à un syndicat pour justifier les décisions qu'il prend. Le salarié est libre d'adhérer et de se retirer du syndicat à tout moment. L'employeur ne peut le sanctionner à ce titre.

À défaut, l'employeur encourt une sanction pénale pour **discrimination** [voir Chapitre 15]. La charge de la preuve repose sur l'employeur qui doit justifier objectivement sa décision. La discrimination syndicale est doublement sanctionnée par le Code du travail (amende de 3 750 euros et 7 500 euros et 1 an de prison en cas de récidive) et par le Code pénal. L'employeur peut également être poursuivi pour **délit d'entrave** [voir Chapitre 19].

La liberté syndicale implique le droit de se syndiquer au syndicat de son choix mais également le droit de s'en retirer à tout moment ou de ne pas être syndiqué.

> **!** Le principe de non-discrimination est valable aussi bien à l'embauche que dans le cadre de l'exécution du contrat de travail.

2. La liberté syndicale collective

La liberté du syndicat lui-même, en tant qu'organisation, s'exerce de plusieurs façons :

- **Au moment de sa constitution**. Aucune autorisation ni formalisme ne sont nécessaires. Seul le dépôt des statuts à la mairie est exigé pour que le syndicat ait la personnalité juridique.
- **Dans son fonctionnement**. Aucune intervention de l'État n'est admise concernant l'organisation ou le choix des dirigeants.
- **Au sein de la même entreprise**. Le pluralisme syndical permet la cohabitation de différents syndicats.

L'employeur ne doit accorder aucune faveur à un syndicat en particulier. Le prélèvement des cotisations syndicales sur la paie est interdit afin de maintenir le **principe d'autonomie et d'indépendance des syndicats de salariés**.

B L'organisation syndicale

1. Le statut juridique d'un syndicat

a. Constitution

Pour être valablement constitué, le syndicat doit respecter les conditions suivantes.

Tableau 20.1 Conditions de constitution d'un syndicat

Conditions de fond	
Exercice d'une profession	Possibilité pour les retraités et les chômeurs de rester membres.
Similitude de professions	Possibilité de regrouper des personnes exerçant des métiers différents mais connexes.
Caractéristiques	Aucune condition d'âge ni de nationalité. Personne physique ou morale.
Objet	Étude et défense des droits et intérêts des personnes visées par ses statuts.
Conditions de forme	
Statuts	Rédigés et adoptés par l'AG. Portent sur l'objet, les cotisations, le siège, etc.
Publicité	Dépôt des statuts et de la liste des dirigeants à la mairie. Nouveau dépôt à chaque modification.

Le non-respect des conditions de forme n'entraîne pas la nullité du syndicat. Il est alors considéré comme une association non déclarée, sans personnalité juridique, et le délégué syndical n'est pas protégé.

b. Capacité juridique

Le syndicat déclaré a la **personnalité juridique** lui conférant des droits et des obligations.

Tableau 20.2 Droits et obligations du syndicat

Droits du syndicat	– Droits patrimoniaux : détention de biens et de dettes, possibilité de recevoir des dons sans autorisation. – Droit de contracter : contrat de travail, contrat de vente, etc. – Droit d'ester en justice : défense de ses intérêts ou des intérêts de la profession. – Droit de contrôler les adhésions : possibilité de subordonner l'adhésion au respect de certaines conditions tant qu'elles ne sont pas discriminatoires. – Droit de percevoir des cotisations : montant des cotisations librement fixé dans les statuts. – Droit de sanctionner les adhérents : possibilité d'exclusion-sanction en cas de faute de l'adhérent prévue dans les statuts.
Obligations du syndicat	– Responsabilité contractuelle ou délictuelle engagée par tout acte commis uniquement par ses représentants.

La **faculté de retrait** par le refus de paiement de la cotisation est d'ordre public : elle s'exerce à tout moment, sans condition, même prévue par les statuts.

c. Disparition

La **dissolution peut être volontaire** (unanimité des syndiqués), **statutaire** (application des statuts) ou **judiciaire** (illicéité des statuts). Les biens du syndicat sont affectés conformément aux statuts et ne peuvent jamais être répartis entre les adhérents.

2. La représentativité des syndicats

a. Critères de représentativité

L'article L. 2121-1 du Code du travail a posé **sept critères cumulatifs de représentativité** : respect des valeurs républicaines, indépendance vis-à-vis de l'employeur, transparence financière, ancienneté minimale de 2 ans, audience suffisante aux élections professionnelles, influence, effectifs d'adhérents et cotisations.

!

Pour être représentatif, le syndicat doit avoir recueilli au moins 10 % des suffrages exprimés au premier tour des élections professionnelles ou 8 % au niveau de la branche professionnelle. L'appréciation de la représentativité est donc différente selon le niveau de la négociation collective.

Définition : Une organisation syndicale représentative (OSR) est une organisation syndicale qui respecte les sept critères cumulatifs précités. Cette représentativité est essentielle pour participer au premier tour des élections professionnelles [voir Chapitre 19] ou à la négociation collective [voir Chapitre 21].

b. Mise en œuvre

La jurisprudence tient compte de différents principes pour appliquer les critères de représentativité à la situation d'un syndicat donné.

Tableau 20.3 Application des critères de représentativité

Principes jurisprudentiels d'application	Périmètre
Présomption de représentativité	Applicable à tout syndicat. Critères précités cumulatifs.
Lieu d'appréciation	National, interprofessionnel, de branche ou local.

Principes jurisprudentiels d'application	Périmètre
Date d'appréciation	Prise de décision nécessitant la représentativité (dépôt des candidatures, négociation de la convention collective, etc.).
Élection concernée	Prise en compte du premier tour des dernières élections des membres du CSE.
Suffrages pris en compte	Suffrages exprimés pour chaque liste, indépendamment des ratures.

Si l'employeur doute de la représentativité d'un syndicat, il ne peut décider seul de l'écarter. Il doit la contester devant le **TJ** compétent.

C La représentation syndicale dans l'entreprise

1. La section syndicale

Définition : La section syndicale est un groupement de salariés qui, à l'initiative d'un syndicat, est chargé par ce dernier, au sein d'une entreprise ou d'un établissement, de faire valoir les intérêts moraux ou matériels, collectifs ou individuels de ses membres. La section syndicale n'a pas de personnalité morale.

a. Mise en place

La **section syndicale** peut être mise en place dans toute entreprise ou tout établissement dans lequel le syndicat a au moins deux adhérents.
Peuvent créer une section syndicale, sans condition de forme :

- les syndicats représentatifs ;
- les syndicats affiliés à une organisation représentative au niveau national ;
- les syndicats légalement constitués depuis au moins 2 ans et satisfaisant aux critères de valeurs républicaines et d'indépendance dont le champ professionnel et géographique couvre l'entreprise concernée.

b. Fonctionnement

La section syndicale se réunit **une fois par mois** dans l'enceinte de l'entreprise, en dehors des locaux de travail, selon les modalités fixées en accord avec le chef d'entreprise. D'autres réunions peuvent être organisées.

2. Le représentant de la section syndicale (RSS)

Ce représentant est désigné par les **syndicats non encore représentatifs** afin d'animer la section syndicale dans l'entreprise en vue des prochaines élections professionnelles. Cette possibilité n'est pas ouverte aux syndicats représentatifs qui peuvent nommer un DS.

3. Le délégué syndical (DS)

Définition : Le délégué syndical est un représentant du personnel désigné par un syndicat représentatif dans l'entreprise qui a créé une section syndicale.

Les délégués syndicaux sont nommés uniquement par un syndicat représentatif, pour une durée indéterminée et sans restriction de cumul. L'existence d'une section syndicale est une condition préalable à la désignation d'un DS.

> ! Il y a un seul délégué syndical par un syndicat représentatif.

Tableau 20.4 Les cas de cumul automatique de mandats

Effectifs de l'entreprise	Cumul de mandats
Moins de 50 salariés	– DS désigné parmi les membres titulaires de la délégation du personnel au CSE pour la durée de son mandat. – Pas de cumul des heures de délégation sauf accord collectif plus favorable.
Moins de 500 salariés	– DS choisi parmi les candidats aux élections professionnelles ayant recueilli à titre personnel et dans son collège au moins 10 % des suffrages au 1er tour des élections professionnelles. – À défaut, choix fait parmi les autres candidats, ou parmi ses adhérents au sein de l'entreprise ou de l'établissement.
Au moins 500 salariés	– Désignation d'un DS supplémentaire, DS de l'encadrement, si au moins un élu dans chacun des deux collèges (ouvrier et cadre). – À partir de 1 000 salariés, possibilité de désigner 2 DS.
Au moins deux établissements de 50 salariés chacun	– Désignation d'un DS central d'entreprise par chaque syndicat représentatif. – Représentation de l'ensemble de l'entreprise, en plus des DS d'établissements.

La nomination est effectuée uniquement par le **syndicat** et non par la section syndicale. Les conditions sont les mêmes que pour être élu aux élections professionnelles. Le mandat prend fin si le syndicat qui a désigné le DS réalise une audience inférieure à 10 % aux élections professionnelles et n'est donc plus représentatif.

II. Le rôle et les moyens des syndicats

A La section syndicale et son représentant

La **section syndicale** a plusieurs missions :

- négocier le protocole préélectoral ;
- présenter une liste de candidats au premier tour ;
- assister les représentants du personnel élus avec la possibilité de nommer un représentant syndical au CSE ;
- négocier et conclure tout accord d'entreprise.

Tableau 20.5 Les moyens d'action de la section syndicale

Droit d'expression	– Affichage sur un panneau distinct de celui du CSE. – Diffusion de tracts syndicaux dans l'entreprise aux heures d'entrée et de sortie des salariés. – Possibilité d'un accord d'entreprise pour une diffusion sur l'intranet ou par mail. – Réunions : une fois par mois en dehors du temps de travail dans le local syndical ou, à défaut, dans un lieu défini en accord avec l'employeur.
Moyens matériels	– Local syndical uniquement dans les entreprises de plus de 200 salariés. – Crédit d'heures global annuel de 12 heures (au moins 500 salariés) ou 18 heures (au moins 1 000 salariés). – Crédit d'heures utilisé uniquement pour la préparation de la négociation d'un accord ou d'une convention collective. Il s'ajoute à celui des délégués syndicaux.
Moyens financiers	– Cotisations versées par les adhérents comme principales ressources. – Ressources et dépenses retracées dans des comptes certifiés.

!

L'employeur ne peut retirer lui-même les informations mises sur le panneau d'affichage. Il doit faire une demande au juge des référés en cas d'affichage illicite.

Le **RSS** peut utiliser tous les moyens matériels mis à la disposition de la section syndicale. Il dispose d'au moins **4 heures de délégation par mois** (sauf s'il est membre du CSE) et des mêmes prérogatives que le délégué syndical en matière de liberté de déplacement.

B Le délégué syndical (DS)

Le DS, qui représente et défend les syndiqués et l'ensemble du personnel, présente au chef d'entreprise toute réclamation ou revendication, participe à la négociation annuelle sur les salaires et la durée du travail et joue un rôle de modérateur en cas de conflit entre les salariés et l'employeur.
Lorsqu'une entreprise compte au moins une section syndicale et au moins un DS, elle est tenue de négocier chaque année les salaires effectifs, la durée et l'organisation du temps de travail, ainsi que les modalités d'exercice du droit d'expression des salariés.
Le DS dispose de **différents moyens d'action** :

- **Les heures de délégation.** Chaque DS dispose de 12 heures par mois de 50 à 150 salariés ; 18 heures par mois de 150 à 499 salariés ; 24 heures par mois pour plus de 500 salariés. Ils peuvent répartir librement entre eux le crédit d'heures total et doivent en informer le chef d'entreprise. Dans les entreprises de moins de 50 salariés, aucun crédit d'heures de délégation n'est prévu. Il peut utiliser les heures dont il bénéficie au titre de son mandat de représentant du personnel au CSE.
- **Les déplacements.** Le DS peut se déplacer dans l'entreprise, pendant ses heures de délégation ou en dehors de ses heures de travail. Il peut également se déplacer en dehors de l'entreprise, pendant ses heures de délégation, dans l'intérêt de son mandat.
- **Les documents à sa disposition.** L'employeur remet au DS les documents indispensables à l'exercice de ses fonctions (convention collective et accords d'entreprise, rapport annuel sur l'égalité entre les femmes et les hommes, plan de formation, etc.).
- **La participation au CSE.** Dans les entreprises de moins de 300 salariés, le DS est membre de droit du CSE (appelé alors représentant syndical au CSE). Dans les autres, les OSR peuvent choisir parmi tous les salariés respectant les règles d'éligibilité un représentant syndical au CSE (il ne peut cumuler cette fonction avec celle de membre élu du CSE, titulaire ou suppléant).

Sont des salariés protégés [voir Chapitre 19] les représentants syndicaux, les DS, les représentants de la section syndicale et les salariés mandatés pour négocier un accord d'entreprise en cours de mandat.
Cette protection s'applique également pendant 12 mois après la cessation de leurs fonctions aux anciens DS, aux RSS ayant exercé leur fonction durant au moins un an et aux anciens salariés mandatés.
Pour les anciens représentants syndicaux auprès du CSE ayant exercé leur mandant pendant au moins 2 ans, la protection est d'une durée de 6 mois.

!

Comme pour les représentants du personnel élus, l'employeur peut être poursuivi pour délit d'entrave s'il s'oppose à l'exercice du droit syndical. La sanction est d'un an de prison et 3 750 euros d'amende.

SYNTHÈSE

Les syndicats

La liberté syndicale

La liberté syndicale individuelle
- Être adhérent ou non
- Principe de non-discrimination

La liberté syndicale collective
- Liberté de constitution
- Pluralisme
- Indépendance de l'État et de l'employeur

L'organisation syndicale

Constitution
- Exercice d'une profession identique ou similaire
- Droits et obligations en tant que personne morale

Représentativité
- 7 critères
- Lieu et date d'appréciation
- Rôle de l'OSR

La représentation syndicale

La section syndicale
- Syndicat représentatif ou constitué depuis au moins 2 ans
- Au moins 2 adhérents
- Réunion 1 fois par mois
- Présente des candidats aux élections professionnelles
- Affichage et diffusion de tracts
- Local et crédit d'heures

Le représentant de la section syndicale
- Syndicats non représentatifs
- 4 heures de délégation par mois

Le délégué syndical
- 1 seul par syndicat représentatif
- Parmi les candidats aux élections professionnelles
- Heures de délégation
- Déplacements libres dans l'entreprise
- Documents à disposition
- Participation au CSE dans les entreprises de moins de 300 salariés

Double protection
- Protection individuelle ⇒ statut de salarié protégé
- Protection collective ⇒ notion de délit d'entrave

Faites le point sur les notions clés : liberté syndicale p. 328, organisation syndicale représentative (OSR) p. 330, section syndicale p. 331, délégué syndical p. 331.

Révisez avec les flashcards

www.lienmini.fr/dcg03-40

QCM

Réponse unique

QCM interactif

www.lienmini.fr/dcg03-41

1 La liberté syndicale permet :
- ❍ **a.** de choisir le syndicat de son choix.
- ❍ **b.** de choisir d'être syndiqué ou non de façon définitive.
- ❍ **c.** de choisir, à tout moment, d'être syndiqué ou de ne plus l'être.

2 Tout syndicat correctement constitué a :
- ❍ **a.** uniquement des obligations.
- ❍ **b.** uniquement des droits.
- ❍ **c.** des droits et des obligations.

3 Un syndicat est représentatif dès lors qu'il a obtenu au moins :
- ❍ **a.** 10 % des suffrages au premier tour des élections professionnelles.
- ❍ **b.** 8 % des suffrages au second tour des élections professionnelles.
- ❍ **c.** 10 % des suffrages aux deux tours des élections professionnelles.

4 Le représentant de la section syndicale est désigné :
- ❍ **a.** dans toutes les entreprises employant au moins 50 salariés.
- ❍ **b.** uniquement par les syndicats non encore représentatifs.
- ❍ **c.** à la fois par les syndicats représentatifs et les autres.

5 Pour assurer ses missions, le DS dispose :
- ❍ **a.** de moyens matériels, financiers et autres.
- ❍ **b.** uniquement de moyens matériels.
- ❍ **c.** uniquement d'un droit d'information et d'un crédit d'heures de délégation.

Plusieurs réponses possibles

6 La liberté syndicale interdit :
- ❍ **a.** des décisions prises par l'employeur tenant compte du fait que le salarié est syndiqué ou non.
- ❍ **b.** le versement d'aides par l'employeur à l'égard de certains syndicats.
- ❍ **c.** de se désengager d'un syndicat quand on le souhaite.

7 Pour être reconnue OSR, il faut notamment :
- ❍ **a.** avoir une existence d'au moins 3 ans.
- ❍ **b.** avoir obtenu au moins 10 % des suffrages au 1er tour des élections professionnelles dans l'entreprise.
- ❍ **c.** être indépendant vis-à-vis de l'employeur.

8 La section syndicale peut être mise en place :
- ❍ **a.** par des syndicats non représentatifs.
- ❍ **b.** par des syndicats représentatifs.
- ❍ **c.** par des syndicats légalement constitués depuis au moins 2 ans.

9 La section syndicale dispose :
- ❍ **a.** d'un crédit d'heures global annuel en fonction des effectifs de l'entreprise.
- ❍ **b.** de la possibilité de nommer un délégué syndical.
- ❍ **c.** de cotisations versées par les adhérents.

10 Un délégué syndical est un salarié protégé :
- ❍ **b.** pendant les 12 mois suivant la fin de son mandat.
- ❍ **a.** pendant les 6 mois suivant la fin de son mandat
- ❍ **c.** pendant la durée de son mandat.

Réponses à justifier

11 Le DS peut participer au CSE :
- ❍ **a.** s'il se présente aux élections professionnelles.
- ❍ **b.** de plein droit.
- ❍ **c.** s'il est désigné comme tel par son organisation syndicale.

12 Un même syndicat ne peut, dans la même entreprise, avoir :
- ❍ **a.** un délégué syndical et un représentant de la section syndicale.
- ❍ **b.** un délégué syndical et une section syndicale.
- ❍ **c.** un délégué syndical et un représentant syndical au CSE.

13 La section syndicale peut utiliser le moyen d'action suivant :
- ❍ **a.** le panneau d'affichage du CSE.
- ❍ **b.** le recrutement d'un salarié.
- ❍ **c.** un local syndical.

14 Un même syndicat peut avoir deux DS dans la même entreprise :
- ❍ **a.** en fonction des effectifs.
- ❍ **b.** lorsque l'entreprise a au moins deux établissements de 50 salariés chacun.
- ❍ **c.** en fonction des effectifs lorsque le syndicat a au moins un élu dans chaque collège.

15 Pour être valablement constitué, un syndicat doit avoir :
- ❍ **a.** fait l'objet d'une déclaration auprès de la mairie.
- ❍ **b.** été déclaré auprès de la préfecture comme pour une association.
- ❍ **c.** rédigé et fait adopter ses statuts par l'assemblée générale.

CAS PRATIQUE GUIDÉ

MISE EN PLACE D'UN SYNDICAT AU SEIN DE L'USINE SIDÉRO

Hector, Mohamed et Lysa sont trois amis d'enfance. Hector et Mohamed sont ouvriers dans l'usine de sidérurgie Sidéro. Lysa travaille quant à elle dans l'usine de métallerie Mettallo. Après plusieurs années de déception vis-à-vis de leurs représentants, ils souhaitent créer un syndicat qui défendra véritablement leurs valeurs et les intérêts des ouvriers de leurs entreprises. Ils se posent plusieurs questions sur la constitution de ce syndicat et Lysa s'inquiète des représailles que pourrait mettre en place son employeur à la suite de cette création.

1. **Présentez-leur les conditions à respecter pour cette constitution.**
2. **Pouvez-vous rassurer Lysa ?**

CORRIGÉ

☑ **COMPÉTENCES ATTENDUES : Caractériser les syndicats représentatifs et les syndicats non représentatifs et distinguer leurs prérogatives. Identifier les salariés protégés et les moyens de leur protection.**

> **Méthode**
> **N'oubliez pas qu'un syndicat est une association particulière. Ses conditions de constitution sont donc très proches de celles d'une association classique.**
> **Vous devez ensuite y ajouter les conditions qui sont spécifiques aux syndicats.**

1. Présentez-leur les conditions à respecter pour cette constitution.

PRINCIPES JURIDIQUES

> ! Vous ne devez pas oublier de présenter les deux catégories de conditions de validité : de fond et de forme.

Un syndicat est une association qui doit respecter, pour être valablement constitué, des conditions de fond et de forme.
Parmi les conditions de fond, il faut :

- au moins deux personnes ;
- un but non lucratif.

Mais également des conditions spécifiques au syndicat :

- des adhérents exerçant une activité professionnelle similaire (ou étant retraités ou au chômage) ;
- un but de défendre les intérêts de ses adhérents.

En revanche, ces derniers n'ont aucune condition à respecter pour constituer et/ou adhérer à un syndicat.
Concernant les conditions de forme, le syndicat doit être doté de statuts écrits, adoptés par l'assemblée générale et déposés auprès de la mairie. À défaut, le syndicat existe mais n'a pas la personnalité juridique.

APPLICATION AU CAS

En l'espèce, les conditions de fond sont respectées. Hector, Mohamed et Lysa travaillent dans des entreprises appartenant à la même branche d'activité. Ils exercent des métiers très proches pouvant être défendus par le même syndicat. Ils devront signer des statuts et déclarer leur syndicat à la mairie s'ils veulent qu'il ait la personnalité juridique.
Sous réserve du respect de ces conditions, ce syndicat semble valablement constitué.

2. Pouvez-vous rassurer Lysa ?

PRINCIPES JURIDIQUES

En vertu du principe de liberté syndicale, tout salarié est libre d'adhérer ou non au syndicat de son choix. L'employeur ne peut tenir compte de cette caractéristique pour prendre des décisions. À défaut, il commet un délit de discrimination sanctionné pénalement.

APPLICATION AU CAS

Lysa n'a pas de crainte à avoir en cas de constitution de ce syndicat. En effet, elle pourra décider de s'en retirer quand elle le souhaite. De plus, l'employeur ne pourra prendre aucune mesure contre elle qui serait justifiée par son appartenance à ce syndicat ou le fait qu'elle ait participé à sa constitution.

AUTOÉVALUATION

La grille d'autoévaluation ci-dessous vous permet d'évaluer votre niveau et de vérifier si vos réponses correspondent aux attendus de l'examen.

Questions	Niveau 1	Niveau 2	Niveau 3	Niveau 4
	Un premier élément de réponse, mais très incomplet, des erreurs, des contresens	*Des éléments de réponse isolés, des approximations et/ou de la paraphrase*	*Question comprise : des éléments de réponse pertinents mais incomplets au niveau des savoirs et/ou de l'application*	*Compétence attendue mobilisée avec mobilisation complète des savoirs associés à la compétence. Application pertinente.*
1. Présentez-leur les conditions à respecter pour cette constitution. *(voir Section I. B)*	❑ Vous confondez la constitution d'un syndicat et d'une société. ❑ Vous ne donnez pas tous les éléments de constitution nécessaires.	❑ Vous évoquez les conditions de forme à respecter mais vous oubliez les conditions de fond. ❑ La présentation des conditions est incomplète. ❑ Vous oubliez de conclure concernant le cas donné.	❑ Vous citez les principales conditions de fond et de forme à respecter. ❑ Vous en oubliez certaines. ❑ Votre application au cas donné est incomplète.	❑ Vous citez toutes les conditions de fond et de forme qui sont à respecter. ❑ Vous en faites une application complète au cas donné. ❑ Vous n'oubliez pas de conclure.
2. Pouvez-vous rassurer Lysa ? *(voir Section I.A)*	❑ Vous ne justifiez pas juridiquement votre réponse. ❑ Vous considérez que l'employeur de Lysa pourra la sanctionner. ❑ Ou vous confondez avec la notion de salarié protégé qui ne concerne pas les salariés syndiqués mais ceux qui représentent le syndicat dans l'entreprise.	❑ Vous évoquez l'impossibilité pour l'employeur de sanctionner Lysa mais vous n'êtes pas assez précis dans vos justifications juridiques. ❑ Vous confondez avec la notion de salarié protégé.	❑ Vous évoquez la notion de non-discrimination mais pas celle de liberté syndicale. ❑ Votre application au cas est hésitante.	❑ Vous citez les notions de liberté syndicale et de non-discrimination. ❑ Vous présentez clairement à Lysa les règles qui permettront de la protéger contre les décisions de son employeur.

EXERCICES

1 Représentation syndicale au sein de la société Simar

25 min

☑ COMPÉTENCE ATTENDUE : Caractériser les syndicats représentatifs et les syndicats non représentatifs et distinguer leurs prérogatives.

La société Simar est une entreprise, située à Clermont-Ferrand et composée de 84 salariés, qui fabrique du tissu à usage industriel. Des élections professionnelles doivent avoir lieu prochainement. Trois syndicats sont présents dans cette entreprise : FO et la CFDT, reconnus comme étant des syndicats représentatifs, et un syndicat local, le STI, non représentatif et présent dans l'entreprise depuis 3 ans. À l'approche des élections, le nouveau dirigeant de cette société Bilal Mercove se pose des questions sur la présence des syndicats au sein de son entreprise et leurs moyens d'action.

1. **Présentez les critères permettant au syndicat STI d'être reconnu représentatif.**
2. **Quelle représentation syndicale pourra être mise en place dans cette entreprise ?**
3. **Indiquez à Bilal Mercove les moyens d'action à la disposition de ces syndicats.**

2 Liberté syndicale et discrimination dans la société Bigdrive

30 min

☑ COMPÉTENCES ATTENDUES : Caractériser les syndicats représentatifs. Identifier les salariés protégés et les moyens de leur protection.

Lambert Lokdu est commercial au sein de la société Bigdrive fabriquant des véhicules utilitaires. Ayant une ancienneté de 9 ans dans cette entreprise, il est syndiqué depuis 5 ans. Son collègue, Richard Rixe, arrivé il y a 2 ans, s'est vu confier la responsabilité d'un nouveau secteur de prospects à sa place. Lambert Lokdu n'a pas compris ce choix. De plus, en discutant avec ses autres collègues, il s'est rendu compte que son salaire avait progressé moins vite. Il se demande si son statut de salarié syndiqué y est pour quelque chose.

Lambert Lokdu a décidé de chercher activement un nouvel emploi. Lors de son dernier entretien, le recruteur lui a demandé s'il était syndiqué. Il n'a pas osé mentir, mais n'a pas été recruté alors qu'il pensait correspondre au profil recherché. Il décide alors de se retirer de ce syndicat qui ne lui cause que des tracas. Cependant, lorsqu'il fait part de cette décision au président du syndicat, ce dernier lui répond que, conformément aux statuts, il est engagé pendant 10 ans. Il refuse son retrait, lui indiquant qu'il ne sera possible que dans 5 ans.

1. **Indiquez à Lambert Lokdu le recours qu'il peut exercer.**
2. **Analysez le déroulement de l'entretien passé par Lambert Lokdu.**
3. **Indiquez si le président du syndicat peut l'empêcher de mettre fin à son adhésion.**

3 Caractéristiques et prérogatives d'un syndicat représentatif au sein de la société Brink's Évolution

30 min

☑ COMPÉTENCES ATTENDUES : Caractériser les syndicats représentatifs et les syndicats non représentatifs. Distinguer leurs prérogatives.

La société Brink's Évolution est une société dont l'objet principal est le transport sécurisé de fonds monétaires et autres biens précieux. Le 11 mars, le dirigeant a organisé des élections professionnelles pour renouveler le mandat des membres du CSE. La Fédération nationale des chauffeurs routiers a présenté une liste de candidats dès le premier tour de ces élections. Ayant obtenu cinq élus titulaires, elle a désigné le 20 mars suivant un délégué syndical et un représentant syndical auprès du CSE.

Or deux autres syndicats, la CFDT et la CFTC, contestent la représentativité de cette fédération et remettent en cause l'élection des candidats et la désignation des représentants syndicaux. La fédération étant essentiellement financée par la confédération à laquelle elle adhère du fait d'une baisse de son nombre d'adhérents, les deux autres syndicats remettent en cause son indépendance.

Le dirigeant de la société Brink's Évolution vous consulte afin de vous demander si ces revendications ont une chance d'aboutir. Il souhaite en effet engager une négociation collective sur les salaires, mais se demande s'il ne vaut pas mieux attendre le résultat de ce recours.

1. **Indiquez le tribunal compétent pour accueillir la demande des deux syndicats CFDT et CFTC.**
2. **Analysez les motifs des demandes faites par les deux syndicats CFDT et CFTC.**
3. **Vérifiez la représentativité de la Fédération nationale des chauffeurs routiers.**

CAS DE SYNTHÈSE

CONSTITUTION ET PRÉROGATIVES D'UN NOUVEAU SYNDICAT AU SEIN DE LA SARL BATDUR

40 min

☑ COMPÉTENCES ATTENDUES : **Caractériser les syndicats représentatifs et les syndicats non représentatifs et distinguer leurs prérogatives. Identifier les salariés protégés et les moyens de leur protection.**

Mise en situation

Yvan et Bernard sont salariés au sein de la SARL Batdur, entreprise spécialisée dans la construction de bâtiments respectant les nouvelles normes environnementales en termes d'économie d'énergie.

Ils ont décidé de créer un syndicat au sein de leur entreprise afin de défendre leurs droits, car ils considèrent que le syndicat national actuellement présent ne connaît pas suffisamment les problématiques de leur entreprise pour répondre au mieux à leurs attentes.

Connaissant vos compétences en droit social, ils se tournent vers vous pour avoir des conseils concernant la création de ce syndicat.

De plus, Yvan souhaiterait que ce syndicat puisse recruter une secrétaire à temps partiel, recevoir des dons et que les adhésions soient limitées aux salariés de la SARL Batdur ayant un an d'ancienneté dans l'entreprise.

Le syndicat Yvebe est finalement constitué le 1er avril. Bernard sollicite alors le gérant de la SARL Batdur afin qu'il mette à la disposition du syndicat un local pour permettre aux adhérents de se réunir et un espace sur le panneau d'affichage. Il décide également, à la fin de sa journée de travail, de distribuer des tracts à la sortie de l'entreprise pour présenter ce nouveau syndicat à ses collègues.

Cependant, M. Terrot ne donne pas suite aux demandes de Bernard lui indiquant qu'il faut d'abord que son « syndicat fasse ses preuves ». Il lui adresse également un avertissement afin qu'il cesse de distribuer des tracts à la sortie de l'entreprise considérant qu'il s'agit d'un acte de rébellion contraire à son obligation de loyauté.

Bernard est surpris de cette réaction et vous consulte à nouveau pour recueillir votre avis.

En fonction de votre réponse, il compte se faire nommer délégué syndical au sein de la SARL pour représenter son syndicat de façon officielle et disposer ainsi de crédits d'heures pour exercer ses différentes actions.

1. **Présentez à Bernard et Yvan les différentes modalités à suivre pour constituer leur syndicat.**
2. **Vérifiez si la validité des actes souhaités par Yvan.**
3. **Analysez le comportement de M. Terrot pour en déduire les conséquences juridiques.**
4. **Conseillez au mieux Bernard pour lui permettre de représenter efficacement son syndicat.**

Vous disposez ci-dessous d'une base documentaire pour étayer vos analyses.

BASE DOCUMENTAIRE

Document 1 – Article L. 2146-1 du Code du travail

Le fait d'apporter une entrave à l'exercice du droit syndical, défini par les articles L. 2141-4, L. 2141-9 et L. 2141-11 à L. 2143-22, est puni d'un emprisonnement d'un an et d'une amende de 3 750 euros.

Document 2 – Arrêt n° 17-21434 du 14 mars 2018

Attendu, selon le jugement attaqué (tribunal d'instance d'Aulnay-sous-Bois, 30 juin 2017), que le Syndicat national de transport aérien (SNTA-CFDT), syndicat intercatégoriel, a, lors d'un congrès extraordinaire du 5 avril 2016, décidé de modifier ses statuts pour devenir un syndicat catégoriel représentant le personnel navigant technique (PNT) sous la nouvelle dénomination de Syndicat des pilotes de ligne (SPL-CFDT) ; que le même jour, d'anciens adhérents du SNTA-CFDT ont créé le Syndicat national du transport aérien et des aéroports (SNTA-CFDT), à vocation intercatégorielle ; qu'à la suite des élections à la délégation du personnel et au comité d'entreprise qui se sont tenues en juin 2016 au sein de la société Aigle Azur transports aériens au cours desquelles le SPL-CFDT a obtenu 25 % des suffrages au sein du collège réservé au personnel navigant technique, ce syndicat a désigné successivement un représentant syndical au comité d'entreprise et un délégué syndical ; que le Syndicat national des pilotes de ligne France Alpa (le SNPL) a contesté ces désignations au motif que le SPL-CFDT ne remplissait pas la condition d'ancienneté de deux ans ;
Attendu que le SNPL fait grief au jugement de rejeter cette contestation, alors, selon le moyen : *1°/ qu'un changement statutaire et de la dénomination d'un syndicat n'affecte pas la personnalité juridique de ce dernier, ni par conséquent son ancienneté, il n'en va pas ainsi de la modification, par un syndicat intercatégoriel du transport aérien, de son champ de compétence visant à le restreindre à la seule catégorie des pilotes de ligne lorsqu'elle s'accompagne en parallèle de la reformation à l'identique du syndicat inter-catégoriel d'origine ;*
Mais attendu que l'acquisition de la personnalité juridique par les syndicats ne pouvant pas être subordonnée à des conditions de nature à mettre en cause l'exercice de leur liberté d'élaborer leurs statuts, d'élire leurs représentants, de formuler leur programme d'action et de s'affilier à des fédérations ou confédérations, l'exercice de ces libertés par un syndicat ne peut pas entraîner la perte de sa personnalité juridique ; qu'il en résulte que la modification de l'objet statutaire ou du caractère intercatégoriel ou catégoriel d'une organisation syndicale décidée conformément à ses statuts ne fait pas perdre à cette organisation sa personnalité juridique ;
Et attendu que le tribunal d'instance, qui a constaté que lors d'un congrès extraordinaire le syndicat SNTA-CFDT avait décidé de se concentrer sur la représentation de la catégorie des personnels navigants techniques et de changer de dénomination, a décidé à bon droit que, quelle que soit la finalité de cette modification, le SPL-CFDT conservait l'ancienneté acquise antérieurement à la modification de ses statuts ;
D'où il suit que le moyen n'est fondé dans aucune de ses branches ; PAR CES MOTIFS : REJETTE le pourvoi.

CHAPITRE 21

La négociation collective et les catégories d'accords

À l'issue de ce chapitre,

• vous serez capable :

- ❒ de déterminer le champ d'application de l'accord ou de la convention ordinaire, élargi ou étendu ;
- ❒ d'articuler les normes conventionnelles entre elles et par rapport à la loi ;
- ❒ d'identifier les personnes habilitées à négocier des accords d'entreprise en l'absence de délégué syndical ;
- ❒ de vérifier les conditions de validité de l'accord ou de la convention aux différents niveaux de négociation ;
- ❒ d'analyser la légalité et les effets d'une procédure de dénonciation d'un accord collectif.

• vous saurez identifier :

- ❒ le droit commun de la négociation et des conventions collectives : formation, révision, dénonciation, modalités d'application, extension et élargissement ;
- ❒ le droit particulier de la négociation et des conventions collectives : accords nationaux interprofessionnels, accords et conventions de branche, accords d'entreprise.

Mettez-vous en situation

Sarah est salariée dans une société de transport. Elle a récemment pris connaissance de l'accord de branche applicable à sa société et constaté qu'elle prévoyait des jours de congé supplémentaires. Elle les a réclamés à son employeur qui lui a répondu que cet accord ne s'appliquait pas à son entreprise et qu'il fallait appliquer l'accord d'entreprise signé récemment. Sarah doute de la validité de cette réponse. De plus, elle trouve que le contenu de cet accord n'est vraiment pas favorable pour les salariés et se demande qui a bien pu négocier un tel contenu.

Répondez aux différentes interrogations de Sarah sur la négociation et l'application des accords collectifs.

I. Le droit commun de la négociation collective

La **négociation collective** est un ensemble de discussions engagées entre les organisations syndicales d'employeurs et de salariés, afin d'aboutir à la conclusion d'une convention ou d'un accord collectif.

A Les conditions de la négociation

1. Les acteurs de la négociation

Deux catégories d'acteurs interviennent dans la négociation collective :

- une ou plusieurs OSR des salariés par l'intermédiaire de leur délégué syndical (DS) ;
- une ou plusieurs organisations syndicales d'employeurs ou tout autre groupement d'employeurs, ou un ou plusieurs employeurs pris individuellement.

Afin de faciliter la négociation collective, notamment dans les petites entreprises, l'employeur peut également être amené à négocier avec d'autres acteurs en l'absence de DS.

Tableau 21.1 Les différents acteurs de la négociation collective

Acteurs de la négociation	Modalités d'adoption de l'accord
Salarié membre du CSE et mandaté par une OSR au niveau de la branche ou, à défaut, au niveau national interprofessionnel	– Référendum. – Adoption par la majorité des salariés.
Salarié membre du CSE non mandaté	– Signature par le salarié. – Adopté si ce dernier représente la majorité des suffrages exprimés lors des dernières élections professionnelles. *Cette négociation ne concerne que les accords collectifs rendus obligatoires par la loi.*
Salarié non élu mandaté par une OSR	– Référendum. – Adoption par la majorité des salariés.
Consultation directe des salariés Dans les entreprises de moins de 20 salariés et en l'absence de représentants du personnel élus	– Référendum. – Adoption par la majorité des deux tiers des salariés.

> **!** Les acteurs sont ici présentés par ordre de préférence. La négociation ne peut être menée avec l'acteur suivant que si le précédent n'existe pas ou ne souhaite pas participer.

La négociation peut avoir lieu avec le **conseil d'entreprise** [voir Chapitre 19], dès lors qu'un accord collectif le prévoit. Dans ce cas, cet acteur prend la place du délégué syndical. L'accord doit alors être signé par la majorité des membres élus pour être adopté.

2. L'objet de la négociation

La négociation collective peut aboutir à la conclusion de **deux types d'actes** :

- Une **convention collective**. Elle porte sur l'ensemble des conditions d'emploi, de travail et des garanties sociales.
- Un **accord collectif**. Il se limite à un ou plusieurs sujets déterminés.

> **!** Les règles précisées dans la suite de ce chapitre s'appliquent indifféremment à l'accord ou à la convention collective.

Ces deux textes contiennent des **clauses obligatoires** : champ d'application territorial et professionnel, durée de la convention ou de l'accord, forme et date de révision, dénonciation de l'accord et préavis.

3. Le déroulement de la négociation

a. L'obligation de négocier

Le Code du travail pose, aux articles L. 2242-1 et suivants, une **obligation de négociation** à la charge de l'employeur dans les entreprises où sont constituées une ou plusieurs sections syndicales d'organisations représentatives. L'obligation de négociation n'est pas une obligation de conclure. L'employeur doit organiser la négociation le mieux possible mais les partenaires sociaux n'ont pas pour obligation de conclure un accord.
Le calendrier, la périodicité, les thèmes et les modalités de négociation obligatoire au niveau du groupe, de l'entreprise ou de l'établissement peuvent être fixés **par accord collectif majoritaire** appelé « **accord de méthode** ».

De plus, dans les entreprises ayant au moins un DS, la négociation obligatoire doit porter sur la rémunération, les salaires effectifs, le temps de travail ; l'égalité professionnelle et la qualité de vie au travail et la GEPP dans les entreprises de 300 salariés et plus.

Le non-respect de cette obligation est sanctionné par une pénalité au plus égale à 100 % des exonérations de cotisations sociales.

> **!** Dans ce cas, la périodicité de négociation fixée par l'accord ne peut excéder 4 ans sauf exception.

Cette règle s'applique également concernant la négociation au **niveau de la branche**.

En matière de négociation sur la classification des emplois et la mise en place d'un plan d'épargne interentreprise (PEI) ou d'un plan d'épargne retraite (PER), la règle d'ordre public à respecter par l'accord collectif est celle d'une négociation au moins une fois tous les 5 ans.

Tableau 21.2 Le champ des négociations en dehors de tout accord de méthode (dispositions supplétives)

	Au niveau de l'entreprise	Au niveau de la branche
Négociation annuelle	– Rémunération, temps de travail et répartition de la valeur ajoutée. – Qualité de vie au travail et égalité professionnelle. – Réduction du coût de la mobilité (entreprise de 50 salariés et plus).	– Salaires. – Écarts de rémunération entre les femmes et les hommes.
Négociation triennale	– Entreprises de 300 salariés et plus. – GEPP. – Aucune négociation salariale.	– Égalité hommes-femmes, GEPP, travailleurs handicapés, formation professionnelle. – Prise en compte des enjeux de la transition écologique.
Négociation quinquennale	Aucune négociation obligatoire.	– Révision de la classification des emplois. – Mise en place d'un PEI ou retraite. – Écarts de rémunération entre les femmes et les hommes.
Négociation dans les trois mois suivant le franchissement du seuil		Négociation sur le temps partiel si au moins un tiers de l'effectif de la branche occupe un emploi à temps partiel.

Le non-respect des obligations de négociation peut être considéré comme un **délit d'entrave**. De plus, à défaut d'initiative de la part de l'employeur, la négociation s'engage obligatoirement en cas de demande d'une OSR.

b. Les modalités d'adoption du texte

Les modalités d'adoption du texte sont différentes selon que la négociation a lieu au niveau de la branche ou au niveau de l'entreprise.

Tableau 21.3 Modalités d'adoption d'un accord ou convention collective

Au niveau de la branche	Au niveau de l'entreprise
Deux conditions cumulatives : 1. Signature par une ou plusieurs OSR ayant recueilli au moins 30 % des suffrages exprimés au premier tour des dernières élections professionnelles (CSE). 2. Absence d'opposition des OSR ayant recueilli la majorité des suffrages exprimés aux mêmes élections.	Deux conditions alternatives : 1. Soit signature par une ou plusieurs OSR ayant recueilli plus de 50 % des suffrages exprimés au premier tour des dernières élections professionnelles (titulaires du CSE). 2. Soit signature par une ou plusieurs OSR ayant recueilli au moins 30 % et approbation par les salariés à la majorité simple (référendum).
Opposition par écrit, motivée et dans un délai de 15 jours.	Modalités d'adoption différentes si l'accord n'est pas négocié avec le DS [voir Section I. A. 1].

c. Les formalités de publicité

Pour être valable, tout accord doit être obligatoirement écrit, rédigé en français et signé par les parties. Les formalités de publicité à respecter sont :
- un affichage dans les entreprises concernées ;
- un exemplaire remis aux représentants du personnel et à chaque nouveau salarié ;
- une diffusion sur l'intranet ;
- une mention sur le bulletin de salaire ;
- le dépôt au secrétariat-greffe du conseil de prud'hommes ;
- le dépôt à la DREETS, en deux exemplaires, du lieu où les parties ont conclu leur accord.

> **!** Bien distinguer les notions d'adoption d'un accord et de validité permettant à l'accord ou la convention d'exister, et les notions d'application permettant au salarié d'en revendiquer l'application à son cas. Un même accord peut être valable et adopté mais non applicable à l'entreprise considérée.

B Les modalités d'application

1. Les conditions d'application

a. Le champ d'application

Deux champs d'application sont à prendre en compte :
- Le **champ d'application territorial** (local, départemental, régional ou national). Le texte peut s'appliquer également à un groupe d'entreprises, une entreprise, ou uniquement un établissement. Le critère d'application retenu est le lieu du siège social. En principe, la même convention s'applique à l'ensemble des établissements d'une entreprise, sauf s'ils sont autonomes.
- Le **champ d'application professionnel** (professions concernées par l'acte collectif). Il peut être professionnel ou interprofessionnel. Le critère d'application retenu est l'activité économique principale de l'entreprise (en fonction du chiffre d'affaires pour une entreprise commerciale, du nombre de salariés pour une entreprise industrielle). La convention est alors appliquée à l'ensemble des salariés même en cas d'activité accessoire.

b. L'appartenance de l'employeur à un groupement professionnel

Trois situations peuvent se présenter :
- L'employeur est directement signataire de l'acte collectif ou membre du groupement d'employeurs signataire. La convention s'applique dès lors que l'entreprise entre dans le champ d'application.
- L'employeur n'appartient pas au groupement d'employeurs signataire. Il n'a pas à appliquer la convention même si l'entreprise entre dans le champ d'application, sauf en cas de procédure d'extension ou d'élargissement.
- L'employeur décide d'appliquer volontairement l'acte collectif (adhésion volontaire) ou une partie de l'acte collectif (usage d'entreprise).

> **!** L'accord ou la convention est applicable sous réserve du respect des conditions précitées qui sont cumulatives (champ d'application et signature ou appartenance de l'employeur à un groupement).

c. La durée d'application

L'accord ou la convention collective peuvent être conclus à durée déterminée ou indéterminée. Les possibilités de dénonciation permettant de mettre fin à ce texte avant terme ne sont alors pas les mêmes.

Définition : La dénonciation est la procédure par laquelle une ou des organisations syndicales d'employeurs ou de salariés demandent la disparition d'un accord ou d'une convention collective.

Tableau 21.4 **Dénonciation d'un accord ou d'une convention collective selon sa durée**

Durée déterminée	Durée indéterminée
– Durée maximale : 5 ans. Cette durée s'applique à défaut de durée différente prévue dans l'accord collectif (et sous réserve des règles de la négociation obligatoire). – Applicable par tacite reconduction sauf en cas de dénonciation 3 mois avant son terme. – Aucune dénonciation n'est possible en cours d'exécution.	– Durée décidée par l'accord collectif. – Dénonçable à tout moment par les parties signataires : - dénonciation portant sur la convention de manière globale (sauf dénonciation partielle prévue dans l'accord lui-même) ; - dénonciation possible par tous les signataires ou uniquement une partie. En cas de dénonciation par uniquement une partie des OSR de salariés, le texte continue de s'appliquer puisqu'il dépend de l'assujettissement de l'employeur.

Figure 21.1 **La procédure de dénonciation d'un accord ou convention collective**

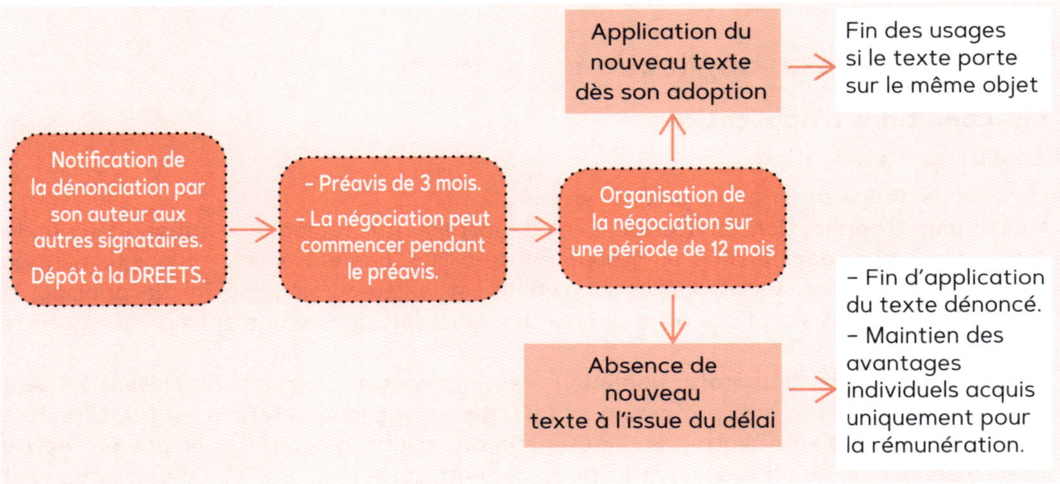

Le transfert d'entreprise [voir Chapitre 9] est également un motif de dénonciation d'un accord ou d'une convention collective lorsque le nouvel employeur n'est pas soumis au même texte.
Exceptions :

- L'ancien et le nouvel employeur peuvent engager des négociations avec les OSR de l'entreprise de l'ancien employeur pour conclure un accord de substitution ou de transition d'une durée maximale de 3 ans. Cet accord s'applique aux salariés dont les contrats sont transférés sauf sur les objets prévus dans l'accord ou la convention applicable dans l'entreprise d'accueil.
- L'ancien et le nouvel employeur peuvent engager des négociations avec les OSR des deux entreprises pour négocier un accord d'adaptation. Cet accord se substitue aux autres accords applicables à l'ancien employeur et au nouveau.

d. Les avenants à une convention ou à un accord collectif

Définition : La révision d'un accord ou d'une convention collective consiste en une modification du contenu d'une convention ou d'un accord déjà conclu. On parle alors d'avenant à l'accord ou à la convention collective.

> **!** La jurisprudence impose l'obligation de convoquer à la négociation tous les syndicats représentatifs.

L'avenant doit être adopté dans les mêmes conditions que le texte initial. Le texte collectif doit lui-même prévoir ses **modalités de révision**. Seules les organisations syndicales de salariés signataires de la convention ou de l'accord (ou celles qui y ont adhéré) peuvent signer les avenants révisant ces textes. Les clauses révisées se substituent à celles de l'ancien accord : ce n'est pas une modification du contrat de travail et les salariés ne peuvent pas invoquer l'existence de droits individuels acquis.

2. Les effets juridiques des accords et des conventions

Les effets des conventions et des accords collectifs présentent **trois caractéristiques** :

- Un **effet immédiat**. Ils s'appliquent dès le lendemain de leur dépôt à la DREETS et au greffe du conseil de prud'hommes, sauf si une date d'entrée en vigueur différente a été fixée.
- Un **effet impératif**. Ils s'imposent aux parties, employeur et salarié, dans tout leur contenu. Seules les clauses du contrat de travail plus favorables pour le salarié sont maintenues.
- Un **effet automatique**. L'application de la convention ou de l'accord se fait de façon automatique.

3. Les sanctions en cas d'inexécution

a. Les sanctions civiles

En cas d'inapplication ou de mauvaise application d'une convention ou d'un accord collectif, l'employeur peut être condamné à l'exécuter sous astreinte et à verser des dommages et intérêts pour compenser le préjudice subi par les salariés.

Tableau 21.4 L'auteur du recours

Actions collectives	– Action d'un groupement signataire contre l'autre groupement ou contre toute personne liée par la convention. – Action d'un groupement contre un membre de son groupe ne respectant pas l'accord.
Actions individuelles	– Action d'une personne contre une autre, le plus souvent le salarié contre l'employeur. Action liée au non-respect du contrat de travail individuel signé entre les parties. – Action de substitution : action exercée par le syndicat lié par une convention en faveur d'un de ses membres, sans justifier d'un mandat exprès.

! Le tribunal compétent pour les actions collectives est le TJ ; pour les actions individuelles, il s'agit du conseil de prud'hommes.

b. Les sanctions pénales

L'inspecteur du travail veille à l'application de toutes les conventions et accords collectifs. Certains cas de non-respect sont constitutifs d'une infraction passible d'une sanction pénale :

- En **matière de salaire**. Cette infraction constitue une contravention de quatrième classe (amende appliquée autant de fois qu'il y a de salariés concernés).
- En **matière de délit d'entrave**. Est sanctionné pénalement le refus d'appliquer une disposition conventionnelle plus favorable au salarié protégé, uniquement lorsque la loi prévoit la possibilité d'aménager ce droit [voir Chapitre 19].

C Les mécanismes d'extension et d'élargissement

Certains accords ou conventions collectifs peuvent trouver à s'appliquer à la suite d'une **procédure d'extension ou d'élargissement**. Dans ces deux cas, l'objectif est d'unifier les conditions de travail au sein d'une même branche professionnelle.

Définitions : L'arrêté d'extension consiste à rendre un texte obligatoire pour tous les salariés et employeurs compris dans le champ territorial et professionnel de l'accord ou de la convention.
L'arrêté d'élargissement consiste à rendre obligatoire un accord ou une convention en dehors de son champ d'application professionnel ou territorial.

1. Les conditions préalables à l'extension ou à l'élargissement

Pour faire l'objet d'une procédure d'extension ou d'élargissement, la négociation ayant permis la mise en place du texte en cause doit répondre à plusieurs conditions :

- **Niveau de la négociation.** Être une convention de branche ou un accord collectif professionnel ou interprofessionnel.
- **Modalités de la négociation.** Mise en place d'une commission paritaire, composée de représentants des partenaires sociaux et présidée par un représentant du ministre du Travail, au sein de laquelle se tient la négociation.
- **Contenu de la négociation.** Texte contenant des clauses obligatoires relatives à la détermination des salaires, au droit syndical, par exemple, et justifiant la décision d'élargissement ou d'extension.
- **Ordre des décisions.** L'élargissement n'est possible que si l'accord ou la convention a d'abord été étendu.

2. La procédure d'extension ou d'élargissement

La procédure à respecter est la même dans les deux cas. Il faut un **arrêté du ministre du Travail et de l'Emploi**, après avis motivé de la Commission nationale de la négociation collective. Cet arrêté est publié au *Journal officiel*.

La Commission nationale de la négociation collective est composée de trois ministres, du président de la section sociale du Conseil d'État, de représentants des organisations syndicales de salariés et d'employeurs. Elle est chargée de faire des propositions et d'établir un bilan de la négociation collective.

> **!** Depuis les ordonnances de 2017, le ministère peut décider d'exclure de l'extension certaines clauses pour un motif d'intérêt général comme le respect de la concurrence. À l'inverse, il peut décider de l'élargissement uniquement sur une partie du texte.

II. Les règles spécifiques

La convention ou l'accord collectif peuvent être signés à différents niveaux : national et interprofessionnel, branche, groupe ou entreprise.

Selon le niveau des négociations, les règles applicables varient. Dans tous les cas, les textes doivent en principe être négociés par les OSR au niveau concerné par la négociation.

A Les accords nationaux interprofessionnels (ANI) et les accords et conventions de branche

1. Leur mise en place

a. L'objet de la négociation au plan national et interprofessionnel

Définition : Un accord national interprofessionnel (ANI) est un accord signé au plan national et concernant toutes les professions. Il a pour but de mettre en place de nouveaux droits pour les salariés et/ou les employeurs qui sont applicables sur tout le territoire (national) et à tous les salariés (interprofessionnel).

Les ANI sont des accords portant sur les conditions de travail. Ils font d'ailleurs souvent l'objet d'une loi reprenant le contenu de ces accords afin de leur donner une place supérieure dans la hiérarchie des normes.

> **Exemples :** ANI du 21 février 1968 sur l'indemnisation du chômage partiel, ANI du 23 novembre 1989 sur l'égalité professionnelle entre femmes et hommes, ANI du 26 novembre 2020 sur le télétravail.

b. L'objet de la négociation de branche

La négociation de branche a plusieurs objectifs :

- **Adapter** les règles relatives aux conditions de travail en fonction des spécificités du métier.

- **Encadrer** la négociation d'entreprise en fixant des règles de validité des accords d'entreprise et les domaines limités pour les accords dérogatoires, pour harmoniser la négociation d'entreprise.
- **Préciser** les acteurs de la négociation en cas d'absence de délégué syndical dans l'entreprise.

c. Les modalités de la négociation au plan national et interprofessionnel ou de branche

Au niveau de la branche, les organisations patronales ont pour obligation de remettre aux organisations syndicales, 15 jours avant la réunion, un **rapport sur la situation économique et sociale** de la branche.

L'ANI et l'accord de branche sont soumis aux règles classiques pour leur adoption. Un **accord de méthode** (accord de branche étendu) peut être conclu dans chaque branche pour fixer la règle à retenir en matière de calcul de la majorité (majorité en nombre ou selon les résultats des dernières élections).

2. Les conflits d'application des accords

a. Les conflits en cas de pluralité d'activités professionnelles

Tableau 21.5 Règles d'application d'un accord ou d'une convention collective en cas de pluralité d'activités

Même établissement, plusieurs activités	Établissements distincts, plusieurs activités
– Application d'une seule convention à tous les salariés (activité principale de l'établissement). – Possibilité de prévoir une clause d'option permettant à l'employeur de choisir la convention applicable.	– Application à chaque établissement de la convention relative à son activité principale. – Appréciation stricte de la notion d'établissement distinct ou autonome par la jurisprudence.

b. Les conflits entre conventions aux champs d'application différents

Ces conflits concernent la convention nationale de branche et les conventions locales ou accords interprofessionnels relatifs au même secteur d'activité. En principe, est applicable **la convention la plus large** sauf disposition inférieure plus favorable ou accord dérogatoire.

> **!** Les conflits entre normes négociées à des niveaux différents (branche, entreprise ou même loi) sont réglés par des principes spécifiques reprenant la notion de hiérarchie des normes [voir Chapitre 1].

B Les accords d'entreprise

1. La négociation collective annuelle obligatoire

Lors de cette négociation, l'employeur doit convoquer tous les syndicats représentatifs et consulter le CSE sur ces différents thèmes. La première réunion consiste à fixer le calendrier des négociations avec les partenaires. Les partenaires s'engagent à une discussion loyale :

- Si les **négociations n'aboutissent pas**, les parties signent un PV de désaccord. Les dernières propositions de l'employeur ont valeur d'engagement unilatéral.
- Si les **négociations aboutissent**, le texte est adopté selon les conditions précitées (section I. A).

2. La négociation facultative

La négociation facultative permet de compléter la négociation obligatoire ou de la remplacer lorsqu'il n'y a pas de négociation obligatoire à défaut de section syndicale. [voir Section I. A. 1].

SYNTHÈSE

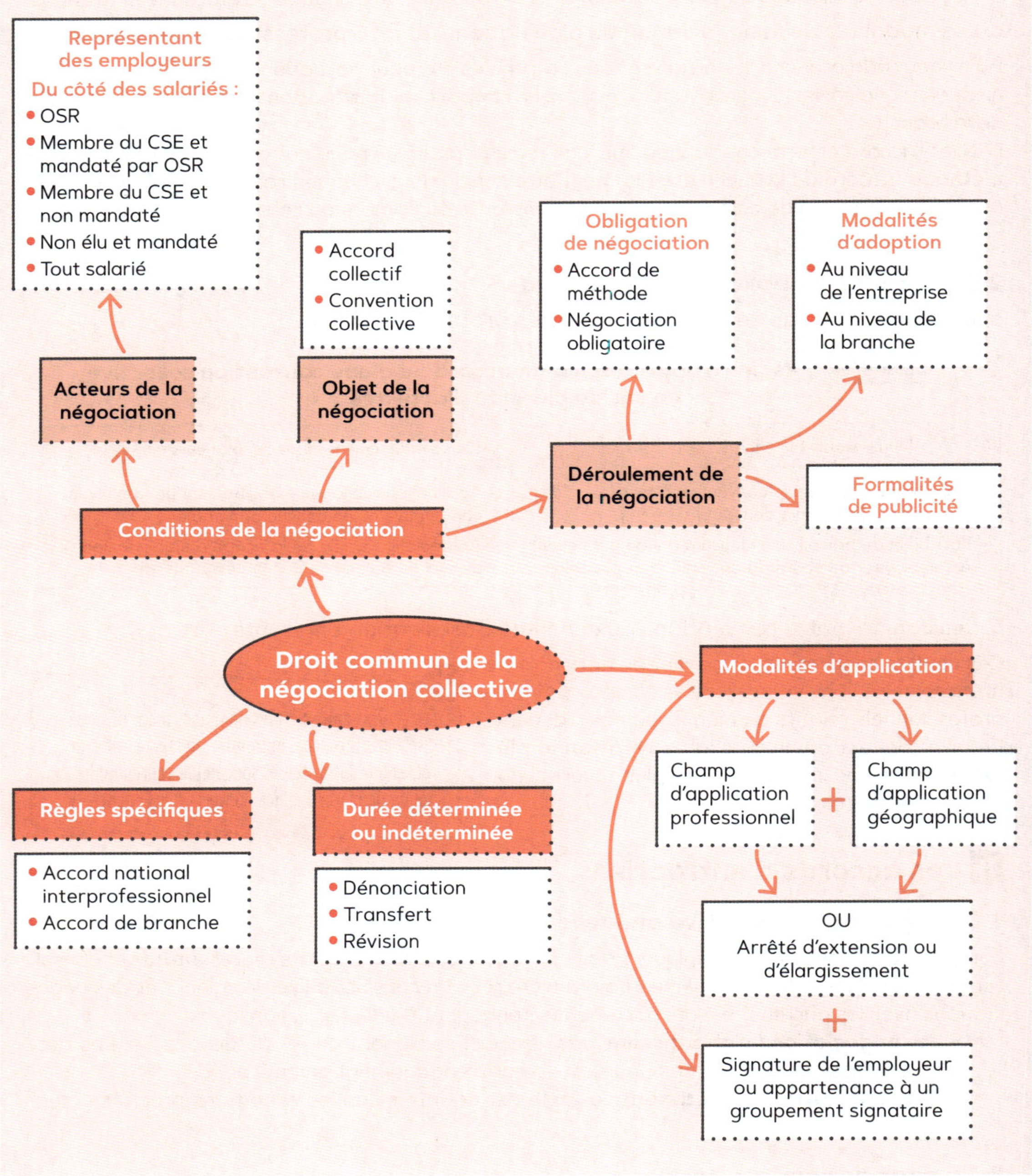

Faites le point sur les notions clés : dénonciation p. 345, avenant à l'accord ou à la convention collective p. 346, arrêté d'extension p. 347, arrêté d'élargissement p. 347, accord national interprofessionnel (ANI) p. 348.

Révisez avec les flashcards

www.lienmini.fr/dcg03-42

QCM

QCM interactif
www.lienmini.fr/dcg03-43

Réponse unique

1 En principe, la négociation collective consiste à négocier un accord entre :

- ❍ **a.** une OSR des salariés et une OSR des employeurs.
- ❍ **b.** une OSR des salariés et une organisation représentant les employeurs ou un employeur individuellement.
- ❍ **c.** quelques salariés et leur employeur.

2 Les conventions collectives et accords collectifs ont :

- ❍ **a.** un objet différent.
- ❍ **b.** le même objet : encadrer les conditions générales de travail des salariés.
- ❍ **c.** le même objet : encadrer la grille des salaires et la formation des salariés.

3 Pour être adopté, un accord de branche doit avoir recueilli :

- ❍ **a.** l'approbation de la majorité des syndicats représentatifs.
- ❍ **b.** la non-opposition de la majorité des syndicats représentatifs.
- ❍ **c.** à la fois l'approbation et la non-opposition des syndicats représentatifs.

4 Pour appliquer une convention collective à une entreprise, il faut vérifier :

- ❍ **a.** les champs d'application géographique et professionnel et la signature de l'employeur.
- ❍ **b.** les champs d'application géographique et professionnel.
- ❍ **c.** la signature du texte par l'employeur ou une organisation syndicale à laquelle il est adhérent.

5 En cas de non-respect d'une convention ou d'un accord collectif par un employeur, celui-ci encourt :

- ❍ **a.** le versement de dommages et intérêts à l'égard des salariés.
- ❍ **b.** une sanction civile, mais également une sanction pénale.
- ❍ **c.** le versement d'une amende à l'égard des salariés.

Plusieurs réponses possibles

6 Un arrêté d'extension :

- ❍ **a.** a pour but d'étendre un accord collectif aux entreprises situées dans le champ d'application.
- ❍ **b.** a pour effet de pouvoir appliquer une partie du texte aux entreprises situées dans le champ d'application mais non signataires.
- ❍ **c.** a pour but d'étendre le champ d'application du texte en dehors de celui prévu initialement.

7 Un accord collectif peut être négocié au niveau de l'entreprise :

- ❍ **a.** uniquement avec les représentants des OSR.
- ❍ **b.** avec un délégué syndical ou un membre du CSE mandaté par une OSR.
- ❍ **c.** avec un salarié non élu et mandaté par une OSR.

8 En l'absence d'accord de méthode, la négociation collective annuelle est obligatoire :

- ❍ **a.** sur la rémunération.
- ❍ **b.** sur la gestion des emplois et des parcours professionnels.
- ❍ **c.** sur la qualité de vie au travail.

9 Pour être adopté, un accord collectif signé au niveau de l'entreprise doit :

- ❍ **a.** être signé par les OSR ayant obtenu 30 % des suffrages et ne pas faire l'objet d'une opposition par les syndicats majoritaires.
- ❍ **b.** être signé par une ou plusieurs OSR ayant recueilli plus de 50 % des suffrages.
- ❍ **c.** être signé par une ou plusieurs OSR ayant recueilli plus de 30 % des suffrages et faire l'objet d'une adoption à la majorité par référendum des salariés.

10 La dénonciation d'un accord collectif a pour effet :

- ❍ **a.** de faire courir un délai de préavis de 3 mois.
- ❍ **b.** de faire courir un délai de 12 mois pour négocier un nouveau texte.
- ❍ **c.** de mettre fin immédiatement à l'application du texte dénoncé.

Réponses à justifier

11 La mauvaise application d'un accord collectif peut faire l'objet

- ❍ **a.** d'un recours collectif ou individuel.
- ❍ **b.** uniquement d'un recours des salariés de l'entreprise concernée.
- ❍ **c.** uniquement d'un recours par les syndicats signataires.

12 La procédure d'élargissement est possible :

- ❍ **a.** s'il s'agit d'un accord de branche ou professionnel ou interprofessionnel.
- ❍ **b.** s'il s'agit d'un accord d'entreprise.
- ❍ **c.** s'il s'agit d'un accord de branche ou d'entreprise.

13 Un ANI a pour but :

- ❍ **a.** d'adapter les règles relatives aux conditions de travail à la situation de l'entreprise concernée.
- ❍ **b.** d'adapter les règles relatives aux conditions de travail à une profession donnée.
- ❍ **c.** de créer de nouveaux droits pour les salariés et/ou les employeurs quelle que soit la profession concernée.

14 Lorsqu'un même établissement a plusieurs activités, on applique :

- ❍ **a.** la convention relative à l'activité principale de l'établissement.
- ❍ **b.** la convention propre à chaque activité en fonction des salariés concernés.
- ❍ **c.** la convention la plus favorable pour le salarié.

15 Lorsqu'un accord collectif est adopté :

- ❍ **a.** il s'applique après un délai de préavis de 3 mois.
- ❍ **b.** il s'applique immédiatement.
- ❍ **c.** il s'applique selon la date d'entrée en vigueur fixée dans l'accord lui-même.

CAS PRATIQUE GUIDÉ

ADOPTION ET APPLICATION D'UN ACCORD COLLECTIF AU SEIN DE LA SARL ELECTROPLUS

Charles travaille dans la SARL Electroplus, fabricante de composants électroniques. La semaine dernière, en tant que délégué syndical, il a participé à la négociation d'un accord d'entreprise portant sur les salaires. Les échanges ont été tendus non seulement avec la direction, mais aussi entre syndicats. Au final, seul le syndicat CGT a signé le texte. Charles se demande si ce nouveau texte sera finalement adopté. Si c'est le cas, ce texte prévoit une prime mensuelle spécifique dont Charles souhaite bénéficier dès le mois prochain.

Document – Résultats des dernières élections professionnelles (nombre de voix obtenues)

Syndicats	Premier tour	Second tour
CGT	34 %	21 %
CFDT	21 %	15 %
RP	45 %	64 %

1. **Analysez les informations données en annexe afin d'indiquer à Charles si cet accord pourra finalement être adopté.**
2. **Si c'est le cas, vérifiez si Charles pourra obtenir le versement de cette prime mensuelle.**

CORRIGÉ

☑ COMPÉTENCES ATTENDUES : **Définir le champ d'application de l'accord ou de la convention ordinaire, élargi ou étendu. Articuler les normes conventionnelles entre elles et par rapport à la loi. Vérifier les conditions de validité de l'accord ou de la convention aux différents niveaux de négociation.**

Méthode

Lorsque le sujet porte sur une convention ou un accord collectif, vous devez différencier les notions d'adoption et d'application. L'adoption fait appel aux règles de négociation et de conclusion d'un texte. L'application concerne un texte définitivement adopté et fait appel aux champs d'application afin de déterminer les entreprises qui doivent le respecter.

1. Analysez les informations données en annexe afin d'indiquer à Charles si cet accord pourra finalement être adopté.

PRINCIPES JURIDIQUES

! Avant de répondre à la question concernant l'adoption d'un accord ou d'une convention collective, vous devez commencer par identifier le niveau de la négociation, les modalités étant différentes selon ce niveau.

Lorsque la négociation a lieu au niveau de l'entreprise, pour qu'une convention ou un accord collectif soient définitivement adoptés, deux situations sont possibles :

- le texte est signé par les OSR ayant recueilli la majorité des suffrages valablement exprimés aux élections professionnelles ;
- le texte est signé par les OSR ayant recueilli plus de 30 % des suffrages valablement exprimés puis soumis à un référendum des salariés (il est alors adopté s'il obtient l'accord de la majorité des salariés).

! Les résultats à prendre en compte sont ceux du premier tour des élections professionnelles concernant les titulaires.

APPLICATION AU CAS

En l'espèce, la représentativité s'apprécie au niveau de l'entreprise, niveau de la négociation. Dans les données fournies en annexe, il faut tenir compte uniquement des résultats des élections au premier tour.

Le syndicat CGT a obtenu 34 % des voix. Le fait qu'il soit le seul signataire du texte ne permet pas l'adoption de cet accord. Cependant, l'accord pourra être soumis au référendum des salariés et sera adopté à la majorité simple. En l'espèce, en l'absence d'informations sur ce référendum, on considère que cet accord n'est pas valablement adopté.

2. Si c'est le cas, vérifiez si Charles pourra obtenir le versement de cette prime mensuelle.

PRINCIPES JURIDIQUES

Lorsqu'un accord collectif est correctement adopté, il s'applique dès le lendemain de son dépôt à la DREETS et au greffe du conseil de prud'hommes. Son application est impérative et automatique. Lorsqu'il s'agit d'un accord d'entreprise, aucune question ne se pose concernant son champ d'application géographique ou professionnel. L'accord s'applique au sein de l'entreprise dans laquelle il a été négocié car il a été signé par l'employeur.

APPLICATION AU CAS

Si cet accord d'entreprise est finalement adopté (majorité des salariés par référendum), son application sera immédiate. Sous réserve de respecter les conditions d'attribution fixées dans ce texte, Charles pourra bénéficier de la prime prévue dès le mois suivant.

AUTOÉVALUATION

La grille d'autoévaluation ci-dessous vous permet d'évaluer votre niveau et de vérifier si vos réponses correspondent aux attendus de l'examen.

Questions	Niveau 1	Niveau 2	Niveau 3	Niveau 4
	Un premier élément de réponse, mais très incomplet, des erreurs, des contresens	*Des éléments de réponse isolés, des approximations et/ou de la paraphrase*	*Question comprise : des éléments de réponse pertinents mais incomplets au niveau des savoirs et/ou de l'application*	*Compétence attendue mobilisée avec mobilisation complète des savoirs associés à la compétence. Application pertinente.*
1. Analysez les informations données en annexe afin d'indiquer à Charles si cet accord pourra finalement être adopté. *(voir Section I.A.3)*	❑ Vous confondez les notions d'adoption et d'application d'un accord collectif. ❑ Vous ne donnez pas la règle applicable à un accord d'entreprise.	❑ Vous donnez des conditions d'adoption du texte mais ce sont celles applicables en cas de négociation au niveau de la branche. ❑ Votre conclusion est valable.	❑ Vous donnez les conditions d'adoption d'un accord collectif au niveau de l'entreprise mais votre application est incomplète. Vous n'envisagez pas les deux solutions possibles OU vous ne faites pas référence aux résultats du 1er tour.	❑ Vous donnez les conditions d'adoption d'un accord collectif au niveau de l'entreprise. ❑ Vous appliquez les deux modalités d'adoption au cas pratique donné. ❑ Votre conclusion est valable.

Questions	Niveau 1	Niveau 2	Niveau 3	Niveau 4
	Un premier élément de réponse, mais très incomplet, des erreurs, des contresens	*Des éléments de réponse isolés, des approximations et/ou de la paraphrase*	*Question comprise : des éléments de réponse pertinents mais incomplets au niveau des savoirs et/ou de l'application*	*Compétence attendue mobilisée avec mobilisation complète des savoirs associés à la compétence. Application pertinente.*
2. Si c'est le cas, vérifiez si Charles pourra obtenir le versement de cette prime mensuelle. *(voir Section I.B.2)*	❑ Vous confondez les conditions d'adoption et d'application. ❑ Votre application est fausse.	❑ Vous donnez les effets de l'adoption d'un texte mais ils sont incomplets. ❑ Vous ne citez pas les conditions d'application. ❑ Votre application au cas est fausse.	❑ Vous donnez les effets de l'adoption d'un texte. ❑ Les règles sur les conditions d'application d'un accord sont incomplètes. ❑ Votre application est juste mais vous n'en tirez pas les conséquences concrètes.	❑ Vous donnez les effets de l'adoption d'un texte ainsi que les conditions d'application à une entreprise donnée. ❑ Vous faites une application complète en donnant une réponse précise à la demande de Charles.

• EXERCICES •

1 Déroulement d'une négociation collective obligatoire au sein de l'entreprise Touchoco

15 min

☑ COMPÉTENCES ATTENDUES : **Définir le champ d'application de l'accord ou de la convention ordinaire, élargi ou étendu. Identifier les personnes habilitées à négocier des accords d'entreprise. Vérifier les conditions de validité de l'accord ou de la convention aux différents niveaux de négociation**

Abder est salarié dans une fabrique de chocolats, la SARL Touchoco. Récemment désigné délégué syndical, il a demandé à son employeur d'ouvrir des négociations sur l'égalité hommes-femmes et sur l'insertion des travailleurs handicapés. Ces deux thèmes n'ont fait l'objet d'aucune négociation depuis 3 ans.
Finalement, des négociations se sont ouvertes. Elles ont abouti à la rédaction d'un accord signé par deux syndicats représentatifs dans l'entreprise, CGT (12 % des voix au premier tour des élections professionnelles) et FO (25 % des voix au premier tour des élections professionnelles). Les autres syndicats présents dans l'entreprise se sont abstenus et n'ont pas formé d'opposition à ce texte.

1. **Vérifiez si la demande d'Abder doit être acceptée par le dirigeant de cette fabrique et avec quel effet en cas de refus.**
2. **Analysez la validité de cet accord.**

2 Conflit entre conventions collectives au sein de la filature Bergac

20 min

☑ COMPÉTENCES ATTENDUES : **Définir le champ d'application de l'accord ou de la convention ordinaire, élargi ou étendu. Articuler les normes conventionnelles entre elles et par rapport à la loi.**

L'entreprise Bergac est une filature spécialisée dans la fabrication de laines à tricoter située dans les Hautes-Alpes (05). Récemment, elle a racheté une petite entreprise, la société

Soroy, située dans le même département mais dont l'activité est bien différente puisqu'il s'agit d'une usine de fabrication de palettes en bois. Le dirigeant a souhaité profiter d'une opportunité pour faire cet investissement. À l'issue du rachat et après une négociation collective, un accord d'entreprise sur les salaires a été signé pour les salariés issus de la société Soroy. Les salariés de la société Bergac restent soumis à leur accord d'entreprise d'origine. Laurent Lorpot, salarié de la société Bergac, réclame la rémunération correspondant à l'accord d'entreprise de la société Soroy. Son employeur rejette sa demande.
Le 1er juin, Laurent Lorpot a eu connaissance d'une convention collective de l'industrie textile signée au plan régional. Cette convention prévoit de nombreux avantages, notamment en termes de jours de congé et de formation. Laurent Lorpot demande à son employeur d'appliquer immédiatement cette convention. Celui-ci refuse, arguant du fait qu'il n'en a jamais entendu parler et qu'il n'est pas syndiqué.

1. **Analysez la réponse donnée par le dirigeant de cette société.**
2. **Vérifiez si la convention collective de l'industrie textile est applicable à l'entreprise Bergac.**
3. **Présentez l'effet qu'aurait sur cette convention un arrêté d'extension.**

3 Organisation d'une négociation collective au sein de la société Ventee

30 min

☑ COMPÉTENCES ATTENDUES : **Identifier les personnes habilitées à négocier des accords d'entreprise en l'absence de délégué syndical. Vérifier les conditions de validité de l'accord ou de la convention aux différents niveaux de négociation.**

La société Ventee est une entreprise de 18 personnes dont l'objet est la fabrication de cerfs-volants de toutes tailles et de toute nature. Son dirigeant, Anthony, souhaite mettre en place un accord collectif pour négocier la modulation du temps de travail. Cependant, aucun représentant du personnel n'a été élu dans l'entreprise du fait d'une carence de candidats et il ne sait comment procéder pour mener à bien cette négociation. Il vous consulte afin de savoir ce qu'il est possible de faire.
Finalement, le 1er février, un accord a été proposé par l'employeur et soumis au vote des salariés. 62 % des salariés se sont prononcés en faveur de cet accord. Anthony considère qu'il est adopté et qu'il est applicable à compter du 2 février mais Virginie, responsable comptable dans la société Ventee n'est pas d'accord et rappelle à Anthony qu'il ne respecte pas les règles fixées par le Code du travail.
Anthony se tourne une fois de plus vers vous afin que vous puissiez l'éclairer sur les reproches faits par Virginie.
Suite à ces différents déboires, Anthony ne souhaite plus négocier de nouvel accord dans son entreprise. Pourtant, il aimerait améliorer la formation professionnelle au sein de son entreprise et décide de s'investir dans une organisation patronale représentative de son secteur pour participer aux négociations qui pourraient avoir lieu au niveau de la branche. Il a noté que la dernière négociation avait eu lieu en 2018 et que cette année une négociation est obligatoire sur ce thème. Cependant, lorsqu'il contacte la secrétaire de son organisation patronale, elle lui répond que ce sera l'an prochain en application de l'accord de méthode signé en 2018. Anthony ne comprend pas de quoi il s'agit et vous contacte à nouveau.

1. **Présentez à Anthony les modalités lui permettant de négocier un accord d'entreprise sur la modulation du temps de travail.**
2. **Analysez la réponse faite par Virginie afin de vérifier si l'accord collectif proposé par Anthony est applicable.**
3. **Présentez à Anthony la notion d'accord de méthode afin de lui expliquer les modalités de négociation au niveau de la branche.**

CAS DE SYNTHÈSE

APPLICATION ET REMISE EN CAUSE D'ACCORDS COLLECTIFS AU SEIN DE LA SA APAVE

45 min

☑ COMPÉTENCES ATTENDUES : **Définir le champ d'application de l'accord ou de la convention ordinaire, élargi ou étendu. Articuler les normes conventionnelles entre elles et par rapport à la loi. Identifier les personnes habilitées à négocier des accords d'entreprise en l'absence de délégué syndical. Vérifier les conditions de validité de l'accord ou de la convention aux différents niveaux de négociation. Analyser la légalité et les effets d'une procédure de dénonciation d'un accord collectif.**

Mise en situation

La SA Avape, composée de 115 salariés, est spécialisée dans le domaine de l'activité des analyses, essais et inspections techniques. Elle a pour objet de réaliser des missions d'inspection et de certification. Un accord d'entreprise a été signé le 13 mai 2003, portant notamment sur les conditions de rémunération, de temps de travail et d'égalité professionnelle. Depuis, il a fait l'objet de plusieurs avenants.

Francine est ingénieur en contrôle technique de construction au sein de cette société depuis 5 ans. Elle vient de prendre connaissance de la convention collective Syntec dont un extrait vous est donné dans la base documentaire. Elle demande alors à son employeur de bénéficier de congés supplémentaires en application de l'article 23 de cette convention ce que ce dernier refuse. En effet, il ne fait partie d'aucune organisation patronale ayant signé l'avenant n° 37 à cette convention prévoyant d'élargir son application aux activités de contrôle technique et de vérifications techniques. Francine conteste la décision de son employeur considérant que c'est justement l'objet d'un arrêté d'extension.

Le dirigeant de la SA Avape considère qu'il est temps de revoir cet accord collectif de 2003 et décide de le dénoncer. Il informe la totalité des OSR dans son entreprise afin de mettre en place de nouvelles négociations. Vous êtes chargé d'organiser ces nouvelles négociations.

Virginie est venue vous voir car elle s'inquiète des résultats si cette nouvelle négociation n'était pas menée correctement. Les syndicats sont en effet très remontés contre cette décision de leur employeur et considèrent qu'elle a pour but de les forcer à accepter de nouvelles obligations à la charge des salariés auxquelles ils sont opposés.

1. **Après avoir rappelé les conditions d'application d'un accord collectif aux salariés d'une entreprise, analysez les arguments présentés par l'employeur de Francine et vérifiez-en la validité.**
2. **En cas d'accord de branche portant sur les mêmes thèmes que l'accord d'entreprise signé le 13 mai 2003, indiquez à Francine lequel sera applicable à sa situation.**
3. **Expliquez à Virginie la procédure qui sera suivie pour organiser ces négociations ainsi que leur résultat.**

Vous disposez ci-après d'une base documentaire pour étayer vos analyses.

BASE DOCUMENTAIRE

Document 1 – Extrait de la convention collective nationale applicable aux cabinets d'ingénieurs-conseils et aux sociétés de conseils dite SYNTEC

Article 23 : Durée du congé

Tout salarié ETAM et I.C. ayant au moins 1 an de présence continue dans l'entreprise à la fin de la période ouvrant droit aux congés payés aura droit à 25 jours ouvrés de congés (correspondant à 30 jours ouvrables). Il est en outre accordé en fonction de l'ancienneté acquise à la date d'ouverture des droits :

- après une période de 5 années d'ancienneté : 1 jour ouvré supplémentaire ;
- après une période de 10 années d'ancienneté : 2 jours ouvrés supplémentaires ;
- après une période de 15 années d'ancienneté : 3 jours ouvrés supplémentaires ;
- après une période de 20 années d'ancienneté : 4 jours ouvrés supplémentaires,
- indépendamment de l'application des dispositions relatives aux congés pour événements familiaux.

Cette durée est formulée en jours ouvrés (lundis, mardis, mercredis, jeudis et vendredis non fériés et non chômés).

Document 2 – Arrêté du 17 mai 2010 portant extension d'un avenant à la convention collective nationale applicable aux cabinets d'ingénieurs-conseils et aux sociétés de conseils

Le ministre du Travail, de la Solidarité et de la Fonction publique,
Vu le Code du travail, notamment son article L. 2261-15 ;
Vu l'avenant n° 37 du 28 octobre 2009 portant modification de l'article 1er (Champ d'application) de la convention collective nationale susvisée ;
Arrête :
Article 1 : Sont rendues obligatoires, pour tous les employeurs et tous les salariés compris dans le champ d'application de la convention collective nationale des bureaux d'études techniques, cabinets d'ingénieurs-conseils et des sociétés de conseil du 15 décembre 1987 tel que modifié par l'avenant n° 37 du 28 octobre 2009, les dispositions de l'avenant n° 37 du 28 octobre 2009 portant modification de l'article 1er (Champ d'application) de la convention collective nationale susvisée.

Document 3 – Arrêt de la Cour de cassation n° 17-31442 du 27 novembre 2019

Faits et procédure

1. Selon l'arrêt attaqué (Paris, 26 octobre 2017), les fédérations patronales Syntec et Cinov ont signé avec les organisations syndicales F3C CFDT, FIECI CFE-CGC, FO, CFTC/CSFV et CGT, le 28 octobre 2009, un avenant n° 37 prévoyant notamment l'intégration dans le champ d'application de la convention nationale des bureaux d'études, dite convention Syntec, du 15 décembre 1987 des activités d'analyses, essais et inspections techniques. L'avenant a fait l'objet d'un arrêté d'extension du 17 mai 2010, l'étendant à tous les employeurs et tous les salariés compris dans le champ d'application de la convention collective nationale des bureaux d'études techniques, des cabinets d'ingénieurs-conseils et des sociétés de conseils du 15 décembre 1987 tel que modifié par l'avenant n° 37 du 28 octobre 2009.

2. Les sociétés Apave, Socotec France et Bureau Veritas ont saisi le tribunal de grande instance d'une demande visant à l'annulation de l'avenant, et subsidiairement à son inopposabilité à leur égard.

Sur le second moyen du pourvoi principal [...]

Énoncé du moyen

4. Les fédérations Syntec et Cinov reprochent à l'arrêt d'avoir accueilli les demandes en inopposabilité formées par les sociétés alors qu'« il résulte de l'article L. 2261-15 du Code du

travail que l'arrêté d'extension du ministre du travail a pour effet de rendre obligatoire les stipulations d'une convention de branche pour tous les salariés et employeurs compris dans le champ d'application de cette convention ; qu'au cas présent, il résulte des constatations de l'arrêt attaqué que, par arrêté du 17 mai 2010, le ministre du travail a procédé à l'extension de l'avenant n° 37 de la convention collective nationale des bureaux d'études techniques, des cabinets d'ingénieurs-conseils et des sociétés de conseil, dite Syntec, qui a notamment pour finalité d'élargir le champ d'application de la convention [...] aux activités de contrôle technique et de vérifications techniques » ;

Réponse de la Cour

Vu les articles L. 2261-15 et L. 2261-19 du Code du travail, ensemble le principe de séparation des pouvoirs :

5. Selon l'article L. 2261-15 du Code du travail, les dispositions d'une convention de branche ou d'un accord professionnel ou interprofessionnel peuvent être rendues obligatoires pour tous les salariés et employeurs compris dans le champ d'application de cette convention ou cet accord par arrêté du ministre du travail. L'extension suppose, selon l'article L. 2261-19 du Code du travail, que la convention de branche ou l'accord professionnel ou interprofessionnel ait été négocié et conclu au sein d'une commission paritaire composée de représentants des organisations syndicales d'employeurs et de salariés représentatives dans le champ d'application considéré.

6. L'extension étant formalisée par un arrêté, c'est au ministre du travail, sous le contrôle du juge administratif, qu'il appartient donc de vérifier si les conditions de négociation de l'accord permettent son extension. [...]

12. En l'espèce, l'avenant n° 37 de la convention Syntec avait expressément pour objet de rendre la convention Syntec applicable au secteur des activités d'analyses, essais et inspections techniques. Dès lors que cet avenant avait fait l'objet d'un arrêté d'extension, le juge judiciaire n'avait pas à contrôler qu'il avait été signé par les organisations syndicales et patronales représentatives de ce secteur sauf, en cas de doute sérieux sur la légalité de l'arrêté d'extension, à saisir le juge administratif d'une exception d'illégalité. Il lui appartenait seulement de vérifier si l'activité des sociétés concernées par le litige relevait du secteur analyses, essais et inspections techniques, champ d'application visé par l'avenant n° 37.

13. Pour déclarer inopposable aux sociétés Apave, Socotec France, et au Bureau Veritas l'avenant n° 37 de la convention Syntec, la cour d'appel retient que ces sociétés n'adhèrent pas aux fédérations signataires et qu'aucune organisation patronale représentative dans le secteur des activités de contrôle dont relèvent ces sociétés n'y adhère.

14. En statuant ainsi, la cour d'appel a violé les textes et le principe susvisés.

PAR CES MOTIFS, CASSE ET ANNULE, mais seulement en ce qu'il déclare inopposable aux sociétés Apave, Socotec France, et Bureau Veritas, l'avenant n° 37 à la convention collective nationale des bureaux d'études techniques, des cabinets d'ingénieurs-conseils et des sociétés de conseils dite Syntec, l'arrêt rendu le 26 octobre 2017, entre les parties, par la cour d'appel de Paris.

CHAPITRE 22

La participation des salariés aux performances et le bilan social

À l'issue de ce chapitre,

• vous serez capable :
- ❒ de distinguer participation et intéressement ;
- ❒ de repérer les situations où l'employeur est tenu de mettre en place la participation ;
- ❒ de distinguer plan d'épargne entreprise (PEE) et plan d'épargne pour la retraite collectif (PERECO).

• vous saurez identifier :
- ❒ la participation des salariés aux résultats de l'entreprise ;
- ❒ l'intéressement ;
- ❒ les plans d'épargne : plan d'épargne entreprise (PEE), plan d'épargne retraite d'entreprise collectif (PERECO) ;
- ❒ le bilan social.

Mettez-vous en situation

Yanis Benaria est le gérant de la SARL Jair dont l'objet est la fabrication de jeux d'extérieur pour les particuliers. Créée en 2003, elle emploie, depuis deux ans, environ 53 salariés. Son chiffre d'affaires étant en constante progression, Yanis souhaiterait en faire profiter ses salariés. Il hésite entre mettre en place une participation ou un intéressement. Il n'a pas bien compris la différence entre ces deux dispositifs. Il a également entendu parler du PEE et se demande si un tel plan pourrait remplacer la mise en place d'un intéressement.
Pouvez-vous répondre aux différentes interrogations que se pose Yanis ?

I. La participation des salariés aux performances

Plusieurs dispositifs ont été mis en place afin **d'associer les salariés aux résultats** de leur entreprise et de favoriser **l'épargne collective** ainsi que le **développement des investissements**.

A La participation aux résultats

Définition : L'accord de participation est un accord collectif qui prévoit la participation des salariés aux résultats de leur entreprise en leur versant une partie des bénéfices réalisés.

1. Le champ d'application

a. Le seuil d'effectif

La mise en place d'un régime de participation est **obligatoire** dans les entreprises qui emploient **au moins 50 salariés pendant 5 années consécutives** quel que soit leur secteur d'activité.

Le bénéfice réalisé doit être supérieur à 5 % du montant des capitaux propres pour permettre la constitution d'une telle réserve.

> **!** Les entreprises de moins de 50 salariés ou les groupes de sociétés peuvent se soumettre volontairement à ce régime. Ils doivent alors respecter les mêmes règles que si l'accord d'intéressement avait été mis en place suite à l'obligation légale.

Depuis la loi PACTE du 22 mai 2019, les branches ont pour obligation de négocier des dispositifs de participation, d'intéressement ainsi que des PEI, afin de favoriser la mise en place de l'épargne salariale dans les petites entreprises avec une date limite pour négocier ces accords fixée au 31 décembre 2021. De plus, l'entreprise qui dispose d'une section syndicale doit négocier chaque année la mise en place d'un dispositif d'épargne salariale tant qu'aucun accord n'est mis en œuvre. Si l'entreprise n'a pas de DS mais un CSE, elle doit étudier la mise en place d'un dispositif d'épargne salariale si elle ne dispose d'aucun accord d'intéressement ni de participation.

b. Le calcul des effectifs

Le calcul des effectifs est réalisé **au niveau de l'entreprise** et non de l'établissement à partir de l'effectif salarié annuel (à partir de la DSN). Cette obligation s'impose également aux entreprises constituant une UES et aux groupements d'employeurs dépassant ce seuil.

2. La mise en œuvre du régime

La mise en place d'un système de participation repose sur la **négociation d'un accord collectif d'entreprise ou de branche.** Il est d'une durée minimale d'un an. Lorsque la participation est obligatoire et en l'absence d'accord, la loi et le règlement s'appliquent.

Tableau 22.1 Les procédures de conclusion d'un accord de participation

Type d'accord	Modalités de conclusion
Accord d'entreprise	Négocié et signé au niveau de l'entreprise entre l'employeur et les OSR.
Accord au sein du CSE	Discuté et adopté par un vote à la majorité des membres présents.
Initiative du chef d'entreprise	Projet d'accord de participation proposé par l'employeur. Ratification par les salariés à la majorité des deux tiers.
Accord signé au niveau de la branche d'activité	Obligation de négociation. Possibilité pour l'entreprise d'opter pour cet accord à condition d'en décider selon les modalités précitées.

L'accord de participation doit être conclu **dans un délai de 1 an** suivant la clôture de l'exercice au cours duquel sont nés les droits des salariés.
À défaut d'accord, le régime légal subsidiaire, moins favorable, est appliqué. En cas de modification de la situation juridique de l'entreprise, une négociation doit être engagée **dans les 6 mois**.

> **!** Une fois conclu, l'accord doit être déposé sur le site internet dédié du ministère de l'emploi.

3. Les droits des salariés sur la réserve de participation

Sauf condition d'ancienneté fixée par accord collectif et obligatoirement inférieure à 3 mois, **tous les salariés** peuvent en bénéficier.

a. La mise en place de la réserve spéciale de participation

Définition : La réserve spéciale de participation constitue la partie des bénéfices destinée à être distribuée aux salariés.

Son mode de calcul est fixé par la loi : R = ½ (B – 5 % C) × S/VA
B = bénéfice net de l'entreprise ; C = capitaux propres ;
S = salaires bruts ; VA = valeur ajoutée.
Un versement supplémentaire peut être décidé par le dirigeant. Ce supplément bénéficie des mêmes exonérations fiscales et sociales que la réserve, mais est plafonné collectivement et individuellement.

> **!** Une autre méthode de calcul peut être prévue par l'accord collectif à condition qu'elle soit plus favorable pour les salariés.

b. La répartition de la réserve entre les salariés

La réserve est répartie entre les salariés selon un ou plusieurs critères fixés dans l'accord de participation : de façon uniforme, proportionnelle au salaire, à la durée de présence, ou en combinant ces trois critères.
À défaut de précision dans l'accord de participation, la répartition est **proportionnelle aux salaires**. Les droits à participation susceptibles d'être versés pendant un même exercice sont plafonnés pour chaque **salarié à 75 % du plafond annuel de la Sécurité sociale**. Le montant du salaire retenu ne peut dépasser le plafond fixé par l'accord de participation ni quatre fois le plafond de la Sécurité sociale.

c. La distribution des fonds aux salariés

Les sommes acquises au titre de la participation aux résultats sont **bloquées pendant 5 ans** à compter du premier jour du sixième mois suivant la clôture de l'exercice, ou pendant 8 ans en l'absence d'accord de participation dans les 12 mois suivant l'exercice au cours duquel les droits des salariés sont nés.

Exemple : Pour un exercice clos le 31 décembre N, le point de départ du délai sera le 1er juin N + 1.

Si les sommes dues sont inférieures à 80 euros par personne, l'entreprise peut les verser immédiatement aux salariés.

> **!** Le salarié peut opter pour un versement immédiat, alors soumis à impôt sur le revenu, dans un délai de 15 jours. Les modalités de recueil des choix des salariés sont fixées dans l'accord de participation. Dans tous les cas, les sommes reçues sont soumises aux contributions sociales.

Un **déblocage anticipé** peut également avoir lieu à la demande du salarié (mariage, invalidité, cessation du contrat de travail, surendettement, etc.).
Pendant la période d'indisponibilité, les fonds sont placés sur un PEE, un PEI ou un PERECO selon la demande faite par le salarié et/ou les conditions prévues par l'accord. À l'issue de la période d'indisponibilité, le salarié peut choisir de placer tout ou partie des sommes sur un **CET**.
Les entreprises d'au moins 50 salariés doivent payer un forfait social de 20 % sur les sommes versées dans le cadre de la participation.

B L'intéressement

Définition : L'accord d'intéressement est un accord collectif d'entreprise prévoyant le versement volontaire d'une prime calculée en fonction des résultats ou des performances de l'entreprise.

1. Champ d'application

Facultatif, l'intéressement est ouvert à toute entreprise quelles que soient sa forme juridique et son activité. Sauf condition d'ancienneté (inférieure à 3 mois), **tous les salariés** peuvent en bénéficier ainsi que le chef d'entreprise, les dirigeants et le conjoint-collaborateur dans les entreprises de moins de 250 salariés.

2. Mise en œuvre

L'accord d'intéressement est conclu **pour 3 ans** (reconduction tacite) dans le cadre d'un accord ou d'une convention de branche ou d'entreprise conclue avec des DS ou dans le cadre d'un accord au sein du CSE ou entre le chef d'entreprise et des OSR ou encore à la suite de la ratification par référendum à la majorité des deux tiers des salariés. Son dépôt sur le site du ministère de l'emploi conditionne les exonérations fiscales et sociales. Un accord d'intéressement peut être mis en place dans le cadre d'un projet associant les salariés de plusieurs entreprises, mais il doit alors respecter les conditions du PEI.

Tableau 22.2 Les modalités de fixation des droits des salariés

Calcul des droits	Répartition des sommes attribuées	Paiement de la prime d'intéressement
– Montant aléatoire calculé en fonction des résultats ou des performances de l'entreprise. – Montant supplémentaire possible versé par l'employeur.	– Critères fixés limitativement par la loi : répartition uniforme, proportionnelle au salaire ou à la durée de présence, ou cumul de plusieurs critères. – Critères individuels impossibles.	– Non-blocage des sommes. – Versement au plus tard le premier jour du sixième mois suivant la clôture de l'exercice. – Versement d'intérêts en cas de retard.
– Plafond individuel de l'indemnité globale : 75 % du plafond de la Sécurité sociale. – Plafond collectif de l'indemnité globale : 20 % du total des rémunérations brutes des bénéficiaires.		

! Les entreprises de moins de 250 salariés sont exonérées du paiement du forfait social sur les sommes versées dans le cadre de l'intéressement.

C Les plans d'épargne collective

Une information relative au dispositif d'épargne est fournie au CSE dans les 6 mois suivant la clôture de chaque exercice.

1. Le plan d'épargne entreprise (PEE)

Définition : Le plan d'épargne entreprise (PEE) est un système d'épargne collectif permettant aux salariés de se constituer, avec l'aide de leur entreprise, un portefeuille de valeurs mobilières.

a. Champ d'application

Facultatif, le PEE concerne toutes les entreprises, quelles que soient leur taille et leur forme juridique. Tous les salariés peuvent en bénéficier sauf condition d'ancienneté fixée au maximum à 3 mois. Les anciens salariés ayant quitté l'entreprise peuvent continuer à effectuer des versements et à bénéficier du PEE selon les conditions fixées par l'accord.

! Lorsque l'entreprise a négocié un accord de participation, la mise en place d'un PEE est obligatoire. L'accord de participation doit prévoir le versement d'une partie de cette prime sur le PEE. La mise en place d'un PEE doit être étudiée en cas de négociation d'un accord d'intéressement.

b. Mise en place

La mise en place d'un PEE dépend de la présence ou non de représentants du personnel dans l'entreprise. Dans tous les cas, il doit être déposé sur le site internet du ministère de l'Emploi.

Tableau 22.3 Modalités de mise en place d'un PEE

Entreprise avec délégué syndical (DS) ou CSE	Entreprise sans DS ni CSE
– Négociation collective comme pour un accord de participation. – À défaut, décision unilatérale de l'employeur.	– Ratification par les salariés à la majorité des deux tiers. – À défaut, décision unilatérale de l'employeur.

c. Les droits des salariés

Les versements sur le PEE sont facultatifs. Le PEE reçoit des sommes provenant de l'intéressement, de la participation et de versements volontaires du salarié dans la limite d'un quart de sa rémunération annuelle brute. L'entreprise peut verser un abondement dans la limite de 3 fois le montant versé par le salarié ou faire un versement unilatéral exclusivement pour financer l'achat d'actions. Ces sommes sont **bloquées pendant 5 ans** avec possibilité de déblocage dans des cas particuliers. Elles sont utilisées pour l'acquisition de valeurs mobilières, d'actions, de SICAV ou de parts de fonds communs de placement (FCPE).

2. Le plan d'épargne interentreprises (PEI)

Définition : Le plan d'épargne interentreprises (PEI) fonctionne comme le PEE et est soumis aux mêmes règles, mais il est mis en place par une branche professionnelle ou entre plusieurs entreprises.

Il permet de développer l'épargne salariale au sein des PME.

3. Le plan d'épargne retraite (PER) ou plan d'épargne retraite d'entreprise collectif (PERECO)

> **!** Depuis le 1er octobre 2020, le PERCO ne peut plus être mis en place dans les entreprises. Il est remplacé par les nouveaux PER.

Les PER comportent trois catégories de plans différents :

- Le PER individuel qui succède au Perp (plan d'épargne retraite populaire) : ouvert à tous, il est souscrit de façon individuelle auprès d'un établissement financier ou d'un organisme d'assurance.
- Le PER d'entreprise obligatoire succède au contrat article 83 : plan ouvert à tous les salariés ou à certaines catégories, ils ont l'obligation de souscrire.
- Le PER d'entreprise collectif succède au Perco : plan ouvert à tous les salariés, ils n'ont pas l'obligation d'y souscrire.

Définition : Le plan d'épargne retraite (PER) est un dispositif permettant au salarié d'épargner pendant la période d'activité pour obtenir, avec l'aide de l'entreprise, un capital ou une rente à l'âge de la retraite.

Facultatif, ce système mis en place par accord collectif ou à l'initiative des dirigeants de l'entreprise selon les mêmes modalités que pour le PEE.

Les versements peuvent être des versements volontaires, des sommes issues de l'intéressement, de la participation, du CET ou d'un autre PER. L'employeur peut également verser des abondements dans la limite annuelle de 16 % du plafond de la Sécurité sociale et sans dépasser le triple du versement du salarié.

> **!** L'entreprise qui a mis en place un PEE depuis plus de trois ans est tenue d'ouvrir une négociation en vue de la mise en place d'un PERECO.

Les fonds sont bloqués jusqu'à la retraite sauf cas exceptionnels permettant un déblocage anticipé (invalidité, décès, surendettement). À l'échéance, les fonds sont versés soit en capital, soit en rente, soit en mixant les deux.

Les versements alimentant le PERECO et issus de l'intéressement ou de la participation dans les entreprises d'au moins 50 salariés sont soumis au taux réduit du forfait social de 16 %.

II. Le bilan social

Définition : Le bilan social est un document récapitulant les principales données chiffrées permettant aux salariés d'apprécier la situation de l'entreprise dans le domaine social et de mesurer les changements intervenus dans l'année et au cours des deux années précédentes (voir article L.2312-28 du Code du travail).

A Champ d'application

Les entreprises employant **au moins 300 salariés pendant 12 mois consécutifs** ont pour obligation d'établir **un bilan social annuel**. Lorsqu'elles ont des établissements distincts, elles doivent, en plus, établir un bilan social pour chaque établissement comptant au moins 300 salariés. Le premier bilan porte sur l'année suivant celle au cours de laquelle ce seuil a été atteint.

> **!** L'employeur ayant également pour obligation de mettre en place une BDESE, le bilan social rédigé peut être déposé dans cette base. S'il n'est pas fait à part, il faudra ouvrir un accès à la BDESE à chaque salarié.

B Contenu

Le bilan social est un document donnant une vue d'ensemble d'un certain nombre de points énumérés par la loi pour l'année écoulée et les deux années précédentes, dont l'emploi, la rémunération et les charges accessoires, les conditions d'hygiène et de sécurité (accident, maladies...), les salariés détachés, la formation et les relations professionnelles.

C Élaboration

Le bilan social est élaboré par le **chef d'entreprise**. Il est ensuite soumis, pour avis, au CSE dans les 4 mois suivant la fin de la dernière des années visées.

Cette consultation entre dans le cadre d'une des trois catégories de consultation annuelle du CSE : la politique sociale de l'entreprise, les conditions de travail et l'emploi. Les DS reçoivent aussi le projet mais ne sont pas consultés. La communication de ces informations est réalisée *via* une base de données unique.

La BDESE est mise en place par un accord d'entreprise, ou en l'absence de délégué syndical, par un accord entre l'employeur et le CSE adopté à la majorité des membres titulaires du CSE.

> **!** Le non-respect de l'obligation de présentation au CSE est constitutif du délit d'entrave puni de 1 an de prison et de 3 750 euros d'amende. Une amende de 7 500 euros est également prévue par l'article L. 2317-2 du Code du travail en cas de non-établissement et non-présentation du bilan social au CSE.

D Diffusion

Le bilan social est **mis à la disposition de tout salarié** qui en fait la demande. Il doit également être adressé à l'inspecteur du travail dans les 15 jours suivant la réunion du CSE. Dans les sociétés par actions, il doit être présenté aux actionnaires dans les mêmes conditions que les documents comptables ou le rapport du commissaire aux comptes (CAC). L'inspecteur du travail et le CAC sont chargés de vérifier le bien-fondé des informations contenues dans le bilan social.

SYNTHÈSE

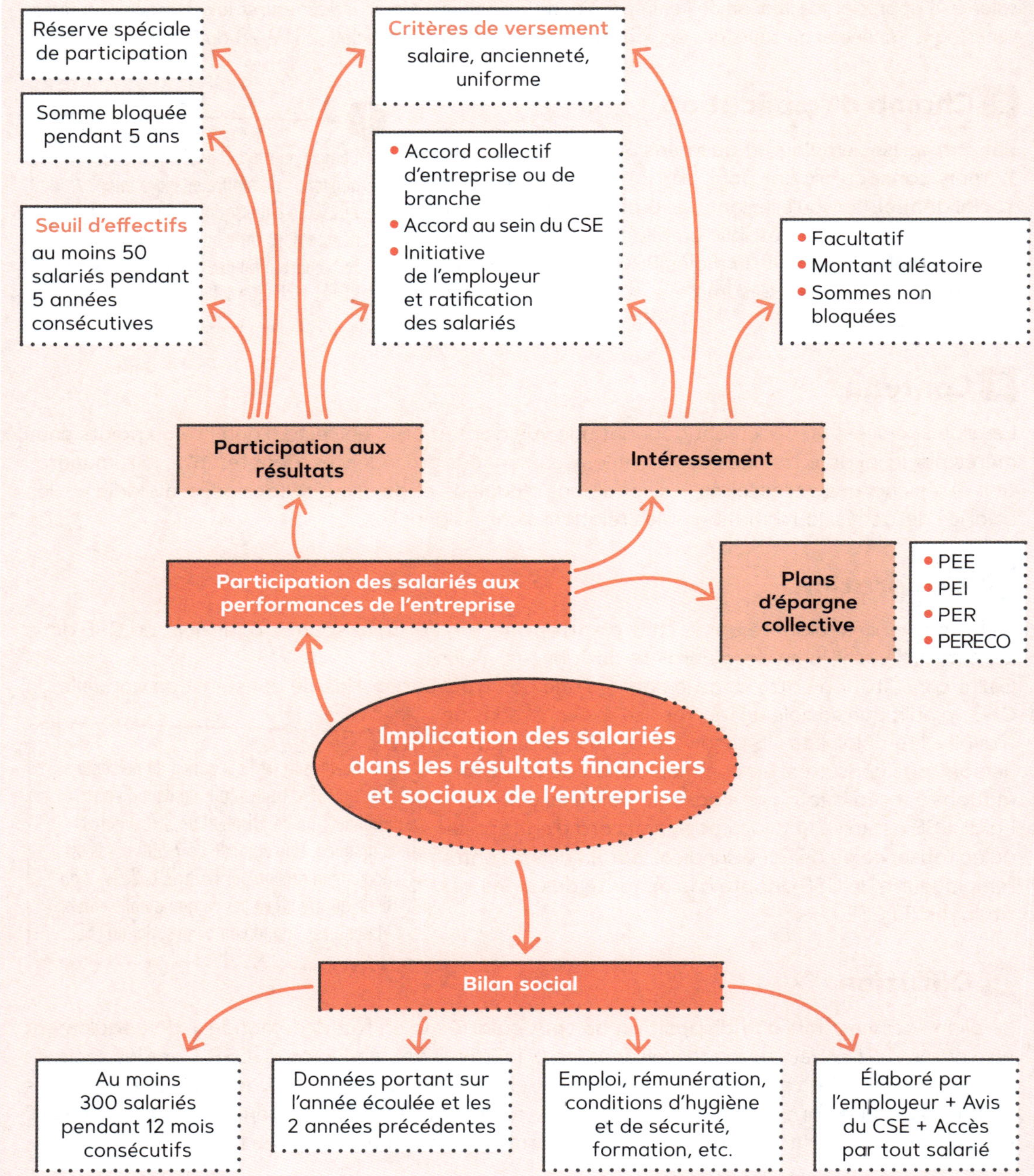

Faites le point sur les notions clés : accord de participation p. 360, réserve spéciale de participation p. 361, accord d'intéressement p. 362, plan d'épargne entreprise (PEE) p. 363, plan d'épargne interentreprises (PEI) p. 364, plan d'épargne retraite (PER) p. 364, bilan social p. 365.

Révisez avec les flashcards

www.lienmini.fr/dcg03-44

QCM

Réponse unique

QCM interactif

www.lienmini.fr/dcg03-45

1 La participation aux résultats est obligatoire dans :
- ❍ **a.** les entreprises d'au moins 50 salariés.
- ❍ **b.** les établissements d'au moins 50 salariés.
- ❍ **c.** les groupes de sociétés.

2 Le régime de participation est mis en place :
- ❍ **a.** obligatoirement par accord d'entreprise.
- ❍ **b.** par accord d'entreprise ou décision du CSE ou de l'employeur.
- ❍ **c.** sans négociation collective.

3 L'intéressement est un régime :
- ❍ **a.** obligatoire à partir de 50 salariés.
- ❍ **b.** obligatoire dans les groupes de sociétés.
- ❍ **c.** facultatif.

4 Le PEE permet d'épargner :
- ❍ **a.** uniquement des sommes perçues dans le cadre de la participation.
- ❍ **b.** des sommes provenant de l'intéressement, de la participation, d'un versement volontaire du salarié et/ou de l'employeur.
- ❍ **c.** uniquement un versement volontaire du salarié et/ou de l'employeur.

5 Le bilan social doit être mis en place :
- ❍ **a.** pour toute entreprise ayant au moins 300 salariés.
- ❍ **b.** pour toute entreprise ayant plus de 300 salariés.
- ❍ **c.** pour toute entreprise ou établissement ayant au moins 300 salariés.

Plusieurs réponses possibles

6 La mise en place de la participation est obligatoire :
- ❍ **a.** uniquement au niveau des entreprises.
- ❍ **b.** également dans le cadre des UES.
- ❍ **c.** au niveau de l'entreprise ou de l'établissement.

7 Pour être valable, l'accord de participation doit :
- ❍ **a.** être adopté à l'unanimité des OSR dans l'entreprise.
- ❍ **b.** être déposé sur le site du ministère de l'emploi.
- ❍ **c.** être écrit et signé par les parties, employeur et OSR ou CSE.

8 Le montant de la participation versée au salarié :
- ❍ **a.** peut être décidée librement par l'employeur s'il est plus favorable que le calcul légal.
- ❍ **b.** peut être augmenté d'un versement supplémentaire fait par l'employeur.
- ❍ **c.** doit être calculé de la même façon dans toutes les entreprises.

9 Les sommes versées dans le cadre de la participation :
- ❍ **a.** sont bloquées pour une durée de 5 ans.
- ❍ **b.** ne peuvent pas faire l'objet d'un versement immédiat.
- ❍ **c.** peuvent faire l'objet d'un versement immédiat ou d'un déblocage exceptionnel.

10 Le montant de l'intéressement est :

- ❍ **a.** un montant fixe déterminé par l'employeur.
- ❍ **b.** un montant aléatoire en fonction des résultats de l'entreprise.
- ❍ **c.** un montant aléatoire avec un abondement supplémentaire possible de la part de l'employeur.

Réponses à justifier

11 La réserve de participation se calcule :

- ❍ **a.** en fonction du chiffre d'affaires et des effectifs.
- ❍ **b.** selon la formule choisie par l'employeur lors de la négociation de l'accord.
- ❍ **c.** en fonction des capitaux propres, des salaires bruts et de la valeur ajoutée.

12 Les modalités de versement de la participation dépendent :

- ❍ **a.** de la durée de présence du salarié dans l'entreprise.
- ❍ **b.** du salaire perçu par le salarié.
- ❍ **c.** d'un seul critère à la fois.

13 Le forfait social est un impôt concernant :

- ❍ **a.** les sommes versées dans le cadre de la participation.
- ❍ **b.** les sommes versées dans le cadre de l'intéressement.
- ❍ **c.** les sommes perçues par les salariés dans le cadre de l'intéressement ou de la participation.

14 Le PEE concerne :

- ❍ **a.** tous les salariés, sauf condition d'ancienneté de 3 mois maximum.
- ❍ **b.** toutes les entreprises de 50 salariés et plus.
- ❍ **c.** toutes les entreprises qui le souhaitent.

15 Le PER collectif est un plan d'épargne :

- ❍ **a.** obligatoire dans les entreprises de 50 salariés et plus.
- ❍ **b.** facultatif mais nécessitant un accord collectif ou un accord des salariés.
- ❍ **c.** facultatif sur accord collectif, décision du CSE ou décision unilatérale de l'employeur.

— • CAS PRATIQUE GUIDÉ • —

RÉGIME DE LA PARTICIPATION AU SEIN DE LA SARL BATBESLIN

Paul Beslin est le dirigeant de la SARL Batbeslin, société intervenant dans le secteur du bâtiment et comptant 53 salariés depuis 5 ans. Cette année, la conjoncture s'est retournée et l'entreprise affiche des résultats positifs. D'après les comptes, un bénéfice important va être dégagé pour cet exercice. Michel Lamie est délégué syndical depuis 3 ans. Apprenant cette situation positive, il réclame à Paul Beslin la participation de tous les salariés à ces bénéfices. Paul Beslin est réticent. Il pense n'être soumis à aucune obligation et il compte au moins exclure de ce versement les salariés ayant une ancienneté inférieure à 5 ans ainsi que les salariés à temps partiel.

1. **Vérifiez si Paul Beslin doit mettre en place un accord de participation.**
2. **Identifiez si Paul Beslin peut limiter les droits des salariés relatifs à cette participation.**

CORRIGÉ

☑ COMPÉTENCE ATTENDUE : **Repérer les situations où l'employeur est tenu de mettre en place la participation.**

Méthode

En cas de question portant sur la participation, vous devez commencer par identifier les effectifs. Il est ensuite important de connaître les modalités d'adoption et de mise en place d'un tel accord. Dans certains cas, vous aurez à poser des hypothèses si le sujet n'est pas suffisamment précis.

1. Vérifiez si Paul Beslin doit mettre en place un accord de participation.

PRINCIPES JURIDIQUES

La mise en place d'un accord de participation est obligatoire dans les entreprises de 50 salariés et plus. Ce seuil doit être atteint pendant 5 années consécutives. De plus, pour qu'une réserve de participation puisse être constituée, le bénéfice doit être supérieur à 5 % du montant des capitaux propres.
La mise en place d'un régime de participation peut également être décidée de façon volontaire par l'employeur.

> **!** Veillez à ne pas confondre la participation et l'intéressement qui obéissent à des règles différentes. Lisez attentivement le sujet afin d'identifier le régime en cause. N'hésitez pas à vous faire une fiche comparative pour mieux en retenir les différences.

APPLICATION AU CAS

En l'espèce, l'entreprise de Paul Beslin comprend 53 salariés depuis 5 ans. La condition de seuil est remplie. On pose l'hypothèse suivante : le montant minimal du bénéfice est atteint. Paul Beslin est alors tenu de mettre en place un accord de participation.

2. Identifiez si Paul Beslin peut limiter les droits des salariés relatifs à cette participation.

PRINCIPES JURIDIQUES

Tous les salariés peuvent bénéficier de l'accord de participation, quel que soit leur contrat de travail. Les seuls salariés qui peuvent être exclus sont ceux n'ayant pas une ancienneté suffisante. Cependant, la condition d'ancienneté ne peut dépasser 3 mois. La réserve de participation est répartie entre les salariés selon des critères fixés par l'accord de participation tels que le salaire versé ou la durée de présence ou de façon uniforme.

> **!** La mise en place d'un système de participation obligatoire est subordonnée à la conclusion d'un accord collectif, d'un accord pris au sein du CSE ou de la ratification par les salariés d'une proposition faite par l'employeur. Il faut forcément l'accord des représentants du personnel ou des salariés eux-mêmes.

APPLICATION AU CAS

En l'espèce, Paul Beslin ne pourra exclure du versement de la prime de participation que les salariés ayant une ancienneté inférieure à 3 mois et non 5 ans. Par ailleurs, les critères fixés peuvent réduire le versement perçu par les salariés à temps partiel, mais en aucun cas les exclure.

AUTOÉVALUATION

La grille d'autoévaluation ci-dessous vous permet d'évaluer votre niveau et de vérifier si vos réponses correspondent aux attendus de l'examen.

Questions	Niveau 1	Niveau 2	Niveau 3	Niveau 4
	Un premier élément de réponse, mais très incomplet, des erreurs, des contresens	*Des éléments de réponse isolés, des approximations et/ou de la paraphrase*	*Question comprise : des éléments de réponse pertinents mais incomplets au niveau des savoirs et/ou de l'application*	*Compétence attendue mobilisée avec mobilisation complète des savoirs associés à la compétence. Application pertinente.*
1. Vérifiez si Paul Beslin doit mettre en place un accord de participation. *(voir Section I.A.1)*	❑ Vous ne connaissez pas le seuil rendant obligatoire la mise en place d'un accord de participation. ❑ Vous concluez à l'absence d'obligation pour Paul Beslin ce qui est faux.	❑ Vous connaissez le seuil de 50 salariés mais vous ne précisez pas la durée. Vous ne citez pas la condition liée au montant du bénéfice. ❑ Votre application est incomplète.	❑ Vous citez le seuil de 50 salariés et la durée de 5 ans OU la condition du montant du bénéfice. ❑ Votre application est juste mais incomplète.	❑ Vous citez le seuil de 50 salariés, la durée de 5 ans et le montant minimum du bénéfice. ❑ Vous posez l'hypothèse nécessaire afin de faire une application complète.
2. Identifiez si Paul Beslin peut limiter les droits des salariés relatifs à cette participation. *(voir Section I.A.3)*	❑ Vous affirmez la possibilité de limiter le bénéfice de la participation à certains salariés sans en donner les conditions. ❑ Vous validez les choix faits par Paul Beslin qui sont erronés.	❑ Vous donnez la possibilité de limiter en fonction de l'ancienneté mais vous faites une erreur sur la durée. ❑ Vous ne vous prononcez pas sur les salariés à temps partiel. ❑ Votre application est incomplète.	❑ Vous donnez la règle applicable concernant l'ancienneté mais vous ne précisez pas les critères de répartition de la réserve de participation. ❑ Votre application est juste concernant l'ancienneté mais fausse concernant les salariés à temps partiel.	❑ Vous précisez la règle de l'ancienneté ainsi que les critères de répartition de la réserve de participation. ❑ Vous faites une application complète concernant l'ancienneté et le cas des salariés à temps partiel.

EXERCICES

1 Intéressement et participation au sein de la SA Infodirect — 30 min

☑ **COMPÉTENCES ATTENDUES : Distinguer participation et intéressement. Repérer les situations où l'employeur est tenu de mettre en place la participation.**

David Samson dirige une société d'informatique spécialisée dans le développement de nouveaux logiciels destinés aux entreprises de services, la SA Infodirect. La société emploie

35 salariés à temps plein et 6 salariés à temps partiel. Après des débuts un peu difficiles, elle connaît une croissance importante liée à un portefeuille clients de plus en plus fourni.
David souhaite mettre en place un système permettant à ses salariés de profiter des bénéfices réalisés par sa société. Cependant, il ne veut pas être soumis à une quelconque contrainte et souhaite fixer lui-même la part revenant aux salariés. Par ailleurs, il voudrait que cette répartition tienne réellement compte de l'investissement des salariés dans le développement de sa société.
Depuis la négociation de cet accord, les salariés bénéficient régulièrement d'une prime d'intéressement. Marc Jirrot a remarqué que le versement n'avait pas toujours lieu à la même date. Cette année, il a eu lieu plus de 2 mois après la clôture de l'exercice. Or, Marc a des projets de travaux dans sa maison pour l'an prochain et compte sur cette somme d'argent.

1. **Conseillez à David Samson le régime de participation aux résultats le mieux adapté à ses attentes.**
2. **Vérifiez si David Samson peut fixer les critères qu'il souhaite pour le versement de cette prime.**
3. **Précisez à Marc Jirrot la date à laquelle cette somme sera versée et les effets en cas de retard dans le versement.**

2 Mise en place de la participation et d'un PERECO au sein de la SARL Teckdur

30 min

☑ COMPÉTENCES ATTENDUES : **Distinguer participation et intéressement. Repérer les situations où l'employeur est tenu de mettre en place la participation. Distinguer PEE et PERECO (PER d'entreprise collectif).**

Robert Prisson dirige une entreprise spécialisée dans la fabrication et la commercialisation de meubles en teck, la SARL Teckdur. Comme chaque année, le résultat de son entreprise est largement bénéficiaire. Il a également atteint un effectif de 51 personnes depuis 5 ans.
Il va donc devoir mettre en place un accord de participation, mais ne sait pas trop comment s'y prendre.
Vincent, qui travaille depuis 7 ans dans cette entreprise, vient d'apprendre la mise en place de cet accord. Ravi, il souhaite demander à bénéficier de sa prime de participation dès son versement. Adèle, sa collègue, pense que ce n'est pas possible car il n'a aucun projet de mariage ni de PACS.
Après discussion avec les partenaires sociaux, Robert Prisson se demande s'il devrait mettre en place également un PERECO. L'entreprise n'a pour le moment prévu aucun plan d'épargne et Robert Prisson n'en perçoit pas l'intérêt.

1. **Indiquez à Robert Prisson les modalités de mise en place d'un accord de participation.**
2. **Présentez à Vincent et Adèle les modalités de versement de la prime de participation.**
3. **Présentez les conditions de mise en place d'un PERECO.**
4. **Indiquez les versements que le PERECO permet d'obtenir.**

3 Plan d'épargne entreprise dans la SARL Pépinières du Sud

30 min

☑ COMPÉTENCE ATTENDUE : **Distinguer PEE et PERECO.**

Bryan Verneuil est gérant de la SARL Pépinières du Sud qui compte 42 salariés. Après la mise en place d'un accord de participation, Bryan se pose la question de devoir mettre en place un plan d'épargne d'entreprise ou un PERECO. Il a pris connaissance du document ci-dessous mais sollicite votre expertise pour répondre à différentes questions.

Plan d'épargne entreprise (PEE)
Vérifié le 01 janvier 2021 – Direction de l'information légale et administrative (Premier ministre)

Le plan d'épargne entreprise (PEE) est un système collectif d'épargne qui permet aux salariés (et aux dirigeants dans les petites entreprises) d'acquérir des valeurs mobilières avec l'aide de l'entreprise. Les salariés et les entreprises peuvent effectuer des versements sur le PEE. Les sommes sont indisponibles pendant au moins 5 ans, sauf cas de déblocages exceptionnels. Le PEE peut être mis en place au niveau de plusieurs entreprises n'appartenant pas au même groupe (PEI).

Un PEE est un produit d'épargne collectif qui permet aux salariés d'une entreprise de se constituer un portefeuille de *valeurs mobilières* avec l'aide de celle-ci.

Le PEE peut être mis en place au niveau d'une entreprise, d'un groupe d'entreprises PEG, ou de plusieurs entreprises n'appartenant pas au même groupe (PEI).

Le PEG et le PEI fonctionnent comme le PEE.

Plan d'épargne retraite (PER)

Vérifié le 01 janvier 2021 – Direction de l'information légale et administrative (Premier ministre), ministère chargé des Finances

Le PER est un nouveau produit d'épargne retraite. Il est disponible depuis le 1er octobre 2019 et remplacera progressivement les autres plans d'épargne retraite. Le PER se décline sous 3 formes : un PER individuel, et deux PER d'entreprise. Le PER individuel succède au Perp et au *contrat Madelin*. Le PER d'entreprise collectif succède au Perco. Le PER d'entreprise obligatoire succède au *contrat article 83*. Vous pouvez transférer l'épargne des anciens plans déjà ouverts sur votre nouveau PER.

Le PER d'entreprise collectif est un plan ouvert à tous les salariés d'une entreprise, sans obligation de souscription. Ce nouveau produit succède au Perco, qui ne pourra plus être mis en place à compter du 1er octobre 2020. Votre entreprise peut transformer le Perco en PER d'entreprise collectif. Le nouveau plan donne droit à des avantages fiscaux et vos droits sont transférables vers les autres PER. L'échéance du plan est l'âge de la retraite, mais avec des cas de déblocage anticipé.

Source : www.service-public.fr/particuliers/vosdroits/F2142

1. **Présentez à Bryan les modalités de mise en place d'un PEE.**
2. **Indiquez-lui les avantages pour les salariés liés à la mise en place de ce type de plan d'épargne.**

CAS DE SYNTHÈSE

PARTICIPATION ET BILAN SOCIAL DANS LA SARL DUMONT

40 min

☑ COMPÉTENCES ATTENDUES : **Distinguer participation et intéressement. Repérer les situations où l'employeur est tenu de mettre en place la participation. Identifier le bilan social.**

Mise en situation

La SARL Dumont est spécialisée dans la fabrication de tasses et théières en tout genre. Située à Abbeville (80), elle est dirigée par Aline et Florent Dumont depuis 15 ans. Ils ont succédé au père de Florent à la tête de l'entreprise fondée par ce dernier en 1980. Les résultats de la SARL Dumont sont en progression suite à un regain des Français pour le thé. La SARL commence également à exporter en Belgique.

Avec 52 salariés, effectif stable depuis 5 ans, Aline et Florent souhaiteraient mettre en place une participation aux résultats pour renforcer la motivation de leurs salariés et les fidéliser. Ils ont commencé à réfléchir à ce sujet et vous posent les questions suivantes : quelles sont les différences entre intéressement et participation ? le dirigeant peut-il décider du mode de calcul de la participation ?

M. Langrue est salarié au sein de la SARL DUMONT depuis 7 ans. Ayant appris la mise en place d'un régime prochain de participation, il se demande s'il pourra débloquer les sommes pour financer un voyage prévu dans trois ans avec son épouse. Il souhaite également faire des travaux d'isolation dans sa maison et se demande si la participation pourrait être un moyen de financement.

Par ailleurs, M. Langrue s'intéresse aux obligations sociales de son entreprise située dans un secteur géographique où les difficultés sociales sont importantes. Il souhaiterait vérifier si son entreprise respecte bien ses différentes obligations mais ne sait quel document consulter pour cela.

1. **Présentez un comparatif des deux régimes de participation aux résultats.**
2. **Indiquez à Aline et Florent les modalités de calcul de la réserve de participation afin de répondre à leur question.**
3. **Vérifiez si M. Langrue pourra demander un déblocage anticipé des sommes acquises dans le cadre de la participation.**
4. **Conseillez M. Langrue concernant le document à consulter pour répondre à ses interrogations.**

Vous disposez ci-dessous d'un document pour étayer vos analyses.

DOCUMENT

Article R3324-22 du Code du travail

Modifié par décret n° 2020-683 du 4 juin 2020 – art. 1

Dans le cas où le bénéficiaire n'a pas opté pour la disponibilité immédiate, les cas dans lesquels, en application de l'article L. 3324-10, les droits constitués au profit des bénéficiaires peuvent être exceptionnellement liquidés avant l'expiration des délais fixés au premier alinéa de cet article et au deuxième alinéa de l'article L. 3323-5 sont les suivants :

1° Le mariage ou la conclusion d'un pacte civil de solidarité par l'intéressé ;

2° La naissance ou l'arrivée au foyer d'un enfant en vue de son adoption, dès lors que le foyer compte déjà au moins deux enfants à sa charge ;

3° Le divorce, la séparation ou la dissolution d'un pacte civil de solidarité lorsqu'ils sont assortis d'une convention ou d'une décision judiciaire prévoyant la résidence habituelle unique ou partagée d'au moins un enfant au domicile de l'intéressé ; [...]

6° La rupture du contrat de travail, la cessation de son activité par l'entrepreneur individuel, la fin du mandat social, la perte du statut de conjoint collaborateur ou de conjoint associé ; [...]

8° L'affectation des sommes épargnées à l'acquisition ou agrandissement de la résidence principale emportant création de surface habitable nouvelle telle que définie à l'article R. 111-2 du code de la construction et de l'habitation, sous réserve de l'existence d'un permis de construire ou d'une déclaration préalable de travaux, ou à la remise en état de la résidence principale endommagée à la suite d'une catastrophe naturelle reconnue par arrêté ministériel. [...]

SUJET TYPE D'EXAMEN 4

Le sujet se présente sous la forme de trois dossiers :

DOSSIER 1 – Mise en place des élections professionnelles	(7 / 20 points)
DOSSIER 2 – Application d'une convention collective	(5 / 20 points)
DOSSIER 3 – Adoption d'un accord collectif	(8 / 20 points)

BASE DOCUMENTAIRE

Document 1 – Bilan des effectifs sur l'année N – 1
Document 2 – Extraits de la convention collective nationale des ouvriers employés par les entreprises du bâtiment occupant plus de 10 salariés du 8 octobre 1990
Document 3 – Extraits de la convention collective nationale des employés, techniciens. agents de maîtrise du bâtiment du 12 juillet 2006
Document 4 – Situation de la SARL Blait au 1er janvier N

Avertissement

Si le texte du sujet, de ses questions ou de ses documents vous conduit à formuler une ou plusieurs hypothèses, il vous est demandé de la (ou les) formuler *explicitement* dans votre copie. Toutes les réponses doivent être justifiées.

Il vous est demandé d'apporter un soin particulier à la présentation de votre copie et à la qualité rédactionnelle.

Sujet

La société Blait est une SARL spécialisée dans le secteur des travaux de menuiserie métallique et serrurerie située à Torigny-les-Villes (50). Elle installe des volets roulants, des portes et fenêtres et des vérandas sur mesure dans toute la Normandie. Avec un capital social de 400 000 euros, elle est dirigée par Emmanuel Dubois. Elle compte neuf salariés recrutés en CDI à temps plein, deux commerciaux à mi-temps et fait régulièrement appel à des salariés en CDD pour faire face à des augmentations d'activité. Vous effectuez un stage au sein de cette SARL et Emmanuel Dubois vous a confié plusieurs dossiers concernant la gestion des ressources humaines. Vous disposez de documents fournis dans la base documentaire pour vous aider dans vos prises de décisions.

DOSSIER 1 – Mise en place des élections professionnelles (base documentaire : document 1)

Steven, ouvrier menuisier, est venu vous voir ce 1er mars N pour vous faire part de deux demandes à soumettre à Emmanuel Dubois.

Il vient d'adhérer à un syndicat, le syndicat FRS, spécialisé dans le domaine du BTP et créé il y a trois ans. Steven souhaite bénéficier de moyens, afin de présenter les actions de son syndicat à ses collègues et susciter des adhésions. Il demande également à Emmanuel Dubois d'organiser des élections au plus vite, afin de mettre en place un comité social et économique (CSE).

Votre mission : conseiller l'employeur dans la mise en place d'institutions représentatives du personnel.

Pour la réaliser, vous devez :

1.1 À partir de l'analyse de cette situation, présenter à Steven les moyens qui seront mis à sa disposition.

1.2 Vérifier si sa demande d'organisation d'élections professionnelles doit être acceptée par Emmanuel Dubois.

1.3 Présenter, dans un schéma, les étapes de l'organisation d'élections professionnelles.

DOSSIER 2 – Application d'une convention collective (base documentaire : documents 2 et 3)

Sheila travaille au sein de la SARL Blait depuis le 1er mars N – 2 en tant qu'assistante de direction. Elle a pris connaissance, grâce à Steven, du contenu de la convention collective portant le numéro d'identification (IDCC) 2609 et vous demande le versement de la prime de vacances prévue dans cette convention. Vous avez échangé à ce sujet avec Emmanuel Dubois, qui s'y oppose. Il n'a jamais entendu parler de cette convention jusqu'ici et, n'étant membre d'aucune organisation patronale, il ne sait ce qui se fait dans les autres entreprises du secteur. Les bulletins de salaire de Sheila et de ses collègues font d'ailleurs référence à l'IDCC 1597.

Votre mission : conseiller l'employeur en matière d'application d'une convention collective.

Pour la réaliser, vous devez :

2.1 Vérifier l'application de la convention collective invoquée par Sheila.

2.2 Déterminer si elle aura droit au versement d'une prime de vacances.

DOSSIER 3 – Adoption d'un accord collectif (base documentaire : document 4)

Suite à ces échanges, Emmanuel Dubois décide d'organiser la négociation d'un accord collectif au sein de la SARL Blait. L'objectif de cet accord est de mettre en place une modulation du temps de travail et d'accorder des avantages salariaux en contrepartie aux salariés. Il serait également l'occasion de mettre en place un système de participation des salariés aux résultats de l'entreprise, afin de les motiver. Cependant, Emmanuel Dubois ne veut pas que ce nouvel avantage empêche la SARL Blait de se développer en créant une contrainte trop importante sur les finances de l'entreprise. Il se demande si l'avantage versé sera vraiment intéressant pour ses salariés.

Votre mission : conseiller l'employeur en matière d'application d'une convention collective.

Pour la réaliser, vous devez :

3.1 Présenter les modalités d'adoption d'un accord collectif au sein de la SARL Blait.

3.2 Comparer les dispositifs de participation aux résultats, afin de conseiller au mieux Emmanuel Dubois au regard de la situation de la SARL Blait.

Au bout de quelques mois, le syndicat FRS connaît un réel succès au sein de la société Blait. Plusieurs salariés font appel à lui pour avoir des conseils et améliorer leurs conditions de travail. Évelyne est syndiquée et élue au CSE. Bernard vient la consulter car il fait l'objet d'une procédure de licenciement pour motif personnel, mais reproche à son responsable des faits de harcèlement. Il souhaiterait qu'Évelyne puisse l'assister lors de l'entretien prévu avec Emmanuel Dubois. Celle-ci n'est pas certaine que cela fasse partie de ses compétences et craint surtout qu'Emmanuel Dubois n'en prenne ombrage et ne s'oppose à la promotion qui devrait bientôt lui être proposée.

3.3 Présenter à Évelyne le rôle qu'elle peut remplir aux côtés de Bernard.

3.4 Identifier les règles permettant de protéger Évelyne dans le cadre de son activité syndicale.

BASE DOCUMENTAIRE

Document 1 – Bilan des effectifs sur l'année N – 1

Types de contrats	Nombre	Début d'exécution	Fin d'exécution	Temps de travail
CDI	6	N – 5		35 heures
CDI	3	N – 2		35 heures
CDI	2	N – 4		25 heures
CDD	3	Juillet N – 1	Octobre N – 1	35 heures
CDD	4	Janvier N – 1	Mai N – 1	28 heures

Document 2 – Extraits de la convention collective nationale des ouvriers employés par les entreprises du bâtiment occupant plus de 10 salariés du 8 octobre 1990

Arrêté d'extension du 8 février 1991 – Avenant du 7 mars 2018 – IDCC 1597

Article 1.1

La présente convention collective règle en France métropolitaine, à l'exclusion des DOM-TOM, les rapports de travail entre :

- d'une part, les employeurs dont l'activité relève d'une des activités énumérées à l'alinéa 1.12 ci-dessous ;
- d'autre part, les ouvriers qu'ils emploient à une activité bâtiment sur le territoire de la France métropolitaine, à l'exclusion des DOM-TOM.

Elle engage toutes les organisations syndicales d'employeurs et d'ouvriers adhérentes aux instances nationales l'ayant signée ou qui ultérieurement y adhéreraient, ainsi que tous leurs adhérents exerçant leur activité sur le territoire métropolitain, à l'exclusion des DOM-TOM.

1.12. Le critère d'application de la présente convention est l'activité réelle exercée par l'entreprise, le code APE attribué par l'INSEE ne constituant à cet égard qu'une simple présomption.

Activités visées :

21.06.-Construction métallique.

Sont uniquement visés les ateliers de production et montage d'ossatures métalliques pour le bâtiment. [...]

24.03. – Fabrication et installation de matériel aéraulique, thermique et frigorifique.

Sont visées :

- les entreprises de fabrication et d'installation d'appareils de chauffage, ventilation et conditionnement d'air. [...]

55.10. – Travaux d'aménagements des terres et des eaux, voirie, parcs et jardins. [...]

55.71. – Menuiserie-Serrurerie. [...]

Article 5.25

Une prime de vacances sera versée, en sus de l'indemnité de congé, à l'ouvrier ayant au moins 1 675 heures de travail au cours de l'année de référence dans une ou plusieurs entreprises du bâtiment ou des travaux publics, dans les conditions prévues pour l'application de la législation sur les congés payés dans le bâtiment et les travaux publics.

Le taux de la prime de vacances est de 30 % de l'indemnité de congé correspondant aux 24 jours ouvrables de congés institués par la loi du 16 mai 1969, c'est-à-dire calculée sur la base de 2 jours ouvrables de congés par mois de travail ou 150 heures de travail.

Document 3 – Extraits de la convention collective nationale des employés, techniciens, agents de maîtrise du bâtiment du 12 juillet 2006

Arrêté d'extension du 8 février 1991 – Avenant du 7 mars 2018 IDCC 2609

Article 1.1

Champ d'application territorial

La présente convention collective régit en France, à l'exclusion des DOM-TOM, les relations de travail entre :

- d'une part, les employeurs dont l'activité relève d'une des activités énumérées à l'article 1.2 ci-dessous ;
- d'autre part, les employés, techniciens et agents de maîtrise qu'ils emploient à une activité bâtiment, sur le territoire de la France métropolitaine.

Elle engage toutes les organisations syndicales d'employeurs et de salariés adhérentes aux instances nationales l'ayant signée ou qui ultérieurement y adhéreraient, ainsi que tous leurs adhérents exerçant leur activité sur le territoire métropolitain.

Article 1.2

Champ professionnel d'application

Le critère d'application de la présente convention est l'activité réelle exercée par l'entreprise, le code APE attribué par l'INSEE ne constituant à cet égard qu'une simple présomption. Les activités visées sont :

21.06 Construction métallique

Sont uniquement visés les ateliers de production et montage d'ossatures métalliques pour le bâtiment (*).

24.03 Fabrication et installation de matériel aéraulique, thermique et frigorifique

55.10 Travaux d'aménagement des terres et des eaux, voirie, parcs et jardins [...]

55.31 Installations industrielles, montage-levage [...]

(*) Clause d'attribution

Les activités économiques pour lesquelles a été prévue la présente clause d'attribution seront soumises aux règles suivantes :

1. La présente convention collective nationale sera appliquée lorsque le personnel concourant à la pose — y compris le personnel des bureaux d'études, les techniciens, la maîtrise (le personnel administratif et le personnel dont l'activité est mal délimitée restant en dehors du calcul) — représente au moins 80 % de l'activité de l'entreprise caractérisée par les effectifs respectifs. [...]

3. Lorsque le personnel concourant à la pose au sens ci-dessus représente moins de 20 %, la présente convention collective nationale n'est pas applicable.

Cas des entreprises de menuiserie métallique ou de menuiserie et fermetures métalliques

Est également incluse dans le champ d'application l'activité suivante, classée dans le groupe ci-dessous :

21.07 Menuiserie métallique de bâtiment.

Toutefois, l'extension de la présente convention collective ne sera pas demandée pour cette activité.

Article 5.1.2

Prime de vacances

Une prime de vacances égale à 30 % de l'indemnité de congés correspondant aux 24 jours ouvrables de congés, institués par la loi du 16 mai 1969, acquis sur la base de 2 jours ouvrables de congés par mois de travail, est versée aux ETAM après 6 mois de présence dans une ou plusieurs entreprises relevant d'une caisse de congés payés du bâtiment ou des travaux publics.

Document 4 – Situation de la SARL Blait au 1er janvier N

	Net 31/12/N – 1
Capital social	400 000
Réserve légale	
Réserve statutaire	
Report à nouveau	–185 204
Résultat de l'exercice	72 461

PARTIE 5

PROTECTION SOCIALE

« La protection sociale mise en place par l'État et par l'employeur a pour objectif d'assurer le maintien d'un niveau de vie minimal en cas de réalisation d'un risque social au cours de la vie des individus, salariés ou non. »

CHAPITRE 23

Introduction au droit de la protection sociale

À l'issue de ce chapitre,

• vous serez capable :

- ❒ de repérer les grandes étapes et principes de la construction du droit de la protection sociale ;
- ❒ de schématiser l'organisation de la protection sociale : les grands acteurs de la protection sociale et les risques couverts ;
- ❒ de repérer les sources du droit de la protection sociale ;
- ❒ d'identifier les différents régimes sociaux ;
- ❒ d'identifier le régime auquel une personne est assujettie en fonction de sa situation ;
- ❒ de déterminer la juridiction compétente à l'occasion d'un litige de Sécurité sociale.

• vous saurez identifier :

- ❒ les repères historiques quant à la construction du droit de la protection sociale ;
- ❒ les grands principes de la protection sociale ;
- ❒ la présentation des sources spécifiques au droit de la protection sociale ;
- ❒ les acteurs de la protection sociale ;
- ❒ les différents régimes ;
- ❒ les contentieux de la Sécurité sociale.

Mettez-vous en situation

Jeune diplômée, Élodie commence sa vie active comme « junior » dans un cabinet ce conseil. Elle souhaite savoir de quel régime de Sécurité sociale elle relève et quelles démarches elle doit éventuellement entreprendre. Elle souhaite aussi savoir si elle va devoir se préoccuper de payer des cotisations. Elle vous interroge donc sur ce qu'elle doit faire.
Que pouvez-vous répondre à Élodie ?

I. La notion de protection sociale

A Contours du droit de la protection sociale

1. Définition de la protection sociale

La protection sociale répond à un besoin de sécurité économique et de sûreté des individus : elle les protège contre la réalisation des **risques sociaux**.

Définition : La loi ne précisant pas directement la notion de protection sociale, la doctrine a proposé plusieurs définitions. Le caractère individuel de l'événement, l'aléa et l'incertitude pesant sur le risque et le désordre social occasionné en forment les caractéristiques essentielles. On peut la définir comme l'ensemble des techniques visant à protéger les individus contre les risques sociaux.

Les risques sociaux visent aussi bien les événements entraînant une diminution des revenus ou de la capacité de gain (chômage, maladie, invalidité, retraite, etc.) que ceux à l'origine d'une augmentation des charges pesant sur l'individu, notamment les charges de famille.
La notion de risque social ne se limite cependant pas aux seuls risques actuellement couverts par la protection sociale. Au contraire, les régimes de protection sociale cherchent généralement à s'adapter aux évolutions des risques sociaux.
La protection sociale prend en charge les dépenses socialement utiles. Elle opère une double redistribution :

- entre les individus qui subissent la réalisation d'un risque et les autres (redistribution horizontale) ;
- entre les plus riches, qui peuvent cotiser davantage, et les plus pauvres (redistribution verticale).

Article L. 111-1 alinéa 1 du Code de la Sécurité sociale (CSS)
L'organisation de la Sécurité sociale est fondée sur le principe de solidarité nationale.

Définition : La Sécurité sociale désigne les régimes de base de protection sociale, créés par le Plan français de 1945 (voir *infra*), et reposant sur la technique de l'assurance sociale.

2. Les techniques de prise en charge

La protection sociale constitue un ensemble complexe composé de **quatre niveaux de protection**, qui se complètent et concourent à une protection globale contre les différents risques sociaux. Quel que soit le niveau concerné, différentes techniques de prise en charge des risques sociaux interviennent et s'imbriquent :

- Des techniques indifférenciées, comme l'entraide familiale, la charité, les règles classiques de la responsabilité civile, des techniques fiscales ou encore l'épargne.
- Des techniques spécifiques. La Sécurité sociale (au sens strict), comme l'assurance chômage, repose sur un mécanisme d'assurance sociale. Les assurances sociales constituent un dispositif obligatoire permettant une socialisation du risque, financé par une double cotisation (employeur et salarié) et couvrant la réalisation d'un risque social.
- Une logique d'assistance propre à l'aide sociale. Contrairement aux autres niveaux de la protection sociale, elle répond davantage à des « besoins » qu'à des « risques ». Les prestations sont de nature non contributive et largement financées par l'impôt.
- Des mécanismes assurantiels classiques sur lesquels les régimes complémentaires (mutuelles, société d'assurance, etc.) s'appuient en partie ou en totalité.

Il convient de distinguer Sécurité sociale et protection sociale. Si la protection sociale renvoie à un champ large et ouvert, la Sécurité sociale au sens strict n'en est que l'une des composantes. Elle désigne un ensemble fermé, créé par le Plan français de 1945 dont elle constitue l'élément central.

Figure 23.1 **Les quatre niveaux de la protection sociale**

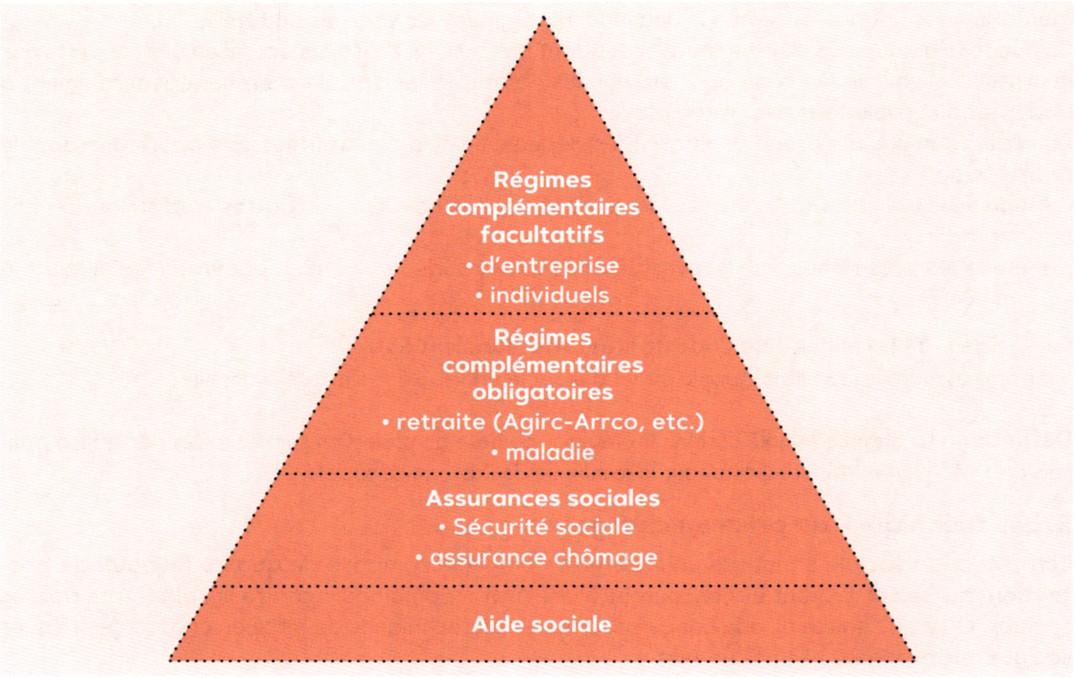

B Les sources du droit de la protection sociale

1. Les sources historiques

a. Les modèles historiques

En Allemagne, le chancelier **Bismarck**, véritable précurseur à la fin du XIXe siècle, fut à l'origine d'un dispositif de protection des risques de grande ampleur, à destination des travailleurs, en particulier des plus défavorisés. Il s'agit d'un **système d'assurances sociales** :

- l'affiliation est obligatoire pour les ouvriers et les employés ;
- le financement est assuré pour l'essentiel par des cotisations assises sur le salaire ;
- la gestion de l'assurance sociale est le fait des assurés et des employeurs eux-mêmes, avec néanmoins une tutelle étatique très présente.

L'autre grande source d'inspiration est le **rapport Beveridge**, publié en 1942, par Lord Beveridge au Royaume-Uni (où il n'a jamais été mis en place en tant que tel). L'État doit assurer une **protection minimale, accordée à tous les citoyens quel que soit leur revenu**. Les caractéristiques ont été schématiquement regroupées sur les 3 U :

- universalité (des risques et de la population couverte) ;
- unité (notamment dans la gestion du régime, sous le contrôle d'une autorité administrative unique) ;
- uniformité (de cotisations et de prestations).

b. Le Plan français de Sécurité sociale

Il existait des assurances sociales en France avant 1945.

La première approche d'assurance sociale est née en France avec la législation relative aux accidents du travail (loi du 9 avril 1898). En matière de retraite, la loi du 14 juillet 1905 – qui concerne l'assistance obligatoire aux vieillards, aux infirmes et aux incurables indigents – et la loi du 5 avril

1910 sur les retraites ouvrières et paysannes reposent sur la capitalisation, pour donner l'habitude de la prévoyance.
En 1930, entre en vigueur le premier système global d'assurances sociales, néanmoins incomplet.

La mise en place de la Sécurité sociale en 1945 : le Plan français
L'article 1er de **l'ordonnance du 4 octobre 1945** dispose qu'« il est institué une organisation de la Sécurité sociale destinée à garantir les travailleurs et leur famille contre les risques de toute nature susceptibles de réduire ou de supprimer leur capacité de gain à couvrir les charges de maternité et de famille qu'ils supportent ». Cette ordonnance constitue l'armature du Plan français, qui est constitué d'un ensemble de textes.

Ce sont les travailleurs et leur famille qui sont visés, mais il est précisé dans le texte que le système devra être étendu.
Des assurances sociales sont mises en place, regroupées au sein d'une organisation unique. Celle-ci, décentralisée, avait notamment pour objet de répondre à une préoccupation de démocratie sociale, et de proximité avec les assurés. Le financement est constitué en priorité des cotisations des salariés et des employeurs.
Le régime général, créé par le Plan français, avait vocation à être le régime unique. Pourtant tous les régimes spéciaux subsistent, ce qui a aussi contribué à rendre complexe l'organisation administrative et financière de la Sécurité sociale.

2. Les grands textes

Les sources du droit de la Sécurité sociale sont très nombreuses. Il existe deux types de sources principales :

- les **sources supranationales**. Elles fixent, pour la plupart, de grands principes et des droits minimaux, base d'une harmonisation.
- les **sources nationales**. Plus précises, elles prévoient le détail des prestations, les règles de fonctionnement, les plafonds, etc.

Tableau 23.1 Les principaux textes

Sources supranationales	– Déclaration universelle des droits de l'homme (1948) affirmant que « toute personne [...] a droit à la Sécurité sociale ». – Conventions de l'OIT, en particulier la convention n° 102 relative à la norme minimum de Sécurité sociale (1952). – Charte sociale européenne du Conseil de l'Europe (1961, révisée en 1996) et Code européen de Sécurité sociale (1964). – Traité fondamental de l'Union européenne (TFUE) et Charte des droits fondamentaux de l'Union européenne. – Règlements n° 883/2004 et 987/2009 de l'Union européenne prévoyant les règles de coordination entre les systèmes de Sécurité sociale des pays de l'UE et de l'espace économique européen (EEE). – Existence de nombreuses conventions bilatérales liant la France à des pays tiers.
Sources nationales	– Préambule de la Constitution de 1946 affirmant un droit constitutionnel à la santé et à la protection sociale. – Lois de financement de la Sécurité sociale, prévoyant, au-delà du financement, de nombreuses règles de fonctionnement de la Sécurité sociale. – Lois et décrets figurant dans le Code de Sécurité sociale. – Conventions collectives, nationales (comme pour l'assurance chômage), de branche ou d'entreprise (pour la mise en place de régimes complémentaires). – Actes des organismes de Sécurité sociale, pouvant parfois revêtir une valeur réglementaire.

Les règlements européens reposent sur quatre principes :

- l'égalité de traitement entre tous les ressortissants ;
- l'unicité de la législation applicable : principe de l'application de la loi du lieu d'emploi ;

- le maintien des droits acquis par l'assimilation, la totalisation et la proratisation des périodes cotisées dans les différents États membres ;
- l'exportation des prestations.

II. Vue d'ensemble de la Sécurité sociale

A L'architecture du système

1. Les régimes et les branches

Définition : Le régime de Sécurité sociale désigne l'ensemble des dispositions s'appliquant à un groupe de personnes, les affiliés, définissant une organisation administrative et des prestations.

Les régimes de Sécurité sociale font l'objet de regroupements, de façon à réduire leur nombre. Il en existe trois principales catégories.

Tableau 23.2 **Les différents régimes de Sécurité sociale**

Régime général	Régimes spéciaux	Régimes autonomes
Couverture des salariés du secteur privé, les indépendants et toute personne non couverte par un autre régime (ex. : les étudiants, ou les personnes qui ne sont que partiellement couverts par un régime spécial).	Couverture de certaines professions (fonctionnaires, salariés de la SNCF, etc.), le plus souvent uniquement pour la retraite (art. R. 711-1 CSS). *Si la réforme des retraites envisagée aboutit, cela pourrait être la fin des régimes spéciaux.*	Couverture des professions agricoles, salariés ou indépendants : régime agricole (MSA).

! Une personne peut cumuler, lorsqu'elle exerce plusieurs activités professionnelles simultanément ou au cours de sa carrière, l'affiliation à plusieurs régimes. À l'intérieur de chacun de ces régimes, l'organisation est le plus souvent prévue par branches.

Définition : Les branches constituent une organisation administrative correspondant aux grandes catégories de prestations. Le CSS pose le principe d'une gestion séparée de chacune des branches du régime général.

Chacune de ces branches, à l'exception des accidents du travail, maladies professionnelles et invalidité, dispose d'une autonomie administrative et financière, toujours sous la tutelle de l'État, qui porte sur les actes comme sur les personnes.

Figure 23.2 **Les subdivisions du régime général**

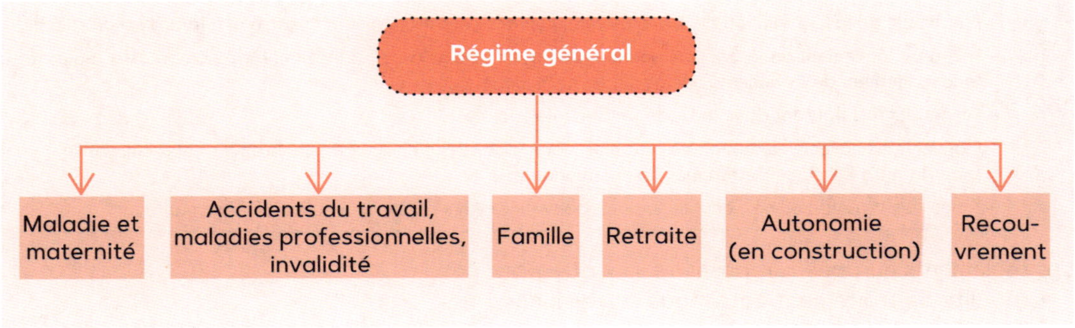

2. Les principaux organismes compétents

Selon le régime ou l'interrégime concerné, les organismes compétents varient. Les principaux organismes compétents sont présentés ci-dessous.

a. Les branches

Tableau 23.3 Organismes compétents selon les branches et les régimes sociaux

Régimes	Régime général				Interrégimes		Régimes spéciaux	Régimes autonomes	
Branches	Maladie/Maternité	Accidents et maladies professionnels/invalidité	Retraite	Famille	Recouvrement	Coordination	Principalement retraite	Régime agricole	Régimes des indépendants
Niveau national	CNAM		CNAV	CNAF	Urssaf Caisse Nationale	UNCAM/UNOCAM	Opéra de Paris, Sénat, Fonction publique, IEG, etc.	CCMSA	CNAVPL, etc.
Niveau régional	–	CARSAT		–	Urssaf	–	–	–	–
Niveau local	CPAM		–	CAF	–	–	–	CMSA	–

Coordonnées par l'UCANSS

b. Le statut des organismes de Sécurité sociale

Les organismes de Sécurité sociale ne font pas partie de l'administration publique : ce sont des organismes de droit privé, gérant une mission de service public. Ils ne peuvent être considérés comme des entreprises, au sens du droit de l'Union européenne et ne sont donc pas soumis aux règles de la concurrence.

> **!** Les caisses nationales ont le statut d'établissement public à caractère administratif (EPA).

Les organismes de Sécurité sociale du régime général font l'objet d'une gestion paritaire, sous la tutelle de l'État, par des représentants des employeurs et des salariés, désignés pour 5 ans.

B L'affiliation au régime général

Définitions : Les termes d'affiliation ou d'assujettissement renvoient au rattachement d'une personne à un régime légal de Sécurité sociale. Il faut les distinguer de l'immatriculation, opération administrative consistant à attribuer un numéro d'assuré social.

> **!** L'affiliation à un régime n'emporte pas automatiquement le droit aux prestations : elle entraîne certes l'obligation de payer les cotisations sociales, mais les prestations peuvent être subordonnées à des conditions d'ouverture des droits, variant selon les assurances sociales.

Si elle n'est pas une condition suffisante, l'affiliation est toujours une condition nécessaire au bénéfice des prestations.

1. Les principes généraux d'affiliation : le travailleur salarié et la résidence

a. Primauté du régime général

En 1945, le régime général a été conçu comme un régime unique regroupant tous les individus pour les protéger contre l'ensemble des risques sociaux de l'époque. Si cet objectif n'a pas encore été atteint à ce jour, le mouvement de généralisation de la couverture par le régime général a été continu et s'est intensifié avec l'intégration du régime des indépendants, des étudiants, etc.

b. Critères d'affiliation au régime général : le travail salarié

Les **critères d'affiliation** au régime général sont d'ordre public : l'affiliation au régime général n'est en principe pas un choix, qui dépendrait de la volonté de l'employeur ou du salarié. Dès lors que les critères d'affiliation sont objectivement remplis, celle-ci devient obligatoire.

> **Article L. 311-2 du Code de la Sécurité sociale**
> Cet article pose une large obligation d'affiliation au régime général, en se référant aux « personnes salariées ou travaillant à quelque titre que ce soit ou en quelque lieu que ce soit, pour un ou plusieurs employeurs, et quels que soient le montant et la nature de leur rémunération, la forme, la nature ou la validité du contrat ».

Ce texte, peu précis, a permis aux tribunaux de dégager **trois critères**, qui doivent être appréciés largement :

- **L'existence d'un contrat et d'une prestation personnelle de travail :** peu importe que le contrat soit écrit ou non ou la qualification donnée par les parties au contrat. Le travailleur doit fournir lui-même une prestation de travail.
- **L'existence d'une rémunération :** quelle qu'en soit la forme, elle sert de base au calcul des cotisations sociales. Ce critère n'est pas suffisant en lui-même, mais permet d'écarter le travail bénévole.
- **L'existence d'un lien de subordination :** il s'agit là du critère essentiel, puisqu'il induit le contrat et la rémunération, et conditionne le statut de salarié. Le droit du travail et la Sécurité sociale partagent désormais la même définition du lien de subordination [voir Chapitre 5].

c. Critères d'affiliation au régime général : la résidence

Le critère de résidence reste subsidiaire par rapport à celui du lien de travail.
La loi de financement de la Sécurité sociale (LFSS) pour 2016 a créé la protection universelle maladie (PUMA, qui remplace et élargit le dispositif de CMU de base). Depuis le 1er janvier 2016, toute personne justifiant d'une résidence stable et régulière en France peut être affiliée, sur ce critère, au régime général pour l'assurance maladie, comme pour les prestations familiales.

2. Les principes subsidiaires

Aux travailleurs initialement visés par l'assujettissement au régime général se sont ajoutées diverses catégories de personnes, dépourvues jusque-là de toute couverture sociale ou couvertes par d'autres régimes.

a. Autres catégories de personnes affiliées

Parfois, la preuve du lien de subordination pourrait être trop difficile à apporter, en raison de la nature même de la profession ou de la situation de la personne. Le CSS opère alors une assimilation légale au statut de salarié : l'article L. 311-3 énumère une liste de professions entraînant d'emblée l'affiliation au régime général.

> **Exemples :** Les travailleurs à domicile, les VRP, les journalistes, les gérants de stations-service, les mannequins, certains dirigeants de société ou d'association ou encore, à certaines conditions posées par l'article L. 311-6 du CSS, le conjoint d'un travailleur non salarié, sont assimilés salariés.

Pour donner une couverture sociale à des personnes qui risqueraient d'en être dépourvues, certains inactifs sont également assimilés au statut de salarié, ce qui leur permet d'être affiliés au régime général.

La **qualité d'ayant droit** permet, par le rattachement à un assuré social qui a la charge effective, totale et permanente d'une autre personne, de bénéficier de certaines prestations. Depuis le 1er janvier 2020, le statut d'ayant droit est réservé aux enfants mineurs (par rattachement à un parent ou un tuteur), tout majeur ayant nécessairement droit à une affiliation individuelle à un régime de protection sociale.

b. Présomption de non-assujettissement

L'article L. 311-11 du CSS pose une **présomption de non-assujettissement** au régime général pour les personnes ayant décidé d'accomplir des démarches administratives pour devenir travailleurs indépendants (sauf s'il est établi que leur activité les place dans un lien de subordination juridique permanente à l'égard d'un donneur d'ordre).

> **!** La présomption de non-assujettissement est une présomption simple. Il est toujours possible, pour l'Urssaf notamment, d'apporter la preuve que les conditions posées par l'article L. 311-2 CSS sont réunies.

C Notions de financement

1. Autonomie financière et équilibre financier

Il existe un principe d'autonomie financière des branches, ce qui signifie que chaque branche du régime général dispose de ses propres ressources et doit rechercher un équilibre financier difficile à atteindre.

Ce principe est néanmoins tempéré en matière de :

- **Recettes.** Elles sont centralisées par l'Urssaf Caisse Nationale, chargée de gérer la trésorerie pour l'ensemble des branches.
- **Déficits de branche.** Les déficits de chaque branche sont transférés chaque année et centralisés par la Caisse d'amortissement de la dette sociale (CADES). Elle finance et éteint la dette cumulée du régime général de la Sécurité sociale, notamment grâce à la CRDS.

Chaque année, la **LFSS** est votée par le Parlement. Elle prévoit notamment les recettes et les objectifs de dépenses. Des procédures de suivi et d'alerte s'imposent aux caisses nationales.

2. Modes de financement

Les sources de financement de la Sécurité sociale sont très diverses. L'enjeu de la qualification (cotisation ou impôt) est important, notamment pour déterminer l'assiette et les règles applicables.

Définition : Une cotisation sociale est un versement que les individus et leurs employeurs effectuent aux administrations de Sécurité sociale. Les cotisations peuvent être à la charge des employeurs, des salariés, des travailleurs indépendants, et des personnes n'occupant pas d'emploi (prise en charge partielle par l'État).

En application du **mécanisme de l'assurance sociale**, la Sécurité sociale est essentiellement financée par des cotisations sociales, selon un **principe de redistribution et de répartition** :

- Tous les assurés cotisent de la même manière, quelle que soit la probabilité de réalisation du risque.
- Le fait même de cotiser n'ouvre pas automatiquement, pour l'avenir, droit à des prestations en relation avec les cotisations versées.

> **!** Ces cotisations sont assises sur le salaire, pris au sens large, ainsi que le prévoit le CSS.

Article L. 136-1-1 du Code de la Sécurité sociale (CSS)

« I. – La contribution prévue à l'article L. 136-1 est due sur toutes les sommes, ainsi que les avantages et accessoires en nature ou en argent qui y sont associés, dus en contrepartie ou à l'occasion d'un travail, d'une activité ou de l'exercice d'un mandat ou d'une fonction élective, quelles qu'en soient

la dénomination ainsi que la qualité de celui qui les attribue, que cette attribution soit directe ou indirecte.
Ne constituent pas un revenu d'activité les remboursements effectués au titre de frais professionnels correspondant dans les conditions et limites fixées par arrêté des ministres chargés de la sécurité sociale et du budget à des charges de caractère spécial inhérentes à la fonction ou à l'emploi des travailleurs salariés ou assimilés que ceux-ci supportent lors de l'accomplissement de leurs missions. [...]. »

Les **taux applicables** et le **plafond** varient selon les branches.
En matière d'accident du travail et de maladie professionnelle (AT/MP), le taux dépend en partie du nombre d'AT/MP survenus dans l'entreprise ou dans la branche l'année précédente.
La part de l'impôt dans le financement de la Sécurité sociale n'a cessé de progresser et varie beaucoup selon les branches.

> ! La contribution sociale généralisée (CSG), collectée par les Urssaf, est une cotisation.

3. Contentieux

Le droit de la Sécurité sociale étant rattaché au droit social, et donc au droit privé, le contentieux relève à titre principal des juridictions de l'ordre judiciaire.
Le contentieux de la Sécurité sociale présente deux spécificités :

- **Une phase amiable obligatoire.** Elle se déroule en principe devant la CRA (ou commission médicale de recours amiable, CMRA), qui est considérée non pas comme une juridiction, mais comme une émanation des organismes de Sécurité sociale.
- **Un pôle social** créé au sein de chaque TJ, marquant la spécificité du contentieux de la Sécurité sociale.

Tableau 23.4 Caractéristiques et spécificités du contentieux

Domaines de compétence	– Affiliation. – Recouvrement des cotisations de Sécurité sociale. – Prestations familiales d'assurance sociale. – Prestations familiales. – Prises en charge de l'accident, de la maladie professionnelle et/ou des séquelles. (Contentieux général.)	– Degré d'invalidité. – Taux de l'incapacité partielle permanente (IPP) : - à la consolidation ; - après rechute. – État d'inaptitude au travail. (Contentieux technique.)	– Taux de cotisation. – Accidents du travail : - taux annuel ; - cotisations supplémentaires ; - ristournes.
Phase de recours préalable	CRA	CMRA	Recours gracieux.
Premier degré de juridiction	Pôle social du TJ ou de proximité territorialement compétent.		CNITAAT (sera supprimée au plus tard le 31/12/2022) /cour d'appel d'Amiens.
Second degré de juridiction	Cour d'appel.		
Cassation	Cour de Cassation.		

SYNTHÈSE

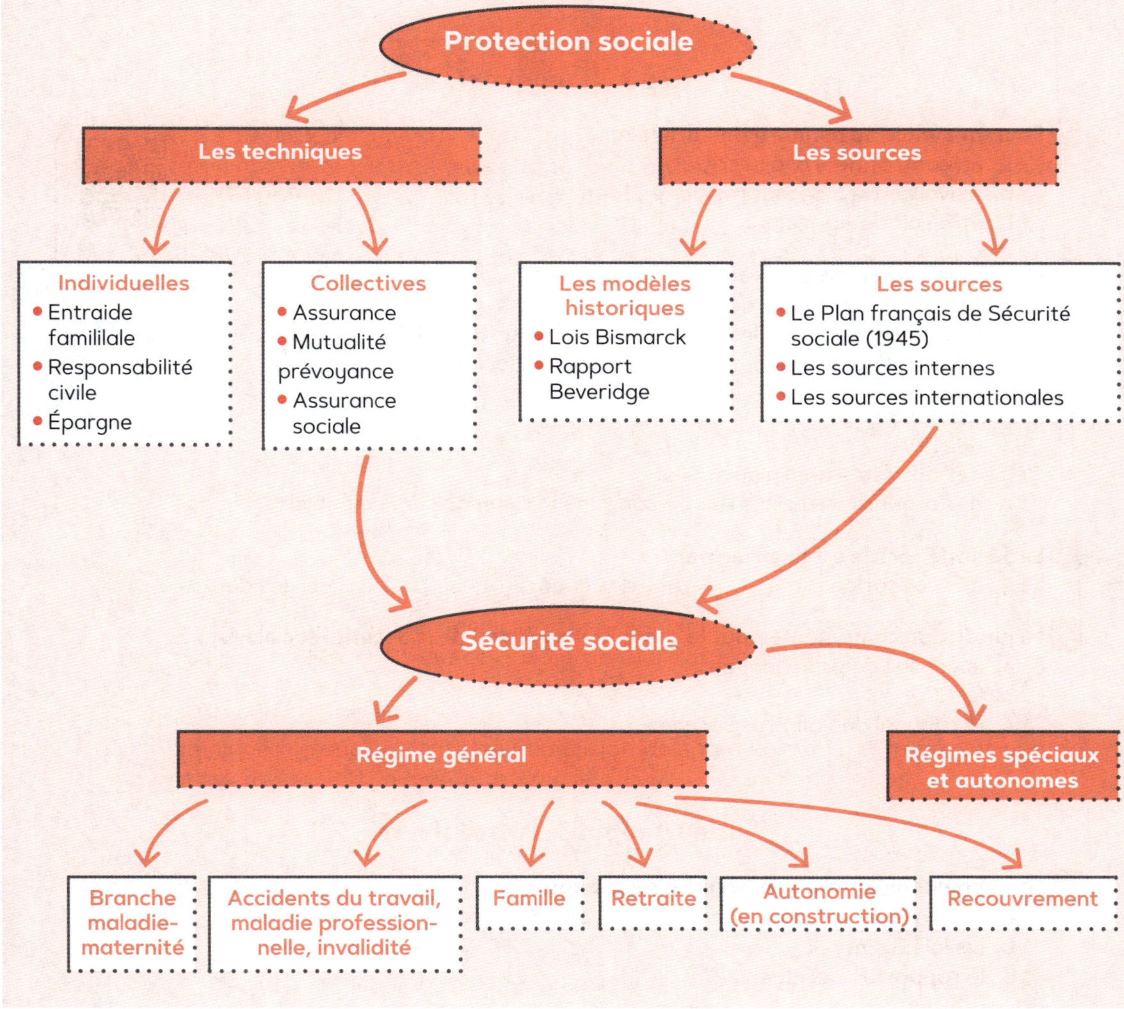

Faites le point sur les notions clés : protection sociale p. 380, Sécurité sociale p. 381, régime de Sécurité sociale p. 384, branches p. 384, affiliation p. 385, assujettissement p. 385, immatriculation p. 385, cotisation sociale p. 387.

Révisez avec les flashcards
www.lienmini.fr/dcg03-46

QCM

Réponse unique

QCM interactif
www.lienmini.fr/dcg03-47

1 Pour être affilié au régime général, il faut :
- ❍ **a.** un contrat de travail écrit.
- ❍ **b.** travailler ou à défaut résider en France.
- ❍ **c.** être salarié agricole.

2 L'affiliation au régime général entraîne :
- ❍ **a.** l'obligation de payer des cotisations sociales.
- ❍ **b.** le droit de percevoir les prestations de Sécurité sociale.
- ❍ **c.** le droit de percevoir les prestations d'aide sociale.

3 Les Urssaf sont :
- ❍ **a.** des EPA.
- ❍ **b.** des autorités administratives.
- ❍ **c.** des organismes privés remplissant une mission de service public.

4 La Sécurité sociale est financée par :
❍ **a.** des cotisations. ❍ **b.** des impôts. ❍ **c.** les deux.

5 La juridiction compétente pour le contentieux général de la Sécurité sociale est :
- ❍ **a.** le conseil de prud'hommes.
- ❍ **b.** le TJ.
- ❍ **c.** le tribunal des affaires sociales.

Plusieurs réponses possibles

6 Les modèles historiques de Sécurité sociale sont :
- ❍ **a.** les modèles socio-démocrates d'Europe du Nord.
- ❍ **b.** les lois Bismarck.
- ❍ **c.** le rapport Beveridge.

7 Le régime général comprend les branches :
❍ **a.** Maladie/maternité. ❍ **b.** Agricole. ❍ **c.** Retraite.

8 Les sources de la protection sociale proviennent
- ❍ **a.** de la Constitution.
- ❍ **b.** du droit de l'Union européenne.
- ❍ **c.** des lois françaises.

9 Sont affiliés au régime général :
- ❍ **a.** les salariés du secteur privé.
- ❍ **b.** les salariés agricoles.
- ❍ **c.** les indépendants non agricoles.

10 Les cotisations sociales sont dues sur :
❍ **a.** Les salaires. ❍ **b.** Les minima sociaux. ❍ **c.** Les pourboires.

Réponses à justifier

11 Le recours amiable en matière de Sécurité sociale est :
- ❍ **a.** obligatoire avant tout contentieux.
- ❍ **b.** une phase du procès.
- ❍ **c.** une possibilité proposée à l'assuré.

12 Un frontalier qui réside en France mais travaille en Allemagne doit payer :
- ❍ **a.** La CSG et la CRDS.
- ❍ **b.** Les cotisations sociales en France.
- ❍ **c.** Les impôts en France.

13 Un salarié français envoyé en mission en Espagne pour un an :
- ❍ **a.** continuera de bénéficier de la Sécurité sociale française.
- ❍ **b.** sera affilié à la Sécurité sociale espagnole.
- ❍ **c.** cela dépend de son lieu de résidence.

14 La CPAM verse :
- ❍ **a.** les retraites.
- ❍ **b.** les prestations maladie.
- ❍ **c.** les indemnités journalières en cas d'accident de travail.

15 Les sources de financements de la Sécurité sociale sont prévues :
- ❍ **a.** par la loi de financement de la Sécurité sociale.
- ❍ **b.** par le Code de Sécurité sociale.
- ❍ **c.** par la Constitution.

CAS PRATIQUE GUIDÉ

AFFILIATION ET PAIEMENT DES COTISATIONS SOCIALES D'UNE ANIMATRICE AU SEIN DE L'ENSEIGNE BRICOJARDIN

Michèle Broca, agricultrice, est aussi animatrice-conseil dans une grande enseigne de produits pour le jardinage BricoJardin. Il est convenu qu'elle vienne animer quatre ateliers par semaine pour apprendre aux clients de l'enseigne à cultiver un potager. Le directeur du magasin la laisse choisir les thèmes de ces ateliers et prévoir ses horaires, à condition qu'au moins deux de ces ateliers aient lieu le samedi. Elle est rémunérée par une somme forfaitaire pour chaque atelier animé et par des avantages en nature (il lui donne des plantes et du matériel).

L'Urssaf réclame le paiement de cotisations sur les sommes qu'elle a perçues pour ces ateliers, ainsi que sur les avantages en nature qu'elle a reçus.

1. **De quel(s) régime(s) Michèle Broca dépend-elle ?**
2. **Devait-elle payer des cotisations sur ce qu'elle a reçu ? Si ce n'est pas le cas, qui devait les payer ?**

CORRIGÉ

☑ **COMPÉTENCES ATTENDUES : Attribuer une affiliation à un régime de Sécurité sociale. Connaître les grandes règles de paiement des cotisations. Déterminer la juridiction compétente.**

Méthode

En matière de protection sociale, vous devez toujours vérifier l'affiliation à un ou plusieurs régimes. Vous devez maîtriser les principaux régimes et leur champ d'application. N'oubliez pas d'en tirer les conséquences, au regard notamment du paiement des cotisations.

1. Les différents régimes de Sécurité sociale.

PRINCIPES JURIDIQUES

Il existe de nombreux régimes de base de Sécurité sociale :

- le régime général destiné aux salariés du secteur privé, et aux personnes non couvertes par ailleurs justifiant d'une résidence stable et régulière en France ;
- les régimes spéciaux ;
- les régimes autonomes principalement pour les professions agricoles.

> ! Une même personne peut relever de plusieurs régimes de base, simultanément ou au cours de sa vie professionnelle. Ce principe est important à rappeler dès le début de votre réponse.

Méthode

Après avoir indiqué les régimes dont peut relever Michèle Broca, vous devez analyser les conditions lui permettant de relever de chacun des régimes présentés. Dans ce cas, vous devez vous limiter au régime général qui est le contexte du cas pratique donné.

Selon l'article L. 311-2 du CSS, l'affiliation au régime général suppose la réunion de trois critères :

- un contrat portant sur une prestation personnelle de travail ;
- une rémunération ;
- un lien de subordination.

La méthode du faisceau d'indices est en principe utilisée pour déterminer si ces critères sont réunis.

APPLICATION AU CAS

Méthode

Comme pour les principes juridiques, votre application doit contenir deux étapes : l'identification des différents régimes possibles et la vérification des conditions pour l'application du régime général.

En l'espèce, Michèle Broca, par son activité d'agricultrice, relève du régime agricole. Elle peut également relever du régime général au titre des ateliers qu'elle anime en vertu du principe qui permet à une même personne d'être affiliée simultanément à plusieurs régimes de base.

Concernant son affiliation au régime général, peu importe que Michèle Broca ait ou non signé un contrat de travail, elle effectue bien une prestation personnelle de travail, dans une entreprise commerciale du secteur privé.

Même si elle est libre de déterminer les thèmes, l'organisation générale des ateliers dépend du magasin de jardinage. Cela peut suffire à marquer l'existence d'un lien de subordination.

Même si elle ne touche pas de salaire, elle reçoit bien des éléments monétaires et en nature en contrepartie de ses prestations. Il s'agit donc bien d'une rémunération.
On peut considérer que les critères d'affiliation sont remplis et qu'elle relève donc aussi du régime général.

2. Le paiement des cotisations sociales.

PRINCIPES JURIDIQUES

Il ne dépend pas de la volonté des parties de décider de l'affiliation ou non à un régime. Si les critères sont réunis, l'affiliation est prévue par la loi, ainsi que les conséquences qui lui sont attachées, notamment le paiement de cotisations pour financer le régime.
Selon l'article L. 242-1 du CSS, l'assiette de calcul des cotisations sociales est très large et s'applique à toutes les formes de rémunérations perçues par le salarié.

APPLICATION AU CAS

En l'espèce, même si Michèle Broca ne perçoit pas de salaire, la somme forfaitaire qu'elle reçoit pour chaque atelier, ainsi que les avantages en nature qu'on lui donne, sont soumis aux cotisations sociales.
Il appartenait à l'enseigne qui l'emploie de payer la part patronale, et à Michèle Broca de s'acquitter de la part salariale de ces cotisations (qui doivent être précomptées par l'employeur lors du paiement des sommes).

AUTOÉVALUATION

La grille d'autoévaluation ci-dessous vous permet d'évaluer votre niveau et de vérifier si vos réponses correspondent aux attendus de l'examen.

Questions	Niveau 1	Niveau 2	Niveau 3	Niveau 4
	Un premier élément de réponse, mais très incomplet, des erreurs, des contresens	*Des éléments de réponse isolés, des approximations et/ ou de la paraphrase*	*Question comprise : des éléments de réponse pertinents mais incomplets au niveau des savoirs et/ou de l'application*	*Compétence attendue mobilisée avec mobilisation complète des savoirs associés à la compétence. Application pertinente.*
1. De quel(s) régime(s) Michèle Broca dépend-elle ? *(voir Section II.B.1)*	❑ Vous considérez que Michèle Broca dépend uniquement du régime agricole. ❑ Vous ne précisez pas qu'un cumul de régime est possible en même temps pour la même personne. ❑ Votre application est erronée.	❑ Vous affiliez Michèle Broca au régime agricole ou au régime général en considérant que les deux ne sont pas cumulables. ❑ OU vous envisagez le cumul mais vous considérez que les conditions ne sont pas remplies (cumul successif). ❑ Votre application est en partie fausse.	❑ Vous affiliez Michèle Broca aux deux régimes simultanément mais votre présentation des indices pour le régime général est incomplète. ❑ Votre application ne reprend pas tous les indices nécessaires. ❑ Elle n'est pas claire au regard de la question posée.	❑ Vous présentez la possibilité de cumuler deux régimes. ❑ Votre liste des indices d'affiliation au régime général est complète. ❑ Vous faites une application précise et complète au cas donné. ❑ Vous donnez une application claire à la question posée.

Questions	Niveau 1	Niveau 2	Niveau 3	Niveau 4
	Un premier élément de réponse, mais très incomplet, des erreurs, des contresens	*Des éléments de réponse isolés, des approximations et/ou de la paraphrase*	*Question comprise : des éléments de réponse pertinents mais incomplets au niveau des savoirs et/ou de l'application*	*Compétence attendue mobilisée avec mobilisation complète des savoirs associés à la compétence. Application pertinente.*
2. Devait-elle payer des cotisations sur ce qu'elle a reçu ? Si ce n'est pas le cas, qui devait les payer ? *(voir Section II.C)*	❑ Vous répondez qu'aucune cotisation n'est pas à verser en l'absence de salaire. ❑ Vous n'avez pas identifié les autres modes de rémunération. ❑ Votre application est erronée.	❑ Vous envisagez la possibilité d'avoir à payer des cotisations mais de façon optionnelle, ce qui est faux. ❑ Vous oubliez la part patronale ou salariale. ❑ Vous ne l'appliquez pas clairement à toutes les rémunérations perçues par Michèle Broca.	❑ Vous identifiez les deux catégories de cotisations sociales à verser. ❑ Vous oubliez de les appliquer à l'une des catégories de rémunération versées.	❑ Vous identifiez les deux catégories de cotisations sociales à verser. ❑ Vous appliquez le versement des cotisations sociales à toutes les rémunérations perçues par Michèle Broca quelle que soit leur forme.

EXERCICES

1 Organismes de retraite et juridiction compétente pour Pascal, commercial multicarte

20 min

☑ **COMPÉTENCE ATTENDUE : Déterminer les organismes et la juridiction compétente.**

Pascal est commercial. Il exerce une partie de son activité comme indépendant, en réalisant des prestations de services pour différents clients. Il a aussi un client principal, l'entreprise informatique Presto Logiciel, où il exerce la fonction de directeur commercial en contrepartie d'une rémunération. À 63 ans, il envisage maintenant de prendre sa retraite.

1. **Identifiez l'(es) organisme(s) au(x)quel(s) Pascal doit s'adresser pour sa retraite.**
2. **Quelle(s) juridiction(s) devrait-il contacter s'il voulait contester le montant de sa pension de retraite ?**

2 L'affiliation au régime général de Marco Porto

30 min

☑ **COMPÉTENCE ATTENDUE : Déterminer le régime d'affiliation et les démarches à faire.**

Marco Porto travaille à temps partiel comme serveur dans le restaurant *Le Gourmet*. Il est principalement rémunéré sous forme de pourboires, et son employeur n'a pas jugé bon de le déclarer. Il se demande quelle est sa situation au regard de la Sécurité sociale.

1. **Identifiez le régime social dont relève Marco Porto.**
2. **Précisez sur qui reposaient les démarches nécessaires à son immatriculation.**

3 Affiliation au régime général et contestation de Samuel Zedret

30 min

COMPÉTENCE ATTENDUE : Déterminer le régime d'affiliation et la juridiction compétente.

Samuel Zedret est chauffeur-livreur au sein de la SARL Transvito. Il a décidé de donner sa démission pour s'immatriculer au RCS en tant que travailleur indépendant. Cependant, il travaille toujours uniquement pour la SARL Transvito qui lui fournit le camion, lui donne le circuit à effectuer tous les jours ainsi que les horaires à respecter. Il perçoit chaque mois une rémunération forfaitaire. La SARL Transvito vient de faire l'objet d'un contrôle par des agents de l'Urssaf qui lui reprochent de ne pas avoir déclaré Samuel Zedret parmi ses salariés.

1. **Appréciez la situation de Samuel Zedret pour donner les motifs de la décision prise par les agents de l'Urssaf.**
2. **Identifier la juridiction compétente en cas de contentieux.**

CAS DE SYNTHÈSE

PROTECTION SOCIALE DES SALARIÉS ET DE LEUR FAMILLE AU SEIN DE LA SA DUBAT

45 min

COMPÉTENCES ATTENDUES : Schématiser l'organisation de la protection sociale. Déterminer le régime d'affiliation.

Mise en situation

Anatole vient d'être recruté comme ouvrier qualifié au sein de la SA Dubat, fabricant de portes et fenêtres pour les particuliers. Il se pose différentes questions sur son régime de protection sociale. Vous faites un stage au sein du cabinet d'expertise-comptable auquel Anatole a recours et ce dossier vous est confié.

Anatole vient de se marier et envisage d'avoir un enfant. Cependant, il s'inquiète de savoir si son congé paternité sera pris en charge par le régime général et à quel organisme il faut qu'il s'adresse. De plus, sa femme étant actuellement au chômage, il se demande si elle et leur futur enfant pourront bénéficier d'une protection. Anatole a également des interrogations concernant les textes encadrant le régime de protection auquel il sera soumis.

1. **Indiquez à Anatole les risques sociaux pour lesquels il bénéficiera d'une protection ainsi que les organismes compétents.**
2. **Analysez le régime de protection sociale de sa femme et de leur futur enfant.**
3. **À quels textes Anatole doit-il faire référence pour connaître le régime social auquel il sera soumis ?**

Vous disposez du document ci-après pour étayer vos réponses.

DOCUMENT

Article L. 160-2 du Code de la Sécurité sociale

Par dérogation à l'article L. 160-1, bénéficient de la prise en charge de leurs frais de santé en tant qu'ayants droit d'un assuré social les enfants mineurs n'exerçant pas d'activité professionnelle qui sont à sa charge, à condition que la filiation, y compris adoptive, soit légalement établie ou qu'ils soient pupilles de la Nation ou enfants recueillis.

CHAPITRE 24

Le régime général de la Sécurité sociale

À l'issue de ce chapitre,

• vous serez capable :

- ❒ d'identifier les risques couverts et de présenter leur régime respectif ;
- ❒ de distinguer la prise en charge d'un risque selon son origine professionnelle ou non ;
- ❒ de qualifier un accident du travail, un accident de trajet ou une maladie professionnelle ;
- ❒ de caractériser une faute inexcusable ou intentionnelle de l'employeur et son incidence pour l'employeur et sur le droit à réparation du salarié.

• vous saurez identifier :

- ❒ la protection contre les aléas de la vie : assurances maladie, maternité, invalidité, décès ;
- ❒ la protection de la vieillesse : droits à pension de retraite et prestations ;
- ❒ la couverture des risques professionnels : accidents du travail, accidents de trajet, maladies professionnelles.

Mettez-vous en situation

Hassan vient de commencer sa vie active comme « junior » dans un cabinet d'expertise comptable. Malheureusement, atteint de la Covid-19, il est, au bout de quelques mois, contraint d'arrêter son travail pendant plusieurs semaines. Il se demande s'il a droit à des prestations. De plus, il pense avoir été contaminé par un collègue de travail et se demande si cela pourrait avoir une conséquence. Inquiet, il vous fait part de ses interrogations.
Au vu des informations qu'il vous donne, que pouvez-vous lui répondre ?

I. L'assurance maladie et maternité

A Les conditions d'ouverture des droits

Définition : Les conditions d'ouverture des droits désignent les conditions à remplir pour bénéficier des prestations sociales.

Pour bénéficier des prestations de ces assurances sociales, il faut y être affilié (ou avoir la qualité d'ayant droit), mais aussi, le plus souvent, remplir les **conditions d'ouverture des droits** consistant en un montant minimal de cotisations ou en une durée minimale d'emploi.

Ces conditions diffèrent selon les prestations :

- Pour les **prestations en nature**, les conditions d'ouverture de droit ont été supprimées : la prise en charge (au moins partielle) des soins est donc dorénavant ouverte à toute personne affiliée.

> **!** Pour être pris en charge, les soins doivent être délivrés sur le territoire français ou, sur celui de l'Union européenne, ou d'un pays avec lequel la France a conclu une convention internationale de réciprocité.

- Pour bénéficier des **prestations en espèces**, l'assuré doit avoir effectué au moins 150 heures de travail salarié ou assimilé au cours des trois mois civils ou des 90 jours précédents, pour avoir des prestations en espèce pour 6 mois maximum (pour plus de six mois d'indemnisation, il faut avoir cotisé au moins 600 heures sur les 12 derniers mois).
- L'assurée doit en outre justifier de **dix mois d'immatriculation** à la date présumée de l'accouchement pour bénéficier des indemnités journalières de l'assurance maternité.

B Les prestations

Il existe deux types de prestations, que l'on peut définir ainsi :

Définitions : Les prestations en nature sont constituées par la prise en charge, au moins partielle, des frais occasionnés par la maladie ou l'accident. Par exemple, le remboursement ou la prise en charge des consultations médicales, des soins et des médicaments, des frais d'hospitalisation. La liste des actes ou des médicaments remboursés figure dans le Code de la Sécurité sociale (CSS).
Les prestations en espèces sont destinées à compenser la perte de revenu liée à la réalisation du risque. Elles sont versées sous forme d'indemnités journalières.

Ainsi, les congés maladie ou de maternité sont des causes de suspension du contrat de travail [voir Chapitre 8]. Pendant cette période, le salarié ne perçoit pas son salaire : les prestations en espèces viennent, en partie au moins, le compenser. Ces prestations ne sont donc versées qu'aux assurés qui peuvent justifier d'un revenu en temps normal.

1. Les prestations en nature : la gestion d'une relation triangulaire médecin-assuré-assurance maladie

La couverture des frais médicaux est liée à l'organisation de la profession médicale qui repose, en France, sur les principes de la médecine libérale. Ces principes sont tous à nuancer, essentiellement pour des questions de maîtrise des dépenses de santé, en application des lois de financement, ou des conventions médicales nationales.

Tableau 24.1 Principes de la médecine libérale et principales limites

Les principes	Le contenu	Les limites liées à la maîtrise des dépenses
La liberté d'installation	Permet à tout médecin remplissant les conditions d'exercice de sa profession de déterminer librement le lieu d'exercice de sa profession (art. L. 162-2 CSS).	Des enjeux de santé publique et de lutte contre la désertification médicale de certains territoires conduisent à différents dispositifs incitatifs pour orienter l'installation des médecins.
La liberté de choix du médecin	Traduit la liberté pour le médecin d'accepter ou non de donner ses soins, et pour le malade de choisir à son gré le médecin auquel il entend s'adresser.	Le parcours coordonné de soins (déclaration d'un médecin traitant, etc.) limite le remboursement si le patient ne le suit pas. Le patient reste libre cependant de changer de médecin traitant.
La liberté de prescription	Recouvre l'établissement libre du diagnostic et le choix de la meilleure thérapeutique à appliquer.	La mise en place de « bonnes pratiques » et des références médicales opposables (RMO). L'objectif national des dépenses d'assurance maladie (Ondam) tend aussi à encadrer les prescriptions. Les caisses ont également intensifié le contrôle des prescriptions (notamment d'arrêts maladie) et les sanctions.

Les principes	Le contenu	Les limites liées à la maîtrise des dépenses
La liberté de fixation des honoraires	Désigne la fixation des honoraires par une entente entre le médecin et son patient.	Le système du conventionnement médical limite largement ce principe. Les médecins en secteur 1 notamment s'engagent à respecter les tarifs « sécurité sociale ». De même, lorsque le patient bénéficie de la protection universelle maladie (PUMa), le médecin ne peut pratiquer de dépassement.
Le secret professionnel	Découle de la nécessaire relation de confiance et d'intimité nouée entre le médecin et son patient.	Le dossier médical personnel (DMP) doit favoriser la coordination du parcours de soins et participer à la maîtrise des dépenses en évitant les consultations et les examens redondants, mais sa mise en œuvre est difficile en raison du secret médical.

Le principe du tiers payant permet au patient de ne pas avancer les frais de soins qui seront remboursés par la Sécurité sociale. Une part des soins n'est pas couverte par l'assurance maladie : c'est le « ticket modérateur ». Il est en revanche généralement couvert par les organismes complémentaires (mutuelles, etc.).
Il existe aussi des **franchises** (1 euro par consultation, 0,50 euro par boîte de médicaments, etc.) qui restent entièrement à la charge du patient, dans la limite de plafonds journalier et annuel.

> **!** L'assuré peut, dans certaines situations, bénéficier d'une prise en charge par l'assurance maladie à 100 %. C'est notamment le cas des assurés atteints d'une affection de longue durée, des femmes enceintes à partir du sixième mois de grossesse, des enfants jusqu'à l'âge de 6 ans ou encore des personnes reconnues invalides.

2. Les prestations en espèces

a. L'arrêt maladie

Les prestations en espèces, ou « indemnités journalières », sont destinées à fournir un revenu de remplacement, en cas d'inactivité liée à la réalisation d'un des risques couverts. Elles sont, en principe, égales à 50 % du salaire de référence.
Elles ne peuvent être accordées qu'après la constatation médicale de la nécessité de l'arrêt de travail, en cas d'incapacité physique totale. Cela justifie la possibilité de contrôle de la part des caisses de Sécurité sociale et de l'employeur. L'assuré doit notamment respecter son obligation de repos et, donc, rester à son domicile (ou lieu qu'il aurait désigné), n'exercer aucune activité, etc. À défaut, le versement des prestations est suspendu.

> **!** Les prestations en espèces sont versées après un délai de carence de 3 jours, sauf cas de maladie de longue durée, pour ne pas encourager l'absentéisme. Au maximum, l'assuré bénéficie de 360 jours d'indemnités sur 3 ans (3 ans pour une affection longue durée ; puis, l'assurance invalidité peut prendre le relais).

b. La maternité et la paternité

Dans le cadre de l'assurance maternité, l'assurée doit déclarer sa grossesse dans les 14 semaines et passer tous les examens médicaux obligatoires pour bénéficier des prestations.
Les prestations en nature sont couvertes à 100 % par la Sécurité sociale à partir du sixième mois de grossesse.

Les prestations en espèces, dans la limite du plafond de la Sécurité sociale, correspondent à 100 % du salaire de référence. (Les prestations ne sont pas soumises aux prélèvements sociaux, à l'exception de la CSG et de la CRDS.)

La durée du congé de maternité (16 à 46 semaines) est réglementée par la loi. Elle varie selon le rang de l'enfant et les charges de famille.

Le congé de paternité est indemnisé dans les mêmes conditions.

Les mêmes congés sont accordés en cas d'adoption [voir Chapitre 8].

> **!** L'arrêt de travail de la future mère lié à un état pathologique pendant la grossesse, avant ou après les délais légaux, est pris en charge par l'assurance maladie.

II. L'assurance retraite

Si le montant de la pension de base est plafonné et relativement peu élevé, le système de couverture du risque vieillesse est beaucoup plus large. L'**assurance vieillesse** du régime général fonctionne selon le principe de répartition : les cotisations des actifs financent, directement (ou presque), les pensions des retraités.

> **!** Cotiser n'entraîne, juridiquement, aucun droit acquis à bénéficier d'une pension ultérieurement, tant que l'on n'a pas pris sa retraite (demande de liquidation de la pension). Chacun est soumis aux règles en vigueur au jour de la liquidation et ne peut se prévaloir de règles antérieures plus favorables.

Une fois la retraite liquidée, le calcul de la pension est effectué une fois pour toutes. Il devient alors en principe un droit acquis : tout changement ultérieur de législation n'a donc normalement aucune incidence pour les personnes déjà à la retraite.

A La pension de base du régime général

1. Les conditions d'obtention de la pension de base

Pour demander la liquidation d'une pension de retraite, il faut respecter, en plus bien sûr de la condition d'affiliation, deux conditions :

- **Une condition de fond.** En principe, on ne peut prendre sa retraite avant 62 ans. Il existe des dérogations permettant d'anticiper la retraite, notamment pour les carrières « longues », ou pour les salariés handicapés atteints d'une incapacité de travail. En principe, il ne faut plus exercer d'activité professionnelle, mais un emploi et une pension de retraite peuvent être cumulés à certaines conditions.
- **Une condition de forme.** Il revient à l'assuré de déposer sa demande de pension, auprès de la caisse compétente, au moins 6 mois avant la date de départ en retraite envisagée, car le départ à la retraite à 62 ans n'est en rien obligatoire. La pension est alors versée mensuellement, à partir de la date choisie par l'assuré.

2. Le calcul de la pension de base

Le calcul de la pension de retraite du régime général repose, avant toute majoration ou bonification, sur la formule suivante :

$$P = S \times t \times d/D$$

P = pension de retraite, S = salaire de référence, t = taux de liquidation, d = durée d'assurance réelle et D = durée d'assurance théorique.

> **!** Sont présentées ici les règles de calcul en vigueur au moins jusqu'en 2025. Une réforme des retraites est à l'étude et pourrait modifier profondément ces règles au-delà de cette date.

a. Le salaire de référence ou salaire annuel moyen brut

Il s'agit de la moyenne des salaires perçus au cours des 25 meilleures années d'activité. Les salaires ne sont pris en compte que jusqu'à hauteur du plafond de Sécurité sociale (environ 3 400 euros/mois).

b. La durée d'assurance

Elle se compte en trimestres.

> **!** **Un trimestre ne correspond pas nécessairement à une période travaillée de trois mois, mais à l'équivalent de 150 h de cotisations au SMIC, qui peut aussi bien être déjà atteint en 1 mois de travail que sur 1 an de petits travaux. Un assuré ne peut toutefois valider que 4 trimestres par an au maximum.**

Certains trimestres sont validés sans cotisation.

> **Exemples :** Les périodes de chômage involontaire, de CPE, d'arrêt maladie ou maternité, d'accident du travail, sont automatiquement comptabilisées dans le décompte des trimestres travaillés. Les parents bénéficient aussi d'une majoration de durée d'assurance par enfant élevé.

La durée d'assurance réelle (*d*) correspond au nombre de trimestres effectivement validés par l'assuré. Il est également possible de racheter des trimestres correspondant aux années d'études, dans la limite de 12 trimestres maximum.

La durée d'assurance théorique (D) correspond à 168 trimestres (la transition de 168 à 172 trimestres est encore en cours).

> **!** **Le rapport « d/D » ne peut jamais, en tout état de cause, dépasser 1.**

c. Le taux de la pension

Un taux plein correspond à 50 %. Pour en bénéficier, il faut en principe avoir cotisé pendant la durée maximale prévue. Le taux plein est également acquis aux personnes qui liquident leur retraite à 67 ans.

Le taux peut être :

- diminué, si la retraite est liquidée sans avoir atteint ni 67 ans ni la durée théorique de cotisation. Une décote s'applique par trimestre manquant ;
- augmenté, lorsque l'assuré continue à travailler alors qu'il pourrait déjà bénéficier du taux plein (surcote).

La pension peut enfin être augmentée grâce à différentes majorations.

> **!** **La pension de retraite est soumise à des cotisations sociales.**

> **Exemple :** Une personne ayant un salaire moyen sur 25 ans de 2 000 euros/mois et décidant de prendre sa retraite à 62 ans en ayant cotisé 160 trimestres sur les 164 demandés pour sa génération, touchera, en dehors de toute bonification ou situation particulière, une pension de base du régime général :
> P = 2 000 × 160/164 × 47,5 % (50 – 0,625 pour chacun des 8 trimestres manquants) = 926,83 euros.

B La pension de réversion

La pension de réversion est appelée « droit dérivé », car elle est versée au conjoint d'un assuré social lorsque celui-ci, en raison de son décès, ne perçoit plus sa propre pension. Il existe trois conditions d'attribution :

- Il faut avoir été marié avec l'assuré (le concubinage, contrairement aux autres assurances sociales, n'est pas reconnu en l'espèce).
- Les ressources du foyer du conjoint survivant doivent être inférieures à un plafond déterminé.
- Le conjoint survivant doit avoir au moins 55 ans pour percevoir la pension de réversion.

Le montant de la pension de réversion est égal à 54 % de la pension que percevait l'assuré, dans la limite toujours du plafond de ressources prévu (et d'un montant minimal). La pension peut être améliorée en fonction des bonifications et majorations pour enfant élevé ou à charge. Contrairement à la pension de base, la pension de réversion est révisable, en fonction de l'évolution de la situation du conjoint survivant.

III. Les accidents du travail et les maladies professionnelles

A La couverture des accidents du travail

1. La notion d'accident du travail

Les textes donnent une définition large de l'accident du travail.

Définition : Selon l'article L. 411-1 du Code de la Sécurité sociale, est considéré comme accident du travail, quelle qu'en soit la cause, l'accident survenu par le fait ou à l'occasion du travail à toute personne salariée ou travaillant à quelque titre ou en quelque lieu que ce soit pour un ou plusieurs employeurs ou chefs d'entreprise.

Deux éléments doivent être caractérisés : un accident et le lien avec le travail.

a. L'accident

L'accident est défini par la jurisprudence comme un événement survenu à une date certaine ayant entraîné une lésion.

L'événement soudain est l'élément essentiel pour distinguer l'accident du travail de la maladie professionnelle. Il faut pouvoir déterminer une origine précise et délimitée dans le temps pour l'événement (ou la série d'événements) invoqué. La lésion est elle aussi entendue largement : elle peut être physique ou morale.

> ! La personne elle-même doit être atteinte : si seuls ses biens sont touchés, il ne s'agit pas d'un accident du travail.

Exemple : Une dépression nerveuse, consécutive à un entretien d'évaluation, a été reconnue comme accident du travail.

b. Le lien avec le travail

Le lien avec le travail est reconnu dans **trois hypothèses** : l'accident survenu au cours du travail proprement dit, au cours d'une mission ou lors d'un trajet lié au travail.

Tableau 24.2 Les différentes catégories d'accidents en lien avec le travail

	Accident du travail au sens strict	Accident de mission	Accident de trajet
Définition	– Travailleur sous l'autorité de son employeur, dans le cadre du lien de subordination et dans des conditions de travail normales. – Survenance de l'événement pendant le temps et sur le lieu de travail, même si la lésion apparaît plus tard. – Interprétation extensive des notions de temps (temps de pause, départ tardif, etc.) et de lieu de travail par la jurisprudence.	– Travailleur exécutant les ordres de son employeur, dans l'intérêt de l'entreprise, mais en dehors de l'entreprise. – Protection liée aux accidents du travail aussi bien pendant la mission elle-même que dans les actes de la vie personnelle durant le temps de l'exercice de la mission.	– Trajet domicile-lieu de travail effectué pour les besoins du travail. – En principe, trajet le plus direct ou le plus rapide. – Fin du trajet marquée par l'entrée dans les locaux de l'entreprise.
Présomption	– Présomption d'imputation de l'accident au travail (présomption simple). – Réparation plus aisée à mettre en œuvre pour la victime de l'accident.	– Absence de présomption de lien entre l'accident et le travail. – Lien de subordination et réalité de la mission à prouver par le salarié.	– Absence de présomption de lien entre l'accident et le travail. – L'accident et le trajet doivent être prouvés par la victime.
Exemples	– Cantine ou dépendance de l'entreprise font partie du lieu de travail. Si le salarié se blesse dans ces locaux, l'accident du travail sera présumé. – Suicide ou crise cardiaque ayant eu lieu pendant le temps et sur le lieu de travail.	Couverture pendant tout le temps de la mission, y compris le soir à l'hôtel ou sur le trajet menant au lieu d'exercice de la mission.	– Un accident de la route sur le trajet entre le domicile et le travail est un accident du travail. – Un accident survenu à l'occasion d'un détour par l'école reste un accident de trajet, car lié à la vie courante.

2. La réparation des accidents du travail

La réparation des accidents du travail peut bénéficier :

- À toute personne ayant un contrat de travail. Il n'existe aucune condition d'ouverture des droits ; dès la première minute de travail, la protection s'applique.
- À certains dirigeants d'entreprise, bénévoles, stagiaires ou personnels d'entreprises publiques.

Le travailleur dispose en principe de 24 heures pour informer son employeur de la survenue de l'accident. L'employeur doit alors déclarer à son tour l'accident à la CPAM dans les 48 heures. La CPAM dispose de 30 jours pour contester la qualification. Le délai peut être allongé en cas d'enquête.

a. La réparation forfaitaire

Une fois la qualification d'accident du travail retenue, la victime a en principe droit à une **réparation forfaitaire** sans avoir à prouver la faute de l'employeur (responsabilité sans faute).

Les prestations en nature versées en cas d'accident du travail sont plus importantes que celles versées pour un accident de droit commun (prise en charge des soins à 100 %) ; les prestations en espèce se montent à 60 % pendant 28 jours, puis à 80 % de la rémunération de référence. Cette réparation ne couvre donc pas la totalité des pertes subies par le salarié, et il est en principe impossible de mettre en œuvre la responsabilité de l'employeur pour obtenir une réparation complémentaire.

b. La réparation intégrale

La loi et la jurisprudence tendent toutefois à étendre les hypothèses d'obtention d'une réparation intégrale si l'accident a été causé par la faute d'un tiers à l'entreprise. La victime retrouve son droit à une réparation intégrale, en engageant la responsabilité du tiers. Enfin, la réparation est intégrale en cas de **faute intentionnelle** de l'employeur. Elle est au moins majorée si celui-ci a commis une **faute inexcusable** (obligation de sécurité de moyens renforcée). La faute de l'employeur doit avoir été nécessaire à la réalisation de l'accident, même si elle n'en est pas la cause déterminante. Les souffrances physiques ou morales ainsi que les préjudices d'agrément peuvent alors donner lieu à une réparation complémentaire.
Seule une faute inexcusable du salarié peut réduire son droit à indemnisation.

Définition : La faute inexcusable de l'employeur est reconnue si ce dernier avait – ou aurait dû avoir – conscience du danger auquel le salarié était exposé ou s'il n'a pas pris les mesures nécessaires pour le protéger.

B La couverture des maladies professionnelles

Pour qu'une maladie professionnelle soit reconnue, la procédure la plus simple est qu'elle figure dans les tableaux officiels (98 tableaux couvrant plus de 300 maladies).

Définition : La maladie professionnelle est une maladie occasionnée par l'activité professionnelle.

Si la maladie considérée réunit les critères fixés par les tableaux, elle est alors présumée d'origine professionnelle. Il s'agit d'une **présomption simple** : l'employeur ou la CPAM peut tenter de prouver que la maladie n'est pas liée au travail.
Si la maladie n'est pas inscrite au tableau ou si tous les critères ne sont pas satisfaits, la procédure est alors plus difficile. Puisqu'il n'y a pas de présomption, il incombe à la victime de faire la preuve du lien entre la maladie et son activité professionnelle. La maladie doit, de plus, entraîner un taux d'incapacité permanente d'au moins 25 % si elle n'est pas inscrite dans un tableau. Il faut alors l'avis du comité régional de reconnaissance des maladies professionnelles (CRRMP), qui s'impose à la CPAM.
Le travailleur victime d'une maladie professionnelle dispose de 15 jours à compter de la cessation de travail pour en informer son employeur et la CPAM. Cette dernière statue sur la qualification de maladie professionnelle dans les 3 mois. En tout état de cause, si la victime n'a pas fait de démarche dans les 2 ans où elle a eu connaissance de la possibilité d'un lien entre l'affection et l'activité professionnelle, il y a alors prescription.
La réparation accordée suit les mêmes règles que les accidents du travail. À la réparation forfaitaire peuvent s'ajouter des fonds spéciaux d'indemnisation (ex. : fonds d'indemnisation des victimes de l'amiante).

IV. La protection de la famille

Les **prestations familiales** regroupent des prestations variées.
L'article L. 511-1 du CSS énumère **une liste de prestations**, relativement hétérogène. D'après les critères de rattachement à la famille, ou de compétence des Caisses d'allocations familiales (CAF), d'autres prestations peuvent encore être ajoutées à cette liste. Nous nous en tiendrons ici aux prestations ayant un lien avec la compensation des charges familiales, même si le rôle des CAF est plus large.
Les prestations familiales ont un champ d'application extrêmement large, puisqu'elles peuvent être versées à l'ensemble de la population, et pas seulement aux seuls affiliés au régime général.
Il existe des conditions générales d'attribution, que l'on peut regrouper autour de trois critères :

- **La charge d'enfant.** Les parents sont présumés avoir la charge de leur enfant. Ce n'est toutefois pas toujours le cas. La charge d'enfant se définit donc indépendamment d'un lien juridique entre l'enfant et la personne demandant à percevoir les prestations. La charge d'enfant doit être « effective et permanente », matériellement et financièrement, mais aussi du point de vue de l'éducation quotidienne de l'enfant. Il existe, en contrepartie des prestations familiales accordées dans l'intérêt de l'enfant, une obligation d'entretien sérieux de l'enfant.

- **La résidence.** La nationalité n'a en principe pas d'incidence sur l'ouverture du droit aux prestations. Il suffit le plus souvent d'être affilié à un régime de Sécurité sociale. En matière de prestations familiales, la résidence régulière en France est en principe obligatoire, pour l'allocataire (sauf exception, comme pour les travailleurs transfrontaliers) comme pour l'enfant à charge. La résidence sur le territoire doit aussi être régulière.
- **Les ressources.** La plupart des prestations familiales, à l'exception (partielle) des allocations familiales, sont attribuées sous condition de ressources. Il faut alors prendre en compte les ressources de toutes les personnes qui composent le foyer. Les prestations elles-mêmes ne sont pas soumises aux cotisations sociales, et ne sont pas saisissables en raison de leur caractère alimentaire. Pour les allocations familiales, il n'y a pas de plafond de ressources (c'est toujours le principe d'universalité qui s'applique), mais il y a une modulation en fonction des ressources (en fonction de seuils de revenus, le montant des allocations baisse).

SYNTHÈSE

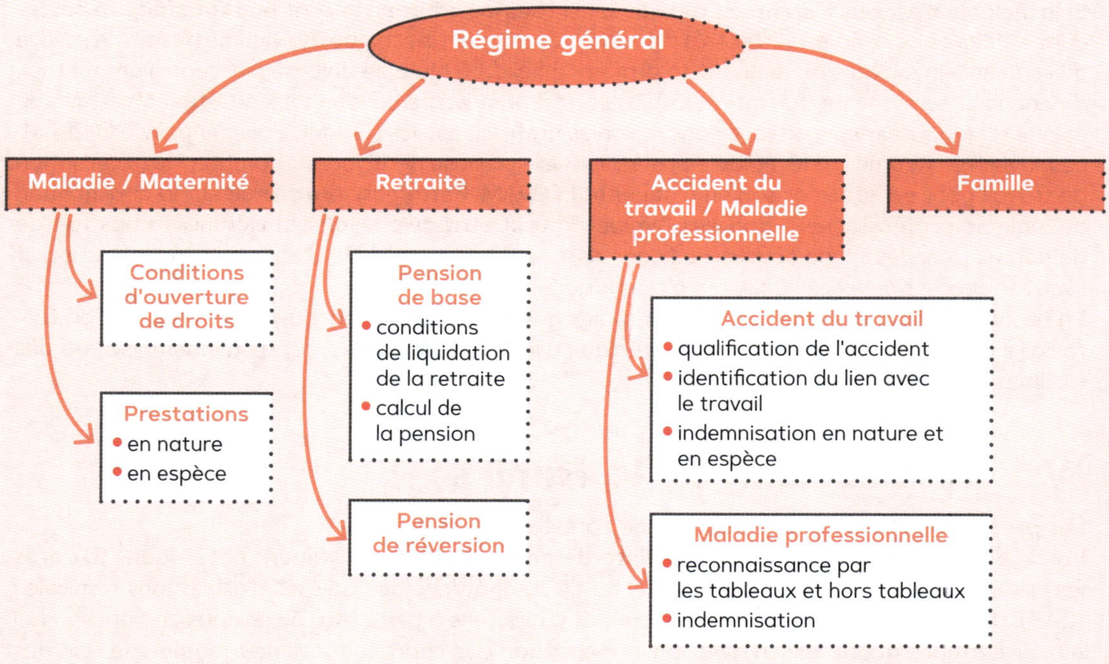

Faites le point sur les notions clés : conditions d'ouverture de droits p. 396, prestations en nature p. 397, prestations en espèces p. 397, accident du travail p. 401, faute inexcusable p. 403, maladie professionnelle p. 403.

Révisez avec les flashcards
www.lienmini.fr/dcg03-48

QCM

Réponse unique

QCM interactif
www.lienmini.fr/dcg03-49

1 À partir du sixième mois de grossesse, les frais de santé de la mère sont remboursés à :

❍ **a.** 50 %. ❍ **b.** 75 %. ❍ **c.** 100 %.

2 L'accident du travail a lieu en principe :

❍ **a.** sur le temps et le lieu de travail.
❍ **b.** sur le lieu de travail, même en dehors du temps de travail.
❍ **c.** sur le trajet.

3 La faute inexcusable de l'employeur est caractérisée par :

❍ **a.** la réalisation même de l'accident.
❍ **b.** la conscience du danger de la part de l'employeur, qui n'a pas pris les mesures nécessaires pour protéger le salarié.
❍ **c.** une volonté de mise en danger.

4 Pour le calcul de la pension de retraite, un trimestre correspond à :

❍ **a.** trois mois de versement de cotisations.
❍ **b.** trois mois travaillés (peu importent les cotisations versées).
❍ **c.** un montant de cotisation égal à 150 h cotisées.

5 Les prestations en nature de l'assurance maladie correspondent :

❍ **a.** au remboursement de soins et de médicaments.
❍ **b.** à une somme d'argent destinée à compenser la perte de revenu.
❍ **c.** aux repas fournis à l'hôpital.

Plusieurs réponses possibles

6 Les principes de la médecine libérale comprennent :

❍ **a.** le secret professionnel.
❍ **b.** la liberté d'installation du médecin.
❍ **c.** l'interdiction d'être médecin salarié.

7 Les prestations en nature de l'assurance maladie sont versées :

❍ **a.** à toute personne résidant de façon stable et régulière en France.
❍ **b.** à toute personne malade en France.
❍ **c.** à toute personne travaillant en France.

8 La reconnaissance de l'accident de travail suppose :

❍ **a.** un dommage physique sur le salarié.
❍ **b.** un dommage moral pour le salarié.
❍ **c.** une atteinte aux biens du salarié.

9 La durée du congé maternité dépend :

❍ **a.** de la volonté de l'employeur.
❍ **b.** de la volonté de la mère.
❍ **c.** du nombre d'enfants que la mère a déjà eu.

10 Pour le calcul de la pension de retraite, seront pris en compte :
- ❍ **a.** tous les revenus du salarié sur les 25 dernières années.
- ❍ **b.** la moyenne des salaires perçus sur les 25 dernières années.
- ❍ **c.** les périodes de chômage pendant la carrière professionnelle du salarié.

Réponses à justifier

11 Les prestations en espèce de l'assurance maladie sont versées :
- ❍ **a.** à toute personne résidant de façon stable et régulière en France.
- ❍ **b.** à toute personne malade en France.
- ❍ **c.** à toute personne travaillant en France.

12 Les allocations familiales sont versées :
- ❍ **a.** à tout parent ayant eu au moins 3 enfants.
- ❍ **b.** à tout parent ayant au moins 2 enfants à charge.
- ❍ **c.** en fonction des ressources de la famille.

13 La reconnaissance d'une maladie professionnelle :
- ❍ **a.** est automatique si on peut prouver que la maladie était présente sur le lieu de travail.
- ❍ **b.** peut dépendre de la profession que l'on exerce.
- ❍ **c.** peut dépendre du délai d'incubation.

14 Les prestations versées en cas d'accident de travail ou de maladie professionnelle sont :
- ❍ **a.** supérieures à celles versées en cas de maladie ou d'accident sans lien avec le travail.
- ❍ **b.** compensent intégralement les pertes et dommages subis par le salarié.
- ❍ **c.** ne compensent que partiellement les pertes et dommages subis par le salarié.

15 Pour demander la liquidation de la pension de retraite, il faut :
- ❍ **a.** avoir travaillé au moins 42 ans.
- ❍ **b.** avoir au moins 62 ans.
- ❍ **c.** avoir moins de 70 ans.

CAS PRATIQUE GUIDÉ

LES OBLIGATIONS D'ANDRÉE TANTOIS EN CONGÉ MALADIE

Andrée Tantois, salariée dans un magasin de vêtements Vêtaffaire, a ressenti de la fièvre et des démangeaisons. Soupçonnant un début de varicelle, le docteur Pons lui a prescrit une semaine d'arrêt de travail. Ce n'était finalement qu'une roséole, un virus tout à fait bénin. Se sentant bien mieux dès le lundi, elle souhaite profiter de la semaine pour aller au cinéma et voir des expositions, ce qu'elle n'a jamais le temps de faire d'habitude.

Ces sorties ont néanmoins un coût, et Andrée Tantois, qui est caissière à temps partiel (80 %), se demande si elle sera bien remboursée des soins, et si elle n'aura pas une importante perte de revenus.

1. **Présentez les prestations auxquelles Andrée aura droit.**
2. **Que pensez-vous de ses différentes sorties ?**

CORRIGÉ

☑ **COMPÉTENCE ATTENDUE : Identifier les risques couverts et présenter leur régime.**

Méthode

La méthodologie générale (identification et explication des principes juridiques applicables, puis application au cas) doit être utilisée pour chacun des points abordés dans le cas.
Vous devez commencer par identifier le régime social auquel est affiliée la personne en question avant d'indiquer les prestations auxquelles elle peut prétendre, en vérifiant leur adéquation à la situation de l'assuré.
Votre analyse du sujet doit être suffisamment précise pour tenir compte des obligations de l'assujetti et vérifier qu'il les respecte.

1. Présentez les prestations auxquelles Andrée aura droit.

PRINCIPES JURIDIQUES

Andrée Tantois étant salariée, elle est affiliée au régime général de la Sécurité sociale.
En cas d'arrêt maladie, elle bénéficiera d'indemnités journalières et de prestations en nature.
Les indemnités journalières sont en principe égales à 50 % du salaire journalier de base (dans la limite de 1,8 fois le SMIC), avec un maximum de 1/730e du plafond de Sécurité sociale (art. R. 323-4 et 323-9 du CSS).
Les prestations en nature concernent la prise en charge de frais : visite médicale et médicaments. Selon l'article L. 162-5-3 du CSS, le versement de ces prestations dépend du respect par la personne du parcours de soins coordonné. Elle doit donc passer par son médecin traitant pour éviter de voir sa participation aux frais majorée.

> **!** Afin d'indiquer les prestations auxquelles a droit une personne, vous devez commencer par identifier le risque couvert pour connaître les prestations correspondantes.

> **!** Outre le fait d'identifier le régime applicable, vous devez également identifier les conditions à respecter par la personne pour bénéficier de cette protection sociale, telles que la déclaration de son arrêt maladie ou le respect du parcours de soins coordonné.

APPLICATION AU CAS

En l'espèce, au regard de la situation professionnelle d'Andrée Tantois, les deux limites concernant les indemnités journalières ne sont vraisemblablement pas atteintes. Seront prises en compte pour le calcul l'ensemble des paies des trois derniers mois.
Andrée doit accomplir correctement les formalités d'envoi des feuilles d'arrêt de travail à son employeur et à la CPAM (dans les 48 heures).
En ce qui concerne les prestations en nature, les frais de soins exposés par Andrée Tantois sont, d'une part, la consultation du docteur Pons et, d'autre part, l'achat éventuel de médicaments.
Andrée Tantois doit, pour être remboursée au mieux, avoir déjà déclaré un médecin traitant et l'avoir consulté.
La consultation lui sera alors remboursée à hauteur de 70 % du tarif de Sécurité sociale, soit, avec la participation forfaitaire de 1 euro, 70 % × 23 euros – 1 = 15,10 euros.

> **!** Dans l'hypothèse où le salarié aurait des horaires irréguliers, peu importe le nombre d'heures de travail prévues pendant la semaine où il est en arrêt, puisque c'est une moyenne qui s'applique.

Hors parcours de soins, la participation d'Andrée serait majorée. Le reste à charge total dépend, bien sûr, du tarif pratiqué par le médecin, s'il applique des dépassements d'honoraires notamment.
Concernant enfin les éventuels médicaments prescrits, le taux de remboursement varie.

Méthode

Aucun élément du cas ne permet de se prononcer sur le taux de remboursement du traitement. Votre réponse ne peut donc être plus précise dans ce cas.

2. Que pensez-vous de ses différentes sorties ?

PRINCIPES JURIDIQUES

> **!** Vous devez analyser les sorties du salarié au regard de sa situation : arrêt maladie, congé maternité ou retraite. En fonction du motif de suspension de son contrat de travail, ses obligations seront différentes.

L'arrêt de travail est prescrit en principe en cas d'incapacité de travail et implique une obligation de repos. Il incombe donc à l'assuré de rester dans sa circonscription médicale. L'incapacité de travail et le repos peuvent ainsi faire l'objet d'un contrôle médical. Même pendant les heures de sortie éventuellement autorisée, l'assuré doit s'abstenir de toute activité qui ne serait pas compatible avec le repos (une activité professionnelle évidemment, mais différentes décisions de la Cour de cassation admettent également la suspension des indemnités journalières en cas d'activité de loisirs). Cela correspond à son obligation de repos.

APPLICATION AU CAS

Il appartient donc à Andrée Tantois de se tenir à disposition de cet éventuel contrôle, en respectant les heures de sortie, si les sorties ont été autorisées. Si tel n'est pas le cas, la caisse serait fondée à réclamer la restitution des indemnités journalières. Si la durée même de l'arrêt de travail n'est pas remise en cause, il est plutôt conseillé à Andrée Tantois de ne pas multiplier les activités durant cette période.

> **!** Outre la suspension des indemnités journalières, le salarié peut également être sanctionné par l'employeur qui mettra fin au versement des indemnités complémentaires. En revanche, il ne peut pas rompre le contrat de travail sur ce motif du fait de sa suspension.

AUTOÉVALUATION

La grille d'autoévaluation ci-dessous vous permet d'évaluer votre niveau et de vérifier si vos réponses correspondent aux attendus de l'examen.

Questions	Niveau 1	Niveau 2	Niveau 3	Niveau 4
	Un premier élément de réponse, mais très incomplet, des erreurs, des contresens	*Des éléments de réponse isolés, des approximations et/ou de la paraphrase*	*Question comprise : des éléments de réponse pertinents mais incomplets au niveau des savoirs et/ou de l'application*	*Compétence attendue mobilisée avec mobilisation complète des savoirs associés à la compétence. Application pertinente.*
1. Présentez les prestations auxquelles Andrée aura droit. *(voir Section I.A)*	❑ Vous n'avez pas compris le sens de la question posée. ❑ Vous considérez qu'aucune prestation n'est due puisque l'arrêt ne semble plus justifié. ❑ Vous n'avez pas pris le temps d'identifier ni le régime ni le risque couvert.	❑ Vous évoquez les prestations en nature ou en espèces mais vous ne les présentez pas. ❑ Vous oubliez d'indiquer les obligations du salarié pour en bénéficier. ❑ Votre application est très incomplète.	❑ Vous présentez les prestations en nature et l'indemnité journalière mais vous n'indiquez pas les obligations du salarié pour en bénéficier. ❑ Votre application précise le calcul de ces indemnités mais est incomplète.	❑ Vous présentez les prestations auxquelles a droit la salariée ainsi que ses obligations liées à sa situation. ❑ Votre application est complète sur le mode de calcul de ces différentes prestations et sur les étapes à respecter par la salariée pour en bénéficier.
2. Que pensez-vous de ses différentes sorties ? *(voir Section I.B)*	❑ Vous ne présentez aucune obligation du salarié en arrêt maladie. ❑ Vous validez les sorties d'Andrée pendant son arrêt maladie.	❑ Vous indiquez que les sorties sont interdites pendant un arrêt maladie sans autre précision. ❑ Vous concluez qu'Andrée doit retourner travailler puisqu'elle se sent mieux.	❑ Vous précisez les contrôles possibles pendant l'arrêt maladie et l'impossibilité de sortir. ❑ Vous n'indiquez pas que des sorties sont possibles sous conditions. ❑ Vous ne précisez pas les effets de ce non-respect des règles en matière de sortie.	❑ Vous précisez les obligations du salarié pendant l'arrêt maladie et la limitation des sorties possibles. ❑ Vous évoquez la notion de contrôle et ses conséquences. ❑ Vous appliquez ces règles au cas d'Andrée.

EXERCICES

1 Accident de travail dans le restaurant *Le Gourmet*

20 min

COMPÉTENCES ATTENDUES : Identifier les risques couverts et présenter leur régime respectif. Qualifier un accident du travail.

Marco Porto est serveur dans le restaurant *Le Gourmet*. Hier, il a glissé sur une frite pendant son service et s'est cassé la jambe. Il vous demande comment sa situation sera prise en charge par l'assurance maladie. Il va en effet être arrêté pendant un mois sans pouvoir travailler.

1. **Rappelez la définition de l'accident de travail.**
2. **Expliquez la démarche à suivre pour faire reconnaître un accident comme accident de travail.**

2 Qualification de la maladie professionnelle de Franck Courtois

30 min

COMPÉTENCES ATTENDUES : Identifier les risques couverts et présenter leur régime respectif. Distinguer la prise en charge d'un risque selon son origine professionnelle ou non. Qualifier une maladie professionnelle.

Franck Courtois vient voir la DRH de son entreprise, Marina Port. Il lui présente un certificat médical attestant qu'il a contracté la maladie de Lyme et un avis d'arrêt de travail délivré par son médecin traitant, le docteur Rotule, pour six mois. Franck Courtois est comptable, mais va régulièrement rendre visite à ses clients sur site, souvent en campagne. Il a entendu dire, par le délégué syndical Jules Rouget, que sa maladie peut être prise en charge comme maladie professionnelle. Marina Port estime, quant à elle, qu'il n'est pas du tout établi que sa maladie a un lien avec son travail.

1. **Rappelez ce qu'est une maladie professionnelle.**
2. **Comment Franck Courtois peut-il établir le lien entre sa profession et sa maladie ?**

3 Conditions d'indemnisation de l'arrêt maladie de John Fritz

40 min

COMPÉTENCES ATTENDUES : Identifier les risques couverts et présenter leur régime respectif. Distinguer la prise en charge d'un risque selon son origine professionnelle ou non.

John Fritz est ingénieur informaticien. Tout juste diplômé de son école, il a du mal à choisir une entreprise définitive et préfère enchaîner les CDD de remplacement dans différentes structures. Cela fait maintenant trois ans qu'il travaille ainsi, toujours à temps plein.
Dernièrement, alors qu'il travaillait pour une entreprise de transport, il a attrapé la grippe et a été arrêté pendant une semaine. Étant alors hébergé chez sa sœur, il n'a pu se rendre chez son médecin traitant et a consulté le médecin que cette dernière lui a conseillé.
John se demande si sa situation va être prise en charge par l'assurance maladie du fait de sa précarité. Il a décidé de passer ces quatre jours chez sa sœur pour se reposer au mieux.

1. **Indiquez le régime dont John Fritz dépend.**
2. **Vérifiez s'il remplit les conditions d'ouverture de droit aux prestations d'assurance maladie.**
3. **Analysez les prestations auxquelles il aura droit.**
4. **Que pensez-vous de sa décision de rester chez sa sœur ?**

CAS DE SYNTHÈSE

GESTION D'UN ACCIDENT DE TRAVAIL ET D'UN DÉPART À LA RETRAITE AU SEIN DE LA COOPÉRATIVE COOPBL

50 min

☑ COMPÉTENCES ATTENDUES : **Identifier les risques couverts et présenter leur régime respectif. Distinguer la prise en charge d'un risque selon son origine professionnelle ou non. Qualifier un accident du travail ou de trajet. Caractériser la faute inexcusable de l'employeur et son incidence pour ce dernier et sur le droit à réparation du salarié.**

Mise en situation

Léa fait un stage au sein du service des ressources humaines de la société coopérative COOPBL dont l'activité est la fabrication de beurre et de lait en poudre. Elle doit traiter plusieurs dossiers différents qu'elle vous soumet afin d'avoir votre avis.

Le premier dossier concerne Émilien Nomod, agent commercial, qui a été victime d'un accident de la route alors qu'il rentrait chez lui. Parti à 18 h 00 de la coopérative, il a fait un détour pour passer à la pharmacie avant de rentrer chez lui. En sortant de sa voiture, côté rue, un camion est passé et l'a percuté. Émilien a été hospitalisé et a un mois d'arrêt du fait de multiples contusions.

Le second dossier est relatif à l'accident de Viviane Descamps qui a glissé dans l'escalier en sortant de l'atelier. Hervé Botu, délégué syndical, avait signalé plusieurs fois au dirigeant la dangerosité des marches de cet escalier qui aurait dû être rénové, mais rien n'a été fait…

Dans le dernier dossier, il s'agit de Madeleine Tilipos qui vient d'avoir 65 ans et souhaite partir à la retraite. Elle a travaillé depuis l'âge de 25 ans et se demande quel sera le montant de sa pension.

1. **Analysez la situation d'Émilien afin de qualifier l'accident dont il a été victime et ses effets.**
2. **Précisez la responsabilité de l'employeur de Viviane dans le cadre de son accident.**
3. **Présentez à Madeleine les modalités de calcul de sa pension de retraite.**

Vous disposez d'un document pour étayer vos réponses.

DOCUMENT

Arrêt de la Cour de cassation n° 18-25021 du 8 octobre 2020

Faits et procédure

1. Selon l'arrêt attaqué (Paris, 28 septembre 2018), le 31 juillet 2008, M. U…, salarié en qualité de conducteur receveur de la société N'4 Mobilités (l'employeur), a été victime d'une agression physique, à bord de l'autobus qu'il conduisait. La caisse primaire d'assurance maladie de Seine-et-Marne ayant pris en charge cet accident au titre de la législation professionnelle, M. U… a saisi une juridiction de sécurité sociale d'une action en reconnaissance de la faute inexcusable de l'employeur.

Examen des moyens

Énoncé du moyen

3. M. U… fait grief à l'arrêt de dire que l'accident du travail n'est pas dû à la faute inexcusable de l'employeur, alors « qu'en vertu du contrat de travail le liant à son salarié, l'employeur

est tenu envers ce dernier d'une obligation de sécurité de résultat, notamment en ce qui concerne les accidents du travail ; qu'il manque à cette obligation dans le cas où un chauffeur de bus est victime dans le car qu'il conduit d'une agression physique de la part de tiers ; que le manquement à cette obligation a le caractère d'une faute inexcusable lorsque l'employeur avait ou aurait dû avoir conscience du danger auquel était exposé le salarié et qu'il n'a pas pris les mesures nécessaires pour l'en préserver ; qu'en l'espèce, il résulte des propres constatations de la cour qu'en vingt mois vingt-trois agressions de chauffeurs de car avaient eu lieu donc quatre sur la ligne 202 dont l'une déclarée par M. U...

Réponse de la Cour

Vu les articles L. 452-1 du Code de la sécurité sociale, L. 4121-1 et L. 4121-2 du Code du travail

4. Le manquement à l'obligation légale de sécurité et de protection de la santé à laquelle l'employeur est tenu envers le travailleur a le caractère d'une faute inexcusable lorsque l'employeur avait ou aurait dû avoir conscience du danger auquel était soumis le travailleur et qu'il n'a pas pris les mesures nécessaires pour l'en préserver.

5. Pour dire que la connaissance par l'employeur d'un danger antérieurement à l'accident n'est pas établie et rejeter la demande en reconnaissance de la faute inexcusable de celui-ci, l'arrêt retient qu'au jour de l'accident, seules quatre agressions en vingt mois avaient été signalées sur la ligne. Il relève que si, à l'évidence, M. U... souhaitait changer de ligne, il ne justifie pas avoir signalé à son employeur les injures, humiliations et menaces dont il faisait état dans son courrier du 29 juillet 2008, faits distincts de l'agression qui s'est réalisée.

6. En statuant ainsi, alors qu'il résultait de ses constatations que l'employeur avait ou aurait dû avoir conscience du risque d'agression physique auquel étaient exposés les conducteurs, la cour d'appel, qui n'a pas tiré les conséquences légales de ses propres constatations, a violé les textes susvisés.

PAR CES MOTIFS, la Cour : CASSE ET ANNULE, sauf en ce qu'il déclare recevable l'action en reconnaissance de la faute inexcusable de l'employeur, l'arrêt rendu le 28 septembre 2018.

CHAPITRE 25

L'assurance chômage et les autres formes de protection sociale

À l'issue de ce chapitre,

• vous serez capable :

❒ d'identifier les conditions d'indemnisation du chômage, les droits et obligations du demandeur d'emploi ;
❒ d'apprécier la validité du motif et des modalités de recours à l'activité partielle ;
❒ d'identifier les institutions et les opérations réalisées par les régimes complémentaires ;
❒ de déterminer si un régime de protection sociale complémentaire est obligatoire ou facultatif ;
❒ Identifier les personnes assujetties, les organismes et les caractères d'autres régimes sociaux.

• vous saurez identifier :

❒ le chômage total ;
❒ l'activité partielle ;
❒ les régimes complémentaires : institutions et opérations ;
❒ les assurances maladie, vieillesse et chômage des personnes assujetties aux autres régimes.

Mettez-vous en situation

Alors que Jade vient de signer son contrat de travail au sein de la société Décorplus, la DRH de son entreprise lui explique qu'elle a l'obligation de cotiser à la complémentaire santé mise en place par l'entreprise et à plusieurs régimes de retraite complémentaire. Jade se demande à quoi correspondent ces régimes.
De plus, le contexte sanitaire étant incertain, elle s'interroge aussi sur son statut au cas où l'entreprise viendrait à réduire son activité ou à fermer. Elle vous demande conseil.
Quelles réponses pouvez-vous lui apporter ?

I. Le chômage

A La gestion de l'assurance chômage

Les liens entre la protection contre le chômage et la politique de l'emploi sont forts :

- Le chômage figure parmi un ensemble appelé « droit de l'emploi » essentiellement issu du Code du travail.
- Les dépenses et recettes de l'assurance chômage sont directement liées à la situation du marché du travail.

Créée en 1958, l'assurance chômage est fondée à l'origine sur une convention collective nationale et ne fait donc pas partie de la Sécurité sociale au sens strict.

1. Un double système

L'assurance chômage désigne à la fois :

- Le système national d'aide aux salariés involontairement privés d'emploi, chargé de verser un revenu de remplacement permettant d'attendre, dans les meilleures conditions pos-

sible, la réinsertion dans la vie professionnelle, et fonctionnant selon les principes d'une assurance sociale.
- Le régime d'assistance, complémentaire à celui de l'assurance.

Ce système recouvre aussi à la fois l'indemnisation du chômage, et l'accompagnement à la recherche d'emploi.
Des institutions dédiées gèrent à la fois les régimes d'assurance et d'assistance chômage. Elles ont un statut associatif de droit privé et agissent sur le plan national et local.
- **Sur le plan national.** L'Unédic joue un rôle fédérateur pour ce qui relève de l'indemnisation : elle veille ainsi à l'uniformité d'application de la réglementation aux chômeurs. Elle joue aussi un rôle pour l'élaboration et l'interprétation de cette réglementation. Pôle emploi coordonne la recherche d'emploi au niveau national.
- **Sur le plan local.** La mise en œuvre de l'assurance chômage relève de **Pôle emploi**, qui inscrit les demandeurs d'emploi, verse les prestations chômage, participe au reclassement, etc.

2. La convention collective nationale d'assurance chômage (CCNAC) et sa remise en cause

Selon les principes du paritarisme, la **CCNAC** est gérée par les organisations syndicales représentant des employeurs et des salariés. Les partenaires sociaux fixent, à l'intérieur d'un cadre légal, la réglementation de l'indemnisation, des aides à l'emploi et le taux des contributions.
Cette convention est en principe conclue pour une durée de 2 à 3 ans, en fonction de la situation financière du régime et agréée par le ministre chargé de l'Emploi. Elle s'impose à la totalité des entreprises du secteur privé en France (métropole et DROM-COM).
Cependant, l'échec des négociations entre les partenaires sociaux a, en 2019, conduit le gouvernement à prendre des décrets se substituant à la convention en vigueur.

B L'indemnisation du chômage total par l'assurance chômage

Le chômage concerne toute situation de privation d'emploi. Différentes hypothèses d'indemnisation coexistent, la plus classique étant la privation totale et involontaire d'emploi ou chômage total.

1. Les conditions d'indemnisation

Le décret du 26 juillet 2019, entré en vigueur le 1er octobre 2021, prévoit sept conditions d'éligibilité à l'indemnisation dans le cadre de l'assurance chômage :
- **Avoir involontairement perdu son emploi.** Tous les cas de fin de contrat autres que la démission sont considérés comme une privation involontaire d'emploi et ouvrent droit à indemnisation. À l'exception de certaines démissions pouvant être considérées comme des « départs volontaires légitimes » (non-paiement des salaires, harcèlement, etc.), la démission n'ouvre droit à l'assurance chômage que si l'assuré peut justifier de cinq années d'ancienneté et d'un projet professionnel. À défaut, pendant les six premiers mois, le salarié démissionnaire n'est pas indemnisé (si le chômeur n'a pas retrouvé d'emploi après cette période, il est considéré comme involontairement privé d'emploi, et retrouve donc un droit à être indemnisé).
- Être inscrit comme demandeur d'emploi auprès de Pôle emploi dans les 12 mois suivant la fin du contrat.
- **Justifier d'une durée d'affiliation suffisante** d'au moins 910 heures, soit six mois, au cours des 24 derniers mois pour les moins de 53 ans (au cours des 36 derniers mois à partir de 53 ans).
- Être à la recherche effective, permanente et active d'un emploi. Le chômeur doit être disponible et en mesure de rechercher activement un emploi. La recherche d'emploi doit se concrétiser par des actes positifs (auxquels sont assimilées les démarches de création d'entreprise ou de formation professionnelle), en lien avec le projet personnalisé d'accès à l'emploi (PPAE). Le refus considéré comme injustifié, à deux reprises, d'une offre raisonnable d'emploi est ainsi une cause de radiation.

- Être physiquement apte. À défaut, le demandeur d'emploi relève du régime de l'invalidité.
- Ne pas avoir atteint l'âge légal de la retraite.
- **Résider en France en principe**, ou sur le territoire de l'Union européenne.

Suite à la crise sanitaire liée au Covid-19, plusieurs textes ont reporté en partie l'application de cette réforme. Les derniers textes sont le décret n°2021-1251 du 29 septembre 2021 et l'arrêté du 18 novembre 2021 permettant une application complète de cette réforme au 1er décembre 2021.

! Il existe la possibilité de droits « rechargeables » : si une personne reprend une activité professionnelle sans avoir épuisé ses droits à indemnisation et qu'elle ne renonce pas volontairement à son nouvel emploi, ou que cet emploi a duré moins de 65 jours, alors elle retrouve un droit à être indemnisée.

2. Les modalités d'indemnisation

Définition : L'allocation de retour à l'emploi (ARE) désigne le versement fait par Pôle emploi au chômeur, pour indemniser la perte d'emploi. Elle est calculée sur une base journalière.

Tableau 25.1 Les caractéristiques de l'ARE

Durée	– Principe : 1 jour d'affiliation = 1 jour d'indemnisation. – Maximum : 2 ans ou 730 jours calendaires si moins de 53 ans (jusqu'à 3 ans ou 1 095 jours calendaires à partir de 55 ans à la date de rupture du contrat).
Début	– Point de départ du versement des allocations différable en fonction des indemnités reçues (délai de différé). – Délai de carence de 7 jours entre la fin du contrat de travail (ou après le différé) et le début de la période d'indemnisation, qui court à compter de l'inscription à Pôle emploi.
Montant	– Calcul sur une base journalière, en fonction du SJR, établi par rapport à la rémunération « normale » du salarié (sur une période de référence de 24 mois ou 36 mois à partir de 53 ans). – Allocation égale à 40,4 % du SJR + 12,12 euros par jour, sans que cela puisse être inférieur à 29,56 euros ou 57 % du SJR, ou supérieur à 75 % du SJR. – Pour les revenus supérieurs à 4 500 euros bruts par mois, l'allocation est dégressive au bout de six mois.
Cumul	– Possibilité de cumul de l'ARE avec un revenu lié à une activité professionnelle (pour un total inférieur au SJR). – Incitation à la reprise d'emploi, même partielle, pendant la période d'indemnisation.
Conditions et sanctions	– Respect des mesures d'accompagnement : - Tout demandeur d'emploi est tenu de participer avec son conseiller Pôle emploi à l'élaboration et à l'actualisation de son PPAE. - Les offres d'emploi sont proposées en fonction des critères définis dans le PPAE. Réactualisés en fonction de l'ancienneté dans le chômage, ces critères sont constitutifs de l'offre raisonnable d'emploi. – En cas de non-respect des obligations, possibilité de suspension des allocations. – Existence de différentes mesures d'aide au reclassement et à la formation.

C Les autres modes d'indemnisation du chômage

L'État peut intervenir pour indemniser des situations sortant du cadre de l'assurance chômage : il peut s'agir d'un chômage considéré comme partiel ou, dans le cadre d'un régime de solidarité, de droits épuisés.

1. L'activité partielle (chômage partiel ou technique)

a. Champ d'application

Définition : Le chômage partiel est un dispositif pris en charge partiellement par l'État pour permettre à une entreprise confrontée à des difficultés économiques conjoncturelles, et afin d'éviter des licenciements, de limiter la baisse de rémunération mensuelle de ses salariés.

Une compensation est ainsi mise en place en cas de baisse du nombre d'heures travaillées ou de suspension provisoire d'activité. Le dispositif a été largement étendu par le décret du 25 mars 2020.
Au-delà de quatre semaines de fermeture de l'entreprise, les salariés bénéficient alors automatiquement de l'assurance chômage.

b. Indemnisation

Pendant la période d'activité partielle :

- **L'employeur reçoit** de l'Agence de services et de paiement (ASP) **une allocation** équivalente à une part de la rémunération horaire du salarié placé en activité partielle. Afin d'obtenir le remboursement par l'État, l'entreprise doit, avant de recourir au chômage partiel, consulter le CSE et obtenir une décision d'autorisation préalable de la DREETS (l'absence de réponse sous 48 h vaut accord), pour une durée maximale de 12 mois.
- **Le salarié reçoit** de son employeur **une indemnité d'activité partielle**, en lieu et place de son salaire pour la période durant laquelle il est placé en activité partielle. Pour chaque heure chômée, les salariés reçoivent une allocation égale à 60 % depuis le 01/10/2021 (sauf cas spécifiques liés à la crise sanitaire) de leur rémunération horaire brute, **(soit environ 72 % du salaire net), dans la limite d'une rémunération de 4,5 SMIC, avec un minimum de 8,30 euros par heure** (100 % s'ils sont en formation pendant ces heures).

Exemple : L'entreprise peut solliciter une allocation d'activité partielle pour un ou plusieurs employés dans l'impossibilité de travailler, si elle est concernée par les arrêtés prévoyant sa fermeture, confrontée à une baisse d'activité et/ou des difficultés d'approvisionnement, ou s'il lui est impossible de mettre en place les mesures de prévention nécessaires pour la protection de la santé des salariés (télétravail, geste barrière, etc.) pour l'ensemble de ses salariés.

2. Les prestations de solidarité

Elles sont destinées aux personnes cumulant deux critères :

- Elles ne peuvent pas ou plus être indemnisées au titre de l'assurance chômage (les chômeurs de longue durée en particulier pouvant justifier d'au moins cinq ans d'activité dans les 10 ans précédant la fin du contrat pour l'ASS).
- Elles ne dépassent pas un plafond de ressources sur les 12 derniers mois.

Par définition, les indépendants sont exclus du bénéfice de l'assurance chômage. Cependant, ils peuvent cotiser à des régimes de protection volontaire. De plus, la loi n° 2018-771 du 5 septembre 2018 a prévu la mise en place d'une allocation chômage des travailleurs indépendants (ATI) sous le respect de certaines conditions. Sont concernés les travailleurs indépendants non agricoles et les assimilés-salariés (gérant de SARL P-DG de SA, etc.).

> **!** Cette allocation est versée sous condition d'exercice d'une activité professionnelle minimale de 2 ans et que l'entreprise ait fait l'objet d'une procédure de redressement ou de liquidation judiciaire mettant la personne concernée effectivement à la recherche d'un emploi.

II. L'aide sociale

Contrairement à la Sécurité sociale qui couvre des risques, l'**aide sociale** s'applique à des situations de besoin.

Définition : L'aide sociale est un droit subjectif, octroyé en fonction de situations individuelles. L'aide sociale est à la fois le dernier filet de sécurité et le premier échelon des différents niveaux de protection sociale.

Puisqu'elles sont fondées sur un besoin ou sur une situation de pauvreté, les prestations d'aide sociale dépendent des ressources.

A Un droit subsidiaire et temporaire

L'aide sociale est considérée comme un droit subsidiaire et temporaire car elle ne s'applique que lorsque l'individu ne dispose d'aucun autre moyen. Celui-ci doit en principe subvenir à ses propres besoins, avec un accompagnement si nécessaire. Sa situation est donc régulièrement réévaluée et les prestations d'aide sociale cessent avec le besoin. Ces dernières peuvent donner lieu à récupération (sur héritage ou auprès de la famille proche).
L'aide sociale relève d'une logique d'assistance financée par l'impôt. C'est pourquoi les prestations d'aide sociale sont pour l'essentiel réservées aux nationaux, sous réserve du principe de non-discrimination applicable à l'ensemble des ressortissants de l'Union européenne, et souvent assorties d'une condition de résidence régulière en France.

B Un droit complexe

L'aide sociale est un droit complexe, en raison de la diversité des prestations et des organismes gestionnaires. Les principales prestations d'aide sociale sont constituées par les **minima sociaux**. Ils s'appliquent à des situations particulières, sous conditions d'ouverture différentes. Ainsi, l'allocation aux adultes handicapés (AAH) est versée aux personnes de 20 ans ou plus, sous conditions de ressources et après accord des CDAPH qui apprécient le taux d'incapacité et la possibilité de se procurer un emploi.
Seul le RSA est versé par la CAF sous les seules conditions de ressources, d'âge et de résidence régulière en France, indépendamment de toute situation particulière. Il s'accompagne d'un dispositif de réinsertion et peut être partiellement cumulé avec de faibles revenus d'activité par le versement d'une « prime d'activité ».

> **!**
> Les minima sociaux sont des prestations différentielles : ils sont définis par un montant maximal, selon la composition du foyer et, éventuellement, les revenus. Le montant versé varie lui aussi en fonction des ressources du bénéficiaire et des membres du foyer.

III. La protection sociale complémentaire

La **protection sociale complémentaire** désigne l'ensemble des régimes, obligatoires ou facultatifs, venant en complément des régimes de base de Sécurité sociale.

A Les régimes de retraite complémentaire obligatoires

Définition : Un régime de retraite complémentaire obligatoire désigne un régime auquel il est obligatoire de s'affilier, mais qui ne relève pas de la Sécurité sociale et vient en complément du régime de base de retraite.

Figure 25.1 **Les régimes de retraite**

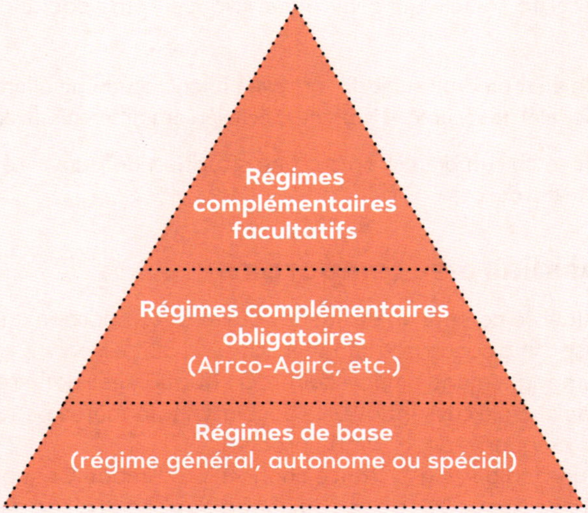

Il existe un régime obligatoire de retraite complémentaire principale, pour tous les salariés du secteur privé, sous forme d'une fédération de droit privé à but non lucratif gérée paritairement par les partenaires sociaux : AGIRC-ARRCO, né de la fusion de l'Association générale des institutions de retraite des cadres (AGIRC) et de l'Association pour le régime de retraite complémentaire des salariés (ARRCO).
Pour ceux qui ne sont pas salariés du secteur privé (fonctionnaires, contractuels dans les collectivités locales, salariés d'EPIC, professions libérales, etc.), il existe de nombreux autres régimes complémentaires obligatoires.

1. Rôle

> **!** L'AGIRC-ARRCO couvre obligatoirement tous les salariés du secteur privé.

La fédération est chargée de prendre les mesures nécessaires pour assurer l'équilibre financier du régime actuel.
Les entreprises ont l'obligation d'adhérer à une institution de retraite complémentaire relevant du régime Agirc-Arrco pour l'ensemble de leurs salariés.

2. Financement

Les retraites complémentaires obligatoires sont financées par des cotisations complémentaires, et fonctionnent selon le principe de répartition (les montants versés sont directement financés par les ressources collectées, sans donner lieu à l'accumulation de réserves, autres que celles indispensables comptablement). Elles reposent donc sur la solidarité interprofessionnelle et intergénérationnelle.
Le salarié acquiert des droits pendant ses périodes d'emploi, mais aussi de chômage ou d'incapacité : ces droits s'expriment en points, en fonction du salaire de référence. Le salarié peut demander la liquidation de sa pension lorsqu'il cesse toute activité salariée et qu'il atteint, en principe, 67 ans (période de transition de 65 à 67 ans et coefficients de minoration). Il existe également différentes majorations. Les partenaires sociaux adoptent souvent des conditions très proches du régime général, mais l'alignement n'est pas total.

Montant de la pension de retraite complémentaire
= Nombre de points acquis × Valeur du point au jour de la liquidation de la retraite

B Les régimes complémentaires facultatifs

Les **régimes complémentaires facultatifs** font partie de la protection sociale, mais aussi de la politique salariale d'une entreprise.
La protection complémentaire ou conventionnelle peut prendre différentes formes. **Quatre éléments** principaux caractérisent un régime de protection complémentaire.

1. La nature de la couverture

La couverture prévue par ce régime complémentaire facultatif peut être une couverture individuelle ou collective.

Figure 25.2 Les deux types de couvertures complémentaires facultatives

Protection complémentaire individuelle	Protection complémentaire collective
Souscrite par l'assuré lui-même, ou par l'entreprise, pour un ou plusieurs salariés désignés. – Liberté contractuelle quant aux prestations concernées. – Pas d'avantages sociaux et fiscaux.	Souscrite par l'entreprise, pour une **catégorie de travailleurs** de l'entreprise, **objectivement définie** (peu importe le nombre de salariés concernés). – Obligation de prévoir les mêmes garanties pour tous les salariés concernés. Toute discrimination est interdite. – S'accompagne, sous conditions, d'avantages sociaux (exonération de cotisations) et fiscaux pour l'employeur.

2. L'institution gestionnaire

La gestion interne à l'entreprise, risquée, est en principe interdite.
Toutefois, le CSE peut prendre en charge certaines prestations ou participations au financement d'un contrat de protections complémentaires, au titre des activités sociales et culturelles. Il s'agit alors nécessairement d'un **avantage collectif** (destiné à une ou des catégories objectives de salariés), et le salarié ne peut être contraint de cotiser.

> **!** Il est donc nécessaire d'avoir recours à une gestion externe à l'entreprise, et de passer un contrat avec un organisme assureur.

Trois types d'organismes peuvent intervenir en matière de protection complémentaire :

- les sociétés d'assurance ;
- les institutions de prévoyance ;
- les mutuelles.

Ces organismes relèvent de principes de fonctionnement et de législations différentes, même si des principes communs de droit des assurances s'appliquent, quel que soit l'organisme choisi. Un organisme peut être recommandé au niveau de la branche, si une « clause de recommandation » figure dans une convention collective.

3. Le mode de mise en place d'une protection complémentaire collective en entreprise

Une protection complémentaire d'entreprise peut être mise en place par :

- une **décision unilatérale** de l'employeur, mais il est alors en principe interdit d'imposer aux salariés de participer au financement de la couverture mise en place ;
- un **accord collectif** (c'est le mode le plus utilisé en pratique), conclu en application des règles de droit du travail et assorti d'obligations spécifiques de négociation ;
- ou un **référendum** auprès des salariés concernés.

Quel que soit le mode de mise en place utilisé, le CSE est obligatoirement informé et consulté au préalable.

4. Les risques couverts

La couverture mise en place peut être entièrement facultative, ou elle peut être rendue obligatoire par un accord collectif, voire par la loi qui oblige les entreprises à couvrir certains risques.
Tous les risques sociaux peuvent être couverts par des régimes de protection complémentaire mais les entreprises ont l'obligation de prévoir une couverture complémentaire :

- d'assurance décès pour les cadres ;
- de maintien de salaire en cas de maladie, en complément des indemnités journalières, sous conditions ;
- de maladie, maternité et accident. La loi définit un socle minimal de prestations, que l'entreprise doit souscrire pour les salariés ; elle peut choisir de proposer des prestations qui vont au-delà du socle minimal.

Il existe des dispositifs de **portabilité des droits** : les garanties sont maintenues jusqu'à un an après la fin du contrat de travail en cas de chômage indemnisé, ou peuvent l'être aussi si le salarié prend sa retraite (à la charge au moins partielle du retraité dans ce cas).
Chaque entreprise reste libre du régime qu'elle met en place sous couvert de respecter les caractéristiques générales. Il est possible, selon le principe de la liberté contractuelle, de moduler des mécanismes de protection complémentaire.
En matière de retraite, l'entreprise est incitée à mettre en place un plan d'épargne retraite d'entreprise [voir Chapitre 22].

IV. Les autres régimes sociaux dits régimes autonomes

Certains individus ne dépendent ni du régime général ni des régimes spéciaux mais des régimes dits autonomes que sont le **régime des indépendants** et le **régime agricole**.

A Les personnes assujetties à ces régimes autonomes

1. Les personnes assujetties au régime des indépendants

Le régime social des indépendants concerne les travailleurs indépendants et partiellement les professions libérales. On les appelle également les **travailleurs non salariés** (TNS).

Définition : Le travailleur indépendant se définit comme la personne exerçant une activité professionnelle à son compte et enregistrés légalement.

Le travailleur indépendant est autonome et organise la gestion de son travail librement. Il n'est pas lié par un lien de subordination. Son statut est opposé à celui de salarié [voir Chapitres 1 et 5].
Il n'est pas soumis au Code du travail.

> **Exemples :** Artisans, commerçants, micro-entrepreneurs, certains dirigeants ou associés de société, conjoints collaborateurs.

Définition : Les professions libérales regroupent les personnes exerçant à titre habituel et en toute indépendance une activité de prestations principalement intellectuelles, techniques ou de soins.

Ces professions libérales peuvent être réglementées (ex. : infirmier, médecin, vétérinaire, avocat, notaire, architecte, expert-comptable, commissaire aux comptes). Il peut s'agir également de professions libérales non réglementées (ex. : consultants, designer, professeur de sport, ostéopathe, etc.).

2. Les personnes assujetties au régime agricole

Le régime agricole concerne les personnes exerçant une activité agricole qu'ils soient salariés ou exploitants, ainsi que leurs ayants droit.

B Les organismes et les caractéristiques de ces régimes

1. Les organismes compétents pour gérer les régimes autonomes

a. Le régime social des indépendants (RSI)

Il a été supprimé par la LFSS du 31 décembre 2017. L'objectif est de le rattacher au régime général de la Sécurité sociale [voir Chapitre 24]. On parle désormais de **régime de la sécurité sociale des indépendants** (RSSI) qui n'est donc plus un régime autonome. Les travailleurs concernés doivent s'adresser aux organismes du régime général : CPAM, CNAV et CARSAT [voir Chapitre 23] et à l'Urssaf pour le règlement des cotisations.

> **!** Cette intégration au régime général de la Sécurité sociale n'a entraîné aucune démarche de la part des assurés et n'a pas modifié leurs droits.

Par ailleurs, un organisme spécifique a été créé : le **Conseil de la protection sociale des travailleurs indépendants (CPSTI)**. Il est chargé de représenter les indépendants et professions libérales au sein du régime général de la Sécurité sociale en veillant à la bonne application du Code de la Sécurité sociale aux indépendants et en déterminant les orientations générales de l'action sanitaire et sociale en faveur des travailleurs indépendants.

b. Le régime social agricole

Il est géré au plan national par la caisse centrale de la Mutualité sociale agricole (MSA) [voir Chapitre 23] sous la tutelle du ministère de l'Agriculture.
Il s'agit du régime social obligatoire des agriculteurs par comparaison avec le régime général obligatoire des salariés (le régime de la Sécurité sociale).
La MSA est également présente au plan local dans le cadre de caisses locales de la MSA couvrant au maximum quatre départements.

> **!** La MSA est une mutuelle. Les assujettis sont donc appelés des adhérents et son mode de fonctionnement repose sur la solidarité et la démocratie sociale.

2. Les caractéristiques de ces autres régimes sociaux

a. Le régime des indépendants rattaché au régime général

Il gère la couverture maladie des travailleurs non salariés et les retraites de base et complémentaires des indépendants.

> **!** Les régimes de retraite des professions libérales continuent à être gérés, pour le moment, par des organismes spécifiques. Le projet de réforme des retraites non finalisé avait pour but de supprimer également ces organismes indépendants pour les intégrer au régime général.

Ainsi la Caisse nationale d'assurance vieillesse des professions libérales (CNAVPL) fédère dix caisses de retraite, dénommées « Sections professionnelles » et concerne toutes les professions libérales telles que médecins (Caisse autonome de retraite des médecins de France, CARMF), experts-comptables et commissaire aux comptes (Caisse d'assurance vieillesse des experts-comptables, CAVEC) ou encore notaires (Caisse de prévoyance et de retraite des notaires, CPRN). Les avocats sont les seuls à ne pas faire partie de cette caisse puisqu'ils sont gérés par la Caisse nationale des barreaux français (CNBF).

b. La MSA

Elle assure la gestion des risques sociaux que ce soit la santé, la famille, les accidents du travail, les maladies professionnelles et la retraite au sein d'un guichet unique contrairement au régime social général qui est structuré en plusieurs branches. Elle s'occupe également du recouvrement des cotisations et contributions sociales, ainsi que de l'assurance chômage et des cotisations conventionnelles pour de nombreux organismes. La protection sociale prise en charge par ce régime est dans l'ensemble comparable à celle assurée dans le cadre du régime général.

> **!** Pour le chômage, vous devez différencier les exploitants qui seront soumis aux mêmes règles que les indépendants et les salariés qui doivent respecter les mêmes règles que les salariés du privé.

SYNTHÈSE

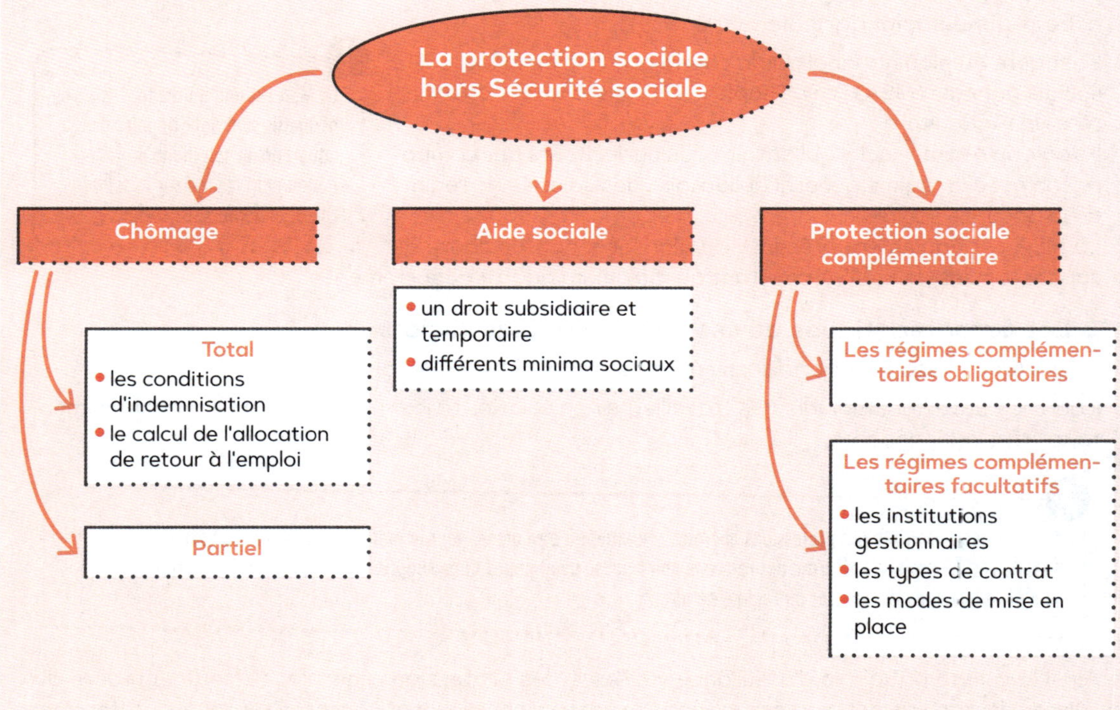

Faites le point sur les notions clés : allocation de retour à l'emploi (ARE) p. 415, chômage partiel p. 416, aide sociale p. 417, régime de retraite complémentaire obligatoire p. 417, travailleur indépendant p. 420, professions libérales p. 420.

Révisez avec les flashcards
www.lienmini.fr/dcg03-50

QCM

Réponse unique

QCM interactif

www.lienmini.fr/dcg03-51

1 L'organisme qui verse les allocations-chômage est :

❍ **a.** Pôle emploi.
❍ **b.** l'Unédic.
❍ **c.** la CPAM.

2 La durée maximale d'indemnisation pour un demandeur d'emploi de moins de 53 ans est de :

❍ **a.** 2 ans. ❍ **b.** 3 ans. ❍ **c.** 4 ans.

3 Le montant horaire de l'allocation versée en cas de chômage partiel (par rapport au salaire horaire de référence) s'élève à :

❍ **a.** 50 %. ❍ **b.** 60 %. ❍ **c.** 90 %.

4 Pour bénéficier des prestations d'aide sociale, il faut :

❍ **a.** résider régulièrement en France.
❍ **b.** avoir la nationalité d'un pays de l'Union européenne.
❍ **c.** justifier de ressources.

5 Les travailleurs indépendants dépendent :

❍ **a.** du régime général de la Sécurité sociale.
❍ **b.** du régime agricole.
❍ **c.** d'un régime autonome qui leur est propre.

Plusieurs réponses possibles

6 Les entreprises ont l'obligation de mettre en place pour leurs salariés une couverture complémentaire :

❍ **a.** accidents du travail.
❍ **b.** retraite.
❍ **c.** maladie.

7 Les entreprises peuvent mettre en place pour leurs salariés une couverture complémentaire :

❍ **a.** par un accord avec les partenaires sociaux.
❍ **b.** par vote de l'ensemble des salariés concernés.
❍ **c.** sur décision du ministère des Affaires sociales.

8 Pour bénéficier des prestations chômage, il faut :

❍ **a.** avoir travaillé au moins 5 ans sur les 10 dernières années.
❍ **b.** avoir travaillé au moins 6 mois sur les 2 dernières années.
❍ **c.** avoir moins de 62 ans.

9 Il est possible de souscrire un contrat de complémentaire santé auprès :

❍ **a.** d'une société d'assurance.
❍ **b.** d'une mutuelle.
❍ **c.** d'une caisse de Sécurité sociale.

10 Les régimes de retraite complémentaire obligatoire concernent :
❍ **a.** les salariés du secteur privé.
❍ **b.** les salariés du secteur public.
❍ **c.** tous les assurés à un régime de base.

Réponses à justifier

11 Quand un employeur met en place une couverture complémentaire pour les salariés de l'entreprise :
❍ **a.** il bénéficie automatiquement d'avantages sociaux et fiscaux.
❍ **b.** il bénéficie d'avantages sociaux et fiscaux seulement sous conditions.
❍ **c.** il bénéficie d'aucun avantage social ou fiscal.

12 Le versement des minima sociaux a lieu :
❍ **a.** pour ceux qui n'ont pas de ressources suffisantes.
❍ **b.** pour ceux dont la famille n'a pas de ressources suffisantes.
❍ **c.** pour ceux qui justifient n'avoir aucun revenu de travail.

13 Le calcul de la pension de retraite complémentaire tient compte :
❍ **a.** du niveau de revenus pendant la carrière professionnelle.
❍ **b.** des ressources.
❍ **c.** des périodes de chômage.

14 Le calcul de l'allocation de retour à l'emploi tient compte :
❍ **a.** du niveau de revenus précédant la période de chômage.
❍ **b.** des ressources.
❍ **c.** des périodes de congé maternité ou paternité.

15 Les indépendants sont tous soumis au même régime
❍ **a.** concernant la protection de la maladie.
❍ **b.** concernant la retraite.
❍ **c.** concernant la protection en cas de chômage.

— CAS PRATIQUE GUIDÉ —

MISE EN PLACE D'UNE PROTECTION COMPLÉMENTAIRE D'ENTREPRISE DANS LA SOCIÉTÉ DE COURTAGE ARGENT +

Odette Cluny, DRH d'une PME en courtage de crédit de 80 salariés, Argent +, souhaite mettre en place une couverture complémentaire pour les cinq cadres de l'entreprise.

Elle sait que la CGT et FO, syndicats représentatifs dans l'entreprise, sont hostiles à ce projet : ils revendiquent une mise en place d'une couverture complémentaire pour l'ensemble des salariés de l'entreprise, et pas seulement pour les cadres.

1. **L'entreprise pourra-t-elle bénéficier d'avantages fiscaux et sociaux sur les cotisations versées ?**
2. **Conseillez à Odette le mode de mise en place d'un régime de prévoyance complémentaire adapté à son entreprise.**

CORRIGÉ

☑ COMPÉTENCES ATTENDUES : **Identifier les institutions et les opérations réalisées par les régimes complémentaires. Déterminer si un régime de protection sociale complémentaire est obligatoire ou facultatif.**

Méthode

En matière de protection sociale complémentaire, vous devez toujours vous demander s'il s'agit d'un contrat collectif, comment mettre en place cette protection et le contenu qu'il convient de lui donner. Chacune de ces questions est nécessaire pour caractériser les règles applicables. Sur ces sujets, votre rôle de conseil est primordial.

1. Les avantages fiscaux et sociaux dont pourra bénéficier l'entreprise.

PRINCIPES JURIDIQUES

L'entreprise qui met en place un régime de protection sociale complémentaire ne bénéficie d'avantages sociaux et fiscaux que si cette couverture est collective et non uniquement individuelle.

Il faut pour cela caractériser en quoi la couverture concerne une catégorie objectivement définie de salariés, quel que soit le nombre de salariés réellement concernés.

APPLICATION AU CAS

En l'espèce, la couverture complémentaire serait applicable aux cadres de l'entreprise. Il s'agit bien là d'une catégorie de salariés, objectivement définie par leur statut. Peu importe qu'ils ne représentent que 5 salariés sur les 80 que compte l'entreprise : celle-ci pourra bien bénéficier d'avantages sociaux et fiscaux (sous forme de déductions) sur les cotisations qu'elle versera pour abonder la couverture complémentaire de ses cadres.

! Il est important de faire une application précise au cas donné en identifiant la catégorie de salariés concernés par le régime complémentaire. Il faut insister sur le critère objectif permettant de déterminer cette catégorie mais aussi sur le fait qu'il n'y a pas de condition d'effectif minimum à respecter.

2. Conseils sur la mise en place d'un régime de prévoyance complémentaire.

PRINCIPES JURIDIQUES

Pour instaurer une couverture complémentaire pour ses salariés, l'entreprise dispose de trois solutions :

- une décision unilatérale de l'employeur, mais l'employeur doit alors financer seul le régime mis en place, car il ne peut imposer aux salariés concernés de participer au financement ;
- un accord collectif avec les partenaires sociaux ;
- un référendum auprès des salariés concernés.

APPLICATION AU CAS

! Vous devez prendre la position d'un conseil et préconiser la solution la plus adaptée à la situation donnée. Vous ne devez pas reprendre dans l'application les trois solutions possibles en les appliquant sous forme conditionnelle en mettant des « si » mais bien faire un choix.

Il est probable que l'employeur préférera faire participer les cadres au financement : la décision unilatérale doit donc être écartée. Le mode de mise en place d'une couverture complémentaire est généralement l'accord collectif, mais, en l'espèce, l'hostilité des syndicats représentatifs dans l'entreprise à ce projet risque de rendre la négociation très délicate. Il est donc préférable de préconiser un référendum. Le faible nombre de salariés concernés (cinq cadres) rend envisageable cette solution, qui suppose l'organisation d'un vote et l'information des votants.

Méthode

Pour l'examen, vous devez revoir le chapitre 21 sur la négociation des accords collectifs. Cette question pourrait attendre une réponse plus précise sur les modalités d'adoption d'un accord collectif d'entreprise qui sont présentées dans ce chapitre.

AUTOÉVALUATION

La grille d'autoévaluation ci-dessous vous permet d'évaluer votre niveau et de vérifier si vos réponses correspondent aux attendus de l'examen.

Questions	Niveau 1	Niveau 2	Niveau 3	Niveau 4
	Un premier élément de réponse, mais très incomplet, des erreurs, des contresens	*Des éléments de réponse isolés, des approximations et/ou de la paraphrase*	*Question comprise : des éléments de réponse pertinents mais incomplets au niveau des savoirs et/ou de l'application*	*Compétence attendue mobilisée avec mobilisation complète des savoirs associés à la compétence. Application pertinente.*
1. L'entreprise pourra-t-elle bénéficier d'avantages fiscaux et sociaux sur les cotisations versées ? *(voir Section II.B.1)*	❑ Vous considérez que l'entreprise peut bénéficier d'avantages dès lors qu'elle met en place d'un régime complémentaire. ❑ OU vous considérez que ce n'est possible que pour un régime de protection individuelle. ❑ Votre application est erronée.	❑ Vous présentez la règle correctement en distinguant protection collective et individuelle mais vous ne mentionnez pas la notion de catégorie. ❑ Votre application est erronée.	❑ Vous présentez la règle correctement en distinguant protection collective et individuelle. ❑ Vous mentionnez la notion de catégorie, mais vous y ajoutez une condition d'effectifs. ❑ Votre application est fausse.	❑ Vous présentez la règle correctement en distinguant protection collective et individuelle. ❑ Vous explicitez la notion de catégorie objective. ❑ Votre application est complète et fait référence à la notion d'effectifs.
2. Conseillez à Odette le mode de mise en place d'un régime de prévoyance complémentaire adapté à son entreprise. *(voir Section II.B.3)*	❑ Vous ne citez pas les différentes modalités possibles pour mettre en place une protection complémentaire. ❑ Vous considérez que l'opposition des syndicats ne permet pas la mise en place d'un tel régime.	❑ Vous citez uniquement l'accord collectif comme moyen de mise en place d'un tel régime. ❑ Votre application est fausse puisque vous pensez que l'opposition des syndicats empêche toute mise en place.	❑ Vous citez les trois modalités de mise en place d'un régime complémentaire mais vous ne conseillez pas précisément Odette sur le mode adapté à sa situation OU vous retenez un mode qui n'est pas adapté.	❑ Vous citez les trois modalités de mise en place d'un régime complémentaire. ❑ Vous conseillez précisément Odette sur le mode adapté à sa situation et le mode retenu dans votre solution est pertinent et justifié.

EXERCICES

1 Indemnisation du chômage total de Lucien à la suite de son licenciement

20 min

COMPÉTENCE ATTENDUE : Identifier les conditions d'indemnisation du chômage et les droits du demandeur d'emploi.

Julien Jussieu, jeune diplômé, occupait depuis un an un poste de « polyvalent » dans une grande chaîne de fast-food *Speedy Burger*, 20 heures par semaine. Il a été licencié il y a un mois, après que la direction lui a reproché de voler dans la caisse. Il cherche maintenant un emploi plus compatible avec ses diplômes.

1. **Vérifiez si Julien peut prétendre à une indemnisation chômage.**
2. **Indiquez comment le montant qui lui serait versé sera calculé.**

2 Minima sociaux pour un serveur à temps partiel

30 min

COMPÉTENCES ATTENDUES : Identifier les opérations réalisées par les régimes complémentaires. Identifier si un régime de protection sociale complémentaire est obligatoire ou facultatif.

Marco Porto travaille à temps partiel comme serveur dans le restaurant *Le Gourmet* à Caen, et gagne 450 euros par mois. Il vit avec ses deux jeunes enfants qu'il élève seul (il perçoit environ 120 euros d'allocations familiales chaque mois). S'étant blessé à son travail, il souffre d'un léger handicap à la main.

Vérifiez si Marco Porto peut prétendre à des minima sociaux.

3 Protection complémentaire au sein de la SARL SCP

40 min

COMPÉTENCES ATTENDUES : Identifier les opérations réalisées par les régimes complémentaires. Identifier si un régime de protection sociale complémentaire est obligatoire ou facultatif.

Véronique Villal est dirigeante de la SARL SPC, centre financier et comptable du groupe Label, fabricant de fromages situé en Normandie. Elle a des difficultés à recruter des diplômés à Bac + 5 dans ce domaine d'activité et réfléchit à la mise en place d'un système de prévoyance complémentaire avantageux qui permettrait de les fidéliser. Elle vous contacte afin d'avoir des précisions sur ses obligations et ses droits dans ce domaine.

Stéphane est intéressé par la mise en place de ce régime et se demande s'il pourra continuer à en profiter en cas de chômage.

1. **Indiquez à Véronique à quel organisme l'entreprise elle peut s'adresser pour gérer ce régime de prévoyance complémentaire.**
2. **Vérifiez quels sont les types de prestations à envisager.**
3. **Que pouvez-vous répondre à Stéphane ?**

CAS DE SYNTHÈSE

RÉGIME SOCIAL DE MATHILDE, ARCHITECTE, ET ALICE, AGRICULTRICE

50 min

COMPÉTENCES ATTENDUES : Identifier les personnes assujetties. Caractériser le régime social ainsi que les organismes chargés des autres régimes sociaux.

Mise en situation

Mathilde vient de valider, après six ans d'études, son diplôme d'architecte. Elle compte s'installer avec un confrère et ouvrir son cabinet près de Limoges. Cependant, Mathilde se pose des questions sur sa protection sociale. Ses parents sont tous les deux salariés et elle se demande si ses droits en cas de maladie mais également pour la retraite seront les mêmes. Elle vous consulte pour que vous puissiez la conseiller au mieux.

Elle en profite pour vous poser les mêmes questions concernant Alice, une amie d'enfance, qui a validé une licence professionnelle d'agriculture biologique et souhaite reprendre l'exploitation de culture maraîchère de ses parents dans laquelle elle est actuellement salariée.

1. **Analysez la situation de Mathilde pour lui présenter le régime de protection sociale auquel elle sera soumise.**
2. **Présentez à Alice le système de protection sociale la concernant en tenant compte de son statut.**

Vous disposez du document ci-après pour étayer vos réponses.

DOCUMENT

Article L731-13 du Code rural et de la pêche maritime

Les jeunes chefs d'exploitation ou d'entreprise agricole bénéficient d'une exonération partielle des cotisations d'assurance maladie, invalidité et maternité, à l'exception de la cotisation prévue pour financer les prestations mentionnées à l'article L. 732-4, et des cotisations de prestations familiales et d'assurance vieillesse agricole dont ils sont redevables pour eux-mêmes et au titre de leur exploitation ou entreprise.

Cette exonération est applicable pendant cinq années civiles aux chefs d'exploitation ou d'entreprise agricole à titre principal à compter de la première année au titre de laquelle des cotisations d'assurance maladie, invalidité et maternité, de prestations familiales et d'assurance vieillesse agricole sont dues. Toutefois, en cas de cessation temporaire d'activité avant la fin de la période d'exonération, le bénéfice de celle-ci est suspendu. Il est rétabli à la reprise d'activité pour la durée d'exonération restant à courir à condition que la cessation d'activité n'excède pas une durée fixée par décret. Pour bénéficier de l'exonération, ils doivent être âgés de dix-huit ans au moins et de quarante ans au plus à la date de leur affiliation au régime de protection sociale des personnes non salariées agricoles ; un décret détermine les dérogations qui peuvent être apportées à ces limites d'âge.

SUJET TYPE D'EXAMEN 5

Le sujet se présente sous la forme de trois dossiers :

DOSSIER 1 – Le statut du demandeur d'emploi	(6 / 20 points)
DOSSIER 2 – Retraite et système de protection sociale	(8 / 20 points)
DOSSIER 3 – Maladie professionnelle	(6 / 20 points)

BASE DOCUMENTAIRE

Document 1 – Âge minimum de départ à la retraite en fonction de la date de naissance
Document 2 – Âge de départ à la retraite à taux plein
Document 3 – Nombre de trimestres requis
Document 4 – Extrait du tableau des maladies professionnelles – Annexe II : Tableau n° 66
Document 5 – Arrêt n° 04-30007 de la Cour de cassation du 24 mai 2005

Avertissement

Si le texte du sujet, de ses questions ou de ses documents vous conduit à formuler une ou plusieurs hypothèses, il vous est demandé de la (ou les) formuler *explicitement* dans votre copie. Toutes les réponses doivent être justifiées.

Il vous est demandé d'apporter un soin particulier à la présentation de votre copie et à la qualité rédactionnelle.

Sujet

La SAS Bonpain, au capital social de 130 000 euros, est une boulangerie industrielle créée en 1985 par Hervé Pain à Blois (41). Elle fabrique du pain cru surgelé, du pain précuit surgelé et du pain cuit surgelé, afin de fournir les grandes et moyennes surfaces ainsi que les terminaux de cuisson de certaines boulangeries ou sandwicheries. Elle a ouvert un nouveau site à Orange (84), pour étendre son réseau de distribution vers le sud de la France.

La SAS Bonpain a connu un fort développement depuis les années 1990, lié aux évolutions de ce secteur d'activité, et réalise un chiffre d'affaires d'environ 17 000 000 euros par an. Cependant, la crise sanitaire débutée en 2020 a eu un effet négatif sur son développement et elle commence à ressentir quelques difficultés.

Vous avez été recrutée en CDD en remplacement du congé maternité de Virginie Lemoine, salariée au sein du service de gestion des ressources humaines, et plusieurs dossiers de salariés vous attendent sur votre bureau. Une documentation a également été mise à votre disposition pour vous aider dans vos décisions.

DOSSIER 1 – Le statut du demandeur d'emploi

Alberte Davan a été recrutée par la SAS Bonpain le 2 janvier 2018. Sa rémunération a été de 1 853 euros brut jusqu'au 2 janvier 2019, puis de 1 984 euros jusqu'au 2 janvier 2020 et, enfin, de 2 012 euros par mois à compter de cette date. À la suite des difficultés rencontrées sur le nouveau site situé à Orange, Alberte a été licenciée pour motif économique le 22 janvier 2021.

Ayant gardé de bons contacts avec Virginie, elle a pris l'habitude de la consulter pour avoir des conseils, notamment dans les démarches à suivre après son licenciement. Elle vous contacte donc à ce sujet.
Alberte vous interroge sur le montant de l'allocation chômage auquel elle a droit, estimant que le montant perçu jusqu'ici n'est pas très élevé. Elle se demande en effet si Pôle emploi n'aurait pas fait une erreur. De plus, elle est ennuyée car l'agence locale de Pôle emploi lui a fixé un rendez-vous de bilan le 25 janvier. Or il s'agit de la date de son anniversaire et elle n'a pas du tout envie d'aller chez Pôle emploi ce jour-là.
Finalement, Alberte s'est rendue à ce rendez-vous, au cours duquel le conseiller Pôle emploi lui a proposé un poste au sein de la boulangerie Marcel. Elle assurera des fonctions très proches de celles de son poste précédent, mais pour une rémunération égale à 1 832 euros par mois. Alberte n'est pas intéressée et a plutôt prévu de s'inscrire à l'université pour valider un master de management.
Votre mission : guider Alberte Davan dans sa recherche d'aides.
Pour la réaliser, vous devez :

1.1 Vérifier le montant de l'ARE auquel Alberte a droit.

1.2 Analyser les incidences sur son statut de demandeur d'emploi des différentes décisions qu'elle envisage.

DOSSIER 2 – Retraite et système de protection sociale (base documentaire : documents 1, 2 et 3)

Marine Belpierre travaille au sein de la SAS Bonpain depuis 1998. Âgée de 62 ans, elle a décidé de partir à la retraite, mais s'inquiète de son nouveau statut.
Elle bénéficiait d'une protection sociale avantageuse en tant que salariée de la SAS Bonpain et craint de ne plus être remboursée de ses dépenses médicales à la suite de ce changement de statut. De plus, elle s'interroge sur le fait de savoir si sa demande de départ à la retraite sera acceptée par son employeur et à quel montant de retraite elle aura droit.
Elle vous contacte pour vous poser ces différentes questions.
Votre mission : identifier le statut du salarié parti à la retraite au regard de ses revenus et de sa protection sociale.
Pour la réaliser, vous devez :

2.1 Présenter sous forme de schéma l'organisation générale de la Sécurité sociale, en mettant en évidence les différents risques couverts. ***(La méthodologie du cas pratique n'est pas exigée pour traiter cette question.)***

2.2 Répondre aux inquiétudes de Marine.

2.3 Vérifier si la demande de départ à la retraite faite par Marine sera acceptée par son employeur.

2.4 Indiquer le mode de calcul de sa pension de retraite.

DOSSIER 3 – Maladie professionnelle (base documentaire : documents 4 et 5)

Sidonie Duval travaille sur la chaîne de production de la SAS Bonpain depuis cinq ans. Elle est chargée de la partie concernant la fabrication de baguettes de pain surgelées. Depuis quelques années, elle souffre d'asthme et fait régulièrement des bronchiolites.
Après avoir passé différents examens, il est avéré que Sidonie a développé une allergie à la poussière de farine. Elle en a averti son employeur, afin de demander la mise en place d'extracteur de poussières spécifiques. Cependant, si cela ne suffit pas, Sidonie songe à changer d'orientation professionnelle. En attendant, elle est venue vous voir, afin d'obtenir des conseils sur la marche à suivre pour que cette maladie soit reconnue comme professionnelle.

Sidonie n'est pas la seule salariée ayant des problèmes en lien avec l'assurance maladie. Sarikaya Havan, qui travaille en tant que commerciale au sein de la SAS Bonpain, a été victime d'un accident de la circulation le 3 février dernier alors qu'elle rentrait chez elle. Cet accident n'aurait jamais eu lieu si Sarikaya avait pris le boulevard comme à son habitude. Cependant, ce jour-là, elle devait faire le plein de sa voiture de fonction et a donc fait un détour pour passer par la station-service. Sarikaya se demande si cet accident pourra bénéficier de l'indemnisation plus avantageuse accordée aux accidents du travail.

Votre mission : guider le salarié en cas de maladie ou d'accident professionnels.

Pour la réaliser, vous devez :

3.1 Vérifier si la maladie de Sidonie pourra être reconnue comme une maladie professionnelle. Précisez les conséquences qu'aurait cette reconnaissance.

3.2 Indiquer si Sarikaya obtiendra gain de cause et pour quels effets.

BASE DOCUMENTAIRE

Document 1 – Âge minimum de départ à la retraite en fonction de la date de naissance

Naissance	Âge de départ à la retraite
< 01/07/1951	60 ans
01/07/1951 – 31/12/1951	60 ans et 4 mois
1952	60 ans et 9 mois
1953	61 ans et 2 mois
1954	61 ans et 7 mois
> 1955	62 ans

Document 2 – Âge de départ à la retraite à taux plein

Date de naissance	Âge de départ à la **retraite à taux plein**
Avant le 1er juillet 1951	65 ans
Du 1er juillet au 31 décembre 1951	65 ans et 4 mois
Année 1952	65 ans et 9 mois
Année 1953	66 ans et 2 mois
Année 1954	66 ans et 7 mois
Année 1955	67 ans

Document 3 – Nombre de trimestres requis

Année de naissance	Nombre de trimestres cotisés	Âge de départ
1948 ou avant	160 trimestres	60 ans
1949	161 trimestres	60 ans
1950	162 trimestres	60 ans
Avant le 1er juillet 1951	163 trimestres	60 ans
Entre le 1er juillet et le 31 déc. 1951	163 trimestres	60 ans et 4 mois
1952	164 trimestres	60 ans et 9 mois
1953	165 trimestres	61 ans et 2 mois
1954	165 trimestres	61 ans et 7 mois
1955 - 1957	166 trimestres	62 ans
1958 / 1960	167 trimestres	62 ans
1961 / 1963	168 trimestres	62 ans
1964 / 1966	169 trimestres	62 ans
1967 / 1969	170 trimestres	62 ans
1970 / 1972	171 trimestres	62 ans
À partir de 1973	172 trimestres	62 ans

Document 4 – Extrait du tableau des maladies professionnelles – Annexe II : Tableau n°66

Rhinites et asthmes professionnels

DÉSIGNATION DES MALADIES	DÉLAI de prise en charge	LISTE LIMITATIVE DES TRAVAUX SUSCEPTIBLES de provoquer ces maladies
Rhinite récidivant en cas de nouvelle exposition au risque ou confirmée par test.	7 jours	1. Travail en présence de toute protéine en aérosol.
Asthme objectivé par explorations fonctionnelles respiratoires récidivant en cas de nouvelle exposition au risque ou confirmé par test.	7 jours	2. Élevage et manipulation d'animaux (y compris la préparation et le conditionnement d'arthropodes et de leurs larves).

DÉSIGNATION DES MALADIES	DÉLAI de prise en charge	LISTE LIMITATIVE DES TRAVAUX SUSCEPTIBLES de provoquer ces maladies
Insuffisance respiratoire chronique obstructive secondaire à la maladie asthmatique.	1 an	3. Utilisation et conditionnement de carmin et poudres d'insectes. 4. Préparation et manipulation des fourrures et feutres naturels. 5. Préparation, emploi, manipulation de produits contenant de la séricine. 6. Emploi de plumes et de duvets. 7. Travaux exposant aux résidus d'extraction des huiles, notamment de ricin et d'ambrette. 8. Broyage des grains de céréales alimentaires, ensachage, utilisations de farines. 9. Préparation et manipulation des substances d'origine végétale suivantes : ipéca, quinine, henné, pollens et spores, notamment de lycopode. 10. Ouverture des balles, cardage, peignage, filature et tissage de textiles d'origine végétale (notamment coton, sisal, kapok, chanvre, lin). 11. Travaux comportant l'emploi de gomme végétale : pulvérisées (arabique, adragante, psyllium, karaya notamment). 12. Préparation et manipulation du tabac. 13. Manipulation du café vert et du soja.

Document 5 – Arrêt n° 04-30007 de la Cour de cassation du 24 mai 2005

Attendu, selon l'arrêt attaqué que M. X... a sollicité la prise en charge comme accident de trajet de l'accident de la circulation dont il a été victime le 8 novembre 2001 ;

Attendu que, pour rejeter sa demande, l'arrêt attaqué retient que pour la première fois en cause d'appel, M. X... soutient qu'il n'a pas fait un détour mais une simple interruption du trajet domicile-travail alors qu'il devait prendre de l'essence pour le véhicule de fonction, et que la cour d'appel ne peut retenir cette explication tardive ;

Attendu, cependant, que le jugement rendu le 6 septembre 2002 par le tribunal des affaires de sécurité sociale de Chartres énonce qu'à l'audience du 6 septembre 2002, M. X... a soutenu « que le jour de l'accident il devait faire le plein du véhicule de service qu'il conduisait à la station Total, comme il en avait l'habitude » ;

En quoi la cour d'appel a dénaturé les termes clairs et précis de cette décision ;

PAR CES MOTIFS, et sans qu'il y ait lieu de statuer sur les autres branches du moyen :

CASSE ET ANNULE, dans toutes ses dispositions, l'arrêt rendu le 4 novembre 2003, entre les parties, par la cour d'appel de Versailles.

SUJET TYPE D'EXAMEN 6

Mesurez votre maîtrise globale du programme de l'UE 1 avec ce sujet chronométré à l'image du jour J !

Le sujet se présente sous la forme de quatre dossiers différents. 3 h

DOSSIER 1 – Le recrutement de salariés en CDI	(5 / 20 points)
DOSSIER 2 – Le travail à temps partiel	(4 / 20 points)
DOSSIER 3 – Les contrats de travail spécifiques	(6 / 20 points)
DOSSIER 4 – La gestion du temps de travail et des conflits	(5 / 20 points)

BASE DOCUMENTAIRE

Document 1 – Offre d'emploi publiée par la SA Balla
Document 2 – Arrêt n° 09-70329 de la Cour de cassation du 28 septembre 2011
Document 3 – Les informations clés sur le temps partagé
Document 4 – Article L.6222-18-1 du Code du travail

Avertissement

Si le texte du sujet, de ses questions ou de ses documents vous conduit à formuler une ou plusieurs hypothèses, il vous est demandé de la (ou les) formuler *explicitement* dans votre copie. Toutes les réponses doivent être justifiées.

Il vous est demandé d'apporter un soin particulier à la présentation de votre copie et à la qualité rédactionnelle.

Sujet

La société anonyme Balla a pour objet la fabrication et la commercialisation de piscines pour particuliers.

Son siège social et son usine de production sont situés dans la zone industrielle du boulevard du Mercantour à Nice (06), mais elle installe ses produits dans tout le sud et le sud-est de la France grâce à divers magasins situés dans plusieurs villes (Cannes, Toulon, Marseille, Grenoble et Lyon).

Comprenant 52 salariés, la SA Balla a un service de gestion des ressources humaines au sein duquel vous faites votre stage de fin d'études. Vous avez plusieurs dossiers à traiter, ainsi qu'une base documentaire à votre disposition pour vous guider dans vos décisions.

DOSSIER 1 – Le recrutement de salariés en CDI (base documentaire : document 1)

La SA Balla a pour projet de recruter plusieurs salariés pour venir renforcer son équipe et développer les ventes en Italie du Nord. Parmi les postes prévus, une des annonces concerne le recrutement d'un responsable technique.

Annie a postulé pour ce poste. Elle a un BTS de maintenance industrielle et cinq ans d'expérience dans ce domaine. N'ayant pas eu de nouvelles de sa candidature, elle décide alors de contacter directement le responsable du recrutement de cette entreprise, M. Gesmain. Ce dernier lui répond que le poste n'est de toute façon pas du tout adapté pour une femme et qu'il aurait mieux fait de l'indiquer directement dans l'annonce publiée, pour éviter de perdre son temps avec ces candidatures farfelues de femmes n'y connaissant rien au métier !

Annie est choquée de cette réponse et ne compte pas en rester là. Vous venez de recevoir un courriel de sa part indiquant qu'elle va dénoncer ce comportement à l'inspection du travail. Vous décidez d'étudier l'offre d'emploi diffusée par la SA Balla et de préparer les arguments de défense de la société.

Votre mission : conseiller l'employeur dans la mise en place d'une procédure de recrutement.

Pour la réaliser, vous devez :

1.1 Vérifier la validité de l'offre d'emploi diffusée par la SA Balla.

1.2 Analyser la réponse de M. Gesmain, ainsi que ses conséquences.

Finalement, Annie a trouvé un poste de responsable technique bâtiment correspondant à ses attentes dans une autre société, l'entreprise VRD. Elle commence le 2 janvier N et sera rémunérée 2 800 euros brut par mois.

Le courrier qu'elle a reçu précise que son embauche ne sera définitive qu'à compter du 2 mai N, fin de sa période d'essai susceptible d'être renouvelée si nécessaire. Annie s'étonne de cette période d'essai. Ayant gardé un bon contact avec vous à la suite de vos échanges, elle vous pose la question.

1.3 Indiquer à Annie les règles encadrant sa période d'essai.

DOSSIER 2 – Le travail à temps partiel (base documentaire : document 2)

Vous devez procéder au recrutement d'une assistante commerciale pour le mois prochain. Vous avez trouvé la candidate idéale, Marjolaine. Cependant, celle-ci est maman d'un petit Grégory qui a maintenant 9 mois et elle voudrait pouvoir profiter au maximum de ses premières années. Elle a accepté ce poste, mais uniquement pour un temps de travail de 20 heures par semaine, lui permettant de garder son fils chez elle plusieurs après-midi dans la semaine, ainsi que le mercredi toute la journée.

Vous lui avez de toute façon laissé entendre que la SA Balla aurait rapidement besoin qu'elle fasse davantage d'heures et qu'elle ne pourra pas rester longtemps à 20 heures par semaine. Il n'est d'ailleurs pas certain qu'il soit possible de signer un contrat à temps partiel pour cette durée, alors que la durée légale est de 24 heures par semaine. Vous devez vous renseigner sur ce point.

Votre mission : gérer le temps de travail d'un salarié à temps partiel.

Pour la réaliser, vous devez :

2.1 Vérifier la validité du temps de travail prévu pour ce contrat.

2.2 Indiquer à Marjolaine à quelles conditions le dirigeant de la SA Balla pourra augmenter ses horaires de travail.

Finalement, Marjolaine a accepté de signer ce contrat et vient de commencer la semaine dernière. Elle est prête à faire des heures en plus si son employeur le lui demande. En revanche, elle ne veut pas venir travailler le mercredi. Elle n'a aucune solution de garde pour son fils ce jour-là et elle apprécie particulièrement d'avoir une coupure en milieu de semaine pour profiter de lui.

2.3 Pouvez-vous rassurer Marjolaine sur ce point précis ?

DOSSIER 3 – Les contrats de travail spécifiques (base documentaire : documents 3 et 4)

Vous avez noué de bonnes relations avec Marjolaine, qui apprécie vos compétences en droit social. Elle vous fait confiance et n'hésite pas à vous solliciter pour toute question. Ainsi, au bout de quelques mois, elle se demande si elle n'aurait pas mieux fait de postuler auprès d'une entreprise de travail à temps partagé. Elle a entendu parler de cette forme de société à la radio, mais elle n'est pas certaine de bien en avoir compris le fonctionnement.

Votre mission : gérer des contrats de travail spécifiques.

Pour la réaliser, vous devez :

3.1 Présenter à Marjolaine le fonctionnement et les règles encadrant ce type de contrat de travail.

Benjamin est apprenti depuis trois mois au sein de la SA Balla. Il a du mal à s'adapter à ce nouveau rythme de travail et est régulièrement absent en cours. Le CFA lui a déjà adressé plusieurs avertissements et vient de le menacer de l'exclure de la formation s'il ne se ressaisit pas tout de suite. Vous avez été informé de cette situation et vous vous demandez quels recours sont à votre disposition pour remettre Benjamin dans le droit chemin.

Il faut préciser que Benjamin travaille près de 40 heures certaines semaines et que le dirigeant de la SA Balla ne rémunère pas toujours ses heures supplémentaires, considérant qu'elles sont dues à sa lenteur du fait de son manque d'expérience.

3.2 Présenter les recours à votre disposition face à cette situation.

3.3 Vérifier si Benjamin a également des voies de recours.

DOSSIER 4 – La gestion du temps de travail et des conflits

La dernière mission que votre responsable, Kilian Pave, vous a confiée est la mise en place d'un aménagement du temps de travail.

Il a prévu de mettre en place cet aménagement sur trois mois, ce qui correspond au cycle de production et de vente. Il compte ainsi ne plus avoir à rémunérer les heures supplémentaires et pouvoir réduire sa masse salariale pour investir ces gains dans le développement de son entreprise. Il souhaite prendre cette décision rapidement et a déjà prévu les nouveaux plannings.

Toujours avec ce même objectif, Kilian a décidé de mettre en place le travail de nuit et d'affecter aux équipes de nuit une dizaine de salariés qui travaillent pour le moment de jour. Le contrat de ces salariés indique que les horaires sont ceux habituellement pratiqués dans l'entreprise. Plusieurs d'entre eux ont déjà prévenu qu'ils refuseraient et, s'il le faut, se mettraient en grève.

Enfin, pour répondre aux demandes de plusieurs clients, il envisage une ouverture du magasin d'usine le dimanche. Les salariés affectés à la vente ce jour-là seront choisis sur la base du volontariat. Il compte les en informer par courriel et leur laisser un délai de 15 jours pour poser leur candidature.

Votre mission : conseiller l'employeur dans l'aménagement du temps de travail et la gestion des conflits.

Pour la réaliser, vous devez :

4.1 Indiquer à Kilian Pave les conditions à respecter pour mettre en place l'aménagement du temps de travail qu'il a prévu.

4.2 Analyser la validité des motifs invoqués par les salariés pour se mettre en grève.

4.3 Vérifier que la procédure envisagée pour introduire le travail le dimanche est correcte.

BASE DOCUMENTAIRE

Document 1 – Offre d'emploi publiée par la SA Balla

La SA Balla recrute sur son site de Nice (06) un Responsable technique H/F.

Missions :

Rattaché(e) directement au responsable du site, vous piloterez l'activité de l'équipe logistique. Plus précisément, vos principales missions seront :

- d'assurer la gestion du parc de manutention ;
- de contribuer à la sécurité des biens, des personnes et de l'environnement en assurant la maintenance préventive et curative des installations, des bâtiments et du matériel du site.

Profil :

Issu(e) d'une formation en maintenance ou frigorifique, vous avez une première expérience réussie d'au moins trois ans dans la gestion de maintenance bâtiment et véhicule.

Proche du terrain, vous faites preuve d'adaptabilité, de rigueur, d'organisation, d'anticipation, d'esprit d'initiative, de polyvalence et avez des aptitudes managériales.

Vous souhaitez poursuivre votre progression au sein d'une entreprise structurée et évolutive ? Nous vous donnons l'opportunité d'évoluer dans une grande entreprise et de bénéficier de formations complémentaires pour poursuivre votre développement. Alors n'hésitez plus et rejoignez-nous !

Type d'emploi : CDI.

Document 2 – Arrêt n° 09-70329 de la Cour de cassation du 28 septembre 2011

Vu l'article L. 3123-24, alinéa 2 du Code de travail ;

Attendu qu'il résulte de ce texte qu'en cas de travail à temps partiel, lorsque l'employeur demande au salarié de changer la répartition de sa durée de travail, le refus du salarié d'accepter ce changement ne saurait constituer une faute ou un motif de licenciement dès lors que ce changement n'est pas compatible avec une période d'activité fixée chez un autre employeur ;

Attendu, selon l'arrêt attaqué, que Mme X..., salariée depuis le 22 mai 1995 d'une société civile de cardiologues, a été engagée, après la dissolution de cette société, par les anciens associés, d'une part, le docteur Y..., dans le cadre d'un contrat à durée indéterminée à temps partiel à raison de 21 heures 30 par semaine, et d'autre part, le docteur Z... à raison 15 heures 30 par semaine ; qu'ayant refusé un avenant proposé par le docteur Y... modifiant la durée du travail et sa répartition entre les jours de la semaine, elle a été licenciée par ce dernier, le 1er mars 2007 ; qu'elle a saisi la juridiction prud'homale pour obtenir paiement de diverses sommes au titre de la rupture du contrat de travail Attendu que pour débouter la salariée de ses demandes, l'arrêt retient qu'il est constant d'une part, qu'elle partageait depuis janvier 2006, son temps entre le docteur Y... et le docteur Z... dont les cabinets n'étaient pas situés au même endroit, et d'autre part, que l'avenant proposé entraînait une légère réduction de la durée hebdomadaire de travail mais était incompatible avec les horaires de travail chez le docteur Z..., les horaires se chevauchant partiellement ; que toutefois le contrat de travail conclu avec le docteur Y... prévoyait que les horaires étaient établis en attendant la

séparation effective avec le cabinet du docteur Z... ; que la modification des horaires de travail de la salariée était motivée par l'intérêt de l'entreprise ;
Qu'en statuant ainsi, alors qu'il ressortait de ses propres constatations que le changement de la répartition de la durée du travail n'était pas compatible avec l'activité de la salariée fixée chez un autre employeur, la cour d'appel a violé le texte susvisé ; PAR CES MOTIFS : CASSE ET ANNULE, mais seulement en ce qu'il a débouté Mme X... de ses demandes en paiement de dommages-intérêts pour licenciement abusif et pour préjudice distinct, l'arrêt rendu le 30 juin 2009, entre les parties, par la cour d'appel de Saint-Denis de la Réunion.

Document 3 – Les informations clés sur le temps partagé

Et si ce job était fait pour vous ?
Si vous faites le choix de travailler à temps partagé c'est que ce mode de vie vous convient et vous plaît. En travaillant à temps partagé, vous allez pouvoir développer vos compétences au sein d'un réseau d'entreprises de toutes tailles et de tous secteurs d'activité. Toutes ont en commun le souhait de collaborer avec des personnes dynamiques, professionnelles et motivées ! Cela vous correspond ?
Vous avez la bougeotte... tant mieux !
La mobilité est un critère de recrutement car vous serez amené à travailler dans plusieurs entreprises, plus ou moins éloignées géographiquement de votre agence de rattachement.
Vous savez faire face à toutes les situations !
L'adaptabilité est un facteur clé du travail à temps partagé. S'acclimater à plusieurs environnements de travail, plusieurs méthodes et échanger facilement avec des collègues ou supérieurs hiérarchiques différents est primordial.
Un état d'esprit irréprochable
La ponctualité et le savoir-être doivent être le maître mot du salarié à temps partagé, car les entreprises recherchent des compétences fiables et immédiatement opérationnelles.
Avoir l'œil sur tout !
La curiosité mais également l'attention doivent être au maximum chez un salarié à temps partagé tant sur de nouvelles compétences à acquérir que sur de nouveaux métiers à exercer afin d'être poly-compétents sur de nombreux domaines.

Source : « Les informations clés sur le temps partagé », https://partajob.com.

Document 4 – Article L.6222-18-1 du Code du travail

« Lorsque le centre de formation d'apprentis prononce l'exclusion définitive de l'apprenti, l'employeur peut engager à son encontre une procédure de licenciement. Cette exclusion constitue la cause réelle et sérieuse du licenciement, qui est prononcé dans les conditions prévues par les dispositions du Code du travail relatives à la rupture du contrat de travail pour motif personnel. Le centre de formation d'apprentis ou l'apprenti peut saisir le médiateur mentionné à l'article L. 6222-39 et, pour les apprentis du secteur public non industriel et commercial, le service désigné comme étant chargé de la médiation. »

A

B

C

D

Q

R

S

T

U

V

TABLE DES MATIÈRES

Création de la maquette et composition de la couverture : Séverine Tanguy
Composition de l'intérieur : IDT

ISBN : 978-2-311-41080-8

Achevé d'imprimer en avril 2022 en France par l'imprimerie Chirat
Dépôt légal : mai 2022 - N° éditeur : MAGSI20210610

IMPRIM'VERT
PEFC 10-31-1895